제2판

금융투자법

황호동

박영사

서 문

　금융은 辭典적인 의미로 돈을 돌려쓰는 것(돈을 필요에 따라 구하여 쓰다)이
다. 자금을 가진 자(자금공급자)의 입장에서는 자금이 필요한 사람(자금수요자)에
게 자금을 공급하는 것을 의미한다.

　돈은 사물의 가치를 나타내며, 재화와 용역의 교환을 매개하고, 재산 축적의 대
상으로도 사용하므로 사회경제적인 토대가 돈 그 자체와 돈의 유통이라는 모습으
로 나타난다. 사회경제적 토대를 바탕으로 정치, 제도 등이 어우러져 최종적으로
법이라는 모습으로 나타나게 된다. 따라서 진정으로 금융에 관한 법을 이해하고자
한다면 법의 바탕이 되는 사회경제적 문제나 정치, 정책, 제도 등에 대한 깊은 이해
가 있어야 할 것이나 이 책에서는 이를 논할 수도 없고, 논하지도 않기로 한다.

　사람의 생활관계 중 법률로 규율되는 관계를 법률관계라 한다. 돈의 유통은
거래 당사자의 호의만으로 부족하고 국가의 강제력인 법적 제도로 보장되어야
이루어질 수 있는 성질의 것이다. 돈의 유통이 사람의 생활관계에 있어 중요한
요소인 만큼 법률관계를 규율하는 법률 대부분이 금융에 관하여도 적용된다고
하여도 과언이 아니다. 금융에 적용되는 모든 법률을 이해하고자 하는 것은 곧
법률체계 전체를 이해하고자 하는 것과 다름이 없다. 금융과 관련된 몇 가지 주
제에 관한 법률지식을 단편적으로 나열한다 한들 과연 실제 금융에 관한 업무를
취급함에 있어 법적인 문제를 파악하고 그 해결 방법을 찾는 힘이 길러질 수 있
을지는 의문이다. 이 책은 다음과 같은 관점과 기준을 가지고 금융에 관련된 법
률문제에 통찰해 보고자 한다.

　먼저, 이 책은 기본적으로 자금공급자(투자자)의 관점에서 자금의 공급(금융
투자)에 관련된 법률문제를 주로 다루고자 한다. 돈이 나의 주머니에서 떠나는
순간부터 다시 돌아올 때까지 다양한 위험에 노출된다. 투자자로서는 자금수요
자에 비하여 보다 큰 위험에 노출되기 때문에 위험을 없애거나 감소시키기 위하
여 부단한 노력을 하여야 하고, 법률문제에 있어서도 자금수요자에 비하여 보다
깊은 이해와 주의가 필요하다. 투자자의 관점에서 금융에 관한 법률을 다룬다

면, 일관된 관점과 논리를 가지고 금융에 관한 법률을 바라볼 수 있게 되고, 다양하고 복잡한 거래에 적용되는 방대한 법률을 나름 체계적으로 이해할 수 있을 것이다. 그렇다면 실제 금융거래에서 어떠한 법률문제가 발생되더라도 그러한 법률문제가 어떠한 차원이나 구조하에서 논의되어야 할 성질의 것인지를 파악하고 이를 해결하는 길을 찾을 수 있는 힘을 키울 수 있으리라 믿는다. 투자자와 자금수요자의 권리의무는 서로 동전의 양면이라 할 수 있고, 금융수요자의 입장에서는 투자자가 고려하여야 할 법률문제를 이해하면 자신의 이익을 보호함에도 충분히 도움이 될 수 있을 것이다.

둘째, 이 책은 주로 투자자가 투자에 따른 위험을 없애거나 감소시키기 위하여 고려하여야 하는 법률문제에 대한 이해를 높이는 것을 목적으로 하므로 투자위험을 감수할 수 있는 전문성과 능력을 가진 전문적인 투자자가 투자를 받음에 따른 위험을 충분히 평가하여 감수할 수 있는 자금수요자에게 그가 요구하는 특수한 수요에 맞게 협상을 통한 사적 합의에 따라 자금을 제공하는 거래를 중점적으로 다루고자 한다. 개인 간의 금전거래 또는 기관투자자가 불특정다수의 고객을 상대로 일반적으로 적용되는 조건(소위 약관)으로 이루어지는 거래와 그에 따른 금융소비자나 고객의 이익 보호와 같은 문제를 깊게 다룰 경우 이 책이 나름 추구하는 체계적인 서술에 집중하기 어렵기 때문에 그에 대한 깊은 검토는 다른 기회로 미루고자 한다.

셋째, 금융투자에 따른 당사자들 사이의 私法상의 법률문제 이외에도 금융투자와 관련된 다양한 영역의 법률문제도 검토하고자 한다. 실제 금융업무를 취급함에 있어 법적인 문제를 파악하고 해결 방법을 찾기 위해서는 私法 이외에 여러 법률의 기본적인 원리를 이해해 두어야 할 필요가 있다. 이 책은 금융과 관련된 민법, 상법, 소송법, 행정법, 세법, 도산법 등 다양한 영역의 법률문제를 다루겠지만 금융투자에 관련된 법적 문제를 파악하고 그 해결 방법을 찾는 힘을 기른다는 목적의 범위 내에서 기본적인 법적 개념, 원리, 법령과 핵심 판례 정도를 이해하는 것으로 만족하고, 특정한 법률분야에 관한 보다 깊은 검토는 해당 법률분야에 관한 전문적인 자료나 전문가에게 맡기고자 한다.

넷째, 다양한 금융투자의 종류별로 구체적인 법률문제를 살펴보기 이전에 먼저 금융투자에 공통적으로 적용되거나 미리 숙지하고 있어야 하는 법률문제를 총론에서 설명하고자 한다. 그런 연후에 각론에서 다양한 금융투자의 종류별로 관련된 법률문제를 깊이 살펴보고자 한다.

제1편 총론에서는 먼저 금융투자와 관련된 법령에 대한 개관(제1장), 금융투자를 위하여 변호사가 수행하는 업무의 내용과 절차(제2장), 우리나라 민사법에 대한 기본적인 이해(제3장), 금융투자에 적용되는 법적 규제(제4항)를 검토한 연후에 투자위험을 제거하거나 경감시키기 위한 수단(제5장)을 살펴본다. 채무자의 도산으로 말미암아 투자자가 가지는 권리가 그 내용대로 실행되지 않을 위험(제6장)에 대한 이해 역시 필수적이다. 그 이외에 금융투자에 관련된 세법에 대한 기초적인 이해(제7장)와 금융투자에서 주의하여야 할 형사책임의 문제(제8장)도 간략히 살펴보고자 한다.

제2편 각론에서는 상대적으로 투자위험이 낮은 대출거래의 기본적인 내용(제1장)부터 시작하여 다수의 대주들에 의한 대출(제2장), 채권이 증권화된 회사채(제3장), 전통적인 단순한 금융거래를 특수한 방법을 사용하여 단계화·체계화시켜 고도화된 구조로 자금을 조달(structured finance, 구조화금융)하는 프로젝트금융(제4장), 자산유동화(제5장)와 자산금융(제6장)의 순서로 타인자본의 형식에 의한 금융투자를 살펴본다. 제7장에서 투자위험이 보다 높은 지분투자에 관하여 살펴보되, 지분투자에 필요한 자금을 조달하기 위한 인수금융도 함께 다루기로 한다. 그 후 투자자산의 가치 변동에 따른 위험을 줄이기 위한 파생상품거래(제8장)의 기초적인 내용을 살펴보는 것으로 마무리하고자 한다.

저자는 1995년부터 줄곧 금융거래에 관한 법률자문업무를 수행하면서 동료 변호사들과 공유하였던 자료를 바탕으로 拙稿를 집필하였지만 부족한 점이 많아 부끄럽기 그지없다. 강호제현의 많은 지도편달은 장래 이 책의 개정에 큰 도움이 될 것이다.

이 책은 스승이신 김수창 변호사님의 가르침에서 비롯된 것이고, 이 책을 출간함에 있어 원고의 검토, 토론과 교정에 힘써 주신 김도경 변호사님과 법무법인 제현의 소속 변호사님들에게 깊이 감사드리고, 이 책은 법무법인 제현의 자산임을 밝혀 둔다. 어려운 출판환경에도 불구하고 이 책을 출판한 박영사와 그 임직원에게 감사드린다.

변호사로서의 길을 곁에서 지켜준 아내와 출간의 기쁨을 함께한다.

2022년 季冬
황 호 동

목 차

제3장 우리나라 민사법의 기본원리

제5장 신용위험과 신용보강

제6장 금융투자와 도산

제7장 금융투자와 세무

제8장 금융투자와 형사책임

제2편 각론

제1장 대출

제2장 신디케이션대출

제3장 회사채

제5장 자산유동화

제6장 자산금융

제8장 파생금융

제 1 편

총 론

금융투자와 법

Ⅰ. 금융투자

흔히 **금융거래**라 하면 대립된 당사자들 사이에 이루어지는 자본거래를 의미하는 것으로 이해된다. 여기서는 자금을 공급하는 투자자의 관점에서 투자자가 금융거래를 위하여 하는 일련의 행위들을 **금융투자**라 일컫고, 금융투자를 위하여 고려하여야 할 법률 문제를 중점적으로 다루고자 한다. 여기에서 언급하는 금융투자는 설명의 편의로 사용하는 개념일 뿐이고, 장차 검토할『자본시장과 금융투자업에 관한 법률』('자본시장법')에서 정하고 있는 '금융투자상품'이나 '금융투자업'에서 언급되는 한정된 의미의 금융투자와는 다른 의미이다.

1. '금융'투자

먼저, **투자**란 辭典적인 의미로는 장래의 가치를 위하여 현재의 가치를 포기하는 행위라 한다. 현재의 가치에는 금전, 재화, 시간, 노력 등 다양한 것이 있을 것인데, 여기서는 **금전**을 투자한다는 의미에서 '금융'투자라 일컫고자 한다.

2. 금융'투자'

다음, 투자자가 투자로 떠안은 위험과 그에 대한 대가로 장래 얻고자 기대하는 가치의 내용은 다양하고, 장래 실제로 얻은 가치의 내용 역시 당초 기대와 같을 수도 있고 다를 수도 있을 것이다.

단편적으로 금전대여(대출)는 비교적 낮은 위험을 감수하고 장래 확정적인 수익을 기대하는 행위로, 출자(지분투자)는 비교적 높은 위험을 감수하고 장래 확정되지 아니한 높은 수익을 기대하는 행위로 이해하지만 실제에 있어서는 그와 같이 일의적으로 말할 수 없고, 그와 반대인 경우도 흔하다. 아무리 법적으로는 자금을 차입하는 자가 원금과 확정된 이자의 상환을 약속한다 하더라도 실제 여러 가지 위험, 특히 차입자가 경제적 능력이 안되어서 기대하였던 원금과 이자를 받을 수 없는 위험은 여전히 존재하는 것이다. 투자자가 떠안은 위험과 그에 대한 대가는 거래의 외관만으로 단정할 수 없고, 투자의 구조와 계약의 구체적인 내용을 살펴보아야 한다.

여기서는 장래 얻은 가치가 당초 기대한 가치와 다를 수 있는 가능성(위험)을 떠안는 일체의 행위를 모두 금융'투자'로 일컫고자 한다.

Ⅱ. 금융투자 관련 법률

1. 사법(私法)

금융투자는 기본적으로 私人간의 거래이므로 여기서는 주로 당사자들의 권리의무를 정하는 私法을 검토한다. 금융투자에 따른 당사자들의 권리의무는 주로 민법과 상법에 따라 결정될 것이며, 당사자가 회사인 경우 상법상 회사법에 대한 이해가 필요하다.

아무리 권리가 인정된다 하더라도 강제할 수 없으면 의미가 사라지므로 권리를 강제하기 위한 집행법과 강제집행의 근거가 되는 판결 등을 얻기 위한 소송법에 대한 기초적인 이해도 필요하다.

권리를 강제집행할 수 있더라도 채무자가 재산이 부족하여 채무를 이행할 수 없게 되는 경우 도산 관련 법률에 따라 권리의 내용이 변경되거나 집행이 제한되므로 도산법에 대한 이해 역시 필요하다.

2. 금융거래에 대한 규제

국가안전보장·질서유지 또는 공공복리를 위하여 필요한 경우 법률로 국민의 권리나 자유를 제한할 수 있도록 정한 헌법 제37조 제2항에 따라 법률로 私人간의 금융투자를 위한 거래가 제한될 수 있다. 이러한 규제에는 (가) 금융투자를 업(業)으로 하고자 하는 자가 준수하여야 할 사항을 정한 규제와 (나) 개별 금융투자의 구체적인 내용에 따라 당사자들이 준수하여야 할 사항을 정한 규제로 구분할 수 있다.

가. 금융업에 대한 규제

금융업은 국가경제에 매우 중요한 영향을 미칠 수 있으므로 법률로 (가) 금융을 업(業)으로 하고자 하는 자는 일정한 인허가나 등록 등의 요건을 갖추도록 하여 함부로 금융업을 영위할 수 없도록 하고, (나) 금융업을 할 수 있도록 허용된 자라도 자산의 건전성을 유지하기 위한 목적 등을 위하여 일정한 행위를 제한하거나 준수하도록 하고 있다.

금융업에 대한 규제는 금융업을 영위하는 자에게 적용될 성질이어서 금융업을 영위하는 당사자가 그와 같은 규제를 숙지하고 준수하여야 할 문제이고, 다른 당사자로서는 금융업을 영위하는 상대방에게 적용되는 행정법상 규제까지 염려할 필요는 없는 것이 원칙일 것이다. 그러나 금융업에 대한 규제는 금융업을 영위하는 자가 당사자인 금융거래의 효력에 직·간접적으로 영향을 미칠 수도 있다. 여기서 주로 금융업을 영위하는 자에 의한 금융투자를 다루고 있으므로 금융업에 관한 규제에 관하여도 살펴보기로 한다. 다만 금융업에 관한 규제의 내용이 업종별로 방대하므로 일일이 검토할 수는 없으므로 규제의 기본적 원리만을 알아보기로 한다.

나. 금융거래에 대한 규제

법률은 私人간의 계약이라도 계약의 형식이나 내용에 관하여 금지 또는 일정한 제한을 하거나 일정한 조건을 갖출 것을 요구한다. 금융거래의 당사자가 금융업을 영위하는 자인지 여부와 상관없이 금융거래의 성립이나 내용에 관하여 다음과 같은 법적 규제가 있다.

① 금융시장의 신뢰와 공정성을 유지하기 위하여 불특정 다수인을 상대로 하는 증권의 발행과 유통에 대한 규제나 상장법인이 준수하여야 할 사항에 대한 규제(자본시장법, 금융소비자보호법)

② 공정거래를 해할 수 있는 일정한 주식의 취득이나 금전대여 등 자본거

래에 대한 규제(독점규제 및 공정거래에 관한 법률)

③ 자본의 국내 유입과 국외 유출에 관한 규제(외국환거래법, 외국인투자촉진법 등)

3. 기타 법률

그 밖에 금융거래에 관하여 부과되는 세금은 금융거래에 중요한 영향을 미치므로 금융거래와 관련하여 고려되어야 할 세법에 대한 기본적인 검토도 필요할 것이고, 금융거래와 관련하여 자주 발생되는 형사문제도 살펴보고자 한다.

제2장

금융투자를 위한 법률업무

　　금융투자를 위한 법률업무는 크게 (가) 법률실사(legal due diligence), (나) 투자조건(terms & conditions)의 협상을 위한 조력, (다) 계약서의 작성(docu-mentation)과 (라) 투자실행(closing)을 위한 조력으로 나누어 볼 수 있다.

　　변호사는 (가) 법률실사를 수행한 결과 투자자에게 법률실사보고서를 제공하고, (나) 투자조건의 협상에서 필요한 법률적인 문제에 대하여 자문을 제공하고, (다) 당사자들이 합의한 투자조건을 실현하기 위한 구속력 있는 계약서를 작성하고, (라) 투자의 실행 단계에서는 투자자가 투자를 실행하기 위하여 충족되어야 하는 선행조건을 확인하는 업무에 조력하는 한편 선행조건 중 하나인 법률의견서를 제공하는 업무를 수행한다.

　　투자자로서는 변호사에게 위 각 단계별로 필요한 업무를 모두 위임하는 것이 바람직할 것이나 많은 경우 예산의 제한으로 계약서의 작성과 투자실행에 관한 업무만을 위임하기도 한다. 당사자들 사이에 합의된 조건만으로는 파악할 수 없고 초기부터 법률실사를 하였어야 비로소 발견될 만한 위험이 투자실행 이후에 발생하여 낭패를 보는 경우가 발생하기도 하는데, 투자자로서는 계약서의 작성과 투자실행에 관한 제한된 업무만을 위임 받은 변호사에게 그에 관한 책임을 묻기도 어려운 일이니 가급적 투자의 초기부터 제한적이나마 법률실사와 그에 따른 투자구조의 수립과 투자조건의 협상부터 변호사의 조력을 받는 것이 바람직할 것이다.

제1절 법률실사

Ⅰ. 투자위험의 종류

투자자는 투자의 결과 투자시 장래 얻고자 기대하였던 가치를 실제 얻지 못할 **투자위험**을 부담하는데, 투자위험은 다양한 원인으로 발생될 수 있다. 투자위험은 다음과 같이 재무적 위험과 비재무적 위험으로 분류해 볼 수 있다.

① 재무적 위험

가. **신용위험**(credit risk): 채무자가 채무를 이행하지 않거나 채무를 이행할 경제적인 능력을 잃게 되어 손실이 발생할 위험

나. **시장위험**(market risk): 금리, 주가, 환율 등 시장요인의 변동에 따라 투자자산의 시장가치가 하락할 위험

② 비재무적 위험

가. **운영위험**(operation risk): 잘못된 내부절차, 인력 및 시스템이나 외부의 사건으로 손실이 발생할 위험

나. **평판위험**(reputation risk): 투자가 위법하거나 비도덕적이라는 이유 등으로 비난 받거나 평판이 하락하는 손실을 입게 될 위험

다. **법률위험**(legal risk): 각종 규제 위반이나 규제 개정 등에 대한 인식 부족 등으로 손실이 발생할 위험 또는 정확하지 않거나 부적절한 법률자문이나 서류의 작성 등으로 인하여 손실을 입게 될 위험

Ⅱ. 투자위험에 대한 평가와 법률실사의 목적

투자자가 얻을 장래의 수익은 투자자가 떠안은 위험에 대한 대가이므로 투자자로서는 자신이 떠안을 위험을 평가하고 그에 합당한 대가를 요구할 수 있어야 한다. 이를 위해서 투자자는 투자를 실행하기에 앞서 투자와 관련된 다양한 위험들을 먼저 밝혀 평가하여야 한다. 투자자는 이를 위해서 상업성, 재무 및 회계, 기술, 환경, 보험, 법률 등 다양한 분야의 전문지식을 가진 전문가의

도움을 받아 투자 대상에 대한 실사를 실시한다. 투자위험에 대한 충분한 이해와 평가가 이루어져야만 의미 있는 투자조건을 정할 수 있고, 투자자의 이익 보호에 충실한 계약이 체결될 수 있을 것이다. 거래당사자가 추구하는 경제적 목적이나 투자위험과 같이 투자의 전제가 되는 경제적 기초에 대한 깊은 이해 없이 체결된 계약은 투자자를 투자위험으로부터 효과적으로 보호하기 어려울 수 있다.

법률실사의 목적(법률실사 결과의 활용)은 주로 다음과 같고, 투자자와 변호사가 협의하여 추가되거나 생략될 수 있을 것이다.

① 투자를 위한 거래를 계속 진행할지 여부
② 투자대상의 가치평가
③ 법률위험을 제거 또는 감소시키거나 타에 이전시킬 수 있는 투자의 구조와 조건의 결정
④ 투자를 위한 계약에서 상대방의 '진술 및 보장'[1]을 받아 두거나, 투자가 실행되기 위한 조건(소위 '선행조건')으로 삼거나, 상대방의 의무(소위 '준수사항')로 정하여야 할 사항의 결정(이러한 조건은 투자를 위한 계약을 체결한 이후에도 투자의 실행을 거절하거나 상대방에게 손해배상을 구하거나 계약을 해제할 수 있는 근거가 된다)
⑤ 투자 실행 후에도 지속적으로 관리되어야 할 사항의 파악

투자자(주로 M&A에서의 매수인)만 법률실사를 할 필요가 있는 것은 아니다. 법률문제는 전문적인 분야이므로 투자를 받는 당사자(M&A의 경우 매도인)도 미처 자신의 법률관계를 모두 파악하고 있지 않을 수 있다. 투자를 받는 당사자도 투자자의 법률실사에 효율적으로 대응하는 한편, 투자조건의 협상에 대비하기 위하여, 또는 절차(주로 입찰방식의 거래)의 신속한 진행을 위해서 스스로 자신의 법률문제에 대한 실사를 실시할 필요가 있을 수 있다.

법률실사는 투자를 실행하기 이전에 상대방의 협력으로 진행하는 것이고, 투자자나 그의 대리인이 강제적으로 수사하거나 조사하는 권한을 가지는 것이 아니므로 법률실사를 수행한 변호사가 법률실사의 결과가 모두 진실하다고 보장할 수 있는 것은 아니다. 변호사는 상대방이 제공한 정보를 바탕으로 법률실

---

1) '진술 및 보장'에 관하여는 제1편 제2장 제3절 IV 참조

사를 실시하되, 법률전문가로서의 선량한 주의와 판단으로 상대방에게 추가적인 정보를 요구하거나 구두로 질의하여 얻은 답변과 필요한 경우 독자적으로 조사하여 얻은 정보를 기초로 법적 위험을 평가하여 그 결과를 투자자에게 보고하면 자신의 임무를 충분히 수행한 것으로 인정될 수 있을 것이다.

법률실사를 위하여 검토하여야 할 계약서나 서류 등이 방대할 경우 만연히 이를 읽어 본다 하더라도 시간만 낭비될 뿐 실사의 목적을 효율적으로 달성하기 어려울 수 있다. 법률실사를 실시하기 이전에 법률실사의 목적과 주안점이 무엇인지, 어떠한 관점에서 자료와 정보를 읽고 살펴볼 것인가를 충분히 숙지하고 있어야 효율적인 실사가 가능할 것이다.

Ⅲ. 법률실사의 범위와 정도

법률실사는 일반적으로 투자자의 투자의향을 담은 양해각서[2]가 체결되거나 비밀유지계약이 체결된 이후부터 시작하여 투자를 위한 계약이 체결되기 전까지 진행하고, 투자를 위한 계약이 체결된 이후라도 투자 실행시까지 확인을 위한 실사를 진행할 수도 있다.

법률실사의 범위와 정도는 투자 대상의 종류, 투자자가 예상하는 투자위험의 크기와 정도, 투자 대상에 대하여 투자자가 기존에 가지고 있는 이해의 정도, 실사에 주어진 시간과 동원 가능한 인적·물적 자원, 실사비용과 부담 주체(특히 투자가 성사되지 않을 경우) 등 다양한 요소를 고려하여 당사자들의 협의로 결정될 것이다.

흔히 다른 회사의 주식을 취득할 경우 법률실사를 하는 경우가 많은데, 주식투자는 대출과 비교하여 상대적으로 높은 위험을 부담하기 때문에 법률실사를 하여야 할 필요가 큰 것이고, 상대적으로 위험의 부담이 낮은 대출이라 하여 법률실사가 필요 없는 것이 아니며, 필요에 따라 법률실사를 하는 경우도 많다.

투자자가 이전에 동일한 또는 유사한 투자 대상에 투자해 본 경험이 있어 이미 상당한 정보와 지식을 가지고 있는 경우에는 법률실사의 범위가 줄어들 수 있을 것이다. 투자 대상이 해외에 있을 경우 해당 국가의 법률에 대한 이해

---

2) '양해각서'에 관하여는 제1편 제2장 제2절 Ⅱ. 2. 참조

가 부족하므로 해당 국가의 변호사에 의한 전면적인 실사가 필요한 경우가 많을 것이다.3) 내국인이 국내에 투자할 경우 상대적으로 법률실사의 범위와 정도가 좁거나 낮을 수 있을 것이다. 흔히 국내 기관투자자들이 국내 부동산 개발사업에 대한 대출을 취급할 때에 이미 부동산 개발사업에 익숙하거나 쉽다고 여긴 나머지 변호사에게 대출약정서의 작성과 대출실행의 업무만을 맡기고, 법률실사나 대출조건에 관한 법률자문을 생략하는 경우가 많다. 그러나 간혹 대출계약서의 문제가 아니라 대출 취급 이전부터 존재하였던 법률문제를 간과하거나 자세히 살피지 아니하여 크게 낭패를 보는 경우가 있으니 제한된 범위 내라도 법률실사나 대출조건에 관하여도 법률자문을 받을 필요가 있겠다.

법률실사의 범위와 정도에 관한 일정한 기준이 있는 것은 아니지만 유사한 종류의 투자에 있어 일반적으로 상대방으로부터 받아야 할 만한 진술 및 보장을 기준으로 그러한 진술 및 보장에 위반될 여지가 있는지를 조사하면 크게 빠트리는 점은 없을 것이다. 물론 법률실사 결과 밝혀진 법적 문제를 바탕으로 특별한 진술 및 보장을 받아낼 수도 있을 것이다. 진술 및 보장에 관하여는 다시 자세히 살펴볼 것이나 주로 다음의 사항이 법률실사의 대상이 될 것이다.

① 상대방의 계약의 체결과 효력에 미치는 사항
② 상대방에 관한 분쟁절차나 도산절차 등 상대방의 이행능력에 관한 사항
③ 투자 대상의 권리나 수량에 관한 사항
④ 투자 대상의 가치에 영향을 미치는 사항(투자 대상이 회사인 경우 회사의 사업, 자산, 부채, 운영, 세무, 분쟁 등)

법률실사를 수행한 변호사는 법률실사의 결과를 보고서로 작성하여 투자자에게 제출한다. 법률실사는 투자를 위한 계약의 체결시나 계약에서 약정된 투자가 실행될 때까지 계속될 필요가 있기 때문에 적절한 시점에 법률실사보고서의 초안이나 요약된 보고서를 제출하고, 계약의 체결시나 투자의 실행시 그때까지 이루어진 법률실사의 결과를 반영하여 확정된 법률보고서를 제출하는 것이 일반적이다. 법률실사보고서는 법률실사의 목적에 부합하게 투자자가 실

---

3) 조사·검토하여야 할 계약이나 서류의 언어로 해독하기 어려운 문제도 있을 것이다.

사의 결과를 이해하기 쉽게 작성하고,[4] 법률실사 결과 발견된 법률문제에 관하여 가장 적합한 해결책과 대안을 제시할 수 있어야 할 것이다. 변호사로서는 법률실사 결과 밝혀진 법률문제가 어떠한 법률효과를 가지는지, 거래를 완결하기 전이나 그 이후라도 일정한 기간 이내에 치유될 수 있는 성질의 것인지, 치유하기 위해서는 어떠한 조치나 절차가 필요한지, 치유하지 않고 거래를 계속할 경우 위험이 현실화될 가능성과 정도 등에 대한 분석을 제공할 필요가 있다.

제 2 절   투자조건

Ⅰ. 개요

투자자는 실사를 통하여 밝혀진 투자위험을 기초로 상대방과 상업적 거래조건(필요한 경우 법적 조건 포함)을 협상하고 장래 체결될 구속력 있는 계약의 주요 조건(term sheet)을 작성한다. 거래당사자가 내부 또는 제3자에게 보고하거나 승인 등을 받기 위하여 term sheet을 작성하고, 거래당사자 사이에서 투자조건을 이해하기 위하여 term sheet을 서로 공유한다. term sheet의 작성에는 초기 단계에서 투자 대상에 대한 실사에 앞서 투자조건을 간략히 기재하는 방법부터 실사를 완료한 후 상세한 투자조건을 기재하는 방법까지 다양한 형식이 존재한다.

term sheet은 문자 그대로 투자조건을 기재한 것에 불과한 것이므로 그 자체의 법적 효력의 유무를 논하는 것은 의미가 없으며, term sheet를 마련한 후 그에 관하여 당사자들이 과연 어떠한 뜻을 밝혔는가에 따라 그 법적 성질이 결정된다. 실무상 당사자들은 거래의 원활한 진행을 위하여 장래 구속력 있는 **확정계약**[5]을 체결하기 이전에 투자조건을 담은 문서를 교환하는 경우가 많은데,

---

4) 법률실사보고서의 수령자가 읽어 보고 이해할 수 있을지를 염두에 두거나 배려하여 작성하여야 하겠다. 그렇지 않고 만연히 자신의 사고나 이해의 방식으로만 작성한 나머지 수령자가 법률실사보고서 자체를 다시 읽고 분석하여야 하는 어려움을 겪게 해서는 곤란할 것이다
5) 거래를 위한 최종적이고도 구속력 있는 계약을 체결하기 이전에 어떠한 구속력 있는 문

그러한 문서에는 법적 구속력이 전혀 없는 서면부터 부분적인 법적 구속력을 가지는 서면 또는 전면적으로 법적 구속력을 가지는 서면까지 다양한 형식의 문서가 있다. 아래에서는 확정계약의 체결 이전에 작성되는 다양한 문서의 종류와 효력에 관하여 살펴보기로 한다.

Ⅱ. 확정계약의 체결 전 작성되는 문서

1. 의향서

흔히 투자자는 거래의 초기 단계에서 자신의 투자에 관한 입장, 의도 등을 상대방 당사자에게 전달하기 위하여 법적 구속력이 없는 문서로 **의향서**(letter of intent; LOI)를 작성하여 상대방에게 교부하는 예가 많다.

LOI의 작성에는 특정한 형식이 없으므로 작성자가 자유로이 자신의 뜻을 기재하면 된다. LOI에는 보통 투자의 대상과 종류만을 언급하지만 간혹 아주 간략한 투자조건을 기재하는 경우도 있다. 비록 LOI가 투자를 검토하고자 한다는 의향만을 밝힐 뿐이고 법적 구속력을 가지지 않더라도 상대방에게 만연한 기대를 줄 수도 있으므로 자신의 의향의 존속기간을 명시해 둘 필요가 있다.

LOI의 법적 효력은 LOI에 기재되는 문언에 따라 달라지지만 일반적으로 작성자는 법적 구속력을 가지지 않는다는 점을 명시하므로 법적 구속력이 없는 것으로 이해되고 있다. 그러나 아무리 법적 구속력이 없다 하더라도 투자자의 평판에 영향을 미칠 수 있으므로 LOI의 발급 역시 신중할 필요가 있다.

2. 양해각서

가. 의의

투자자가 단순히 투자의 의향을 밝히는 것에 그치지 않고 나아가 투자를 위한 실사 또는 협상에 착수하기 이전에 주로 절차적인 내용을 구체적으로 담은 서면으로 흔히 **양해각서**(memorandum of understanding; MOU)로 불리는 문서를 체결하는 예가 많다.

서를 작성하는 경우, 그러한 문서 역시 계약으로서의 효력을 가짐에 다름이 없기 때문에 여기서는 장래 거래를 위하여 체결되는 최종적이고도 구속력 있는 계약을 그 이전에 체결된 구속력 있는 계약과 구별하여 '확정계약'이라고 부르기로 한다.

MOU 역시 특정한 내용과 형식이 존재하지 아니하며, 당사자들이 자유로이 자신의 뜻을 기재하면 된다. 일반적으로 MOU에 기재될 내용은 확정계약의 체결 이전에 투자를 위한 실사와 협상을 위한 절차에 관한 사항을 정한다. 주로 실사를 위하여 주어진 시간 및 방법(상대방의 실사에 대한 협력 정도)과 투자조건의 협상을 위한 기한을 정하며, 흔히 실사와 협상을 위해 약정된 기한까지는 제3자와 예정된 거래를 위한 협상하지 않겠다는 소위 **배타적 협상권**을 약정한다. MOU는 각자의 의향만을 담을 뿐 전혀 법적 구속력을 가지지 않는 경우부터 전면적인 법적 구속력을 가지고 계약과 다름이 없는 효력을 가지는 경우까지 다양하다.

나. 법적 구속력

MOU에도 사적 자치의 원리가 적용되므로 MOU가 법적 구속력을 가지는지 여부는 MOU에서 표시된 당사자의 의사에 따라 결정된다. 흔히 MOU가 법적 구속력을 가지는지 여부에 관한 약정을 누락하는 경우가 있는데, MOU라는 명칭만으로 법적 구속력이 없다고 단정할 수 없으므로 MOU의 법적 구속력을 배제시키고자 한다면 반드시 그 뜻을 명시해 두어야 한다.

흔히 MOU에서는 당사자에게 장래 확정계약을 체결하는 것을 강제하는 약정을 담지 않지만 (가) 투자자에게 배타적 협상권을 부여하는 약정, (나) 예정된 거래의 내용과 실사 및 협상 과정에서 상호 제공받은 정보를 비밀로 유지한다는 약정, (다) 확정계약의 체결 이전에 실사와 협상을 위하여 소요된 비용의 부담에 관한 약정, (라) MOU의 해제에 관한 사항이나 준거법 및 관할법원에 관한 약정은 법적 구속력을 가지는 것으로 정하는 경우가 많다. 흔히 그와 같은 구속력 있는 약정의 위반시 적용될 위약금에 관한 약정을 하기도 한다.

다. 확정계약의 체결이 강제되는 MOU

비록 MOU라 하더라도 장래 확정계약의 조건을 구체적으로 기재하고 확정계약의 체결을 강제하는 경우도 있다. 흔히 기업구조조정절차나 회생절차 중인 기업의 M&A를 위한 입찰절차에서는 안정적인 매각을 위하여 입찰참가자가 거래의 가격과 구체적인 조건을 제시하여 입찰에 참여한 결과 우선협상대상자로 선정될 경우 확정계약을 체결하기에 앞서 MOU를 체결하여 우선협상대상자에게 투자 대상에 대한 실사6)의 기회를 부여하되, 우선협상대상자는 실사의 결과 밝혀진 범위 내에서만 입찰에서 제안한 가격과 조건을 변경할 수 있을 뿐이고, 그 이외의 사유로 확정계약의 체결을 거절하거나 입찰에서 제안한 가격과 조건의 변경을 주장하는 경우에는 MOU의 위반을 이유로 소정의 위약금을 지급할 의무(또는 납부된 이행보증금의 몰취)를 부담하도록 하는 내용의 MOU를 체결하는 경우가 많다.

대법원은 M&A거래에서 우선협상대상자가 MOU 체결 후 실사가 완료되지 아니한 경우라도 일정한 기간 내에 확정계약의 체결을 할 것을 약정하였음에도 불구하고 MOU와 상반된 주장을 하며 확정계약의 체결을 거부하여 그 기간 내에 확정계약이 체결되지 아니한 경우에는 우선협상대상자의 책임 있는 사유로 MOU가 해제되는 경우에 해당하여 우선협상대상자가 기납부한 이행보증금 및 그 발생이자는 위약벌로 매도인들에게 귀속된다는 약정이 적용될 수 있다고 판시하였다.7)

일반적으로 양해각서 체결시 납부한 이행보증금이 위약금(손해배상의 예정)으로 해석되든 위약벌로 해석되든 감액되기는 어렵지만8) 이행보증금이 과다하다는 이유로 전액 몰취하는 것은 부당하다고 판단한 사례도 있다.9)

라. 합의각서

흔히 확정계약을 체결하기에 앞서 MOU보다 강한 법적 구속력을 가지려는 의도에서 **합의각서**(memorandum of agreement; MOA)라는 이름으로 거래의 가격

---

6) 흔히 입찰의 전제가 되는 사실 및 법률 관계의 확인을 위한 목적으로 한정되는 경우가 많다.

7) 대법원 2016. 7. 14. 선고 2012다65973 판결. 다만 동 판결은 MOU를 체결하면서 '매수인의 책임 있는 사유로 양해각서가 해제되는 경우 매수인이 기납부한 이행보증금 및 그 발생이자는 위약벌로 매도인에게 귀속된다'는 조항을 MOU의 다른 조항들과 함께 살펴보면 매수인의 귀책사유로 양해각서가 해제됨으로써 발생하게 될 모든 금전적인 문제를 오로지 이행보증금의 몰취로 해결하고 기타의 손해배상이나 원상회복청구는 명시적으로 배제하여 매도인에게 손해가 발생하더라도 매도인은 이에 대한 손해배상청구를 할 수 없도록 한 점, 이행보증금을 통하여 확정계약 체결을 강제하는 한편 향후 발생할 수 있는 손해배상의 문제도 함께 해결하고자 하였던 것으로 보이는 점 등을 종합하면, 이행보증금은 손해배상액의 예정으로서의 성질을 가지므로 그 액수가 부당히 과다하다면 법원이 이를 감액할 수 있는 것으로 판단하였다.

8) 대법원 2008. 2. 14. 선고 2006다18969 판결, 대법원 2008. 11. 13. 선고 2008다46906 판결

9) 대법원 2016. 7. 14. 선고 2012다65973 판결. 위약금(손해배상의 예정)과 위약벌에 관하여는 제1편 제3장 제3절 III 참조

과 조건이나 절차를 구체적으로 약정하는 경우도 있다. MOA의 법적 구속력도 MOA에서 표시된 당사자의 의사에 따라 결정되므로 확정계약의 체결을 강제하는 법적 구속력을 가지는 MOU와 크게 다를 바 없다.

3. 투자확약서

흔히 확정계약을 체결하기에 앞서 투자자는 투자의 조건이나 절차를 구체적으로 정하고 그와 같은 조건으로 투자를 실행할 것을 확약하기 위하여 **투자확약서**(letter of commitment: LOC)를 작성하여 교부하기도 한다. 일반적으로 금융기관이나 기관투자자는 내부(투자)승인 절차를 마련해 두고 반드시 내부승인이 이루어진 연후에 투자를 실행한다. 따라서 LOC는 그와 같은 내부승인절차를 모두 마친 이후 LOC에서 정한 조건으로 투자할 것임을 조건 없이 확약하는 법적 구속력이 있는 문서이며, 이를 위반하는 경우 손해배상책임을 부담하게 된다. LOC를 발급하는 경우 LOC에서 정한 조건에 따라 투자를 실행하여야 할 의무를 부담하고 투자의 실행에 따른 위험을 부담하게 되므로 대개 LOC에 따른 투자를 확약하는 대가로 일정한 수수료를 수취한다.

흔히 투자자가 내부(투자)승인이 이루어질 것을 조건으로 투자를 확약하는 소위 **조건부 LOC**를 발급하기도 한다. 조건부 LOC의 법적 구속력 역시 조건부 LOC에서 표시된 당사자의 의사에 따라 결정될 것이지만 내부(투자)승인은 결국 투자자 자신의 의사결정이므로 조건부 LOC는 사실상 LOI 정도로 취급될 수밖에 없다. 흔히 입찰절차에서 매도인은 입찰참가자의 자금조달능력을 입증하기 위하여 금융기관이나 기관투자자의 LOC를 제출하도록 요구하는 경우가 많다. 금융기관이나 기관투자자는 투자조건이 확정되지 않은 상태에서 내부승인절차를 취하기 어렵기 때문에 조건부 LOC를 제출하기도 하지만 LOC와 조건부 LOC는 본질적으로 법적 성질이 다른 문서이므로 LOC의 제출을 명시적으로 요구하는 입찰절차에서 조건부 LOC만으로 입찰참가의 자격이나 자금조달능력이 인정되기 어려울 수도 있다.

Ⅲ. 확정계약 체결의 무산에 따른 당사자의 책임

MOU 등에서 당사자들이 달리 정하지 않는 한, 일반적으로 계약자유의 원칙에 따라 계약이 체결되기 이전에는 계약 체결을 위한 협상을 하는 당사자는 계약상 아무런 책임을 부담하지 아니한다. 그러나 계약 체결을 위한 준비단계 또는 계약의 성립과정에서 당사자 일방이 책임 있는 사유로 상대방에게 손해를 끼친 경우에는 이를 배상할 책임을 부담할 수 있다(민법 제535조).

어느 일방이 교섭단계에서 계약이 확실하게 체결되리라는 정당한 기대 내지 신뢰를 부여하여 상대방이 그 신뢰에 따라 행동하였음에도 상당한 이유 없이 계약의 체결을 거부하여 손해를 입혔다면 이는 신의성실의 원칙에 비추어 볼 때 계약자유 원칙의 한계를 넘는 위법한 행위로서 불법행위를 구성한다.[10] 다만 계약자유의 원칙상 계약교섭에 있어서 당사자는 그 의사에 따라 계약을 체결하거나 하지 않을 자유가 있고, 원칙적으로 언제라도 일방적으로 계약교섭을 중단하거나 철회할 수 있는 것이므로 이러한 계약자유의 원칙을 제한하는 법리는 매우 엄격하고 제한적으로 해석되어야 한다.[11]

계약교섭의 부당한 중도파기가 불법행위를 구성하는 경우, 상대방에게 배상책임을 지는 것은 계약체결을 신뢰한 상대방이 입게 된 상당인과관계 있는 손해이고, 한편 계약교섭 단계에서는 아직 계약이 성립된 것이 아니므로 당사자 중 일방이 계약의 이행행위를 준비하거나 이를 착수하는 것은 이례적이라고 할 것이므로 설령 이행에 착수하였다고 하더라도 이는 자기의 위험 판단과 책임에 의한 것이라고 평가할 수 있지만 만일 이행의 착수가 상대방의 적극적인 요구에 따른 것이고, 바로 위와 같은 이행에 들인 비용의 지급에 관하여 이미 계약교섭이 진행되고 있었다는 등의 특별한 사정이 있는 경우에는 당사자 중 일방이 계약의 성립을 기대하고 이행을 위하여 지출하였거나 지출할 것이 확실한 비용 상당의 손해가 상당인과관계 있는 손해에 해당한다.[12]

---

10) 대법원 2003. 4. 11. 선고 2001다53059 판결, 대법원 2004. 5. 28. 선고 2002다32301 판결 등
11) 대법원 2001. 6. 15. 선고 99다40418 판결
12) 대법원 2008. 5. 29. 선고 2006다12305 판결

제3절 계약서의 작성

I. 계약서

1. 계약서의 기능

법적으로 **계약**과 **계약서**는 구별되는 개념이다. 당사자들 사이의 의사표시의 합치인 계약은 당사자의 구두만으로도 성립되고, 계약서와 같은 서면은 계약이 성립되기 위한 요건은 아니며, 계약이 성립되었음을 증명하는 증거방법 중에 하나에 불과하다. 계약이 성립되었다는 점은 반드시 계약(서)라는 제목으로 작성된 서면뿐만 아니라 계약(합의)의 내용이 담긴 여하한 종류의 서면, 전자매체, 녹취, 증인의 증언 등 민사소송법에서 허용되는 다양한 증거 방법으로 증명될 수 있다. 실제 계약과 관련된 소송에서 많은 경우 계약서뿐만 아니라 다양한 증거를 바탕으로 당사자들의 진정한 의사가 무엇인가를 규명하는 일이 핵심이 된다.

민사소송에서 각종 계약서, 약정서, 각서, 차용증서, 합의서와 같이 증명하고자 하는 법률행위가 그 문서 자체에 의하여 이루어진 경우 그 문서를 **처분문서**라 한다. 처분문서의 경우 문서에 날인된 도장의 인영(印影)이 자신의 도장에 의한 것이라고 인정하게 되면,[13] 그 문서가 자신에 의해 작성되었다고 추정[14]되고, 수긍할 수 있는 반증이 없는 한, 그 문서에 기재된 내용과 같이 의사표시가 존재한 것으로 그대로 인정된다. 하지만 처분문서라 할지라도 그 기재 내용과 다른 명시적·묵시적 약정이 있는 사실이 인정될 경우에는 그 기재 내용과 다른 사실을 인정할 수 있고, 작성자의 법률행위를 해석함에 있어서도 경험법칙과 논리법칙에 어긋나지 않는 범위 내에서 자유로운 심증으로

---

13) 인감의 신고인이 행정기관에 방문하여 신청하는 인영(문서에 찍힌 도장의 흔적)이 현재 행정기관에 미리 신고한 인영과 동일하다는 것을 증명하는 서면으로 인감증명법에 의한 개인의 인감증명서와 상업등기규칙에 의한 법인의 인감증명서가 있다. 인감증명서는 계약서 등 문서에 찍힌 인영이 인감증명서의 인영과 동일한지 여부를 대조함으로써 계약서 등의 문서에 찍힌 인영이 본인의 인감도장에 의한 것임을 증명한다.

14) 민사소송법 제358조

판단할 수 있다. 당사자 사이에 계약의 해석을 둘러싸고 이견이 있어 처분문서에 나타난 당사자의 의사해석이 문제되는 경우에 그 해석은 문언의 내용, 그와 같은 약정이 이루어진 동기와 경위, 약정에 의하여 달성하려는 목적, 당사자의 진정한 의사 등을 종합적으로 고찰하여 논리와 경험칙에 따라 합리적으로 해석하여야 한다.[15)

2. 계약서 문장의 기술 방법

계약서의 문구는 '누가, 언제, 누구에게, 무엇을, 어떻게' 순서로 당사자들의 합의 내용(권리와 의무)을 정확하게 기재한다. 계약은 채권(특정인의 특정인에 대한 권리)의 발생을 목적으로 하는 당사자들 사이의 합의이고, 계약서에 기재되는 권리의무의 발생 원인은 당사자들의 합의라는 것이 이미 전제된 것이므로 계약서에서 권리의무가 '왜' 발생한 것인지를 기재하는 것은 어색하기 그지없다.

계약서 문구의 주어는 권리의무의 주체인 계약의 당사자가 되는 것이 원칙이고, 주어와 동사를 일치시키는데 주의하여야 함은 두말할 나위가 없다. 한글은 表意문자인 한자어를 사용하고 있는 특성상 자칫 문장이 주부와 술부로만 나뉘어져 정확한 법적 의미를 전달하지 못한 경우가 종종 발생한다. 한자어의 특성상 흔히 계약의 당사자를 주어로 삼지 않고 당해 문장에서 언급하고자 하는 가장 핵심적인 단어(대개 목적어)를 주어로 앞세우고 기술하는 바람에 계약의 당사자는 어떠한 행위(채권과 채무)하여야 하는지 이해하기 어려운 일이 종종 발생한다. 또한 한자어의 특성상 문장의 구성요소 중 일부가 누락되더라도 대충 뜻을 짐작할 수 있어 문장의 구성요소를 누락하여 기술하는 경우가 많은데 그와 같은 누락은 문언의 정확한 이해에 장애가 된다. 한글로 작성된 계약서를 영어로 번역해 보면 그러한 문제를 쉽게 발견할 수 있는 경우가 많다.

다음에서 설명하는 바와 같이 계약에서 법률조건은 거래에 따라 발생할 수 있는 위험을 당사자들 사이에 어떻게 배분할 것인가가 핵심이고, 그러한 배분의 논리는 용어의 정의부터 선행조건, 진술 및 보장, 준수사항, 손해배상, 계약의 해제(여신거래의 경우 기한의 이익 상실)에 이르기까지 상호 유기적으로 정교하게 연결되어 반영된다. 계약서 작성시 특히 비전문가는 계약의 어느 한 부분

---

15) 대법원 1996. 4. 9. 선고 96다1320 판결

에서 어떠한 주제가 언급되면 그와 관련된 모든 문제를 한꺼번에 기술하고 싶은 유혹을 떨쳐 내기 쉽지 않다. 용어의 정의는 용어를 구분하기 위한 정도로 충분한 것이고 본문에서 다루어야 될 내용까지 용어의 정의에서 기술할 필요는 없을 것이다. 어떠한 사항은 위와 같은 위험의 배분이 정교하게 반영되기 위해서 용어의 정의, 선행조건, 진술 및 보장, 준수사항, 손해배상, 계약의 해제(또는 기한의 이익 상실) 등 곳곳에서 그에 알맞게 기술되어야 할 필요가 있는데, 어느 한 부분에서 집중하여 서술하거나 여러 부분에서 반복적으로 기술하면 자칫 상호 모순되는 오류가 발생할 수도 있으니 주의하여야 한다.

Ⅱ. 계약서의 서술체계

계약서의 내용은 크게 **상업적 조건**(commercial terms)과 **법률조건**(legal terms)으로 구분할 수 있다. 상업적 조건은 당사자들의 의도하는 경제적 목적을 정확하게 기재하는 것이 중요하며, 법률조건은 장래 발생할 수 있는 위험을 당사자들 사이에 어떻게 배분할 것인가가 핵심적인 내용이 된다.

현재 국내에서 다양한 금융투자를 위하여 사용되는 계약서의 서술 체계는 대부분 영미식 서술체계에 뿌리를 두고 있다. 1997년 IMF 금융위기가 발생되기 이전에는 국제금융거래나 국내 달러표시 금융거래를 위해 영미식 계약서 양식을 사용하였으나 원화표시 국내거래에 영미식 계약서의 서술체계로 작성하는 예는 드물었다.[16] IMF 금융위기 이후 금융기관의 준법감시(compliance)가 국제적인 표준에 부합하도록 강화되었고, 국내에서도 프로젝트금융이나 자산유동화 등 구조화된 금융투자기법이 활발하게 이용되면서 외부 변호사에게 금융투자를 위한 법률업무를 위탁하게 되었고, 당시 변호사들은 다양한 종류의 금융투자를 위한 계약서를 준비하면서 영미식 계약서를 한글로 번역하여 사용하였다.

---

16) 당시에는 국내 소수 대형 로펌만이 영미식 계약서 양식을 이용하여 금융투자를 위한 법률자문업무를 수행하였고, 현재와 같이 프로젝트금융, 자산유동화 등 다양한 형식의 국내 금융투자가 활발하지 않았을 뿐더러 금융기관의 원화표시 대출이나 보증 등 전통적인 방식의 여신 취급을 위한 계약서는 주로 금융기관의 고유 양식의 약관을 사용하였고, 그러한 원화표시 여신을 위하여 계약서 작성 등을 위한 법률자문을 외부 변호사에게 위임하는 업무 관행도 확립되지 않았다.

그런데 영미식 계약서의 서술체계가 우리나라 민사법 체계에 맞지 않는 부분이 있어 이를 정확하게 교정하여 사용하여야 할 필요가 있음에도 불구하고 한국법을 준거법으로 삼으면서도 만연히 영미식 계약서를 그대로 베껴 사용한 결과 계약의 이해, 해석과 적용에 많은 어려움이 발생되고 있다.[17]

특히 후술하는 바와 같이 많은 경우 영미식 계약서 서술체계에서 사용되는 'representations & warranties'를 '진술 및 보장'[18]으로 번역하여 사용하는데, 한국법상 representations & warranties의 법적인 의미에 정확하게 일치하는 관념이 없으므로 한국법을 준거법으로 할 경우 진술 및 보장의 계약상 의미에 관하여 주의할 필요가 있다.

Ⅲ. 계약서상 법률조건의 구성

1. 위험의 배분과 법률조건

영미식 계약서의 서술체계에서 법률조건은 장래 발생할 수 있는 위험을 당사자들 사이에 어떻게 배분할 것인가라는 관점에서 주로 (가) 진술 및 보장, (나) 준수사항, (다) 손해배상, (라) 계약의 해제(여신거래의 경우 기한의 이익 상실)로 구성된다. 일반적으로 계약의 당사자가 약정된 거래를 실행할 의무는 일정한 조건(선행조건)이 성취되어야 발생하는 것으로 정하는데, 선행조건 역시 당사자들 사이에 위험을 배분하는 역할을 한다.

다음과 같이 진술 및 보장, 준수사항, 선행조건, 손해배상과 계약의 해제(여신거래의 경우 기한의 이익 상실)는 상호 유기적으로 연결되어 그 사유나 내용을 어떻게 정할 것인가에 따라 장래 일정한 위험(일정한 사유의 발생이나 부존재)이 발생할 경우 이를 누구의 책임과 부담으로 귀속시킬 것인지(각 당사자의 권리의 발생이나 의무로부터의 해방)를 정하는 기능을 하게 된다.

그 이외 법률조건으로 양도절차, 통지절차, 준거법, 관할법원의 합의 등이

---

17) 영문계약서의 단어 그대로(word for word)의 번역에 집착한 나머지 계약의 내용이 한국법에 맞지 않을 뿐만 아니라 한글임에도 읽기가 극히 어려운 결과도 발생한다. 금융투자를 위한 계약서가 한글로 작성되자 많은 변호사들이 쉽게 베껴 사용할 수 있게 되었지만 여전히 그러한 문제에 대한 깊은 이해나 교정없이 만연히 답습되고 있다.

18) 실무에서 'representations & warranties'를 '진술과 보증'이라 번역하여 사용하기도 하지만 민법상 보증과 구별되어야 하므로 '진술 및 보장'으로 번역하여 사용하는 것이 타당하다.

있다.

2. 진술 및 보장

진술 및 보장(representations & warranties)은 계약의 일방 당사자가 상대방 당사자에 대하여 '계약의 체결시'나 약정된 '거래의 실행시' 등 특정한 시점을 기준으로 일정한 법률문제와 사실에 관한 상태가 진실하다는 점을 확인하는 약정을 의미한다. 진술 및 보장은 특정 시점을 기준으로 법률문제와 사실에 관한 상태를 대상으로 한다는 점에서 장래 일정한 행위를 하여야 할 의무를 정하는 준수사항(covenants)과 구별된다. 어느 당사자의 진술 및 보장이 모두 진실하여야 한다는 것을 상대방 당사자가 계약에 정한 자신의 의무를 이행하기 위한 선행조건으로 삼고, 진술 및 보장이 허위일 경우 상대방 당사자에게 손해배상책임을 부담하게 되고, 나아가 상대방 당사자에 의한 계약의 해제 사유가 된다.

3. 준수사항

준수사항(covenants)은 계약의 당사자가 일정한 작위(적극적 준수사항; affirmative covenants) 또는 부작위(소극적 준수사항; negative covenants)의 의무를 부담하는 약정을 의미한다. 어느 당사자가 준수사항을 모두 이행할 것을 상대방 당사자가 계약에서 정한 자신의 의무를 이행하기 위한 선행조건으로 삼고, 준수사항을 위반할 경우 상대방 당사자에게 채무불이행의 책임을 부담하게 되고, 나아가 상대방 당사자에 의한 계약의 해제 사유가 된다.

진술 및 보장 이외에 선행조건, 준수사항, 손해배상과 계약의 해제나 기타 법률 조건의 법적 성질은 우리나라 민사법체계에서도 이해하기에 그리 어려움이 없으므로 아래에서는 진술 및 보장의 법적 의미에 관하여 구체적으로 살펴보고자 한다.

Ⅳ. 진술 및 보장

1. 진술 및 보장의 내용

진술 및 보장의 구체적인 내용은 거래의 종류나 당사자들의 협상의 결과에 따라 다르지만 주로 다음과 같은 사항이 진술 및 보장의 대상이 된다.

① 각 당사자에 의한 계약의 성립과 효력에 관한 사항[19]

(가) 당사자의 권리능력(법인의 경우 적법한 설립과 존속, 자산의 보유와 사업을
영위할 수 있는 권한)의 보유

(나) 당사자의 행위능력(계약의 체결과 이행을 할 수 있는 권한의 존재, 내부적
인 수권절차의 완료)의 보유

(다) 계약의 적법·유효한 체결(계약의 체결과 이행을 위하여 요구되는 정부기
관의 인허가나 제3자의 동의의 획득, 계약의 체결과 이행이 법률과 당해 당사
자가 체결한 다른 계약이나 의무에 위반되지 아니한다는 점을 포함한다)

(라) 계약에 따른 의무가 적법·유효한 구속력을 가지고, 계약의 내용대로
의 집행 가능하다는 점

(마) 담보의 설정이 약정된 경우, 적법·유효한 담보의 설정

② 당사자에 관한 분쟁절차나 도산절차의 부존재 등 당사자의 신용에 관한 사항

③ 자산의 양도인이 양도목적물의 권리나 수량에 관하여 하는 진술 및 보장

(가) 양도인이 목적물에 대하여 담보권이나 법적 제한이 없는 완전한 소유
권을 가지고 있다는 점

(나) 양수인이 목적물에 대한 담보권이나 법적 제한이 없는 완전한 소유권
을 취득할 수 있다는 점

(다) 부동산 등 실물자산의 매매거래의 경우, 실물자산의 내용[20]

(라) 주식거래의 경우, 주식을 발행한 회사의 자본구조에 관한 사항(상대방이
약정된 주식거래로 당해 회사의 일정한 지분을 취득할 수 있다는 점)

④ 주식(주식연계증권 포함)의 인수나 매매의 경우, 신주의 발행회사나 구주의 매
도인이 대상회사(주식의 발행회사)의 상태에 관한 진술 및 보장

(가) 회사의 자산(지적재산권 포함)에 대한 사항

　　(1) 주요 자산에 대한 소유권이나 사용권의 보유

　　(2) 자회사나 기타 투자자산 등 위험자산의 부존재

---

19) 여신거래에서는 대주와 같이 여신을 제공하는 자는 진술 및 보장을 하지 않는 것이 관행
이다.

20) 영업양수도나 그에 준하는 자산양수도의 경우에는 목적물의 권리나 수량의 하자에 관한
사항이 될 수도 있을 것이다.

(나) 회사의 영업에 관한 사항

    (1) 사업에 필요한 인허가 획득

    (2) 영업이나 재무 관련 주요 계약과 그 위반 사실의 부존재

    (3) 적절한 보험의 가입

    (4) 법령의 준수

    (5) 환경법의 준수와 환경 관련 분쟁의 부존재

    (6) 근로관계에 관한 사항

(다) 회사의 재무(부채)에 관한 사항

    (1) 제3자를 위한 담보의 제공이나 보증의 제공 사실의 부존재

    (2) 재무정보(재무제표)와 기록의 정확성, 중대한 부정적 변경의 부존재, 우발채무나 부외부채의 부존재

    (3) 제세공과금의 적기 납부

(라) 특수관계인 사이의 거래의 부존재

(마) 소송 등 분쟁의 부존재

(바) 도산절차의 부존재

⑤ **여신거래의 경우, 채무자의 신용 등에 관한 진술 및 보장**

(가) 여신채권이 다른 일반채권과 동순위로 취급되는 점

(나) 여신의 기초가 되는 채무자의 자산이나 사업과 관련하여 적법한 권리나 지위의 보유, 인허가의 획득이나 채무자의 법령의 준수 등 건전성 유지

(다) 여신의 기초가 주요 계약이나 거래의 적법·유효와 그 위반의 부존재

(라) 여신의 기초가 되는 채무자의 부채 상태(재무제표, 제3자를 위한 담보나 보증 제공, 부채의 현황, 우발부채의 부존재, 제세공과금의 적기 납부 등)에 관한 사항

(마) 기한의 이익 상실 사유의 부존재

⑥ **국제여신거래의 경우, 추가적으로 포함되는 진술 및 보장**

(가) 이자소득에 대한 원천징수에 관한 사항

(나) 대주가 여신의 취급으로 채무자에 고정사업장이 있는 것으로 간주되지 않는다는 점

   (다) 준거법과 관할법원의 합의의 유효

   (라) 관할법원의 판결의 채무자 소재지국에서의 집행 가능성

   (마) 여신거래가 상업적 거래로서 채무자가 주권면제[21])를 받을 수 없다
       는 점

⑦ 상대방에게 제공한 정보의 정확성과 약정된 거래를 위하여 필요한 정보를 모두
   제공하였다는 점

2. 진술 및 보장의 대상과 범위

진술 및 보장의 내용은 계약의 당사자들이 합의한 진술 및 보장의 구체적
인 문언에 따라 결정된다.

가. 공개부록

계약의 본문에 기재된 진술 및 보장의 문언의 보다 구체적인 내용, 예를 들
어 자산, 부채나 계약의 목록이나 문서의 사본 등은 별도의 부록에 기재하여
계약서에 첨부한다. 계약의 본문에 기재된 진술 및 보장의 문언에 반하거나 예
외적인 사유 역시 별도의 부록(소위 **공개부록**; disclosure letter 또는 disclosure
schedule)에 기재하여 계약서에 첨부한다.

진술 및 보장을 제공받는 당사자는 공개부록에 기재된 내용을 인지하고 이
를 전제로 계약을 체결하는 것이므로, 달리 정함이 없는 한, 향후 공개부록에
기재된 사항을 이유로 진술 및 보장의 위반 책임을 물을 수 없게 된다. 공개부
록에 기재된 사항은 주로 가격에 반영되어 진술 및 보장을 제공받는 자가 그에
관한 위험을 부담하게 된다. 만약, 공개부록의 내용이 거래의 법적 효력 자체
에 영향을 미치거나 가격으로 반영될 수 없는 사항이라면, 계약의 체결 자체가
무산되거나 계약은 체결하되 그러한 사항이 해소될 것을 약정된 거래를 완결
하기 위한 선행조건으로 삼게 된다.

계약 체결시 작성된 공개부록을 약정된 거래를 이행할 때에 변경하고자 할
경우 원칙적으로 진술 및 보장을 제공받은 당사자의 동의가 필요하다.

---

21) 국제법상 국가에 인정되는 법적인 면책을 말하며, 이에 따라 국가에게 귀속되는 행위와
   국가의 재산은 타국의 재판관할권으로부터 면제될 수 있는 권리를 가진다.

나. 중대성

진술 및 보장에 위반되는 정도가 거래를 무산시키거나 거래의 가격을 조정할 정도가 아닐 경우에는 흔히 **중대한**(material), **중대한 부정적 영향**(material adverse effect) 또는 **중대한 부정적 변경**(material adverse change)[22]과 같은 용어를 사용하여 진술 및 보장의 범위를 제한[23]함으로써 진술 및 보장의 위반에 이르지 않도록 하는 경우가 많다.

다. 진술 및 보장을 제공하는 당사자의 인식

일반적으로 진술 및 보장을 제공하는 당사자의 고의나 과실과 상관없이 진술 및 보장의 위반에 따른 손해배상을 적용하고자 하는 것이 당사자의 의사이므로 진술 및 보장을 제공하는 당사자에게 진술 및 보장의 위반에 대한 고의나 과실과 상관없이 진술 및 보장의 위반에 따른 책임을 부담한다고 본다.

이에 진술 및 보장을 제공하는 당사자가 미쳐 인지하지 못하였거나 인지할 수 없는 사정까지 진술 및 보장하기 어려운 경우에는 당해 당사자가 '아는 한'(to the knowledge) 또는 '최선을 다하여 알 수 있는 한'(to the best knowledge)과 같은 용어를 사용하여 진술 및 보장의 범위를 제한함으로써 진술 및 보장의 위반에 이르지 않도록 하는 경우가 많다.

3. 진술 및 보장의 위반의 효과

진술 및 보장의 내용을 구체적으로 살펴보면, 계약의 무효, 취소나 해제의 사유, 매매에 있어 하자담보책임을 구성하는 사유, 조건의 성취, 손해담보의 약정 등 그 성격이 다양하다.

계약자유의 원칙상 이러한 사유를 모두 진술 및 보장으로 약정하였으니 진술 및 보장이 허위일 경우에는 모두 채무(약정)의 불이행에 따른 책임을 부담하는 것으로 볼 수도 있을 것이다.[24] 그러나 진술 및 보장의 위반이 단순히 거

---

22) '중대한 부정적 영향'이나 '중대한 부정적 변경'의 의미도 구체적으로 별도로 정의를 하기도 한다.

23) 예: 어떠한 사실의 부존재를 진술 및 보장할 경우, '중대한', '중대한 부정적 영향'이 있거나 또는 '중대한 부정적 변경'을 초래하는 어떠한 사실이 존재하지 않는다고 진술 및 보장한다.

24) 대법원 2018. 10. 12. 선고 2017다6108 판결

래 목적물의 가치에만 영향을 미치는 경우에는 손해배상(실질적으로는 거래가격의 조정)으로 상대방의 피해가 구제될 수도 있지만 (가) 진술 및 보장의 위반이 계약의 무효나 취소의 사유에 해당하는 경우에는 계약의 유효한 성립을 전제로 하는 채무불이행이라 보기는 어렵고, (나) 진술 및 보장의 위반이 계약의 해제 사유에 해당할 경우에는 원상회복 없이 손해배상으로만 상대방의 피해가 구제되기도 어렵다. 따라서 진술 및 보장의 위반에 따른 법적 책임의 성질은 위반한 진술 및 보장의 구체적인 내용에 따라 달리 판단하여야 할 것이지 일의적으로 어떠한 성질의 것이라 단정할 수는 없다.

진술 및 보장의 위반에 따른 법적 책임이 하자담보책임이라는 견해, 채무불이행책임이라는 견해 또는 손해담보약정에 따른 책임이라는 견해는 주로 M&A에 있어 신주의 발행회사나 구주 또는 영업의 매도인이 대상회사나 매매 목적물의 상태에 관한 진술 및 보장을 위반한 경우 그 책임의 성격에 관한 논의라고 이해되지만 앞서 설명한 바와 같이 진술 및 보장 전체의 법적 성질을 그와 같이 일의적으로 단정할 수 없다.

4. 진술 및 보장 위반책임의 내용

우리나라 민법상 계약이 무효, 취소나 해제에 이른 경우 당사자는 원상회복과 손해배상으로 구제된다.

실무상 진술 및 보장에 성격에 대한 이해의 부족으로 진술 및 보장의 위반에 따른 상대방의 구제수단을 손해배상으로만 규정하는 오류를 범하는 경우가 많다. 영미식 계약서 서술체계에서는 어느 당사자의 진술 및 보장의 위반시 상대방은 indemnification으로 구제되는 것으로 정한다(물론 indemnification은 진술 및 보장 위반뿐만 아니라 다른 계약상 의무 위반에 대한 책임을 포함하는 포괄적인 개념이다). Indemnification은 상대방에게 손실이 발생되지 않도록 한다는 뜻으로 우리나라 민법의 관점에서는 원상회복과 손해배상을 모두 포함하는 의미로 볼 수 있다.

영미식 계약서의 서술체계에서는 진술 및 보장의 위반에 따른 indemnification을 제한하는 경우가 많다. 대개 (가) 거래완결 후 일정한 기한까지 서면으로 책임을 청구한 경우에만 책임을 부담하고, (나) 개별 진술 및 보장의 위반에 따른 손실이 일정 금액 이하인 경우나 진술 및 보장의 위반에 따른 손실의 누적 총액이 일정 금액 이하인 경우에는 책임을 부담하지 아니하며, (다) 책임을 부담하더라도 배상금액의 한도를 정한다.

그런데 한국법을 준거법으로 하는 경우 진술 및 보장의 위반에 따른 책임을 규정함에 있어 indemnification을 단순히 '손해배상'이나 '면책의무'로 번역해서 손해배상책임을 부담한다고만 규정한다면, 진술 및 보장의 위반으로 계약이 무효, 취소나 해제되어 원상회복되어야 하는 상황임에도 불구하고 손해배상책임의 제한이 적용되어야 하는 것이 아닌가라는 해석상 오해가 발생하게 된다.

물론 거래의 목적이나 당사자의 의도 등을 파악하여 진술 및 보장의 위반으로 계약이 무효, 취소나 해제에 이른 경우 원상회복되어야 하고 손해배상책임의 제한은 적용되지 않는 것으로 해석될 수도 있겠지만 계약서에 보다 명확하게 규정해 두어야 한다. 영미식 계약서에서는 계약이 무효나 취소가 될 수 있는 진술 및 보장이나 매수인이 매매목적물의 소유권을 취득할 수 없게 되는 진술 및 보장의 위반에 대하여는 indemnification에 따른 책임의 제한이 적용되지 아니한다고 정하기도 하지만 한국법을 준거법으로 하는 경우에는 진술 및 보장의 위반으로 계약이 무효, 취소나 해제에 이른 경우 손해배상 이외에 원상회복되어야 한다는 점을 명시해 두는 것이 타당하다.

V. 분쟁의 해결

1. 재판절차

계약에 따른 권리가 실현되기 위해서 국가의 강제력(강제집행)이 필요한 경우에는 법원의 재판으로 판결을 받아야 한다.

국제거래에서 분쟁이 발생하여 어느 나라의 법원에 소송이 제기되는 경우 당해 국가의 법원은 스스로 재판관할권이 있는지 여부를 결정한다. 세계 각국은 자국에 제기된 소송에 대하여 재판관할권을 가지는지 여부를 결정하는 법률을 가지고 있으며, 일반적으로 피고의 주소지나 영업소의 소재지의 법원, 재산의 소재지의 법원과 당사자 사이에 재판관할에 합의가 있는 경우 또는 재판관할에 관한 합의가 없더라도 피고가 응소하는 경우에는 당해 소송이 제기된 법원에게 재판관할을 인정한다.

우리나라 법원은 당사자 또는 분쟁이 된 사안이 대한민국과 실질적 관련이 있는 경우에 국제재판관할권을 가지며, 이 경우 법원은 실질적 관련의 유무를 판단함에 있어 국제재판관할 배분의 이념에 부합하는 합리적인 원칙에 따라야 하고, 국내법의 관할 규정을 참작하여 국제재판관할권의 유무를 판단하되, 국제재판관할의 특수성을 충분히 고려하여야 한다(국제사법 제2조).

가. 합의관할

일반적으로 당사자들이 특정 국가의 재판관할을 합의하는 경우 자국의 재판관할권을 인정하는 국가가 많다. 이에 국제거래에서 당사자들의 합의로 특정 국가의 법원을 관할법원으로 합의하는 경우가 많은데, 특정 국가의 법원만의 재판관할을 인정하고 다른 국가의 법원의 재판관할을 배제하는 합의(**전속적 관할합의**)를 할 수 있고, 합의관할 이외에 다른 국가의 재판관할도 인정하는 합의(**비전속적 관할합의**)를 할 수도 있다. 국제금융거래에서는 채권자가 합의된 법원 이외의 다른 법원에서도 소송이나 강제집행을 할 필요가 있을 수 있으므로 비전속적 관할합의를 하는 것이 일반적이다.

대한민국 법원의 관할을 배제하고 외국의 법원을 관할법원으로 하는 전속적인 국제관할의 합의가 유효하기 위하여는, 당해 사건이 대한민국 법원의 전속관할에 속하지 아니하고, 지정된 외국법원이 그 외국법상 당해 사건에 대하여 관할권을 가져야 하는 외에, 당해 사건이 그 외국법원에 대하여 합리적인 관련성을 가질 것이 요구된다고 할 것이고, 전속적인 관할 합의가 현저하게 불합리하고 불공정한 경우에는 공서양속에 반하는 법률행위에 해당하므로 무효이다.[25]

관할법원을 합의할 경우 다양한 사항이 고려되어야 할 것이나 무엇보다도 특정 국가의 법원의 판결이 다른 국가의 법원의 승인을 얻어 당해 국가에 소재하는 채무자의 재산에 대하여 강제집행을 할 수 있는지 여부가 가장 중요할 것이다.

국제거래에서 채무자가 합의된 관할법원의 국가에 소재하지 않는 경우에는 당해 관할법원의 소장을 송달 받을 수 있는 **송달대리인**(process agent)을 지정하여 신속한 소장 송달이 가능하도록 한다.

---

25) 대법원 2011. 4. 28. 선고 2009다19093 판결

나. 외국법원의 판결

어느 국가의 법원의 판결은 당해 국가의 주권이 미치는 영역에서만 집행 가능하므로 다른 국가에서 강제집행이 되기 위해서는 당해 국가에서 승인을 받아야 하는 것이 일반적이다. 외국법원의 판결이 승인될 수 있는 요건은 나라 마다 다르며, 외국법원의 판결이 우리나라에서 집행되기 위해서는 민사소송법 제217조 제1항 각 호의 요건을 갖추어 우리나라 법원의 승인을 받은 다음 집 행판결로 그 집행을 허가 받아야 한다(민사집행법 제26조 제1항, 제27조 제2항, 민 사소송법 제217조 제1항).

① 대한민국의 법령 또는 조약에 따른 국제재판관할의 원칙상 그 외국법원 의 국제재판관할권이 인정될 것
② 패소한 피고가 소장 또는 이에 준하는 서면 및 기일통지서나 명령을 적 법한 방식에 따라 방어에 필요한 시간여유를 두고 송달 받았거나(공시송 달이나 이와 비슷한 송달에 의한 경우를 제외한다) 송달 받지 아니하였더라 도 소송에 응하였을 것
③ 그 확정재판 등의 내용 및 소송절차에 비추어 그 확정재판 등의 승인이 대한민국의 선량한 풍속이나 그 밖의 사회질서에 어긋나지 아니할 것
④ 상호보증이 있거나 대한민국과 그 외국법원이 속하는 국가에 있어 확정 재판 등의 승인요건이 현저히 균형을 상실하지 아니하고 중요한 점에서 실질적으로 차이가 없을 것

상호보증은 당해 외국이 조약 또는 그 국내법에 따라 우리나라 법원의 판결 의 당부를 조사함이 없이 민사소송법 제203조의 규정과 같거나 이보다 관대한 조건으로 우리나라 법원의 판결의 효력을 인정하는 경우를 말한다. 상호보증 은 외국의 법령, 판례 및 관례 등에 의하여 승인요건을 비교하여 인정되면 충 분하고 반드시 당사국과 조약이 체결되어 있을 필요는 없으며, 해당 외국에서 구체적으로 우리나라의 같은 종류의 판결을 승인한 사례가 없다고 하더라도 실제로 승인할 것이라고 기대할 수 있을 정도이면 충분하지만[26] 특정 국가[27]

---

26) 대법원 2009. 6. 25. 선고 2009다22952 판결 등
27) 우리나라 판례 중에는 독일, 일본, 대만, 미국, 중국과 상호보증을 인정한 것이 있고, 호 주국에 대하여 상호보증을 부정한 것이 있다.

에 대하여 일의적으로 상호보증이 인정된다고 단언하기 어렵고, 당해 판결에서 다루어진 소송 내용에 관하여 구체적으로 살펴볼 필요도 있다.

민사집행법 제27조 제2항 제2호, 민사소송법 제217조 제3호에 의하면, 외국법원의 확정판결의 효력을 인정하는 것이 대한민국의 선량한 풍속이나 그 밖의 사회질서에 어긋나지 아니하여야 한다는 점이 외국판결의 승인 및 집행의 요건인바, 외국판결의 내용 자체가 선량한 풍속이나 그 밖의 사회질서에 어긋나는 경우뿐만 아니라 그 외국판결의 성립절차에 있어서 선량한 풍속이나 그 밖의 사회질서에 어긋나는 경우도 승인 및 집행을 거부할 사유에 포함된다고 할 것이나, 민사집행법 제27조 제1항이 '집행판결은 재판의 옳고 그름을 조사하지 아니하고 하여야 한다'고 규정하고 있을 뿐만 아니라 사기적인 방법으로 편취한 판결인지 여부를 심리한다는 명목으로 실질적으로 외국판결의 옳고 그름을 전면적으로 재심사하는 것은 외국판결에 대하여 별도의 집행판결제도를 둔 취지에도 반하는 것이어서 허용할 수 없으므로, 위조ㆍ변조 내지는 폐기된 서류를 사용하였다거나 위증을 이용하는 것과 같은 사기적인 방법으로 외국판결을 얻었다는 사유는 원칙적으로 승인 및 집행을 거부할 사유가 될 수 없고, 다만 재심사유에 관한 민사소송법 제451조 제1항 제6호, 제7호, 제2항의 내용에 비추어 볼 때 피고가 판결국 법정에서 위와 같은 사기적인 사유를 주장할 수 없었고 또한 처벌받을 사기적인 행위에 대하여 유죄의 판결과 같은 고도의 증명이 있는 경우에는 당해 판결국에서 외국판결을 무효로 하는 별도의 절차를 거치지 아니하였다 할지라도 우리나라에서 승인 내지 집행을 거부할 수는 있다.[28]

하급심은 외국법원의 확정판결은 민사소송법 제217조 각 호의 요건을 모두 충족하면 우리나라에서 그 효력이 인정되고, 외국법원의 확정판결이 위 승인요건을 구비하는 경우에는 이와 동일한 소송을 우리나라 법원에 다시 제기하는 것은 외국법원의 확정판결의 기판력에 저촉되어 허용되지 않으므로, 외국법원에 소가 제기되어 있는 경우 그 외국법원의 판결이 장차 민사소송법 제217조에 의하여 승인받을 가능성이 예측되는 때에는 민사소송법 제259조에서 정한 소송계속으로 보아야 할 것이므로, 이와 동일한 사건에 대하여 우리나라 법원에 제소한다면 중복제소에 해당하여 부적법하다고 판시한 바 있다.[29]

---

28) 대법원 2004. 10. 28. 선고 2002다74213 판결
29) 부산지방법원 2007. 2. 2. 선고 2000가합7960 판결

다. 주권면제

국제법상 주권국가는 주권의 행사로 행한 행위에 대하여는 외국법원의 재판할권에 구속되지 않는 것이 원칙(**주권면제**)이다. 과거 주권면제가 광범위하게 인정되었으나 현재는 국가의 상업적 행위에 대하여는 주권면제가 적용되지 않는다는 관행이 생겼다. 대법원도 국제관습법에 의하면 국가의 주권적 행위는 다른 국가의 재판권으로부터 면제되는 것이 원칙이라 할 것이나, 국가의 私法的 행위까지 다른 국가의 재판권으로부터 면제된다는 것이 오늘날의 국제법이나 국제관례라고 할 수 없으므로 우리나라의 영토 내에서 행하여진 외국의 私法的 행위가 주권적 활동에 속하는 것이거나 이와 밀접한 관련이 있어서 이에 대한 재판권의 행사가 외국의 주권적 활동에 대한 부당한 간섭이 될 우려가 있다는 등의 특별한 사정이 없는 한, 외국의 私法的 행위에 대하여는 당해 국가를 피고로 하여 우리나라의 법원이 재판권을 행사할 수 있다고 판시하였다.[30)]

그럼에도 불구하고, 국제거래에서 주권을 행사하는 국가나 국가기관 등이 채무자가 되는 경우에는 채권자의 채권행사가 제한될 가능성이 있으므로 계약에서 당해 국가나 국가기관 등이 당사자의 거래가 상업적 거래이며, 주권면제의 대상이 되지 않는다는 점을 진술 및 보장하고, 주권면제를 포기한다는 조항을 둔다.

2. 중재

계약의 당사자들은 私法상의 권리 기타 법률관계에 관한 분쟁을 법원의 소송 절차에 의하지 않고 제3자를 중재인으로 선정하여 중재인의 결정에 따라 분쟁을 최종적으로 해결하기로 합의(**중재합의**)를 할 수 있다. 일반적으로 중재합의가 있는 경우 법원에 의한 재판절차는 배제되며, 우리나라의 경우 중재합의가 있음에도 불구하고 당사자 일방(원고)이 법원에 소송을 제기하였을 경우, 상대방(피고)이 중재합의가 있다는 항변을 하였을 때에는 법원은 소송을 각하하는 판결을 하게 된다(중재법 제9조 제1항).

중재인의 결정(중재판정)은 법원의 확정판결과 동일한 효력을 가지므로 중재판정이 일단 내려지면 소송에서와 같이 불복절차인 항소나 상고가 허용되지 않

---

30) 대법원 1998. 12. 17. 선고 97다39216 전원합의체 판결

는다(중재법 제35조). 다만 중재판정이 집행되기 위해서는 법원의 집행결정으로 그 집행을 허가 받아야 한다(중재법 제37조). 우리나라 내에서 내려진 중재판정은 중재판정취소의 소의 사유가 없는 한 승인되거나 집행된다(중재법 제38조). **외국 중재판정의 승인 및 집행에 관한 UN협약**(The United Nations Convention on the Recognition and Enforcement of Foreign Arbitral Awards, 소위 **New York 협약**)[31] 에 따라 New York 협약의 체약국에서 내려진 중재판정은 우리나라에서 승인되어 집행될 수 있으며(중재법 제39조 제1항), 우리나라에서 내려진 중재판정 역시 New York 협약의 체약국에서도 승인·집행될 수 있다.

중재는 복잡한 기술이나 사실문제에 대한 전문적인 지식을 가진 중재인에 의한 판정이 가능하고, 신속한 절차가 가능하고, 중립적인 국가나 기구에서 진행할 수 있다는 점에서 금융거래를 제외한 국제거래에서 많이 이용되고 있다. 그러나 복잡한 기술이나 사실문제보다는 정확한 법률을 적용하여 채권의 추심과 집행을 하는 것이 관건인 금융거래에서 중재가 많이 이용되지는 않는다. 다만 채무자의 소재지 국가에서 외국법원의 판결의 집행은 어렵지만 당해 국가가 New York 협약의 체약국인 경우에는 집행의 관점에서 중재를 선택하는 것을 고려할 수도 있겠다.

Ⅵ. 준거법

1. 준거법의 의의

특정한 법률관계의 해석에 적용되는 특정 국가의 법을 **준거법**이라 한다. 국제거래에서 분쟁이 발생하여 어느 나라의 법원에 소송이 제기되는 경우 당해 국가의 법원은 스스로 재판관할권이 있는지 여부를 결정하고, 재판관할권이 있다고 판단하여 재판을 할 경우에는 어느 나라 법에 따라 재판을 할 것인지를 결정한다. 세계 각국은 私法상 분쟁에 관하여 어느 나라의 법에 따라 재판을 할 것인지를 정하는 섭외사법을 두고 있고, 우리나라도 우리나라 법원에서 재판을 할 경우 적용될 준거법을 정하기 위한 **국제사법**을 두고 있다.

---

31) 약칭으로 'New York 협약'이라 하며, 2019년 10월 기준으로 161개국이 가입하였으며, 우리나라는 1973년에 가입하였다.

2. 준거법의 범위

준거법은 일반적으로 권리의무의 구체적인 내용을 규율하는 **실체법**만을 의미하고, 권리의무를 실현하는 절차를 규율하는 **절차법**은 포함되지 아니한다. 따라서 소송절차는 관할법원의 국가(**법정지국**)의 법에 따르는 것이 일반적인 원칙이다.[32]

준거법은 실체법 중에서도 주로 私法을 의미하며, 권리의무의 내용에 영향을 미치는 公法도 포함될 수는 있지만(국제사법 제6조) 외국의 공법이 우리나라의 선량한 풍속 그 밖의 사회질서에 명백히 위반되는 때에는 적용하지 아니한다(국제사법 제10조).

일반적으로 외국법을 적용하는 경우 법정지국의 공서양속 등 사회질서에 반하는 경우 당해 외국법을 적용하지 않는다. 우리나라도 외국법에 의하여야 하는 경우에 그 규정의 적용이 대한민국의 선량한 풍속 그 밖의 사회질서에 명백히 위반되는 때에는 이를 적용하지 아니하며(국제사법 제10조), 외국법이 준거법으로 지정된 경우에도 입법목적에 비추어 준거법에 관계없이 해당 법률관계에 적용되어야 하는 대한민국의 강행규정은 적용한다(국제사법 제7조).

3. 계약의 준거법의 결정

우리나라뿐만 아니라 세계 각국에서는 일반적으로 계약의 당사자들이 준거법을 결정할 수 있다는 원칙을 인정하고 있다. 국제금융거래에서는 채무자의 소재지 국가의 법률위험을 피하기 위하여 오랫동안 국제금융거래의 분쟁해결에 많은 경험과 선례를 가지고 있는 영국이나 미국 뉴욕주의 법을 준거법으로 많이 선택하고 있다. 우리나라도 계약의 준거법은 계약의 당사자가 명시적 또는 묵시적으로 선택한 법으로 하고(국제사법 제25조 제1항), 계약의 당사자들은 계약의 일부에 관하여도 준거법을 선택할 수 있다(국제사법 제25조 제2항). 당사자가 준거법을 선택하지 아니한 경우에 계약은 그 계약과 가장 밀접한 관련이 있는 국가의 법에 의하지만(국제사법 제26조 제1항) 국제계약에서는 준거법을 미리 합의하므로 법원이 준거법을 결정하는 예는 찾기 어렵다.

관할법원은 자국의 법률에 보다 정통하므로 일반적으로 준거법의 국가(**준거**

---

32) 대법원 1988. 12. 13. 선고 89다카1112 판결

법국)과 관할법원의 국가(**법정지국**)를 동일한 국가로 선택하지만 반드시 준거법 국과 법정지국이 반드시 일치하여야 하는 것은 아니다. 준거법은 미국 뉴욕주의 법으로 합의하되, 관할법원은 우리나라의 법원으로 합의한 경우 우리나라 법원은 미국 뉴욕주의 법을 적용하여 재판을 하게 된다.

계약의 당사자들이 선택한 준거법은 계약의 성립과 효력, 계약의 해석, 권리의무의 발생, 변경 및 소멸, 의무불이행의 효과 등 계약의 해석에 적용되며, 다음의 사항에 대하여는 적용되지 아니한다.

① 일반적으로 당사자의 권리능력(권리의무의 주체가 될 수 있는 자격)과 행위능력은 당사자의 본국법 또는 설립지법에 따른다. 우리나라도 사람의 권리능력과 행위능력은 그의 본국법에 의하며(국제사법 제11조, 제13조 제1항), 법인 또는 단체의 권리능력과 행위능력은 그 설립의 준거법에 의한다(국제사법 제11조). 따라서 법인 또는 단체의 존속 여부, 법인 또는 단체의 권한(권리능력)의 범위, 대표권 또는 대리권에 관한 사항 등은 법인 또는 단체의 설립지 국가의 법에 따른다.

② 물건에 대한 배타적인 권리를 인정하는 물권은 강행규정의 성질을 가지므로 일반적으로 세계 각국은 물건의 소재지 국가의 법을 준거법으로 하고 있다. 우리나라도 동산 및 부동산에 관한 물권 또는 등기하여야 하는 권리는 그 목적물의 소재지법에 의하며(국제사법 제19조), 무기명증권에 관한 권리의 득실변경은 그 원인된 행위 또는 사실의 완성 당시 그 무기명증권의 소재지법에 의하며(국제사법 제21조), 채권·주식 그 밖의 권리 또는 이를 표창하는 유가증권을 대상으로 하는 약정담보물권은 담보대상인 권리의 준거법에 의한다(국제사법 제23조).

제4절 투자실행

I. 선행조건

투자자는 계약에서 정한 투자를 실행하기에 앞서 일정한 조건(선행조건)이 성취된 경우에 한하여 투자를 실행할 의무를 부담할 것을 약정한다. 이에 따라 투자자는 투자의 실행을 위한 선행조건이 충족되었는지를 충실하게 확인한 후 투자를 실행하여야 한다. 투자의 실행에 앞서 선행조건과 투자실행을 위하여 확인하여야 할 사항이나 서류를 일목요연하게 하나의 표(memorandum)로 정리하여 관계자들이 공유하는 것이 실수를 줄이고, 보다 효율적으로 투자의 실행을 준비함으로써 자칫 투자의 실행이 지연되는 사태를 방지할 수 있을 것이다.

투자의 실행을 위한 선행조건이 충족되었는지 여부는 본질적으로 투자자 자신이 스스로 검토하여 판단하여야 한다. 선행조건 중 법률적 검토나 판단이 필요한 부분에 관하여는 법률전문가인 변호사의 조력을 받을 수는 있으나 변호사는 사실관계를 기초로 법적인 평가나 판단을 제공하는 업무를 수행하는 것이지 사실관계의 문제까지 확인해 주거나 해결해 주는 역할을 하는 것은 아니다. 투자의 실행을 위한 선행조건에는 법률적인 조건 이외에도 사실에 관한 사항도 많은데 간혹 실무상 변호사로부터 투자의 실행을 위한 선행조건이 충족되었는지에 관하여 확인을 받아 투자를 실행하는 경우도 있으나 이는 온당치 않은 관행이다. 투자자의 실무자가 법적 평가나 판단을 제공하는 업무를 수행하는 변호사에게 사실확인에 관한 문제까지 맡겼다 하여 선행조건을 충실하게 확인하여야 할 것이 요구되는 책임으로부터 자유로울 수 있다고 보기는 어려울 것이다.

II. 법률의견서

금융투자에 있어 변호사의 법률의견서를 투자의 실행을 위한 선행조건의 하나로 삼는다. 법률의견서에 포함되는 법률의견은 주로 특정 당사자(주로 법률 의견서의 수취인의 상대방 당사자)에 의한 계약의 적법·유효한 체결과 집행가능성에 대한 법적 판단이고, 법률의견서의 수취인의 요청에 따라 그 이외에 다양한 법률 문제에 관한 의견이 포함될 수 있다.

1. 법률의견의 범위

가. 법률의견 대상 계약의 특정

먼저 법률의견서에는 법률의견의 대상이 되는 계약을 특정하여 기재한다. 법률의견을 제공하는 변호사가 당해 계약의 어느 당사자를 위하여 자문을 제공하는 업무를 수행하는지를 기재한다. 사정에 따라서는 대주나 투자자는 자신이 선임한 변호사뿐만 아니라 상대방 당사자가 선임한 변호사의 법률의견을 요청하기도 한다.

나. 진술 및 보장

법률의견서는 계약에서 상대방 당사자가 한 진술 및 보장 중 법적인 문제에 관하여 법률전문가인 변호사로부터 확인을 받는 기능을 하므로 원칙적으로 법률의견서에 포함될 내용은 상대방 당사자가 진술 및 보장한 내용 중 법적인 문제가 기준이 된다. 법률전문가인 변호사로부터 확인을 받아야 할 필요가 있는 법률문제라면, 계약에서 상대방 당사자로부터 그에 관한 진술 및 보장을 받아야 하는 것이 마땅하기 때문이다.

상대방 당사자가 계약에서 한 진술 및 보장에는 사실의 확인에 관한 내용이 많이 포함되어 있다. 진술 및 보장에 포함된 사실에 관한 사항은 실사를 통하여 밝혀내고 그에 대한 대책을 마련할 일이지 투자실행시 제공되는 변호사의 법률의견서로 어떠한 확인을 받을 수 있는 성질의 것이 아니다. 다만 미국 증권법에서는 증권의 공모시 '발행회사의 변호사가 실사를 수행하였고 그 결과 투자설명서(offering document)에 기재된 내용이 사실이 아니거나 투자자가 오해하지 않도록 투자설명서에 포함되어야 할 만한 내용이 누락되었다고 믿을 만한 근거(reason)가 없다'는 취지의 사실에 관한 의견(미국 증권거래법에 따른 소위 10b-5 Opinion)의 제출이 요구되기도 한다.

다. 준거법

계약의 준거법과 법률의견의 대상이 되는 특정 당사자의 설립지법이 다른 경우 '계약의 적법·유효성과 집행가능성'을 확인하기 위해서는 계약의 준거법에 관하여 자격 있는 변호사와 법률의견의 대상이 되는 특정 당사자의 설립지법에 관하여 자격 있는 변호사 모두로부터 법률의견서를 받아야 한다.

계약의 준거법에 관하여 자격 있는 변호사는 법률의견의 대상이 되는 특정 당사자의 설립지법에 따른 계약의 적법·유효성과 집행가능성에 관하여는 당해 설립지법의 자격 있는 변호사의 법률의견에 의존한다는 점을 전제로 계약의 준거법에 따른 계약의 적법·유효성과 집행가능성에 대한 법률의견을 제공한다.

2. 법률의견의 전제

변호사는 법률의견서로 일정한 사실에 근거한 법적 판단을 제공하는 것이고, 그러한 법적 판단을 하기 위한 사실관계나 증명서류의 진실성까지 보장하지는 않는다. 이에 일반적으로 법률의견을 제공함에 있어 법적 판단의 기초가 증명서류를 열거하고, 사실관계나 열거된 증명서류에 관하여 다음과 같이 일정한 전제를 하는 것이 인정된다.

① 법률의견은 특정인(주로 법률의견서의 수취인의 상대방 당사자)에 의한 계약의 적법·유효성과 집행가능성에 대한 판단을 제공한다. 법률의견서의 수취인은 스스로 자신이 체결한 계약의 성립과 효력을 다투지 않을 것이므로 굳이 자신에 의한 계약의 적법한 체결과 효력에 관한 법률의견을 받을 이유는 없을 것이다.[33] 이에 특정인에 의한 계약의 적법·유효성과 집행가능성에 대한 법률의견을 제공하는 법률의견서에는 다른 당사자가 계약을 적법·유효하게 체결하였다는 점을 가정(전제)할 수 있다.

② 간혹 계약의 체결에 앞서 계약 내용의 적법성과 집행가능성을 미리 확인하게 위하여 법률의견서를 요구할 수도 있는데, 이 경우에는 계약의 모든 당사자들이 계약서의 초안대로 체결할 것을 가정(전제)할 수 있다.

③ 계약서의 서명이 서명자의 진정한 의사로 이루어졌다는 사실

---

33) 물론 필요에 따라 법률의견서의 수취인 자신의 법률, 정관, 내규 준수 여부를 별도의 법률의견으로 확인 받아 볼 수는 있겠지만 상대방 당사자에 대한 관계에서 자신에 관한 법률문제와 그에 대한 법률의견을 계약에서 정한 자신의 의무 이행의 선행조건으로 삼을 수는 없을 것이다.

④ 이사회의 결의와 같이 계약을 체결할 권한이 있음을 입증하는 서류가 최근 작성된 것으로서 그 이후 변경되지 않았으며, 기재된 내용이 진실하다는 점

⑤ 사본으로 제출된 서류가 원본과 일치한다는 점

3. 법률의견의 한계

법률의견에는 계약의 내용대로 강제집행이 가능하다는 의견을 포함한다. 그러나 법률의 일반원리에 따라 계약에서 정한 내용대로 권리가 실현되지 않을 경우도 있다. 채무자가 자력이 부족한 나머지 도산에 이를 경우 채권은 그 내용대로 실현되지 않을 수 있다. 또한 국가에 따라 법원이 신의칙, 합리성이나 공공질서 등 구체적 타당성을 고려하여 채권자로 하여금 합리적인 범위에서 권리를 행사하여야 한다고 판단할 가능성을 배제하기 어렵다. 계약에 따른 채권의 성립과 내용 자체의 법적 흠결이 있는 것은 아니지만 법률의견에 계약의 내용대로 강제집행이 가능하다는 의견이 포함되는 이상 위와 같은 원칙으로 말미암아 계약의 내용 그대로 실현되지 않을 가능성도 있다는 점을 법률의견서에 기재하여 법률의견서의 수취인에게 고지한다.

법률의견서는 수취인이 법률의견의 대상이 되는 특정한 계약의 체결과 그에 따른 거래를 위하여 발급되는 것이므로 수취인이 그 이외의 목적으로 법률의견을 의존하거나 수취인 이외의 자가 법률의견을 의존할 수 없다는 점을 명시한다.

제5절 Lawyer as problem solver

변호사는 의뢰인들이 그들의 삶속에서 매일 겪고 경험하는 것들을 외면한 채 그로부터 독립하여 업무를 처리할 수는 없다. 변호사는 의뢰인과의 소통을 통하여 그들이 처한 상황을 이해하고, 이를 바탕으로 의뢰인의 최선의 이익을 위해 일하는 직업이기 때문이다. 여기서 **최선의 이익**이란 단순히 의뢰인의 문제에 대해 법적인 해결책만을 제시하는데 그치는 것이 아니라 현실적이고 최

적화된 해결 방안을 모색하고 제시하는 것을 의미한다. 변호사는 단순히 분쟁에서의 승리에 국한되지 않고 의뢰인이 직면하고 있는 문제를 현실적이고 실질적으로 해결해 주어야 하는 것이다. 그렇다면 과연 의뢰인의 이익을 위해 또 그들의 문제를 궁극적으로 해결해 주기 위해서 변호사에게 어떠한 점들이 요구되는 것일까.

1. 적극적으로 듣기

'의뢰인의 사건은 의뢰인이 가장 잘 안다'는 말이 있듯이 사건의 직접적인 당사자인 의뢰인의 설명을 귀기울여 듣는 것이 문제 해결을 위한 가장 첫 번째 단계라고 할 수 있다. 변호사는 가끔씩 자신의 직업적인 역할에 지나치게 몰두하거나 문제에 대해 남들보다 더 잘 안다는 생각으로 의뢰인이나 타인의 설명을 듣기도 한다. 그러나 의뢰인이나 타인의 관점에서 사건을 바라보는 것이 보다 좋은 해결책을 찾아주는 길이 되기도 한다. 진정으로 문제 해결자로서의 변호사가 되기 위해서는 적극적인 자세로 의뢰인이나 타인의 의견도 귀기울여 듣는 자세가 필요하다. 적극적으로 들을 줄 아는 변호사만이 의뢰인의 말은 물론 의뢰인이 미처 말하지 못한 것들도 놓치지 않고 들을 수 있기 때문이다.

2. 문제의 원인 파악하기

분쟁이 발생하였을 때 이를 종국적으로 해결하기 위해서 서둘러 법적인 해결책만을 모색하는 것보다 먼저 그 문제의 본질을 파악하고 그 원인을 찾아내는 것이 중요하다. 간혹 어렵게 합의에 이르렀음에도 불구하고 그 이후 그와 관련된 또 다른 분쟁이 발생하는 경우를 볼 수 있다. 이러한 현상은 대부분 분쟁의 원인이 무엇인지 파악하지 않았기 때문이다. 사건을 해결할 때 눈 앞에 주어진 법적인 해결 방안에만 몰두할 것이 아니라 분쟁이 된 사안의 원인이 무엇인지 정확하게 파악하여 이를 해소하는 것이 문제를 현실적이고 종국적으로 해결하는 방법이 된다. 이를 위해서는 단편적인 법률적인 지식에만 의존하지 않고 당사자들의 경제적 이해관계나 요구에 대하여 깊이 이해하려는 노력을 게을리하지 않아야 한다. 특히 금융투자에 있어서는 그와 같은 깊은 이해가 있어야 비로소 만족스러운 협상과 법적 해결 방안을 도출할 수 있는 경우가 많다.

3. 적극적인 법적 해결 방안 제시하기

변호사가 이미 이루어진 거래에서 발생한 분쟁에 관하여 고객을 대리할 경우에는 주어진 과거의 사실관계를 밝혀 적용 가능한 법적 논리를 찾는 것이 주된 역할일 것이지만 당사자들의 합의로 거래를 만들어 가는 금융투자에 있어서는 어떠한 법적 문제에 부딪치더라도 당사자들 상호간의 위험분담이나 대안적인 거래 구조 등을 통하여 충분히 법적 해결 방안을 모색할 수 있는 여지가 있다.

금융투자에 관한 법률자문을 제공하는 변호사로서는 거래당사자들이 어떠한 법적 난관에 부딪쳤을 때 만연히 법적으로 안된다고 하거나 법적 문제가 있다는 점을 지적만 하고 있을 것은 아니다. 끊임없이 고민하고 법적 해결 방안이나 대안을 제시하기 이전에는 만연히 법적으로 안된다고 의견을 개진하지는 않겠다는 마음가짐을 가질 정도로 적극적인 문제 해결자(problem solver)로서의 태도를 가질 필요가 있다.

제3장

우리나라 민사법의 기본원리

제1절   총설

Ⅰ. 권리와 의무

사람의 다양한 사회적 생활관계 중에 법률에 따라 규율되는 관계를 **법률관계**라 한다. 법에 의하여 구속되는 지위를 **의무**라 하고, 법에 의하여 옹호되는 지위를 **권리**라 한다. 따라서 법률관계는 당사자의 입장에서 일반적으로 권리의무관계라 할 수 있다. 권리의 행사는 신의에 좇아 성실히 하여야 하며(신의칙), 남용하지 못한다(민법 제2조).

Ⅱ. 인(人)과 물건(物件)

법적인 관점에서 세상은 인(人)과 물건으로 구성되어 있다. 오로지 인(人)만이 다른 인(人)이나 물건에 대한 관계에서 권리를 가지거나 의무를 부담할 자격(**권리능력**)을 가지고, 물건은 인(人)이나 다른 물건에 대한 관계에서 권리를 가지거나 의무를 부담할 수 없다.

1. 인(人)

가. 자연인(自然人)

사람은 생존하는 동안 권리와 의무의 주체가 된다(민법 제3조).

나. 법인(法人)

사람은 사회적 동물이라 필연적으로 단체를 만들기 마련인데, 그러한 단체에 대하여도 이를 만든 사람과 별도로 권리와 의무를 가질 수 있도록 허용하면 집단적인 법률관계를 간명하고도 효율적으로 다룰 수 있다. 이에 법은 자연인뿐만 아니라 그가 만든 단체에 대하여도 사람과 마찬가지로 권리능력을 인정하는데, 이러한 단체를 **법인**이라 한다. 법인은 법률의 규정에 따라 **정관**[1])으로 정한 목적의 범위 내에서 권리와 의무의 주체가 된다(민법 제34조). 법인의 권리능력은 법인의 설립근거가 되는 법률과 정관에서 정한 목적의 범위 내로 제한되지만 그 '목적 범위 내의 행위'는 법률이나 정관에 명시된 목적 자체에 국한되는 것이 아니라 그 목적을 수행하는 데 있어 직·간접으로 필요한 행위가 모두 포함된다.[2])

민법은 법인을 (가) 일정한 목적을 위하여 사람들이 구성원(社員)이 되어 설립한 **사단법인**과 (나) 일정한 목적으로 재산에 법인격이 부여되는 **재단법인**으로 구분하고 있다. 사단법인 중에 상행위 기타 영리를 목적으로 설립된 법인을 **회사**라 한다.[3])

2. 물건

형체가 있는 유체물(有體物)과 전기나 열 등 관리할 수 있는 무체물(無體物)(자연력)을 모두 **물건**이라 하고, 그중 (가) 토지와 그에 정착된 건물을 **부동산**이라 하고, (나) 그 이외의 모든 물건을 **동산**이라 한다.

토지에 고정적으로 부착되어 용이하게 이동될 수 없는 물건은 원칙적으로 토지에 부합되어 토지와 일체를 이루는 것으로 취급되므로 토지와 별개의 물

---

1) 법인의 목적과 활동에 대한 규칙을 정하는 문서
2) 대법원 1991. 11. 22. 선고 91다8821 판결, 대법원 2001. 9. 21. 2000그98 결정 등
3) 금융투자에 있어 회사는 중요한 역할을 하므로 아래 제9절에서 자세히 살펴본다.

건으로 인정되지 않지만 **건물**은 토지와 별개의 부동산(물건)이 된다. 건물은 미완성이라도 최소한의 기둥, 지붕 그리고 주된 벽체가 이루어지면 토지와 독립된 부동산이 될 수 있다.[4]

금전은 보통의 유체물이 가지고 있는 개성을 가지고 있지 않고 가치를 측정하는 기준이므로 동산에 적용되는 민법의 규정은 금전에는 적용되지 않는다.

Ⅲ. 물권(物權)과 채권(債權)

특정인(자연인이나 법인)을 기준으로 볼 때, 세상은 물건과 다른 특정인으로 구성되어 있으므로 특정인이 가질 수 있는 권리 역시 (가) 물건에 대한 권리와 (나) 다른 특정인에 대한 권리로 구분된다. 특정인이 물건에 대하여 가지는 권리를 **물권**이라 하고, 특정인이 다른 특정인에 대하여 가지는 권리를 **채권**이라 한다.

1. 물권

가. 물권의 성질

물권은 '타인의 어떠한 행위도 필요 없이' 직접 물건에 대하여 가지는 권리이다. 어떠한 물건에 대하여 물권을 가진 자는 다른 사람의 행위를 기다릴 필요 없이 자신이 가지는 물권의 내용대로 그 물건으로부터 이익을 향유할 수 있다. 만약 제3자가 정당한 이유 없이 물권의 실현을 방해하는 경우 그 물권을 가진 자는 법률에서 정한 절차에 따라 제3자의 방해를 제거하기만 하면 바로 자신이 가지는 물권을 그 내용대로 실현할 수 있게 된다. 물권을 가진 자는 그 방해하는 제3자에 대하여 방해를 제거하거나 방해를 예방하기 위하여 필요한 행위(작위 또는 부작위)를 청구할 수 있다. 이러한 청구권을 **물권적 청구권**이라 하는데, 물권적 청구권은 물권의 실현을 방해하는 '특정인'에 대한 권리이지만 '물권의 존재'로부터 당연히 발생한다는 점에서 채권과 구별된다.

---

4) 대법원 2001. 1. 16. 선고 2000다51872 판결

나. 물권의 종류

(1) 물권법정주의

모든 자에 대하여 주장할 수 있는 물권의 종류와 내용을 당사자가 임의로 정할 수 있도록 한다면 제3자의 이익에 큰 영향을 미치게 된다. 따라서 물권의 종류와 내용은 민법 기타 법률이 정한 것에 한하여 인정되며, 당사자가 임의로 그 밖의 다른 물권을 창설할 수 없다(민법 제185조).

(2) 소유권과 제한물권

특정인이 법률에서 허용된 범위 내에서 타인의 간섭을 받음이 없이 배타적으로 어떠한 물건을 전면적으로 지배하여 사용·수익하거나 처분할 수 있는 권리를 **소유권**이라 한다. 소유권으로 가질 수 있는 여러 가지 권능 중 일부분만을 가지는 권리를 **제한물권**이라 한다. 제한물권은 (가) 물건을 사용할 수 있는 권능을 가지는 **용익물권**5)과 (나) 채권자가 채무자의 물건으로부터 다른 채권자보다 우선하여 변제 받을 수 있는 권능을 가지는 **담보물권**6)으로 구분된다. 제한물권은 소유권의 권능 중 일부를 가지는 권리이고, 소유권자가 제한물권을 가질 필요가 없기 때문에 필연적으로 소유권자가 아닌 제3자가 제한물권을 가질 수 있다.

(3) 점유권

민법은 어떠한 자가 물건을 정당하게 점유할 수 있는 소유권이나 제한물권을 가지고 있는지 여부와 상관없이 물건을 사실상 지배(점유)하기만 하면 그러한 상태를 보호해 준다. 물건에 대한 소유권이나 제한물권을 가지고 주장하면

---

5) 용익물권에는 (가) 타인의 토지에 건물 기타 공작물이나 수목을 소유하기 위하여 그 토지를 사용할 수 있는 **지상권**, (나) 일정한 목적을 위하여 타인의 토지를 자기의 토지의 편익에 이용할 수 있는 **지역권**과 (다) 전세금을 지급하고 타인의 부동산을 점유하여 그 부동산의 용도에 좇아 사용·수익하며, 그 부동산으로부터 전세금을 우선변제 받을 수 있는 **전세권**이 있다.

6) 담보물권에는 (가) 물건 또는 유가증권을 점유한 자가 그 물건이나 유가증권에 관하여 생긴 채권을 가지는 경우 그 채권을 변제 받을 때까지 그 물건 또는 유가증권을 유치(인도 거절)함으로써 채무의 변제를 간접적으로 강제할 수 있는 **유치권**, (나) 채권자가 그의 채권의 담보로 채무자 또는 제3자(**물상보증인**)로부터 '동산이나 그 이외의 재산권'을 인도받고 채무의 변제가 있을 때까지 이를 유치함으로써 채무의 변제를 간접적으로 강제하고, 채무의 이행기에 변제가 없는 경우 그 동산이나 재산권으로부터 우선변제를 받을 수 있는 **질권**, (다) 채무자 또는 제3자가 채권자에게 점유를 이전하지 아니한 채 담보로 제공한 '부동산'에 대하여 다른 채권자 보다 우선변제 받을 수 있는 **저당권**이 있으며, 그 이외에 민법에서 규정하는 담보물권은 아니지만 담보의 기능을 하는 양도담보, 가등기담보나 매도담보와 같은 비전형적인 담보가 있다.

서 함부로 실력을 행사하여 물건을 사실상 지배하는 자로부터 마음대로 지배를 빼앗는 것을 허용할 경우 사회의 평화와 질서를 유지하기 어려울 수 있기 때문이다. 점유자는 소유의 의사로 선의, 평온 및 공연하게 점유한 것으로 추정되고(민법 제197조), 점유자가 점유물에 대하여 행사하는 권리는 적법한 것으로 추정된다(민법 제200조). 점유자가 점유의 침탈을 당한 때에는 그 물권의 반환을 청구할 수 있고(민법 제204조), 점유의 방해를 받은 때에는 그 방해의 제거를 청구할 수 있다(민법 제205조).

다. 부동산에 대한 물권의 취득과 변동
(1) 등기

부동산등기법에서 정하는 등기부에 부동산에 관한 일정한 권리관계를 기록하는 행위 또는 그러한 기록 자체를 **등기**라 한다. 등기의 **공신력**이 인정되지는 않는다. 따라서 부동산에 대하여 권리를 가지고 있지 아니한 자(무권리자)로부터 그 권리를 양수한 자는 설령 무권리자가 마치 정당한 권리자로 기재된 등기를 믿고 양수하였더라도 권리를 취득할 수 없으며, 보호되지 아니한다. 다만 어떠한 등기가 있으면 그에 상응하는 실제적 권리관계가 존재하는 것으로 추정된다. '추정'은 등기부상 권리관계가 일응 진정한 것으로 다루어진다는 의미일 뿐이므로 이를 다투는 자가 반대의 증명을 하는 경우 추정을 뒤집을 수 있다. 甲이 서류를 위조하여 乙소유의 부동산을 자신의 소유로 등기한 후 이를 丙에게 매각하여 丙에게 소유권이전등기를 경료해 준 경우, 丙은 아무리 乙의 소유로 기재된 등기를 믿었더라도 소유권을 취득할 수 없게 된다. 다만 丙이 소유권을 취득할 수 없다는 주장을 하는 자는 乙이 무권리자라는 점, 즉 위조된 서류에 의하여 소유권자로 등기되었다는 사실을 입증하여야 한다.[7]

등기가 유효하려면, 실질적으로는 물권 변동을 위한 법률행위와 등기의 내용이 일치하여야 하고, 절차적으로는 부동산등기법에서 정한 절차에 따라 등기가 이루어져야 하는 것이 원칙이다. 다만 등기절차에 하자가 있다 하더라도 등기의 내용이 부동산에 관한 진실한 권리상태에 부합하면 절차상의 하자에도 불구하고 유효한 등기로 인정될 수 있다.[8]

---

7) 대법원 1979. 7. 10. 선고 79다645 판결
8) 대법원 1965. 5. 25. 선고 65다365 판결

같은 부동산에 설정된 여러 물권의 순위는 법률에 다른 규정이 없으면 등기의 선후에 의하여 결정된다(부동산등기법 제4조). 부동산에 대한 물권 변동을 목적으로 하는 청구권을 보호하기 위하여 **가등기**를 한 후 그에 기한 본등기를 하면 **본등기**의 순위는 가등기의 순위로 소급된다(부동산등기법 제91조).

(2) 부동산에 대한 물권의 변동

부동산에 관한 법률행위로 인한 물권의 득실변경은 **등기**하여야 그 효력이 생긴다(민법 제186조). 어느 누구로부터 권리를 이전 받음(**승계취득**)이 없이 법률의 규정에 의하여 처음으로 물권을 취득하는 것을 **원시취득**이라 하고, 부동산을 원시취득한 자는 등기가 없더라도 부동산의 소유권을 취득하지만 등기를 하지 않으면 이를 처분할 수 없다(민법 제187조). 토지는 주로 조선토지조사령(1912.8.13 제령 제2호)과 조선임야조사령(1918.5.1. 제령 제5호)에 따라 토지사정(査定)을 받은 자가 원시취득 한다.9) 건물은 주로 자기의 노력과 재료를 들여 건물을 건축한 자가 그 건물의 소유권을 원시취득 한다.10) 그 이외에도 법률의 규정에 의한 부동산의 원시취득은 상속, 공용징수, 판결, 경매, 시효취득11) 등이 있다.

건축허가를 받은 건축주의 사정으로 건축공사가 중단되었던 미완성의 건물을 인도받아 나머지 공사를 마치고 완공한 경우, 그 건물이 공사가 중단된 시점에서 이미 사회통념상 독립한 건물이라고 볼 수 있는 형태와 구조를 갖추고 있었다면 원래의 건축주가 그 건물의 소유권을 원시취득하고, 건축허가서는 허가된 건물에 관한 실체적 권리의 득실변경의 공시방법이 아니며 추정력도 없으므로 원래의 건축주로부터 그와 같은 건축중인 건물을 양수하고 건축허가상 건축주 명의를 이전 받은 자가 건물에 대한 소유권을 취득하기 위해서는 원래의 건축주의 명의로 소유권보존등기를 한 다음 양수인 앞으로 소유권이전등기를 하여야 하는 것이 원칙이지만, 건축중인 건물을 양수한 자가 직접 자신의 명의로 소유권보존등기를 경료하더라도 그 소유권보존등기는 실체적 권리관계에 부합되어 적법한 등기로서 효력을 가지므로 양수인은 자신의 명의로 소유

---

9) 대법원 1984. 1. 24. 선고 83다카1152 판결
10) 대법원 1990. 4. 24. 선고 89다카18884 판결
11) 소유권을 가지고 있지 않으면서 일정한 기간 물건을 점유하거나 부동산의 소유자로 등기된 자가 일정한 요건을 갖춘 경우 소유권을 취득하게 되는 민법상의 제도를 말한다(민법 제245조, 제246조).

권보존등기를 경료하는 때에 건물에 대한 소유권을 취득한다.[12]

라. 동산에 대한 물권의 취득과 변동

동산에 관한 물권의 양도의 효력은 원칙적으로 그 동산을 **인도**하여야 발생한다(민법 제188조 제1항). 동산은 주로 자기의 노력과 재료를 들여 동산을 제조한 자가 그 동산의 소유권을 원시취득한다. 그 이외에도 법률의 규정에 의한 동산의 원시취득은 상속, 공용징수, 판결, 경매, 시효취득, 선의취득 등이 있다. 부동산을 양수하는 경우와는 달리 정당한 소유권을 가지지 아니한 점유자로부터 동산을 양수하였더라도 양수인이 선의[13]이고 과실 없이 평온, 공연하게 양수하여 점유한 경우에는 그 동산에 대한 소유권을 취득(**선의취득**)한다(민법 제249조).

2. 채권

가. 채권의 성질

사람은 물건을 지배하여 사용하거나 처분할 수 있지만 노예제가 사라진 자유주의 국가에서 사람이 다른 사람을 물건처럼 지배하여 사용하거나 처분하는 관념은 있을 수 없다. 단지 특정인(채권자)이 어떠한 법적 원인을 근거로 다른 특정인(채무자)에 대하여 어떠한 **행위**(금전이나 물건의 교부 등)를 해줄 것을 요구할 수 있는 권리를 가질 수 있을 뿐인데, 이를 **채권**이라 한다.

어떤 물건을 직접 지배하여 사용할 수 있는 물권을 가지고 있지 아니한 자가 그 물건을 적법하게 사용하기 위해서는 그 물건의 소유권자(또는 용익물권자)로부터 물건의 사용에 대한 허락을 받아야 한다. 어떠한 자가 타인 소유의 물건을 적법하게 사용할 수 있다는 것은 물건의 소유자에 대하여 그 물건을 사용할 수 있게 해달라고 요구할 수 있는 채권를 가지고, 그러한 소유자가 이를 이행하였기 때문이다. 타인의 물건을 사용하고자 하는 자가 그 소유자로부터 물건을 사용할 수 있는 권리(채권)를 부여 받았다 하더라도 그 소유자가 물건을 사용하고자 하는 자에게 물건을 건네 주는 **행위**[14]를 하여야만 비로소 물건

---

12) 대법원 2002. 4. 26. 선고 2000다16350 판결, 대법원 1995. 12. 26. 선고 94다44675 판결
13) 법률상 '선의(善意)'란 자신의 행위가 법률관계의 발생, 소멸 및 그 효력에 영향을 미치는 사실을 모르는 것을 말하며, 반면 '악의(惡意)'는 그러한 사실을 알고 있는 것을 말한다.
14) 또는 어떤 연유로든 물건을 사용하고자 하는 자가 물건을 이미 사용하고 있는 경우에는

을 사용할 수 있는 채권이 실현될 수 있는 것이다.

나. 채권의 발생원인

채권은 주로 당사자의 **의사표시**를 요소로 하는 **법률행위**에 의하여 발생되지만 당사자의 의사표시가 없더라도 법률에서 정하는 일정한 요건15)이 충족되면 발생될 수도 있다.

IV. 법률행위

1. 법률행위의 의의

법률관계 즉 권리의무의 발생·변경·소멸이라는 일련의 변동을 **법률효과**라 하고, 그와 같은 법률효과가 발생하는 원인을 **법률요건**이라 한다.

어떠한 법률효과를 발생시키고자 하는 의사를 외부에 나타내는 행위를 **의사표시**라 하며, 법률효과의 원인이 되는 여러 법률요건 중 의사표시를 요소로 하는 법률요건을 **법률행위**라 한다.

유언, 권리의 포기, 채무의 면제, 상계, 동의, 취소, 추인, 해제·해지와 같이 어떠한 자 혼자만의 의사표시로도 법률효과를 발생시킬 수 있는 법률행위

그 소유자가 더 이상 그 사용에 이의하지 않는 소극적인 행위

15) 법률행위에 의하지 아니하고 채권이 발생되는 경우로 불법행위, 부당이득과 사무관리가 있다.

불법행위는 타인에게 손해를 가하는 위법한 행위를 말하며, 피해자는 불법행위를 한 가해자에 대하여 손해를 배상할 것을 요구할 수 있는 채권을 가진다(민법 제750조). 가해자에게 고의 또는 과실이 있는 경우에 배상책임을 지우는 것이 원칙이지만, 예외적으로 무과실책임을 지우는 경우도 있다. 가해자와 피해자 사이에 어떤 계약관계가 존재하는 경우 가해자의 불법행위가 그 계약을 위반한 행위가 될 수도 있다. 이 경우 피해자는 자신의 선택으로 가해자에 대하여 불법행위에 따른 책임을 묻거나 또는 계약 위반에 따른 책임을 물을 수도 있다.

부당이득은 법률상 원인없이 타인의 재산 또는 노무로 인하여 이익을 얻고 이로 인하여 타인에게 손해를 가한 경우를 말하며, 부당이득으로 상대방이 손해를 입은 경우 상대방은 이득을 얻은 사람에게 이득을 반환해 줄 것을 청구할 수 있는 채권을 가진다(민법 제741조). 법률상 원인이 없게 되는 대표적인 경우가 계약이 성립되지 않거나 무효인 경우 또는 계약이 취소되거나 해제되어 효력을 상실하는 경우이며, 그러한 계약을 원인으로 금전이나 재산을 받은 자는 이를 상대방에게 부당이득으로 반환하여야 한다.

법적인 의무 없이 타인을 위하여 업무를 처리(**사무관리**)한 자는 일정한 범위 내에서 그에 소요된 비용과 자신이 입은 손해를 보상해 줄 것을 청구할 수 있는 채권을 가질 수 있다(민법 제734조).

를 **단독행위**라 하고, 2인 이상의 당사자가 서로 대립되는 의사표시가 합치(즉 합의)하여 성립되는 법률행위를 **계약**이라 한다.

단독행위로 권리(채권)가 발생되는 경우는 드물기 때문에 흔히 법률행위라 하면 대개 계약으로 이해하여도 되겠다.

2. 법률행위의 하자

법률행위는 의사표시를 요소로 하므로 법률행위가 효력을 가지려면 (가) '의사표시가 표시되는 과정'에서 법적 하자가 없어야 하고, (나) '표시된 의사표시의 내용'에도 법적 하자가 없어야 한다.

법률행위가 어떠한 법적 하자로 성립할 때부터 법률상 당연히 효력이 발생하지 않는 것을 **무효**라 하고, 일단 유효하게 성립된 후에 취소권을 가지는 자가 법률행위를 한 때까지 소급하여 법률행위의 효력을 소멸시키는 것을 **취소**라 한다.

'표시된 의사표시의 내용'에 관한 문제는 우리나라 민사법의 체계의 핵심적인 내용이므로 먼저 이에 관하여 살펴본다.

Ⅴ. 표시된 의사표시의 내용의 하자

'표시된 의사표시의 내용'이 효력을 가지려면, 그 의사표시의 내용(목적)이 (가) 실현 가능하여야 하며, (나) 적법하고, (다) 사회적 타당성이 있어야 한다. 이러한 요건을 갖추지 못한 법률행위는 무효가 된다.

1. 목적의 실현 가능성

법률행위는 그 목적(내용)이 무엇인지 확정할 수 있어야 하고, 확정할 수 없는 내용의 법률행위는 실현될 수 없으므로 무효이다. 법률행위의 내용을 확정할 수 있다 하더라도 법률행위가 있을 당시부터 그 내용의 실현이 불가능한 경우(원시적 불능)에도 법률행위는 무효가 된다.

목적이 불능인 계약은 무효이므로 계약의 당사자는 계약의 이행이나 손해배상을 구할 수 없다. 하지만 그 계약을 체결할 때에 그 불능을 알지 못하거나 알 수 없었던 당사자는 상대방이 그 불능을 알았거나 알 수 있었을 경우에는 상대방에게 그 계약의 유효를 믿었음으로 인하여 받은 손해[16]를 배상(**계약체결 상의 과실책임**)을 청구할 수 있다(민법 제535조).

법률행위가 있은 후에 법률행위의 목적이 불능에 이른 경우(**후발적 불능**)에 는 법률행위 자체의 효력에는 영향을 미치지 아니하고, 법률행위로 유효하게 성립된 채무의 이행불능의 문제[17]가 된다.

2. 사적자치(私的自治)의 원칙

우리 헌법에서 보장된 자유주의는 개인 상호간의 법률관계에서 개인이 스 스로 자유로이 결정하여 법률관계를 形成할 수 있다는 **사적자치의 원칙**으로 실 현된다. 사적자치의 원칙은 법률행위에서 표시되어 있는 개인의 의사대로 법 률효과가 발생하도록 한다는 원칙이다. 이에 사적 자치의 원칙을 **법률행위자유 의 원칙**이라도 하고, 법률행위 중에 가장 일반적인 것이 계약이므로 **계약자유의 원칙**이라고도 한다. 계약자유의 원칙은 당사자가 어떠한 계약을 체결할 것인 지, 체결하더라도 누구와 체결할 것인지와 어떠한 내용으로 체결할 것인지를 자유로이 정할 수 있다는 원칙이다.

그러나 법률행위의 내용이 법질서에 반하거나 사회적 타당성을 잃은 경우 에는 그 효력을 인정할 수 없다.

가. 목적의 적법성(강행법규)

법률행위가 유효하기 위해서는 그 목적이 적법한 것이어야 한다. 법령 중 에 선량한 풍속 기타 사회질서에 관계 있는 규정(**강행규정** 또는 **강행법규**)에 반하 는 의사표시는 무효이며, 선량한 풍속 기타 사회질서에 관계없는 규정(**임의규정** 또는 **임의법규**)은 당사자가 그 적용을 배제시키고, 그와 다른 의사에 따라 법률 효과를 발생시킬 수 있다(민법 제105조). 강행규정과 임의규정을 구별하는 일반 적인 원칙은 없으며, 각 규정마다 입법의 목적 등을 고려하여 개인의 의사로 규정을 배척하는 것을 허용할 수 있는가에 따라 판단할 수밖에 없다.

(1) 단속법규

일반적으로 강행규정에는 규정에 위반하는 행위의 사법상의 효력이 부정되

---

16) 손해배상액은 계약이 유효함으로 인하여 생길 이익액을 초과할 수 없다.
17) 제1편 제3장의 제3절 I. 2.과 제4절 I. 2. 참조

는 규정(효력규정) 이외에도 국가가 일정한 행위를 단속할 목적으로 제한하는 것에 지나지 아니하여 위반하여도 벌칙을 적용할 뿐이고, 행위 자체의 사법상 효력에는 영향이 없는 규정인 **단속규정**도 포함된다. 강행법규의 위반으로 법률행위가 무효로 된다는 것은 효력규정을 위반하는 법률행위를 의미한다.

단속규정에 위반하는 행위라 하여 반드시 사법상의 효력에 영향이 없다고 단정할 수는 없으며, 당사자들이 공모하여 위법을 감행하려고 하는 경우에는 아래에서 설명하는 선량한 풍속 기타 사회질서에 위반한 행위로 무효가 될 수도 있다.

효력규정과 단속규정을 구별하는 일반적인 원칙 역시 없으며, 각 법규마다 입법의 목적 등을 고려하여 법규에서 정하는 내용 그 자체의 실현을 금지하고 있는가에 따라 판단할 수밖에 없다. 계약 등 법률행위의 당사자들에게 일정한 의무를 부과하거나 일정한 행위를 금지하는 법률에서 이를 위반한 법률행위를 무효라고 정하고 있거나 해당 규정이 강행규정이나 효력규정이라고 명시하고 있으면 그러한 규정을 위반한 법률행위는 무효이다. 이와 달리 금지 규정 등을 위반한 법률행위의 효력에 관하여 명확하게 정하지 않은 경우에는 그 규정의 입법 배경과 취지, 보호법익, 위반의 중대성, 당사자에게 규정을 위반하려는 의도가 있었는지 여부, 규정 위반이 법률행위의 당사자나 제3자에게 미치는 영향, 위반 행위에 대한 사회적·경제적·윤리적인 가치평가, 이와 유사하거나 밀접한 관련이 있는 행위에 대한 법의 태도 등 여러 사정을 종합적으로 고려해서 그 효력을 판단하여야 한다.[18]

(2) 강행법규 위반과 신의칙

강행법규를 위반한 자가 스스로 강행법규에 위반된 약정의 무효를 주장하는 것이 신의칙에 위배된다는 이유로 그 주장을 배척한다면, 이는 오히려 강행법규로 배제하려고 한 결과를 실현시키는 셈이 되어 입법취지를 완전히 몰각하게 되므로 달리 특별한 사정이 없는 한 법령에 위반되어 무효임을 알고서도 법률행위를 한 자가 스스로 강행법규 위반을 이유로 무효를 주장한다 하더라도 신의칙 또는 금반언(禁反言)의 원칙에 반하거나 권리남용에 해당한다고 볼 수는 없다.[19]

---

18) 대법원 2018. 10. 12. 선고 2015다256794 판결
19) 대법원 2001. 5. 15. 선고 99다53490 판결

나. 목적의 사회적 타당성(반사회질서의 법률행위)

법률행위의 목적이 강행법규에 위반되지 않더라도 선량한 풍속 기타 사회질서에 위반하는 경우에는 무효로 한다(민법 제103조). 선량한 풍속 기타 사회질서에 위반되는 행위인지 여부는 법률행위의 내용뿐만 아니라 동기·목적 등 제반 사정을 종합적으로 판단하여야 한다.

부동산의 소유자가 매매 기타의 계약을 체결하여 매수인에 대하여 소유권이전의무를 부담함에도 불구하고 다시 제3자에게 이중으로 매도하고 소유권이전등기까지 경료해 준 경우(이중매매), 계약자유의 원칙상 원칙적으로 제3자는 부동산에 대한 소유권을 취득한다. 다만 제3자가 매매목적물이 이미 다른 사람에게 매도된 것을 알면서 매도인의 배임행위에 적극 가담한 경우에는 반사회질서의 법률행위로 무효가 될 수 있으며, **적극 가담**은 제3자가 다른 사람에게 매매목적물이 매도된 것을 알고 있다는 것만으로는 부족하고, 적어도 그러한 매도사실을 알고도 매도인에게 매도를 요청하여 매매계약을 체결하기에 이르는 정도가 되어야 한다.[20] 이중매매가 반사회질서의 법률행위가 되려면, 매수한 제3자의 권리취득을 좌절시켜야 할 정도로 매수한 제3자에게 책임 있는 사유가 있어야 하고, 그와 같은 사유가 있는지 여부를 판단함에 있어서는 매수한 제3자가 계약의 성립과 내용에 어떠한 방식으로 관여하였는지(소유자의 배임행위에 적극 가담하였는지 여부)를 일차적으로 고려할 것이고, 나아가 계약에 이른 경위 등 공서양속에 반하는지 여부의 판단에서 일반적으로 참작되는 제반 사정을 종합적으로 살펴보아야 한다.[21]

선량한 풍속 기타 사회질서에 위반하는 행위의 하나로 당사자의 궁박, 경솔 또는 무경험으로 인하여 현저하게 공정을 잃은 법률행위(**불공정한 법률행위**)는 무효로 한다(민법 제104조). 어떠한 법률행위가 불공정한 법률행위로서의 요건을 갖추지 못하더라도 '선량한 풍속 기타 사회질서에 위반하는 행위'에 해당하여 무효가 될 수도 있다.

---

20) 대법원 1994. 3. 11. 선고 93다55289 판결
21) 대법원 2009. 9. 10. 선고 2009다23283 판결

Ⅵ. 의사표시가 표시되는 과정에서의 법적 하자

의사표시가 표시되는 과정에서 다음과 같은 법적 하자가 있을 경우 '표시된 의사표사의 내용'의 법적 하자를 나아가 살필 필요 없이 법률행위가 무효가 되거나 취소될 수 있다.

1. 당사자에 관한 법적 하자

가. 권리능력

권리의무의 주체가 될 수 있는 능력(권리능력)이 없는 자는 법률효과(권리의무의 발생·변경·소멸)를 발생시키는 것을 목적으로 하는 법률행위를 할 자격이 없으므로 권리능력이 없는 자에 의한 법률행위는 그 효력을 논할 필요 없이 성립조차 될 수 없다.

나. 행위능력

권리와 의무를 가질 수 있는 자격(권리능력)을 가지고 있다 하더라도 '자연인'의 경우 유효한 법률행위를 할 수 있는 능력(행위능력)을 가지고 있지 아니하면 유효한 법률행위를 할 수 없다.

① 19세로 성년에 이르지 않는 사람(미성년자)은 일정한 경우를 제외하고 법률행위를 하고자 할 경우 **법정대리인**[22]의 동의를 얻어야 하며, 법정대리인의 동의를 얻지 아니한 법률행위는 취소될 수 있다(민법 제4조 내지 제8조).

② 질병, 장애, 노령, 그 밖의 사유로 인한 정신적 제약으로 사무를 처리할 능력이 지속적으로 '결여'되어 가정법원이 **성년후견**의 개시를 심판한 사람의 법률행위[23]는 취소될 수 있다(민법 제9조, 제10조).

③ 질병, 장애, 노령, 그 밖의 사유로 인한 정신적 제약으로 사무를 처리할 능력이 '부족'한 사람으로서 가정법원이 **한정후견**의 개시를 심판한 사람

---

22) 1차적으로 친권자가 법정대리인이 되고, 친권자가 없으면 법원이 선임한 후견인이 법정대리인이 된다.

23) 일용품의 구입 등 일상생활에 필요하고 그 대가가 과도하지 아니한 법률행위는 제외한다(민법 제10조 제4항).

은 가정법원이 한정후견인의 동의를 받아야 하는 행위로 정한 법률행위
에 관하여는 **한정후견인**의 동의를 얻어야 하며, 한정후견인의 동의를 얻
지 아니한 법률행위는 취소될 수 있다(민법 제12조, 제13조).

2. 의사표시에 관한 법적 하자

가. 비진의의사표시

의사표시를 한 자가 스스로 자신의 진정한 의사와 표시가 다르다는 것을
알면서 의사표시를 하였더라도 그 의사표시는 원칙적으로 유효하지만 상대방
이 이를 알았거나 알 수 있었을 경우에는 무효가 된다. 다만 비진의의사표시가
무효가 되더라도 **선의**[24]의 제3자에게는 대항할 수 없다(민법 제107조).

나. 허위표시

'상대방과 통모'하여 하는 진의가 아닌 허위의 의사표시는 언제나 무효이
다. 다만 허위표시가 무효가 되더라도 선의의 제3자에게는 대항할 수 없다(민
법 제108조).

다. 착오에 의한 의사표시

의사표시를 한 자가 법률행위의 중요한 부분에 착오(자신이 표시와 진의가 일
치하지 않는다는 사실을 알지 못하는 경우)가 있는 경우에는 의사표시를 취소할
수 있다. 다만 착오가 자신의 중대한 과실로 인한 때에는 취소할 수 없다. 또한
착오에 의한 의사표시가 취소되더라도 선의의 제3자에게 대항할 수 없다(민법
제109조).

라. 사기 또는 강박에 의한 의사표시

의사표시를 한 자가 '상대방'의 기망행위로 착오에 빠져 의사표시를 하거나
상대방의 강박행위로 인하여 진의 아닌 의사표시를 한 때에는 의사표시를 취
소할 수 있다. 의사표시를 한 자가 '제3자'의 사기나 강박으로 의사표시를 한
때에는 상대방이 제3자에 의한 사기나 강박을 알고 있거나 알 수 있었을 경우
에 의사표시를 취소할 수 있다. 다만 사기나 강박에 의한 의사표시가 취소되더

---

24) 어떤 사실을 알지 못하는 것을 의미하고, 어떤 사실을 알고 있는 것을 **악의**라 한다.

라도 선의의 제3자에게 대항할 수 없다(민법 제110조).

3. 법률행위의 대리

법률행위의 **대리**란 대리인이 본인의 이름으로 의사표시를 하거나 또는 의사표시를 받음으로써 그로부터 발생하는 권리의무를 모두 본인에게 귀속시키는 제도를 말한다.[25] 대리권은 위임계약에 의하여 부여되는 경우가 많지만 고용이나 도급계약 등 다른 종류의 계약에 의해서도 발생될 수 있으므로 위임과 대리는 같은 의미를 가지는 것은 아니다.

대리권 없는 자가 타인의 대리인으로 한 행위(**무권대리**)는 본인이 이를 **추인**하지 아니하면 본인에 대하여 효력이 없다(민법 제130조). 대리인은 본인의 허락 없이 본인을 위하여 자기와 법률행위(**자기계약**)를 하거나 동일한 법률행위에 관하여 당사자 쌍방을 대리(**쌍방대리**)할 수 없으며, 무권대리가 된다(민법 제124조).

대리인에게 대리권이 없음에도 불구하고 대리권이 있는 것과 같은 외관이 있고(**표현대리**), 그 외관에 대하여 어떠한 원인을 제공한 자는 그 외관을 믿은 상대방에 대하여 책임을 부담한다.

① 타인에게 대리권을 수여하였다는 뜻을 제3자에 대하여 표시한 자는, 그 제3자가 대리권이 없음을 알았거나 알 수 있었을 경우를 제외하고, 그 대리권의 범위 내에서 행한 그 타인과 그 제3자 사이의 법률행위에 대하여 책임이 있다(민법 제125조).
② 대리인이 그 권한을 넘은 법률행위를 한 경우에 제3자가 그 권한이 있다고 믿을 만한 정당한 이유가 있는 때에는 본인은 그 행위에 대하여 책임이 있다(민법 제126조).
③ 대리권을 가지고 있었으나 실제 대리행위를 할 당시에는 대리권이 소멸된 경우, 상대방(제3자)이 과실로 인하여 대리권이 소멸될 사실을 알지 못한 경우를 제외하고, 대리권이 계속 존속하는 것으로 믿은 제3자에게 대리권이 소멸되었음을 대항할 수 없다(민법 제129조).

---

25) 대리가 본인의 의사에 기하는 것인가 아닌가에 따라 **임의대리**와 **법정대리**로 나뉜다. 임의대리에 있어서 대리권을 발생시키는 행위를 **수권행위**(授權行爲)라고 한다. 대리인이 다시금 타인을 선임하여 본인의 대리를 시키는 것을 **복대리**라 하고, 복대리인은 대리인의 대리인이 아닌 본인의 대리인이며 복대리인이 행한 법률행위의 효과는 직접 본인에게 귀속된다.

제2절 계약

Ⅰ. 계약의 의의와 방식

1. 계약의 의의

계약은 법률효과의 발생을 목적으로 2인 이상의 당사자의 **의사표시의 합치**(합의)로 성립되는 법률요건이다.

2. 계약과 서면

계약은 당사자의 구두만으로도 성립되고, **계약서**와 같은 서면의 작성은 계약이 성립되기 위한 요건은 아니다. 계약서와 같은 서면은 계약이 성립되었음을 증명하는 증거 중에 하나에 불과하다. 계약이 성립되었다는 점은 반드시 계약(서)라는 제목으로 작성된 서면뿐만 아니라 계약(합의)의 내용이 담긴 여하한 종류의 서면, 전자매체, 녹취, 증인의 증언 등 민사소송법에서 허용되는 다양한 증거 방법으로 증명될 수 있다. 실제 계약과 관련된 분쟁으로 소송에 이르는 많은 경우 계약서뿐만 아니라 다양한 증거를 바탕으로 과연 당사자들의 진정한 합의가 무엇인가를 규명하는 일이 핵심이 된다.

민사소송에서 각종 계약서, 약정서, 각서, 차용증서, 합의서와 같이 증명하고자 하는 법률행위가 문서 자체에 의하여 이루어진 경우 그 문서를 **처분문서**라 한다. 처분문서의 경우 문서에 날인된 도장의 인영이 자신의 도장에 의한 것이라고 인정되면, 그 문서가 자신에 의해 작성되었다고 추정되고(민사소송법 제357조, 제358조), 수긍할 수 있는 반증이 없는 한, 그 문서에 기재된 내용과 같이 의사표시가 존재한 것으로 그대로 인정된다.[26] 하지만 처분문서라 할지라도 그 기재 내용과 다른 명시적 · 묵시적 약정이 있는 사실이 인정될 경우에는 그 기재 내용과 다른 사실을 인정할 수 있다.[27] 당사자 사이에 계약의 해석을 둘러싸고 이견이 있어 처분문서에 나타난 당사자의 의사에 대한 해석이 문제되는 경우에 그 해석은 문언의 내용, 그와 같은 약정이 이루어진 동기와 경

---

26) 대법원 2002. 2. 26. 선고 2000다48265 판결
27) 대법원 1996. 4. 12. 선고 95다45125 판결

위, 약정에 의하여 달성하려는 목적, 당사자의 진정한 의사 등을 종합적으로 고찰하여 논리와 경험칙에 따라 합리적으로 해석하여야 한다.[28]

3. 약관

명칭이나 형태 또는 범위에 상관없이 계약의 한쪽 당사자가 여러 명의 상대방과 계약을 체결하기 위하여 일정한 형식으로 미리 마련한 계약의 내용을 **약관**이라 한다.『약관의 규제에 관한 법률』은 불공정한 약관의 조항을 무효로 하고 있다(약관의 규제에 관한 법률 제6조 내지 제16조). 약관은 신의성실의 원칙에 따라 공정하게 해석되어야 하며, 고객에 따라 다르게 해석되어서는 아니 되며, 약관의 뜻이 명백하지 아니한 경우에는 고객에게 유리하게 해석되어야 한다(약관의 규제에 관한 법률 제5조).

Ⅱ. 계약의 종류

민법 채권편에서 증여, 매매, 교환, 소비대차, 사용대차, 임대차, 고용, 도급, 현상광고, 위임, 임치, 조합, 종신정기금, 화해와 같은 전형적인 계약에 관한 규정을 두고 있다. 이와 같은 계약에 관한 규정은 실제 사회에서 일상적으로 흔히 체결되는 계약들의 공통점에 따라 분류하여 규정한 것에 불과하고, 사적 자치의 원칙에 따라 반드시 전형계약의 내용에 꼭 들어 맞는 계약이 아니더라도 강행법규에 반하지 않는 이상 계약의 내용대로 효력을 가진다.

민법 채권편에서 정하고 있는 전형계약에 관한 규정은 약자를 보호하기 위한 몇몇 규정을 제외하고 모두 임의규정이므로 계약의 당사자는 얼마든지 민법 채권편에서 정하고 있는 임의규정과 다른 내용을 합의할 수 있고, 그와 같은 당사자들의 합의가 없을 때에만 비로소 적용될 수 있다.

흔히 계약의 해석에 있어서 당사자 사이에 어떠한 합의가 있었는지를 살피지 아니한 채 외형적으로 나타난 몇가지의 요소만을 보고 어떠한 유형의 계약에 해당하는 것으로 단정하고 그러한 계약에 관한 임의규정을 만연히 적용한 나머지 실제 당사자 사이에 있었던 진정한 의사에 반하는 잘못된 법적 결론을 도출하는 오류를 범하는 경우가 많으므로 당사자 사이의 합의가 무엇인지 규

---

28) 대법원 2002. 6. 28. 선고 2002다23482 판결

명하는 노력을 게을리하여서는 아니된다.

Ⅲ. 계약의 성립

계약은 일방 당사자의 의사표시인 **청약**과 상대방 당사자의 의사표시인 **승낙**이 합치하여야 성립된다.

계약이 성립하기 위한 당사자 사이의 의사의 합치는 계약의 내용을 이루는 모든 사항에 관하여 있어야 하는 것은 아니지만 그 본질적 사항이나 중요 사항에 관하여는 구체적으로 의사의 합치가 있거나 적어도 장래 구체적으로 특정할 수 있는 기준과 방법 등에 관한 합의가 있어야 하고, 그러한 정도의 의사의 합치나 합의가 이루어지지 아니한 경우에는 특별한 사정이 없는 한 계약은 성립되지 않은 것으로 본다.[29]

흔히 계약에서 '노력한다'. '최대한 노력한다', '최대한 협조한다'와 같은 문언을 기재하는 경우가 있다. 어떠한 의무를 부담하는 내용의 기재가 있는 문면에 '최대한 노력하겠습니다', '최대한 협조한다' 또는 '노력하여야 한다'고 기재되어 있는 경우, 특별한 사정이 없는 한 당사자가 위와 같은 문구를 기재한 의미는 문면 그 자체로 볼 때 그러한 의무를 법적으로는 부담할 수 없지만 사정이 허락하는 한 그 이행을 사실상 하겠다는 취지로 해석함이 타당하다. 당사자가 그러한 표시행위에 의하여 나타내려고 한 의사는 그 문구를 포함한 전체의 문언을 고려하여 해석해야 하는데, 그러한 의무를 법률상 부담하겠다는 의사였다면 굳이 위와 같은 문구를 사용할 필요가 없고, 위와 같은 문구를 삽입하였다면 그 문구를 의미 없는 것으로 볼 수 없기 때문이다. 다만 계약서의 전체적인 문구 내용, 계약의 체결 경위, 당사자가 계약을 체결함으로써 달성하려는 목적과 진정한 의사, 당사자에게 의무가 부과되었다고 볼 경우 이행가능성이 있는 것인지 여부 등을 종합적으로 고려하여 당사자가 그러한 의무를 법률상 부담할 의사였다고 볼 만한 특별한 사정이 인정되는 경우에는 위와 같은 문구에도 불구하고 법적으로 구속력이 있는 의무로 보아야 한다.[30]

---

29) 대법원 2017. 10. 26. 선고 2017다242867 판결
30) 대법원 2021. 1. 14. 선고 2018다223054 판결

Ⅳ. 계약의 해제

'의사표시가 표시되는 과정'이나 '표시된 의사표시의 내용'에 법적 하자가 없어 계약이 유효하게 성립된 이후라도 계약 당사자 일방의 의사표시로 계약이 처음부터 있지 않았던 것과 같은 상태로 복귀될 수 있는데, 이를 계약의 해제라 한다.

1. 법정해제사유

계약의 당사자가 계약에 따른 자신의 채무를 불이행(채무자의 귀책사유에 의한 이행지체와 이행불능)하는 경우(**법정해제사유**)[31] 상대방 당사자는 계약을 해제할 권리를 가진다(민법 제544조, 제546조). 이 경우 해제가 인정되는 채무의 불이행은 **주된 채무**의 불이행이어야 하고, **부수적인 채무**의 불이행으로는 해제할 수 없다. 주된 채무는 당사자의 의사를 기준으로 계약의 목적을 달성하기 위하여 필수 불가결하거나 그 불이행이 있으면 계약의 목적을 달성할 수 없어 애초에 계약을 체결하지 않았을 것이라고 인정되는 채무를 의미한다.[32]

2. 약정해제사유

채무불이행 이외에도 계약의 당사자는 계약에서 당사자의 일방 또는 쌍방이 계약을 해제할 수 있는 권리(**약정해제사유**)를 정할 수 있다(민법 제543조).

매매계약에 있어 계약 당시에 금전 기타 물건이 계약금, 보증금 등의 명목으로 교부된 경우 **해약금**으로 추정되고, 상대방의 채무불이행(법정해제사유)이 없더라도 상대방이 계약의 이행에 착수[33]할 때까지 이를 교부한 자는 이를 포기함으로써 매매계약을 해제할 수 있고, 이를 수령한 자는 그 배액을 상환함으로써 매매계약을 해제할 수 있다(민법 제565조). 물론 당사자들은 이와 다른 약정을 할 수 있다.

---

31) 계약의 해제권은 채무불이행의 효과 중 하나이고, 채무불이행의 구체적인 효과에 관하여는 아래 제3절에서 구체적으로 살펴본다.
32) 대법원 1987. 5. 26. 선고 85다카914,85다카915 판결
33) 예: 매매에 있어 중도금의 지급

3. 해제의 효과

가. 원상회복

계약이 해제된 경우 계약으로 생긴 채권과 채무는 소급하여 소멸된다. 따라서 각 당사자는 상대방에 대하여 **원상회복**(상대방을 계약이 체결되지 않았던 것과 같은 상태로 복귀)할 의무를 부담한다(민법 제548조 제1항 본문). 다만 해제의 의사표시가 있기 이전에 해제된 계약에서 생긴 법률효과를 기초로 새로운 권리를 취득한 제3자의 권리를 해할 수 없다(민법 제548조 제1항 단서). 따라서 계약이 '해제되기 이전'에 새로운 이해관계를 가지고 등기·인도 등으로 완전한 권리를 취득한 자의 경우에는 해제의 사실을 '알고 있었는지 여부와 상관없이' 보호된다.[34] 계약이 '해제된 이후'에도 해제에 따른 원상회복을 위한 등기 등이 이루어지기 이전에 계약이 해제된 사실을 몰랐던 '선의'의 제3자에 대하여는 계약의 해제를 주장할 수 없다.[35]

甲이 매매대금을 수령하지 않은 채 乙에게 건물을 양도하고, 乙은 다시 丙에게 건물을 매각하여 丙의 명의로 소유권이전등기가 경료된 이후 甲이 乙이 매매대금의 지급을 지연하였다는 이유로 乙과의 매매계약을 해제하더라도 丙의 소유권 취득에는 영향을 미치지 아니한다. 乙은 甲으로부터 이전 받은 건물을 甲에게 반환하는 것이 불가능하므로 원상회복의무가 이행불능이 된 당시(丙의 명의로 소유권이전등기가 경료된 때) 당시 건물의 가액과 이에 대한 법정이자를 甲에게 반환하여야 한다(민법 제548조 제2항).[36]

나. 손해배상

계약이 해제되더라도 원상회복과 별도로 채무불이행을 원인으로 한 손해배상을 별도로 청구할 수 있다(민법 제551조).

---

34) 대법원 2003. 1. 24. 선고 2000다22850 판결. 계약은 장래 언제든 해제될 수 있는 가능성이 있기 때문에 계약의 해제 이전에 이해관계를 맺을 때에 장래 계약이 해제될지 여부에 대한 선의·악의를 따질 수 없기 때문이다.

35) 대법원 1985. 4. 9. 선고 84다카130 판결. 비록 해제 이후에 이해관계를 가지게 되었더라도 원상회복을 위한 말소등기가 늦어진 경우 이를 믿고 거래한 자의 신뢰를 보호할 필요가 있기 때문이다.

36) 대법원 1998. 5. 12. 선고 96다47913 판결

4. 해지

계속적 계약에서 당사자 일방의 의사표시로 계약의 효력을 장래에 향하여
소멸하게 하는 것을 계약의 **해지**라 한다. 해지사유는 해제사유와 같다.

제3절 채무불이행에 대한 구제

Ⅰ. 채무불이행의 의의와 효과

채무자가 정당한 이유 없이 채무의 내용에 좋은 이행을 하지 아니하는 것
을 **채무불이행**이라 한다.

권리에 상응하는 의무의 이행을 의무를 부담하는 자의 호의에만 맡겨 둔다
면 권리의 의미가 없으므로 국가권력(법원)으로 의무의 이행을 강제(집행)할 수
있어야 한다. 채무자가 채무불이행을 하는 경우 채권자는 (가) 국가권력에 의
하여 강제적으로 채권의 내용을 실현(**강제이행**)하도록 할 수 있고,[37] (나) 강제
이행이 허용될 수 없는 경우, 강제이행으로도 보전되지 않는 손해가 있는 경우
또는 채권자가 선택으로 강제이행을 대신하여 손해를 배상 받고자 하는 경우
에는 채무자에게 **손해배상**을 청구할 수 있다. 손해배상도 결국 금전의 지급을
청구하는 것이므로 역시 강제이행의 대상이 된다.

1. 이행지체

채무의 이행기가 도래하였고, 채무의 이행이 가능함에도 불구하고 채무자
가 자신에게 책임 있는 사유로 채무의 이행에 좋은 이행을 하지 않는 경우(**이행
지체**) 채권자는 채무자에 대하여 다음과 같은 권리를 가진다. 채무자가 채무의
이행이 가능함에도 채권자에 대하여 이행할 의사가 없음을 명백하고 종국적으

---

37) 권리자가 국가권력(법원)에게 자신의 권리가 실현될 수 있도록 강제력을 사용할 것('강제
집행')을 요구하기 위해서는 '집행권원'이 있어야 하며, '집행권원'의 획득에 관하여는 제
7절에서 자세히 살펴본다.

로 표시한 경우(**이행거절**) 채권자는 채무의 이행기가 도래하기 이전에도 다음과
같은 권리를 행사할 수 있다.

① 채무의 이행을 강제하는 한편, 이행의 지연으로 인한 손해를 청구할 수
   있다(민법 제390조 본문, 제389조 제4항).
② 채무의 이행을 강제하지 않고, 채무의 이행에 갈음한 손해배상(**전보배상**)
   을 청구할 수 있다(민법 제395조).
③ 계약을 해제하고, 원상회복과 이행에 갈음한 손해배상을 청구할 수 있
   다(민법 제548조, 제551조).

2. 이행불능

채권이 유효하게 성립한 후에 채무자에게 책임 있는 사유로 채무의 이행이
불가능하게 된 경우(**이행불능**) 채권자는 채무자에 대하여 다음과 같은 권리를
가진다.

① 채무의 이행에 갈음한 손해배상(**전보배상**)을 청구할 수 있다(민법 제390조).
② 계약을 해제하고, 원상회복과 이행에 갈음한 손해배상을 청구할 수 있
   다(민법 제546조, 제551조).

II. 강제이행

1. 강제이행의 방법

채권자는 국가권력(법원)에게 강제력을 사용할 것(**강제집행**)을 요구하기 위
하여 필요한 **집행권원**(대표적으로 법원의 확정판결)[38]을 얻어 다음과 같이 자신의
권리를 실현시킬 수 있다.

① 금전채무나 유체물 인도의무와 같은 **주는 채무**의 경우: 채권자는 법원에
   게 강제적으로 이를 실현해 줄 것(**직접강제**)을 청구할 수 있다(민법 제389
   조 제1항 본문).

---

38) 집행권원을 포함하여 권리의 강제적 실현을 위한 구체적인 절차에 관하여는 아래 7절에
   서 구체적으로 살펴본다.

② 채무의 성질이 채무자에게 직접강제를 할 수 없는 경우(주는 채무 이외의 **하는 채무**)로서 제3자가 채무자를 대신하여 채무의 내용을 실현하여도 채권자에게는 동일한 효과를 얻을 수 있는 성질의 채무(건물의 철거나 토지의 인도와 같은 **대체적 작위의무**)의 경우: 채권자는 제3자(집행관)로 하여금 채무자를 대신하여 채무의 내용이 실현되도록 하고, 그 비용을 채무자로부터 추심할 수 있다(**대체집행**)(민법 제389조 제2항 후문).

③ 채무의 성질이 채무자가 직접강제를 할 수 없는 경우로서 제3자가 채무자를 대신하여 채무의 내용을 실현할 수 없는 채무(**부대체적 작위의무**)의 경우: 채권자는 **간접강제**(이행기간 이내에 이행을 하지 아니하는 때에는 늦어진 기간에 따라 일정한 배상을 하거나 즉시 손해배상을 하도록 하는 법원의 명령)를 할 수밖에 없으며(민사집행법 제261조), 그 성질상 간접강제조차 허용되지 아니하는 채무의 경우에는 손해배상으로 구제될 수밖에 없다.

④ 채무가 법률행위(예: 등기절차의 이행)를 목적으로 하는 경우: 채권자는 채무자의 의사표시에 갈음할 재판을 청구할 수 있고, 판결의 확정으로 곧 채무자의 의사표시가 이루어진 것으로 간주된다(민법 제389조 제2항).

⑤ 채무가 부작위를 목적으로 한 경우: 채권자는 채무자의 비용으로 그 위반한 것을 제거하고 장래에 대한 적당한 처분을 해줄 것을 법원에게 청구할 수 있다(민법 제389조 제3항).

2. 채무와 책임

채무자는 채권자에게 채무를 이행하여야 하지만 채무자가 실제로 채무를 이행하지 않는 경우에 반드시 채권자가 채무의 내용을 강제적으로 실현할 수 있다는 것까지 의미하는 것은 아니다. 채무자의 일정한 재산이 채권자의 강제집행에 복속하여야 하는 의무를 **책임**이라 하는데 채무와 책임은 항상 일치되어야 하는 것은 아니다.

타인의 채무를 담보하기 위하여 담보를 제공한 자는 자신이 채무를 부담하지 아니함에도 책임만을 부담하게 된다. 반면, 당사자 사이에 강제집행을 하지 않는다는 특약을 할 수도 있으며, 이 경우 채무는 있으나 책임은 없게 된다.

채권자가 강제집행을 할 수 있는 채무자의 재산을 **책임재산**이라 하고, 당사자의 약정에 따라 채권자가 강제집행할 수 있는 재산의 범위를 한정하는 약정

(책임재산제한약정) 역시 효력을 가진다.

채무자가 임의로 이행하지 않는 경우 채권자가 법원에 소를 제기할 수 없고 강제집행을 할 수 없지만 채무자가 임의로 이행하는 경우에는 채권자가 유효하게 변제로 수령할 수 있는 채무를 **자연채무**라 한다. 소송을 제기하지 않기로 하는 약정(**부제소합의** 또는 **부제소특약**)이 있는 채무가 대표적인 자연채무에 해당한다. 부제소합의는 당사자가 처분할 수 있는 권리가 있는 범위 내에서 특정한 법률관계에 한정하는 것일 때에만 허용되며, 그 합의시에 예상할 수 있는 상황에 관한 것이어야만 유효할 수 있다.[39)]

Ⅲ. 손해배상

1. 손해배상의 범위

채무자가 귀책사유로 채무불이행을 할 경우 채권자에게 배상하여야 하는 손해는 그러한 종류의 채무불이행시 사회 일반의 관념에 따라 통상적으로 발생하는 것으로 생각되는 범위의 손해(**통상손해**)를 한도로 하며, 당사자 사이에 있어서 개별적 구체적인 사정으로 인한 손해(**특별손해**)는 채무자가 그러한 사정을 알았거나 알 수 있었을 경우에 한하여 배상할 책임을 부담한다(민법 제393조).

채무불이행에 관하여 채권자측에 과실이 있는 때에 법원이 손해배상의 범위를 정함에 있어서 채권자측의 과실을 어느 정도로 참작할 것인지는, 구체적인 사안마다 신의칙과 공평의 관념에 따라 채권자측과 채무자측의 고의나 과실의 정도, 책임원인사실인 채무불이행의 내용, 손해의 발생 및 확대 등에 어느 정도의 원인을 이루었는지 등 여러가지 사정을 참작하여 손해가 '공평하게 분담'되도록 합리적으로 결정하여야 한다.[40)]

2. 금전채무 불이행에 대한 특칙

금전채무의 불이행에 따른 손해배상액은 **법정이율**(연5%)에 의하나 법령의 제한에 반하지 않는 범위 내에서 약정된 이율이 있을 경우 **약정이율**에 의한다

---

39) 대법원 1999. 3. 26. 선고 98다63988 판결
40) 대법원 1983. 12. 27. 선고 83다카1389 판결, 대법원 1985. 11. 26. 선고 85다카1191 판결, 대법원 1989. 9. 26. 선고 88다카32371 판결 등 참조

(민법 제397조 제1항). 채권자는 손해의 증명을 요하지 아니하고 채무자는 과실 없음을 항변하지 못한다(민법 제397조 제2항).

3. 손해배상액의 예정

실제에 있어 채권자가 손해의 발생과 손해액을 입증하기 곤란한 경우가 많고, 당사자 사이에 그에 관한 다툼이 생길 수 있다. 강행법규나 선량한 풍속 기타 사회질서에 반하지 않는 한, 그러한 입증의 곤란을 배제하고 분쟁을 예방하기 위하여 채무불이행이 있기 이전에 자유로이 채무불이행시 채무자가 지급하여야 할 손해배상금액을 약정(**손해배상예정**)할 수 있다(민법 제398조 제1항). 이 경우 채권자는 채무불이행의 사실만을 입증하면 손해의 발생과 그 금액을 증명할 필요 없이 약정된 손해배상예정액을 청구할 수 있다. 다만 법원은 손해배상예정액이 부당하게 과다한 경우 재량으로 이를 적당히 감액할 수 있다(민법 제398조 제2항).[41]

채무자가 채무를 불이행할 경우 채권자에게 지급하기로 미리 약정한 금액을 **위약금**이라 하는데, 위약금은 손해배상의 예정으로 추정된다. 따라서 채권자는 채무자의 채무불이행시 손해배상으로 위약금만을 청구할 수 있고, 법원은 위약금이 부당하게 과다한 경우 재량으로 적당히 감액할 수 있다.

4. 위약벌

위약금이 손해배상의 예정이 아니라 손해와 상관없이 계약의 위반이라는 행위 자체를 제재하기 위한 목적으로 정한 **위약벌**로 인정될 경우, 채무자는 계약 위반시 약정된 위약벌을 지급하여야 하는 한편, 채권자에게 실제 발생한 손해액을 배상하여야 하며, 법원은 재량으로 위약벌이 부당하게 과다하다는 이유로 감액할 수 없다.[42] 물론 채무의 이행으로 얻을 채권자의 이익에 비하여 약정된 위약벌이 과도하게 무거울 때에는 그 일부 또는 전부가 선량한 풍속 기타 사회질서에 반하여 무효가 될 수 있다.[43]

위약금은 손해배상의 예정으로 추정되기 때문에 위약금이 위약벌로 해석되

---

41) 민법 제398조 제2항은 강행법규이며, 이에 기한 감액주장을 사전에 배제하는 약정은 허용되지 않는다.
42) 대법원 2005.10.13. 선고 2005다26277판결
43) 대법원 1993. 3. 23. 선고 92다46905판결

기 위해서는 특별한 사정이 주장·증명되어야 하며, 계약을 체결할 당시 위약
금과 관련하여 사용하고 있는 명칭이나 문구뿐만 아니라 계약 당사자의 경제
적 지위, 계약 체결의 경위와 내용, 위약금 약정을 하게 된 경위와 교섭과정,
당사자가 위약금을 약정한 주된 목적, 위약금을 통해 이행을 담보하려는 의무
의 성격, 채무불이행이 발생한 경우에 위약금 이외에 별도로 손해배상을 청구
할 수 있는지 여부, 위약금액의 규모나 전체 채무액에 대한 위약금액의 비율,
채무불이행으로 인하여 발생할 것으로 예상되는 손해액의 크기, 당시의 거래
관행 등 여러 사정을 종합적으로 고려하여 위약금의 법적 성질을 합리적으로
판단하여야 한다.[44]

Ⅳ. 책임재산의 보전

채권은 채무자에 대한 권리이지 채무자의 재산이나 권리를 직접 지배하는
권리는 아니므로 채권자가 자신의 채권을 강제집행하기 이전에는 채무자가 자
신의 재산을 어떻게 관리·처분할지는 채무자의 자유이고, 채권자가 간섭할 수
없는 것이 원칙이다. 그런데 채무자가 자신이 가지는 권리의 행사를 게을리 함
으로써 채무자의 재산을 감소하게 하거나 제3자와 통모하여 고의로 채무자의
재산의 감소를 꾀하는 경우에는 채권자가 채무자의 행위에 간섭할 수 있는 **채
권자대위권**과 **채권자취소권**이 인정되어 그러한 권리의 행사로 채무자가 얻거나
채무자에게 회복된 재산으로부터 채권을 만족 받을 수 있다.

1. 채권자대위권

채권자는 자신의 채권을 보전하기 위하여 채무자가 제3자에 대하여 가지는
채권을 행사하여야 할 필요가 있는 경우 채무자를 대위하여 제3채무자에 대하
여 직접 채무자가 가지는 권리를 행사할 수 있다(민법 404조).[45] 채권자가 채무
자에게 대위권 행사사실을 통지하였거나 채무자가 채권자의 대위권 행사사실

---

44) 대법원 2016. 7. 14. 선고 2012다65973 판결
45) 채무자가 제3자로부터 부동산을 매수하여 매매잔금까지 모두 지급하고서도 소유권이전등
기를 하지 않고 있는 경우 채권자는 자신의 채무자에 대한 채권을 보전하기 위하여 제3
자를 상대로 채무자의 소유권이전등기청구권을 대위 행사하여 채무자 명의로 소유권이전
등기를 한 뒤 해당 부동산에 대하여 강제집행할 수 있다.

을 안 이후에 채무자가 대위의 목적인 권리의 양도나 포기 등 처분행위를 하는
것을 허용할 경우 채권자에 의한 대위권 행사를 방해하는 것이 되므로 채무자
가 채권자대위권 행사의 통지를 받았거나 채권자의 대위권 행사 사실을 알고
있는 경우에는 자신의 권리를 처분하여도 이로써 채권자에게 대항할 수 없다
(민법 제405조).[46]

2. 채권자취소권

채무자가 채권자를 해함을 알면서 행한 법률행위(사해행위)를 한 경우 채권
자는 법원에게 그 취소와 원상회복을 청구할 수 있다(민법 제406조).[47] 다만 사
해행위로 인하여 이익을 받은 자(수익자)나 전득한 자(전득자)가 그 행위 또는
전득 당시에 채권자를 해함을 알지 못한 경우에는 취소할 수 없다. 법원에 대
한 청구는 채권자가 취소원인을 안 날로부터 1년, 법률행위가 있은 날로부터 5
년 내에 제기하여야 한다.

채무자가 법률행위를 함에 있어 그 채권자를 해함을 안다는 것(사해의사)은
의도나 의욕을 의미하는 것이 아니라 단순한 인식으로 충분하다. 결국 사해의
사란 공동담보 부족에 의하여 채권자가 채권변제를 받기 어렵게 될 위험이 생
긴다는 사실을 인식하는 것이며, 이러한 인식은 일반 채권자에 대한 관계에서
있으면 족하고, 특정한 채권자를 해한다는 인식이 있어야 하는 것은 아니다.[48]
채무자가 책임재산을 염가로 매각하는 경우, 사실상 유일한 재산인 부동산을
매각하여 소비하기 쉬운 금전으로 바꾸는 경우, 채무자가 여러 채권자들 중 일
부와 통모하여 그 채권자에게만 채권의 만족을 얻게 할 목적으로 재산을 매각
한 경우, 채무자가 채무초과 상태에서 특정한 채권자에게만 재산을 담보로 제
공하거나 대물변제하는 경우 사해행위가 될 수 있다.

---

46) 대법원 1993. 4. 27. 선고 92다44350 판결
47) 채무자가 자산의 유일한 재산인 아파트를 자신의 부인에게 증여한 경우 채권자는 당해
   증여를 취소시킨 후 소유권을 채무자에게 원상회복시킨 후 당해 아파트에 대하여 강제집
   행할 수 있다.
48) 대법원 2009. 3. 26. 선고 2007다63102 판결

Ⅴ. 보전처분

강제집행이 개시될 때까지 채무자의 일반재산이나 다툼의 대상인 목적물의 현상을 동결시켜 두거나 임시로 잠정적인 법률관계를 형성시켜 두는 조치를 취함으로써 나중에 확정판결을 얻었을 때 그 판결의 집행을 용이하게 하고 그 때까지 채권자가 입게 될지 모르는 손해를 예방할 필요가 있다. 이를 위한 법적 수단으로 **가압류**와 **가처분**이 있다.

1. 가압류

가압류는 금전채권이나 금전으로 환산할 수 있는 채권을 가진 채권자가 장래 채무자의 재산에 대한 강제집행을 할 수 있도록 미리 채무자의 재산을 압류하여 채무자가 재산을 처분할 수 없도록 하여 현상대로 유지시키는 절차이다. 향후에 재판에서 승소하여 확정판결을 받으면 가압류가 본압류로 바뀌어 강제집행을 할 수 있게 된다.

2. 가처분

가처분은 채권자가 금전채권이 아닌 권리 또는 법률관계에 관하여 장래 확정판결에 의한 강제집행을 미리 보전해 두기 위한 절차로서 '계쟁물[49]'에 대한 가처분'과 '임시의 지위를 정하는 가처분'이 있다.

계쟁물에 대한 가처분은 특정한 계쟁물이 처분되거나 멸실되는 등 법률적·사실적 변경이 생기는 것을 방지하기 위하여 판결을 받기 전에 그 계쟁물의 현상의 변경을 금지시키는 가처분이다. 일반적으로 계쟁물에 대한 가처분에는 처분행위를 금지하는 **처분금지가처분**과 점유이전행위를 금지하는 **점유이전금지가처분**이 있다.

임시의 지위를 정하는 가처분은 당사자 사이에 현재 다툼이 있는 권리관계 또는 법률관계가 존재하고 그에 대한 확정판결이 있을 때까지 현상의 진행을 그대로 방치한다면 권리자가 현저한 손해를 입거나 목적을 달성하기 어려운 경우에 그러한 위험을 방지하기 위하여 잠정적으로 법률관계에 관하여 임시의

---

49) 계쟁(係爭)이라 함은 어떤 목적물의 권리를 얻기 위한 당사자 간의 다툼을 말하며, 계쟁물(係爭物)이라 함은 그 다툼의 목적물을 말한다.

조치를 행하는 보전절차이다.[50]

제4절 계약의 특질

Ⅰ. 쌍무계약

계약 중 각 당사자가 서로 대가적인 의미를 갖는 채무를 부담할 것을 약정하는 계약을 **쌍무계약**이라 한다.[51]

1. 동시이행항변권

쌍무계약의 경우 일방 당사자가 자신의 채무를 이행하지 않으면서 상대방에 대하여 이행을 청구하는 것은 공평의 원칙과 신의칙에 반한다. 이에 쌍무계약의 당사자는 상대방이 채무를 이행하거나 이행의 제공[52]을 할 때까지 자신의 채무의 이행을 거절할 수 권리(**동시이행항변권**)를 가진다(민법 제536조). 동시이행의 항변권에 관한 민법의 규정은 임의규정이므로 당사자는 이를 임의로 포기할 수 있다.

2. 위험부담

쌍무계약이 체결된 이후 어느 당사자가 부담하는 채무의 이행이 불가능하게 되는 경우 그 사유는 당해 당사자(채무자)에게 책임 있는 사유, 상대방 당사자(채권자)에게 책임 있는 사유와 어느 당사자(채권자나 채무자)에게도 책임 없는 **불가항력**으로 구분된다.

① 채무자의 책임 있는 사유로 채무가 이행불능이 된 경우: 채무자가 채무불이행의 책임을 부담한다(민법 제390조).

---

50) 예: 이사의 직무집행정지 가처분
51) 증여계약과 같이 당사자 일방만이 채무를 부담하거나 당사자 쌍방이 채무를 부담하더라도 그 채무가 서로 대가적인 의무를 갖지 않는 계약을 '편무계약'이라 한다.
52) '이행(변제)의 제공'이란 변제를 수령하는 행위와 같이 채무의 이행을 위해서는 채권자의 협력이 필요한 경우 채무자가 채무의 이행에 필요한 모든 준비를 다하여 채권자의 협력을 요구하는 것을 의미한다.

② 채권자의 책임 있는 사유로 채무가 이행불능이 된 경우: 채무자가 자신의 채무를 이행할 수 없더라도 상대방에게 반대급부를 청구할 수 있으나 그 대신 자신의 채무를 면함으로써 얻은 이익을 상대방에게 상환하여야 한다(민법 제538조).

③ 채권자나 채무자 어느 누구에게도 책임 없는 불가항력으로 채무가 이행불능이 된 경우: 채무자는 채무를 면하고, 더불어 상대방(채권자)에게 반대급부도 청구할 수 없다(민법 제537조).

Ⅱ. 제3자를 위한 계약

제3자를 위한 계약이란 당사자 사이에서만 효력을 발생시킬 의사로 체결되는 통상의 계약과는 달리 계약 당사자가 자신들 사이에 체결된 계약에 의하여 제3자로 하여금 직접 계약 당사자의 일방에 대하여 권리를 취득하게 할 목적으로 하는 계약이다. 어떤 계약이 제3자를 위한 계약에 해당하는지 여부는 당사자의 의사가 그 계약에 의하여 제3자에게 직접 권리를 취득하게 하려는 것인지에 관한 의사해석의 문제로서 이는 계약 체결의 목적, 계약에 있어서의 당사자의 행위의 성질, 계약으로 인하여 당사자 사이 또는 당사자와 제3자 사이에 생기는 이해득실, 거래 관행, 제3자를 위한 계약제도가 갖는 사회적 기능 등 제반 사정을 종합하여 계약 당사자의 합리적 의사를 해석함으로써 판별할 수 있다.[53]

제3자를 위한 계약에 따라 권리를 부여 받은 제3자(**수익자**)는 그에 대하여 채무를 부담하기로 약정한 채무자(**낙약자**)에 대하여 계약의 이익을 받을 의사(**수익의 의사표시**)를 표시한 때에 낙약자에 대하여 그 이행을 청구할 수 있는 권리를 가진다(민법 제539조).

Ⅲ. 주요 유형의 계약

1. 매매

매매란 당사자 일방이 재산권을 상대방에게 이전할 것을 약정하고, 상대

---

53) 대법원 1997. 10. 24. 선고 97다28698 판결

방은 그 대금을 지급할 것을 약정함으로써 성립하는 계약을 말한다(민법 제563조).

당사자가 일방이 본계약을 성립시키려고 하는 의사표시(예약완결의 의사표시)를 하면 상대방의 승낙을 요하지 않고 본계약이 성립하는 것으로 약정하는 것을 **매매예약**이라 한다.

매도인이 매매계약과 동시에 환매할 권리를 가지고, 그 수령한 대금 및 매수인이 부담한 매매비용을 매수인에게 반환하고 그 목적물을 다시 매수하는 것을 **환매**라 한다(민법 제590조 제1항).

매매목적물이 '타인'의 소유라도 매매계약은 유효하게 성립되며, 매도인은 매매목적물에 대한 권리를 취득하여 매수인에게 이전할 의무를 부담한다(민법 제569조). 매매목적물의 권리에 하자가 있는 경우[54] 또는 매매목적물에 하자가 있는 경우[55] 상대방은 계약을 해제하거나 손해배상책임 등(**매도인의 담보책임**)을 물을 수 있다(민법 제569조 내지 제578조). 매매의 목적물이 채권인 경우 채무자가 무자력이라도 매도인은 책임을 부담하지 않는 것이 원칙이지만 사적자치의 원칙에 따라 매도인이 채무자의 자력을 담보하는 특약을 할 수 있음은 물론이다(민법 제579조).

매도인의 담보책임에 관한 규정은 임의규정이고, 사적자치의 원칙에 따라 매도인의 담보책임을 면제·경감·가중하는 약정은 원칙적으로 유효하지만 매도인이 알면서 매수인에게 고지하지 아니한 사실 또는 제3자에게 권리를 설정 또는 양도한 행위에 대하여는 책임을 면하지 못한다(민법 제584조).[56]

---

54) 매매목적물에 대한 권리의 전부 또는 일부가 타인에게 속하는 경우, 매매목적물의 수량이 부족하거나 일부가 멸실된 경우, 매매목적물에 대한 재산권이 제한물권 등 타인의 권리에 의해 제한되고 있는 경우

55) 매매의 목적물이 거래통념상 기대되는 객관적 성질·성능을 결여하거나, 당사자가 예정 또는 보증한 성질을 결여한 경우에 매도인은 매수인에 대하여 그 하자로 인한 담보책임을 부담한다(대법원 2000. 1. 18. 선고 98다18506 판결). 매도인이 매수인에게 공급한 기계가 통상의 품질이나 성능을 갖추고 있는 경우, 그 기계에 작업환경이나 상황이 요구하는 품질이나 성능을 갖추고 있지 못하다 하여 하자가 있다고 인정할 수 있기 위해서는, 매수인이 매도인에게 제품이 사용될 작업환경이나 상황을 설명하면서 그 환경이나 상황에 필요한 품질이나 성능을 갖추고 있는 제품의 공급을 요구한 데 대하여 매도인이 그러한 품질과 성능을 갖춘 제품이라는 점을 명시적으로나 묵시적으로 보증하고 공급하였다는 사실이 인정되어야만 한다(대법원 2002. 4. 12. 선고 2000다17834 판결).

56) 담보책임을 면제하는 특약이 유효하다는 전제하에 민법 제584조는 강행법규의 성격을 가진다.

2. 소비대차

소비대차는 당사자의 일방(貸主)이 금전 기타 대체물(代替物)의 소유권을 상대방(借主)에게 이전할 것을 약정하고 상대방은 이전 받은 물건을 전량 소비한 뒤, 이후 동종·동질·동량(同量)의 물건으로 상환할 것을 약정함으로써 성립하는 계약이다(민법 제598조).

소비대차에 의하지 아니하고 금전 기타의 대체물을 지급할 의무가 있는 경우[57]에 당사자가 그 목적물을 소비대차의 목적으로 할 것을 약정한 때에는 소비대차의 효력(**준소비대차**)이 있다(민법 제605조).

차주가 차용물의 반환에 갈음하여 다른 재산권을 이전할 것을 예약(**대물변제예약**)한 경우 그 재산의 예약 당시의 가액은 차용액 및 이에 붙인 이자의 합산액을 넘지 못한다(민법 제607조). 이에 위반한 당사자의 약정으로서 차주에 불리한 것은 환매 기타 여하한 명목이라도 그 효력이 없다(민법 제608조).

3. 임대차

임대차란 당사자 일방(임대인)이 상대방(임차인)에게 목적물을 사용·수익하게 할 것을 약정하고 상대방이 이에 대하여 차임을 지급할 것을 약정함으로써 성립하는 계약을 말한다(민법 제618조).

임대목적물이 타인의 소유라도 임대차계약은 유효하게 성립되며, 임대인이 임대목적물에 대한 소유권이나 사용할 권한이 없어 임차인으로 하여금 임대목적물을 사용하도록 할 수 없다면, 임차인으로서는 임대인에 대하여 임대차계약의 위반 책임을 물을 수 있을 뿐이고, 임대목적물의 소유자 또는 임대목적물을 점유하고 있는 제3자에 대하여 자신이 임대목적물을 사용·수익할 수 있는 권리가 있음을 주장할 수 없다. 다만 부동산의 임차권이 등기된 경우에는 그 때부터 제3자에 대하여 임대목적물을 사용·수익할 수 있는 권리가 있음을 주장(**대항력**)할 수 있으며(민법 제621조 제2항), 임차인이 주택을 인도받고 주민등록을 마친 때에는 그 때부터 제3자에 대하여 대항력을 가진다(주택임대차보호법 제3조 제1항).

---

57) 매매대금을 빌린 것으로 하는 경우 등

4. 조합

조합은 여러 사람이 모여서 자금이나 노력을 모아 공동으로 사업을 경영하기 위하여 단체를 만드는 계약(민법 703조) 또는 그 계약을 통해 형성된 단체를 말한다.

법인의 경우에는 단체를 만들고 있는 사람들과는 별개의 하나의 법인격(권리능력)이 부여되는 데 반하여 조합의 경우에는 하나의 법인격이 인정되는 것이 아니라 개개의 조합원의 집합에 불과하다. 따라서 조합의 이름으로 거래하더라도 그것은 조합원 전원이 공동으로 상대방과 거래한 것으로 되며, 조합에 필요한 재산도 조합원 전원이 공동으로 **합유**(合有)하고 있는 것으로 취급된다.[58]

5. 신탁

신탁이란 신탁을 설정하는 자(**위탁자**)가 신탁을 인수하는 자(**수탁자**)에게 일정한 재산(**신탁재산**)[59]을 이전[60]하고, 수탁자로 하여금 일정한 자(**수익자**)의 이익 또는 특정한 목적을 위하여 그 재산의 관리, 처분, 운용, 개발, 그 밖에 신탁 목적의 달성을 위하여 필요한 행위를 하게 하는 약정을 말한다(신탁법 제2조).

신탁재산(신탁의 설정으로 수탁자에게 이전된 재산과 신탁재산의 관리, 처분, 운용, 개발, 멸실, 훼손, 그 밖의 사유로 수탁자가 얻은 재산)은 수탁자의 재산이 되고, 수탁자의 고유한 재산(**고유재산**)과도 구별된다. 이에 (가) 위탁자나 수탁자의 채권자가 강제집행, 담보권 실행 등을 위한 경매, 보전처분 또는 국세 등 체납처분을 할 수 없으며(신탁법 제22조), (나) 위탁자나 수탁자의 파산재단(회생절차의 경우 관리인이 관리 및 처분 권한을 갖고 있는 채무자의 재산)[61]을 구성하지 아니한다(신탁법 제24조). 따라서 신탁의 설정으로 신탁재산과 관련하여 어떠한 권리(수탁자에 대한 청구권)를 가지는 수익자는 위탁자나 수탁자의 신용에

---

58) 도시 및 주거환경정비법에 따라 토지소유자 등으로 구성된 조합과 같이 명칭은 '조합'이지만 법령으로 법인격을 가지는 경우도 있다.
59) 영업이나 저작재산권의 일부도 신탁재산이 될 수 있다.
60) 담보권의 설정 또는 그 밖의 처분을 포함한다.
61) 파산절차와 회생절차에 관하여는 아래 제8절 참조

영향을 받지 않고 신탁재산으로부터 자신이 가지는 권리의 실현을 보장 받을
수 있게 된다.

제5절 채권의 특질

I. 다수당사자의 채권관계

1. 개관

하나의 동일한 내용의 급부에 관하여 채권자 또는 채무자가 복수인 경우
그 법률관계는 당사자들 사이에 달리 합의되지 않는 한 다음과 같다.

가. 분할채권채무

채권자나 채무자가 수인인 경우에 특별한 의사표시가 없으면 각 채권자 또
는 각 채무자는 균등한 비율로 권리가 있고 의무를 부담한다(민법 제408조).

나. 불가분채권

채권의 목적이 그 성질 또는 당사자의 의사표시에 의하여 불가분인 경우에
'채권자'가 수인인 때에는 각 채권자는 모든 채권자를 위하여 채무자에게 채무
의 이행을 청구할 수 있고 채무자는 모든 채권자를 위하여 각 채권자에게 이행
할 수 있다(민법 제409조).

다. 불가분채무

채권의 목적이 그 성질 또는 당사자의 의사표시에 의하여 불가분인 경우에
'채무자'가 수인인 때에는 연대채무의 경우와 같이 채권자는 어느 채무자에 대
하여 또는 동시나 순차로 모든 채무자에 대하여 채무의 전부나 일부의 이행을
청구할 수 있다(민법 제411조, 제414조).

라. 연대채무

수인의 채무자 각자가 채무 전부를 이행할 의무가 있고 채무자 1인의 이행으로 다른 채무자도 그 의무를 면하게 되는 경우 그 채무를 연대채무라 한다(민법 제413조). 어느 연대채무자에 대한 이행청구, 면제, 소멸시효의 완성이나 채권자지체, 어느 연대채무자와의 경개(更改)나 혼동 또는 어느 연대채무자에 의한 상계는 다른 연대채무자에게도 효력을 미친다(민법 제416조 내지 제423조). 어느 연대채무자가 변제 기타 자기의 재산으로 다른 연대채무자가 면책된 때에는 다른 연대채무자가 부담하여야 할 부분에 대하여 구상권을 행사할 수 있다(민법 제425조).

마. 보증채무

보증채무를 부담하는 보증인은 주채무자가 채무를 이행하지 아니할 경우 주채무자의 채무를 이행하여야 할 의무가 있다(민법 제428조).

2. 보증

가. 의의와 부종성

보증이란 주된 채무자가 그 채무를 이행하지 않는 경우 보증인이 그와 동일한 채무를 이행할 것을 약정하는 '채권자'와 '보증인' 사이의 계약을 말한다. 보증은 보증 당시에는 확정되어 있지 않지만 장래 확정될 수 있는 다수의 채무에 대해서도 보증(**근보증**)을 할 수 있으며, 이 경우 보증하는 채무의 최고액을 서면으로 특정하여야 한다(민법 제428조의3).

채권자와 보증인 사이에 달리 약정하지 않는 한, 보증채무는 주채무가 존재하여야 하므로 다음과 같은 성질(**부종성**)을 가진다.

① 주채무가 무효이거나 취소된 때에는 보증채무도 무효이다.
② 주채무의 내용이 변경되면, 그에 따라 보증채무도 변경된다.
③ 주채무가 소멸되면, 보증채무도 소멸한다.
④ 보증인은 주채무자가 채권자에 대하여 가지는 항변권으로 채권자에게 대항할 수 있다.

나. 최고·검색의 항변권

단순한 보증의 경우 보증인은 채권자에 대하여 보증인에게 채무의 이행을 청구하기 이전에 먼저 주채무자의 재산에 대하여 먼저 청구하고 집행할 것을 요구(**최고·검색의 항변**)할 수 있지만 보증인이 채무자와 연대하여 채무를 부담하는 경우(**연대보증**)에는 최고·검색의 항변을 할 수 없다(민법 제437조).

다. 구상권

보증인이 자신의 재산으로 주채무를 이행한 경우 주채무자에 대하여 그 상환을 요구할 수 있는 권리(**구상권**)을 가진다(민법 제441조). 보증인의 부탁을 받아 보증한 보증인은 주채무의 이행기가 도래하였거나 보증인과 주채무자 사이에 정한 사유가 발생한 경우 자신의 재산으로 주채무를 이행하기 이전이라도 미리 주채무자에 대하여 구상권(**사전구상권**)을 행사할 수 있다(민법 제442조). 이 경우 주채무자는 보증인에게 배상할 액수를 공탁하거나 담보를 제공하거나 보증인을 면책하게 함으로써 보증인에게 배상할 의무를 면할 수 있고, 주채무자가 보증인에게 배상하는 경우에는 보증인에게 자기를 면책하게 하거나 자기에게 담보를 제공할 것을 청구할 수 있다(민법 제443조).

라. 손해담보계약

당사자 일방이 다른 당사자에 대하여 일정한 위험으로 말미암아 장래 발생할 손해를 전보해 줄 것을 약정하는 계약을 **손해담보계약**이라 한다. 손해담보계약으로 천재지변 등 불가항력의 위험뿐만 아니라 어떠한 계약의 당사자(채무자)의 채무불이행의 위험도 담보할 수 있다. 채무불이행을 담보하는 손해담보계약은 주채무의 존속과 관계없이 성립하는 하나의 독립된 계약이고, 주채무의 존재를 전제로 성립하는 보증채무와는 달리 주채무의 성립·존속·채무 내용에 부종하는 성질이 없다. 따라서 손해담보의무를 이행하였다 하여 당연히 보증에서와 같이 채무자에 대하여 구상권을 가지는 것은 아니고, 채무자에게 구상권을 가지는지 여부는 손해담보자와 채무자 사이의 약정에 따라 결정된다.

Ⅱ. 채권의 양도와 채무인수

1. 증권적 채권(유가증권)의 양도

채권의 양도와 행사를 위해서는 채권이 표창된 증권(증서)에 의하여야 하는 채권을 **증권적 채권** 또는 **지시채권**이라 한다. 증권적 채권을 양도하기 위해서는 반드시 '증권의 교부'가 필요하다(민법 제508조).

흔히 채권의 발생, 이전, 행사를 위해서 증권의 소지를 요하는 것을 **유가증권**이라 하는데, 유가증권에는 주권, 사채권, 신주인수권증서 등 회사의 자본 조달을 위해서 발행되는 증권과 어음·수표가 있다. 차용증서나 영수증과 같이 장래 채권의 존재를 용이하게 증명하기 위하여 작성해 두는 서면이 있으나 이는 단순히 채권의 존재를 증명하기 위한 증거 서류에 불과하고 유가증권이라 할 수 없다.

약속어음은 발행인이 미래에 일정한 금액을 일정한 시기에 약속어음의 소지인에게 지급할 것을 약속하는 유가증권이고, **수표**는 발행인이 은행에게 일정한 금액을 수표의 소지인에게 지급할 것을 위탁하는 유가증권이다. 수표는 단순히 현금을 들고 다니지 않고 지급할 수 있는 편의만을 위한 것에 불과하므로 지급의 확실성을 위하여 반드시 '은행'을 수표의 지급인으로 지정하여야 하며, 수표의 발행인의 예금계좌에 자금이 있는 경우에만 수표를 발행할 수 있다. 약속어음과 달리 예금부족 등으로 수표금이 지급되지 아니할 경우 수표의 발행인은 부정수표단속법에 따라 형사처벌된다(부정수표단속법 제2조).

2. 지명채권의 양도

증권적 채권이 아닌 채권을 **지명채권**이라 한다. 성질상 채권자가 변경되면 채권이 내용이 전혀 달라지게 되는 경우, 당사자 사이에 채권의 양도를 제한하는 약정을 한 경우 또는 법률로 양도가 금지된 경우를 제외하고, 지명채권은 '양도인과 양수인 사이의 계약'으로 양도될 수 있다(민법 제449조). 다만 양수인이 채무자에 대하여 채권을 행사하기 위해서는 채무자에게 양도 사실을 '통지'하거나 채무자의 '승낙'이 있어야 한다(민법 제450조 제1항). 양도 대상 채권에 대하여 이해관계를 가지는 제3자(양도인으로부터 이중으로 채권을 양수한 자, 양도

대상 채권에 질권을 취득한 자, 양도 대상 채권을 압류한 자 등)가 있는 경우, 채권의 양수한 자와 제3자 사이에 우열을 결정할 필요가 있다. 채권의 양수인이 채권의 양도 사실을 제3자에 대하여도 대항하기 위해서는 **확정일자**(공증기관이나 공공기관에서 기입한 일자) 있는 증서로 채무자에게 양도 사실을 통지하거나 채무자의 승낙이 있어야 한다(민법 제450조 제2항).

채무자는 원래 채권의 양도 이전에 채권의 양도인에 대하여 대항할 수 있는 사유가 있는 경우 채권의 양수인에 대하여도 그러한 사유를 주장할 수 있다. 다만 채무자가 채권의 양도에 대하여 '이의를 유보하지 아니하고 승낙'한 경우 채무자는 채권의 양도 이전에 채권의 양도인에 대하여 대항할 수 있는 사유가 있었더라도 더 이상 그러한 사유를 가지고 채권의 양수인에게 대항할 수 없다(민법 제451조).

3. 채무인수

채무의 성질상 허용되는 한, 채무의 동일성을 유지하면서 채무가 제3자에게 이전되는 것을 **채무인수**라 한다. 원래의 채무자가 그 채무를 면하는 채무인수를 **면책적 채무인수**라 하는데, 채무자의 변경은 채권자의 이익에 중대한 영향을 미치므로 채권자의 승낙이 있어야 채권자에 대하여 효력을 가진다(민법 제454조). 원래의 채무자의 채무도 그대로 존속하는 채무의 인수를 **병존적 채무인수 또는 중첩적 채무인수**라 한다.

Ⅲ. 채권의 소멸

채무는 다음의 원인에 의하여 소멸된다.

1. 채권의 목적이 실현된 경우

다음의 경우 채권의 목적이 달성되어 채권은 소멸된다. 채무자의 귀책사유로 목적이 불능에 이른 경우에도 채권은 소멸되지만 채무자는 손해배상책임을 부담한다.[62]

---

62) 제1편 제3장 제3절 I. 2. 참고

가. 변제: 채무자 또는 제3자의 급부로 채권이 만족되는 경우(민법 제460조)

나. 대물변제: 채권자가 본래의 급부와 다른 내용의 급부의 제공을 승낙하고 수령하면 변제와 동일한 효력이 발생된다(민법 제466조).

다. 공탁: 채권자가 변제를 받지 않거나 변제를 받을 수 없는 경우 채무자는 채권자를 위하여 변제의 목적물을 공탁(**변제공탁**)하여 채무를 면할 수 있다(민법 제487조). 민법에 따른 변제공탁은 민사집행법에 따른 강제집행이나 보전집행 절차의 어느 단계에서 집행기관이나 집행당사자 또는 제3채무자가 강제집행법에 따른 권리·의무로써 집행의 목적물을 공탁소에 맡겨 그 목적물의 관리와 집행당사자에의 교부를 공탁절차에 따라 행하도록 하기 위하여 공탁하는 **집행공탁**과는 구별된다.

라. 상계: 채무자가 그 채권자에 대해 동종의 채권을 가지는 때에는 그 채권과 채무를 대등액에서 소멸시킬 수 있다(민법 제492조). 상계를 주장하는 자의 채권을 **자동채권**(自動債權)이라 하고, 그 상대방의 채권을 **수동채권**(受動債權)이라고 한다. 자동채권의 변제기가 도래하기 이전에 상계를 허용하면 상대방이 자동채권에 관하여 가지는 기한의 이익을 부당하게 상실할 수 있으므로 상계가 유효하기 위해서는 자동채권의 변제기가 반드시 도래하여야 하지만 상계를 주장하는 자는 수동채권에 관한 자신의 기한의 이익을 포기할 수 있으므로 수동채권의 변제기가 도래할 필요는 없다. 고의의 불법행위로 인한 채권, 압류가 금지된 채권 또는 지급을 금지하는 명령이 있는 채권을 수동채권으로 하여 상계할 수 없다.

2. 그 밖의 채권의 소멸

가. 경개(更改): 당사자가 채무의 중요한 부분을 변경하는 계약을 한 때에는 구채무는 경개로 인하여 소멸한다(민법 제500조).

나. 면제: 채권자가 채무자에게 채무를 면제하는 의사를 표시한 때에는 채권은 소멸한다. 다만 면제를 이유로 당해 채무에 관하여 정당한 이익을 가진 제3자에게 대항하지 못한다(민법 제506조).

다. 혼동: 채권과 채무가 동일한 주체에 귀속한 때에는 채권은 소멸한다. 다만 그 채권이 제3자의 권리의 목적인 때에는 그러하지 아니하다(민법 제507조).

라. 법률행위로 발생한 채권은 법률행위의 취소, 계약의 해제나 해지, 종

기[63]의 도래, 해제조건[64]의 성취로 소멸된다.

마. 소멸시효의 완성

소멸시효는 권리자가 권리행사를 할 수 있음에도 불구하고 일정기간 동안 권리를 행사하지 않는 경우 그 권리가 실효되게 하는 제도를 말한다.

채권은 일반적으로 10년간 행사하지 아니하면 소멸시효가 완성되지만(민법 제162조) 상행위로 인한 채권은 5년간 행사하지 아니하면 소멸시효가 완성한다 (상법 제64조). 판결에 의하여 확정된 채권은 단기의 소멸시효(민법 제163조, 제164 조)에 해당한 것이라도 그 소멸시효는 10년으로 한다(민법 제165조). 소멸시효는 채권자에 의한 청구, 압류 또는 가압류나 가처분이나 채무자의 채무에 대한 승인으로 중단될 수 있다(민법 제168조). 소멸시효는 법률행위로 이를 배제, 연장 또는 가중할 수 없으나 이를 단축 또는 경감할 수 있다(민법 제184조 제2항).

시효의 이익을 받을 채무자는 소멸시효가 완성된 후 시효의 완성으로 인한 법적인 이익을 받지 않겠다고 하는 의사표시로 시효의 이익을 포기할 수 있지만 소멸시효가 완성되기 이전에 미리 포기하지 못한다(민법 제184조 제1항).

제6절   제한물권

어떠한 물건을 전면적으로 지배하여 사용·수익 하거나 처분할 수 있는 소유권의 여러가지 권능 중 일부분만을 가지는 물권인 **제한물권**에는 다음과 같은 권리가 있다.

---

63) **종기**는 법률행위의 효력이 소멸하는 시기를 정한 것을 말하며, **시기**는 법률행위의 효력이 발하는 시기를 정한 것을 말한다.

64) **해제조건**이란 일단 법률행위의 효과가 발생하지만, 해제조건이 성취되면 그때부터 법률 행위의 효과가 상실되는 조건을 말한다. **정지조건**은 이와 반대로, 법률행위가 성립은 하지만 그 효과는 장래에 조건이 성취되어야 발생하는 경우를 말한다.

Ⅰ. 용익물권

1. 지상권

지상권은 타인의 토지에 건물 기타 공작물이나 수목을 소유하기 위하여 그 토지를 사용하는 권리를 말한다(민법 제279조). 토지의 지하 또는 지상의 공간을 상하의 범위를 정하여 지상권(구분지상권)의 목적으로 삼을 수 있다(민법 제289조의2). 지상권은 토지소유자와 지상권자 사이의 '지상권설정계약'과 '등기'에 의하여 성립되지만 계약이나 등기가 없어도 일정한 법정된 요건을 충족하면 성립되는 지상권(법정지상권)도 있다.

가. 임차권과의 구별

타인의 토지를 빌려서 사용하고자 할 경우 토지소유자로부터 지상권을 설정 받는 이외에 임대차계약을 체결하여 사용할 수도 있다. 일단 등기로 지상권이 설정된 이상 지상권자는 직접 토지를 지배할 수 있는 물권을 가지고 토지소유자의 추가적인 행위를 기다릴 필요 없이 토지소유자든 제3자든 누구에 대하여도 토지를 사용할 수 있는 권리를 주장할 수 있다. 이에 반하여 임대차계약에 따른 임차인은 임대인에 대한 관계에서만 토지를 사용하도록 해줄 것을 요구할 수 있는 채권에 불과한 것이다.

나. 법정지상권

토지와 건물이 동일인에 속하였다가 나중에 토지와 건물의 소유자가 달라지는 경우에 건물소유자를 보호하기 위하여 법률로 인정하는 지상권을 **법정지상권**이라 한다. 법정지상권은 법률상 당연히 성립하는 지상권이므로 지상권설정계약이나 등기 없이도 성립한다.

① 대지와 건물이 동일한 소유자에 속한 경우에 건물에만 전세권을 설정한 때에는 그 대지소유권의 승계인은 전세권설정자[65]에 대하여 지상권을

---

[65] 지상권은 건물의 소유를 목적으로 설정되는 권리이므로 건물의 소유인 전세권설정자에게 법정지상권이 설정되는 것이고, 법정지상권의 존재로 건물은 철거되지 아니하며, 결과적으로 건물의 전세권자는 건물을 계속 사용할 수 있게 된다.

설정한 것으로 본다(민법 제305조 제1항).

② 저당물의 경매나 담보가등기의 실행으로 인하여 토지와 건물의 소유자가 다르게 된 경우에는 토지소유자는 건물소유자에 대하여 지상권을 설정한 것으로 본다(민법 제366조, 가등기담보 등에 관한 법률 제10조).

③ 판례는 토지와 건물이 동일한 소유자에게 속하였다가 토지의 이용에 관한 합의 없이 매매, 강제경매 등으로 토지와 건물의 소유자가 달라진 경우에도 법정지상권(**관습법상 법정지상권**)을 인정한다.[66]

다. 분묘기지권

지상권과 유사하게 타인의 토지 위에 분묘를 소유하기 위해 분묘의 기지(基地)부분의 토지를 사용할 수 있는 권리로서 관습법으로 인정되는 권리를 **분묘기지권**이라 한다.

판례는 ① 토지소유자의 승낙을 얻어 분묘를 설치한 경우,[67] ②『장사 등에 관한 법률』의 시행일인 2001년 1월 13일 이전에 토지소유자의 승낙 없이 분묘를 설치한 때에는 20년간 평온·공연하게 분묘를 점유한 경우,[68] ③ 자기 소유의 토지 위에 분묘를 설치한 후 그 분묘기지에 대한 소유권을 유보하거나 분묘이전의 약정 없이 토지를 처분한 경우[69]에는 분묘를 설치한 자에게 분묘기지권을 인정하고 있다.

2. 지역권

지역권은 타인의 토지를 자기의 토지의 편익을 위하여 이용할 수 있는 권리를 말한다(민법 제291조). 지역권은 '지역권설정계약'과 '등기'에 의하여 취득한다.

지역권으로 편익을 받는 토지를 **요역지**(要役地)라 하고, 편익을 위하여 제공되는 토지를 **승역지**(承役地)라 한다. 지역권자는 지역권설정계약에서 정하여 지역권설정등기시 기재되는 지역권의 설정 목적에 따라 승역지를 자기 토지의 편익에 이용할 수 있다.

---

66) 대법원 1988. 4. 12. 선고 87다카2404 판결
67) 대법원 2000. 9. 26. 선고 99다14006 판결
68) 대법원 1996. 6. 14. 선고 96다14036 판결, 대법원 2017. 1. 19. 선고 2013다17292 판결
69) 대법원 1967. 10. 12. 선고 67다1920 판결

민법은 인접한 부동산의 소유자 상호간에 각 소유자가 가지는 권리를 어느 정도 제한하고 각 소유자에게 일정한 협력의무를 부담하도록 하여 인접한 부동산 상호간의 이용을 조절하고 있다(**상린관계**, 민법 제216조 내지 제244조). 상린관계에 의한 소유권 제한은 법률상 당연히 인정되는 것으로서 소유자 사이의 약정이나 등기가 필요 없다는 점에서 지역권과 다르다. 상린관계는 법률의 규정에 의해서 당연히 인정되는 것이기 때문에 타인의 소유권에 대한 침해를 최소로 하여야 하지만 지역권은 당사자 사이의 계약으로 지역권의 설정 목적(이용의 방법)을 정할 수 있으므로 그와 같은 제한이 적용되지 아니한다.

3. 전세권

전세권은 전세금을 지급하고 타인의 부동산을 점유하여 그 부동산의 용도에 좇아 사용·수익하며, 그 부동산으로부터 전세금을 우선변제 받을 수 있는 권리를 말한다(민법 제303조). 전세권의 종료시 전세금의 반환이 예정되어 있으므로 전세권자는 목적물을 사용·수익하는 대가로 소유자에게 이자의 부담이 없는 전세금을 제공하는 것이다. 전세권은 '전세권설정계약'과 '등기'에 의하여 취득한다.

전세금을 지급하고 타인의 부동산을 사용·수익하고자 하는 목적은 등기가 필요한 전세권 이외에도 당사자 사이의 계약(소위 **채권적 전세**)만으로도 달성할 수도 있을 것이다. 전세권은 일단 등기로 설정된 이상 소유자의 추가적인 행위를 기다릴 필요 없이 토지소유자든 제3자든 누구에 대한 관계에서도 목적물을 직접 지배하여 사용·수익할 수 있는 물권임에 반하여 채권적 전세는 계약의 상대방(임대인)에 대하여만 목적물을 사용하도록 해줄 것을 요구할 수 있는 채권에 지나지 않는다. 따라서 전세권자는 목적물의 경매를 통하여 전세금을 우선변제 받을 수 있는 권리가 있지만 채권적 전세에 있어서의 임차인에게는 그와 같은 권리가 인정되지 아니한다. 다만 주택임대차보호법은 등기를 하지 아니한 주택에 관한 전세계약에 관하여도 적용되며, 이 경우 전세금은 주택임대차보호법상 임대차의 보증금으로 간주되므로 채권적 전세계약을 체결한 임차인도 주택을 인도 받고 주민등록을 마친 때에는 그 때부터 제3자에 대하여 대항력을 가지고, 일정한 한도 내에서 목적물로부터 전세금을 우선변제 받을 수 있는 권리가 인정된다(주택임대차보호법 제12조, 제3조 제1항, 제3조의2 제2항).

II. 담보물권

채권자가 채무자의 일정한 물건(부동산)으로부터 다른 채권자보다 우선하여 변제를 받는 물권을 **담보물권**이라 한다.

담보물권은 피담보채권이 존재하여야만 유효하게 성립하여 존속할 수 있으며, 피담보채권이 성립되지 않거나 소멸된 때에는 담보물권도 존재할 수 없게 된다. 또한, 피담보채권의 양도시 담보물권도 함께 이전되어야 하고, 피담보채권과 담보물권이 분리되어 양도될 수 없다.

1. 유치권

유치권은 타인의 물건 또는 유가증권을 점유한 자가 그 물건이나 유가증권에 관하여 생긴 채권을 가지는 경우 그 채권을 변제 받을 때까지 그 물건 또는 유가증권을 유치(인도 거절)함으로써 채무의 변제를 간접적으로 강제할 수 있는 권리를 말한다(민법 제320조). 건물의 신축을 위한 공사도급관계에 있어 수급인은 공사대금채권을 가지고 건물에 대한 유치권을 행사할 수 있다.

유치권은 채권자와 물건 또는 유가증권의 소유자 사이에 유치권의 성립을 위한 약정이 없더라도 성립될 수 있다. 당사자 사이에 유치권의 발생을 배제(유치권의 포기)하는 특약을 할 수 있다. 유치권은 목적물에 대한 점유를 요건으로 하므로 유치권자가 목적물에 대한 점유를 잃게 되면 유치권은 당연히 소멸된다.

유치권자는 채권을 변제 받을 때까지 목적물을 점유하고, 채권의 변제를 받기 위하여 목적물의 경매를 신청할 수 있다(민법 제322조). 유치권자는 우선변제권을 가지지 아니하나 채무자나 제3자(경락인을 포함)가 목적물을 인도 받으려면 유치권자에게 변제하여야 하므로 실제에서는 우선변제를 받는 효과를 얻을 수 있다.

2. 질권

질권은 채권자가 채무자 또는 제3자(물상보증인)로부터 '동산이나 그 이외의 재산권'을 인도 받고 채무의 변제가 있을 때까지 이를 유치함으로써 채무의 변제를 간접적으로 강제하고, 채무의 이행기에 변제가 없는 경우 그 동산이나 재산권으로부터 우선변제를 받을 수 있는 권리를 말한다(민법 제329조).

질권을 설정할 수 있는 재산권은 예금, 채권, 주식 등 금전적으로 평가할 수 있고 양도 가능한 것이어야 한다. 저당권을 설정할 수 있는 재산(부동산과 자동차나 선박 등)과 부동산을 사용·수익하는 것을 목적으로 하는 권리(점유권, 지상권, 전세권 등)에 대하여는 질권을 설정할 수 없다. 성질상이나 법률상으로 양도가 금지되는 재산권에 대하여는 질권을 설정할 수 없다. 당사자 사이에 양도금지의 특약이 있는 경우에도 질권설정을 할 수 없지만 양도금지특약은 선의의 제3자에게 대항할 수 없으므로 질권자가 양도금지특약에 관하여 선의일 경우에는 질권을 취득할 수 있다.

질권이 성립되기 위해서는 동산의 경우에는 질권자에게 인도되어야 하고 (민법 제330조), 그 밖의 재산권의 경우에는 당해 재산권의 양도 방법에 따라야 한다(민법 제346조). 질권자가 채권에 대한 질권 설정을 채무자에게 대항하기 위해서는 채권의 양도와 마찬가지로 채무자에 대한 통지나 승낙이 필요하다. 저당권으로 담보되는 채권에 대하여는 저당권과 함께 질권을 설정할 수 있으며, 이 경우 피담보채권에 대하여는 채권 질권을 채무자에게 대항하기 위한 요건을 갖추어야 하고, 저당권에 대하여는 저당권설정등기 위에 질권설정의 부기등기를 하여야 한다(민법 제348조).

민법은 채권자의 폭리를 막기 위해 변제기 이전에 장래 변제에 갈음하여 질권자가 질권의 목적물에 대한 소유권을 취득하거나 법률에서 정한 방법에 의하지 아니하고 질권의 목적물을 처분하는 것을 약정(**유질계약**)하는 것을 금지하고 있다(민법 제339조). 다만 상행위로 인하여 생긴 채권을 담보하기 위하여 설정한 질권의 경우에는 유질계약이 허용된다(상법 제59조).

질권의 목적이 채권인 경우 질권자는 질권의 목적인 채권의 채무자(제3채무자)에게 직접 채권의 이행을 청구할 수 있고, 제3채무자로부터 수령한 금액으로부터 피담보채권을 변제 받을 수 있다(민법 제353조).

민법에 따른 동산에 대한 질권 설정은 채권자에게 인도되어야 하므로 원자재, 재고품 등과 같이 채무자가 계속 이용하여야 하는 동산에 대한 질권 설정이 어렵고, 동산에 대한 양도담보는 그 공시방법이 불완전하여 담보권자의 보호에 충분하지 않으며, 채무자가 다수인 채권에 대한 질권 설정을 위한 대항요건을 갖추기 위한 절차가 복잡하고 시간과 비용이 많이 소요되는 문제가 있었다. 이에 『동산·채권 등의 담보에 관한 법률』은 동산·채권·지적재산권에 대한 담보권 설정이 활발하게 이루어질 수 있도록 민법과 별개로 새로운 담보 설정의 성립요건이나 대항요건을 정하고 있다. 동산·지적재산권에 대한 담보권의 득실변경(得失變更)은 담보등기부에 등기로도 효력이 발생될 수 있고(동산·채권 등의 담보에 관한 법률 제7조 제1항, 제59조 제1항), 채권에 대한 담보는 담보등기부에 등기함으로써 제3자에게 대항할 수 있다(동산·채권 등의 담보에 관한 법률 제35조 제1항). 『동산·채권 등의 담보에 관한 법률』은 자본시장법에 따른 증권에 대하여는 적용되지 아니하므로 주식(주권 발행 전의 주식 포함)이나 사채 등에 대하여 담보권을 설정하고자 할 경우 민법과 상법의 절차에 따라야 한다.

3. 저당권

저당권은 채권자가 채무자 또는 제3자로부터 점유를 이전 받지 아니한 채 담보로 제공받은 '부동산'에 대하여 다른 채권자보다 우선변제 받을 수 있는 권리를 말한다(민법 제356조). 저당권으로 담보되는 채무의 최고액만을 정하고 장래에 채무 금액을 확정하는 저당권을 **근저당권**이라 한다(민법 제357조 제1항). 저당권은 저당권자(채권자)와 저당권설정자(채무자 또는 제3자) 사이에 체결된 '저당권설정계약'과 '저당권설정등기'로 성립된다.

피담보채권이 변제기가 도래하였음에도 불구하고 채무자가 변제하지 아니하는 경우 저당권자는 저당권의 목적물을 경매하여 그 대금으로부터 우선변제를 받을 수 있다(민법 제363조). 저당권설정자와 저당권자는 피담보채무의 변제기가 도래하기 이전까지 (가) 피담보채무의 불이행이 있으면 저당권자가 저당권의 목적물에 대한 소유권을 그대로 취득하는 약정(**대물변제예약**) 또는 (나) 경매법에 따른 경매가 아닌 다른 방법으로 임의로 저당물을 처분하거나 환가하기로 하는 약정(**임의환가약정**)을 할 수 있다. 이러한 약정을 **유저당특약**이라고 하는데, 질권의 경우와 달리 유저당특약은 원칙적으로 유효하다고 본다. 다만 채권자의 폭리행위를 방지하기 위해서 금전의 차입시 장래 채무의 변제에 갈음하여 재산권[70]을 이전할 것을 미리 약정(**대물변제예약**)한 경우에는 약정 당시 그 재산의 가액이 차입금과 그에 대한 이자의 합계액을 초과할 수 없다(민법 제607조). 이에 위반하여 차주에게 불리한 대물변제예약은 무효지만 양도담보의

---

70) 질권의 목적물도 포함된다.

계약이 된 것으로 보아 담보 목적 범위 내에서는 유효한 것으로 본다.

저당권은 피담보채권과 함께 양도될 수 있다. 피담보채권의 양도를 위해서는 채권 양도의 대항요건을 갖추어야 하고, 저당권의 양도를 위해서는 저당권설정등기 위에 저당권이전의 부기등기를 하여야 한다.

4. 비전형담보

민법에서 규정하는 담보물건이 아니라도 담보의 기능을 하는 제도가 있다. 비전형담보에는 채무자가 필요한 자금을 (가) 금전소비대차의 형식으로 얻는 방법과 (나) 매매대금의 형식으로 얻는 방법(소위 **매도담보**)이 있다.

전자의 경우에는 (i) 금전의 차입과 동시에 담보목적물의 소유권을 채권자에게 이전하는 방법(**좁은 의미의 양도담보**) 또는 (ii) 장래 채무불이행이 있는 때에 담보목적물의 소유권을 채권자에게 이전하기로 하고, 금전의 차입시에는 대물변제예약을 원인으로 한 소유권이전청구권을 보전하기 위한 가등기를 하는 방법(**가등기담보**)이 있다. 매도담보(가등기담보와 함께 **넓은 의미의 양도담보**라 한다)는 채무자가 필요한 자금을 매매대금의 형식으로 얻고 그 이후 매매대금을 반환하고 담보목적물의 소유권을 다시 찾아오는 방법이다.

민법 제607조에 따라 대물변제예약을 한 경우에는 약정 당시 그 재산의 가액이 차입금과 그에 이자의 합계액을 초과할 수 없다. 또한, 채권을 담보할 목적으로 소유권이전등기 또는 가등기가 경료된 경우, 채권자는 채권의 변제기 이후에 청산금(청산금의 평가액을 통지한 당시의 담보목적물의 가액에서 채권액을 공제한 금액)을 채무자[71]에게 통지하여야 한다(가등기담보 등에 관한 법률 제3조). 채권자에게 이미 담보목적물에 관하여 '소유권이전등기'가 경료된 경우에는 그 통지가 채무자등에게 도달한 날부터 2개월(청산기간)이 경과한 후 청산금(있는 경우)이 채무자등에게 지급된 때에 담보목적물에 대한 소유권을 취득할 수 있으며, 채권자에게 이미 담보목적물에 관하여 '가등기'가 경료된 경우에는 청산기간이 지나야 그 가등기에 따른 본등기를 청구할 수 있고, 채무자등은 청산금(있는 경우)이 지급되지 않는 경우에는 본등기의 이행을 거절할 수 있다(가등기담보 등에 관한 법률 제4조).

---

71) 담보제공자와 등기나 가등기 후 소유권을 취득한 제3자 포함한다.

제7절 권리의 강제적 실현

Ⅰ. 집행권원

권리자가 국가권력(법원)에게 자신의 권리가 실현될 수 있도록 강제력을 사용할 것(강제집행)을 요구하기 위해서는 **집행권원**이 있어야 한다.

대표적인 집행권원은 우리나라 법원의 (가) 확정된 종국판결(終局判決)[72]과, (나) 가집행의 선고가 있는 종국판결이다(민사집행법 제24조). 채권자가 담보권을 가지고 있는 경우에는 집행권원이 없더라도 법원에게 담보권이 있다는 것을 증명함으로써 담보목적물의 경매를 신청하여 그 환가대금으로부터 우선변제를 받을 수 있다(민사집행법 제3편).

우리나라 법원의 판결 절차에 관하여는 아래 Ⅱ에서 구체적으로 살펴보기로 하고, 아래에서는 그 밖에 주요한 집행권원에 관하여 간략히 살펴본다.

1. 확정판결과 같은 효력을 가지는 것(민사집행법 제56조)

① 소송상화해(제소전화해와 확정된 화해권고결정)조서

② 청구의 포기 · 인낙(認諾)조서

③ 확정된 민사조정조서

2. 외국법원의 판결

외국법원의 판결이 우리나라에서 집행되기 위해서는 민사소송법 제217조 제1항 각 호의 요건을 갖추어 우리나라 법원의 승인을 받은 다음 집행판결로 그 집행을 허가 받아야 한다(민사집행법 제26조 제1항, 제27조 제2항).

3. 중재

중재인의 결정(중재판정)은 법원의 확정판결과 동일한 효력을 가진다(중재법

---

72) 소송 또는 상소의 제기에 의해 소송이 진행된 사건의 전부 또는 일부를 현재 계속하고 있는 심급에서 완결시키는 판결을 말한다. 하급심 소송절차에서 내려진 종국판결은 일정한 기간 내에 상소하지 아니하거나 대법원의 판결 등으로 통상의 불복신청의 방법이 없게 된 때에 확정된다.

제35조). 다만 중재판정이 집행되기 위해서는 법원의 집행결정으로 그 집행을 허가 받아야 한다(중재법 제37조). 우리나라 내에서 내려진 중재판정은 중재판정 취소의 소의 사유가 없는 한 승인되거나 집행된다(중재법 제38조). **외국중재판정의 승인 및 집행에 관한 UN협약**(The United Nations Convention on the Recognition and Enforcement of Foreign Arbitral Awards, New York 협약)에 따라 New York 협약의 체약국에서 내려진 중재판정은 우리나라에서 승인되어 집행될 수 있으며(중재법 제39조 제1항), 우리나라에서 내려진 중재판정 역시 New York 협약의 체약국에서도 승인·집행될 수 있다.73)

4. 집행력 있는 공정증서

공증인이 일정한 금액의 지급이나 대체물 또는 유가증권의 일정한 수량의 급여를 목적으로 하는 청구에 관하여 작성한 공정증서로서 채무자가 강제집행을 승낙한 취지가 적혀 있는 것도 집행권원이 된다(민사집행법 제56조 제4호).

공증인이 (가) 어음·수표에 첨부하여 채무자가 강제집행을 인낙(認諾)한다는 취지를 적은 공정증서(공증인법 제56조의2)나, (나) 건물이나 토지 또는 특정 동산의 인도나 반환을 목적으로 하는 청구에 대하여 채무자가 강제집행을 승낙하는 취지를 기재하여 작성한 공정증서(공증인법 제56조의3)도 집행권원이 된다.

Ⅱ. 법원의 판결

1. 소의 제기

당사자가 법원로부터 일정한 내용의 판결을 받고자 할 경우 법원에게 신청을 하여야 하는데, 그 신청을 소(訴)라 한다.

가. 관할

민사소송법은 특정한 사건에 대하여 어떤 법원이 제1심재판을 할 수 있는지(관할)를 규정하고 있지만 당사자의 합의74)로도 제1심재판을 하는 법원을 정할 수 있다(민사소송법 제29조). 관할법원을 합의할 때에는 (가) 반드시 특정한

---

73) 제1편 제2장 제3절 V. 2. 참조
74) 관할의 합의에 관하여는 제1편 제2장 제3절 V. 1. 참조

법원에만 재판을 할 수 있고 다른 법원에서의 재판을 배제하는 것으로 합의할 수 있고, (나) 민사소송법에서 정한 법원 이외에 추가적으로 관할을 인정하는 법원을 합의할 수도 있다.

나. 소송의 종류
訴는 청구의 성질과 내용에 따라 다음과 같이 구분된다.

① **이행의 소**: 피고에 대하여 의무이행을 명령할 것을 요구하는 소송
② **확인의 소**: 다툼이 있는 권리·법률관계의 존재·부존재의 확정을 요구하는 소송. 당사자들 사이에 다툼이 있는 법률관계를 확정하여 법률적 불안을 제거하려는 것이 목적인 소송이다.
③ **형성의 소**: 소를 제기하여 법원의 판결을 받아야만 비로소 법률관계가 변동될 수 있는 경우 판결로 새로운 법률관계를 발생시킬 것으로 요구하는 소송

다. 복수의 청구
다음과 같은 여러 개의 청구는 같은 종류의 소송절차에 따르는 경우 하나의 소로 제기할 수 있다(민사소송법 제253조).

① **단순병합**: 여러 개의 청구를 차례로 심판해 줄 것을 청구하는 경우
② **선택적 병합**: 여러 개의 청구를 하면서 그중 어느 하나가 인용되면 소송의 목적을 달성할 수 있기 때문에 다른 청구에 대하여는 심판을 구하지 않는 경우
③ **예비적 병합**: 여러 개의 청구를 하면서 제1차적 청구(**주위적 청구**)가 배척될 경우를 대비하여 제2차적 청구(**예비적 청구**)에 대하여 심판을 구하는 경우

라. 청구의 변경
소송절차를 현저히 지연시키지 아니하는 한, 원고는 청구의 기초가 바뀌지 아니하는 한도안에서 변론을 종결할 때(변론 없이 한 판결의 경우에는 판결을 선고할 때)까지 청구의 취지 또는 원인을 바꿀 수 있다(민사소송법 제262조).

마. 반소

피고는 소송(본소)의 변론이 종결될 때까지 소송절차를 현저히 지연시키지 아니하는 경우에 한하여 본소가 계속된 법원에 본소의 청구 또는 방어의 방법과 서로 관련이 있는 청구(반소)를 제기할 수 있다(민사소송법 제269조). 반소는 본소와 독립된 소송이므로 본소에 적용되는 절차는 반소에도 그대로 적용된다(민사소송법 제270조).

바. 당사자의 복수

(1) 공동소송

(가) 소송목적이 되는 권리나 의무가 여러 사람에게 공통되는 경우, (나) 소송목적이 되는 권리나 의무가 사실상 또는 법률상 같은 원인으로 말미암아 생긴 경우 또는 (다) 소송목적이 되는 권리나 의무가 같은 종류이면서 사실상 또는 법률상 같은 종류의 원인으로 말미암은 경우에는 그 여러 사람이 공동소송인으로서 당사자가 될 수 있다(민사소송법 제65조).

(2) 선정당사자

공동의 이해관계 있는 사람은 공동소송인이 되어 소송을 하여야 하는 경우 그중에서 모두를 위하여 소송을 수행할 당사자(선정당사자)를 선정할 수 있고(민사소송법 제53조), 선정당사자는 선정당사자를 선정한 자(선정자)의 대리인이 아니라 당사자 본인의 지위에서 소송을 수행할 수 있으며, 선정당사자가 받은 판결은 선정자에 대하여도 그 효력이 미친다(민사소송법 제218조 제3항).

(3) 제3자의 소송참가

소송결과에 이해관계가 있는 제3자(보조참가의 경우) 또는 재판의 효력이 미치는 제3자(공동소송적 보조참가의 경우)는 한쪽 당사자를 돕기 위하여 법원에 계속중인 소송에 참가할 수 있고, 이 경우 원칙적으로 재판은 참가인에게도 그 효력이 미친다(민사소송법 제71조, 제77조, 제78조).

소송이 법원에 계속된 때에는 당사자는 참가할 수 있는 제3자에게 **소송고지**를 할 수 있으며, 이 경우 소송고지를 받은 사람에게 소송에 참가하지 아니한 경우라도 원칙적으로 재판의 효력이 미친다(민사소송법 제84조, 제86조).

(4) 집단소송

현행 법률에서는 증권투자자를 보호하기 위한 증권관련집단소송, 소비자보호를 위한 소비자단체소송, 상법상 주주대표소송 등 산발적으로 집단소송이 제도화되어 있으나 집단소송을 일반적으로 규율하는 제도를 마련하고 있지는 않고 있다.

증권관련집단소송은 증권의 매매 또는 그 밖의 거래과정에서 다수인에게 피해가 발생한 경우 그중의 1인 또는 수인이 대표당사자로서 법원의 허가를 얻어 소송의 당사자의 지위에서 수행하는 손해배상청구소송을 말하며, 소송에 승소하여 받은 금원 등은 법원의 관리하에 피해자들에게 분배된다. 증권관련집단소송의 확정판결은 피해자 중 판결 등의 기판력을 받지 아니하겠다는 의사를 법원에 신고(제외신고)를 하지 아니한 구성원에 대하여도 그 효력이 미친다(증권관련집단소송법 제37조).

사. 소제기의 효력

소가 제기되어 법원에 계속되어 있는 사건의 당사자는 중복하여 다시 소를 제기할 수 없다(민사소송법 제259조).

소가 제기된 경우 소멸시효가 중단되며, 법률상 기간(제척기간)을 지키는 것이 필요한 경우 그 기간을 준수하는 효과가 있다. 시효의 중단 또는 법률상 기간을 지킴에 필요한 재판상 청구는 소를 제기한 때[75]에 그 효력이 생긴다(민사소송법 제265조). 한 개의 채권 중 일부에 관하여만 판결을 구한다는 취지를 명백히 하여 소송을 제기한 경우에는 소제기에 의한 소멸시효 중단의 효력은 그 일부에 관하여만 발생하고, 나머지 부분에는 발생하지 아니한다. 다만 비록 일부만을 청구한 경우에도 그 취지로 보아 채권 전부에 관하여 판결을 구하는 것으로 해석된다면 그 청구액을 소송물인 채권의 전부로 보아야 하고, 이러한 경우에는 그 채권의 동일성의 범위 내에서 그 전부에 관하여 시효중단의 효력이 발생한다.[76]

금전채무의 전부 또는 일부의 이행을 명하는 판결을 선고할 경우, 금전채무 불이행으로 인한 손해배상액 산정의 기준이 되는 법정이율은 그 금전채무의 이행을 구하는 '소장 또는 이에 준하는 서면이 채무자에게 송달된 날'의 다음 날부터는 연 100분의 40 이내의 범위에서 은행법에 따른 은행이 적용하는

---

75) 피고의 경정, 청구의 변경 또는 중간확인의 소의 경우에는 서면을 법원에 제출한 때
76) 대법원 1992. 4. 10. 선고 91다43695 판결

연체금리 등 경제 여건을 고려하여 대통령령으로 정하는 이율[77]을 적용한다. 다만 채무자에게 그 이행의무가 있음을 선언하는 사실심 판결이 선고되기 전까지 채무자가 그 이행의무의 존재 여부나 범위에 관하여 항쟁(抗爭)하는 것이 타당하다고 인정되는 경우에는 그 타당한 범위에서 이를 적용하지 아니한다(소송촉진 등에 관한 특례법 제3조).

아. 소의 취하

소는 판결이 확정될 때까지 그 전부나 일부를 취하할 수 있지만 상대방이 본안에 관하여 준비서면을 제출하거나 또는 변론준비기일에서 진술하거나 변론을 한 뒤에는 상대방의 동의를 받아야 효력을 가진다(민사소송법 제266조). 본소가 취하된 때에는 피고는 원고의 동의 없이 반소를 취하할 수 있다(민사소송법 제271조). 양쪽 당사자가 변론기일에 출석하지 아니하거나 출석하였다 하더라도 변론하지 아니한 때에는 재판장은 다시 변론기일을 정하여 양쪽 당사자에게 통지하고, 새 변론기일 또는 그 뒤에 열린 변론기일에 양쪽 당사자가 출석하지 아니하거나 출석하였다 하더라도 변론하지 아니한 때에는 1개월 이내에 기일지정신청을 하지 아니하면 소를 취하한 것으로 보고, 기일지정신청을 한 때라도 지정된 변론기일 또는 그 뒤의 변론기일에 양쪽 당사자가 출석하지 아니하거나 출석하였다 하더라도 변론하지 아니한 때에는 소를 취하한 것으로 본다(민사소송법 제268조).

소가 취하되면 소가 처음부터 계속되지 아니한 것으로 보며, 본안에 대한 종국판결이 있은 뒤에 소를 취하한 사람은 같은 소를 제기할 수 없다(민사소송법 제267조).

2. 변론

법원의 공개법정에서 양쪽 당사자가 말로 판결의 기초가 될 사실과 증거를 제출하는 방법으로 소송을 심리하는 절차를 **변론**이라 하는데, 변론에 적용되는 주요한 원칙은 다음과 같다.

---

77) 연 100분의 12(소송촉진 등에 관한 특례법 제3조 제1항 본문의 법정이율에 관한 규정)

가. 처분권주의

소송절차의 개시, 심판의 대상과 범위 및 절차의 종결은 당사자의 처분에 따르는 것이 원칙이다. 민사소송절차는 당사자의 소의 제기가 있을 때에 개시되며, 법원의 직권에 의하여 개시되지 않는 것이 원칙이며, 법원은 당사자가 신청하지 아니한 사항에 대하여는 판결할 수 없으며(민사소송법 제203조), 소의 취하 등 개시된 소송절차를 판결에 의하지 않고 종결할지 여부도 역시 당사자의 의사에 의하여 결정된다.

나. 변론주의

주요사실(법률효과 발생의 요건에 해당하는 사실)은 당사자가 변론에서 주장하여야 하며, 법원은 당사자가 주장하지 아니한 사실을 판결의 기초로 삼을 수 없으며, 법원은 당사자 사이에 다툼이 없는 사실에 관하여는 증거조사를 할 필요 없이 그대로 판결의 기초로 삼아야 하며(민사소송법 제288조), 당사자가 신청한 증거에 대하여만 증거조사를 하여야 한다(민사소송법 제292조)는 것이 원칙이다. 예외적으로 법원이 직권으로 소송자료를 수집하거나 조사하여야 할 경우가 있다.

재판장은 소송관계를 분명하게 하기 위하여 당사자에게 사실상 또는 법률상 사항에 대하여 질문할 수 있고(**석명권**, 釋明權), 증명을 하도록 촉구할 수 있다. 당사자는 필요한 경우 재판장에게 상대방에 대하여 설명을 요구하여 줄 것을 요청할 수 있다(**구석명**, 求釋明). 법원은 당사자가 간과하였음이 분명하다고 인정되는 법률상 사항에 관하여 당사자에게 의견을 진술할 기회를 주어야 한다(민사소송법 제136조). 당사자가 어떠한 법률효과를 주장하면서 미처 깨닫지 못하고 그 요건사실 일부를 빠뜨린 경우에는 법원은 그 누락사실을 지적하고, 당사자가 이 점에 관하여 변론을 하지 아니하는 취지가 무엇인지를 밝혀 당사자에게 그에 대한 변론을 할 기회를 주어야 할 의무가 있고, 당사자가 부주의 또는 오해로 인하여 증명하지 아니한 것이 분명하거나 쟁점으로 될 사항에 관하여 당사자 사이에 명시적인 다툼이 없는 경우에는 법원은 석명을 구하고 증명을 촉구하여야 하며, 만일 법원이 당사자가 전혀 의식하지 못하거나 예상하지 못하였던 법률적 관점을 이유로 청구의 당부를 판단하려는 경우에는 그 법률적 관점에 대하여 당사자에게 의견진술의 기회를 주어야 하고, 그와 같이 하지 않고 예상 외의 재판으로 당사자 일방에게 불의의 타격을 가하는 것은 **석명의무**를 다하지 아니하여 심리를 제대로 하지 아니한 위법을 범한 것이 된다.[78]

다. 적시제출주의

소송의 당사자는 소송의 정도에 따라 적절한 시기에 공격 또는 방어의 방법을 제출하여야 하고(민사소송법 제146조), 이를 어기어 고의 또는 중대한 과실로 공격 또는 방어방법을 뒤늦게 제출함으로써 소송의 완결을 지연시키게 하는 것으로 인정할 때에는 법원은 직권으로 또는 상대방의 신청에 따라 결정으로 이를 각하할 수 있다(민사소송법 제149조).

3. 증거

가. 증명의 대상

판결의 기초가 되는 사실은 증거에 의하여 증명이 되어야 하지만 당사자가 **자백**한 사실과 **현저한 사실**은 증명을 필요로 하지 않다(민사소송법 제288조). 법령의 존부나 적용은 법원의 책임이므로 당사자가 증명할 필요가 없다.

나. 자유심증주의

법원은 변론 전체의 취지와 증거조사의 결과를 참작하여 자유로운 심증으로 사회정의와 형평의 이념에 입각하여 논리와 경험의 법칙에 따라 사실주장이 진실한지 아닌지를 판단한다(민사소송법 제202조). 예외적으로 법으로 증거방법 또는 증거능력의 제한이나 증거력을 정하고 있는 경우나 일정한 증거계약(소송에 있어서 사실확정에 관한 당사자의 합의)이 있는 경우에는 자유심증주의가 제한될 수 있다.

다. 증명책임

소송의 당사자는 자기에게 유리한 법규의 요건사실(권리의 존재를 주장하는 사람은 권리근거규정의 요건사실)을 증명할 책임(**증명책임**)이 있고,[79] 당해 사실이 존부가 확정되지 않을 때에 당해 사실이 존재하지 않는 것으로 취급되어 법률

---

78) 대법원 2009. 9. 10. 선고 2009다46347 판결
79) 법률요건분류설(통설 및 판례)

판단을 받게 되는 위험 또는 불이익을 받게 된다.

일정한 경우 형평을 위하여 입증책임의 원칙을 완화하여 증명하기 쉬운 사실을 증명함으로써 다른 사실을 미루어 인정(**추정**)할 수 있는 경우에는 추정이 깨어지지 않는 한 추정되는 사실이 인정되어 더 이상 추정되는 사실을 증명할 필요가 없게 된다. 추정에는 (가) 법규화된 경험칙을 이용하여 일정한 사실을 미루어 인정하는 **법률상 추정**과 (나) 일반 경험칙을 이용하여 일정한 사실을 미루어 인정하는 **사실상의 추정**이 있다. 법률상의 추정은 그와 반대되는 사실의 존재에 대한 **본증**(법관이 사실의 존재가 확실하다고 확신이 들게 하는 증명)이 있어야 깨어지지만 사실상의 추정은 **반증**(그러한 사실의 존재가 확실치 못하다는 의심을 품게 할 정도의 증명)으로도 깨어질 수 있다. 사실상 추정의 하나로 고도의 개연성이 있는 경험칙으로 간접사실을 증명함으로써 간접사실로부터 주요사실을 추정할 수 있는 경우를 **일응의 추정**이라 하고, 상대방이 추정에 의문이 가는 '특단의 사정'이 증명(**간접반증**)되어야 비로소 일응의 추정이 번복될 수 있다.

4. 판결

법원은 당사자들의 주장과 증거의 제출과 그에 대한 심리를 종결(**변론종결**)하고 지정된 선고기일에 **종국판결**을 선고한다.

화해,[80] **청구의 포기**[81] 또는 **청구의 인낙**(認諾)[82]의 뜻을 변론조서·변론준비기일조서에 적은 때에는 그 조서는 확정판결과 같은 효력을 가진다(민사소송법 제220조).

법원은 소송의 정도와 관계없이 화해를 권고할 수 있고(민사소송법 제145조), **화해권고결정**은 일정한 기간 내에 이의신청이 없거나, 이의신청을 취하하거나 포기하는 경우 재판상 화해와 같은 효력을 가진다(민사소송법 제231조).

가. 판결의 기속력

종국판결이 일단 선고되면, 판결을 한 법원 자신도 이에 구속되며, 스스로

---

80) **소송상화해**라 하고, 민사상 다툼에 관하여 당사자가 소제기 전이라도 법원에 화해를 신청하여 청구의 취지·원인과 화해의 내용을 기재한 조서('제소전화해조서')를 작성하면 소송상화해와 동일한 효력을 가진다.
81) 원고가 스스로 법원에게 자신의 소송상 청구가 이유 없음을 인정하는 의사의 표시
82) 피고가 스스로 법원에게 원고의 소송상 청구가 이유 있음을 인정하는 의사의 표시

판결을 철회하거나 변경할 수 없으며, 법원은 판결 내용을 실질적으로 변경하지 않는 범위 내에서 판결에 잘못된 계산이나 기재, 그 밖에 이와 비슷한 잘못이 있음이 분명한 때만 직권으로 또는 당사자의 신청에 따라 경정(更正)결정을 할 수 있다(민사소송법 제211조).

나. 판결에 대한 불복절차
(1) 항소

제1심판결이 확정되기 이전에 판결이 잘못되었다고 불복하고자 하는 당사자는 상급법원에 **항소**할 수 있다. 항소심의 심리는 당사자가 제1심 판결의 변경을 청구하는 한도 안에서 하며(민사소송법 제407조), 제1심 판결은 그 불복의 한도안에서 바꿀 수 있으므로 (가) 항소인의 불복신청의 한도를 넘어 제1심판결보다 더 유리하게 바꿀 수 없으며, (나) 상대방의 항소나 **부대항소**[83])가 없는 한 항소인에게 제1심판결보다도 더 불리하게 바꿀 수 없다(민사소송법 제415조).

항소법원은 제1심 판결을 정당하다고 인정하는 경우 또는 제1심 판결의 이유가 정당하지 아니한 경우에도 다른 이유에 따라 그 판결이 정당하다고 인정되는 경우에는 항소를 기각한다(민사소송법 제414조). 항소법원은 제1심 판결이 부당하다고 인정되거나 제1심 판결의 절차가 법률에 어긋날 때에는 제1심 판결을 취소한다(민사소송법 제416조, 제417조). 항소심은 사실판단까지 새로 할 수 있는 사실심이므로 스스로 제1심에 갈음하여 판결을 하는 것이 원칙이다.

(2) 상고

항소심의 판결이 확정되기 이전에 판결이 잘못되었다고 불복하고자 하는 당사자는 상고법원(대법원)에 **상고**할 수 있다. 상고는 판결에 영향을 미친 헌법·법률·명령 또는 규칙의 위반이 있다는 것을 이유로 드는 때에만 할 수 있다(민사소송법 제423조). 상고법원은 상고이유에 따라 불복신청의 한도 안에서 심리하며(민사소송법 제431조), 원심판결(통상 항소심)이 적법하게 확정한 사실은 상고법원을 기속하므로 상고법원은 원심판결이 적법하게 확정한 사실과 상

---

83) 피항소인이 항소할 수 있는 권한이 소멸된 뒤에도 항소심절차에 편승하여 변론이 종결될 때까지 자기에게 유리하게 항소심의 심판 범위를 확장시키는 신청을 말한다. 당사자 모두가 항소한 경우 어느 한 당사자의 항소가 취하되거나 부적법하여 각하되더라도 나머지 당사자의 항소는 계속 심리될 수 있음에 반하여 부대항소는 상대방의 항소가 취하되거나 부적법하여 각하된 때에는 효력도 잃는다(민사소송법 제403조, 제404조).

반되는 사실을 인정할 수 없다(민사소송법 제432조). 다만 법원이 직권으로 조사하여야 할 사항[84])에 대하여는 새로운 사실을 참작하거나 필요한 증거조사를 할 수 있다(민사소송법 제434조).

상고법원은 원심판결을 정당하다고 인정한 때에는 상고를 기각한다(민사소송법 제425조, 제414조). 대법원은 상고이유에 관한 주장이 법률심에 맞는 사유를 포함하지 아니한다고 인정하면 더 나아가 심리를 하지 아니하고 판결로 상고를 기각한다(상고심절차에 관한 특례법 제4조). 상고법원은 상고에 정당한 이유가 있다고 인정할 때에는 원심판결을 파기하고 사건을 원심법원에 환송하고, 사건을 환송받은 법원은 다시 변론을 거쳐 재판하여야 하지만 상고법원이 파기의 이유로 삼은 사실상 및 법률상 판단에 기속된다(민사소송법 제436조).

다. 판결의 확정과 기판력

종국판결에 대하여 당사자의 불복으로도 취소할 수 없게 된 상태를 판결이 형식적으로 확정되었다고 한다. (가) 상고심판결과 같이 더 이상 불복할 수 없는 판결은 판결선고와 동시에 확정되며, (나) 그 이외의 판결은 상소기간 내에 상소를 제기하지 않고 상소기간이 도과된 때나 상소를 제기하였으나 상소를 취하한 때에 확정된다.

확정된 판결[85])의 내용은 당사자와 법원에 대하여 구속력(기판력)을 가지므로 (가) 향후 동일한 사항이 문제되더라도 확정판결에 반하여 또다시 다투는 소송을 할 수 없으며, (나) 법원도 확정판결과 모순되는 판단을 할 수 없다.

확정판결은 판결주문에 포함된 것에 한하여 기판력을 가지며(민사소송법 제216조 제1항), 판결이유에 관하여는 기판력이 생기지 않는 것이 원칙이다. 민사재판에서 이미 확정된 관련 민사사건에서 인정된 사실은 특별한 사정이 없는 한 유력한 증거가 될 수 있으나, 법원이 그 확정된 관련사건 판결의 이유와 더불어 다른 증거들을 종합하여 확정판결에서 인정된 사실과 다른 사실을 인정

---

84) 소송이나 상소의 요건의 충족 여부, 원심의 소송절차 위배여부, 판단의 누락 등

85) 확정판결과 동일한 효력을 가지는 청구의 인낙·포기조서, 화해조서, 화해권고결정, 중재판정 등에도 기판력이 인정된다. 다만 확정된 **지급명령**에 관하여는 기판력이 배제되고(민사집행법 제58조 제3항), 지급명령을 집행권원으로 하여 강제집행을 할 경우 상대방은 지급명령 발령 전에 발생할 사유를 가지고 강제집행을 배제시키기 위한 청구이의 소를 제기할 수 있다.

하는 것 또한 법률상 허용되며, 그와 같은 사실인정이 자유심증주의의 한계를 벗어나지 아니하고 그 이유 설시에 합리성이 인정되는 한 이는 사실심의 전권에 속하는 사실인정의 문제로서 위법하다 할 수 없다.[86]

재판이 소송의 진행중에 쟁점이 된 법률관계의 성립여부에 매인 때에 당사자는 따로 그 법률관계의 확인을 구하는 소(**중간확인의 소**)를 제기할 수 있다(민사소송법 제264조). 확정된 판결에서 판결이유에서 해당하는 **선결적 법률관계**는 기판력이 발생하지 아니하므로 기왕의 소송절차를 이용하여 함께 선결적 법률관계에 관하여도 중간확인의 소로 기판력 있는 판단을 받아 둘 수 있다.

확정판결은 당사자, 변론을 종결한 뒤의 승계인 또는 그를 위하여 청구의 목적물을 소지한 사람[87]에 대하여 효력이 미치며(민사소송법 제218조 제1항), 다른 사람을 위하여 원고나 피고가 된 사람[88]에 대한 확정판결은 그 다른 사람에 대하여도 효력이 미친다(민사소송법 제218조 제3항).

기판력은 원칙적으로 '사실심 변론종결시'를 기준으로 발생한다. 다음의 소송에서 앞선 소송의 기판력의 발생시점 이전에 존재하였던 사실 및 증거자료를 제출하여 앞선 소송에서 확정된 권리관계를 뒤엎을 수 없는 것이 원칙이다.

라. 재심

확정판결에 이르는 과정에서 묵과할 수 없는 큰 위법이 있었음이 밝혀진 경우에까지 기판력만을 존중하여 그 판결의 효력을 유지하는 것이 당사자의 이익을 지나치게 해치게 된다. 확정판결에 민사소송법 제451조 제1항 각호에서 정하는 중대한 하자가 있을 경우 다시 재판할 것을 요구하는 **재심**의 소를 제기할 수 있다. 재심의 소는 당사자가 판결이 확정된 뒤 재심의 사유를 안 날부터 30일 이내에 제기하여야 하며, 판결이 확정된 날(재심의 사유가 판결이 확정된 뒤에 생긴 때에는 그 사유가 발생한 날)로부터 5년이 지난 때에는 재심의 소를 제기할 수 없다(민사소송법 제456조).

---

86) 대법원 2012. 11. 29. 선고 2012다44471 판결
87) 특정물인도청구에 있어 대상이 되는 물건을 보관하는 자
88) 선정당사자

Ⅲ. 강제집행의 방법

1. 금전채권의 강제집행

금전채권을 가진 채권자는 채무자의 재산을 압류하여 이를 현금화한 다음, 그 돈을 배당 받는 방식으로 자신의 채권을 강제집행한다. 채무자의 재산이 부동산이나 유체동산인 경우 경매의 방법으로 현금화한다.

채무자의 재산이 채권인 경우 채권자는 법원으로부터 추심명령 또는 전부명령을 받아 당해 채권의 채무자로부터 수령한 변제목적물로 자신의 채권의 만족에 충당한다(민사집행법 제229조).

가. 추심명령

법원으로부터 추심명령을 받은 채권자는 채무자가 제3채무자에 대하여 가지는 채권을 직접 청구할 수 있는 추심의 권한을 가지며, 제3채무자로부터 추심한 변제목적물로 자신의 채권의 변제에 충당할 수 있다(민사집행법 제229조 제2항). 추심명령을 받았다 하여 반드시 우선권이 있는 것은 아니며, 채권자가 추심금을 지급 받은 때에 법원에게 추심을 '신고'하여야 하는데, 그 때까지 다른 채권자가 동일한 채권에 대하여 압류 또는 가압류를 하거나 법원에게 배당요구를 하면 집행의 선후에 상관없이 평등하게 취급되고 배당절차에서 각 채권자는 자신의 채권액에 비례하여 배당 받게 된다.

추심명령은 제3채무자가 무자력으로 채권을 추심할 수 없더라도 집행채권이 소멸하지 않는다. 따라서 채권자는 추심명령을 받았더라도 실제로 채권을 만족 받지 못한 경우 다른 방법으로 강제집행을 할 수 있다.

나. 전부명령

법원의 전부명령이 있는 경우 압류된 채권은 압류한 채권자의 변제에 갈음하여 압류한 채권자에게 이전된다(민사집행법 제229조 제3항). 양도금지의 특약이 있는 채권이라도 압류 및 전부명령에 따라 이전될 수 있다.[89]

만약 전부명령이 확정된 경우에는 전부명령이 제3채무자에게 송달된 때에

---

89) 대법원 2002. 8. 27. 선고 2001다71699 판결

채무자가 채무를 변제한 것으로 간주되지만 이전된 채권이 존재하지 아니한 때에는 변제의 효력이 발생되지 아니한다(민사집행법 제231조). 이 경우 채권자는 피전부채권이 존재하지 아니함을 입증하여 다시 강제집행을 할 수 있다. 전부명령의 경우 채권자는 전부명령의 효력이 발생되면 다른 채권자를 배제하고, 독점적으로 채권의 만족을 얻을 수 있다. 전부명령을 받은 채권자는 추심명령을 받은 경우와 달리 제3채무자의 무자력 등으로 전부된 채권을 변제 받을 수 없게 되더라도 다시 채무자에게 채권의 변제를 청구할 수 없게 된다.

2. 비금전채권의 강제집행

비금전채권 중 그 채무의 성질이 '주는 채무'인 경우에는 채권자에게 목적물을 인도하는 방식으로 집행하게 된다.

비금전채권 중 그 채무의 성질이 '하는 채무'인 경우 다음과 같이 집행한다.

① 채무가 채무자의 일신에 전속하지 아니한 작위(건물의 철거나 퇴거)를 목적으로 한 경우에는 집행관에게 그 집행을 위임하고 그 비용을 채무자에게 청구하게 된다(민사집행법 제260조, 민법 제389조 제2항 후단과 제3항).

② 채무가 채무자의 일신에 전속하는 채무인 경우: 채무의 성질이 의사표시의 진술을 목적으로 한 채무는 원칙적으로 판결의 확정으로써 자동으로 집행이 이루어진다(민법 제389조 제2항 전단). 그 이외에 채무의 성질이 채무자의 일신에 전속하는 채무인 경우에는 원칙적으로 간접강제(법원이 이행기간 이내에 이행을 하지 아니하는 때에는 늦어진 기간에 따라 일정한 배상을 하거나 즉시 손해배상을 하도록 하는 명령)를 할 수밖에 없고(민사집행법 제261조), 그 성질상 간접강제조차 허용되지 아니하는 채무도 있을 수 있다. 부작위채무의 경우에 채권자는 부작위를 명하는 확정판결을 받아 이를 집행권원으로 하여 대체집행 또는 간접강제 결정을 받는 등으로 부작위의무 위반 상태를 중지시키거나 그 위반 결과를 제거할 수 있다.[90]

---

90) 대법원 2012. 3. 29. 선고 2009다92883 판결

제8절 도산

Ⅰ. 개요

채권자가 집행권원을 가지고 채권을 실현할 수 있는 강제적 수단을 가지고 있다 하더라도 채무자가 경제적 능력이 없을 경우(도산) 채권을 모두 만족 받을 수 없다. 복수의 채권자가 존재하는 경우, 같은 성질의 채권은 그 발생의 원인·시기에 관계없이 모두 평등한 효력을 가지며, 채무자의 모든 재산이 채무자의 모든 채무를 변제하기에 불충분한 경우에는 채권액에 비례하여 안분해서 평등하게 변제를 받는 것이 원칙(채권자평등의 원칙)이다. 따라서 채무자가 경제적 능력이 없어 모든 채무를 변제할 수 없다면, 채권자들 모두에게 공평한 채권의 만족을 위하여 개별 채권자가 가지는 채권의 내용과 변제가 제한될 수밖에 없다.

채권의 내용은 채권의 당사자 사이에 채권의 내용을 변경하는 합의가 있어야만 변경될 수 있는 것이 원칙이다. 그러나 채무자가 도산에 이를 경우, 도산 관련 법률에 따라 (가) 개별 채권자의 의사와 상관없이 채권자들의 집단적인 의사결정에 따라 당해 채권자가 가지는 채권의 내용이 변경되며, (나) 개별 채권자에 의한 강제집행이 제한되고 도산 관련 법률에서 정하는 절차에 의해서만 채권을 만족 받을 수밖에 없게 된다.

Ⅱ. 파산절차와 회생절차

『채무자의 회생 및 파산에 관한 법률』('채무자회생법')에서는 (가) 채무자의 재산을 처분 환가하여 채권자들에게 공평하게 배당하는 것을 주된 목적으로 하는 파산절차와 (나) 채무자의 사업의 재건과 계속을 도모하면서 채무의 변제가 되도록 하는 것을 주된 목적으로 하는 회생절차를 두고 있다.

1. 파산절차

파산절차는 채무자회생법에 따라 채무자가 자신의 재산으로 모든 채무를 변제할 수 없는 경우에 법원이 파산을 선고하고 법인의 재산을 현금화하여 채권자들에게 권리의 우선순위와 채권액에 따라 분배하는 절차를 말한다.

법원은 채무자나 채권자의 신청으로 파산선고를 하면 파산관재인, 채권신고기간 및 신고장소, 제1회 채권자집회와 채권조사의 기일 및 장소를 정한 후 이를 채무자와 채권자 등 이해관계인들에게 통지한다. 파산관재인은 파산선고 직후 채무자의 재산을 현금화하고, 채권자들로부터 신고된 채권의 존재 여부, 액수, 우선순위 등을 조사한다. 그 후 파산관재인은 제1회 채권자집회와 채권조사기일에서 법원 및 이해관계인들에 대하여 채무자의 재산상황, 현재까지의 현금화 결과 및 향후의 계획, 채권자들에 대한 배당전망, 신고된 채권의 존재 여부, 액수, 우선순위 등에 관한 의견을 진술한다. 채무자의 재산에 대한 현금화가 완료되면 파산관재인은 임금, 퇴직금, 조세, 공공보험료 등의 '재단채권'을 우선적으로 변제하고, 남은 금액이 있으면 일반 파산채권자들에게 채권액에 비례하여 배당한다.

채권자평등의 원칙의 예외로 담보권을 가진 자는 담보목적물에 관하여 다른 채권자에 우선하여 변제 받을 권리를 가진다. 파산절차에서는 유치권·질권·저당권·「동산·채권 등의 담보에 관한 법률」에 따른 담보권 또는 전세권을 가진 자는 파산절차에 의하지 아니하고 그 목적인 재산에 관하여 담보권을 행사하여 우선 변제를 받을 수 있다(채무자회생법 제586조, 제411조 내지 415조).

2. 회생절차

회생절차는 채무자회생법에 따라 경제적으로 파탄에 직면해 있는 채무자에 대하여 채권자, 주주·지분권자 등 여러 이해관계인의 법률관계를 조정하여 채무자 또는 그 사업의 효율적인 회생을 도모하는 제도이다.

회생절차는 채무자, 자본의 10% 이상에 해당하는 채권을 가진 채권자, 자본의 10% 이상에 해당하는 주식 또는 지분을 가진 주주·지분권자가 신청할 수 있다. 법원이 회생절차 개시결정을 할 경우 채무자의 업무 수행권이나 재산의 관리처분권은 채무자로부터 법원이 선임한 관리인에게 이전되고, 관리인의 행위는 법원의 감독을 받게 되며 법원의 허가를 받도록 정한 사항에 관하여는 법원의 허가결정을 받은 경우에만 효력을 가진다.

일반적으로 채무자가 회생절차 개시결정 전에 방만하게 사업의 경영을 하거나 재산을 도피·은닉할 위험을 방지하기 위해 재산에 대한 보전처분결정을 하고, 법원은 보전처분결정으로 회생절차 개시결정이 있을 때까지 채무자에게 변제금지·일정액 이상의 재산 처분금지·금전차입 등 금지 등을 명한다.

법원은 회생절차에서 채무자의 재무·경영분석, 채무자가 재정적 파탄에 이르게 된 경위, 청산가치와 계속기업가치의 산정 등 고도의 전문적인 회계·경영·경제지식과 판단능력이 요구되는 사항의 조사를 명하기 위하여 조사위원을 선임하고, 조사위원은 법원이 정하는 일정기간 내에 회사의 재산상태 등을 조사한 보고서를 제출한다.

채권자는 일정한 기간 내에 자신의 채권을 법원에게 신고하여야 하며, 채권신고를 하지 아니하고 채권자목록에도 기재되지 아니하여 회생계획에서 누락된 경우 권리를 상실할 수 있다. 채권자는 자신의 채권에 대하여 관리인이나 다른 채권자들이 이의를 제기한 경우라면 일정한 기간(조사기간 말일 또는 특별조사기일로부터 1개월) 내에 조사확정재판 등을 신청하여 재판으로 자신의 채권을 확정받을 수 있다.

회생절차에서는 담보권의 실행(담보목적물의 처분 환가)을 허용할 경우 채무자의 회생에 지장을 초래할 수 있으므로 일반채권(**회생채권**)을 가진 자뿐만 아니라 담보권(**회생담보권**)을 가지는 자라 하더라도 담보권의 실행이 제한되고 채권자들의 다수결로 결의되고 법원의 인가를 받은 회생계획에서 정한 바에 따라서만 변제 받을 수밖에 없다는 점에서 파산절차와 큰 차이가 있다

채무자, 목록에 기재되어 있거나 신고한 회생채권자, 회생담보권자, 주주·지분권자도 회생계획안 제출명령에 정해진 기간 내에 회생계획안을 작성하여 제출할 수 있다. 회생계획안이 결의되기 위해서는 (가) 회생채권자의 조에 있어서는 그 조에 속하는 의결권 총액의 2/3 이상에 해당하는 의결권을 가진 자의 동의가 필요하고, (나) 회생담보권자의 조에 있어서는 회생담보권자의 의결권 총액의 3/4 이상에 해당하는 의결권을 가진 자의 동의가 필요하다. 주주·지분권자가 의결권을 가질 경우에는 의결권을 행사하는 주주·지분권자의 의결권의 총수의 1/2 이상에 해당하는 의결권을 가진 자의 동의도 필요하다.

회생계획은 ① 법률의 규정에 위반하지 않아야 하고, ② 회생담보권, 회생채권 순으로 공정하고 형평에 맞는 차등을 두어야 하며(공정·형평의 원칙), ③ 변제조건이 같은 성질의 권리를 가진 자 사이에 평등하여야 하고(평등의 원칙),

④ 변제방법이 채무자의 사업을 청산할 때 각 채권자에게 변제하는 것보다 불리하지 아니하게 변제하는 내용이어야 하고(청산가치보장의 원칙), ⑤ 회생계획이 수행 가능하여야 한다(채무자회생법 제243조). 회생절차는 파산절차에 따라 채무자의 재산을 청산하는 경우보다 더 많이 변제 받을 수 있다는 것에 정당성이 있으므로 회생계획에 의한 변제는 채무자의 사업을 청산할 때 각 채권자에게 변제하는 것보다 불리하지 않게 변제하는 내용이어야 한다(**청산가치보장의 원칙**). 다수결로 특정 이해관계인의 이익을 해하는 것을 방지하기 위한 것이다. 따라서 회생계획에 따른 회생담보권자에 대한 변제는 담보권의 특성상 회생채권자에 대한 변제보다 유리하여야 할 뿐만 아니라 담보권의 실행(담보목적물의 처분 환가)하였을 경우보다 더 많이 변제 받을 수 있는 조건일 수 있다. 자산이 부채를 초과할 경우 주주의 가치는 존재하지 않지만 위와 같은 원칙(청산가치보장의 원칙)에 따라 주주의 주식 전부를 소각하지 않기도 한다.

인가된 회생계획이 모두 수행된 경우뿐만 아니라, 회생계획에 따라 변제가 시작되고 회생계획의 수행에 지장이 있다고 인정되지 않아 회생절차의 목적을 달성할 수 있다고 판단되는 경우에 법원은 회생절차를 종료시킬 수 있다. 반대로 회생절차개시 후에 당해 회생절차가 그 목적을 달성하지 못하여 수행가능성이 없다고 판단될 경우 회생절차를 폐지하고, 파산선고를 한다.

Ⅲ. 기업구조조정절차

회생절차나 파산절차는 채무자의 모든 채권이 회생절차와 파산절차의 적용을 받는다. 기업의 경우 비록 모든 채무를 이행하기 위한 경제적인 능력이 부족하더라도 주요 채권자인 금융기관으로서는 굳이 채무자회생법에 따른 법원의 엄격한 절차에 따를 필요 없이 금융기관들의 채권만을 변경하고 나머지 채무는 그대로 이행하도록 하는 것이 보다 효율적이고 채권 만족에 도움이 될 수도 있다. 이에 기업구조조정촉진법은 대출이나 지급보증 등 신용공여로 기업에 대하여 가지는 채권(금융채권)을 가지는 일정한 국내 금융기관(금융채권자)들과 채무자 기업 사이에 **기업개선계획의 이행을 위한 약정**을 체결함으로써 금융채권자가 보유한 금융채권에 대하여 상환기일 연장, 원리금 감면, 채권의 출자전환 및 그 밖에 이에 준하는 방법으로 채무의 내용을 변경될 수 있는 기업구조조정절차를 규정하고 있다.

　기업구조조정절차에서는 모든 금융채권자의 다수결(금융채권자의 총 금융채권액 중 4분의 3 이상의 금융채권액을 보유한 금융채권자의 찬성)로 기업개선계획이 결의되고, 결의된 기업개선계획의 내용대로 채무자 기업과 기업개선계획의 이행을 위한 약정을 체결함으로써 개별 금융채권자의 의사와 상관없이 금융채권의 내용이 변경되는 것이다. 기업구조조정촉진법은 금융채권자가 가지는 금융채권의 내용을 집단적인 의사결정으로 변경될 수 있도록 법률일 뿐이고, 금융채권자가 가지는 금융채권 이외의 다른 채권(금융채권자가 가지는 금융채권 이외의 다른 채권이나 금융채권자 이외의 다른 채권자의 모든 채권)의 내용과 효력에는 영향을 미치지 아니한다.

　유동성 위기에 이른 기업과 채권을 가진 금융기관으로 구성된 채권단 사이에 대출의 만기연장을 포함한 자금지원과 그에 따른 재무구조개선에 관한 사항을 합의하는 소위 **자율협약**을 체결하기도 하지만 이는 채권자 전원의 합의가 필요하므로 계약의 일반원리가 적용되고, 채권자들의 집단적 의사결정으로 개별 채권자의 채권이나 권리가 변경되거나 법원의 결정으로 채권의 내용이 변경되거나 채권의 실현이 제한되는 절차는 아니다.

제9절　회사

I. 개요

　법인 중 상행위 기타 영리를 목적으로 하여 설립된 사단법인을 **회사**라 하며, 회사는 회사를 구성하는 **사원**(社員)[91]이 부담하는 책임의 형태에 따라 합명회사, 합자회사, 주식회사, 유한회사와 유한책임회사로 구분된다.

---

91) 회사의 출자자

Ⅱ. 주식회사

주식회사는 회사의 사원인 주주가 회사에 대한 출자로 주권(株券)이라는 유가증권으로 표창되는 주식(株式)의 형태로 회사에 대한 지분을 보유하고, 자신의 출자금액(인수가액)을 한도로 회사의 손실을 부담할 뿐 회사의 채무에 대하여는 직접적인 책임을 부담하지 않는 주주로 구성된 회사이다.

1. 설립과 정관

주식회사를 설립하려면 우선 ① 발기인을 구성하여, ② 회사의 상호와 사업목적을 정한 다음, ③ 발기인이 정관을 작성한다. 정관 작성 후에는 ④ 주식발행사항을 결정하고, ⑤ 발기설립 또는 모집설립의 과정을 거쳐, ⑥ 법인설립등기를 하면 설립된다.

흔히 정관과 별도로 회사의 주주 전원 또는 일부 사이에 주식의 보유와 회사의 운영에 필요한 사항을 합의하는 '주주간계약'을 체결하는 경우가 많다. 주주간 계약은 민법상의 계약으로 사적자치의 원칙상 그 내용이 강행법규에 반하지 않는 이상 당사자들 사이에 효력이 인정된다. 개인간의 계약으로 단체법률관계에 영향을 미쳐서는 안되기 때문에 주주간계약의 효력이 정관과 같이 회사에 대한 관계에서도 효력(회사법상의 구속력)을 가질 수 없다고 보는 것이 원칙이지만 '정관'이든 '주주간계약'이든 문서의 명칭에도 불구하고 회사의 구성원인 주주 전원의 합의라는 점에는 다름이 없으므로 주주 전원이 당사자인 주주간계약의 내용은 주주평등의 원칙 등 회사법상 강행법규에 반하지 않으면서 단체법적 성격을 가진 내용은 정관과 마찬가지로 회사에 대하여도 효력을 가질 수 있다고 본다.

2. 주식

가. 주식과 주주

주식이란 주식회사의 사원인 주주가 출자하여 회사에 대하여 가지는 지분을 말하고, '주식을 표창하는 유가증권'을 의미하는 것으로 사용되는 경우가 있으나, 상법은 이를 **주권**(株券)으로 명백히 구별하여 표현하고 있다(상법 제335조 제3항, 제336조).

(1) 주주평등의 원칙

주주는 회사와의 법률관계에서는 그가 가진 주식의 수에 따라 평등한 취급을 받아야 하며, 이를 위반하여 회사가 일부 주주에게만 우월한 권리나 이익을 부여하기로 하는 약정은 특별한 사정이 없는 한 무효이다. 상법은 주주평등의 원칙에 대한 예외는 헌법 제37조 제2항에 따라 법률이 정한 경우에 한하여 인정될 뿐이므로 이 원칙에 반하는 정관의 규정 또는 주주총회나 이사회의 결의는 불평등한 취급을 당한 주주가 동의하는 등의 특별한 사정이 없는 한 무효이다.

(2) 종류주식

회사는 정관에서 정하는 바에 따라 다음과 같이 이익의 배당, 잔여재산의 분배, 주주총회에서의 의결권의 행사, 상환 및 전환 등에 관하여 내용이 다른 종류의 주식(**종류주식**)을 발행할 수 있다(상법 제344조 내지 제351조). 이익배당 등에 대하여 어떠한 다른 제한이 없는 의결권 있는 주식으로 종류주식의 표준이 되는 주식을 **보통주식**이라 부른다.

① 이익의 배당에 관하여 내용이 다른 종류주식
② 잔여재산의 분배에 관하여 내용이 다른 종류주식
③ 의결권이 없는 종류주식이나 의결권이 제한되는 종류주식: 의결권이 없는 종류주식이나 의결권이 제한되는 종류주식은 발행주식총수의 4분의 1을 초과하여 발행할 수 없다(상법 제344조의3 제2항).
④ 회사가 이익으로 소각할 수 있는 종류주식 또는 주주가 회사에 대하여 상환을 청구할 수 있는 종류주식(**상환주식**)
⑤ 주주에게 다른 종류주식으로 전환할 수 있는 권리가 부여된 주식 또는 회사에게 다른 종류주식으로 전환할 수 있는 권리가 부여된 주식(**전환주식**)

상환주식이나 상환과 전환의 조건이 모두 부여된 **상환전환주식**은 소수주주나 재무적 투자자의 투자수단으로 이용되고 있다.

(3) 주식매수선택권(Stock option)

주식회사는 정관으로 정하는 바에 따라 주주총회의 특별결의로 회사의 설립·경영 및 기술혁신 등에 기여하거나 기여할 수 있는 회사의 이사, 집행임원, 감사 또는 피용자(被用者)에게 미리 정한 가액(행사가액)으로 신주를 인수하거나 자기의 주식을 매수할 수 있는 권리(**주식매수선택권**)를 부여할 수 있고, 주식 매수선택권의 행사가액이 주식의 실질가액보다 낮은 경우에 회사는 그 차액을 금전으로 지급하거나 그 차액에 상당하는 자기의 주식을 양도할 수 있다(상법 제340조의2).

나. 주식의 양도와 담보설정

(1) 주식의 양도 방법

주식의 양도는 당사자 사이의 양도에 관한 합의와 '주권의 교부'로 이루어 진다(상법 제336조 제1항). 이는 당사자 사이에 양도의 효력의 발생요건이며, 양수인이 회사에 대하여 주주로서의 권리를 행사할 수 있기 위해서는 양수인이 취득한 주권을 회사에게 제시하여 명의개서(양수인을 주주로 하여 그 성명과 주소를 주주명부에 기재)가 되어야 한다(상법 제337조 제1항).

(2) 주권 발행 전 주식의 양도 방법

주식발행의 효력이 발생하였더라도 주권이 발행되기 전에 한 주식의 양도는 회사에 대하여 효력이 없지만 회사의 성립 후 또는 신주의 납입기일 후 6월이 경과한 때에는 주식양도의 효력을 회사에게 주장할 수 있다(상법 제335조 제3항). 주권이 발행되기 이전에는 지명채권의 양도 방법에 따라 주식을 양도할 수 있다.[92] 당사자 사이에서는 양도의 의사표시로 주식이 양도되지만 회사와 제3자에 대한 대항요건을 갖추기 위해 확정일자 있는 증서로 회사에 대한 통지 또는 회사의 승낙이 필요하다.

(3) 주권의 선의취득

주권을 점유하는 자는 그 적법한 소지인으로 추정되므로 주권의 점유자로부터 주권을 교부 받은 자는 점유자가 무권리자라 하더라도 악의 또는 중대한 과실이 없는 한 주권을 선의취득할 수 있다(상법 제336조 제2항, 제359조).

(4) 주식에 대한 질권

주식에 대한 질권은 질권 설정의 합의와 주권의 교부로 성립될 수 있지만 질권자는 계속하여 주권을 점유하지 아니하면 그 질권으로써 제3자에게 대항

---

92) 주주가 주권을 소지하지 아니하겠다는 뜻(주권불소지)을 회사에게 신고한 경우 주식을 양도하기 위해서는 회사에게 주권의 발행을 요구하여 교부 받은 주권을 양수인에게 교부하는 방법으로 양도할 수 있다.

할 수 없다(상법 제338조). 질권 설정의 합의와 주권의 교부에 더하여 주주명부에 질권자의 성명과 주소를 기재한 경우에는 회사에 대하여 질권을 행사하기 위하여 다시 주권을 제시하거나 권리를 증명할 필요가 없다(상법 제340조).

(5) 주권의 전자등록

회사는 주권을 발행하는 대신 정관으로 정하는 바에 따라 전자등록기관의 전자등록부에 주식을 등록할 수 있으며, 전자등록부에 등록된 주식의 양도나 입질(入質)은 전자등록부에 등록하여야 효력이 발생하며, 전자등록부에 주식을 등록한 자는 그 등록된 주식에 대한 권리를 적법하게 보유한 것으로 추정하므로 이러한 전자등록부를 중대한 과실 없이 선의로 신뢰하고 전자등록부의 등록으로 권리를 취득한 자는 그 권리를 적법하게 취득한다(상법 제356조의2).

다. 주식의 취득과 보유에 대한 제한

(1) 자기주식의 취득

회사는 다음의 경우를 제외하고 원칙적으로 자신이 발행한 주식(자기주식)을 취득할 수 없다.

① 회사는 자신의 명의와 계산으로 배당가능이익의 범위 내에서 증권시장에서 매수하거나 모든 주주로부터 균등한 조건으로 취득하는 방법으로 자기주식을 취득할 수 있다(상법 제341조).

② 회사는 다음 각 호의 어느 하나에 해당하는 경우에는 자기 주식을 취득할 수 있다(제341조의2).

   1. 회사의 합병 또는 다른 회사의 영업전부의 양수로 인한 경우

   2. 회사의 권리를 실행함에 있어 그 목적을 달성하기 위하여 필요한 경우

   3. 단주(端株)의 처리를 위하여 필요한 경우

   4. 주주가 주식매수청구권을 행사한 경우

③ 회사는 발행주식총수의 5%를 초과하여 자기주식을 질권의 목적으로 받지 못하지만 회사의 합병 또는 다른 회사의 영업전부의 양수로 인한 경우 또는 회사의 권리를 실행함에 있어 그 목적을 달성하기 위하여 필요한 경우 그 한도를 초과하여 질권의 목적으로 할 수 있다(상법 제341조의3).

(2) 자회사에 의한 모회사 주식의 취득

다음의 경우를 제외하고, 회사(자회사)는 자신의 발행주식의 총수의 50%를 초과하는 주식을 가진 회사(모회사)의 주식을 취득할 수 없다(상법 제342조의2).

1. 주식의 포괄적 교환, 주식의 포괄적 이전, 회사의 합병 또는 다른 회사의 영업전부의 양수로 인한 때
2. 회사의 권리를 실행함에 있어 그 목적을 달성하기 위하여 필요한 때

회사, 모회사 및 자회사 또는 자회사가 다른 회사의 발행주식의 총수의 10%를 초과하는 주식을 가지고 있는 경우에는 그 다른 회사가 가지고 있는 회사 또는 모회사의 주식의 의결권은 행사할 수 없다(상법 제369조 제3항).

(3) 회사가 다른 회사의 발행주식총수의 10분의 1을 초과하여 취득한 때에는 그 다른 회사에 대하여 지체없이 이를 통지하여야 한다(상법 제342조의3).

라. 주식의 양도에 대한 제한

회사는 정관으로 정하는 바에 따라 그 발행하는 주식의 양도에 관하여 이사회의 승인을 받도록 할 수 있다(상법 제335조 제1항). 이사회의 승인이 없는 경우 회사는 양수인을 주주로 인정할 수 없다는 의미일 뿐이고, 주주의 투하자본회수의 가능성을 전면적으로 부정하는 것이 아니고, 공서양속에 반하지 않는다면 당사자 사이에서는 원칙적으로 유효하다.[93] 이사회가 승인하지 않는 경우에는 회사는 주식을 양수할 자를 지정하거나 주식을 매수하여야 한다(상법 제335조의3, 제335조의6).

주주 사이에 주식양도를 제한하는 약정이 있는 경우 그 약정은 주주의 투하자본회수의 가능성을 전면적으로 부정하는 것이 아니고, 공서양속에 반하지 않는다면 원칙적으로 유효하지만 그 제한 계약은 당사자 사이에 채권적 효력을 발생시킴에 불과하고 그러한 제한에 위반하여 주식양도가 행하여진 경우 주식양도 자체는 원칙적으로 유효하므로 회사는 제3자에 대하여 주식양도의 효력을 인정하여야 하고, 다만 계약위반자인 양도인은 손해배상의무나 위약금 지급의무를 부담할 뿐이다.[94]

---

93) 대법원 2008. 7. 10. 선고 2007다14193 판결
94) 부산고등법원 2007. 1. 11. 선고 2005나13783 판결

마. 신주의 발행

상법에 다른 규정이 있거나 정관으로 주주총회에서 결정하기로 정한 경우를 제외하고, 주식회사는 그 성립 후에 주식(신주)을 발행할 수 있다(상법 제416조). 주주는 그가 가진 주식 수에 따라서 신주의 배정을 받을 권리가 있지만 회사는 신기술의 도입, 재무구조의 개선 등 회사의 경영상 목적을 달성하기 위하여 필요한 경우에 한하여 '정관'에 정하는 바에 따라 주주 외의 자에게 신주를 배정할 수 있다(상법 제418조).

바. 주식의 소각과 자본금의 감소

주식은 자본금 감소에 관한 규정에 따라서만 소각(消却)할 수 있다. 다만 배당가능이익으로 취득한 자기주식은 자본금 감소에 관한 규정에 따르지 않고 이사회결의만으로 소각할 수 있다(상법 제343조).

회사는 주주총회 특별결의와 **채권자보호절차**[95]를 거쳐 회사의 자본금을 감소시킬 수 있다(상법 제438, 제439조).[96]

3. 회사의 기관

회사는 권리능력(법인격)이 있는 것으로 의제될 뿐이므로 실제 의사결정과 행위를 할 조직을 두어야 한다.

가. 주주총회

주주총회는 주주 전원에 의하여 구성되고 회사의 기본조직과 경영에 관한 중요한 사항을 의결하며, 형식상으로는 주식회사의 최고기관이지만 주주총회가 결의할 수 있는 사항은 법령 또는 정관에 정하는 사항에만 한정된다(상법 제361조).

상법에서 주주총회의 소집과 결의 절차와 방법을 정하고 있으나, 주주 전

---

95) 회사는 주주총회의 결의가 있은 날부터 2주 내에 회사채권자에 대하여 이의가 있으면 1개월 이상의 기간을 정하여 그 기간 내에 이의를 제출할 것을 공고하고 알고 있는 채권자에 대하여는 따로따로 이를 최고하여야 하고, 이의를 제출한 채권자가 있는 때에는 회사는 그 채권자에 대하여 변제 또는 상당한 담보를 제공하거나 이를 목적으로 하여 상당한 재산을 신탁회사에 신탁하여야 한다(상법 제232조).
96) 결손의 보전(補塡)을 위한 자본금의 감소(무상감자)는 주주총회 특별결의만으로 족하고 채권자보호절차를 거칠 필요가 없다.

원의 동의가 있을 경우 그와 같은 절차와 방법을 따를 필요 없이 서면으로 결의할 수 있다(상법 제363조 제4항).

정관의 변경(상법 제434조), 자본의 감소(상법 제438조), 회사의 합병(상법 제522조), 회사의 분할(상법 제530조의3 제2항), 영업의 양도[97]·양수(상법 제374조), 이사와 감사의 해임(상법 제385조 제1항, 제415조), 주식의 할인발행(상법 제417조 제1항), 주식의 포괄적 교환(상법 제360조의3 제2항), 주식의 포괄적 이전(상법 제360조의16 제2항) 등에 관한 결의(특별결의)는 출석한 주주의 의결권의 3분의 2 이상의 수와 발행주식총수의 3분의 1 이상의 수로써 하여야 하고, 그 이외의 결의(보통결의) 출석한 주주의 의결권의 과반수와 발행주식총수의 4분의 1 이상의 수로써 하는 것이 원칙이지만 정관에서 결의 요건을 강화하여 달리 정할 수 있다.

회사의 합병,[98] 회사의 분할,[99] 영업의 양도·양수, 주식의 포괄적 교환, 주식의 포괄적 이전 등 상법에서 정하는 일정한 사항에 관한 특별결의가 이루어진 경우 그에 반대하는 주주는 회사에 대하여 자신이 보유하고 있는 주식의 매수를 청구할 수 있는 권리를 가진다.

회사가 종류주식을 발행한 경우에 정관변경, 주식의 종류에 따라 신주의 인수, 주식의 병합·분할·소각 또는 회사의 합병·분할로 인한 주식의 배정에 관하여 특수하게 정하는 경우, 회사의 분할 또는 분할합병, 주식교환, 주식이전 및 회사의 합병으로 말미암아 어느 종류주식의 주주에게 손해를 미치게 될 때에는 주주총회의 결의 외에 그 종류주식의 주주의 총회의 결의가 있어야 한다(상법 제435조, 제436조).

나. 이사회

(1) 이사회의 구성

주식회사는 업무집행에 관한 의사를 결정하는 기관으로 이사는 최소 3

---

97) 재산의 양도가 영업의 폐지나 중단을 초래하는 경우나 회사의 존속의 기초가 되는 중요 재산을 처분하는 경우에도 영업양도와 마찬가지로 특별결의가 필요하다(대법원 1987. 6. 9. 선고 86다카2478 판결 등)
98) 소규모합병의 경우 소멸회사의 반대주주의 주식매수청구권은 인정되지만 존속회사의 반대주주의 주식매수청구권이 인정되지 않는다.
99) 단순분할의 경우에는 제외한다.

인100) 이상의 이사로 구성된 이사회를 둔다. 중요한 자산의 처분 및 양도, 대규모 재산의 차입, 지배인의 선임 또는 해임과 지점의 설치·이전 또는 폐지 등 회사의 업무집행은 이사회의 결의로 한다(상법 제393조 제1항). 이사회는 정관이 정한 바에 따라 위원회를 설치하여 일정한 사항을 제외하고 이사회의 권한을 위원회에게 위임할 수 있다(상법 제393조의2).

(2) 이사회결의

이사회결의는 이사 과반수의 출석과 출석이사의 과반수로 하지만 정관으로 그 비율을 높게 정할 수 있다(상법 제391조 제1항). 이사회결의는 결과보다 의사교환 등 과정을 중시하므로 이사는 이사회에 직접 출석하여야 하고 의결권의 대리행사는 허용되지 않으며, 서면결의 역시 허용되지 않는다. 다만 정관에서 달리 정하는 경우를 제외하고 이사회는 이사의 전부 또는 일부가 직접 회의에 출석하지 아니하고 모든 이사가 음성을 동시에 송수신하는 원격통신수단에 의하여 결의에 참가하는 것을 허용할 수 있고, 이 경우 당해 이사는 이사회에 직접 출석한 것으로 본다(상법 제391조 제2항).

다. 이사

(1) 이사의 선임과 해임

이사의 선임과 해임이나 이사에 대한 보수는 반드시 주주총회의 결의가 필요하다(상법 제382조 제1항, 제385조, 제388조). 2인 이상의 이사의 선임을 목적으로 하는 총회의 소집이 있는 때에는 의결권 없는 주식을 제외한 발행주식총수의 100분의 3 이상에 해당하는 주식을 가진 주주는 정관에서 달리 정하는 경우를 제외하고는 회사에 대하여 집중투표의 방법으로 이사를 선임할 것을 청구할 수 있고, 이 경우 이사의 선임결의에 관하여 각 주주는 1주마다 선임할 이사의 수와 동일한 수의 의결권을 가지며, 그 의결권은 이사 후보자 1인 또는 수인에게 집중하여 투표하는 방법으로 행사할 수 있다(상법 제382조의2). 주주총회의 특별결의로 언제든지 이사를 해임할 수 있으나 정당한 이유가 없을 때에는 회사는 손해를 배상하여야 한다(상법 제385조 1항).

---

100) 자본금 총액이 10억원 미만인 회사는 1명 또는 2명으로 할 수 있으며, 이 경우 상법상 이사회 결의가 필요한 일정한 사항에 관하여는 주주총회결의가 필요한 것으로 정하거나, 이사회결의로 주주총회결의를 대체하는 규정의 적용이 배제되거나, 또는 각 이사가 이사회의 기능을 담당하도록 정하고 있다(상법 제383조).

(2) 이사의 의무

이사는 법령과 정관의 규정에 따라 회사를 위하여 그 직무를 충실하게 수행하여야 하고(상법 제382조의3), 재임 중뿐만 아니라 퇴임 후에도 직무상 알게 된 회사의 영업상 비밀을 누설하여서는 아니되며(상법 제382조의4), 이사와 그 이해관계인이 자기 또는 제3자의 계산으로 회사와 거래를 하기 위하여는 이사회의 승인을 받아야 하며(상법 제398조), 이사는 이사회의 승인이 없으면 자기 또는 제3자의 계산으로 회사의 영업부류에 속한 거래를 하거나 동종영업을 목적으로 하는 다른 회사의 무한책임사원이나 이사가 될 수 없고(상법 제397조 제1항), 이사회의 승인 없이 현재 또는 장래에 회사의 이익이 될 수 있는 사업기회를 자기 또는 제3자의 이익을 위하여 이용할 수 없다(상법 제397조의2).

(3) 이사의 책임

이사가 고의 또는 중대한 과실로 그 임무를 게을리한 경우에는 회사나 제3자에 대하여 손해를 배상할 책임이 있다(상법 제399조, 제401조). 이사가 법령 또는 정관에 위반한 행위를 하여 이로 인하여 회사에 회복할 수 없는 손해가 생길 염려가 있는 경우에는 감사 또는 발행주식의 총수의 1% 이상에 해당하는 주식을 가진 주주는 회사를 위하여 이사에 대하여 그 행위를 유지할 것을 청구할 수 있고(상법 제402조), 발행주식의 총수의 1% 이상에 해당하는 주식을 가진 주주는 회사가 이사의 책임을 추궁할 소를 제기하지 아니하면 자신이 직접 소(주주의 대표소송)를 제기할 수 있다(상법 제403조). 회사에 대한 자신의 영향력을 이용하여 이사에게 업무집행을 지시한 자 등도 이사와 동일한 책임을 부담한다(상법 제401조의2).

라. 대표이사

주식회사는 이사회의 결의[101]로 회사를 대표할 이사를 선정한다(상법 제389조 제1항). 여러 명이 대표이사가 되는 경우 '각자' 회사를 대표할 수 있으며, 여러 명의 대표이사가 '공동'으로 회사를 대표할 것을 정할 수도 있다(상법 제389조 제2항).

---

101) 정관으로 주주총회에서 이를 선정할 것을 정할 수 있다.

마. 감사와 감사위원회

주식회사는 주주총회의 결의로 감사를 선임하며, 감사는 회사의 업무 및 회계를 감사할 권한을 가진다(상법 제409조, 제412조). 회사는 정관이 정한 바에 따라 감사에 갈음하여 감사위원회를 설치할 수 있으며, 이 경우 감사를 두지 아니한다(상법 제415조의2).

4. 사채

주식회사는 이사회의 결의로 유가증권의 형식인 사채(社債)를 발행하여 자금을 차입할 수 있다(상법 제469조).

주식회사는 상법에 따라 회사의 주식으로 전환할 수 있는 전환사채(상법 제513조), 사채권자에게 신주인수권[102]이 부여된 사채(상법 제516조의3), 사채권자가 이자를 받는 이외에 이익배당에도 참가할 수 있는 이익참가부사채(상법 제469조 제2항 제1호), 회사가 보유하는 유가증권으로 교환할 수 있는 교환사채나 회사가 보유하는 유가증권으로 상환할 수 있는 상환사채(상법 제469조 제2항 제2호), 유가증권이나 통화 또는 그 밖에 일정한 자산이나 지표 등의 변동과 연계하여 미리 정하여진 방법에 따라 상환 또는 지급금액이 결정되는 사채(상법 제469조 제2항 제3호)를 발행할 수 있다. 또한 주식회사는 사채의 상환에 물적 담보가 제공된 담보부사채(담보부사채신탁법 제3조)를 발행할 수 있고, 상장법인인 주식회사는 사채의 발행 당시 객관적이고 합리적인 기준에 따라 미리 정하는 사유가 발생하는 경우 주식으로 전환되는 조건(전환형 조건부자본증권)이나 그 사채의 상환과 이자지급 의무가 감면되는 조건(상각형 조건부자본증권)이 붙은 **조건부자본사채**(자본시장법 제165조의11 제1항)를 발행할 수 있다.

주주 이외의 자에 대하여 전환사채나 신주인수권부사채를 발행하고자 할 경우 신기술의 도입, 재무구조의 개선 등 회사의 경영상 목적을 달성하기 위하여 필요한 경우에 한하여 정관에 규정이 없으면 주주총회 특별결의가 있어야 한다(상법 제513조 제3항, 제516조의2 제4항).

---

102) 사채권과 별도로 신주인수권을 표창하는 신주인수권증권을 발행할 수 있으며, 이 경우 신주인수권은 사채와 별도로 신주인수권증권의 교부로 양도될 수 있다(상법 제516조의6).

5. 회사의 회계

주식회사는 주주총회(일정한 요건을 갖춘 경우에는 이사회결의)의 결의로 대차대조표, 손익계산서 등 재무제표에 대한 승인을 얻어야 하며(상법 제449조), 상법 제462조에서 정하는 **배당가능이익**의 범위 내에서 이익배당을 할 수 있다.

주식회사는 주주총회의 결의로 이익배당 총액의 50%를 초과하지 않는 범위 내에서 신주로 이익을 배당(**주식배당**)할 수 있으며(상법 제462조의2), 년1회의 결산기를 정한 회사는 정관으로 정하여 영업년도 중 1회에 한하여 이사회의 결의로 일정한 날을 정하여 이익을 배당(**중간배당**)을 할 수 있으며(상법 제462조의3), 회사는 정관으로 금전 외의 재산으로 배당(**현물배당**)을 할 수 있다(상법 제462조의4).

6. 회사의 구조조정

가. 합병

합병은 2개 이상의 회사가 상법의 절차에 따라 청산절차를 거치지 않고 합쳐지면서 최소한 1개 이상의 회사의 법인격을 소멸시키되, 합병 이후에 존속하는 회사(**흡수합병**의 경우) 또는 합병으로 신설되는 회사(**신설합병**의 경우)가 소멸하는 회사의 권리의무를 포괄적으로 승계하는 절차를 말한다.

합병을 위해서는 주주총회 특별결의와 채권자보호절차를 거쳐야 하며, 반대주주의 주식매수청구권이 인정된다(상법 제522조, 제527조의5, 제522조의3). 다만 간이합병[103]의 경우에는 주주총회결의가 필요 없이 이사회의 승인을 얻어 합병결의를 할 수 있으며(상법 제527조의2), 소규모합병[104]의 경우에도 주주총회결의가 필요 없이 이사회의 승인을 얻어 합병결의를 할 수 있다(제527조의3).

나. 분할

분할은 하나의 회사의 영업이 둘 이상의 회사로 분리되면서 그 영업에 관

---

103) 합병할 회사의 일방이 합병후 존속하는 경우에 합병으로 인하여 소멸하는 회사의 총주주의 동의가 있거나 그 회사의 발행주식총수의 100분의 90 이상을 합병 후 존속하는 회사가 소유하고 있는 때

104) 합병 후 존속하는 회사가 합병으로 인하여 발행하는 신주 및 이전하는 자기주식의 총수가 그 회사의 발행주식총수의 100분의 10을 초과하지 아니하는 경우

하여 발생하는 권리의무를 신설회사 또는 승계회사(분할된 영업이 존립 중인 다른 회사와 합병하는 경우)에게 승계시키는 것을 목적으로 하는 절차이다.

분할되는 회사가 분할로 설립되는 회사의 주식 총수를 취득하는 경우를 **물적분할**이라 하고, 분할되는 회사의 주주가 분할로 설립되는 회사의 주식 총수를 취득하는 경우를 **인적분할**이라 한다. 분할된 영업이 존립 중인 다른 회사와 합병(**분할합병**)을 할 수 있다(상법 제530조의2).

회사분할을 위해서는 주주총회 특별결의[105]를 거쳐야 하며, 분할합병에 반대하는 주주에게는 주식매수청구권을 인정되지만 단순한 회사분할에 반대하는 주주에게 주식매수청구권이 인정되지 않는다(상법 제530조의3, 상법 제530조의11 제2항, 제522조의3 제2항).

분할되는 회사, 신설회사와 승계회사는 분할 또는 분할합병 전의 분할되는 회사의 채무에 관하여 연대하여 변제할 책임이 있지만 채권자보호절차를 거칠 경우 연대책임을 배제시킬 수 있다(상법 제530조의9).

다. 주식의 포괄적 교환과 이전

상법은 지주회사를 쉽게 설립할 수 있도록 (가) 어느 회사(완전자회사)의 주주가 가지는 주식 전부를 다른 회사(완전모회사)에게 이전하고, 완전모회사는 그에 대한 대가로 완전자회사의 주주에게 완전모회사의 주식을 발행함으로써 완전자회사의 주주가 완전모회사의 주주가 되는 거래(**주식의 포괄적 교환**)(상법 제360조의2)와 (나) 완전자회사의 주주가 가지는 주식 전부를 '신설'되는 완전모회사에게 이전하고, 완전모회사는 그에 대한 대가로 완전자회사의 주주에게 완전모회사의 주식을 발행함으로써 완전자회사의 주주가 완전모회사의 주주가 되는 거래(**주식의 포괄적 이전**)(상법 제360조의15)에 관한 절차와 주주의 보호에 관한 규정을 두고 있다.

7. 상장회사에 대한 특례

상법에 따라 증권시장에 상장된 주권을 발행한 주식회사(**상장회사**)[106]에 대

---

105) 간이분할합병이나 소규모분할합병은 이사회결의(상법 제530조의11 제2항, 제527조의2, 제527조의3)
106) 집합투자기구는 제외한다.

하여는 다음과 같은 특례가 적용된다.

① 주식매수선택권의 부여 범위, 한도나 요건이 완화된다(상법 제542조의3).

② 주주총회 소집통지에 갈음하는 소집공고가 허용된다(상법 제542조의4).

③ 이사·감사는 주주총회 소집 통지하거나 공고한 후보자 중에서 선임하여야 한다(상법 제542조의5).

④ 주주제안, 이사·감사의 해임청구, 회계장부열람권, 이사의 행위에 대한 유지청구권, 대표소송, 회사의 업무와 재산상태에 대한 조사를 위한 검사인 선임 청구에 있어 소수주주권의 행사 요건이 완화된다(상법 제542조의6).

⑤ 집중투표제를 배제하기 위한 정관의 변경에 대하여 의결권의3%를 초과하여 보유하는 주주의 의결권의 행사가 배제된다(상법 제542조의7).

⑥ 사외이사의 선임이 강제된다(상법 제542조의8).

⑦ 주요주주 등 이해관계자와의 거래가 제한된다(상법 제542조의9).

⑧ 자산의 규모에 따라 상임감사, 감사위원회와 준법감시인의 선임이 강제된다(상법 제542조의10, 11, 12, 13).

자본시장법에 따라 **주권상장법인**[107]에 대하여는 다음과 같은 특례가 적용된다.

① 배당가능이익의 범위 내에서의 자기주식의 취득이 허용된다(자본시장법 제165조의3).

② 합병, 영업(자산)양수도, 주식의 포괄적 교환(이전)이나 분할(합병)을 하고자 할 경우 외부 전문평가기관의 평가가 강제된다(자본시장법 제165조의4).

③ 상법이 인정하는 주주총회 특별결의에 대한 반대주주의 주식매수청구권 중 합병과 영업양도 등 일정한 주식매수청구권을 행사하기 위해서는 회사에게 서면으로 반대의 의사를 통지할 것이 요구된다(자본시장법 제165조의5).

---

107) 증권시장에 상장된 주권을 발행한 법인 또는 주권과 관련된 증권예탁증권이 증권시장에 상장된 경우에는 그 주권을 발행한 법인

④ 신주의 발행시 (가) 주식의 발행 및 배정 등에 방법을 정하고 있고(자본시장법 제165조의6), (나) 우리사주조합원에 대한 주식배정이 강제되고(자본시장법 제165조의7), (다) 법원의 허가 없이도 액면미달발행이 가능하고(자본시장법 제165조의8), (라) 주주에 대한 통지 또는 공고에 대한 특례를 정하고 있다(자본시장법 제 165조의9).

⑤ 사채의 발행과 관련하여 (가) 사채의 발행 및 배정 등에 방법을 정하고 있고(자본시장법 제165조의10), (나) 조건부자본증권의 발행이 가능하다(자본시장법 제165조의11).

⑥ (가) 정관에서 정한 바에 따라 이사회결의로 분기별 이익배당이 가능하고(자본시장법 제165조의12), (나) 이익배당금액 전액까지 주식배당을 할 수 있다(자본시장법 제165조의13).

⑦ 발행주식총수의 2분의 1까지 의결권 없는 주식을 발행할 수 있다(자본시장법 제165조의15).

⑧ 금융위원회가 정하는 재무관리기준을 준수하여야 하고(자본시장법 제165조의16), 주식매수선택권의 부여 사실을 금융위원회와 거래소에 신고하여야 한다(자본시장법 제165조의17).

Ⅲ. 주식회사 이외의 회사

1. 유한회사

유한회사는 원칙적으로 주식회사와 같이 회사의 채무에 대하여 자신의 출자금액을 한도로 하는 유한책임을 부담하는 사원으로만 구성된 회사이다(상법 제543조 내지 제613조). 회사의 사원이 유한책임을 부담한다는 점에서 주식회사와 유사하지만 조직과 운영이 주식회사 보다 간소하고, 지분의 양도가 자유롭지 못한 점 등에서 폐쇄적인 성격을 가지고 있다. 유한회사가 주식회사와 다른 점은 다음과 같다.

① 발기설립의 방법으로만 설립할 수 있고, 설립 또는 증자시 사원의 공모를 인정되지 아니한다.

② 유한회사는 사원의 지분에 관하여 지시식 또는 무기명식의 증권을 발행

할 수 없고(상법 제555조), 사원은 지분을 양도할 수 있지만 사원명부에
양도사실을 기재하지 아니하면 회사와 제3자에게 대항할 수 없다(상법
제557조).

③ 이사가 업무를 집행하고, 이사회나 대표이사를 두지 않으며, 감사의 선
   임도 임의로 정할 수 있는 등 기관의 구성이 간소하다.

④ 사원총회의 권한이 크고, 결의의 절차와 방법이 간소하다.

⑤ 외부감사나 공시의무가 없다.

⑥ 사채(社債)의 발행을 인정하지 않는다.

위와 같은 특징으로 상장을 목적으로 하는 회사라면 반드시 주식회사의 형
태가 되어야 한다.

2. 유한책임회사

유한책임회사는 회사의 모든 사원이 유한책임을 누리므로 회사의 채권자의
보호를 위한 규제나 외부관계는 유한회사에 유사하면서도 회사 내부적으로는
유한회사와 달리 사원이 직접 업무집행을 할 수 있는 등 민법상 조합과 같이
사원들 사이의 사적 자치가 넓게 인정되는 특성을 가지고 있다(상법 제287조의2
조 내지 제287조의45).

3. 합명회사

합명회사는 2인 이상의 **무한책임사원**으로 구성된 회사이다(상법 제178조 내
지 제267조). 회사의 재산과 사원의 재산은 구분되지만 무한책임사원은 회사의
채무에 대하여 사원 개인의 재산으로 책임을 부담하는 무한책임을 부담한다.
합명회사는 회사의 기본적인 사항을 결정에는 총사원의 동의가 필요하고, 지
분의 양도는 다른 사원의 동의가 필요하는 등 극히 폐쇄적인 조직을 가진다.

4. 합자회사

합자회사는 합명회사와 같은 **무한책임사원**과 회사의 채무에 관하여 자신의
출자액을 한도로 유한책임을 부담하는 **유한책임사원**으로 구성된 회사이다(상법
제268조 내지 제287조). 무한책임사원이 회사의 업무를 집행하고, 유한책임사원

은 자본을 제공하고 회사의 사업으로부터 생기는 이익의 분배에 참여하는 회사이다. 무한책임사원의 지분의 양도는 총사원의 동의가 필요하고, 유한책임사원의 지분의 양도를 위해서는 무한책임사원의 동의가 필요하는 등 합명회사와 같은 폐쇄적인 조직을 가진다.

Ⅳ. 법인격의 부인

회사의 재산과 그 사원(기업주)의 재산을 분리하는 법인격의 부여를 남용하여 회사가 기업주와 독립된 실체를 가지지 못하는 경우에는 회사의 채권자는 회사의 법인격을 부인하고 그 사원에게 책임을 물을 수 있다.

회사가 외형상으로는 법인의 형식을 갖추고 있으나 법인의 형태를 빌리고 있는 것에 지나지 아니하고 실질적으로는 완전히 그 법인격의 배후에 있는 사람의 개인기업에 불과하거나, 그것이 배후자에 대한 법률적용을 회피하기 위한 수단으로 함부로 이용되는 경우에는, 비록 외견상으로는 회사의 행위라 할지라도 회사와 그 배후자가 별개의 인격체임을 내세워 회사에게만 그로 인한 법적 효과가 귀속됨을 주장하면서 배후자의 책임을 부정하는 것은 신의성실의 원칙에 위배되는 법인격의 남용으로서 심히 정의와 형평에 반하여 허용될 수 없고, 따라서 회사는 물론 그 배후자인 타인에 대하여도 회사의 행위에 관한 책임을 물을 수 있다고 보아야 한다.[108]

모회사와 자회사는 상호간에 상당 정도의 인적·자본적 결합관계가 존재하는 것이 당연하므로, 자회사의 임·직원이 모회사의 임·직원 신분을 겸하고 있었다거나 모회사가 자회사의 모든 주식을 소유하여 자회사에 대해 강한 지배력을 가진다거나 자회사의 사업 규모가 확장되었으나 자본금의 규모가 그에 상응하여 증가하지 아니한 사정 등만으로는 모회사가 자회사의 독자적인 법인격을 주장하는 것이 자회사의 채권자에 대한 관계에서 법인격의 남용에 해당한다고 보기에 부족하고, 적어도 자회사가 독자적인 의사 또는 존재를 상실하고 모회사가 자신의 사업의 일부로서 자회사를 운영한다고 할 수 있을 정도로 완전한 지배력을 행사하고 있을 것이 요구되며, 구체적으로는 모회사와 자회사 간의 재산과 업무 및 대외적인 기업거래활동 등이 명확히 구분되어 있지 않

---

108) 대법원 2008. 9. 11. 선고 2007다90982 판결

고 양자가 서로 혼용되어 있다는 등의 객관적 징표가 있어야 하며, 자회사의 법인격이 모회사에 대한 법률 적용을 회피하기 위한 수단으로 사용되거나 채무면탈이라는 위법한 목적 달성을 위하여 회사제도를 남용하는 등의 주관적 의도 또는 목적이 인정되어야 한다.[109]

---

109) 대법원 2006. 8. 25. 선고 2004다26119 판결

제4장

금융거래에 대한 법적 규제

제1절 금융업에 대한 규제

제1관 개관

Ⅰ. 금융업에 대한 규제를 위한 법제

우리나라는 1950년 미국의 은행법을 계수하여 은행법이 제정된 이후 금융시장이 발전되어 오는 과정에서 시장의 수요가 있을 때마다 필요에 따라 금융업종별로 개별 법령을 제정하여 규제하여 왔다. 금융업을 규제하는 법률들은 기본적으로 금융시장에 참여하는 주체들의 행위를 규제하는 행정법의 성격을 가지지만 私法적 권리의무를 정하거나 그에 영향을 미치는 내용도 포함하고 있다.

우리나라와 다른 법체계를 가진 미국의 영향을 받아 제정된 은행법과 그 이후 필요에 대응하여 제정된 개별 법률은 그 내용뿐만 아니라 사용하고 있는 용어조차 자유주의로부터 출발하여 정연하게 정립된 우리나라의 헌법, 행정법과 私法의 체계에 대한 깊은 이해를 가지고 제정되었는지 의문이고, 개별 법률 사이의 상호관계 역시 명확하지 않은 경우가 많다. 더욱이 금융시장의 발전으로 복합적인 금융상품이나 유사한 기능의 금융상품의 혼재 등으로 말미암아 개별 법률로 은행, 보험, 증권 등 금융업종별로 취급할 수 있는 금융상품을 열거하여 구분하는 규제 방식을 유지하는 것이 더욱 힘들어지고 있다.

금융상품을 기능별로 분류하여 그에 적합하게 규제할 필요성이 제기되어 2009년 금융업 중 자본시장과 관련된 법률들을 통합하여 규제하는 자본시장법이 제정되었으나 여전히 은행업이나 보험업 등 자본시장 이외의 다른 금융업에 대하여는 기존의 개별 법령에 따른 규제를 그대로 유지하고 있다.

자본시장법은 '이익을 얻거나 손실을 회피할 목적으로 현재 또는 장래의 특정한 시점에 금전, 그 밖의 재산적 가치가 있는 것을 지급하기로 약정함으로써 취득하는 권리로서 그 권리를 취득하기 위하여 지급하였거나 지급하여야 할 금전등의 총액이 그 권리로부터 회수하였거나 회수할 수 있는 금전등의 총액을 초과하게 될 위험'(**투자성**)이 있는 것을 **금융투자상품**으로 정의하고, 금융투자상품의 종류를 구분한 다음 동법에 따라 인가나 등록한 업종별(투자매매업, 투자중개업, 집합투자업, 신탁업, 투자자문업, 투자일임업)로 취급할 수 있는 금융투자상품의 종류와 취급 방법을 정하고 있다.

투자성은 자본시장법에서 정의하고 있는 금융투자상품의 중요한 특성일 수는 있지만 다른 금융상품도 가질 수 있는 특성이므로 자본시장법에서 정의하고 있는 금융투자상품과 다른 법령에서 인정한 금융상품을 구별할 수 있는 유일한 기준은 아니다. 권리를 취득하기 위하여 투자한 금액보다 작은 금액을 회수할 위험은 비단 계약의 내용으로만 결정될 수 없고, 채무자의 신용 등 다양한 원인에 의하여 발생될 수 있다.[1] 대출채권의 경우 차주가 대출계약에서 원금의 상환을 약정하더라도 차주의 부도로 원금을 상환 받지 못할 위험(투자성)을 가지고 있는데, 은행 등 대출을 취급하는 기관이 자신의 대출채권을 매도하는 행위를 두고 금융투자상품을 매도하는 행위이므로 별도의 투자매매업을 위한 인가를 받으라 요구할 수는 없는 노릇이다. 물론 자본시장법에서는 금융투자상품을 증권과 파생상품으로 구분하고, 증권을 정의함에 있어 대출채권이 포함되지 않도록 규정하여 그와 같은 문제를 피할 수 있지만 여전히 투자성이라는 개념만을 가지고 금융투자상품을 취급하는 금융투자업과 다른 금융업을 구분하기 어려운 한계가 있다.

위와 같은 입법적인 한계로 말미암아 개별 금융기관으로서는 어떤 업무는

---

1) 비록 계약에서 채무자가 원금의 상환을 약정하였다 하더라도 그러한 사실만으로 원금의 회수가 보장되는 것은 아니다.

할 수 있고,[2] 어떤 업무는 할 수 없는 것인지에 관한 혼란에 빠지는 경우가 많다. 정작 규제가 필요한 부문에서는 규제의 공백이 발생하기도 하고, 많은 경우 개별 법률의 해석과 적용에 있어 금융감독기관의 해석에 의존할 수밖에 없어 국민의 권리에 대한 제한이나 의무의 부과는 법률에 의해서만 가능하다는 법치행정의 원리가 충실하게 작동되지 않는 결과를 초래하기도 한다.

과연 복잡하고 난해한 현행 금융업 관련 법률을 보다 체계적이고도 일관된 논리로 파악하여 이해할 수 있는 방법은 없는 것일까. 아래에서는 자유주의에 기초한 헌법에서 출발하여 현행 법률에 따른 금융업에 대한 규제를 기술해 보고자 한다.

Ⅱ. 금융업에 대한 법적 규제의 체계

모든 국민의 재산권은 보장되고, 모든 국민은 직업선택의 자유를 가지며, 직업선택의 자유에는 영업의 자유가 포함된다(헌법 제15조). 다만 국민의 자유와 권리는 국가안전보장·질서유지 또는 공공복리를 위하여 필요한 경우 법률에 의해서 제한될 수 있다(헌법 제37조 제2항).

현행 법률에서는 일정한 금융거래를 업(業)으로 하는 자에 대하여 법령에 따른 인가·허가를 받거나 등록·신고 등을 할 것을 요구하고 있다. 이 때 업(業)으로 한다는 것은 같은 행위를 계속하여 반복하는 것을 의미하고, 여기에 해당하는지 여부는 단순히 그에 필요한 인적 또는 물적 시설을 구비하였는지 여부와는 관계없이 행위의 반복·계속성 여부, 영업성의 유무, 그 행위의 목적이나 규모·횟수·기간·태양 등의 여러 사정을 종합적으로 고려하여 사회통념에 따라 판단한다.[3]

누구든지 타인으로부터 자금을 조달하지 아니하고 자신의 자금으로 금전을 대여하거나 주식을 취득하는 행위는 원칙적으로 법률에서 제한되지 아니하고 자유로이 할 수 있다. 다만 금전의 대여를 업(業)으로 하고자 할 경우에만 대부업 등록을 하면 되고, 주식을 발행한 회사의 특성으로 말미암아 주식의 취득이

---

2) 특히 개별 법령에서 누구든지 별도의 인허가를 받을 필요 없이 자유로이 할 수 있는 행위를 특정한 금융기관이 할 수 있는 업무로 명시하지 않은 경우 과연 그와 같은 행위를 할 수 있는 것인지 여부

3) 대법원 2012. 3. 29. 선고 2011도1985 판결 등

제한될 수 있는 경우가 있을 뿐이다. 그런데 자금의 대여나 주식의 취득에 필요한 자금을 타인으로부터 얻고자 하면 법적 제한이 보다 강화된다. 자금의 대여나 주식의 취득에 필요한 자금을 지인으로부터 1회적으로 차입하는 행위는 제한되지 아니하고 자유로이 할 수 있겠지만 불특정 다수인으로부터 업(業)으로 자금을 조달하고자 하면 조달하는 방법에 따라 법령에 따른 인가·허가를 받거나 등록·신고 등을 하여야 한다.

금융업 관련 개별 법령은 당해 법령에서 요구되는 인가·허가·등록·신고 등을 한 자가 당해 법령에서 인정하는 방법으로 불특정 다수인으로부터 자금을 조달하는 것을 허용해 주는 한편, 자금을 제공한 투자자의 보호 등을 위하여 자금운용(금전의 대여나 주식의 취득 등)의 방법이나 한도 등 일정한 규제를 한다. 자금의 운용행위(금전의 대여나 주식의 취득 등) 자체는 법률로 제한된 행위가 아니거나 일정한 조건(예: 대부업 등록)만을 갖추면 할 수 있는 행위이지만 불특정 다수인으로부터 자금을 조달하는 것을 허용 받은 대신 조달한 자금의 운용 방법이나 한도 등에 대하여 제한을 받게 되는 것이다.

Ⅲ. 금융업의 구별 기준

현행 금융업과 관련된 개별 법률에서는 어떠한 종류의 금융기관이 취급할 수 있는 업무의 범위와 내용을 나열하고 있는 경우가 많다. 어떠한 금융기관이 할 수 있는 업무의 범위에 누구든지 할 수 있는 행위가 포함되는 것으로 명시하였다 하여 그러한 업무를 당해 금융기관이 다른 금융과 구별되는 하나의 특성이나 기준으로 삼기는 어렵다. 그보다는 일정한 조건(법령에 따른 인가·허가·등록·신고 등)을 갖출 경우 법률로써 '일반적으로 금지되었던 행위 중 어떠한 행위를 할 수 있는 것으로 허용되는가'라는 관점에서 본다면 보다 쉽게 이해될 수 있을 것이다.

금융업을 규제하는 근본적인 이유는 불특정다수로부터 돈을 모은 결과 돈을 제공한 투자자에게 피해를 끼칠 우려가 있기 때문이다. 그렇다면 현행 법률에서 '불특정 다수인으로부터 돈을 모으는 행위에 대하여 어떠한 내용과 방법으로 규제하고 있는가'를 기준으로 살펴보면 보다 쉽게 금융업에 대하여 이해할 수 있을 것이다.

제2관 자금조달에 대한 규제와 금융업

Ⅰ. 자금조달행위에 대한 일반적 금지

불특정 다수인으로부터 자금을 조달하는 행위는 『유사수신행위의 규제에 관한 법률』('유사수신행위규제법')에 따라 전면적으로 금지된다. 누구든지 법령에 따른 인가·허가를 받지 아니하거나 등록·신고 등을 하지 아니하고 업(業)으로 불특정 다수인으로부터 다음 각 호와 같이 자금을 조달하는 행위를 할 수 없다(유사수신행위규제법 제4조, 제2조). 따라서 불특정 다수인으로부터 자금을 조달하고자 할 경우 자금을 조달하는 방법에 따라 개별 법률에서 요구하는 인가·허가를 받거나 등록·신고 등을 하여야 한다.

① 장래에 출자금의 전액 또는 이를 초과하는 금액을 지급할 것을 약정하고 출자금을 받는 행위

② 장래에 원금의 전액 또는 이를 초과하는 금액을 지급할 것을 약정하고 예금·적금·부금·예탁금 등의 명목으로 금전을 받는 행위

③ 장래에 발행가액 또는 매출가액 이상으로 재매입할 것을 약정하고 사채(社債)를 발행하거나 매출하는 행위

④ 장래의 경제적 손실을 금전이나 유가증권으로 보전하여 줄 것을 약정하고 회비 등의 명목으로 금전을 받는 행위

유사수신행위규제법의 입법 취지나 내용상 실질적으로 상품의 거래가 매개된 자금을 받는 것을 '출자금'을 받는 것이라고 보기 어렵고, 상품의 거래를 가장하거나 빙자한 것이어서 실제로는 상품의 거래 없이 금원의 수입만 있는 것으로 볼 수 있는 경우에 한하여 유사수신행위로 볼 수 있다.[4]

불특정이란 상대방의 개성 또는 특성이나 상호간의 관계 등을 묻지 아니한다는 뜻으로 이해된다. 광고를 통하여 투자자를 모집하는 등 전혀 안면이 없는 사람들로부터 자금을 조달하는 경우뿐만 아니라 평소 알고 지내는 사람에게 직접 투자를 권유하여 자금을 조달하는 경우라도 자금조달을 계획할 당초부터 대상자가 특정되어 있는 것이 아니었다면 불특정 다수인으로부터 자금을 조달

---

4) 대법원 2007. 1. 25. 선고 2006도7470 판결 등

하는 행위로서 유사수신행위에 해당한다.[5]

Ⅱ. 불특정 다수인으로부터 자금을 조달할 수 있는 금융업

현행 금융업에 관한 개별 법령에서 불특정 다수인으로부터 자금을 조달할 수 있는 것으로 허용되는 방법은 다음과 같이 구분될 수 있다.

① 예금을 받거나 유가증권 또는 그 밖의 채무증서를 발행하여 불특정 다수인으로부터 채무를 부담함으로써 자금을 조달하는 방법

② 보험을 인수(위험 보장을 목적으로 우연한 사건 발생에 관하여 금전 및 그 밖의 급여를 지급할 것을 약정)하고 보험료를 수취하는 방법

③ 금융투자상품(증권)을 판매하는 방법

④ 2인 이상의 투자자로부터 일상적인 운용지시를 받지 아니하면서 재산적 가치가 있는 투자대상자산에 운용하고 그 결과를 배분할 것을 약정하고 회사, 조합이나 신탁 형태의 집합투자기구의 계산으로 금전등을 모으는 방법

⑤ 불특정 다수인으로부터 금전 또는 부동산 등을 포함한 재산권을 신탁 받는 방법

1. 예금취급기관

예금은 예금자가 은행 기타 예금을 받는 것을 업으로 하는 금융기관에게 금전의 보관을 위탁하되 금융기관에게 그 금전의 권리를 이전하기로 하고, 금융기관은 예금자에게 같은 통화와 금액을 반환할 것을 약정하는 계약을 말한다.

은행법에 따라 **은행업**을 인가 받은 은행은 예금을 수취할 수 있다. 한국산업은행, 한국수출입은행, 중소기업은행, 농협은행, 수협중앙회(수협은행)은 개별 법률에 따라 은행업을 할 수 있다.

상호저축은행법에 따른 상호저축은행, 신용협동조합법에 따른 신용협동조합, 새마을금고법에 따른 새마을금고, 『우체국예금·보험에 관한 법률』에 따른 우체국도 은행의 예금과 유사한 금융상품으로 자금을 수취할 수 있지만 지급

---

5) 대법원 2006. 5. 26. 선고 2006도1614 판결, 대법원 2013. 2. 28. 선고 2012도4640 판결 등

결제기능을 전혀 제공하지 못하거나 제한적으로만 제공할 수 있는 등 업무의 범위가 은행에 비하여 좁고, 영업 대상이 개별 금융기관의 특성에 맞추어 제한되기도 한다

자본시장법에 따른 종합금융회사나 자산관리계좌의 취급을 인가받은 금융투자업자는 자산관리계좌로 예탁금을 받아 안정성이 높은 국공채나 양도성예금증서, 단기 회사채 등의 금융상품에 운용하여 수익을 예탁자에게 배분할 수 있다. 예금은 은행이 자신의 재산으로 예금자로부터 받은 금전의 반환을 약정하는 계약이므로 자산관리계좌로 받는 예탁금은 예금과 성질이 다르다.

2. 보험업

보험을 인수(위험 보장을 목적으로 우연한 사건 발생에 관하여 금전 및 그 밖의 급여를 지급할 것을 약정)하고 보험료를 수취하고자 할 경우 보험업법에 따른 **보험업**을 위한 인가를 받아야 한다.

3. 금융투자업

가. 투자매매업

누구의 명의로 하든지 자기의 계산으로 금융투자상품의 매도·매수, 증권의 발행·인수 또는 그 청약의 권유, 청약, 청약의 승낙을 영업으로 하고자 할 경우 **투자매매업**을 위한 인가를 받아야 한다(자본시장법 제12조, 제6조 제1항 제1호, 제2항). 기존에 선물거래법에 따른 선물거래업은 자본시장법에 따른 투자매매업에 해당한다.

(1) 금융투자상품의 매도·매수

누구든지 여유자금이 있다면 증권을 사고 팔아서 이익을 얻을 수 있을 것이고, 타인이 발행하는 증권을 직접 취득할 수도 있을 것이므로 투자매매업으로 정의된 행위가 과연 자본시장법에 따라 인가를 받아야 하는 행위인지 문언상으로는 언뜻 이해하기 어렵다. 따라서 '불특정 다수인'을 상대로 그와 같은 행위를 하여야 비로소 투자매매업이라고 보아야 한다.

투자매매업 인가를 받지 아니한 자라도 자본시장법에서 정한 공개매수절차에 따라 불특정 다수인으로부터 증권을 취득하거나 유가증권의 모집·매출절차에 따라 불특정 다수인에게 자신의 증권을 발행하거나 자신이 보유한 증권

을 매도할 수 있다. 그러나 이러한 행위를 업(業)으로 계속하여 반복적으로 하기 위해서는 투자매매업 인가를 받아야 하는 것이다.

(2) 증권의 발행

회사는 언제든 주식이나 사채를 발행하여 조달한 자금으로 자신의 영업에 사용할 수 있으므로 자신이 증권을 발행하는 경우에는 원칙적으로 투자매매업에 해당하지 않지만 투자신탁의 수익증권, 일정한 파생결합증권, 투자성 있는 예금계약에 따른 증권, 투자성 있는 보험계약에 따른 증권을 발행하는 경우에는 투자매매업에 해당한다(자본시장법 제7조 제1항).

(3) 증권의 인수

자본시장법에서 **증권의 인수**란 제3자에게 증권을 취득시킬 목적으로 다음 각 호의 어느 하나에 해당하는 행위를 하거나 그 행위를 전제로 발행인 또는 매출인을 위하여 증권의 모집·사모·매출을 하는 것을 말한다(자본시장법 제9조 제11항).

① 그 증권의 전부 또는 일부를 취득하거나 취득하는 것을 내용으로 하는 계약을 체결하는 것
② 그 증권의 전부 또는 일부에 대하여 이를 취득하는 자가 없는 때에 그 나머지를 취득하는 것을 내용으로 하는 계약을 체결하는 것

자본시장법에서 증권의 인수를 규제하고자 하는 것은 증권을 취득하는 행위 자체가 아니라 장래 불특정 다수인에게 취득한 증권을 판매하는 방법으로 증권을 인수하기 위하여 필요한 자금을 조달할 수 있기 때문이다. 불특정 다수인에게 증권을 판매하여 자금을 조달할 수 있는 자격을 가지고 있으면 발행인으로부터 증권을 인수하기 위하여 필요한 잠재적인 재무적 능력을 가질 수 있게 된다.

나. 집합투자업

2인 이상의 투자자로부터 일상적인 운용지시를 받지 아니하면서 재산적 가치가 있는 투자대상자산을 운용하고 그 결과를 배분할 것을 약정하고 신탁, 회사나 조합 형태[6]의 **집합투자기구**의 계산으로 금전 등을 모으고자 할 경우 자본

---

6) 신탁 형태의 집합투자기구를 **투자신탁**(자본시장법 제188조 내지 제193조)이라 하고, 회

시장법에 따른 **집합투자업**을 위한 인가(전문사모집합투자업자의 경우에는 등록)를 받아야 한다(자본시장법 제12조, 제6조 제1항 제3호, 제5항). 회사나 조합인 집합투자기구의 경우 투자자가 부여받은 권리는 지분증권으로서 금융투자상품에 해당하고, 투자신탁의 수익권 역시 수익증권으로서 금융투자상품에 해당한다(자본시장법 제4조 제4항과 제5항, 제189조).

집합투자업자는 자신의 계산으로 직접 투자자로부터 자금을 수령하는 것이 아니라, 투자자가 투자한 자금을 집합투자기구의 계산으로 귀속시키되, 집합투자기구의 재산을 운용하는 용역을 제공하고 그 용역의 대가를 얻는 업(業)이다. 그러나 비록 투자자가 투자한 자금을 집합투자기구의 계산으로 귀속시키더라도 집합투자업자는 불특정 다수인으로부터 자금을 조달(투자자에게 집합투자기구가 발행하는 지분증권이나 수익증권을 발행)하는 실질적인 역할을 하기 때문에 투자자의 이익을 보호할 필요가 있으므로 자본시장법에 따른 규제를 받는다.

집합투자기구 중에서 집합투자증권을 **사모**로만 발행하는 집합투자기구로서 대통령령으로 정하는 투자자의 총수가 대통령령으로 정하는 방법에 따라 산출한 100인 이하인 집합투자기구를 **사모집합투자기구**라 하고, 그중 (가) 개인7)이 아닌 전문투자자로서 대통령령으로 정하는 투자자 또는 그 밖에 전문성 또는 위험감수능력 등을 갖춘 자로서 대통령령으로 정하는 투자자만을 사원으로 하는 투자합자회사인 사모집합투자기구를 **기관전용 사모집합투자기구**라 하고, (나) 기관전용 사모집합투자기구를 제외한 사모집합투자기구를 **일반 사모집합투자기구**라 한다(자본시장법 제9조 제19항).

사모집합투자기구에는 일정한 자격을 가진 전문적인 투자자가 투자하는 만큼 동일 종목에 대한 투자 제한과 같은 자산운용에 관한 제한, 투자자에 대한 공시, 회계감사, 신탁업자의 감시 등 집합투자기구의 투자자를 보호하기 위한 규제의 적용이 배제하거나 완화된다(자본시장법 제249조의7, 제249조의8, 제249조의12, 제249조의20). 또한 일정한 요건을 갖춘 사모집합투자기구의 지분투자에

사 형태의 투자집합기구에는 주식회사 형태의 **투자회사**(자본시장법 제194조 내지 제206조), **투자유한회사**(자본시장법 제207조 내지 제212조), **투자합자회사**(자본시장법 제213조 내지 제217조), **투자유한책임회사**(자본시장법 제217조의2 내지 제217조의7)가 있고, 조합 형태의 투자집합기구에는 **투자합자조합**(자본시장법 제218조 내지 제223조), **투자익명조합**(자본시장법 제224조 내지 제228조)이 있다.

7) 자본시장법 제168조 제1항에 따른 외국인, 해당 기관전용 사모집합투자기구의 업무집행사원의 임원 또는 운용인력을 제외한다.

관하여는 (가) 상호출자제한기업집단의 계열회사인 기관전용 사모집합투자기구의 계열회사의 주식을 취득 또는 소유에 대한 규제와 (나) 지주회사에 대한 규제가 배제하거나 완화된다(자본시장법 제249조의18, 제249조의19).

다음의 회사나 조합은 집합투자기구의 기능을 한다.

① 부동산투자회사법에 따른 부동산투자회사(자기관리부동산투자회사는 제외)
② 선박투자회사법에 따른 선박투자회사
③ 문화산업진흥기본법에 따른 문화산업전문회사
④ 산업발전법에 따른 기업구조조정조합
⑤ 중소기업창업지원법에 따른 중소기업창업투자조합
⑥ 여신전문금융업법에 따른 신기술사업투자조합
⑦ 벤처기업육성에 관한 특별조치법에 따른 한국벤처투자조합과 개인투자조합
⑧ 부품·소재전문기업 등의 육성에 관한 특별조치법에 따른 부품·소재전문투자조합
⑨ 기업구조조정투자회사법에 따른 기업구조조정투자회사

다. 신탁업

불특정 다수인으로부터 금전 또는 부동산 등을 포함한 재산권을 신탁 받고, 신탁의 목적에 따라 신탁재산을 관리·운용하는 업무를 수행하고 그에 대한 대가를 얻는 것을 업으로 하고자 할 경우 자본시장법에 따른 **신탁업**을 위한 인가를 받아야 한다(자본시장법 제12조, 제6조 제1항 제6호, 제9항). 신탁업자가 금전을 신탁 받고 발행하는 수익증권은 금융투자상품에 해당한다(자본시장법 제4조 제5항, 제110조).

라. 기타

다음의 업무는 비록 자신의 계산으로 금전 등을 조달하지는 않지만 불특정 다수의 투자자 이익에 영향을 미칠 수 있으므로 자본시장법에 따른 등록을 하여야 한다.

① **투자중개업**: '타인의 계산'으로 금융투자상품을 판매하거나 중개하는 업

② **투자자문업**: 금융투자상품 기타 일정한 투자대상자산의 가치 또는 그에 대한 투자 판단(종류, 종목, 취득·처분, 취득·처분의 방법·수량·가격 및 시기 등에 대한 판단)에 관한 자문을 제공하는 업

③ **투자일임업**: 투자자로부터 금융투자상품 기타 일정한 투자대상자산에 대한 투자 판단의 전부 또는 일부를 일임 받아 금융투자상품 등을 취득·처분, 그 밖의 방법으로 운용하는 업

Ⅲ. 불특정 다수인으로부터 자금을 조달하지 아니하는 금융업

1. 다음 각 호의 업무는 금전 등을 조달하는 행위가 아니지만 금융소비자의 보호를 위하여 법령에 따라 허가를 받거나 등록을 하여야 한다.

   가. **신용카드업**: 불특정 다수인으로부터 자금을 조달하는지 여부와 상관없이 신용카드업(신용카드의 발행 및 관리, 신용카드 이용과 관련된 대금(代金)의 결제와 신용카드가맹점의 모집 및 관리)을 하고자 하는 자는 금융위원회의 허가를 받아야 한다(여신전문금융업법 제3조 제1항).

   나. **대부업**: 금전의 대부(어음할인·양도담보, 그 밖에 이와 비슷한 방법을 통한 금전의 교부를 포함한다) 또는 여신금융기관이나 대부업자로부터 대부계약에 따른 채권을 양도받아 추심하는 대부업을 하거나 대부를 중개하는 대부중개업을 하려는 자는 관할 광역지방자치단체의 장에게 등록하여야 한다(대부업 등의 등록 및 금융이용자 보호에 관한 법률 제3조).

   평소 아무런 친분관계가 없던 연예기획사 관계자들을 소개받아 투자금이라는 명목으로 단기간 동안 사업자금을 융통하여 주면서 그 대가로 투자수수료 명목의 금원을 공제하여 수취하는 한편 사업의 이익이나 손실 발생 여부에 관계없이 확정수익금을 지급받기로 하고, 이를 불이행하는 경우에는 확정수익금을 포함한 미지급금 외에 이에 대한 지연손해금 및 위약금까지 가산하여 지급받기로 한 것은 명칭이나 명목 여하에 상관없이 실질적으로는 일정한 기간 금전을 이용하게 하고 그 대가로 이자를 지급받는 금전의 대부행위를 한 경우에 해당한다.[8]

---

8) 대법원 2012. 7. 12. 선고 2012도4390 판결

2. 다음 각 호의 업무는 금전 등을 조달하는 행위가 아니고, 반드시 법령에서 정한 등록을 하여야 하는 행위는 아니지만[9] 법령에서 정한 특례나 지원 등의 적용을 받고자 할 경우에는 법령에 따른 등록을 하여야 한다.

가. **시설대여업**, **할부금융업** 또는 **신기술사업금융업**을 하고자 하는 자로서 여신전문금융업법의 적용을 받고자 하는 경우에는 금융위원회에 등록하여야 한다(여신전문금융업 제3조 제2항).

나. 벤처투자촉진에 관한 법률에서 정한 창업자, 벤처기업 등에 대한 투자를 하고자 하는 회사로서 동법에 따른 지원을 받고자 하는 자는 중소벤처기업부장관에게 중소기업창업투자회사로 등록하여야 한다(벤처투자촉진에 관한 법률 제37조).

Ⅳ. 금융지주회사

주식(지분을 포함한다)의 소유를 통하여 금융업을 영위하는 회사(금융기관) 또는 금융업의 영위와 밀접한 관련이 있는 회사를 대통령령이 정하는 기준에 의하여 지배하는 것을 주된 사업으로 하는 회사로서 금융지주회사법 제3조에 따라 금융위원회의 인가를 받은 회사를 **금융지주회사**라 한다. 일반지주회사가 『독점규제 및 공정 거래에 관한 법률』('공정거래법')에서 정한 요건만 갖추면 강제 전환되는 것과 달리 금융지주회사는 금융지주회사법에 따라 금융위원회의 인가요건을 갖춘 자에 한하여 설립 및 전환이 가능하다. 금융지주회사에 대한 주요한 규제는 다음과 같다.

1. **자회사에 대한 지분소유비율:** 금융지주회사는 자회사의 주식을 해당 자회사의 발행주식 총수의 50% 이상 소유하여야 하며, 자회사가 상장회사거나 공동출자법인인 경우에는 30% 이상 소유하여야 한다(금융지주회사법 제43조의2).

2. **금산분리의 원칙:** 금융지주회사는 금융업 또는 보험업을 영위하는 회사 외의 국내 회사(비금융자회사)의 주식을 소유할 수 없다(금융지주회사법 제6조의3). 반대로 일반지주회사는 금융업 또는 보험업을 영위하는 국내 회사의 주식을 소유할 수 없으며, 일반지주회사의 자회사는 금융업이나

---

9) 대부업법에 따른 대부업의 등록은 필요하다.

보험업을 영위하는 회사를 손자회사로 지배할 수 없다(공정거래법 제8조
의2 제2항 제4호, 제5호, 제3항 제3호).

3. **다른 회사 지배에 대한 제한:** 금융지주회사의 자회사는 당해 자회사의 업
   무와 연관성이 있는 금융기관 또는 금융업과 밀접한 관련이 있는 회사
   외의 다른 회사를 지배할 수 없으며, 금융지주회사의 손자회사는 외국
   에서 설립된 금융기관 또는 금융업과 밀접한 관련이 있는 회사 외의 다
   른 회사를 지배할 수 없으며, 금융지주회사의 증손회사는 다른 회사를
   지배할 수 없다(금융지주회사법 제19조).

4. **업무의 제한:** 금융지주회사는 일반지주회사와 달리 자회사의 경영관리업
   무와 그에 부수하는 업무[10]를 제외하고는 영리를 목적으로 하는 다른
   업무를 영위할 수 없다(금융지주회사법 제15조).

V. 투자를 받는 자를 위한 자문 제공 업무

금융 관련 법령은 불특정 다수인 투자자로부터 자금을 조달하거나 자금을
가진 투자자에게 자문을 제공하는 등 투자자를 위하여 업무를 수행하고 대가
를 수취하는 행위를 규제한다. 현행 법령은 단순히 투자를 받는 자를 위하여
투자 유치에 필요한 자문 등 도움을 제공하고 대가를 수취하는 행위까지 제한
하지 아니한다.

흔히 금융기관이 차주를 위하여 자금 차입에 관한 자문(**금융자문**)을 제공하
고 대가를 수취하는 경우가 많다. 원래 금융용역은 부가가치세 면세 대상이어
서 부가가치세 매출세액을 납부할 필요가 없는데(부가가치세법 제12조, 동법시행
령 제40조), 금융기관이 금융자문을 제공하고 대가를 수취하더라도 이는 부가
가치세법시행령에서 정한 금융용역이 아닌 일반적인 자문용역에 대한 대가이
므로 부가가치세를 납부하여야 한다.

『특정경제범죄 가중처벌 등에 관한 법률』 제7조에서 금융기관의 임·직원
의 직무에 속한 사항의 알선에 관하여 금품을 수수하는 등의 행위를 한 자를
처벌한다. '금융기관의 임·직원의 직무에 속한 사항의 알선'은 반드시 알선의

---

10) 자회사 등에 대한 자금지원 업무, 전산·법무·회계 등 자회사 등의 업무를 지원하기 위
   한 업무 등이 있다.

상대방인 금융기관의 임·직원이 구체적으로 특정될 필요는 없으나 적어도 금
융기관의 임·직원의 직무에 속한 사항에 대하여 상대방이 될 수 있는 금융기
관의 임·직원 사이를 중개한다는 명목으로 금품을 수수하는 등의 경우에 해당
하여야 하며, 이를 전제로 하지 않고 단순히 금융기관의 임·직원의 직무에 속
하는 사항을 처리함에 있어서 편의를 제공하고 그 대가로서 금품을 수수하는
등의 행위를 하였을 뿐인 경우에는 금융기관의 임·직원의 직무에 속한 사항의
알선에 관하여 금품을 수수하는 등의 행위를 한 것이라고 할 수 없다.[11] 금융
자문사가 수령하는 대가가 대출 관련 자료의 검토 등 대출신청 준비과정을 돕
는 편의 제공의 대가의 성격을 가지고 있고, 금융자문사가 직접 대출을 실행하
는 금융기관이 아니어서 금융자문 결과에 따라 대출의 실행 여부가 결정적으
로 좌우되거나 금융자문사가 대출실행에 대한 사실상의 결정권한이 있다고 볼
만한 특별한 사정이 없으면 금융자문사의 업무는 대출 자체가 아니라 대출에
대한 금융자문에 불과하며, 금융자문사가 직접 대출기관에 대한 인맥을 활용
하여 대출절차 및 승인에 어떤 청탁을 하였거나 영향력을 행사하였다고 볼 만
한 정황이 없다면, 단순히 금융기관의 임·직원의 직무에 속하는 사항을 처리
함에 있어서 편의를 제공하고 그 대가로서 금품을 수수한 것에 불과한 것이다.

제3관 금융회사의 행위에 대한 제한

Ⅰ. 금융실명제

금융회사등[12]은 거래자의 실지명의(실명)로 금융거래를 하여야 하고, 누구
든지 『특정 금융거래정보의 보고 및 이용 등에 관한 법률』에 따른 불법재산의
은닉, 자금세탁행위 또는 공중협박자금조달행위 및 강제집행의 면탈, 그 밖에
탈법행위를 목적으로 타인의 실명으로 금융거래를 하여서는 아니 된다(금융실
명거래 및 비밀보장에 관한 법률 제3조 제1항, 제3항).

---

11) 대법원 2005. 8. 19. 선고 2005도3045 판결
12) 금융실명거래 및 비밀보장에 관한 법률 제2조 제1호 정의 참조

Ⅱ. 다른 회사의 주식 취득 제한(금산분리)

우리나라는 금융자본과 산업자본을 분리시키고 있다. 일반회사가 금융기관을 소유하는 것을 제한[13]하는 한편, 금융회사의 비금융회사 지배를 금지하는 것을 원칙으로 한다.

다음의 금융기관(중소기업은행은 제외)과 그 금융기관과 같은 기업집단에 속하는 금융기관(**동일계열 금융기관**)은 (가) 다른 회사의 의결권 있는 발행주식 총수의 20% 이상을 소유하게 되거나, (나) 다른 회사의 의결권 있는 발행주식 총수의 5%을 소유하고 동일계열 금융기관(그의 기업집단 포함)이 그 회사를 사실상 지배[14]하는 경우에는 미리 금융위원회의 승인을 받아야 한다(금융산업의 구조개선에 관한 법률 제24조 제1항). 동일계열 금융기관이 다른 회사의 의결권 있는 발행주식총수의 25%를 초과하여 소유하거나 의결권 있는 발행주식총수의 33%를 초과하여 소유할 때마다 다시 금융위원회의 승인을 받아야 한다(금융산업의 구조개선에 관한 법률 제24조 제4항).

1. 은행법에 따라 설립된 은행
2. 자본시장법에 따른 투자매매업자·투자중개업자, 투자자문업자 또는 투자일임업자, 신탁업자, 종합금융회사
3. 보험업법에 따른 보험회사
4. 상호저축은행법에 따른 상호저축은행
5. 금융지주회사법에 따른 금융지주회사
6. 그 밖의 법률에 따라 금융업무를 하는 기관으로서 대통령령으로 정하는 기관

은행과 보험회사는 다른 회사의 의결권 있는 발행주식의 15%를 초과하는 주식을 소유할 수 없다(은행법 제37조, 보험업법 제109조).

---

13) 제1편 제4장 제1절 제3관 V. 참조
14) 주식소유비율이 제1위에 해당하고, 주식의 분산도로 보아 주주권 행사에 의한 지배관계가 형성되는 경우

Ⅲ. 금융기관의 건전성을 위한 규제

현행 법령에서 금융기관의 건정성을 위한 법적 규제를 유형별로 살펴보면 다음과 같다.

1. 자본충실을 위한 규제

직접·간접을 불문하고 은행이나 상호저축은행이 자신의 주식을 담보로 하는 신용공여 또는 자신의 주식을 사게 하기 위한 신용공여에 대한 제한(은행법 제38조 제4호 및 제5호, 상호저축은행법 제18조의2 제1항 제4호, 보험업법 제105조)

2. 대주주등 이해관계인과의 거래 제한

① 대주주에 대한 신용공여 한도 등 제한(은행법 제35조의2, 상호저축은행법 제37조, 보험업법 제106조), 동일계열의 상호저축은행에 대한 신용공여 한도 등 제한(상호저축은행법 제37조)

② 임직원에 대한 대출 제한(은행법 제38조 제6호, 보험업법 제105조)

③ 대주주가 발행한 주식의 취득 등 대주주와의 거래에 대한 제한(상호저축은행법 제12조의2, 보험업법 제111조)

④ 대주주의 부당한 영향력 행사의 금지(은행법 제35조의4, 상호저축은행법 제12조의3)

3. 자산건전성 등을 위한 제한

① 자금차입의 한도에 대한 제한(신용협동조합법 제41조)

② 동일차주 등에 대한 신용공여의 한도 등 제한(은행법 제35조, 상호저축은행법 제12조, 신용협동조합법 제42조, 새마을금고법 제29조)

③ 타인을 위하여 담보제공이나 채무보증의 금지(보험업법 제113조)

④ 부동산의 소유 제한(보험업법 제105조, 신용협동조합법 45조, 새마을금고법 제31조)

⑤ 금지 또는 제한되는 자산운용(은행법 제38조, 상호저축은행법 제18조의2, 보험업법 제105조)

⑥ 경영건전성을 유지하기 위하여 금융위원회(새마을금고의 경우 주무관청)

가 정하는 경영건전성의 기준의 준수(은행법 제34조, 신용협동조합법 제83
조의3, 새마을금고법 제77조)

Ⅳ. 영업 방법에 대한 규제

1. 금융소비자보호법

『금융소비자보호에 관한 법률』('금융소비자보호법')은 개별 금융 관련 법령
에 산재되어 있던 금융소비자 보호에 관한 규정들을 통합하여 규정하고 있다.
금융소비자보호법의 적용 대상이 되는 금융상품은 예금성상품, 대출성상
품, 투자성상품 및 보장성상품으로 구분되며(금융소비자보호법 제3조), 자본시장
법의 적용 대상이 되는 금융상품보다 적용 범위가 넓다.

가. 금융상품판매업등의 등록

금융관계법률에서 금융상품직접판매업, 금융상품판매대리·중개업 또는 금
융상품자문업(금융상품판매업등)에 해당하는 업무에 대하여 인허가를 받거나 등
록을 하도록 규정한 경우 또는 금융관계법률에서 금융상품판매업등에 해당하
는 업무에 대하여 해당 법률에 따른 인허가를 받거나 등록을 하지 아니하여도
업무를 영위할 수 있도록 규정한 경우를 제외하고, 금융상품판매업등을 영위
하고자 하는 자는 예금성상품, 대출성상품, 투자성상품 및 보장성상품 중 취급
할 상품의 범위를 정하여 금융위원회에 등록하여야 하고(금융소비자보호법 제12
조), 등록된 금융상품판매업자등 이외의 자는 금융상품판매업등을 영위할 수
없다(금융소비자보호법 제11조).

나. 금융상품판매업자등의 영업행위 준수사항

누구든지 금융소비자보호법에서 정한 영업행위 준수사항에 관한 규정을 해
석·적용하려는 경우 금융소비자의 권익을 우선적으로 고려하여야 하며, 금융
상품 또는 계약관계의 특성 등에 따라 금융상품 유형별 또는 금융상품판매업
자등의 업종별로 형평에 맞게 해석·적용되도록 하여야 하며(금융소비자보호법
제13조), 금융상품판매업자등은 금융상품 또는 금융상품자문에 관한 계약의 체
결, 권리의 행사 및 의무의 이행을 신의성실의 원칙에 따라 하여야 하며, 금융

상품판매업자등은 금융상품판매업등을 영위할 때 업무의 내용과 절차를 공정히 하여야 하며, 정당한 사유 없이 금융소비자의 이익을 해치면서 자기가 이익을 얻거나 제3자가 이익을 얻도록 해서는 아니 되며(금융소비자보호법 제14조), 금융상품판매업자등은 금융상품 또는 금융상품자문에 관한 계약을 체결하는 경우 정당한 사유 없이 성별·학력·장애·사회적 신분 등을 이유로 계약조건에 관하여 금융소비자를 부당하게 차별해서는 아니 되며(금융소비자보호법 제15조), 금융상품판매업자등은 임직원 및 금융상품판매대리·중개업자가 업무를 수행할 때 법령을 준수하고 건전한 거래질서를 해치는 일이 없도록 성실히 관리하여야 하며, 법인인 금융상품판매업자등으로서 대통령령으로 정하는 자는 대통령령으로 정하는 바에 따라 위와 같은 관리업무를 이행하기 위하여 그 임직원 및 금융상품판매대리·중개업자가 직무를 수행할 때 준수하여야 할 기준 및 절차(내부통제기준)를 마련하여야 한다(금융소비자보호법 제16조).

또한 금융상품판매업자등은 금융상품을 판매함에 있어 다음의 원칙(소위 6대판매원칙)을 준수하여야 한다

(1) 적합성의 원칙

금융상품판매업자등은 금융상품에 관한 계약의 체결 또는 계약 체결의 권유를 하거나 청약을 받을 경우(금융상품계약체결등) 상대방(금융소비자)이 일반금융소비자[15]인지 전문금융소비자[16]인지를 먼저 살피고, 일반금융소비자에 대해서는 면담, 질문을 통해 상품에 맞는 소비자 정보를 파악한 뒤 금융소비자로부터 서명, 기명날인, 녹취 등의 방법으로 확인을 받아 확인받은 내용을 지체

---

15) 전문금융소비자가 아닌 금융소비자를 말한다(금융소비자보호법 제2조 제8호).

16) 금융상품에 관한 전문성 또는 소유자산규모 등에 비추어 금융상품 계약에 따른 위험감수 능력이 있는 금융소비자로서 다음 각 목의 어느 하나에 해당하는 자를 말한다. 다만, 전문금융소비자 중 대통령령으로 정하는 자가 일반금융소비자와 같은 대우를 받겠다는 의사를 금융상품판매업자 또는 금융상품자문업자(이하 "금융상품판매업자등"이라 한다)에게 서면으로 통지하는 경우 금융상품판매업자등은 정당한 사유가 있는 경우를 제외하고는 이에 동의하여야 하며, 금융상품판매업자등이 동의한 경우에는 해당 금융소비자는 일반금융소비자로 본다(금융소비자보호법 제2조 제7호).
  가. 국가
  나. 한국은행법에 따른 한국은행
  다. 대통령령으로 정하는 금융회사
  라. 자본시장법 제9조 제15항 제3호에 따른 주권상장법인(투자성 상품 중 대통령령으로 정하는 금융상품계약체결등을 할 때에는 전문금융소비자와 같은 대우를 받겠다는 의사를 금융상품판매업자등에게 서면으로 통지하는 경우만 해당한다)
  마. 그 밖에 금융상품의 유형별로 대통령령으로 정하는 자

없이 일반금융소비자에게 제공하여야 하고, 파악한 정보를 고려하여 일반금융
소비자에게 적합하지 않다고 인정되는 계약의 체결을 권유해서는 아니 된다(금
융소비자보호법 제17조).

(2) 적정성의 원칙

금융상품판매업자는 대통령령으로 각각 정하는 보장성상품, 투자성상품 및
대출성상품에 대하여 일반금융소비자에게 계약 체결을 권유하지 아니하고 금
융상품 판매 계약을 체결하려는 경우에는 미리 면담·질문 등을 통하여 각 금
융상품별로 요구되는 정보를 파악하고, 해당 금융상품이 그 일반금융소비자에
게 적정하지 아니하다고 판단되는 경우에는 대통령령으로 정하는 바에 따라
그 사실을 알리고, 그 일반금융소비자로부터 서명, 기명날인, 녹취, 그 밖에 대
통령령으로 정하는 방법으로 확인을 받아야 한다(금융소비자보호법 제18조). 금
융소비자보호법 제정 이전에 파생상품에만 적용되던 적정성의 원칙이 보장성
상품, 대출성상품 등에 대하여도 확대 적용된다.

(3) 설명의무

금융상품판매업자등은 일반금융소비자에게 계약 체결을 권유(금융상품자문
업자가 자문에 응하는 것을 포함한다)하는 경우 및 일반금융소비자가 설명을 요청
하는 경우에는 각 금융상품별로 요구되는 중요한 사항을 일반금융소비자가 이
해할 수 있도록 설명하여야 한다(금융소비자보호법 제19조).

(4) 불공정영업행위의 금지

금융상품판매업자등은 우월적 지위를 이용하여 금융소비자의 권익을 침해
하는 다음 각 호의 어느 하나에 해당하는 행위(**불공정영업행위**)를 해서는 아니
된다(금융소비자보호법 제20조).

① 대출성 상품, 그 밖에 대통령령으로 정하는 금융상품에 관한 계약체결
   과 관련하여 금융소비자의 의사에 반하여 다른 금융상품의 계약체결을
   강요하는 행위
② 대출성 상품, 그 밖에 대통령령으로 정하는 금융상품에 관한 계약체결
   과 관련하여 부당하게 담보를 요구하거나 보증을 요구하는 행위
③ 금융상품판매업자등 또는 그 임직원이 업무와 관련하여 편익을 요구하
   거나 제공받는 행위

④ 대출성 상품의 경우 다음 각 목의 어느 하나에 해당하는 행위

　가. 자기 또는 제3자의 이익을 위하여 금융소비자에게 특정 대출 상환
　　　방식을 강요하는 행위

　나. 아래 1)부터 3)까지의 경우를 제외하고 수수료, 위약금 또는 그 밖
　　　에 어떤 명목이든 중도상환수수료를 부과하는 행위

　　　1) 대출계약이 성립한 날부터 3년 이내에 상환하는 경우

　　　2) 다른 법령에 따라 중도상환수수료 부과가 허용되는 경우

　　　3) 금융소비자 보호 및 건전한 거래질서를 해칠 우려가 없는 행위로
　　　　 서 대통령령으로 정하는 경우

　다. 개인에 대한 대출 등 대통령령으로 정하는 대출상품의 계약과 관련
　　　하여 제3자의 연대보증을 요구하는 경우

⑤ 연계·제휴서비스등이 있는 경우 연계·제휴서비스등을 부당하게 축소하
거나 변경하는 행위로서 대통령령으로 정하는 행위. 다만, 연계·제휴서
비스등을 불가피하게 축소하거나 변경하더라도 금융소비자에게 그에 상
응하는 다른 연계·제휴서비스등을 제공하는 경우와 금융상품판매업자
등의 휴업·파산·경영상의 위기 등에 따른 불가피한 경우는 제외한다.

⑥ 그 밖에 금융상품판매업자등이 우월적 지위를 이용하여 금융소비자의
권익을 침해하는 행위

(5) 부당권유행위의 금지

금융상품판매업자등은, 금융소비자 보호 및 건전한 거래질서를 해칠 우려
가 없는 행위로서 대통령령으로 정하는 행위는 제외하고, 계약 체결을 권유(금
융상품자문업자가 자문에 응하는 것을 포함한다)하는 경우에 다음 각 호의 어느 하
나에 해당하는 행위를 해서는 아니 된다(금융소비자보호법 제21조).

① 불확실한 사항에 대하여 단정적 판단을 제공하거나 확실하다고 오인하
게 할 소지가 있는 내용을 알리는 행위

② 금융상품의 내용을 사실과 다르게 알리는 행위

③ 금융상품의 가치에 중대한 영향을 미치는 사항을 미리 알고 있으면서
금융소비자에게 알리지 아니하는 행위

④ 금융상품 내용의 일부에 대하여 비교대상 및 기준을 밝히지 아니하거나 객관적인 근거 없이 다른 금융상품과 비교하여 해당 금융상품이 우수하거나 유리하다고 알리는 행위

⑤ 보장성상품의 경우 다음 각 목의 어느 하나에 해당하는 행위

　가. 금융소비자(이해관계인으로서 대통령령으로 정하는 자를 포함)가 보장성 상품 계약의 중요한 사항을 금융상품직접판매업자에게 알리는 것을 방해하거나 알리지 아니할 것을 권유하는 행위

　나. 금융소비자가 보장성 상품 계약의 중요한 사항에 대하여 부실하게 금융상품직접판매업자에게 알릴 것을 권유하는 행위

⑥ 투자성상품의 경우 다음 각 목의 어느 하나에 해당하는 행위

　가. 금융소비자로부터 계약의 체결권유를 해줄 것을 요청받지 아니하고 방문·전화 등 실시간 대화의 방법을 이용하는 행위

　나. 계약의 체결권유를 받은 금융소비자가 이를 거부하는 취지의 의사를 표시하였는데도 계약의 체결권유를 계속하는 행위

⑦ 그 밖에 금융소비자 보호 또는 건전한 거래질서를 해칠 우려가 있는 행위로서 대통령령으로 정하는 행위

(6) 금융상품등에 관한 광고

금융상품판매업자등이 아닌 자와 투자성 상품에 관한 금융상품판매대리·중개업자 등 대통령령으로 정하는 금융상품판매업자등은 금융상품판매업자등의 업무에 관한 광고 또는 금융상품에 관한 광고를 해서는 아니 되며(금융소비자보호법 제22조 제1항), 금융상품판매업자등이 금융상품등에 관한 광고를 하는 경우에는 금융소비자가 금융상품의 내용을 오해하지 아니하도록 명확하고 공정하게 전달하여야 한다(금융소비자보호법 제22조 제2항).

다. 금융소비자의 권리
(1) 청약의 철회

금융상품판매업자등과 대통령령으로 각각 정하는 보장성상품, 투자성상품, 대출성상품 또는 금융상품자문에 관한 계약의 청약을 한 일반금융소비자는 각 상품별로 일정한 기간 내에 청약을 철회할 수 있는 권리를 가지며, 금융상품판

매업자등은 일반금융소비자에 대하여 청약의 철회에 따른 손해배상 또는 위약금 등 금전의 지급을 청구할 수 없다(금융소비자보호법 제46조 제1항, 제4항).

(2) 위법계약의 해지

금융상품판매업자등이 소위 6대 판매원칙을 위반하여 금융상품에 관한 계약을 체결한 경우 금융소비자는 5년 이내의 대통령령으로 정하는 기간 내에 서면등으로 해당 금융상품에 관한 계약의 해지를 요구할 수 있다(금융소비자보호법 제47조).

(3) 금융분쟁조정위원회의 분쟁조정의 강제

『금융위원회의 설치 등에 관한 법률』 제38조 각 호의 기관(조정대상기관), 금융소비자 및 그 밖의 이해관계인 사이에 발생하는 금융 관련 분쟁의 조정에 관한 사항을 심의·의결하기 위하여 금융감독원에 금융분쟁조정위원회를 두고, 금융분쟁조정위원회에 조정이 신청된 사건에 대하여 신청 전 또는 신청 후 소가 제기되어 소송이 진행 중일 때에는 수소법원(受訴法院)은 조정이 있을 때까지 소송절차를 중지할 수 있고(금융소비자보호법 제41조), 소송물 가액이 2천만원 이하의 소액분쟁은 금융분쟁조정위원회의 분쟁조정 완료시까지 조정대상기관이 소송을 제기하는 것이 금지된다(금융소비자보호법 제42조). 조정대상기관이 금융감독원의 금융분쟁조정절차를 배제하기 위해 금융소비자들을 상대로 채무부존재확인을 구하는 소송의 남발이 제한된다.

(4) 증명책임의 전환

금융상품판매업자등이 고의 또는 과실로 금융소비자보호법을 위반하여 금융소비자에게 손해를 발생시킨 경우에는 그 손해를 배상할 책임이 있고, 설명의무 위반으로 인한 손해배상책임의 경우 금융상품판매업자등에게 증명책임이 전환되어 금융상품판매업자등 고의 및 과실이 없음을 입증하여야만 손해배상책임을 면할 수 있다(금융소비자보호법 제44조).

2. 채권의 추심

『채권의 공정한 추심에 관한 법률』('채권추심법')은 채권추심자는 채권추심을 하여 채무자 이외의 사람에 대한 접촉을 제한하고(채권추심법 제8조의3), 채권추심시 채무추심자의 폭행등 불법행위, 사생활침해, 거짓이나 채무불이행 사실의 유포, 기타 일정한 불공정한 행위를 할 수 없도록 하고 있다(채권추심법

제9조, 제11조, 제12조).

V. 금융회사에 대한 소유 제한

원칙적으로 (가) 비금융주력자[17]가 은행 또는 은행을 지배하는 금융지주회사의 의결권 있는 발행주식 총수의 4%(지방은행의 경우에는 15%)를 초과하여 보유하고자 하거나, (나) 동일인이 은행의 또는 은행을 지배하는 금융지주회사의 의결권 있는 발행주식의 10%를 초과하여 주식을 보유하고자 할 경우 금융위원회의 승인을 얻어야 한다(은행법 제15조, 제16조의2).

상호저축은행의 의결권 있는 주식의 취득·양수(실질적으로 해당 주식을 지배하는 것)로 해당 상호저축은행의 의결권 있는 발행주식 총수의 30%을 초과하거나 대통령령으로 정하는 대주주가 되려는 자는 미리 금융위원회의 승인을 받아야 한다(상호저축은행법 제10조의6).

또한 현행 법령은 금융회사의 대주주가 되기 위해서 사회적 신용이나 재무능력 등의 요건을 갖출 것을 요구하고 있다(은행법 제8조 제2항 제4호, 금융지주회사법 제4조 제1항 제3호, 상호저축은행법 제6조의2 제1항 제4호, 자본시장법 제12조 제2항 제6호, 금융회사의 지배구조에 관한 법률 제31조).

제2절 개별 금융거래에 대한 규제

제1관 증권의 공모(모집과 매출)

자본시장법은 투자자의 보호를 위하여 불특정 다수인에게 증권을 발행하거나 매도하고자 할 경우 금융위원회에게 **증권신고서**를 제출하고 잠재적 투자자들에게 투자설명서를 교부함으로써 투자자에게 투자에 필요한 정보를 공시하

---

17) 동일인(본인과 그의 특수관계에 있는 자) 중 금융업이 아닌 영업을 운영하는 회사의 자본총액의 합계액이 동일인에 속하는 회사의 자본총액의 25% 이상인 경우를 포함하여 은행법에서 정한 일정한 기준에 해당하는 자

도록 하고 있다. 공시의무를 준수하지 아니할 경우 투자자에 대하여 손해배상책임을 부담할 수 있을 뿐만 아니라 형사 처벌과 행정적 제재를 받을 수 있다.

Ⅰ. 모집과 매출

증권의 모집은 새로 발행하는 증권의 발행인이 50인 이상의 투자자를 상대로 증권을 취득하고자 하는 청약을 발행인에게 하도록 권유하는 행위를 말한다(자본시장법 제9조 제7항). **증권의 매출**은 이미 발행된 증권을 보유하고 있는 자(주식의 경우, 주주)가 50인 이상의 투자자를 상대로 (가) 증권을 매도하고자 하는 청약을 하거나, (나) 증권을 매수하고자 하는 청약을 보유자에게 하도록 권유하는 행위를 말한다(자본시장법 제9조 제9항).

1. 50인의 산정

50인의 산정은 청약의 권유를 하는 날 이전 과거 6월 동안 같은 종류의 증권에 관하여 자본시장법에서 정한 모집 또는 매출의 절차에 의하지 아니하고 청약의 권유를 받은 자를 합산하고, 전문투자 등 일정한 전문가와 발행인의 5% 이상 주주, 임원 등 일정한 관계자를 제외한다(자본시장법시행령 제11조 제1항). 산정에서 제외되는 자들은 공시된 정보에 의하지 않더라도 정보에 접근할 수 있고, 투자 판단을 할 수 있는 능력을 갖추어 스스로를 보호할 수 있기 때문이다.

2. 전매가능성

비록 청약의 권유를 받은 자가 50인 이하라도 증권의 발행 후 1년 이내에 50인 이상의 자에게 양도될 수 있는 경우로서 다음과 같이 **전매가능성**이 있는 경우에는 공모로 간주될 수 있다(자본시장법시행령 제11조 제3항, 증권의 발행 및 공시 등에 관한 규정 제2-2조 제1항).

　가. 지분증권의 경우, 같은 종류의 증권이 모집 또는 매출된 실적이 있거나 증권시장에 상장된 경우. 이 경우 분할 또는 분할합병(상법 제530조의12에 따른 물적분할의 경우를 제외한다)으로 인하여 설립된 회사가 발행하는

증권은 분할되는 회사가 발행한 증권과 같은 종류의 증권으로 본다.

나. 지분증권이 아닌 경우(기업어음은 제외)에는 50매 이상으로 발행되거나 발행 후 50매 이상으로 권면분할되어 거래될 수 있는 경우(권면에 발행 후 1년 이내 분할금지특약을 기재하는 경우에는 제외한다). 다만, 「주식·사채 등의 전자등록에 관한 법률」에 따른 전자등록 또는 은행법에 따른 등록으로 발행하는 경우에는 매수가 아닌 거래단위를 기준으로 적용한다.

다. 전환권, 신주인수권 등 증권에 부여된 권리의 목적이 되는 증권이 제1호 또는 제2호에 해당되는 경우(발행 후 1년 이상으로 권리행사를 금지한 경우는 제외한다)

라. 기업어음으로서 50매 이상으로 발행되거나, 만기가 365일 이상이거나 또는 특정금전신탁에 편입되는 경우

마. 파생결합증권이 특정금전신탁에 편입되는 경우

이상에도 불구하고 다음의 경우에는 위 전매가능성 기준에 해당되지 않는 것으로 본다(증권의 발행 및 공시 등에 관한 규정 제2-2조 제2항).

가. 증권이 예탁결제원에 소위 **보호예수**[18]된 경우

나. 일정한 요건이 충족되는 **적격기관투자자**에 의한 채무증권(기업어음은 제외)이나 유동화증권의 취득

다. 특정금전신탁의 경우 위탁자가 50인 이상이 될 수 없는 장치가 마련된 경우

라. 전자단기사채로서 만기가 3개월 이내인 경우

마. 일정한 요건이 충족되는 온라인소액투자중개를 통한 지분증권의 모집

3. 청약의 권유

청약의 권유란 권유 받는 자에게 증권을 취득하도록 하기 위하여 신문·방송·잡지 등을 통한 광고, 안내문·홍보전단 등 인쇄물의 배포, 투자설명회의 개최, 전자통신 등의 방법으로 증권 취득청약의 권유 또는 증권 매도청약이나

---

18) 증권을 발행한 후 지체없이 예탁결제원에 전자등록하거나 예탁하고 그 전자등록일 또는 예탁일부터 1년간 해당 증권(증권에 부여된 권리의 행사로 취득하는 증권을 포함한다)을 인출하거나 매각(매매의 예약 등을 통해 사실상 매각이 이루어지는 경우를 포함한다)하지 않기로 하는 내용의 계약을 예탁결제원과 체결한 후 그 계약을 이행하는 경우

매수청약의 권유 등 증권을 발행 또는 매도한다는 사실을 알리거나 취득의 절차를 안내하는 활동을 말한다(자본시장법 제2조 제2호).

Ⅱ. 증권신고서

누구든지 모집이나 매출의 총액이 금20억원 이상으로 '증권시장 밖에서' 유가증권을 모집하거나 매출하고자 할 경우 그 모집 또는 매출과 관련된 정보가 기재된 **증권신고서**를 금융위원회에 제출하여 수리되어야 하고, 수리된 날로부터 일정한 기간이 경과하여 신고의 효력이 발생한 이후에 유가증권을 발행하거나 매도할 수 있다(자본시장법 제119조).

증권신고서(정정신고서 및 첨부서류를 포함한다)와 투자설명서(예비투자설명서 및 간이투자설명서를 포함한다) 중 중요사항에 관하여 거짓의 기재 또는 표시가 있거나 중요사항이 기재 또는 표시되지 아니함으로써 증권의 취득자가 손해를 입은 경우에는 다음 각 호의 자는 그 손해에 관하여 배상의 책임을 진다(자본시장법 제125조 제1항 본문).

1. 증권신고서의 신고인과 신고 당시의 발행인의 이사(이사가 없는 경우 이에 준하는 자를 말하며, 법인의 설립 전에 신고된 경우에는 그 발기인을 말한다)
2. 상법 제401조의2 제1항 각 호의 어느 하나에 해당하는 자로서 그 증권신고서의 작성을 지시하거나 집행한 자
3. 증권신고서의 기재사항 또는 그 첨부서류가 진실 또는 정확하다고 증명하여 서명한 공인회계사·감정인 또는 신용평가를 전문으로 하는 자 등 (그 소속단체를 포함한다) 대통령령으로 정하는 자
4. 증권신고서의 기재사항 또는 그 첨부서류에 자기의 평가·분석·확인 의견이 기재되는 것에 대하여 동의하고 그 기재내용을 확인한 자
5. 증권의 인수인 또는 주선인(인수인 또는 주선인이 2인 이상인 경우에는 대통령령으로 정하는 자를 말한다)
6. 투자설명서를 작성하거나 교부한 자
7. 매출의 방법에 의한 경우 매출신고 당시의 매출인

다만 배상의 책임을 질 자가 상당한 주의를 하였음에도 불구하고 이를 알 수 없었음을 증명하거나 그 증권의 취득자가 취득의 청약을 할 때에 그 사실을 안 경우에는 배상의 책임을 지지 아니한다(자본시장법 제125조 제1항 단서). 이 경우 상당한 주의는 책임의 주체와 구체적 사정에 따라 판단될 수밖에 없으며, 금융감독원과 금융투자협회가 제정한 금융투자업자의 기업실사나 인수업무에 관한 기준은 상당한 주의의 이행 여부에 관한 기준이 될 수 있겠다.

주권비상장법인이 최초로 주권을 모집 또는 매출하기 위하여 증권신고서를 제출하는 경우를 제외하고, 증권신고서와 투자설명서에 기재 또는 표시된 예측정보가 (가) 예측정보라는 사실이 밝혀져 있고, (나) 예측 또는 전망과 관련된 가정이나 판단의 근거가 밝혀져 있으며, (다) 합리적 근거나 가정에 기초하여 성실하게 행하여졌으며, (라) 예측치와 실제 결과치가 다를 수 있다는 주의 문구가 밝혀져 있을 경우에는 손해배상의 책임을 지지 아니하지만 증권의 취득자가 취득의 청약 시에 예측정보 중 중요사항에 관하여 거짓의 기재 또는 표시가 있거나 중요사항이 기재 또는 표시되지 아니한 사실을 알지 못한 경우로서 자본시장법 제125조 제1항 각 호의 자에게 그 기재 또는 표시와 관련하여 고의 또는 중대한 과실이 있었음을 증명한 경우에는 배상의 책임을 진다(자본시장법 제125조 제2항 · 제3항).

손해배상액은 (가) 청구권자가 해당 증권을 취득함에 있어서 실제로 지급한 금액에서, (나) (i) 손해배상을 청구하는 소송의 변론이 종결될 때의 그 증권의 시장가격(시장가격이 없는 경우에는 추정처분가격), (ii) 변론종결 전에 그 증권을 처분한 경우에는 그 처분가격을 공제한 금액으로 추정하고, 청구권자가 입은 손해액의 전부 또는 일부가 중요사항에 관하여 거짓의 기재 또는 표시가 있거나 중요사항이 기재 또는 표시되지 아니함으로써 발생한 것이 아님을 증명한 경우에는 그 부분에 대하여 배상책임을 면한다(자본시장법 제126조).

증권신고서와 투자설명서 중 중요사항에 관하여 거짓의 기재 또는 표시를 하거나 중요사항을 기재 또는 표시하지 아니한 자, 그 중요사항에 관하여 거짓의 기재 또는 표시가 있거나 중요사항의 기재 또는 표시가 누락되어 있는 사실을 알고도 그러한 사실이 없다고 서명한 대표이사와 신고업무 담당이사와 그 사실을 알고도 이를 진실 또는 정확하다고 증명하여 그 뜻을 기재한 공인회계사 · 감정인 또는 신용평가를 전문으로 하는 자는 형사처벌된다(자본시장법 제44

조 제13호).

Ⅲ. 증권의 공모에 관한 자본시장법의 적용 범위

자본시장법에 따른 증권신고서의 제출의무는 국내에서 증권의 공모가 이루어지는 경우에 적용되고, 증권의 공모가 외국에서 이루어지는 경우에는 당해 국가의 법령에서 요구되는 일정한 공시의무를 이행하여야 할 것이다. 증권의 공모시 공시의무의 이행은 투자자의 보호를 목적으로 한다는 점에서 국내에서 증권의 공모가 이루지는 것인지 여부는 청약의 권유가 국내에서 이루어지는 것을 의미한다고 본다.

대법원은 상장회사가 해외에서 해외투자자를 상대로 전환사채를 공모함에 있어서 내국인이 최초 인수자인 해외투자자로부터 재매수하기로 하는 이면계약을 별도로 체결하였다 할지라도, 해외투자자와 발행회사 사이의 투자계약은 여전히 유효한 것이고, 또한 구 증권거래법 제8조 제1항에 의한 유가증권발행신고서 제출의무는 국내 발행시장에서 모집에 응하는 투자자를 보호하기 위한 것임에 비추어 볼 때, 국내 투자자가 유통시장에서 그 이면약정에 따라 이를 다시 인수하였는지 여부를 불문하고 해외에서 발행된 전환사채에 대하여는 구 증권거래법 제8조 제1항에 의한 유가증권발행신고서 제출의무가 인정되지 아니한다고 판단하였다.[19]

그러나 사채가 외국에서 청약의 권유가 이루어져 발행된 후라도 국내로 유입되어 유통될 수 있는 전매가능성이 있다면 증권의 '모집'으로 간주되어 자본시장법에 따라 증권신고서 등의 제출의무를 부담할 수 있으므로『증권의 발행 및 공시 등에 관한 규정』제2-2조 제1항에 따라 전매가능성이 배제될 수 있는 조건으로 발행하여야 자본시장법에 따라 증권신고서 등의 제출의무를 부담하지 않을 수 있다.

---

19) 대법원 2004. 6. 17. 선고 2003도7645 판결

Ⅳ. 상장법인의 주식 등의 취득에 대한 제한

1. 공개매수

과거 6개월 동안 증권시장 밖에서 10인 이상의 자로부터 의결권 있는 주식에 관계되는 다음 각 호의 어느 하나에 해당하는 증권(주식등)을 유상으로 취득함으로써 주식총수의 5%를 초과하여 주식을 보유하고자 하는 자[20]는 자본시장법에서 정한 바에 따라 공개매수의 뜻을 공고하여야 하고, 같은 날에 금융거래위원회에 공개매수신고서를 제출한 이후 20일 이상 60일 이내의 기간으로서 공고한 공개매수기간 동안 이를 취득할 수 있다(자본시장법 제133조, 동법시행령 제139조).

① 다음 각 목의 어느 하나에 해당하는 증권
　　가. 주권
　　나. 신주인수권이 표시된 것
　　다. 전환사채권
　　라. 신주인수권부사채권
　　마. 가목부터 라목까지의 증권과 교환을 청구할 수 있는 교환사채권
　　바. 가목부터 마목까지의 증권을 기초자산으로 하는 파생결합증권(권리의 행사로 그 기초자산을 취득할 수 있는 것만 해당한다)
② 제1호에 따른 주권상장법인 외의 자가 발행한 증권으로서 다음 각 목의 어느 하나에 해당하는 증권
　　가. 제1호에 따른 증권과 관련된 증권예탁증권
　　나. 제1호에 따른 증권이나 가목의 증권과 교환을 청구할 수 있는 교환사채권
　　다. 제1호에 따른 증권이나 가목·나목의 증권을 기초자산으로 하는 파생결합증권(권리의 행사로 그 기초자산을 취득할 수 있는 것만 해당한다)

---

[20] 그의 특별관계자를 포함한다.

2. 공공적 법인이 발행한 주식의 소유제한

누구든지 공공적 법인[21]이 발행한 의결권 있는 주식을 누구의 명의로 하든지 자기의 계산[22]으로 (가) 주식이 상장된 당시에 발행주식총수의 10% 이상을 소유한 주주는 그 소유비율을, (나) 그 이외의 자가 발행주식총수의 3% 이내에서 공공적 법인의 정관에서 정하는 비율을 초과하여 소유할 수 없으며, 이를 초과하여 사실상 주식을 소유하는 자는 그 초과분에 대하여는 의결권을 행사할 수 없다(자본시장법 제167조).

3. 주권상장법인의 주식등의 대량보유 등

주권상장법인의 **주식등**[23]을 **대량보유**[24]하게 된 자는 그 날부터 5일 이내에 그 보유상황, 보유 목적,[25] 그 보유 주식등에 관한 주요 계약 내용 등을 금융위원회와 거래소에 보고하여야 하며, 그 보유 주식등의 수의 합계가 그 주식등의 총수의 100분의 1 이상 변동된 경우[26]에는 그 변동된 날부터 5일 이내에 그 변동내용을 대통령령으로 정하는 방법에 따라 금융위원회와 거래소에 보고하여야 한다(자본시장법 제147조 제1항 제1문).

주식등을 직접 소유하지 않더라도 다음의 경우에는 소유에 준하는 보유로서 소유하는 경우와 동일하게 보고의무가 발생한다(자본시장법시행령 제142조).

① 누구의 명의로든지 자기의 계산으로 주식등을 소유하는 경우
② 법률의 규정이나 매매, 그 밖의 계약에 따라 주식등의 인도청구권을 가지는 경우
③ 법률의 규정이나 금전의 신탁계약·담보계약, 그 밖의 계약에 따라 해당

---

21) 국가기간산업 등 국민경제상 중요한 산업을 영위하는 법인으로서 금융위원회가 지정한 법인
22) 특수관계인의 명의로 소유하는 경우에는 자기의 계산으로 취득한 것으로 본다.
23) 자본시장법시행령 제139조에서 정한 '주식등'을 말하되, 자본시장법 제234조 제1항에 따른 상장지수집합투자기구인 투자회사의 주식은 제외한다(자본시장법 제133조 제1항, 동법시행령 제139조 제1항 제7호, 자본시장법 제147조 제1항 제1문).
24) 본인과 그 특별관계자가 보유하게 되는 주식등의 수의 합계가 그 주식등의 총수의 100분의 5 이상인 경우를 말한다.
25) 발행인의 경영권에 영향을 주기 위한 목적 여부를 말한다.
26) 그 보유 주식등의 수가 변동되지 아니한 경우, 그 밖에 대통령령으로 정하는 경우를 제외한다.

주식등의 의결권(의결권의 행사를 지시할 수 있는 권한을 포함한다)을 가지
는 경우

④ 법률의 규정이나 금전의 신탁계약·담보계약·투자일임계약, 그 밖의 계
약에 따라 해당 주식등의 취득이나 처분의 권한을 가지는 경우

⑤ 주식등의 매매의 일방예약을 하고 해당 매매를 완결할 권리를 취득하는
경우로서 그 권리행사에 의하여 매수인으로서의 지위를 가지는 경우

⑥ 주식등을 기초자산으로 하는 법 제5조 제1항 제2호에 따른 계약(옵션계
약)상의 권리를 가지는 경우로서 그 권리의 행사에 의하여 매수인으로
서의 지위를 가지는 경우

⑦ 주식매수선택권을 부여받은 경우로서 그 권리의 행사에 의하여 매수인
으로서의 지위를 가지는 경우

V. 상장회사의 이해관계자와의 거래

상장회사는 일정한 경우를 제외하고 주요주주 및 그의 특수관계인, 이사
및 집행임원, 감사를 상대방으로 하거나 그를 위하여 신용공여를 하여서는 아
니 된다(상법 제542조의9). **신용공여**는 금전 등 경제적 가치가 있는 재산의 대여,
채무이행의 보증, 자금 지원적 성격의 증권 매입, 그 밖에 거래상의 신용위험
이 따르는 직접적·간접적 거래로서 담보의 제공 등 대통령령으로 정하는 거래
를 말한다.

'주요주주 및 그 특수관계인'이 신용공여가 금지되는 이해관계자에 해당한
다. **주요주주**는 누구의 명의로 하든지 자기의 계산으로 해당 상장회사의 의결
권 없는 주식을 제외한 발행주식총수의 10% 이상의 주식을 소유하거나 이사·
집행임원·감사의 선임과 해임 등 상장회사의 주요 경영사항에 대하여 사실상
의 영향력을 행사하는 주주를 의미한다(상법 제542조의8 제2항 제6호).

특정 이해관계자가 직접 상대방이 되는 거래 이외에도 간접적으로 이해관
계자를 위하여 하는 거래도 신용공여 금지의 대상이 된다. 위 규정에 따라 금
지되는 신용공여는 상장법인이 그 이사 등을 직접 상대방으로 하는 경우 뿐만
아니라, 신용공여로 인한 경제적 이익이 실질적으로 상장법인의 이사 등에게
귀속하는 경우와 같이 그 행위의 실질적인 상대방을 상장법인의 이사 등으로

볼 수 있는 경우도 포함될 수 있다.

Ⅵ. 내부자의 단기매매차익의 반환

주권상장법인의 임원, 직원[27] 또는 주요주주가 다음 각 호의 어느 하나에 해당하는 금융투자상품(특정증권등)을 매수[28]한 후 6개월 이내에 매도[29]하거나 특정증권등을 매도한 후 6개월 이내에 매수하여 이익을 얻은 경우에는 그 법인은 그 임직원 또는 주요주주에게 그 이익(단기매매차익)을 그 법인에게 반환할 것을 청구할 수 있다(자본시장법 제172조 제1항).

1. 그 법인이 발행한 증권(대통령령으로 정하는 증권을 제외한다)
2. 제1호의 증권과 관련된 증권예탁증권
3. 그 법인 외의 자가 발행한 것으로서 제1호 또는 제2호의 증권과 교환을 청구할 수 있는 교환사채권
4. 제1호부터 제3호까지의 증권만을 기초자산으로 하는 금융투자상품

제2관 금융투자와 공정거래

공정거래법에서는 시장의 공정한 경쟁을 저해하는 독과점의 형성(기업결합)이나 계열회사간 부당한 지원행위를 규제함에 따라 출자, 금전대여, 보증 등 일정한 금융거래가 제한된다.

공정거래법에서는 2 이상의 회사가 동일한 기업집단에 속하는 경우 이들 회사는 서로 상대방의 **계열회사**라고 한다(공정거래법 제2조 제3호). 공정거래법은 지분율 기준 또는 지배력 기준으로 기업집단의 범위(즉 계열회사 여부)를 판단하고 있으며, 동일한 기업집단에 속하는지 여부(즉 2 이상의 회사가 서로 계열관계에 있는지 여부)는 동일인이 사실상 당해 회사의 사업내용을 지배하고 있는지 여부에 달려 있다. 다음의 지분율 요건 또는 지배력 요건에 해당하는 회사

---

27) 직무상 미공개중요정보를 알 수 있는 자로서 대통령령으로 정하는 자에 한한다.
28) 권리 행사의 상대방이 되는 경우로서 매수자의 지위를 가지게 되는 특정증권등의 매도를 포함한다.
29) 권리를 행사할 수 있는 경우로서 매도자의 지위를 가지게 되는 특정증권등의 매수를 포함한다.

의 집단을 **기업집단**으로 정의하고 있다(공정거래법시행령 제3조).

1. **지분율 요건**: 동일인 및 동일인관련자[30]가 의결권 있는 발행주식총수의 30% 이상 소유하고 최다출자자인 회사
2. **지배력(영향력) 요건**: 다음 각 목의 1에 해당하는 회사로서 당해 회사의 경영에 대하여 지배적인 영향력을 행사하고 있다고 인정되는 회사
    가. 동일인이 임원의 50% 이상 선임
    나. 동일인이 당해 회사의 조직변경, 신규 사업투자 등 주요의사결정이나 업무집행에 지배적 영향력 행사
    다. 동일인 지배회사와 당해회사간 임원겸임, 인사교류
    라. 통상적 범위를 초과하여 동일인 및 동일인관련자와 자금·자산·상품·용역거래, 채무보증·피보증 및 계열회사로 인정될 수 있는 영업상 표시행위등 사회 통념상 경제적 동일체로 인정되는 회사

Ⅰ. 기업결합

누구든지[31] 기업결합(주식취득, 임원겸임, 합병, 영업양수)의 방법으로 경쟁을 제한하는 행위를 하여서는 아니된다(공정거래법 제7조). 한편 공정거래위원회는 시중에서 일어나는 모든 기업결합을 감시하는 것은 현실적으로 불가능하기 때문에 일정한 규모 이상의 회사가 기업결합을 하는 경우 일률적으로 신고하도록 하고 있다(공정거래법 제12조).

먼저 공정거래법상 기업결합의 유형에 해당하고, 기업결합의 당사자인 회사(**당사회사**)의 규모가 일정 기준 이상[32]인 경우 기업결합 신고의무가 있다. 당

---

30) 가. 배우자, 6촌 이내의 혈족, 4촌 이내의 인척, 나. 동일인이 단독으로 또는 동일인관련자와 합하여 총출연금액의 30% 이상을 출연한 경우로서 최다출연자가 되거나 동일인 및 동일인관련자 중 1인이 설립자인 비영리법인 또는 단체, 다. 동일인이 직접 또는 동일인관련자를 통하여 임원의 구성이나 사업운용 등에 대하여 지배적인 영향력을 행사하고 있는 비영리법인 또는 단체, 라. 동일인이 경영에 지배적 영향력을 행사하여 사실상 사업 내용을 지배하는 회사, 마. 동일인 및 동일인과 나목 내지 라목의 관계에 해당하는 자의 사용인
31) 대통령령이 정하는 특수관계인을 포함한다.
32) 자산총액 또는 매출액의 규모가 금3천억원 이상인 회사(임원겸임의 경우에는 대규모회사, "기업결합신고대상회사")가 자산총액 또는 매출액의 규모가 금300억원 이상인 회사("상대회사")를 상대로 하는 기업결합이나 그 반대의 기업결합. 기업결합신고대상회사 및 상대회사의 자산총액 또는 매출액의 규모는 각각 기업결합일 전부터 기업결합일 후까지

사회사 중 하나 이상의 회사가 **대규모회사**[33)]인 경우에는 대통령령이 정하는 기업결합일 전까지 미리 **사전신고**를 하여야 한다. 사전신고를 하여야 하는 경우 기업결합 당사회사는 공정위의 심사결과를 통지받기 전까지는 기업결합 이행행위를 하여서는 아니 된다(공정거래법 제12조 제8항). 다만 사전신고 및 이행행위 금지 의무의 불이행 여부는 대금지급의 완료를 기준으로 하므로 계약금 등의 명목으로 전체 양수대금 중 일부를 지급하는 행위는 법 위반에 해당하지 않는다.

당해 기업결합이 간이신고 대상일 경우에는 간이신고로 신고절차를 할 수 있다. 기업결합의 당사회사가 특수관계인인 경우,[34)] 상대회사 임원 총수의 1/3 미만을 겸임하는 경우(대표이사 겸임은 제외), 사모투자전문회사나 선박투자회사의 설립에 참여하는 경우 또는 유동화전문회사를 기업결합하는 경우에는 간이신고로 간소하게 신고절차를 마칠 수 있다(기업결합의 신고요령 II. 2)

1. 기업결합 유형

가. 주식의 취득

이미 존재하는 다른 회사 발행주식[35)] 총수 20%(상장법인은 15%) 이상을 소유하게 되는 경우 또는 다른 회사의 발행주식을 이미 20%(상장법인은 15%) 이상 소유한 자가 당해 회사의 주식을 추가로 취득하여 최다출자자가 되는 경우에 기업결합에 해당한다(공정거래법 제7조 제1항 제1호, 제12조 제1항 제1호, 제2호, 제5호). 양도담보 목적으로 주식을 취득한 경우에도 주식을 보유하는 동안 의결권이 발생하는 등 외부적 효과는 동일하므로 기업결합에 해당한다.[36)]

새로운 회사의 설립에 참여하여 최다출자자가 되는 경우에는 주식비율과

계속하여 계열회사의 지위를 유지하고 있는 회사의 자산총액 또는 매출액을 합산한 규모를 말하며, 영업양수의 경우에 영업을 양도(영업의 임대, 경영의 위임 및 영업용고정자산의 양도를 포함한다)하는 회사의 자산총액 또는 매출액의 규모는 계열회사의 자산총액 또는 매출액을 합산하지 아니한 규모를 말한다. 기업결합 신고대상회사와 상대회사가 모두 외국회사이거나 기업결합신고대상회사가 국내회사이고 상대회사가 외국회사인 경우에는 그 외국회사 각각의 국내 매출액이 300억원 이상인 경우에 한하여 신고대상이 된다.

33) 자산총액 또는 매출액의 규모가 2조원 이상인 회사
34) 경영 지배의 공동목적을 가지고 결합에 참여하는 자는 제외한다.
35) 주식회사의 주식 또는 합명회사, 합자회사나 유한회사의 지분을 포함한다(법 제2조 제1의2호 참조). 의결권 없는 주식은 발행주식 총수에서 제외되지만 의결권 없는 주식이 이후 총회 의결 등으로 의결권이 회복되는 경우에는 기업결합에 해당한다.
36) 공정거래위원회 기업결합신고 가이드북

상관없이 기업결합에 해당하고, 최다출자자가 되는지 여부를 판단함에 있어서
는 특수관계인과 출자하는 주식을 모두 합산한다(공정거래법 제12조 제5항).

　하나의 회사 또는 그의 특수관계인만이 100% 출자하여 회사를 설립하는
경우에는 기업결합에 해당하지 않는다.[37]

나. 임원겸임

　자신의 임원 또는 종업원을 다른 회사의 임원으로 겸임하는 행위는 기업결
합에 해당한다(공정거래법 제7조 제1항 제2호, 제12조 제1항 제3호). 계열회사 간
임원을 겸임하는 경우, 대규모회사가 아닌 회사의 임직원이 대규모회사의 임
원을 겸임하는 경우 또는 사외이사가 다른 회사의 사외이사를 겸임하는 경우
에는 기업결합에 해당하지 아니한다(기업결합의 신고요령 III. 2.). 임원겸임은 일
방 당사자가 대규모회사임에도 불구하고 사전신고가 필요 없이 사후신고로 충
분하다(공정거래법 제12조 제6항). 임원이 겸임되는 회사의 주주총회 또는 사원
총회에서 임원의 선임이 의결된 날로부터 기업결합 신고의무가 발생한다.[38]

다. 다른 회사와 신설 · 흡수 · 분할합병을 하는 경우(공정거래법 제7조 제1항 제 3호, 제12조 제1항 제4호)

라. 영업의 양도 · 양수

　다른 회사의 영업의 전부 또는 주요 부분 양수, 다른 회사의 영업의 전부
또는 주요 부분 임차, 경영의 수임, 다른 회사의 영업용 고정자산의 전부 또는
주요 부분의 양수(공정거래법 제7조 제1항 제4호, 제12조 제1항 제4호)

2. 기업결합 신고의 예외

　다음의 행위는 기업결합 신고대상에서 제외된다(공정거래법 제12조 제3항).

　가. 중소기업창업지원법에 따른 중소기업창업투자회사 또는 중소기업창업
　　　투자조합이 동법상의 창업자 또는 벤처기업의 주식을 20%(상장법인은

---

37) 공정거래위원회 기업결합신고 가이드북
38) 공정거래위원회 기업결합신고 가이드북

15%) 이상으로 소유하거나 창업자 또는 벤처기업의 설립에 다른 회사와 공동으로 참여하여 최다출자자가 되는 경우

나. 여신전문금융업법에 따른 신기술사업금융업자 또는 신기술사업투자조합이 기술신용보증기금법에 따른 신기술사업자의 주식을 20%(상장법인은 15%) 이상으로 소유하거나 신기술사업자의 설립에 다른 회사와 공동으로 참여하여 최다출자자가 되는 경우

다. 기업결합신고대상회사가 자본시장법에 따른 투자회사, 『사회기반시설에 대한 민간투자법』에 따라 사회기반시설 민간투자사업 시행자로 지정된 회사 또는 이러한 회사에 대한 투자 목적으로 설립된 투자회사, 부동산투자회사법에 따라 부동산투자회사의 주식을 20%(상장기업의 경우 15%) 이상으로 소유하거나 이들 회사 설립에 다른 회사와 공동으로 참여하여 최다출자자가 되는 경우

① 자본시장법에 따른 **투자신탁**의 경우 신탁에 재산을 출연하고 그 수익을 취하는 수익자와 자산운용자가 분리되었으므로 신탁이 취득하는 자산에 대하여 특정인의 지배력이 형성되거나 경쟁에 영향을 미친다고 할 수 없고, 신고의무 주체를 확정하기도 어려우므로 원칙적으로 투자신탁의 자산 취득은 신고 대상에서 제외된다. 다만 펀드 규모, 수익자 구성, 거래구조, 계약 내용 등을 종합적으로 고려할 때 예외적으로 신고 및 심사 대상이 되는 경우가 있을 수는 있다.[39]

② 자본시장법에 따른 **투자회사**란 상법에 따른 주식회사 형태의 집합투자기구로 정의[40]하고 있으므로 유한회사 형태의 집합투자기구(투자유한회사) 및 합자회사 형태의 집합투자기구(투자합자회사)는 이에 해당하지 않는다. 따라서 투자합자회사인 사모집합투자기구는 자본시장법상 투자회사에 해당하지 않으므로 기업결합 신고의무를 부담한다.

(가) 투자합자회사의 설립은 기업결합 유형 중 '새로운 회사설립에

---

39) 사모펀드로서 투자자(수익자)가 특정될 정도로 소수이며 형식적으로는 운용지시자가 분리되어 있으나 사실상 수익자가 운용지시를 한다는 등의 사정이 있어 특정인이 펀드를 통해 다른 회사의 자산을 취득한다는 실질이 있다고 판단되는 경우가 그 예라고 할 수 있다(공정거래위원회 기업결합신고 가이드북).
40) 자본시장법 제9조 제18항 제2호

의 참여'에 해당하므로 최다출자자에게 신고의무가 있어야 할 것이나, 투자 등 주요 의사결정을 무한책임사원(GP)이 하므로 최다출자자가 유한책임사원이라 하더라도 무한책임사원[41]에게 신고의무가 있다.

(나) 투자합자회사의 설립에 참여하지 아니하였다가 설립 후 새로 유한책임사원으로서 PEF[42]의 지분을 20% 이상 취득한다면 일반원칙에 따라 기업결합 신고를 하여야 한다.

(다) 설립된 투자합자회사는 무한책임사원의 업무 집행 및 책임으로 운영되므로 일반적으로 무한책임사원(GP)의 계열회사로 판단하되, 지분참여자들 사이에 별도의 약정으로 무한책임사원 외 특정 회사의 계열사로 지정할 경우 당해 약정에 따라 투자합자회사의 계열 여부를 판단한다.

Ⅱ. 기타 경쟁 제한 행위에 대한 규제

1. 상호출자금지

상호출자는 자본충실의 원칙을 저해하고 가공의 의결권을 형성하여 지배권을 왜곡하는 등 기업의 건전성과 책임성을 해치므로 특정 기업집단에 속하는 국내회사들의 자산총액의 합계액이 10조원 이상인 기업집단(상호출자제한기업집단) 소속 계열회사 상호간에 주식을 취득 또는 소유하는 것이 금지된다(공정거래법 제9조).

2. 신규순환출자금지

사업구조개편, 정당한 권리행사나 기업구조조정을 위하여 일정한 유예기간이 부여되는 경우를 제외하고, 상호출자제한기업집단 소속 계열회사간 신규순환출자(새로운 3개 이상의 계열사간 출자가 고리와 같이 상호 연결된 환상형 출자구조를 형성 및 기존의 순환출자고리를 강화하는 추가출자)는 금지된다(공정거래법

---

41) 무한책임사원이 2인 이상인 경우에는 무한책임사원 중 최다출자자

42) 경영권 참여, 사업구조 또는 지배구조 개선 등을 통한 투자이익 실현을 위하여 지분증권 등에 투자·운용하는 투자합자회사로서 구 자본시장법에서 규정되었던 경영참여형 집합투자기구

제9조의2).

3. 채무보증제한

산업합리화나 국제경쟁력 강화와 관련된 경우를 제외하고, 상호출자제한기업집단의 소속회사(금융·보험사 제외)가 국내금융기관으로부터 여신과 관련하여 국내 계열회사에 대하여 채무를 보증하는 행위는 금지된다(공정거래법 제10조의2).

4. 금융·보험사의 의결권 제한

대규모기업집단(산업자본)이 금융·보험회사 고객의 자금으로 다시 비금융계열(산업자본)로 확장함에 따라 발생하는 시장경쟁 왜곡과 경제력집중의 부작용을 축소하기 위하여 상호출자제한기업집단 소속 금융·보험회사의 국내계열회사주식에 대한 의결권 행사를 제한43)하고, 상장 계열회사의 임원 임면, 정관변경, 합병·영업양도에 대한 결의 시에는 다른 특수관계인 지분과 합하여 15%까지만 의결권을 행사할 수 있도록 한다(공정거래법 11조).

5. 대규모 내부거래에 대한 이사회 의결 및 공시

내부거래공시대상회사44)가 대규모내부거래45)를 하고자 하는 때에는 이에 대하여 이사회 의결을 거쳐야 하며, 이사회 의결 후 1일 이내(비상장법인은 7일 이내)에 의결 내용을 공시하여야 한다(공정거래법 제11조의2). 일정 규모 이상의 내부거래에 대한 이사회 의결을 통해 이사회의 책임 강화와 사외이사들에 의한 견제를 유도하고, 공시를 통해 소액주주, 채권자 등 이해관계인에 의한 감시를 가능하게 하여 부당내부거래를 사전에 예방하고자 하는 목적이다.

---

43) 금융업 또는 보험업을 영위하기 위한 경우 및 보험업법에 의한 승인을 얻은 경우에는 자유롭게 의결권 행사 가능
44) 자산총액이 5조원 이상인 공시대상기업집단에 속하는 상장법인과 비상장법인
45) 공시대상기업집단에 속하는 회사가 특수관계인을 상대방으로 하거나 특수관계인을 위하여 거래한 금액(상품·용역거래의 경우 분기에 이루어질 거래금액의 합)이 그 회사의 자본금 또는 자본총계 중 큰 금액의 100분의 5 이상이거나 50억원 이상인 내부거래

6. 비상장회사 등의 중요사항 수시공시

상법상 특별한 공시의무가 없는 대기업집단 소속 비상장사의 불투명한 경영행태에 대한 효과적 감시를 위하여 공시대상기업집단 소속 비상장회사[46]는 수시로 자기회사의 소유지배구조,[47] 재무구조[48] 및 경영활동[49]과 관련한 중요한 사항을 공시하여야 한다(공정거래법 제11조의3).

7. 기업집단현황 공시

기존의 출자총액제한 제도를 폐지하는 대신 대규모 기업집단의 출자현황 등에 관한 공시제도를 도입하여 공시대상기업집단 소속회사는 기업집단의 일반현황, 임원·이사회현황, 주식소유현황, 특수관계인과의 거래현황 등을 공시하도록 하고 있다(공정거래법 제11조의4).

Ⅲ. 지주회사

지주회사란 주식소유를 통하여 다른 회사의 사업내용을 지배하는 것을 주된 사업으로 하는 회사를 말한다. 공정거래법상 지주회사는 자산총액이 5천억원 이상이면서 소유하는 자회사 주식가액 합계액이 자산총액의 50% 이상인 회사를 말하며, 공정거래법은 지주회사의 과도한 지배력 확장을 억제하면서 단순·투명한 출자구조가 유지되도록 하는 제도를 두고 있다.

1. 지주회사로의 강제 전환

공정거래법의 정의 조항에 따라 자산총액이 5천억원 이상이고 자회사 주식가액의 합계액이 자산총액의 50% 이상인 회사는 지주회사로 강제 전환된다(공정거래법 제2조 제1호의2). 이에 따라 지주회사에게 부과되는 각종 규제를 준수

---

46) 금융·보험사 및 직전 사업연도말 자산총액이 100억원 미만인 회사로서 청산 중에 있거나 1년 이상 휴업중인 회사는 제외
47) 최대주주의 주식보유 변동현황, 임원의 변동현황, 계열회사 주식보유 변동현황
48) 고정자산 및 다른 법인 주식의 취득·처분, 증여, 담보제공 또는 채무보증, 채무면제 또는 채무인수, 증자 또는 감자, 전환사채·신주인수권부사채 발행 등
49) 영업양도·양수, 임대, 합병, 주식교환 또는 이전, 해산, 회생절차 개시·종결 또는 폐지, 관리절차의 개시·중단 또는 해제 등

할 의무가 발생한다. 지주회사로 전환한 자는 공정거래위원회에 신고하여야
한다(공정거래법 제8조).

2. 부채비율에 대한 제한

지주회사는 자본총액(대차대조표상의 자산총액에서 부채액을 뺀 금액을 말한다)
의 2배를 초과하는 부채액을 보유하는 행위를 할 수 없다(공정거래법 제8조의2
제2항 제1호). 다만 지주회사로 전환하거나 설립될 당시에 자본총액의 2배를 초
과하는 부채액을 보유하고 있는 때에는 2년의 유예기간을 둔다.

3. 자회사 등에 대한 일정 지분의 의무적 보유

지주회사는 자회사의 주식을 그 자회사 발행주식 총수의 40%[50) 이상 소유
하여야 한다(공정거래법 제8조의2 제2항 제2호).

지주회사의 자회사는 손자회사의 주식을 그 손자회사 발행주식 총수의
40%[51) 이상 소유하여야 한다(공정거래법 제8조의2 제3항).

4. 자회사 이외의 계열회사 주식에 대한 보유 제한

지주회사는 자회사 외의 국내 계열회사의 주식을 소유할 수 없다(공정거래
법 제8조의2 제2항 제3호).

지주회사의 자회사는 손자회사가 아닌 국내 계열회사의 주식을 소유할 수
없다(공정거래법 제8조의2 제3항 제2호).

지주회사의 손자회사는 국내 계열회사의 발행주식 총수를 소유하고 있는
경우 등을 제외하고는 국내 계열회사의 주식을 소유할 수 없다(공정거래법 제8
조의2 제4항). 따라서 손자회사는 증손회사의 지분을 100%를 소유하여야 한다.

지주회사의 증손회사는 국내 계열회사의 주식을 소유할 수 없다.

5. 계열회사 소속 회사 이외의 회사의 주식소유에 대한 제한

지주회사는 계열회사가 아닌 국내 회사의 주식을 당해 회사 발행주식총수

---

50) 다만 자회사가 상장회사인 경우, 공동출자법인인 경우 또는 벤처지주회사의 자회사인 경
　우에는 20% 이상 소유하여야 한다.
51) 다만 손자회사가 상장회사인 경우, 공동출자법인인 경우에는 20% 이상 소유하여야 한다.

의 5%를 초과하여 소유할 수 없다. 다만 소유하고 있는 계열회사가 아닌 국내
회사의 주식가액의 합계액이 자회사의 주식가액의 합계액의 15% 미만인 지주
회사의 경우에는 그러하지 아니하다(공정거래법 제8조의2 제2항 제3호).

Ⅳ. 불공정거래행위

기업의 성과가 경쟁력이 아닌 기업집단과의 관련성에 의해 좌우되는 것을
방지하여 자유롭고 공정한 경쟁을 보장하기 위해서는 계열회사 사이의 부당한
지원행위에 대한 규제가 필요하다.

사업자는 부당하게 특수관계인 또는 다른 회사에 대하여 가지급금·대여
금·인력·부동산·유가증권·상품·용역·무체재산권 등을 제공하거나 상당히
유리한 조건으로 거래하는 행위를 통하여 특수관계인 또는 다른 회사를 지원
하는 행위를 하여서는 아니된다(공정거래법 제23조 제1항 제7호).

부당지원행위의 지원객체의 하나로 '다른 회사'라고만 규정하고 있을 뿐 다
른 제한을 두지 않고 있는 점 및 부당지원행위 금지제도의 입법취지 등에 비추
어 보면, 부당지원행위의 객체인 '다른 회사'는 반드시 대규모기업집단의 계열
회사에 한정되는 것은 아니다.[52] 지원객체가 지원주체가 주식의 100%를 소유
하고 있는 자회사(완전자회사)라 하더라도 법률적으로 별개의 독립한 거래의 주
체라 할 것이고, 부당지원행위의 객체인 '다른 회사'의 개념에서 완전자회사를
배제하는 명문의 규정이 없으므로 모회사와 완전자회사 사이의 지원행위도 규
율대상이 된다.[53]

정상적인 가격보다 현저히 높은 가격으로 신주를 인수함으로써 발행회사에
게 경제상 이익을 제공하는 행위가 출자행위의 성질을 가진다고 하여 부당지
원행위의 규제대상이 되지 않는다고 볼 수 없으며, 또한, 주식회사의 신주발행
에 관하여는 회사법 및 공정거래법의 다른 규정에 의해서도 규제되고 있다고
하여 신주인수행위를 부당지원행위의 규제대상으로 삼을 수 없는 것은 아니
고, 시가보다 높은 가격으로 신주를 인수하게 되면 그만큼 발행회사의 자본이
충실하게 되어 그로 인한 이익의 일부가 다시 신주인수인에게 귀속될 수 있으

---

52) 대법원 2004. 10. 14. 선고 2001두2881 판결
53) 대법원 2004. 11. 12. 선고 2001두2034 판결

나, 이는 신주인수행위로 인한 간접적이고 반사적인 효과에 불과하므로 그러한 사정을 들어 신주인수행위가 부당지원행위의 규제 대상이 되지 않는다고 할 수 없다.[54] 이미 인수한 전환사채의 경우 그 전환권행사 여부가 전환사채권자의 일방적 의사에 의하여 이루어지는 것이라 하더라도 이는 실질적으로 전환사채와 주식을 교환하는 일종의 거래행위에 다름 아닌 것으로서 전환권행사를 이용하여 지원객체에게 경제활동의 정상성에 반하는 부당한 경제상의 이익을 제공하는 것이라면, 이는 공정거래법 제23조 제1항 제7호 소정의 지원행위가 될 수 있다.[55]

자금지원행위는 자금을 지원할 의도로 자산이나 용역 등의 거래로 인한 대가인 자금을 변제기 이후에도 회수하지 아니하여 지원객체로 하여금 그 자금을 운용하도록 함으로써 그 이자 상당액의 금융상 이익을 얻게 하는 것과 같은 부작위행위도 포함되며, 제3자를 매개하여 상품거래나 자금거래행위가 이루어지고 그로 인하여 지원객체에게 실질적으로 경제상 이익이 귀속되는 경우에는 자금지원행위에 해당한다.[56]

상품 용역거래와 무관하게 '선급금' 명목으로 계열회사에게 무이자 또는 저리로 자금을 제공한 행위, 후순위 무보증사채를 다른 금융상품의 수익률에 비하여 낮게 매입한 행위, 계열 금융회사가 계열회사의 약정 연체이자율을 받지 않고 비계열사의 대출이자율을 적용하여 연체이자를 수령한 행위, 담보제공을 통하여 저리로 대출을 받을 수 있도록 한 행위는 부당지원행위가 될 수 있다. 공정거래법 제23조 제1항 제7호의 규정은 과도한 경제력의 집중을 방지하기 위하여 일정한 규모 이상의 기업집단에 속하는 회사에 대하여 계열회사에 대한 채무보증을 금지하는 공정거래법 제10조의2의 규정과는 그 입법 취지 및 구성요건 등을 달리하고 있으므로 공정거래법 제10조의2에서 말하는 일정한 규모 이상의 기업집단에 속하는 회사가 아니라고 하더라도 담보제공행위는 공정거래법 제23조 제1항 제7호의 부당지원행위의 규제대상이 될 수 있다.[57]

지원주체와 지원객체 간의 가지급금 또는 대여금 기타 자금의 거래에 의한 지원행위는 실제 적용된 금리(실제적용금리)가 당해 자금거래와 시기, 종류, 규

---

54) 대법원 2005. 4. 29. 선고 2004두3281 판결
55) 대법원 2007. 1. 25. 선고 2004두7610 판결
56) 대법원 2004. 10. 14. 선고 2001두2881 판결
57) 대법원 2006. 10. 27. 선고 2004두3274 판결

모, 기간, 신용상태 등의 면에서 유사한 상황에서 당해 지원객체와 그와 특수
관계가 없는 독립된 금융기관 간에 지원주체의 지원없이 자금거래가 이루어졌
다면 적용될 금리(개별정상금리)보다 낮은 경우에는 부당지원행위가 성립한다
(부당한 지원행위의 심사지침 III. 1. 나).

제3관 자본의 유출입

Ⅰ. 외국환거래에 대한 규제 체계

다음의 어느 하나에 해당하는 경우 외국환거래법 제15조부터 제18조에 따
른 절차 준수, 허가 또는 신고(신고등)를 하여야 할 의무가 발생될 수 있으므로
금융거래를 하기 이전에 외국환거래법에 따른 신고를 하여야 할 필요가 있는
지 검토하여야 한다.

① 당사자 중 일방 당사자가 비거주자(거주자[58] 이외의 개인 및 법인)인 경우
② 당사자가 모두 거주자이고, 외국통화로 표시되거나 지급받을 수 있는
  거래인 경우
③ 당사가가 모두 비거주자이고, 대한민국통화로 표시되거나 지급받을 수
  있는 거래인 경우

1. 경상거래

경상거래(물품의 수출입과 용역거래) 자체에 대하여는 외국환거래법에 따른
신고등이 요구되지 아니한다. 다만 다음과 같은 지급수단 또는 증권의 수출입
은 지급수단 또는 증권의 수출입에 관한 신고등의 절차를 거쳐야 한다(외국환
거래법 제17조, 외국환거래규정 제6장).

① 정부지폐·은행권·주화·수표·우편환·신용장
② 대통령령으로 정하는 환어음, 약속어음, 그 밖의 지급지시
③ 증표, 플라스틱카드 또는 그 밖의 물건에 전자 또는 자기적 방법으로 재
  산적 가치가 입력되어 불특정 다수인 간에 지급을 위하여 통화를 갈음

---

58) 대한민국에 주소 또는 거소를 둔 개인과 대한민국에 주된 사무소를 둔 법인

하여 사용할 수 있는 것으로서 대통령령으로 정하는 것

경상거래 자체에 대하여는 외국환거래법에 따른 신고등이 요구되지 않더라도 경상거래에 따른 지급 또는 수령의 방법이 외국환거래규정 제5장에서 정한 방법에 해당하는 경우에는 그에 관하여 요구되는 신고절차를 취하여야 한다.

2. 자본거래

외국환거래 관련 법령(외국환거래법, 동법시행령, 외국환거래규정)에서 규정하고 있는 일정한 **자본거래**[59]를 하고자 할 경우 사전에 기획재정부장관(그로부터 위임을 받은 한국은행이나 외국환은행)에게 신고하여야 하며, 신고수리가 거부된 경우 해당 거래를 하여서는 아니된다(외국환거래법 제18조, 외국환거래규정 제7장).

3. 외국환업무취급기관

외국환은행 등 외국환업무를 업으로 하려는 자(**외국환업무취급기관**)는 기획재정부장관에게 등록하여야 하며, 외국환업무취급기관이 영위할 수 있는 외국환업무에 관하여는 자본거래에 따라 요구되는 신고를 할 필요가 없다(외국환거래법 제8조, 외국환거래규정 제2장).

4. 지급등의 방법

외국환거래법에 따른 지급등을 하고자 하는 자는 원칙적으로 외국환은행을 통하여야 하고, 외국환은행의 장에게 지급등의 사유와 금액을 입증하는 서류를 제출하여야 하며, 지급등을 하고자 하는 자는 당해 지급등을 하기에 앞서 당해 지급등 또는 그 원인이 되는 거래, 행위가 외국환거래법령 및 다른 법령 등에 의하여 신고등을 하여야 하는 경우에는 그 신고등을 먼저 하여야 한다(외국환거래법 제15조, 외국환거래규정 제4장).

만약, 어떠한 거래에 따른 채권·채무의 지급 또는 수령의 방법이 일정한 요건에 해당할 경우 그 지급 또는 수령의 원인이 되는 거래가 신고등을 하였거나 신고등을 요하지 아니하더라도 그 '지급 또는 수령의 방법' 자체에 관하여도 별도의 신고등을 취하여야 한다(외국환거래법 제16조, 외국환거래규정 제4장).

---

59) 통상적으로 금융거래라 일컬어지는 거래는 대개 외국환거래법상 자본거래에 해당한다.

II. 자본거래

자본거래를 하기 위하여 필요한 신고등의 개략적인 내용은 다음과 같다.

1. 예금(금전신탁 포함)(외국환거래규정 제7장 제2절)

외국환은행 및 종합금융회사와 외국환거래규정에서 정한 방법에 의한 예금 거래는 신고등이 요구되지 아니하고, 그 외에 국내 예금거래를 하고자 할 경우 한국은행총재에게 신고하여야 한다.

외국환은행이 비거주자에게 개설할 수 있는 예금은 다음과 같다.

① 대외계정(비거주자외화신탁계정 포함)

　　대외계정은 비거주자의 외화자금의 예치를 위한 예금으로서 (가) 외국에서 송금된 대외지급수단(외화 등)이나 인정된 거래에 따라 대외지급이 인정된 대외지급수단이 예치될 수 있고, (나) 예치된 대외지급수단은 외국에 자유로이 송금될 수 있다.

② 비거주자자유원화계정

　　비거주자자유원화계정은 비거주자가 대외지급이 자유로운 원화자금을 예치하는 예금으로서 (가) 비거주자가 인정된 자본거래에 따라 국내에서 취득한 원화로서 대외지급이 인정된 자금 등이 예치될 수 있고, (나) 외국환은행등에게 대외지급수단을 대가로 한 매각(환전) 후 외국에 자유로이 송금될 수 있다.

③ 비거주자원화계정

　　비거주자원화계정은 비거주자가 국내에서 사용할 수 있는 원화자금을 예치하는 예금으로서 (가) 비거주자가 국내에서 취득한 내국지급수단 등이 예치될 수 있고, (나) 비거주자자유원계정에 예치된 원화자금과 달리 대외지급수단으로 환전될 수 없고, 원화로 인출되거나 다른 원화계정계정으로만 이체될 수 있다.

④ 기타 비거주자의 원화증권에 대한 투자 등 특정한 목적을 위한 자금을 예치하기 위한 계정들이 있다.

2. 금전의 대차(외국환거래규정 제7장 제3절 제1관)

거주자가 비거주자로부터의 금전을 차입하거나 비거주자에게 금전을 대출하고자 하는 경우, 외국인투자촉진법에 의한 차관계약 등 일정한 경우를 제외하고, 금전대차의 금액, 만기, 내용에 따라 지정거래외국환은행, 한국은행이나 기획재정부에게 신고하여야 한다.

3. 채무의 보증계약(외국환거래규정 제7장 제3절 제2관)

거주자가 비거주자에게 보증을 제공하고자 할 경우, 『외국인투자촉진법』에 의한 차관계약 등 일정한 경우를 제외하고, 보증의 금액, 만기, 내용에 따라 외국환은행이나 한국은행에게 신고하여야 한다.

거주자가 인정된 거래를 함에 따라 비거주자로부터 보증을 받는 경우에는 신고를 요하지 아니한다.

4. 대외지급수단, 채권 기타의 매매 및 용역계약에 따른 자본거래(외국환 거래규정 제7장 제4절)

일정한 경우를 제외하고, 거주자가 거주자 또는 비거주자와 외국의 부동산·시설물 등의 이용·사용 또는 이에 관한 권리의 취득에 따른 회원권의 매입거래를 하고자 하는 경우에는 외국환은행의 장에게 신고하여야 한다.

그 이외에 거주자가 비거주자와 대외지급수단 및 채권의 매매계약에 따른 채권의 발생 등에 관한 거래를 하고자 하는 경우에는 한국은행총재에게 신고하여야 한다.

5. 증권의 발행(외국환거래규정 제7장 제5절)

가. 거주자의 증권 발행

① 거주자가 '국내'에서 외화증권을 발행하는 경우에는 신고를 요하지 아니한다.

② 거주자가 '외국'에서 '외화증권'을 발행하고자 하는 경우(거주자가 국내에서 발행한 외화증권을 비거주자가 사모로 취득하는 경우를 포함)에는 지정거래외국환은행의 장 등에게 신고등을 하여야 한다.

③ 거주자가 '외국'에서 '원화증권'을 발행하고자 하는 경우에는 기획재정
부장관에게 신고하여야 한다.

나. 비거주자의 증권 발행

비거주자가 (가) 국내에서 외화증권 또는 원화연계외화증권을 발행하고자
하는 경우, (나) 국내에서 원화증권을 발행하고자 하는 경우 또는 (다) 외국에
서 원화증권(원화연계외화증권을 포함)을 발행하고자 하는 경우에는 기획재정부
장관에게 신고하여야 한다.

6. 증권의 취득(외국환거래규정 제7장 제6절)

가. 거주자의 증권 취득

① 기관투자자인 거주자는 신용파생결합증권[60] 이외의 외화증권을 매매하
고자 하는 경우에는 신고를 요하지 아니한다.

② 일반투자자인 거주자가 투자중개업자에게 외화증권의 매매를 위탁하는
경우 등 일정한 경우를 제외하고, 비거주자로부터 증권을 취득하고자
하는 경우에는 한국은행총재에게 신고하여야 한다.

나. 비거주자의 증권 취득

비거주자는, 일정한 경우를 제외하고, 비거주자가 거주자로부터 증권을 취
득하고자 하는 경우에는 한국은행총재에게 신고하여야 한다

① **외국인투자**: 외국인투자촉진법에 따라 인정된 외국인투자에 따라 거주자
로부터 증권을 취득하는 경우에는 외국환거래법에 따른 신고를 별도로
요하지 아니한다.
외국인[61]이 대한민국 법인이나 기업의 경영활동에 참여하는 등 지속적
인 경제관계를 수립할 목적으로 법인이나 기업의 주식이나 지분을 소유
하려는 경우[62]에는 산업통상자원부장관에게 신고하여야 한다(외국인투

---

60) 그 매매를 위하여 한국은행에게 신고하여야 하나, 외국환업무취급기관의 경우에는 외국
환업무 취급절차에 따른다.
61) 외국의 국적을 가지고 있는 개인, 외국의 법률에 따라 설립된 법인 및 대통령령으로 정하
는 국제경제협력기구
62) 외국인투자기업의 모기업(외국투자가 포함) 또는 그와 출자관계에 있는 기업이 외국인투

자촉진법 제5조 제1항). 일정한 주식등의 취득은 취득 후 60일 이내에 신고할 수 있고, 일정한 방위산업체에 대한 외국인투자는 허가를 받아야 한다(외국인투자촉진법 제6조 제1항). 외국인투자법에 따라 외국인투자에 관하여는 조세 감면, 수의계약에 의한 국·공유 재산의 임대 및 매각이나 보조금 지급을 할 수 있다(외국인투자촉진법 제9조, 제13조, 제14조, 제14조의2).

② **투자전용대외계정 및 투자전용비거주자원화계정**: 비거주자가 외국환은행에 본인 명의 투자전용대외계정 및 투자전용비거주자원화계정을 통하여 국내원화 증권을 취득하는 경우에는 신고를 요하지 아니한다.

7. 파생상품거래(외국환거래규정 제7장 제7절)

외국환업무취급기관이 외국환업무로서 행하는 일정한 거래 이외에 거주자가 다른 거주자나 비거주자와 파생상품거래를 하고자 할 경우 한국은행총재에게 신고하여야 한다.

파생상품이란 자본시장법 제5조에 따른 다음 각 호의 어느 하나에 해당하는 계약상의 권리와 그 밖에 상품의 구성이 복잡하고 향후 수익을 예측하기 어려워 대규모 외환유출입을 야기할 우려가 있는 금융상품으로서 기획재정부장관이 고시하는 것을 말한다(외국환거래법 제3조 제1항 제9조, 자본시장법 제5조).

1. 기초자산이나 기초자산의 가격·이자율·지표·단위 또는 이를 기초로 하는 지수 등에 의하여 산출된 금전등을 장래의 특정 시점에 인도할 것을 약정하는 계약
2. 당사자 어느 한쪽의 의사표시에 의하여 기초자산이나 기초자산의 가격·이자율·지표·단위 또는 이를 기초로 하는 지수 등에 의하여 산출된 금전등을 수수하는 거래를 성립시킬 수 있는 권리를 부여하는 것을 약정하는 계약
3. 장래의 일정기간 동안 미리 정한 가격으로 기초자산이나 기초자산의 가격·이자율·지표·단위 또는 이를 기초로 하는 지수 등에 의하여 산출된 금전등을 교환할 것을 약정하는 계약

자기업에게 5년 이상의 차관을 대부하는 행위도 외국인투자로 인정된다.

8. 기타 자본거래(외국환거래규정 제7장 제8절)

가. 거주자와 다른 거주자간 외국통화표시 기타 자본거래(외국환거래규정 제7장 제8절 제1관)

일반적으로 거주자와 다른 거주자 사이의 외국통화로 표시되거나 지급받는 자본거래는 신고를 요하지 아니한다.

나. 거주자와 비거주자간 기타 자본거래(외국환거래규정 제7장 제8절 제2관)

이상의 자본거래를 제외하고, 거주자가 비거주자와 임대차계약[63] · 담보 · 보증 · 보험[64] · 조합 · 사용대차 · 채무의 인수 · 화해 기타 이와 유사한 계약에 따른 채권의 발생등에 관한 거래를 하고자 하는 경우, 외국환은행이나 한국은행에게 신고하여야 한다.

다. 비거주자들(비거주자와 다른 비거주자) 사이의 자본거래(외국환거래규정 제7장 제8절 제3관)

비거주자가 다른 비거주자로부터 인정된 거래에 따라 취득한 원화증권을 취득하는 경우 등 일정한 경우를 제외하고, (가) 비거주자와 다른 비거주자 사이에 내국통화로 표시되거나 지급받을 수 있는 채권의 발생등에 관한 거래나, (나) 비거주자가 다른 비거주자로부터 원화증권 또는 이에 관한 권리를 취득하는 경우 한국은행에 신고하여야 한다.

9. 현지금융(외국환거래규정 제8장)

거주자가 '외국'에서 사용하기 위하여 '외국'에서 자금을 차입(증권발행에 의한 경우를 포함한다)하거나 지급보증을 받을 경우(현지금융) 다음의 구분에 따라 신고하여야 한다.

가. 거주자가 현지금융을 받는 경우

① 현지금융에 관하여 다른 거주자의 보증 및 담보(보증등) 제공이 없거나

---

63) 비거주자의 국내부동산 임차는 제외
64) 「보험업법」에 의한 보험사업자의 보험거래는 제외

당해 거주자가 본인의 담보를 제공하는 경우 또는 외국환은행이 보증을 하는 경우에는 현지금융을 받고자 하는 거주자가 지정거래외국환은행에 신고하여야 한다.

② 현지금융에 관하여 다른 거주자가 보증등을 하는 경우에는 다른 거주자가 현지금융을 받는 거주자의 지정거래외국환은행에 신고하여야 한다.

③ 외화증권발행방식에 의하여 미화 3천만불을 초과하는 현지금융을 받고자 하는 경우에는 기획재정부장관에게 신고하여야 한다.

나. 현지법인등이 현지금융을 받는 경우

거주자의 해외지점이나 현지법인(현지법인등)이 외국에서 사용할 목적으로 외국에서 자금을 차입(증권발행에 의한 경우를 포함한다)하기 위하여 (가) 외국환은행이 보증하는 경우에는 그 현지법인등을 설치한 거주자가 지정거래외국환은행의 장에게 신고하여야 하고, (나) 당해 현지법인등을 설치한 거주자 또는 다른 거주자가 보증등을 하는 경우에는 보증등을 제공하는 자가 당해 현지법인등을 설치한 거주자의 지정거래외국환은행의 장에게 신고하여야 한다.

10. 해외직접투자(외국환거래규정 제9장 제1절 내지 제3절)

거주자가 외국법에 따라 설립된 금융회사 등에 대한 해외직접투자(증액투자 포함)를 하고자 하는 경우에는 한국은행총재에게 신고하여야 하고, 그 이외 해외직접투자를 하고자 하는 경우에는 외국환은행의 장에게 신고하여야 한다. 해외직접투자를 실행한 후라도 신고기관이 사후관리를 위하여 필요한 일정한 사항을 일정한 기한 내에 신고기관의 장에게 제출하여야 한다.

해외직접투자란 다음의 것을 말한다.

1. 외국 법령에 따라 설립된 법인(설립 중인 법인을 포함하여 '외국법인'이라 한다)의 경영에 참가하기 위하여 취득한 주식 또는 출자지분이 해당 외국법인의 발행주식총수 또는 출자총액에서 차지하는 비율('투자비율')이 10% 이상인 투자

2. 투자비율이 10% 미만인 경우로서 해당 외국법인과 다음 각 목의 어느 하나에 해당하는 관계를 수립하는 것

　　가. 임원의 파견

　　나. 계약기간이 1년 이상인 원자재 또는 제품의 매매계약의 체결

　　다. 기술의 제공·도입 또는 공동연구개발계약의 체결

　　라. 해외건설 및 산업설비공사를 수주하는 계약의 체결

3. 제1호 또는 제2호에 따라 이미 투자한 외국법인의 주식 또는 출자지분을 추가로 취득하는 것

4. 제1호부터 제3호까지의 규정에 따라 외국법인에 투자한 거주자가 해당 외국법인에 대하여 상환기간을 '1년' 이상으로 하여 금전을 대여하는 것

5. 외국에서 영업소를 설치·확장·운영하거나 해외사업 활동을 하기 위하여 자금을 지급하는 행위로서 대통령령으로 정하는 것

11. 부동산의 취득(외국환거래규정 제9장 제4절)

　일정한 경우를 제외하고, 거주자가 외국에 있는 부동산 또는 이에 관한 권리를 취득하고자 하는 경우에는 취득 목적에 따라 외국환은행 또는 한국은행에게 신고하여야 한다.

　일정한 경우를 제외하고, 비거주자가 국내에 있는 부동산 또는 이에 관한 권리를 취득하고자 하는 경우에는 한국은행총재에게 신고하여야 한다.

　또한 외국인토지법에 따라 외국인,[65] 외국정부 또는 일정한 국제기구가 (가) 군사보호구역, 지정문화재보호구역, 생태·경관보전지역, 야생동·식물특별보호구역 내 토지를 취득하고자 할 경우 지방자치단체의 장으로부터 허가를 받아야 하고, (나) 대한민국 안의 토지를 취득하는 계약을 체결한 경우 계약체결일부터 60일 이내에 지방자치단체에게 신고[66]하여야 하고, (다) 상속·경매 기타 계약 이외의 원인으로 대한민국 안의 토지를 취득한 때에는 토지를 취득한 날부터 6개월 이내에 지방자치단체에게 신고하여야 한다(외국인토지법 제4

---

65) 대한민국의 국적을 보유하고 있지 아니한 개인, 외국의 법령에 따라 설립된 법인 또는 단체, 사원 또는 구성원의 2분의 1 이상이나 임원의 2분의 1 이상이 외국 국적자인 국내 법인 또는 단체, 외국 국적자나 외국에 설립된 법인등이 자본금의 2분의 1 이상이나 의결권의 2분의 1 이상을 가지고 있는 국내 법인 또는 단체

66) 「공인중개사의 업무 및 부동산 거래신고에 관한 법률」에 따라 부동산거래의 신고를 하거나 「주택법」에 따라 주택거래의 신고를 한 경우에는 제외

조, 제5조).

Ⅲ. 외국환업무취급기관

다음과 같은 **외국환업무**를 업으로 하려는 자(**외국환업무취급기관**)는 기획재정부장관에게 등록하여야 한다. 외국환업무는 금융회사등[67]만 할 수 있다.

① 외국환의 발행 또는 매매
② 대한민국과 외국 간의 지급·추심 및 수령
③ 외국통화로 표시되거나 지급되는 거주자와의 예금, 금전의 대차 또는 보증
④ 비거주자와의 예금, 금전의 대차 또는 보증
⑤ 비거주자와의 내국통화로 표시되거나 지급되는 증권 또는 채권의 매매 및 매매의 중개
⑥ 거주자 간의 신탁·보험 및 파생상품거래(외국환과 관련된 경우에 한정한다) 또는 거주자와 비거주자 간의 신탁·보험 및 파생상품거래
⑦ 여신전문금융업법에 따른 외국통화로 표시된 시설대여
⑧ 이상의 업무에 딸린 업무

외국환업무취급기관 중 외국환은행[68]은 외국환거래규정 제2장 제2절에서 정하고 있는 바에 따라 대부분의 외국환업무를 영위할 수 있다. 외국환은행 이외에 외국환업무취급기관으로 등록된 금융기관등은 외국환업무 중 자신의 업무와 직접 관련된 업무를 영위할 수 있다.

외국환업무취급기관이 영위할 수 있는 외국환업무에 관하여는 외국환거래규정 제7장에 따라 자본거래에 관하여 요구되는 신고를 할 필요가 없다. 외국환업무취급기관이 금융투자를 하기 위하여 외국환거래법에 따른 신고가 필요

---

67) 금융위원회의 설치 등에 관한 법률」 제38조(제9호 및 제10호는 제외한다)에 따른 기관과 그 밖에 금융업 및 금융 관련 업무를 하는 자로서 대통령령으로 정하는 자
68) 「은행법」에 의한 은행, 「농업협동조합법」에 의한 농업협동조합중앙회의 신용사업부문, 「수산업협동조합법」에 따른 수산업협동조합중앙회의 신용사업부문, 「한국산업은행법」에 의한 한국산업은행, 「한국수출입은행법」에 의한 한국수출입은행, 「중소기업은행법」에 의한 중소기업은행

한지 여부는 우선 당해 금융투자가 외국환업무취급기관으로서 허용된 업무 범위 내인지 여부를 판단하고, 그에 포함되지 아니할 경우 외국환거래규정 제7장에서 정한 자본거래의 유형에 따라 신고가 필요한지 여부를 판단하면 되겠다.

Ⅳ. 지급 또는 수령의 방법

거주자 간, 거주자와 비거주자 간 또는 비거주자 상호 간의 거래에 따른 채권·채무의 지급 또는 수령의 방법이 다음에 해당할 경우 그 지급 또는 수령의 방법에 관하여 신고절차를 취하여야 한다. 지급 또는 신고의 원인이 되는 거래가 신고등을 하였거나 신고등을 요하지 아니하더라도 그 지급 또는 수령의 방법 자체에 관하여도 별도의 신고 절차를 취하여야 한다.

① 상계 등 계정의 대기 또는 차기에 의한 지급등의 방법

미화 5천불 이하인 채권 또는 채무를 상계하고자 하는 경우 등 일정한 경우를 제외하고, 거주자가 수출입, 용역거래, 자본거래 등 대외거래를 함에 있어서 계정의 貸記 또는 借記에 의하여 결제하는 등 비거주자에 대한 채권 또는 채무를 비거주자에 대한 채무 또는 채권으로 상계를 하고자 하는 경우 또는 상대방과의 거래가 빈번하여 상호계산의 방법으로 지급등을 하고자 하는 경우(외국환거래규정 제5장 제2절)

② 기획재정부장관이 정하는 기간을 초과하는 지급등의 방법

기획재정부장관이 정하는 일정한 기간을 초과하여 수출대금을 수출 전에 미리 수령하거나 수출 후 늦추어 지급하고자 하는 경우 또는 수입대금을 수입 전에 미리 지급하거나 수입 후 늦추어 지급하고자 하는 경우(외국환거래규정 제5장 제3절)

③ 제3자 지급등에 의한 지급등의 방법

일정한 경우를 제외하고 거주자가 미화 5천불을 초과하는 금액(분할하여 지급등을 하는 경우에는 각각의 지급등의 금액을 합산한 금액)을 '제3자와 지급등'을 하려는 경우(외국환거래규정 제5장 제4절). **제3자 지급**이라 함은 거주자가 해당 거래의 당사자가 아닌 자와 지급 또는 수령을 하거나 해당 거래의 당사자가 아닌 거주자가 그 거래의 당사자인 비거주자와 지

급 또는 수령을 하는 경우를 말한다(외국환거래법 제 16조 제3호).

④ 외국환은행을 통하지 아니하는 지급등의 방법

일정한 경우를 제외하고 거주자가 '외국환은행을 통하지 아니하고' 지급 등을 하고자 하는 경우(물품 또는 용역의 제공, 권리의 이전 등으로 비거주자와의 채권·채무를 결제하는 경우를 포함)(외국환거래규정 제5장 제5절)

제3절   규제에 위반된 법률행위의 사법상 효력

선량한 풍속 기타 사회질서에 관계 있는 규정(강행규정 또는 강행법규)으로서 그에 위반하는 행위의 사법상의 효력이 부정되는 규정(효력규정)에 반하는 법률행위는 무효이다. 국가가 일정한 행위를 단속할 목적으로 그치거나 제한하는 것에 지나지 아니하여 그에 위반하여도 벌칙을 적용할 뿐이고, 행위 자체의 사법상의 효력에는 영향이 없는 규정인 단속규정을 위반하더라도 원칙적으로 사법상의 효력에는 영향을 미치지 아니한다.

법률행위의 당사자에게 일정한 의무를 부과하거나 일정한 행위를 금지하는 법규에서 이를 위반한 법률행위의 효력을 명시적으로 정하고 있는 경우에는 그 규정에 따라 법률행위의 유·무효를 판단하면 된다. 법률에서 해당 규정을 위반한 법률행위를 무효라고 정하고 있거나 해당 규정이 효력규정이나 강행규정이라고 명시하고 있으면 그러한 규정을 위반한 법률행위는 무효이다. 이와 달리 금지 규정 등을 위반한 법률행위의 효력에 관하여 명확하게 정하지 않은 경우에는 그 규정의 입법 배경과 취지, 보호법익, 위반의 중대성, 당사자에게 법규정을 위반하려는 의도가 있었는지 여부, 규정 위반이 법률행위의 당사자나 제3자에게 미치는 영향, 위반 행위에 대한 사회적·경제적·윤리적 가치평가, 이와 유사하거나 밀접한 관련이 있는 행위에 대한 법의 태도 등 여러 사정을 종합적으로 고려해서 그 효력을 판단하여야 한다.[69]

아래에서는 금융거래와 관련하여 구체적인 사례별로 판례의 태도를 살펴본다.

---

69) 대법원 2019. 1. 17. 선고 2015다227000 판결

1. 사법상의 효력이 부인되는 사례

① 유사수신행위는 사실상 금융사기의 일종으로서 수많은 피해자를 유발하고 그 피해액도 천문학적 수치에 이르는 등 큰 사회적 문제를 유발하고 있어서 유사수신행위를 규제함으로써 선량한 거래자를 보호하고 건전한 금융질서를 확립하고자 하는 유사수신행위의 규제에 관한 법률의 입법목적을 정면으로 위반하는 행위에 해당하고, 이로 인한 피해는 판매원뿐만 아니라 국민 전체에게 미칠 수 있으므로 (가) 이러한 행위에 대하여 단순한 금지와 행정적 제재 내지 처벌만으로는 위와 같은 유사수신행위의 규제에 관한 법률의 입법목적을 달성하기 어렵다고 보이는 점, (나) 유사수신행위를 한 자에게 위와 같은 위법행위로 얻은 이익을 그대로 보유하게 하는 것은 이러한 위법행위를 조장할 우려가 큰 점 등에 비추어 보면, 유사수신행위의 규제에 관한 법률에서 유사수신행위를 규제하는 규정인 유사수신행위규제법 제3조는 단순한 단속규정이 아니라 그에 위배되는 행위의 사법상 효력까지 부인하는 효력규정, 즉 강행법규라고 봄이 상당하다.[70] 따라서 유사수신행위를 한 자는 원상회복으로 피해자에게 수령한 금원을 반환할 의무가 있다.

② 구 증권거래법에서 증권회사나 그 임직원이 유가증권의 매매거래에 있어서 고객에게 당해 거래에서 발생하는 손실의 전부 또는 일부를 부담할 것을 약속하고 권유하는 행위와 함께 투자자문회사나 그 임직원이 유가증권의 투자에 관하여 고객과 일정한 이익의 보장 또는 이익의 분할을 약속하거나 손실의 전부 또는 일부를 부담할 것을 약속하는 행위를 금지하고 있는 규정은 공정한 투자신탁거래질서의 확립을 위하여 제정된 강행법규로 보아야 할 것이므로 이에 위반하여 이루어진 수익보장약정은 무효로 본다.[71]

③ 상호저축은행이 대통령령이 정하는 특수한 경우를 제외하고 '채무의 보증 또는 담보의 제공'을 하는 행위를 금지하고 있는 상호저축은행법의 규정은 상호저축은행 경영자의 무분별하고 방만한 채무부담행위로 자

---

70) 서울고등법원 2013. 6. 20. 선고 2012나90452 판결
71) 대법원 1999. 3. 23. 선고 99다4405 판결

본구조가 부실화됨으로써 그 업무수행에 차질을 초래하고 신용질서를
어지럽게 하여 서민과 소규모기업 거래자의 이익을 침해하는 사태가 발
생함을 미리 방지하려는 데에 그 입법 취지가 있다고 할 것이어서 위
규정은 단순한 단속규정이 아닌 효력규정이라고 본다.[72]

④ 농업협동조합법에서 농업협동조합이 사업목적을 달성하기 위하여 자금
을 차입할 수 있는 상대방을 제한한 규정은 동법의 목적을 반영하여 외
부자본의 부당한 침투를 막고 궁극적으로 농업인의 자주적인 협동조직
인 농업협동조합의 재정 건전성을 확보하기 위한 취지이므로 위 규정은
강행법규로 이에 위반된 행위는 무효이며, 농업협동조합이 다른 사람의
채무를 보증하는 등으로 실질적으로 위 규정에서 정한 기관이 아닌 제3
자에 대하여 차입에 준하여 채무를 부담하게 되었다면, 이러한 행위 역
시 강행법규에 위반되어 무효이다.[73]

2. 사법상의 효력이 인정되는 사례

① 자본시장법에서 금융투자업 등록을 하지 않은 투자일임업을 금지하는
취지는 고객인 투자자를 보호하고 금융투자업을 건전하게 육성하고자
함에 있는바, 위 규정을 위반하여 체결한 투자일임계약 자체가 사법상
의 효력까지도 부인하지 않으면 안 될 정도로 현저히 반사회성, 반도덕
성을 지닌 것이라고 할 수 없을 뿐만 아니라 그 행위의 사법상의 효력
을 부인하여야만 비로소 입법 목적을 달성할 수 있다고 볼 수 없고, 오
히려 규정을 효력규정으로 보아 이를 위반한 행위를 일률적으로 무효라
고 할 경우 거래상대방과 사이에 법적 안정성을 심히 해하게 되는 부당
한 결과가 초래되므로 위 규정은 강행규정이 아니라 단속규정이라고 보
아야 한다.[74]

② 금융산업의 구조개선에 관한 법률에서 금융기관이 일정 규모 이상의 다
른 회사의 주식을 소유하는 행위에 대하여 금융감독위원회의 사전 승인
을 받도록 한 규정은 그 위반한 행위 자체가 그 사법상의 효력까지도

---

72) 대법원 2004. 6. 11. 선고 2003다1601 판결
73) 대법원 2019. 6. 13. 선고 2016다203551 판결
74) 대법원 2019. 6. 13. 선고 2018다258562 판결

부인하지 않으면 안 될 정도로 현저히 반사회성, 반도덕성을 지닌 것이라고 할 수 없을 뿐만 아니라 그 행위의 사법상의 효력을 부인하여야만 비로소 입법목적을 달성할 수 있다고 볼 수 없고, 위 규정을 효력규정으로 보아 이에 위반한 금융기관의 주식소유행위를 일률적으로 무효라고 할 경우 주식거래의 안전을 해칠 우려가 있으므로 효력규정이 아니라 단속규정이라고 보아야 한다.[75]

③ 구 은행법에서 금융기관이 직접·간접을 불문하고 당해 금융기관의 주식을 담보로 하는 대출 또는 다른 주식회사의 발행주식의 100분의 20을 초과하는 주식을 담보로 하는 대출업무를 할 수 없도록 한 규정에 위반하여 대출약정 및 주식근질권설정계약이 이루어졌다고 하더라도 그 사법상의 효력까지 부인할 것은 아니다.[76]

④ 동일인에 대한 일정액을 넘는 대출 등을 원칙적으로 금지하고 있는 구 상호신용금고법의 규정은 원래 영리법인인 상호신용금고의 대출업무 등은 그 사회의 자율에 맡기는 것이 원칙이겠지만 그가 갖는 자금중개 기능에 따른 공공성 때문에 특정인에 대한 과대한 편중여신을 규제함으로써 보다 많은 사람에게 여신의 기회를 주고자 하는 목적으로 제정된 것이므로 단속규정으로 볼 것이고, 따라서 그 한도를 넘어 대출 등이 이루어졌다 하더라도 사법상의 효력에는 아무런 영향이 없다고 본다.[77]

⑤ 금융통화운영위원회가 한국은행법과 은행법 관련 규정에 따라 제정한 '금융기관여신운용규정'은 금융기관의 건전한 여신운용 및 투자지침과 여신관리에 관한 사항을 규정함을 목적으로 제정한 것으로서 이에 위반하여 여신을 하였다 하더라도 위 규정은 효력규정이 아닌 단속규정에 지나지 않으므로 위 여신의 사법상 효력까지 부인할 수는 없다고 본다.[78]

⑥ 구 종합금융회사에 관한 법률에 따라 제정·시행된 종합금융회사업무운용지침에서 종합금융회사의 보증행위를 제한하고 있는 규정의 취지는

---

75) 대법원 2003. 11. 27. 선고 2003다5337 판결
76) 수원지방법원 2013. 1. 21.자 2012카합473 결정
77) 서울고등법원 2004. 10. 26. 선고 2002나47664 판결, 서울지방법원 1996. 7. 5 선고 95나 13721 판결
78) 대구지방법원 1996. 2. 8. 선고 95가합9826 판결

원래 영리법인인 종합금융회사의 업무는 그 회사의 자율에 맡기는 것이 원칙이겠지만 종합금융업이 갖는 공공성 때문에 일정한 경우 보증행위를 제한함으로써 종합금융회사의 건전한 경영 등을 도모하고자 함에 있다 할 것이므로 이 규정에 위반하여 보증행위가 이루어졌다고 하더라도 사법상의 효력에는 영향이 없다.[79]

⑦ 구 증권거래법에 따라 증권관리위원회가 제정한 구 증권회사의 '재무건전성준칙'에서 임원에 대한 연간 보수범위 내의 금전 대여를 제외하고는 특수관계인에게 금전을 대여하거나 신용공여하지 못하도록 규정하고 있는바, 이러한 규정들을 둔 취지는 원래 영리법인인 증권회사의 업무는 그 회사의 자율에 맡기는 것이 원칙이겠지만 증권회사가 갖는 공공성 때문에 일정한 경우 금전 대여나 신용공여 행위를 제한함으로써 증권회사의 건전한 경영 등을 도모하고자 함에 있으므로 이 규정에 위반하여 금전대여나 신용공여 행위가 이루어졌다고 하더라도 그 사법상의 효력에는 영향이 없다.[80]

⑧ 조합원이 아닌 자에 대한 신용협동조합의 대출이 신용협동조합법 등 관계 법령상 위법하다 하더라도 그 대출의 사법상 효력까지 부인되지는 아니한다.[81]

⑨ 구 증권거래법에서 증권관리위원회는 필요한 경우 증권회사에 대하여 필요한 명령을 할 수 있고 이를 위반한 경우 형사처벌의 대상으로 삼고 있더라도 증권관리위원회가 '증권회사의 재무건전성준칙'에서 '영업용순자본'에 가산될 수 있는 '후순위 차입금'은 그 본질을 해할 우려가 있는 상계약정이나 담보제공약정이 붙어 있어서는 안되도록 하는 규정에 반하여 상계권 부여 특약을 하였더라도 사법적 효력을 가지지 못하여 무효라고 할 수 없다.[82]

⑩ 코스닥상장법인이 그 이사를 위하여 법인 소유 부동산을 담보로 제공하는 행위 등을 금지한 구 증권거래법의 규정은 그 위반한 행위 자체의 사법상의 효력까지도 부인하지 않으면 안 될 정도로 현저히 반사회성,

---

79) 대법원 2003. 10. 24. 선고 2001다61456 판결
80) 대법원 2009. 3. 26. 선고 2006다47677 판결
81) 대법원 2008. 12. 24. 선고 2008다61172 판결
82) 대법원 2002. 9. 24. 선고 2001다39473 판결

반도덕성을 지닌 것이라고까지는 할 수 없고, 기업 거래에 있어서는 특히 거래의 원활과 안전이 중시되는 점, 금지행위의 예외를 폭넓게 인정하고 있는 점 등에 비추어 보면, 단순한 단속규정으로서 사법상의 효력은 유효하다고 해석함이 상당하다.[83]

⑪ 공정거래법에서 계열회사의 채무를 보증하는 행위를 금지하고 있는 규정은 공정거래위원회가 시정조치로서 채무보증의 취소를 명할 수 있다는 규정을 두어 사법상 효력을 가짐을 전제로 하는 비교적 명확한 규정을 두고 있으며, 과도한 경제력 집중을 방지하고 공정하고 자유로운 경쟁을 촉진하여 국민경제의 균형 있는 발전을 도모하고자 하는 위 규정의 입법 취지를 달성하기 위해서 반드시 그 위반된 채무보증의 효력을 부정해야 할 필요는 없으며, 계열회사에 대한 채무보증이 허용되는 예외사유를 비교적 넓게 정하고 있으므로 공정거래법을 위반한 채무보증 자체로 사법상 효력을 부인하여야 할 만큼 현저히 반사회성이나 반도덕성을 지닌 것이라고 볼 수 없다고 본다.[84]

⑫ 거주자와 비거주자 사이의 채권의 발생, 변제, 거주자의 비거주자에 대한 지급을 제한 또는 금지하는 외국환관리법상의 제한규정들은 단속법규라고 해석함이 타당하고, 이에 저촉되는 행위라 할지라도 그 행위의 사법상의 효력에는 영향이 없다.[85]

---

83) 서울중앙지방법원 2009. 6. 2. 선고 2009가합414 판결
84) 대법원 2019. 1. 17. 선고 2015다227000 판결
85) 대법원 1995. 5. 9. 선고 94다48738 판결, 대법원 1975. 4. 22. 선고 72다2161 판결, 대법원 1980. 11. 25. 선고 80다1655 판결, 대법원 1983. 3. 22. 선고 83다51 판결

제5장

신용위험과 신용보강

제1절   개관

채무자가 채무를 이행하지 않거나 채무를 이행할 경제적인 능력을 잃게 되어 손실이 발생할 **신용위험**은 투자자가 떠안는 위험 중 가장 잠재적 손실이 크고 중요한 위험이다. 투자자가 투자로 얻는 수익은 상당 부분 투자자가 부담한 신용위험에 대한 대가이고, 투자자는 최소한의 신용위험을 부담하고 최대한의 수익을 얻고자 한다. 따라서 신용위험을 제거하거나 감소시킬 수 있는 다양한 법적 수단과 그 효과에 대한 이해가 필요하다.

신용위험을 제거하거나 감소시키는 일련의 법적 수단을 소위 **신용보강**이라 일컫는데, 私法상의 권리가 사람에 대한 권리인 채권과 물건에 대한 권리인 물권으로 나뉘어지는 것과 마찬가지로 신용보강 역시 (가) 제3자가 채권자에 대하여 일정한 채무를 부담할 것을 약정함에 따라 채무자의 재산뿐만 아니라 제3자의 재산도 채권 만족을 위한 책임재산이 되는 **인적담보**와 (나) 담보로 제공된 목적물로부터 다른 채권자보다 우선하여 변제 받을 수 있는 **물적담보**[1])로 구분해 볼 수 있다.

---

1) 채무자 이외에 제3자가 자신의 재산에 대한 담보를 제공하는 경우를 물상보증이라 하고, 담보를 제공하는 제3자를 물상보증인이라 한다.

인적담보나 물적담보와 같은 전통적인 신용보강수단 이외에 특수한 방법을 사용하여 전통적인 금융거래를 단계화, 체계화시켜 고도화된 구조로 전환시키는 방법2)으로 신용위험을 제거하거나 감소시켜 자금을 조달하기도 한다.

1. 인적담보

채무자의 채무(주채무)와 동일한 채무의 이행을 약정하는 **보증**은 채권자와 보증인 사이의 계약만으로 신속하게 신용보강을 할 수 있다는 점에서 인적담보로 널리 이용되고 있다.

보증의 경우 주채무의 성립, 존속 및 그 내용은 보증채무의 효력과 내용에도 영향을 미치게 된다(보증의 부종성). 그와 달리 주채무의 성립, 존속 및 그 내용과 상관없이 채무자의 채무불이행으로 말미암아 장래 채권자에게 손해가 발생할 경우 그 손해를 전보해 주겠다는 **손해담보**약정의 경우 채권자는 보증에 비하여 보다 확실하고 신속하게 권리를 행사할 수 있다.

보증인의 청구 등 형식적 요건만으로 지급의무를 부담하는 **독립적 (은행)보증**이나 **보증신용장**은 보증인이 주채무자와 채권자 사이의 원인관계와는 상관없이 보증채무를 부담한다는 점에서 보증보다는 오히려 손해담보계약에 가깝다고 할 수 있겠다. 보험회사가 보험계약자(주계약상의 채무자)의 채무불이행으로 인하여 피보험자(주계약상의 채권자)가 입게 될 손해의 전보를 인수하는 **보증보험**은 보험의 내용에 따라 주채무에 부종하는 보증이거나 주채무에 부종하지 않는 손해담보일 수도 있다.

채무자의 채무불이행에 대한 위험을 그대로 인수하여 기한이 도래하기만 하면 채무자와 동일한 금전지급의무를 부담하는 보증과 달리 당사자들의 자유로운 합의로 인적담보를 제공하는 자가 부담하여야 할 채무의 발생요건이나 책임의 범위를 제한적으로 정할 수도 있을 것이다. **채무인수약정**, **자금보충약정**, **후순위약정**, 프로젝트금융에서 흔히 이용되는 **책임준공약정**이나 **선도매입약정**, 자산유동화에서 흔히 이용되는 **신용공여약정** 등은 채권자의 신용위험을 부분적으로 감소시키는 기능을 한다. 프로젝트금융 등 특정한 형태의 금융투자에 주로 이용되는 신용보강수단에 관하여는 제2편에서 구체적으로 다루기로 하고,

---

2) 구조화금융(structured finance)이라 하며, 그 구체적인 모습은 거래에 성격과 내용에 따라 다양하므로 제2편에서 거래의 종류별로 살펴본다.

이 장에서는 다양한 형태의 금융투자에 널리 이용되는 채무인수약정, 자금보충약정, 후순위약정, 기타 인적담보에 관하여 살펴본다.

2. 물적담보

물적담보는 주로 민법상 담보물권으로서 이미 제1편 제3장에서 살펴본 바와 같다. 신탁의 설정(신탁계약)으로 신탁재산과 관련하여 어떠한 권리(수탁자에 대한 청구권)를 부여 받은 자는 위탁자나 수탁자의 신용에 영향을 받지 않고 수탁자가 보유한 신탁재산으로부터 자신의 채권을 만족 받을 수 있다는 점에서 물적담보와 같은 기능을 한다. 사적 자치의 원칙에 따라 신탁계약으로 수탁자의 업무와 수익자의 지정 및 수익권의 내용을 자유로이 정할 수 있으므로 신용보강의 수단으로 유용하게 활용될 수 있다.

제2절   보증과 손해담보

Ⅰ. 보증의 의의와 법적 성질

1. 보증의 의의

보증이란 보증인이 채권자에 대하여 주채무자가 이행하지 아니하는 채무를 이행할 의무를 부담하는 약정을 말한다. 보증인이 채무자와 연대하여 채무를 부담하는 **연대보증**의 경우에는 단순한 보증과 달리 보증인이 채권자에 대하여 **최고 · 검색의 항변**[3]을 할 수 없기 때문에 보다 확실하고 신속한 권리행사가 가능하므로 금융투자에서는 대개 연대보증이 이용된다.

2. 보증의 대상

보증의 대상은 주채무 전부일 필요가 없으며 보증계약에서 정한 바에 따라 보증의 대상과 금액을 한정할 수도 있다.

---

3) 채권자가 보증인에게 채무의 이행을 청구하기 이전에 먼저 주채무자의 재산에 대하여 먼저 청구하고 집행할 것을 요구할 수 있는 보증인의 항변권

대출거래에서 주채무 중 이자채무만의 지급을 보증하는 **이자지급보증**도 흔히 이용되고 있다. 이자의 지급을 보증한 보증인은 원금을 상환하여야 할 채무를 부담하지 않지만 기한 없이 계속 이자(연체이자 포함)를 지급하여야 하는 부담은 결과적으로 보증인으로 하여금 원금도 상환할 수밖에 없는 간접적인 강제 수단이 될 수 있다.

3. 보증의 부종성

채권자와 보증인 사이에 달리 약정하지 않는 한, 보증채무는 주채무가 존재하여야 하므로 다음과 같은 성질(부종성)을 가진다.

① 주채무가 무효이거나 취소된 때에는 보증채무도 무효이다.
② 주채무의 내용이 변경되면, 그에 따라 보증채무도 변경된다.
③ 주채무가 소멸되면, 보증채무도 소멸한다.
④ 보증인은 주채무자가 채권자에 대하여 가지는 항변권으로 채권자에게 대항할 수 있다.

4. 구상권

보증인이 자신의 재산으로 주채무를 이행한 경우 주채무자에 대하여 그 상환을 요구할 수 있는 권리(**구상권**)을 가진다. 채무자의 부탁을 받아 보증한 보증인은 주채무의 이행기가 도래하거나 보증인과 주채무자 사이에 정한 사전구상권 행사사유가 발생한 경우 자신의 재산으로 주채무를 이행하기 이전이라도 주채무자에 대하여 구상권을 행사할 수 있다.

Ⅱ. 손해담보계약

당사자 일방이 다른 당사자에 대하여 일정한 위험의 발생으로 말미암아 장래 손해가 발생할 경우 그 손해를 전보해 줄 것을 약정하는 계약을 **손해담보계약**이라 한다. 손해담보계약으로 담보할 수 있는 대상은 반드시 어떠한 계약 당사자(채무자)의 채무불이행에 한정되는 것은 아니며, 천재지변 등 불가항력이나 기타 외부적인 요건의 성취나 미성취도 손해담보계약으로 담보되는 대상으로 삼을 수 있을 것이다.

채무불이행을 담보하는 손해담보계약은 주채무의 존속과 관계없이 성립하는 하나의 독립된 계약이고, 주채무의 존재를 전제로 성립하는 보증채무와는 달리 주채무의 성립, 존속이나 그 내용에 부종하는 성질이 없다.4) 따라서 손해담보의무를 이행하였다 하여 당연히 보증과 같이 채무자에 대하여 구상권을 가지는 것은 아니고, 구상권을 가지는지 여부는 손해담보를 약정한 자와 채무자 사이의 약정에 따라 결정된다.

손해담보계약에 따른 담보의무자의 책임은 손해배상책임이 아니라 이행의 책임이고, 따라서 담보계약상 담보권리자의 담보의무자에 대한 청구권의 성질은 손해배상청구권이 아니라 이행청구권이므로 민법 제396조의 과실상계 규정이 준용될 수 없음은 물론 과실상계의 법리를 유추적용하여 그 담보책임을 감경할 수도 없는 것이 원칙이지만, 다만 담보권리자의 고의 또는 과실로 손해가 야기되는 등의 구체적인 사정에 비추어 담보권리자의 권리 행사가 신의칙 또는 형평의 원칙에 반하는 경우에는 그 권리 행사의 전부 또는 일부가 제한될 수는 있다.5)

Ⅲ. 지급보증

흔히 은행 등 금융기관이 '채무자의 요청'으로 채무자가 채권자에게 부담하고 있는 채무의 지급을 보증하는 것을 **지급보증**이라 한다.

보증기관은 '주채무자'와 체결된 **지급보증위탁계약**6)에 따라 채권자와 지급보증계약7)을 체결함으로써 보증채무를 부담한다. 보증기관이 지급보증계약에 따라 부담하는 보증채무의 내용과 범위는 **지급보증서**의 기재사항 등으로 표시된 보증기관의 보증 의사의 해석으로 결정된다.8)

채무자가 주채무를 불이행한 경우 보증기관은 지급보증계약에 따라 채권자

---

4) 대법원 1974. 4. 9. 선고 72다2008 판결
5) 대법원 2002. 5. 24. 선고 2000다72572 판결
6) 주채무자가 보증기관에게 보증채무를 부담해 줄 것을 부탁하는 내용으로 주채무자와 보증기관 사이에 체결되는 계약으로서 통상 '지급보증거래약정서'라고 일컬어진다.
7) 통상 지급보증서라는 형식의 서면으로 체결된다.
8) 대법원 1998. 10. 27. 선고 98다27784 판결

에게 보증채무를 이행하고, 지급보증위탁계약에 따라 주채무자에 대하여 그 상환을 요구할 수 있는 권리(구상권)을 가지게 된다. 보증기관은 지급보증위탁계약에서 정한 일정한 사유(주채무자가 경제적 신용과 자력을 잃었다고 볼 수 있는 사유)가 발생한 경우에는 실제 보증채무를 이행하기 이전이라도 주채무자에게 구상권(**사전구상권**)을 행사할 수 있는 것으로 정한다.

주채무자는 보증기관의 지급보증채무 부담에 대한 대가로 지급보증위탁계약에서 정하는 바에 따라 보증료를 보증기관에게 지급한다.

Ⅳ. 독립적 (은행)보증

1. 의의와 법적 성질

보증인이 주채무자(보증의뢰인)와 채권자(수익자) 사이의 원인관계와는 독립되어 그 원인관계에 기한 사유로 수익자에게 대항할 수 없고 수익자의 청구(on demand)가 있기만 하면 무조건적으로 지급할 의무가 발생하는 보증을 **독립적 (은행)보증**이라 한다.

보증(서)에 기재된 보증의 명칭과 상관없이 보증(서)의 구체적인 문언에 따른 보증채무의 내용이 채권자의 청구로 보증한 금액을 지급하겠다고 약정한 것이면 독립적 (은행)보증으로 본다. 은행이 보증을 하면서 보증금 지급조건과 일치하는 청구서 및 요구된 서류가 제시되는 경우라도 그 보증이 기초하고 있는 계약이나 이행제공의 조건과 상관없이 그에 의하여 어떠한 구속도 받지 않고 즉시 수익자가 청구하는 보증금을 지급하겠다고 약속하였다면, 독립적 (은행)보증으로 인정된다.[9]

독립적 (은행)보증은 보증인의 채무가 보증의뢰인과 수익자 사이의 원인관계와 무관하게 독립하여 발생된다는 성질(**독립성**)과 보증인은 실제 발생된 사실관계[10]를 확인할 필요 없이 수익자가 작성한 청구서 등 보증서에서 요구하는 형식적 요건의 충족 여부만을 판단하여 채무를 이행하여야 한다는 성질(**추상성**)을 가진다.

독립적 (은행)보증은 보증의뢰인의 채무불이행의 위험을 담보한 점에서 보

---

9) 대법원 2014. 8. 26. 선고 2013다53700 판결
10) 보증의뢰인이 수익자에 대하여 채무불이행을 하였는지 여부 등

증과 같은 기능을 하지만 보증의 부종성이 배제되어 독립성과 추상성을 가진다는 점에서 민법상 보증채무와는 다른 성질의 인적담보이며, 일방 당사자가 다른 당사자에 대하여 일정한 위험으로 장래 발생할 손해를 전보해 줄 것을 약정하는 일종의 손해담보계약이라 할 수 있겠다.

2. 수익자의 권리 남용(독립 추상성의 예외)

독립적 (은행)보증의 보증인은 수익자의 청구가 있기만 하면 보증의뢰인이 수익자에 대한 관계에서 실제 채무불이행책임을 부담하는지를 불문하고 보증서에 기재된 금액을 지급할 의무가 있다. 독립적 (은행)보증의 경우에도 신의성실 원칙이나 권리남용원칙의 적용까지 완전히 배제되는 것은 아니므로 수익자가 실제로는 보증의뢰인에게 아무런 권리를 가지고 있지 못함에도 불구하고 보증의 추상성과 무인성을 악용하여 보증인에게 청구를 하는 것임이 객관적으로 명백할 때에는 권리남용에 해당하여 허용될 수 없으며, 보증인은 수익자의 청구에 따른 보증금의 지급을 거절할 수 있다. 다만 원인관계와 단절된 추상성 및 무인성이라는 독립적 (은행)보증의 본질적 특성을 고려하면, 수익자가 보증금을 청구할 당시 보증의뢰인에게 아무런 권리가 없음이 객관적으로 명백하여 수익자의 형식적인 법적 지위의 남용이 별다른 의심 없이 인정될 수 있는 경우가 아닌 한 권리남용을 쉽게 인정하여서는 아니된다.[11]

수익자가 권리를 남용하여 보증금의 지급을 청구하는 경우에는 보증의뢰인은 그 보증금의 지급거절을 청구할 수 있는 권리에 기하여 직접 그 의무자인 보증인을 상대방으로 하여 수익자에 대한 보증금의 지급을 금지시키는 가처분을 신청할 수 있다.[12]

3. 보증신용장

무역거래에서 사용되는 상업신용장과는 달리 타인의 채무를 보증하기 위한 목적으로 발행되는 신용장을 **보증신용장**(standby letter of credit)이라 한다. 보증신용장의 개설은행이 보증신용장에 따라 부담하는 채무의 내용과 범위는 보증신용장의 기재사항 등으로 표시된 보증신용장의 개설은행의 보증 의사의 해석

---

11) 대법원 2014. 8. 26. 선고 2013다53700 판결
12) 대법원 1994. 12. 9. 선고 93다43873 판결

으로 결정된다. 보증신용장의 개설은행은 수익자가 신용장 조건에서 정한 서류[13])를 제출하여 청구하면 주채무와 상관없이 지급하여야 한다.

보증신용장도 원인거래와 독립하여 채무자(신용장 개설의뢰인)의 채무불이행을 담보한다는 점에서 독립적 보증과 차이가 없으므로 수익자가 형식적 법적 지위를 악용하여 발행인에게 청구를 하는 것임이 객관적으로 명백할 때에는 권리남용에 해당하여 허용될 수 없다고 본다.

V. 보증보험

보증보험은 보험회사가 보험료를 받고 채무자(보험계약자)의 채무불이행으로 채권자(피보험자)가 입게 될 손해를 보상하는 것을 목적으로 하는 보험[14])을 말한다.[15]) 보험자가 어떤 위험을 담보하는가에 따라 (가) 이행보증보험, 지급계약보증보험, 사채보증보험 등 계약에 따른 채무이행을 보증하는 보험과 (나) 납세보증보험, 인허가보증보험 등 법령에 따른 의한 의무이행을 보증하는 보험이 있다.

보증보험계약은 실질은 보증이면서 그 형식은 보험이라는 점에서 손해보험의 성격과 보증의 성격을 동시에 갖는다. 실질적으로는 보증의 성격을 가지고 보증계약과 같은 효과를 목적으로 하는 점에서 보험자와 채무자 사이에는 민법상의 보증에 관한 규정이 준용된다고 보고 있다.[16])

대법원은 보증보험계약이 효력을 가지려면 보험계약자와 피보험자 사이에 주계약 등이 유효하게 존재하여야 하고,[17]) 보험계약자와 피보험자 사이의 주계약은 반드시 보증보험계약을 체결할 당시 이미 확정적으로 유효하게 성립되어 있어야 하는 것은 아니고, 장차 체결될 주계약을 전제로 하여서도 유효하게 보증보험계약이 체결될 수 있다고 판시하고 있다.[18]) 그러나 이는 보험자가 부

---

13) 선하증권과 같은 원인거래의 이행을 증명하는 서류를 요구하는 상업신용장과 달리 신용장 개설의뢰인이 채무불이행을 하였다는 수익자의 진술서 정도
14) 피보험자와 어떠한 법률관계를 가진 보험계약자(주계약상의 채무자)의 채무불이행으로 인하여 피보험자(주계약상의 채권자)가 입게 될 손해의 전보를 보험자가 인수하는 것을 내용으로 하는 손해보험
15) 대법원 2006. 4. 28. 선고 2004다16976 판결
16) 대법원 2005. 8. 25. 선고 2004다58277 판결
17) 대법원 2014. 9. 4. 선고 2012다67559 판결

담하는 채무가 반드시 주채무(보험계약자의 피보험자에 대한 채무)의 성립·존속·내용에 부종한다는 의미는 아닌 것으로 여겨진다. 보증보험에 따른 당사자들의 권리의무의 내용을 특정하기 위하여 보험계약자와 피보험자 사이의 주계약이 있어야 하지만 보증보험에 따른 당사자들의 권리의무 역시 계약(법률행위)으로 발생되는 이상 보증보험자가 부담하는 채무가 주채무(보험계약자의 피보험자에 대한 채무)의 성립·존속·내용에 부종하는지 여부를 포함하여 보험자가 보증보험계약에 따라 부담하는 채무의 내용과 범위는 보험증권의 기재사항 등으로 표시된 보험자의 채무 부담의 의사를 해석하여 결정되어야 할 것이다.

보증보험의 경우에는 보험기간 안에 보험계약에서 정한 보험사고가 발생하면 보험자는 피보험자가 입은 재산상의 손해를 보상할 책임을 진다(상법 제665조). 보험사고가 구체적으로 무엇인지는 당사자 사이의 약정으로 계약 내용에 편입된 보험약관과 보험약관이 인용하고 있는 보험증권 및 주계약의 구체적인 내용 등을 종합하여 결정하여야 한다. 리스보증보험이나 계약이행보증보험 등의 경우에는 주계약에서 정한 채무의 불이행 그 자체만으로는 아직 보험사고가 발생한 것으로 볼 수 없고, 보험계약자의 채무불이행을 이유로 주계약이 해제 또는 해지된 때에 비로소 보험사고가 발생한 것으로 보고 있다.[19]

보험기간은 보증보험자의 책임이 시작되어 종료될 때까지의 기간이다. 판례는 주계약의 당사자인 피보험자와 보험계약자가 주계약상의 준공기한(이행기)을 연기하였다 하더라도 보험기간도 당연히 변경된 것으로 보지 않는다.[20] 계약이행보증보험의 경우 피보험자와 보험계약자 사이의 주계약의 이행기간이 당초 보험기간 내이던 것이 보험기간 이후로 연장되었다 하여 보험기간도 연장된 주계약의 이행기간에 맞추어 연장되는 것은 아니고, 보험자로서는 당초 정해진 보험기간 내에 발생한 보험사고에 대해서만 보험책임을 부담할 뿐이므로 그러한 주계약의 이행기간 연장이 보험자의 동의 없이 이루어졌다 하여 당초 '약정한 보험기간 내'에 발생한 보험사고를 대상으로 하는 보험계약의 효력이 당연히 소멸된다고 볼 수는 없다.[21]

---

18) 대법원 1999. 2. 9. 선고 98다49104 판결
19) 대법원 1998. 2. 13. 선고 96다19666 판결, 대법원 2005. 9. 29. 선고 2005다32715 판결, 대법원 2006. 4. 28. 선고 2004다16976 판결
20) 대법원 1997. 4. 11. 선고 96다32263 판결
21) 대법원 2006. 4. 28. 선고 2004다16976 판결

원래 보험계약에서 보험계약자 또는 피보험자가 고지의무, 위험변경증가의 통지의무, 위험유지의무 등을 위반한 때에는 보험자가 보험계약을 해지할 수 있지만 보증보험은 피보험자에 대한 보험계약자의 채무이행을 보증하고 있는 것이므로 그와 같은 의무 위반에 관하여 피보험자에게 귀책사유가 없는 때에는 보험계약을 해지할 수 없다고 본다. 보증보험계약의 채권담보적 기능을 신뢰하여 새로운 이해관계를 가지게 되었다면 그와 같은 피보험자의 신뢰를 보호할 필요가 있다고 하면서 보증보험자가 보험계약자의 사기를 이유로 하여 보증보험계약을 취소하였다 하더라도 피보험자에 대한 관계에서는 그 취소를 이유로 보증보험계약을 해지할 수 없다.[22)]

보험계약에서 보험사고가 발생하기 전에는 보험계약자는 언제든지 계약의 전부 또는 일부를 해지할 수 있는 것이 원칙이나(상법 제649조 제1항), 타인을 위한 보험계약인 보증보험의 경우 보험계약자는 그 타인인 피보험자의 동의를 얻지 아니하거나 보험증권을 소지하지 아니하면 그 계약을 해지하지 못한다(상법 제649조 제1항 단서).

제3절 기타 인적담보

Ⅰ. 채무인수

채무인수란 채무를 그 동일성을 유지하면서 그대로 인수인에게 이전하는 것을 목적으로 하는 계약을 말한다. 종래의 채무자가 채무를 면하고 인수인만이 종래의 채무자가 부담하였던 것과 동일한 채무를 부담하는 것을 **면책적 채무인수**라 하고, 종래의 채무자가 채무를 면함이 없이 채무자와 인수인이 함께 같은 내용의 채무를 부담하는 것을 **병존적 채무인수**라 한다. 흔히 프로젝트금융에 있어 시공사가 대주에게 책임준공 등 일정한 의무를 부담할 것을 확약하면서 이를 위반할 경우 차주의 대출채무를 인수할 것을 약정한다.

인수인이 채무자보다 신용이 높을 경우 그만큼 채권자는 채무자의 신용위

---

22) 대법원 1999. 7. 13. 선고 98다63162 판결

험을 제거하거나 감소시킬 수 있는 효과를 거둘 수 있다.

기한이 도래하기만 하면 금전채무를 이행할 것을 획일적으로 확약하는 보증과 달리 채무인수는 채권자와 인수인 사이의 계약으로 채무인수의 사유나 효과를 다양하게 정할 수 있다. 인수인으로서는 채무인수를 하여야 할 사유를 특정함으로써 채무자의 신용위험을 제한적으로만 부담할 수 있고, 보증과 같이 채무자의 신용위험을 전면적으로 부담하는 것을 피할 수 있다. 이러한 이유로 금융투자를 위한 채무인수약정에서는 인수인이 채무인수를 하여야 할 사유와 요건을 구체적으로 명확히 정하는 것이 핵심적인 쟁점이 되는 경우가 많다.

담보권을 실행할 경우 담보물의 양수인이 담보물에 설정된 피담보채무를 인수하는 것이 거래에 간편할 수 있다. 채권자의 입장에서는 물적담보를 받았다 하더라도 장래 담보물을 환가하기 위한 절차를 거쳐야 할 뿐만 아니라 환가대금이 채권 만족에 충분하지 않을 위험도 있는데, 미리 신용이 높은 자로부터 담보목적물을 양수하고 그 대가로 피담보채무를 인수할 것을 확약 받는다면 그와 같은 위험을 피할 수 있다. 또한 담보목적물을 양수하는 자가 동시이행의 항변권이나 하자담보책임 등 원인관계(매매)를 이유로 채무인수를 거절할 위험이 있는데, 인수인으로 하여금 원인관계와 상관없이 무조건적으로 채무를 인수하도록 하고, 담보목적물의 이전은 채무자와 인수인 사이에 해결하도록 한다면 그와 같은 위험을 피할 수 있다. 채권자의 입장에서는 약정된 채무인수의 사유가 발생한 경우 조건 없이 채무가 이행되어야 한다는 관점에서 '채무인수'라는 법적 효과를 명시하는 것에만 중점을 두게 되므로 상대적으로 인수자가 채무인수의 대가로 여하한 권리를 가지는지에 관하여는 소홀한 경우가 많다. 인수자로서는 채무인수를 한 대가로 채무자에 대하여 어떠한 권리를 가질 것인지를 명확히 해 둘 필요가 있다.

Ⅱ. 자금보충약정

1. 의의와 법적 성질

채무자가 아닌 자(자금보충의무자)가 채권자에 대하여 채무자의 채무이행에 필요한 자금을 출자나 금전대여 등의 방법으로 채무자에게 제공할 의무(자금보충의무)를 부담하는 약정을 **자금보충약정**이라 한다.

자금보충의무자가 자금보충의무의 이행으로 채무자에게 지급한 출자금이나 대여금은 채무자의 책임재산이 되어 채권자의 채권 만족에 사용되므로 신용보강의 효과를 가질 수 있다. 과거 흔히 채무보증에 대한 규제를 회피할 목적으로 자금보충약정이 이용되었다가 많이 줄어들기는 하였지만 채권자에게 일정한 신용보강을 제공하는 자의 입장에서는 대가 없는 채무의 부담으로 인식되는 보증보다는 출자나 자금대여와 같은 투자의 외관을 가지는 약속을 선호하는 경우가 많아 금융투자에 있어 자금보충약정이 여전히 이용되고 있다.

금전대여의 방법으로 자금보충의무를 이행하는 경우 자금보충의무자는 채권자의 채권이 우선 상환된 이후에 자신의 대여금을 상환 받기로 약정하므로 자금보충의무자와 채무자 사이의 관계는 '후순위 상환조건부 금전소비대차(대여)'라 할 수 있다. 그러나 자금보충약정은 자금보충의무자의 채권자에 대한 확약이므로 자금보충의무자와 채무자 사이의 금전소비대차(대여)에 따른 법률관계와는 별개로 '자금보충의무자'와 '채권자' 사이의 법률관계이다. 자금보충의무자와 채무자 사이에 장래 금전대여를 위한 금전대여계약을 체결해 두는 것만으로는 부족하고, 자금보충의무자가 채권자와의 약정으로 채권자에 대한 관계에서 장래 채무자에게 금전대여를 할 의무를 부담하여야만 신용보강으로서의 효과를 얻을 수 있다.

자금보충약정에 따른 자금보충의무자의 의무의 내용과 범위는 자금보충약정등으로 표시된 자금보충의무자의 의무 부담에 관한 의사의 해석으로 결정된다. 따라서 채권자로서는 자금보충약정에서 자금보충의무의 발생요건과 효과(자금보충의 이행 절차와 방법 등)를 구체적으로 명확히 규정하여야 자금보충약정에 따른 권리를 효과적으로 행사할 수 있을 것이다. 자금보충약정에 따른 출자나 자금대여가 이루어지기 위해서는 채무자가 신주발행이나 차입에 필요한 절차와 행위를 하여야 하는데, 채무자가 장래 이러한 절차를 성실히 이행할 것인지 담보되지 않으므로 채권자로서는 자금보충의무자가 그와 같은 절차나 행위의 미비를 이유로 자금보충의무의 이행을 거절할 수 없도록 자금보충약정에서 자금보충의무자가 그와 같은 채무자의 절차나 행위와 상관없이 출자금이나 자금대여금을 채무자에게 교부하도록 하고, 사정에 따라서는 자금보충의무의 이행을 위하여 채권자에게 직접 출자금이나 자금대여금을 교부하도록 정할 필요가 있다.

2. 자금보충의무자의 도산

법원은 금전대여의 방법으로 자금보충을 이행하기로 한 자금보충약정을 '후순위 상환조건부 금전소비대차(대여)계약'으로 파악하고, 자금보충약정에 따른 금전대여가 이루어지지 아니한 경우에는 채무자회생법 제119조에서 정한 '쌍방 미이행 쌍무계약'에 해당하므로 관리인이 그 이행 또는 해제(지)를 선택할 수 있다고 판시한 바 있다.[23] 위 판결에서는 관리인이 자금보충약정을 해제(지)한 바 없으므로 이를 이행하는 것을 선택한 것으로 간주하여 대주의 자금보충의무자에 대한 자금보충금 청구채권을 공익채권으로 인정하였다.

채무자회생법 제119조 제1항에서 정한 쌍무계약이라 함은 쌍방 당사자가 상호 대등한 대가관계에 있는 채무를 부담하는 계약으로서, 본래적으로 쌍방 채무 사이에 성립·이행·존속상 법률적·경제적으로 견련성을 갖고 있어서 서로 담보로서 기능하는 것이어야 한다.[24] 자금보충약정에 따른 자금대여는 담보적 기능을 하기 위한 목적이어서 대개 자금대여가 실행된 이후 이를 상환 받기 어려운 경우가 많기 때문에 자금대여 자체만 두고 본다면 자금보충의무자가 자금대여를 할 만한 경제적 이유가 없다. 단순히 자금대여의 대가로 이자를 받기로 예정되었다는 점만으로 쌍방채무 사이에 성립·이행·존속상 법률적·경제적으로 견련성을 갖고 있어서 서로 담보로서 기능하는 것으로 인정할 수 있는지는 의문이다.

자금보충약정을 체결한 목적에 비추어 보면, 자금보충약정은 채권자가 자금보충의무자에 대하여 채무자에게 자금대여를 할 것을 요구할 수 있는 권리를 부여하기 위한 계약이고, 특별한 사정이 없는 한, 채권자가 그러한 권리의 행사가 없음에도 불구하고, 채무자가 직접 자금보충의무자에게 금전대여금의 지급을 청구할 권리를 부여하기 위하여 체결된 계약은 아닌 것으로 보아야 한다. 자금보충의무자가 채권자에게 보증을 제공하였더라면 채권자가 자금보충의무자에 대하여 가지는 채권은 회생채권으로서 회생계획에 따라 변제 받을 수밖에 없다. 보증과 비교하여 상대적으로 약한 담보의 기능을 하는 것으로 여

---

23) 서울고등법원 2015. 6. 19. 선고 2014나47513 판결, 서울고등법원 2015. 11. 13. 선고 2015나2030402 판결
24) 대법원 2013. 9. 26. 선고 2013다16305 판결 등 참조

겨지는 자금보충약정을 한 경우 자금보충의무자의 관리인이 미처 자금보충약정의 성질을 정확히 판단하지 못하여 해제(지)할 기회를 놓쳤다 하여 채권자의 자금의무자에 대하여 가지는 채권을 공익채권으로 인정하여 회생절차와 상관없이 변제 받을 수 있도록 한다면, 자금보충의무자는 보증을 제공한 경우에 비하여 오히려 불리한 지위에 있게 된다. 당초 채권자로서는 자금보충의무자로부터 보증을 받는 것만으로 충분하였던 것이므로 그 이상의 권리가 부여되는 것은 합당하지 않다. 채권자는 자금보충의무자에 대하여 자금보충약정에 따른 자금대여를 하지 아니하여 자신의 채무자에 대한 채권을 만족 받을 수 없어 입게 될 손해의 배상을 청구할 수 있는 권리를 가질 뿐이고, 자금보충의무자의 회생절차에서는 이를 회생채권으로 행사할 수밖에 없는 것으로 보는 것이 타당하다.

Ⅲ. 제3자의 확약

금융투자시 신용위험과 같은 포괄적인 위험은 아니지만 투자자의 손실을 방지하기 위하여 특정한 위험 요소가 있어 이를 제거하거나 감소시키기 위하여 신용 있는 제3자로부터 그에 관한 보장을 받을 필요가 있을 수 있다. 회사에 투자를 함에 있어 지배주주의 신용이 중요한 고려 요소 중의 하나여서 지배주주의 변동을 제한하는 약정을 하고자 할 경우 투자자와 회사 사이의 계약에서 투자자의 동의 없는 지배주주의 변동을 제한하는 약정만으로 부족하고 직접 지배주주로부터 주식의 양도에 관하여 일정한 약속을 받기를 원할 수도 있을 것이다.

금융투자에 있어 흔히 투자자는 확약서, 각서, confirmation letter, letter of undertaking, letter of comfort 등 다양한 제목의 서면으로 제3자로부터 일정한 사항에 관한 약정이나 보장을 받는 경우가 많다. 그와 같은 확약으로 부담하는 의무의 내용과 그러한 의무가 법적 구속력을 가지는지 여부는 당해 서면 등으로 표시된 확약자의 의무 부담에 관한 의사의 해석(문언, 작성 동기 및 경위, 당사자간의 의사, 거래관행 등을 종합적으로 고려하여 판단)에 따라 결정된다. 그와 같은 확약이 실효적으로 강제할 수 있기 위해서는 확약의 내용이 보다 구체적이고도 명확하여야 하겠다. 국제거래에서 제공되는 확약의 효력과 집행가능성에 관하여는 당해 확약에 적용되는 준거법에 따라 달라질 수 있으므로 당해 준거법에 자격 있는 변호사의 확인이 필요할 것이다.

지금은 그리 이용되지 않지만 과거 선박금융 등에서 모회사가 차주인 자회사에 관하여 일정한 사항을 확인해 주는 letter of comfort를 대주에게 제공하기도 하였다. 모회사는 자회사가 자금을 차입하는 등 자회사의 채무관계를 알고 있다는 사실, 자회사의 채무가 완전히 변제될 때까지 일정 기준 이상의 출자지분을 유지하겠다는 의사, 자회사의 경영이나 재무[25]에 관한 모회사의 정책(policy)이나 의도(intention)를 밝히는 것이 보통이다. 경우에 따라서는 letter of comfort의 내용이 보증을 구성하거나 법적 구속력을 가지는 것이 아니라고 명시하는 경우도 있다.

자회사가 대출을 받는 등 신용제공을 수반하는 거래에서 채권자는 모회사에게 계약당사자인 자회사 등에 관한 일정한 확인이나 보장을 요구하는 경우가 있고, 이러한 보장은 법적 구속력을 가지는 보증의 형태로 이루어지기도 한다. 때로는 법적 구속력은 없지만 보장하는 모회사 등의 명예나 신용을 고려한 이행을 기대하여 자회사 등에 대한 지분 비율의 확인, 자회사 등이 체결하는 계약에 대한 인식 및 승인, 자회사 등의 자력 또는 이행능력을 뒷받침할 방침의 선언 등을 담은 이른바 letter of comfort라고 불리는 서면을 작성·교부 받는 경우가 있다. 이 경우 보증의 의사를 추단할 문구가 전혀 없이 단지 모회사가 자회사의 지분을 보유하고 있다는 사실의 확인과 자회사의 계약 체결을 인식 혹은 승인하였다는 등의 내용만으로는 모회사 등에 어떠한 법적 의무를 발생시킨다고 보기는 어렵다. 다만 letter of comfort가 모회사에 의하여 발행되고, 그 서면 내에 법적 책임을 부인하는 문언이 없이 발행인에게 적극적으로 요구되는 행위가 있는 경우, 직접 보증 대신 letter of comfort를 이용하게 된 경위, letter of comfort의 발행을 위한 협상의 기간·강도, letter of comfort 발행시 법적 효력에 관한 발행인과 수취인의 의도나 인식, letter of comfort를 이용한 당사자의 거래경험과 전문성, 서면의 교부가 거래의 최종적인 성립에 영향을 미친 정도, 발행인이 letter of comfort의 작성·교부를 통하여 받은 이익

---

25) 자회사가 건전한 재무관리 정책에 따라 적절히 운영되거나, 자회사가 채무를 이행하는 데 필요한 자금을 제공하거나, 자회사로부터 이익배당 등 자산을 분배를 받지 않는다는 등

유무 등의 사정을 종합적으로 고려할 때, 발행인이 letter of comfort를 교부함으로써 수취인이 거래에 응하도록 적극적으로 유인하고, 수취인은 이에 의하여 형성된 발행인의 신용에 대한 합리적인 신뢰를 바탕으로 계약의 체결에 이른 점 등이 인정된다면 경우에 따라서는 모회사 등은 채무불이행으로 인한 손해배상책임을 부담할 수도 있게 된다.[26]

제4절   후순위약정

I. 후순위약정의 의의와 효용

어떤 채무자에 대하여 복수의 채권자가 존재하는 경우, 채권자는 물적담보를 가지고 있지 않은 이상 그 발생의 원인·시기에 관계없이 다른 채권자와 같은 지위에서 채권을 변제 받을 수 있으며, 채무자의 모든 재산이 모든 채권을 변제하기에 부족한 경우에는 채권액에 비례하여 변제를 받을 수 있는 것이 원칙(채권자평등의 원칙)이다.

이러한 채권자평등의 원칙에 대한 예외로 다른 채권에 우선하는 채권이나 다른 채권보다 후순위인 채권이 있을 수 있다. 다른 채권보다 후순위인 채권은 법률의 규정이나 구조적인 속성[27]으로 발생되기도 하지만 금융투자에서는 흔히 당사자들 사이에 채권의 후순위조건에 관하여 약정하는 예가 많다. **후순위약정**이란 특정한 채무자에 대하여 채권을 가지고 있는 채권자들 중 어느 채권자(후순위채권자)가 다른 채권자(선순위채권자)가 전액 상환을 받을 때까지 자신의 채권을 상환을 받지 않기로 하는 약정을 말하며, 다음의 내용이 포함될 수

---

26) 대법원 2014. 7. 24. 선고 2010다58315 판결
27) 하나의 특수목적회사(SPC1)가 후순위대주로부터 자금을 차입하여 다른 특수목적회사(SPC2)에게 출자하고, SPC2가 선순위대주로부터 자금을 차입하여 출자금과 차입금으로 제3자에게 투자를 하는 경우, 선순위대주와 후순위대주 사이에 후순위약정을 할 필요 없이 구조적으로 SPC1에 대출한 후순위대주는 SPC2에 대출한 선순위대주에 후순위가 된다. 제3자인 채무자가 도산에 이를 경우 SPC2가 채무자로부터 회수하는 자금은 모두 SPC2의 채권자인 선순위대주의 채권에 먼저 충당될 것이므로 선순위대주의 지위가 보다 확실하게 보장된다.

있다.

① 후순위채권자가 그에 반하여 상환 받은 경우 이를 선순위채권자에게 배분되도록 반환하겠다는 약정
② 기한의 이익 상실 사유가 발생하더라도 후순위채권자가 선순위채권자의 동의 없이 기한의 이익을 상실시키거나 담보를 실행하는 행위를 제한하는 약정
③ 선순위채권자의 이익을 해하는 후순위채권의 변경(리파이낸싱 포함)이나 후순위채권자의 이익을 해하는 선순위채권의 변경(리파이낸싱 포함)에 대한 제한
④ 선순위채권 또는 후순위채권의 양도시 양수인이 다른 채권자과의 약정을 승계할 것으로 조건으로 하는 약정

후순위채권은 채무자의 자력이 부족할 경우 선순위채권에 앞서 손실 위험을 부담하므로 선순위채권자의 입장에서는 자신의 채권의 신용이 보강되는 효과를 얻을 수 있으며, 채무자로서는 보다 저렴한 대가로 선순위채무를 부담하고 자금을 조달할 수 있는 여력을 가질 수 있게 된다. 후순위채무는 주식과 유사하게 손실을 부담하는 기능을 하지만 자금을 조달하기 위한 신주 발행이나 자금의 상환을 위한 자본감소를 위한 절차적인 어려움이 없이 계약 당사자들의 합의로 자유로운 자금의 조달과 상환이 가능한 장점이 있다.

Ⅱ. 후순위의 의미

후순위약정에 있어서 가장 주의하여야 할 점은 **후순위**라는 용어가 법적으로 정의된 개념이 아니며, 다른 채권과의 관계에서 성립될 수 있는 상대적인 개념에 불과하므로 당사자들의 합의로 후순위의 의미에 관하여 구체적으로 명확하게 정하여야 할 필요가 있다는 것이다. 계약에서 단순히 어떤 채권이 다른 채권에 대하여 후순위이라고만 정할 경우 도대체 후순위의 의미가 무엇이며, 이를 여하히 실현시킬 것인지에 관하여 논란이 발생될 수 있고, 이는 선순위채권의 권리가 명확하지 않게 되는 결과가 되어 선순위채권자의 이익에 중대한 영향을 미치게 된다.

흔히 후순위약정은 다음과 같이 구분될 수 있다.

① 선순위채무의 범위에 따른 구분

(가) 일반적인 후순위약정: 당해 채무를 채무자의 다른 모든 채무보다
후순위로 하는 약정

(나) 특정한 후순위약정: 당해 채무를 채무자의 다른 채무 중 일정한 채
무에 대하여만 후순위로 하는 약정

② 후순위채무의 변제 조건에 따른 구분

(가) 완전한 후순위약정: 선순위채무가 전부 변제될 때까지 어떠한 변제
도 될 수 없는 것으로 하는 약정

(나) 불완전한 후순위약정: 일정한 사유(채무자의 도산, 선순위채무에 관한
채무자의 기한의 이익 상실)가 발생되기 이전에는 선순위채무가 전부
변제되기 이전이라도 후순위채무가 변제될 수 있지만 그와 같은 사
유가 발생한 경우에는 선순위채무가 전부 변제되기 이전에는 후순
위채무가 변제될 수 없는 것으로 하는 약정

후순위약정을 하더라도 후순위채권자가 자신의 후순위채권과 채무자가 후
순위채권자에 대하여 가지는 채권을 상계할 경우 후순위채권을 변제 받은 결
과가 되므로 후순위약정의 의미가 없게 된다. 또한 채무자가 후순위채권자에
게만 물적담보를 제공하는 것 역시 후순위약정의 본질에 반한다. 따라서 후순
위약정에서는 상계뿐만 아니라 여하한 방법에 의한 후순위채무의 변제나 후순
위채권자에 대한 담보제공을 금지하는 것으로 정한다.

후순위는 다른 채권자와의 관계에서 우선순위의 문제뿐만 아니라 우선순위
가 적용되는 책임재산의 범위에 관하여도 약정될 수 있다. 사정에 따라서는
(가) 채무자의 재산 중 특정한 재산에 대하여는 우선순위를 두지만 다른 재산
에서는 동일한 순위로 채권을 행사할 수 있는 것으로 약정하거나, (나) 차주의
책임재산을 구별하여 일정한 범주의 재산에 관하여 우선순위를 정하고, 다른
범주의 재산에 관하여는 그 우선순위를 바꾸어 순위를 정하는 약정[28]도 할 수
있을 것이다. 흔히 여하한 방법으로든 선순위채무의 변제에 앞서 후순위채무
의 변제를 금지한 경우 채무자의 책임재산에 의한 변제뿐만 아니라 제3자에

---

28) 이는 책임재산제한약정의 성격도 가진다.

의한 후순위채무의 변제마저 금지하는 의미인지 의문이 생길 수도 있으니 앞
서 강조한 바와 같이 '후순위'의 의미를 명확히 하여야 한다는 점에 주의할 필
요가 있다.

Ⅲ. 후순위약정의 효과

증권관리위원회의 재무건전성준칙에서 영업용 순자본에 가산될 수 있는 후
순위차입금은 그 본질을 해할 우려가 있는 상계약정이나 담보제공약정이 있어
서는 아니된다고 정하고 있지만, 사적 자치의 원칙상 이와 달리 채권자와 채무
자가 상계권을 부여하는 특약을 하더라도 사법적 효력을 가지지 못하여 무효
라고 할 수 없다.[29] 물론 당해 증권회사가 영업용 순자본에 가산될 수 없는 후
순위차입금을 마치 영업용 순자본에 가산될 수 있는 후순위차입금으로 공시하
거나 감독기관에게 보고할 경우 위 준칙의 위반에 상응하는 책임을 부담하여
야 할 것이다. 또한 채권자가 분식회계와 마찬가지로 투자자와 감독기관을 기
망하기 위하여 영업용 순자본에 가산될 수 없는 후순위차입금을 영업용 순자
본에 가산될 수 있는 후순위차입금으로 가장하는 채무자의 행위에 적극 가담
한 것이라면 공서약속 위반으로 상계권을 부여하는 특약이 무효가 될 수 있다.

후순위약정이 실제 문제될 수 있는 상황은 채무자가 파산 상태에 이르러
채무 전부를 변제할 수 없는 경우이다. 채무자회생법은 '채무자가 채권자와 파
산절차에서 다른 채권보다 후순위로 하기로 정한 채권은 그 정한 바에 따라 다
른 채권보다 후순위로 한다'고 규정하여 채무자와 채권자가 체결한 후순위약
정의 효력을 인정하고 있다(채무자회생법 제446조 제2항). 그런데 채무자회생법
률은 채무자와 채권자 사이의 후순위약정의 효력만을 정하고 있으므로 채무자
가 아닌 채권자들 사이에서만 체결된 후순위약정은 파산절차에서 효력을 가질
수 없고, 당해 채권자들은 파산절차에서 평등하게 채권액에 비례하여 변제 받
은 다음 당해 채권자들 사이에서 정산하여야 할 것이다.

이를 위하여 후순위약정을 체결함에 있어 장래 후순위채권자가 파산절차에
서 변제를 받을 경우 (가) 후순위채권자는 선순위채권자가 변제 받지 못한 범
위 내에서 변제 받은 금액을 선순위채권자를 위하여 신탁 받은 것으로 간주하

---

29) 대법원 2009. 3. 26. 선고 2006다47677 판결

는 약정을 하거나, (나) 후순위채권자가 선순위채권자가 변제 받지 못한 범위
내에서 변제 받은 금액을 선순위채권자에게 지급하기로 하는 약정을 한다. 전
자의 경우 후순위채권자가 파산에 이르더라도 선순위채권자를 위하여 신탁 받
은 재산으로 간주되는 금액은 수익자인 선순위채권자를 위한 신탁재산으로 보
호받을 수 있는 반면, 후자의 경우에는 선순위채권자는 단순히 후순위채권자에
대한 채권적 권리만을 가지므로 후순위채권자의 신용위험을 부담하게 된다.

제5절 금융투자와 신탁

Ⅰ. 신탁의 의의

신탁이란 신탁을 설정하는 자(위탁자)가 신탁을 인수하는 자(수탁자)에게 일
정한 재산(신탁재산)30)을 이전31)하고, 수탁자로 하여금 일정한 자(수익자)의 이
익 또는 특정한 목적을 위하여 그 재산의 관리, 처분, 운용, 개발, 그 밖에 신
탁 목적의 달성을 위하여 필요한 행위를 하게 하는 약정을 말한다(신탁법 제2
조).

신탁재산32)은 수탁자의 재산이 되고, 수탁자의 고유한 재산(고유재산)과도
구별된다. 이에 (가) 위탁자나 수탁자의 채권자가 강제집행, 담보권 실행 등을
위한 경매, 보전처분 또는 국세 등 체납처분을 할 수 없으며(신탁법 제22조),
(나) 위탁자나 수탁자의 파산재단(회생절차의 경우 관리인이 관리 및 처분 권한을
갖고 있는 채무자의 재산)33)을 구성하지 아니한다(신탁법 제24조). 따라서 신탁의
설정으로 신탁재산과 관련하여 어떠한 권리(수탁자에 대한 청구권)를 가지는 수
익자는 위탁자나 수탁자의 신용에 영향을 받지 않고 신탁재산으로부터 자신이
가지는 권리의 실현을 보장받을 수 있게 된다.

---

30) 영업이나 저작재산권의 일부도 신탁재산이 될 수 있다.
31) 담보권의 설정 또는 그 밖의 처분을 포함한다.
32) 신탁의 설정으로 수탁자에게 이전된 재산과 신탁재산의 관리, 처분, 운용, 개발, 멸실, 훼
  손, 그 밖의 사유로 수탁자가 얻은 재산
33) 파산절차와 회생절차에 관하여는 아래 제8절 참조

II. 금융투자에 있어 신탁의 기능

신탁행위(신탁을 설정하는 법률행위인 신탁계약)로 (가) 신탁재산의 관리, 처분 등 수탁자가 할 수 있는 행위의 범위와 내용을 정할 수 있고, (나) 위탁자가 가지는 권리를 제한하거나 또는 위탁자가 아닌 제3자에게 일정한 권리를 부여할 수 있다.

신탁의 설정으로 신탁재산과 관련하여 어떠한 권리(수탁자에 대한 청구권)를 부여받은 자는 위탁자나 수탁자의 신용에 영향을 받지 않고 신탁재산으로부터 자신이 가지는 권리의 실현을 보장받을 수 있다는 신탁의 기본적인 특성에 더하여 사적 자치의 원칙에 따라 수탁자의 업무와 수익자의 지정 및 수익권의 내용을 자유로이 정할 수 있으므로 금융거래에 있어 다양한 경제적 목적을 달성하기 위하여 신탁을 유용하게 활용할 수 있다.

신탁은 경제적인 관점에서 (가) 위탁자의 이익을 위하여 재산의 관리나 투자(재산의 증식)의 목적으로 이용되는 신탁과 (나) 제3자의 이익을 보호하기 위하여 신탁재산을 보전하기 위한 목적으로 이용되는 신탁으로 구분할 수 있겠다. 위탁자의 이익을 위하여 이용되는 신탁은 신탁업자의 금융상품으로 다룰 문제이므로 그에 대한 깊은 검토는 다음 기회로 미루고, 이 절에는 제3자의 이익을 보호하기 위한 신탁 중 다양한 금융투자에서 담보의 기능을 하는 신탁에 대하여 구체적으로 살펴보기로 한다.

1. 위탁자의 이익을 위한 신탁

가. 재산의 관리나 처분만을 목적으로 하는 신탁

위탁자의 이익을 위하여 재산의 관리나 처분을 목적으로 하는 신탁에는 (가) 수탁자가 신탁재산에 대한 소유권만을 보유하되, 처분할 권한이 없는 신탁(소위 **을종부동산관리신탁**), (나) 수탁자에게 신탁설정시 특정된 목적과 방법으로 신탁재산의 관리·처분을 위탁하는 신탁(소위 **을종부동산처분신탁**),[34] (다) 위탁자가 수탁자에게 처분의 방법을 특정하지 아니하고 재량으로 신탁재산의 적

---

34) 주로 부동산의 매매거래에 있어 수탁자로 하여금 매매목적물의 소유자의 지위에서 매수인에게 매매목적물에 대한 소유권을 이전하도록 함으로써 매수인은 장래 매매대금의 지급 등 자신의 의무를 모두 이행하였음에도 불구하고 매도인의 의무 위반으로 매매목적물을 취득할 수 없는 위험을 제거할 수 있게 된다.

극적인 관리 또는 처분을 위한 업무를 위탁하는 신탁(소위 **갑종부동산관리신탁, 갑종부동산처분신탁**)이 있다.

나. 위탁자의 투자를 목적으로 하는 신탁

위탁자가 투자를 위하여 수탁자의 전문적안 지식, 정보, 투자판단의 능력 등과 같은 도움을 받을 필요가 있는 경우 (가) 투자할 재산(신탁재산)을 수탁자에게 이전함으로써 수탁자가 재량으로 신탁재산을 소유자의 지위에서 재량으로 관리·처분·운용할 수 있도록 하되, (나) 신탁재산을 수탁자의 신용위험에서 보호하고, 신탁재산에서 발생한 손익을 위탁자의 계산으로 귀속시키기 위하여 신탁을 이용한다. 물론 투자자인 위탁자를 보호하기 위하여 자본시장법에 따라 신탁업자가 신탁 받은 재산의 관리·처분·운용하는 방법이 제한될 수 있다.

위탁자의 투자를 목적으로 하는 신탁에는 **부동산개발신탁**과 투자매매업을 영위하는 증권회사에 대한 **금전신탁**이 있다.

부동산개발신탁의 경우 위탁자는 신탁회사에게 토지를 신탁하고, 신탁회사에게 토지개발에 필요한 자금의 차입을 포함하여 신탁회사가 자신의 이름으로 토지를 개발하기 위하여 필요한 업무과 권한을 신탁회사에게 포괄적으로 위탁한다.

투자매매업을 영위하는 증권회사에게 금전을 신탁하여 증권회사로 하여금 유가증권 등에 운용하도록 하고 수익을 얻을 수 있다. 위탁자가 금전을 특정한 목적으로 운용하도록 지정하여 신탁(**특정금전신탁**)할 수도 있다.

집합투자의 경우 신탁을 직접 집합투자기구로 이용할 수도 있고(**투자신탁**), 그 이외의 집합투자기구를 이용하는 경우에도 반드시 집합투자재산을 신탁업자에게 신탁하도록 하고 있다. 집합투자도 투자자의 재산증식을 목적으로 하지만 집합투자업자가 자신의 투자에 관한 지식, 정보를 이용하여 투자 판단과 실행을 할 권한을 가지며, 신탁업자는 집합투자업자의 지시에 따라 집합투자재산을 관리·처분·운용하는 보관의 기능을 할 뿐이다.

2. 제3자의 이익을 보호하기 위한 신탁

제3자의 이익을 위하여 신탁재산의 보전하기 위한 목적으로 이용되는 신탁에는 다음과 같은 신탁이 있다.

가. 담보신탁

담보신탁은 수탁자가 신탁재산을 어떠한 채무의 상환을 위하여 신탁재산을 관리·처분하여야 하는 목적으로 설정된 신탁이다. 담보신탁과 유사한 기능을 하는 신탁에는 재산 자체를 수탁자에게 이전하는 것이 아니라 재산에 대한 담보권만을 수탁자에게 설정하는 **담보권신탁**이 있다.

나. 신탁 방식에 의한 자산유동화

자산유동화를 위하여 유동화 대상 자산을 자산보유자로부터 절연시키기 위하여 신탁의 방법을 이용하기도 한다. 이 경우 신탁계약에서 수탁자는 유동화 증권의 투자자(신탁의 수익자)의 이익을 위하여 유동화 대상 자산(신탁재산)을 자산유동화의 목적을 달성하기 위하여 특정하고 있는 방법으로만 관리·처분·운용하도록 정한다.

다. 개발사업을 위한 신탁

개발사업을 위한 프로젝트금융에 있어 신탁회사에게 물적 자산을 신탁하는 이외에 수탁자로 하여금 자신의 명의로 사업의 시행에 필요한 인허가의 획득, 사업주체의 지위에 체결하여야 하는 계약의 체결, 개발된 사업목적물의 분양이나 매도를 위한 매도인으로서의 업무를 위탁하는 **관리형토지신탁**을 흔히 이용한다.

관리형토지신탁은 수탁자의 명의로 개발사업을 시행한다는 점에서 외관상 개발신탁과 유사하지만 개발신탁과 달리 수탁자에게 자신의 책임으로 사업에 필요한 자금을 차입하는 것과 같은 적극적인 업무를 위탁하거나 수탁자의 자유로운 재량으로 위탁된 업무를 수행할 수 있는 권한이 부여되지 아니한다. 관리형토지신탁의 수탁자는 단지 개발사업의 사업주(위탁자), 대주단, 시공사, 수분양자 등 이해관계인의 이익을 보호할 목적으로 자신의 명의로 사업에 필요한 유무형의 신탁재산을 소유하거나 계약의 당사자가 되어 이를 보존하고 관리하는 업무만을 수행할 뿐이고, 실제 수탁자가 신탁재산을 관리하거나 처분하는 구체적인 방법 또는 체결할 계약의 구체적인 내용은 관리형토지신탁계약에서 정한 내용(또는 이를 결정할 수 있는 자로 지정된 자의 결정이나 지시)에 따라야 한다.

개발신탁이나 관리형토지신탁과 같이 수탁자에게 수탁자의 명의로 사업을 시행하도록 하는 업무까지 위탁하지는 않지만 물적 자산을 신탁하는 이외에 사업의 시행을 위하여 필요한 여러 업무 중 분양계약의 체결, 분양대금의 수납과 관리 등을 위탁하는 **분양관리형토지신탁**이 이용되기도 한다.

Ⅲ. 담보신탁

1. 담보신탁의 내용

신탁재산을 어떠한 채무의 변제를 목적으로 관리·처분하기로 약정하는 **담보신탁**에서는 위탁자는 자신의 재산을 수탁자에게 이전하고, 채권자에게 신탁재산으로부터 채권을 변제 받을 수 있는 권리(우선수익권)를 부여한다. 우선수익권을 받은 채권자(우선수익자)는 채무의 이행기가 도래한 경우 수탁자에게 신탁재산을 환가하여 채무의 변제를 위하여 필요한 금액을 지급해 줄 것을 청구할 수 있는 권리를 가지게 된다.

담보권의 설정에 있어 채무자가 아닌 제3자가 물상보증인으로서 자신의 재산을 담보로 제공하는 경우와 마찬가지로 위탁자는 자신의 채무뿐만 아니라 타인의 채무를 담보할 목적으로도 담보신탁을 설정할 수 있다.

2. 우선수익권의 법적 성질과 내용

담보신탁에 따른 **우선수익권**은 경제적으로 담보의 기능을 하지만 법적으로는 신탁계약에 따라 채권자(우선수익권자)가 수탁자에 대하여 가지는 채권이며, 물건에 대하여 직접적으로 가지는 담보물권과는 본질이 다르다.

우선수익권의 구체적인 내용은 신탁계약에서 정한 조건에 따라 결정되며, 민법상 담보물권에 적용되는 부종성의 원칙이 적용되지 아니하므로 우선수익자의 채무자에 대한 채권이 제3자에게 이전되더라도 우선수익자의 수탁자에 대한 우선수익권도 금전채권에 수반하여 이전되는 것은 아니고, 소멸되지 아니하고 유효하게 존속한다. 따라서 담보신탁계약에서 채권의 양도와 우선수익권의 효력의 관계를 명확하게 정하여야 한다.

3. 담보권신탁

신탁은 일반적으로 위탁자의 재산을 수탁자에게 이전하는 방법으로 설정되지만 신탁법에서는 그 이외에도 수탁자에게 위탁자의 재산에 대한 '담보권'을 설정하는 것도 신탁행위의 하나로 정하고 있다(신탁법 제2조). 이에 위탁자가 자신의 재산에 대한 담보권을 신탁재산으로 하여 신탁을 설정하고 채권자를 신탁의 수익자로 지정함으로써 담보의 목적을 달성하는 방법(담보권신탁)을 생각해 볼 수 있겠으나, 신탁의 담보로서의 기능은 담보신탁으로 충분히 달성될 수 있고, 다음과 같은 이유에서 담보권신탁이 이용되기 어렵다.

① 민법상 담보물권은 채권자가 담보권자여야 한다는 부종성의 원칙이 적용된다. 담보권신탁에 따라 수탁자는 담보권만을 가지므로 채권자(수익자)와 담보권자(수탁자)가 분리되는 외관을 가진다. 채권자가 담보권신탁의 수익권을 취득하면 담보물권이 부종성의 취지에 부합하는 것으로 볼 수 있겠지만 여전히 채권의 양수인은 별도로 담보권신탁의 수익권도 양수해야만 수탁자에 대하여 수익권을 행사하여 금전을 수령할 수 있다고 보아야 하므로 양도절차에 있어 담보신탁과 다를 바 없다.

② 자본시장법은 신탁업자가 수탁할 수 있는 재산에 채권을 포함하고 있으므로 채권과 함께 이를 담보하는 담보권을 수탁할 수 있다고 해석되지만 오로지 담보권만을 수탁할 수 있다고 해석하기는 어렵다.

③ 수탁자가 소유자의 지위에서 신탁재산을 환가하는 방법에 특별한 제한이 없는 반면, 수탁자가 가지는 권리는 재산에 대한 소유권이 아닌 담보권이므로 담보권자인 수탁자가 담보목적물을 환가하기 위해서는 법정된 담보권 실행 절차를 준수하여야 한다.

④ 수탁자가 가지는 권리는 재산에 대한 소유권이 아닌 담보권이므로 위탁자에 대하여 회생절차가 개시될 경우 수탁자가 가지는 담보권 역시 채무자의 재산에 설정된 담보와 다름이 없으므로 회생담보권에 해당하여 담보권의 행사가 제한된다.

4. 담보부사채

담보부사채신탁법은 사채에 물상담보(物上擔保)를 붙이려면 그 사채를 발행하는 회사와 신탁업자 사이의 신탁계약에 의하여 사채를 발행하여야 한다고 정하고 있다(담보부사채신탁법 제3조). 사채에 붙일 수 있는 물상담보에는 동산질(動産質), 증서가 있는 채권질(債權質), 주식질(株式質), 부동산저당이나 그 밖에 법령에서 인정하는 각종 저당이 있다(담보부사채신탁법 제4조).

담보부사채를 발행하고자 하는 회사는 신탁업자와 신탁계약(신탁증서)을 체결하여 자신의 재산에 대한 담보권을 신탁업자에게 설정해 주고, 債券에 물상담보를 붙이는 사채의 표시와 신탁증서의 표시를 기재하여 담보부사채를 발행한다(담보부사채신탁법 제31조, 제13조). 기한이 만료되어도 사채가 변제되지 아니하거나 위탁회사가 사채를 완전히 변제하지 아니하고 해산하였을 때에는 신탁업자는 지체 없이 사채권자집회의 결의에 따라 담보권을 실행하여야 하며, 그 결과 사채권자를 위하여 변제 받은 금액을 지체 없이 채권액에 따라 각 사채권자에게 지급한다(담보부사채신탁법 제71조, 제77조).

사채에 물상담보을 붙인다는 것은 법적으로 어떤 의미를 가지는 것일까. 社債는 주식회사가 債券을 발행하여 부담하는 채무이고, 債券으로 표창된 사채권자의 권리는 債券의 교부로 양도된다. 담보부사채의 경우 '수탁자'(신탁업자)가 사채에 붙이고자 하는 담보에 관한 물권을 가진다. 민법상 담보권의 양도를 위해서는 등기 등 물권의 변동을 위하여 필요한 요건을 갖추어야 하는데, 債券의 교부만으로 수탁자가 가지는 물권이 債券소지인에게 양도된다고 볼 수 없다. 따라서 사채에 물상담보을 붙인다는 의미는 債券에 (가) 사채의 발행인에 대하여 사채의 상환을 청구할 수 있는 채권과 함께 (나) 신탁회사에 대하여 담보권을 실행하여 얻은 환가대금으로 사채를 상환해 줄 것을 청구할 수 있는 '채권'을 표창하고, 債券의 교부로 발행인에 대한 채권뿐만 아니라 신탁회사에 대한 채권 역시 양도될 수 있다는 의미로 이해된다.

금전채권은 지명채권이든 증권적 채권이든 담보물권의 피담보채권으로 삼을 수 있으므로 사채원리금의 지급채무를 담보하기 위하여도 담보물권을 설정할 수 있다. 사채권자에게 민법상 담보물권을 설정해 주고, 사채의 양도는 債券의 교부에 의하여, 담보물권의 양도는 등기 등 당해 담보물권의 변동을 위하여 필요한 요건을 갖추면 된다. 따라서 사채원리금의 지급을 담보할 목적으로 물건에 대한 담보권을 부여하기 위하여 반드시 담보부사채신탁법에 따른 담보부사채를 발행하여야 하는 것은 아니다.

회사채에 대한 투자에 있어서는 지급의 적시성, 즉 약정된 지급기일에 원리금이 지급될 수 있는지 여부가 매우 중요하다. 아무리 사채원리금의 지급을 위한 담보가 제공되었다 하더라도 이를 실행하기 위한 시간이 소요되어 지급기일에 지급이 보장되지 않는다면 투자가치가 떨어질 수밖에 없다. 이에 사채의 상환을 담보할 담보물이 있다면 이를 은행에게 담보로 제공하고 은행이 사채원리금을 보증하는 보증사채를 많이 이용하므로 담보부사채가 많이 활용되지 못하고 있는 실정이다.

5. 신탁사채

신탁법은 수탁자가 신탁재산만으로 이행책임을 부담한다는 뜻을 기재한 사채(신탁사채)의 발행을 허용하고 있다(신탁법 제87조). 신탁재산은 신탁사채의 상환을 위한 담보 내지 재원이 된다. 신탁사채로 달성하고자 하는 목적은 신탁방식의 자산유동화로 달성될 수 있고, 신탁사채의 공모를 위한 절차가 정비되지 아니하여 실무상 신탁사채가 이용되지 못하고 있다.

Ⅳ. 회생절차와 신탁

채무자에 대하여 파산절차가 진행될 경우 담보권자는 **별제권**자로서 파산절차에 의하지 아니하고 담보권을 실행하여 채권을 만족 받을 수 있지만 채무자에 대하여 회생절차가 진행될 경우 담보권자에 의한 무분별한 담보권 실행은 채무자의 회생에 지장을 초래하므로 담보권의 실행이 금지되고 담보목적물의 가액 범위 내에서 회생담보권으로 인정되어 회생계획에 의해서만 변제 받을 수 있다.

회생절차 개시 당시 채무자의 재산상에 존재하는 유치권·질권·저당권·양도담보권·가등기담보권·『동산·채권 등의 담보에 관한 법률』에 따른 담보권·전세권 또는 우선특권으로 담보되는 채권은 회생담보권이 된다(채무자회생법 제141조 제1항).

담보신탁은 수탁자가 신탁재산에 대한 소유권을 가지면서 환가하여 얻은 대금을 채권자에게 채무의 변제를 위하여 지급한다는 점에서 경제적 실질은 양도담보와 같은 기능을 가진다. 이에 담보신탁의 위탁자가 회생절차에 이를 경우 채권자의 우선수익권이 회생담보권으로 간주되어 그 행사가 제한될 수 있는지에 관한 의문이 생길 수 있겠다.

담보신탁의 우선수익권을 회생담보권으로 보아야 한다는 견해가 있기는 하나 대법원은 경제적인 실질보다 금융거래의 법적 안정성을 위하여 수탁자가 소유권을 가지고 있다는 신탁의 형식을 보다 중요시하여 다음과 같이 신탁의 우선수익권은 회생담보권에 해당하지 아니하므로 회생절차와 상관없이 신탁의 우선수익권을 행사할 수 있다고 판시하였다.

① **수탁자에게 재산을 이전하고 채권자에게 우선수익권을 부여한 경우**

채권자가 가지는 수익권은 '채무자 외의 자(수탁자)가 회생채권자 또는 회생담보권자를 위하여 제공한 담보'에 해당하여 회생계획에 의하지 아니하고 행사될 수 있다.[35]

회생담보권은 회생절차 개시 당시 회사 재산을 대상으로 하는 담보권이어야 하며, 회생절차 개시 이전 신탁계약으로 제3자에게 부여된 수익권은 신탁계약에 의하여 원시적으로 제3자에게 귀속되는 것이지 회생절차 개시 이전에 회사에 귀속되어야 할 재산권을 제3자에게 담보 목적으로 이전한 것이라 볼 수 없다.[36]

② **수탁자에게 재산을 이전하고 수탁자가 채권자에게 신탁재산에 대한 근저당권을 설정해 준 경우**

수탁자는 물상보증인과 같은 지위를 가지므로 채권자가 신탁재산에 대하여 가지는 담보권은 '채무자 외의 자가 회생채권자 또는 회생담보권자를 위하여 제공한 담보'에 해당하여 회생계획에 의하지 아니하고 행사될 수 있다.[37]

③ **위탁자가 그의 소유의 부동산에 채권자를 위하여 저당권을 설정한 후 수탁자에게 당해 부동산을 신탁하고 소유권이전등기를 해 준 경우**

수탁자는 저당권이 설정된 부동산의 제3취득자와 같은 지위를 가지므로

---

35) 대법원 2001. 7. 13. 선고 2001다9267 판결
36) 대법원 2002. 12. 26. 선고 2002다49484 판결
37) 대법원 2002. 5. 30. 선고 2003다18685 판결

신탁재산에 대한 소유권을 취득한 때에 채권자에 대한 관계에서 신탁재산에 대한 저당권의 부담을 한 것이어서 채권자가 신탁재산에 대하여 가지는 저당권은 '채무자 외의 자가 회생채권자 또는 회생담보권자를 위하여 제공한 담보'에 해당하여 회생계획에 의하지 아니하고 행사될 수 있다.[38)

위와 달리 신탁재산은 수탁자의 재산이지만 '위탁자'가 신탁으로 수탁자에 대하여 가지는 '수익권'은 위탁자의 재산이므로 그에 대한 담보는 회생담보권이 된다.

Ⅴ. 사해신탁의 취소와 신탁행위의 부인

1. 사해신탁의 취소

위탁자가 채권자를 해함을 알면서 신탁을 설정한 경우 채권자는 수탁자 또는 수익자에게 신탁설정을 취소하고 수탁자로부터 위탁자에게 신탁재산을 원상회복할 것을 청구할 수 있다(신탁법 제8조).

가. 사해성

'채권자를 해한다'(사해성)는 것은 신탁설정행위로 위탁자의 재산이 감소되어 위탁자의 소극재산(부채)이 적극재산(자산)보다 많아지거나 그 정도가 심화되는 것을 의미한다. 민법에 따른 채권자취소권의 사해성과 동일한 의미이므로 채권자취소권에 대한 법리가 그대로 적용될 수 있다.

신탁행위에 사해성이 있는지 여부는 위탁자 명의의 책임재산 또는 공동담보가 감소되었다는 형식적인 측면만을 보아서는 아니되고, 실질적으로 책임재산이 증감되었는지(신탁이 책임재산의 감소나 공동담보의 부족을 초래하였는지) 여부를 고려하여야 한다. 타인에 대하여 채무를 부담하는 사람이 자신이 소유한 재산 전부인 부동산에 관하여 제3자와 신탁계약을 체결하고 그에 따라 위 부동산을 수탁자인 제3자에게 신탁재산으로 이전하는 경우 위탁자에게는 그 채권자가 강제집행을 할 수 있는 책임재산이 더 이상 남아 있지 아니하므로 신탁

---

38) 대법원 2017. 11. 23. 선고 2015다7327 판결

법 제8조에서 정한 사해신탁에 해당할 수 있지만 자금난으로 사업을 계속 추진하기 어려운 상황에 처한 채무자가 자금을 융통하여 사업을 계속 추진하는 것이 채무변제력을 갖게 되는 최선의 방법이라고 생각하고 자금을 융통하기 위한 방편으로 신탁계약의 체결에 이르게 된 경우 이를 사해행위라고 보기 어려울 뿐만 아니라, 신탁계약상 위탁자가 스스로 수익자가 되는 이른바 자익신탁(自益信託)의 경우 신탁재산은 위탁자의 책임재산에서 제외되지만 다른 한편으로 위탁자는 신탁계약에 따른 수익권을 갖게 되어 위탁자의 채권자가 이에 대하여 강제집행을 할 수 있고, 이러한 수익권은 채무자가 유일한 재산인 부동산을 매각하여 소비하기 쉬운 금전으로 바꾸는 등의 행위와 달리 일반채권자들의 강제집행을 피해 은밀한 방법으로 처분되기 어려우며, 특히 수탁자가 자본시장법에 따라 인가 받아 신탁을 영업으로 하는 신탁업자인 경우 공신력 있는 신탁사무의 처리를 기대할 수 있으므로, 위탁자가 사업의 계속을 위하여 자익신탁을 설정한 것이 사해행위에 해당하는지 여부를 판단할 때는 단순히 신탁재산이 위탁자의 책임재산에서 이탈하여 외견상 무자력에 이르게 된다는 측면에만 주목할 것이 아니라, 신탁의 동기와 신탁계약의 내용, 이에 따른 위탁자의 지위, 신탁의 상대방 등을 두루 살펴 신탁의 설정으로 위탁자의 책임재산이나 변제능력에 실질적인 감소가 초래되었는지, 이에 따라 위탁자의 채무면탈이 가능해지거나 수탁자 등 제3자에게 부당한 이익이 귀속되는지, 채권자들의 실효적 강제집행이나 그 밖의 채권 만족의 가능성에 새로운 장애가 생겨났는지 여부를 신중히 검토하여 판단하여야 한다.[39]

나. 위탁자의 악의

위탁자의 악의, 즉 사해의사는 채권자를 해한다는 적극적인 의사가 있거나 특정채권자를 해한다는 인식이 있어야 하는 것은 아니며, 자신의 공동담보가 한층 더 부족하게 되어 일반채권자들의 채권을 완전하게 만족시킬 수 없게 된다(변제능력이 부족하게 된다)는 사실을 인식하는 것으로도 충분하게 인정될 수 있다.[40]

---

39) 대법원 2011. 5. 23.자 2009마1176 결정
40) 대법원 1998. 5. 12. 선고 97다57320 판결

다. 수탁자의 악의

채권자는 수탁자의 선의(사해성을 알지 못함) 여부와 상관없이 수탁자에 대하여 신탁설정을 취소하고 원상회복을 청구할 수 있다(신탁법 제8조 제1항 본문).

라. 수익자의 악의

선의의 수익자가 있는 경우에는 '수탁자'에 대하여 신탁설정의 취소 및 원상회복을 청구할 수 없다(신탁법 제8조 제1항 단서). 수익자의 전부 또는 일부가 수익권을 취득할 당시 선의인 경우에는 선의의 수익자를 상대로 신탁설정의 취소 및 원상회복을 청구할 수 없으며, 악의의 수익자만을 상대로 신탁설정의 취소 및 원상회복을 청구할 수 있다(신탁법 제8조 제2항).

수익자의 일부라도 선의인 경우에는 수탁자를 상대로 신탁설정의 취소 및 원상회복을 청구할 수 없지만 악의의 수익자가 가지고 있는 수익권을 위탁자에게 양도할 것을 청구하여 위탁자로 하여금 그 수익권에 기한 이익을 향유할 수 있다. 수익자 전부가 악의인 경우에도 수탁자를 상대로 신탁설정의 취소 및 원상회복을 청구하지 아니하고 악의의 수익자에게 이미 받은 이익의 반환을 구하면서 수익권의 양도를 청구할 수 있다(신탁법 제8조 제5항).

수익자가 악의여서 신탁설정이 취소되고 원상회복되어야 하는 경우에도 수탁자가 선의일 경우에는 현존하는 신탁재산의 범위 내에서만 원상회복할 의무를 부담한다(신탁법 제8조 제3항).

마. 전득자와의 관계

신탁법은 신탁재산의 전득자(轉得者)에 대한 사해신탁의 취소에 관하여 규정하고 있지 않지만 채권자는 '악의'로 신탁재산을 전득한 자를 상대로 민법 제406조에 따른 채권자취소권을 행사하여 신탁설정의 취소 및 원상회복을 청구할 수 있다.

바. 제3자의 보호

신탁이 취소되어 신탁재산이 원상회복된 경우 위탁자는 취소된 신탁과 관련하여 그 신탁의 수탁자와 거래한 선의의 제3자에 대하여 원상회복된 신탁재산의 한도 내에서 책임을 진다(신탁법 제8조 제4항).

2. 신탁행위의 부인

위탁자가 회생절차나 파산절차에 이른 경우에는 관리인 또는 파산관재인은 위탁자가 채권자를 해함을 알면서 한 신탁행위뿐만 아니라 위탁자가 채권자를 해함을 알지 못하였더라도 신탁행위가 다음에 해당할 경우 그 효력을 부인할 수 있다(채무자회생법 제113조의2 참조).

① 채무자가 지급의 정지, 회생절차개시의 신청 또는 파산의 신청('지급의 정지등')이 있은 후에 채권자를 해하는 행위

② 채무자가 지급의 정지등이 있은 후 또는 그 전 60일 이내에 채무자의 의무에 속하지 아니하거나 그 방법이나 시기가 채무자의 의무에 속하지 아니하는 경우

③ 채무자가 지급의 정지등이 있은 후 또는 그 전 6월 이내에 한 무상행위 및 이와 동일시할 수 있는 유상행위

신탁행위에 대한 부인의 상대방, 선의의 제3자 보호 및 원상회복의 범위는 사해신탁의 경우의 그것과 같다.

Ⅵ. 자기신탁(신탁선언)

2012년 개정신탁법은 소유자(위탁자)가 특정 재산에 관하여 자신을 수탁자로 정하는 것을 선언하는 방법에 의한 신탁의 설정(자기신탁)을 허용하였다(신탁법 제3조 제1항 제3호). 자기신탁이 효력을 가지려면, 반드시 제3자를 단독으로 또는 위탁자와 함께 수익자로 지정하여야 하고, 공정증서(公正證書)를 작성하여야 한다(신탁법 제3조 제2항). 신탁법의 개정 이전에도 자산유동화법에서는 신탁업자가 자산유동화계획에 따라 유동화자산을 양도 또는 신탁함에 있어서 자기신탁을 할 수 있도록 허용하였다(자산유동화법 제16조 제2항).

자기신탁의 경우 위탁자와 수탁자가 동일인이므로 위탁자에서 수탁자로 신탁재산의 권리 이전은 없다. 자기신탁에 의한 신탁설정 후 당해 재산이 신탁재산에 속한 것임을 제3자에게 대항하기 위해서는 등기 또는 등록할 수 있는 재

산권에 관하여는 신탁의 등기 또는 등록을 하여야 하고, 등기 또는 등록할 수 없는 재산권에 관하여는 다른 재산과 분별하여 관리하는 등의 방법으로 신탁재산임을 표시(대통령령으로 정하는 장부에 신탁재산임을 표시)하여야 한다(신탁법 제4조 제1항, 제2항). 신탁재산에 속한 것임을 제3자에게 대항할 수 있게 되었더라도 수탁자는 신탁재산을 수탁자의 고유재산과 분별하여 관리하여야 한다(신탁법 제37조).

수탁자가 신탁의 목적을 위반하여 신탁재산을 처분하는 경우 그 상대방이나 전득자가 신탁목적의 위반 사실을 알지 못하였거나 알지 못한 것에 중대한 과실이 없는 경우에는 그 행위를 취소할 수 없고, 신탁재산으로 회복시킬 수 없다(신탁법 제75조). 신탁재산이 등기 또는 등록할 수 없는 재산권인 경우에는 수탁자가 신탁재산을 고유재산과 분별하여 관리하는 것을 소홀히 할 경우 신탁재산임을 대항할 수 없게 될 수도 있다. 신탁재산이 채권인 경우에는 당해 채권이 신탁재산이라는 사실을 알지 못하거나 알지 못한 것에 과실이 없는 채무자는 자신이 위탁자 겸 수탁자에 대하여 가지는 채권을 자동채권으로 하여 신탁재산인 수동채권과 상계함으로써 신탁재산이 소멸될 수 있다(신탁법 제25조 제1항). 위와 같은 수탁자와 관련된 위험을 피하기 위해서는 무엇보다도 수탁자가 선량한 관리자의 주의로 신탁재산을 분별하여 관리할 의무를 충실히 수행할 것이라는 신용이 있어야 한다. 한편, 자기신탁을 계속 반복적으로 행할 경우 수탁자가 자본시장법상 신탁업의 인가를 받아야 하는 문제가 발생된다. 따라서 실제 위탁자 겸 수탁자의 지위에서 계속 반복적으로 자기신탁을 활용할 수 있는 자는 자본시장법에 따라 인가 받은 신용 있는 신탁업자일 수밖에 없다.

일본의 경우 2007년 신탁법을 개정하여 자기신탁을 허용한 이후 은행 등 금융기관이 보유하고 있는 대출채권의 유동화에 자기신탁이 활발하게 이용되고 있으나 우리나라의 경우 아직 자기신탁에 대한 인식 부족으로 활발하게 이용되지 못하고 있는 실정이다. 자기신탁의 법리를 이해하고 있는 금융기관들 사이에서 대출채권의 매각 등을 위하여 자기신탁을 이용하는 사례가 있어 앞으로 금융거래에 자기신탁이 활발하게 이용될 것이 기대된다.

제6절 기타 채권보전의 수단

I. 자금관리계약

흔히 거래에 필요한 자금을 관리하기 위하여 (가) 이해관계인들이 공동명의로 개설한 예금계좌에 자금을 예치하기도 하며, (나) 이해관계인 중 1인 단독명의 또는 공동명의의 예금계좌에 자금을 예치하고 예금개설은행과 이해관계인들 사이에 예치된 자금의 관리와 입출금의 방법에 관한 계약을 하거나 또는 (다) 이해관계인들이 모두가 신뢰할 수 있는 제3자를 관리자(escrow agent)로 지정하여 관리자로 하여금 이해관계인들 및 관리자 사이에 체결된 계약(escrow agreement)에 따라 자금이나 주권 등 유가물을 관리·집행하도록 하는 경우가 많다.

escrow agreement는 거래의 실행 가능성을 제고하기 위하여 매매대금 등 거래의 목적물을 제3자에게 보관하도록 하여 계약의 조건대로 이행될 수 있도록 하거나 투자된 자금이 계약에서 정한 용도대로 사용되는지 사후적으로 관리하기 위한 목적으로 주로 이용되고, 기타 다양한 목적으로도 이용될 수 있겠다.

공동명의 예금이나 escrow agreement에 따른 당사자들의 권리의무는 기본적으로 공동명의 계좌개설계약 또는 escrow agreement 등으로 표시된 당사자들의 의사의 해석에 따라 결정된다. 공동명의 예금에 관한 당사자들의 관리관계에 관한 판례가 일관되지 않은 것은 공동명의 예금에 관한 당사자들 사이의 합의가 명확하지 않았기 때문이라 할 수 있다. 따라서 공동명의 예금의 개설이나 escrow agreement의 체결 시 당사자들의 권리와 의무를 구체적이고도 명확하게 규정하는 것이 관건이라 할 수 있다.

흔히 프로젝트금융대출(특히 부동산개발사업을 위한 프로젝트금융대출)에서는 대출금을 포함한 모든 자금을 신탁회사 명의의 예금계좌로 입금하여 신탁재산으로 관리하고 신탁계약(또는 자금관리대리사무계약)에서 정한 자금집행방법에 따라 위탁자와 우선수익자의 동의를 받아 자금을 집행하도록 한다. 사업시행자와 수분양자 사이에 체결된 분양계약에서 분양대금은 반드시 신탁회사 명의 계좌로 납부하여야 하고 그 이외의 방법에 의한 분양대금 납부의 효력이 인정

되지 않는다는 점이 명시된 경우, 사업시행자는 수분양자에 대하여 분양대금
을 신탁회사 명의 계좌로 납부하도록 요구할 수 있을 뿐 사업시행자에게 직접
지급하도록 요구할 수 없고 변제수령권한도 없으므로 수분양자는 분양대금채
권을 압류하여 추심을 구하는 채권자에 대하여도 이를 사유로 대항할 수 있
다.[41] 따라서 분양대금은 사업시행자의 일반채권자에 의한 강제집행으로부터
보호되고, 온전히 신탁회사 명의 예금계좌로 입금되어 사업비의 지출 목적으
로만 사용될 수 있게 된다.

Ⅱ. 권한의 위임

간혹 채권자가 채무자로부터 채무자가 제3자에 대하여 가지는 채권의 변제
를 대리하여 수령할 수 있는 권한 기타 다양한 종류의 권한을 위임 받아 두는
경우가 있다. 채권자는 채무자를 대리하여 변제 받은 목적물을 상계 등의 방법
으로 채무자에 대한 채권의 만족에 충당할 수도 있을 것이다. 다만 위임계약은
각 당사자가 언제든지 해지할 수 있고(민법 제689조 제1항), 가사 위임을 취소하
거나 철회할 수 없는 것으로 미리 약정해 두더라도 향후 채무자가 위임을 철회
하거나 채권자의 대리권에 이의를 제기하는 이상 상대방이 쉽게 채권자에게
변제하는 등의 행위를 하기 어려우므로 채권자로서는 그와 같은 위임에 큰 기
대를 하지는 않아야 하겠다.

Ⅲ. 상계

채권자가 상계를 하게 되면 가사 상대방이 무자력이 된 경우에도 상대방에
대한 자신의 채무를 면함으로써 사실상 우선변제를 받는 것과 같은 결과로 된
다. 자동채권을 가진 자에 대하여 수동채권의 존재가 사실상 자동채권에 대한
담보로서 기능하게 되는 것이다.

여신거래기본약관을 포함하여 대출을 취급하는 약정서에서 차주가 대주에
대하여 가지는 예금 등 채권에 대하여 압류나 가압류명령이 있을 경우 대주가

---

41) 대법원 2022. 6. 9. 선고 2021다270494 판결 등, 대법원 2017. 9. 21. 선고 2015다256442
판결 등

차주에게 별도의 통지를 하지 않더라도 당연히 차주의 기한의 이익이 상실하여 대출금의 변제기에 도래하는 것으로 약정하므로 대주는 차주가 대주에 대하여 가지는 예금 등 채권이 압류되면 기한이 도래한 대출금과 상계함으로써 압류채권자에게 대항할 수 있다. 대주가 차주에게 상계의 뜻을 통지하지 아니하여도 상계할 수 있다는 특약의 효력에 다툼이 있으므로 그러한 특약의 유무에 불구하고 반드시 차주에게 상계통지를 해야 한다.

제6장

금융투자와 도산

제1절 총설

계약으로 발생된 채권은 계약의 내용대로 이행되어야 하지만 채무자가 자신의 채무를 이행할 수 있는 자력(경제적인 능력)이 부족(도산)할 경우에는 채권자들 사이의 공평한 채권 만족을 위하여 채권자들의 집단적인 의사결정 또는 법원의 결정에 따라 강제적으로 채권의 내용이 변경되거나 채권의 실현이 제한될 수 있다.

투자자로서는 기본적으로 투자를 위한 계약과 그에 따라 취득할 자산의 내용에 대하여 충분히 숙지하여야 할 뿐만 아니라 장래 채무자 또는 투자 대상 회사가 도산에 이를 경우 자신의 계약상 권리나 투자자산이 도산절차에서 어떠한 취급을 받을 것인지에 관한 이해도 매우 중요하다.

도산절차에는 채무자회생법에 따른 회생절차 및 파산절차와 기업구조조정촉진법에 따른 기업구조조정절차가 있으며,[1] 각 절차에서 인정되는 채권의 종류와 그에 대한 취급의 기본적인 내용은 다음과 같다.

1. 파산절차

파산절차에서는 법원의 관리하에 채무자의 재산(파산재단)에서 담보물권자

---

1) 도산에 대한 기본적인 이해에 관하여는 제1편 제3장 제8절 참조

(별제권자)에 의한 담보권의 실행을 허용하고, 파산재단에 속하는 재산을 환가
하여 세금, 임금, 파산절차에 소요된 비용 등 일반채권에 우선하는 채권(**파산재
단채권**)을 우선하여 변제한 후 잔여 재산을 일반채권(**파산채권**)의 채권액에 비례
하여 분배한다.

2. 회생절차

회생절차는 법원의 관리하에 채권자, 주주·지분권자 등 여러 이해관계인
의 집단적 의사결정으로 수립된 회생계획과 이를 승인하는 법원의 인가를 통
하여 이해관계인의 권리를 조정함으로써 채무자의 사업 계속(회생)을 도모하면
서 채권자들에 대한 공평한 변제가 이루어지는 것을 목적으로 한다.

이에 회생절차에서는 담보권자에 의한 담보권 실행은 채무자의 회생에 지
장을 초래하므로 파산절차와 달리 담보권의 실행을 금지시키고 담보목적물의
가액 범위 내에서 **회생담보권**으로 인정하여 회생계획에 의해서만 변제 받을 수
있도록 하되, 일반채권(**회생채권**)을 가진 채권자보다 유리한 조건으로 변제 받
을 수 있다.

회생절차의 진행에 필요한 비용의 지출을 위하여 인정되는 채권으로서 채
무자회생법 제179조에서 열거하고 있는 채권과 개별 조문에서 공익채권으로
인정하고 있는 채권을 **공익채권**이라 한다. 주로 회생절차 개시 후 원인으로 발
생하는 청구권을 공익채권으로 인정하지만 경우에 따라 회생절차 개시 전에
발생한 채권 중에 조세나 임금 등 공익채권으로 인정되는 채권이 있다. 공익채
권은 회생담보권이나 회생채권에 우선하여 회생절차와 상관없이 수시로 변제
받을 수 있다.

3. 기업구조조정절차

기업구조조정법은 채권금융기관의 **금융채권**[2])에 대하여만 적용되고, (가)
채권금융기관이 아닌 자의 모든 채권이나, (나) 금융채권 이외에 채권금융기관
이 가지는 상거래채권에 대하여는 적용되지 아니한다. 외국법인은 채권금융기
관에 포함되지 아니하므로 금융채권을 가지고 있다 하더라도 기업구조조정절
차와 상관없이 자신의 채권을 그대로 행사할 수 있다.

---

2) 제1편 제3장 제8절 III. 참조

채무자 기업이 파산절차나 회생절차를 신청하지 아니하고 기업구조조정절차를 선택(기업개선계획이행약정의 체결)한다는 것은 비록 자금부족에 이르렀다 하더라도 '채권금융기관에 대한 금융채무'만을 채무조정하고, '나머지 다른 채무'는 채무조정 없이 그대로 이행하기로 선택하는 것을 의미한다. 만약 기업구조조정절차에서 채무자가 '나머지 다른 채무'를 이행하지 않는다면, 채무자는 기업구조조정절차와 상관없이 계약의 일반 법리에 따라 채무불이행의 책임을 부담한다.

기업구조조정촉진법에 정한 절차에 따라 채권금융기관들의 다수결로 기업개선계획이행약정이 체결된 경우 기업개선계획이행약정은 그에 반대한 채권금융기관을 포함한 모든 채권금융기관들에 대하여 구속력을 가지게 된다. 채권금융기관들과 채무자 기업의 권리의무는 계약(기업개선계획이행약정)에서 표시된 내용에 따라 결정된다는 점은 계약의 일반법리와 다를 바 없으므로 아래에서는 회생절차와 파산절차에 관하여만 살펴본다.

제2절 도산절차가 법률행위(계약)의 효력에 미치는 영향

Ⅰ. 부인권

채무자회생법은 채무자가 도산절차의 개시를 전후하여 채권자들의 채권 만족에 사용되어야 할 적극재산(자산)을 부당하게 감소시키는 행위의 효력을 부인하고 일탈된 채무자의 재산을 채권자들의 채권 만족에 충당될 수 있도록 한다.

1. 부인할 수 있는 행위

회생절차의 관리인은 회생절차개시 이후 다음 각 호의 행위를 부인할 수 있으며(채무자회생법 제100조), 파산절차에서 파산관재인 역시 같은 권리를 가지고 있다(채무자회생법 제391조).

① 채무자가 회생채권자 또는 회생담보권자를 해하는 것을 알고 한 행위. 다만 이로 인하여 이익을 받은 자가 그 행위 당시 회생채권자 또는 회생담보권자를 해하는 사실을 알지 못한 경우에는 그러하지 아니하다.

이 경우 부인의 대상으로 되는 행위인 '채무자가 채권자를 해하는 것을 알고 한 행위'에는 모든 채권자의 공동담보가 되는 채무자의 일반재산을 파산재단으로부터 일탈시킴으로써 파산재단을 감소시키는 행위뿐만 아니라, 특정한 채권자에 대한 변제나 담보의 제공과 같이 그 행위가 채무자의 재산관계에 영향을 미쳐 특정한 채권자를 배당에서 유리하게 하고 이로 인하여 파산채권자들 사이의 평등한 배당을 저해하는 이른바 '편파행위'도 포함된다.[3]

또한 부인의 대상은 원칙적으로 '채무자'의 행위이고, '채권자' 또는 '제3자'의 행위는 부인의 대상이 될 수 없지만 채무자의 행위가 없었다고 하더라도 예외적으로 채무자와의 통모 등 특별한 사정이 있기 때문에 채권자 또는 제3자의 행위를 실질적으로 채무자의 행위와 동일시할 수 있는 사유가 있는 경우에는 채권자 또는 제3자의 행위도 부인의 대상으로 할 수 있다.[4]

② 채무자가 지급의 정지, 회생절차개시의 신청 또는 파산의 신청(**지급의 정지등**)이 있은 후에 한 회생채권자 또는 회생담보권자를 해하는 행위와 담보의 제공 또는 채무의 소멸에 관한 행위. 다만 이로 인하여 이익을 받은 자가 그 행위 당시 지급의 정지등이 있는 것 또는 회생채권자나 회생담보권자를 해하는 사실을 알고 있은 때에 한한다.

'지급의 정지등이 있은 후'에는 채무자가 채권자를 해하는 것을 '알고 있었는지 여부'를 따지지 않고 부인될 수 있다.

③ 채무자가 지급의 정지등이 있은 후 또는 그 전 60일 이내에 한 담보의 제공 또는 채무의 소멸에 관한 행위로서 채무자의 의무에 속하지 아니하거나 그 방법이나 시기가 채무자의 의무에 속하지 아니한 것. 다만 채권자가 그 행위 당시 채무자가 다른 회생채권자 또는 회생담보권자와의 평등을 해하게 되는 것을 알지 못한 경우(그 행위가 지급의 정지등이 있은

---

3) 대법원 2002. 8. 23. 선고 2001다78898 판결
4) 대법원 2011. 10. 13. 선고 2011다56637, 56644 판결

후에 행한 것인 때에는 지급의 정지등이 있은 것도 알지 못한 경우에 한한다)에는 그러하지 아니하다.

'행위' 자체가 채무자의 의무에 속하지 아니하는 예로는 채무자가 기존의 채무에 대하여 담보를 제공하기로 약속함이 없음에도 담보를 제공하는 경우나 변제기의 유예를 받거나 집행을 면하기 위하여 담보를 제공하는 행위가 있다. '방법'이 채무자의 의무에 속하지 아니하는 예로는 본래 약정이 없음에도 대물변제를 하는 경우가 있고, '시기'가 채무자의 의무에 속하지 아니하는 예로는 변제기 전에 채무를 변제하는 경우가 있다.

'채무자의 신용변동, 담보가치의 감소, 기타 채권보전상 필요하다고 인정될 상당한 사유가 발생한 경우에는 채무자는 채권자의 청구에 의하여 채권자가 승인하는 담보나 추가담보의 제공 또는 보증인을 세우거나 이를 추가한다'는 여신거래기본약관의 규정은 채무자에게 일반적·추상적 담보제공의무를 부담시키는 것에 불과하고, 구체적인 담보제공의무를 부담시키는 것은 아니어서 채무자가 이에 불응하여도 채권자는 그의 이행을 소구할 수 없고 단지 약관의 규정 등에 따라 채무에 대한 기한의 이익이 상실되어 바로 채권을 회수할 수 있음에 불과하므로 그 약관 규정에 따른 담보제공은 '회사의 의무에 속하는 행위'라고 볼 수 없다.[5]

④ 채무자가 지급의 정지등이 있은 후 또는 그 전 6월 이내에 한 무상행위 및 이와 동일시할 수 있는 유상행위

민법 제406조에 따른 채권자취소권은 모든 채권자의 이익을 위하여 채무자의 사해행위에 의하여 일탈된 재산을 회복한다는 점에서는 채무자회생법에 따른 부인권과 같은 취지를 가지고 있지만 '각 채권자'에게 개별적으로 인정되는 권리로서 취소의 대상과 행사 방법이 제한적임에 반하여 채무회생법에 따른 부인권은 행사권자가 관리인(파산의 경우 파산관재인)이고, 대상행위, 요건, 행사 방법이 보다 완화된 권리라는 점에서 구별된다. 따라서 회생절차나 파산절차가 개시된 이후 개별 채권자에 의한 채권자취소소송은 허용되지 않는다(채무자회생법 제406조 제1항, 제584조 제1항).

---

5) 대법원 2000. 12. 8. 선고 2000다26067 판결

2. 담보권 설정행위의 부인

기존 채무에 대한 담보권 설정이 부인의 대상이 될 수 있다. 신규로 자금을 차입하고 담보를 제공한 사안과 관련하여 법원은 '채무초과 상태에 있는 채무자가 그 소유의 부동산을 채권자 중의 어느 한 사람에게 채권담보로 제공하는 행위는 특별한 사정이 없는 한 다른 채권자들에 대한 관계에서 사해행위에 해당한다고 할 것이나, 자금난으로 사업을 계속 추진하기 어려운 상황에 처한 채무자가 자금을 융통하여 사업을 계속 추진하는 것이 채무 변제력을 갖게 되는 최선의 방법이라고 생각하고 자금을 융통하기 위하여 부득이 부동산을 특정 채권자에게 담보로 제공하고 그로부터 신규자금을 추가로 차입하였다면 특별한 사정이 없는 한 채무자의 담보권 설정행위는 사해행위에 해당하지 않으며, 다만 사업의 계속 추진과는 아무런 관계가 없는 기존 채무를 아울러 피담보채무 범위에 포함시켰다면, 그 부분에 한하여 사해행위에 해당할 여지는 있다'고 판단하였다.[6)]

3. 권리변동의 성립요건 또는 대항요건의 부인

채무자회생법은 권리의 취득이나 설정·이전 또는 변경의 원인이 되는 행위가 있었음에도 상당한 기간 그 성립요건이나 대항요건을 구비하기 위한 행위를 하지 않고 있다가 지급정지 등이 있은 후에 그 구비행위를 하는 것은 일반채권자에게 예상치 않은 손해를 주기 때문에 이를 부인할 수 있도록 하고 있다. 지급의 정지등이 있은 후 권리의 설정·이전 또는 변경을 제3자에게 대항하기 위하여 필요한 행위를 한 경우 또는 권리취득의 효력을 발생하는 등기 또는 등록을 한 경우에는 그 행위가 권리의 설정·이전 또는 변경이나 등기 또는 등록이 있은 날부터 15일을 경과한 후에 지급의 정지등이 있음을 알고 한 것인 때에는 이를 부인할 수 있다(채무자회생법 제103조).

4. 회생절차개시전 설정된 담보권의 실행에 대한 부인

부인권은 부인하고자 하는 행위에 관하여 집행력 있는 집행권원이 있는 때 또는 그 행위가 집행행위에 의한 것인 때에도 행사할 수 있다(채무자회생법

---

6) 대법원 2002. 3. 29. 선고 2000다25842 판결

제104조).

질권자가 직접 질권의 목적물을 매각하거나 스스로 취득하여 피담보채권에 충당하는 등의 행위에 대해서도 집행기관에 의한 집행행위의 경우를 유추하여 채무자가 지급의 정지, 회생절차개시의 신청 또는 파산의 신청이 있은 후에 한 회생채권자 또는 회생담보권자를 해하는 행위로서 부인권 행사의 대상이 될 수 있다고 보아야 한다. 질권의 목적물인 출자증권이 채무자가 영업을 계속하기 위하여 필요한 주요자산으로서 채권자가 질권의 실행으로 이를 취득함으로써 채무자의 회생에 현저한 지장을 가져올 것임을 쉽게 예상할 수 있으면, 채권자가 출자증권을 취득한 행위는 특별한 사정이 없는 한 회생채권자를 해하는 것으로서 부인될 수 있다.[7]

II. 쌍방 미이행 쌍무계약

1. 회생절차와 쌍무계약

회생절차개시 당시 쌍무계약에서 회생채무자는 자신의 계약상 의무를 모두 이행하였으나 상대방이 계약상 의무를 이행하지 아니하고 있는 경우 상대방에 대하여 계약상 의무의 이행을 청구할 수 있음은 계약의 당연한 원리이다. 반대로 상대방은 계약상 의무를 모두 이행하였으나 회생채무자가 계약상 의무를 이행하지 아니한 경우 상대방이 회생채무자에 대하여 계약상 의무의 이행을 청구할 수 있는 권리는 회생채권이 되어 회생계획에 따라 변제 받게 된다.

채무자회생법은 회생절차개시 당시 채무자와 상대방 모두 계약의 이행을 완료하지 아니한 때에는 관리인에게 일종의 법정해제권을 부여함으로써 채무자의 회생에 유리한 계약을 존속시키고 불리한 계약을 해제할 수 있도록 하여 회생절차의 원활한 진행을 도모함과 동시에 관리인이 상대방의 채무이행을 선택한 경우 이에 상응하게 채무자의 채무도 이행하도록 함으로써 당사자들 사이에 형평을 유지하도록 하였다.[8]

쌍무계약에 관하여 회생채무자와 그 상대방이 모두 회생절차개시 당시에 아직 그 이행을 완료하지 아니한 때에는 관리인은 (가) 계약의 해제(또는 해지)

---

7) 대법원 2011. 11. 24. 선고 2009다76362 판결
8) 대법원 2000. 4. 11. 선고 99다60559 판결

또는 (나) 계약의 이행(회생채무자의 계약상 의무를 이행하고 상대방에게 계약상 의무의 이행을 청구) 중 회생절차에 유리한 하나를 선택할 수 있다(채무자회생법 제119조 제1항). 또한 상대방도 관리인에 대하여 (가) 계약을 해제할 것인지 또는 (나) 계약의 이행을 선택할 것인지 확답할 것을 최고할 수 있고,9) 이 경우 관리인이 그 최고를 받은 후 30일 이내에 확답을 하지 아니하는 때에는 관리인은 계약의 이행을 선택하고 계약을 해제할 수 있는 권리를 포기한 것으로 간주된다(채무자회생법 제119조 제2항).

관리인이 계약의 이행을 선택한 경우 상대방은 자신의 계약상 의무를 이행하고 회생채무자에 대하여 가지는 청구권을 공익채권으로 회생절차에 의하지 아니하고 수시로 변제 받을 수 있다(채무자회생법 제179조 제1항 제7호).

관리인이 계약을 해제한 경우 상대방은 회생채무자에 대하여 (가) 원상회복으로 (i) 계약의 해제 이전에 상대방으로부터 받은 재산을 현존하는 범위 내에서 반환 받을 수 있으며, (ii) 현존하지 아니하는 때에는 그 가액의 상환을 청구할 수 있는 권리를 공익채권으로 행사할 수 있으며, (나) 손해배상 청구권을 회생채권으로 행사할 수 있다(채무자회생법 제121조).

채무자회생법 제119조에 정한 **쌍무계약**이라 함은 쌍방 당사자가 상호 대등한 대가관계에 있는 채무를 부담하는 계약으로서, 본래적으로 쌍방의 채무 사이에 성립·이행·존속상 법률적·경제적으로 견련성을 갖고 있어서 서로 담보로서 기능하는 것을 가리키는 것이다.10) 위 규정이 적용되려면 서로 '대등한 대가관계'에 있는 계약상 채무의 전부 또는 일부가 이행되지 아니한 경우라야 한다.

2. 장래 발생될 채권에 대한 담보

일반적으로 채권은 쌍무계약으로 발생되고, 쌍무계약의 일방당사자가 상대방에 대하여 채권을 가지기 위해서는 자신의 급부를 이행하여야 한다. 공사도급계약에서의 수급인이나 계속적 공급계약에서의 물품공급자에 대하여 회생절차가 개시된 후에 수급인이나 물품공급자가 공사도급계약에 따른 공사대금채

---

9) 회생절차개시 전에 이미 계약을 해제할 수 있는 권리를 가지고 있는 경우에는 관리인이 계약의 이행 선택하더라도 계약을 해제할 수 있다.

10) 대법원 2000. 4. 11. 선고 99다60559 판결, 대법원 2002. 5. 28. 선고 2001다68068 판결 등 참조

권이나 계속적 공급계약에 따라 매매대금채권을 가지려면 수급인이나 물품공급자로서의 의무를 이행하여야 하므로 '장래의 채권'을 발생시키는 계약은 대부분 雙方未履行 雙務契約에 해당한다.

　　그와 같은 雙方未履行 雙務契約에 따른 장래의 채권에 대하여 담보가 설정된 경우, 회생절차의 관리인은 雙方未履行 雙務契約의 이행 여부를 선택할 것이고, 그에 따라 담보의 목적물인 장래의 채권의 발생 여부가 결정된다. 일반적으로 관리인이 타인의 담보권의 대상이 되는 채권을 발생시키기 위해서 자신의 채무를 온전히 이행할 것을 기대하기는 쉽지 않다. 따라서 雙務契約에서 채무자가 상대방에 대하여 부담하는 채무를 전혀 이행하지 아니한 상태에서는 '채무자가 장래 자신의 채무를 이행하여야만 비로소 상대방에 대하여 가지는 채권'의 담보가치를 인정하기는 사실상 어려울 것이다.

　　의사가 장래 건강보험공단에 대하여 가지는 의료급여비채권에 대한 양도담보를 설정한 후 그에 대하여 회생절차가 개시된 사안에서 법원은 회생절차의 관리인은 채무자나 그의 기관 또는 대표자가 아니고 채무자와 그 채권자 등으로 구성되는 이른바 이해관계인 단체의 관리자로서 일종의 공적 수탁자에 해당한다 할 것이므로 회생절차가 개시된 후 발생하는 채권은 채무자가 아닌 관리인의 지위에 기한 행위로 인하여 발생하는 것으로서 채권양도담보의 목적물에 포함되지 아니하고, 이에 따라 그러한 채권에 대해서는 담보권의 효력이 미치지 아니한다고 판단하였다.[11] 의료비채권은 개별 환자가 의사에게 진료를 의뢰하는 계약에 따라 실제 진료를 함으로써 비로소 발생되는 채권이고, 건강보험공단은 개별 환자를 대신하여 진료비를 의사에게 지급하는 것에 불과하다고 볼 수 있다. 회생절차가 개시되기 이전에는 의사가 장래 불특정 다수인을 상대로 진료하면 건강보험공단에게 진료비를 청구할 수 있다는 기대만으로 장래(회생절차 개시 후) 실제 진료함으로써 발생되는 채권을 담보 설정의 대상으로 삼기 어려운 것이라 보면 될 것이고, 실제 진료행위가 채무자의 행위인지 아니면 공적 수탁자로서 관리인으로서의 행위인지를 논할 필요는 없다고 판단된다.

　　채무자가 雙務契約에 따른 의무의 일부를 이행한 경우 채무자의 관리인이 雙方未履行 雙務契約에 해당한다는 이유로 해제하더라도 채무자는 상대방에

---

11) 대법원 2013. 3. 28. 선고 2010다63836 판결

대하여 계약의 해제에 따라 일부 이행한 부분의 원상회복을 청구할 수 있고, 이러한 원상회복청구권은 담보로서의 가치를 가질 수 있다. 토지매매계약에서 매수인이 매도인에 대하여 가지는 채권에 대하여 매수인의 채권자에게 양도담보를 설정하고, 그 후 매수인이 회생절차에 이르러 매수인의 관리인이 미이행 쌍무계약에 해당한다는 이유로 토지매매계약을 해제하여 매도인에 대하여 가지는 계약금과 중도금 반환청구권(원상회복청구권)이 발생한 경우, 계약금과 중도금의 반환청구권은 회생절차 개시 전에 체결된 매매계약에 기초하여 회생절차 개시 전에 계약금과 중도금이 매도인에게 지급된 것에서 비롯된 것이니 채무자의 관리인의 선택으로 미이행 쌍무계약인 매매계약을 해제한 이상 양도담보의 담보목적물에 포함된다고 볼 수 있다.[12]

제3절 제3자가 제공한 보증이나 담보

1. 보증·담보의 부종성 원칙의 배제

채무자가 회생절차나 파산절차에 이르더라도 보증이나 담보의 부종성에 대한 예외가 인정되어 채권자는 채무자에 대한 회생절차나 파산절차와 상관없이 여전히 (가) 채무자의 보증인이나 기타 채무자와 함께 채무를 부담하는 제3자(예, 연대채무자)에 대하여 가지는 권리나, (나) 제3자가 채권자에게 제공한 담보권을 그대로 행사할 수 있다(채무자회생법 제250조 제2항, 제567조, 제548조 제2항).

채권자가 보증인으로부터 또는 제3자가 제공한 담보물로부터 변제를 받은 때에는 보증인(담보를 제공한 물상보증인을 포함하며, 이하 본절에서 같다)은 채무자에 대하여 구상권을 가지고, 채권자가 채무자에 대하여 가지는 회생채권이나 회생담보권을 대위행사할 수 있다. 보증인의 구상권이나 대위권은 회생채권 또는 회생담보권이므로 회생계획에 의해서만 변제 받을 수 있다. 보증인은 채무자에 대하여 장래 가질 수 있는 구상권 전액을 회생채권으로 하여 회생절

---

12) 서울고등법원 2017. 1. 12. 선고 2016나2031174, 2031181(참가) 판결(대법원 2017. 5. 16. 선고 2017다209228 판결로 확정)

차에 참가할 수 있지만 채권자가 채권 전액에 관하여 회생절차에 참가한 때에는 채권의 이중행사가 되므로 회생절차에 참가할 수 없다(채무자회생법 제250조 제2항, 제567조, 제548조 제2항).

2. 회생계획에 따른 출자전환과 보증채무

회생계획에서 회생채권의 변제에 갈음하여 출자전환을 하기로 한 경우, 당해 회생채권을 보증한 보증인의 보증채무는 출자전환에 의한 신주발행의 효력 발생일 당시를 기준으로 회생채권자가 인수한 신주 시가를 평가하여 출자전환으로 변제에 갈음하기로 한 회생채권 액수를 한도로 그 평가액에 상당하는 금액만큼 변제된 것으로 보아 소멸된다.[13]

3. 회생계획에 따른 전환사채의 발행과 보증채무

회생채권의 변제에 갈음하여 회생채권자에게 전환사채를 발행하는 경우에는 회생채권자는 여전히 채권자의 지위를 유지하고 있고 단지 채권액을 감액하고 유통성을 높이고자 유가증권의 형식을 갖춘 것에 불과하다는 점에 비추어 볼 때, 전환권이 실제로 행사된 때에 그 주식의 시가 상당액의 보증채무가 소멸하는 것으로 볼 수 있지만, 그 행사 이전에는 달리 특별한 사정이 없는 한 전환사채를 취득하였다 하여 이를 취득한 시점에 그 평가액만큼 주채무가 실질적으로 만족을 얻은 것으로 볼 수는 없으므로 그 평가액만큼 보증채무가 소멸한다고 할 수는 없다.[14]

4. 기업구조조정절차와 보증채무

채권금융기관들과 주채무자인 기업 사이에 주채무를 축소·감경하는 내용의 기업개선작업약정은 채권금융기관들과 기업 사이의 사적 합의이므로 채무자가 회생절차나 파산절차에 이른 경우와 달리 보증인은, 원래의 채무 전액에 대하여 보증채무를 부담한다는 의사표시를 하거나 채권금융기관들과 사이에 그러한 내용의 약정을 하는 등의 특별한 사정이 없는 한, 보증채무의 부종성에 따라 기업개선작업약정에 의하여 축소·감경된 주채무의 내용에 따라 보증채

---

13) 대법원 2012. 6. 14. 선고 2010다28383 판결
14) 대법원 2005. 1. 27. 선고 2004다27143 판결

무를 부담한다.15)

기업개선작업약정에 따라 채권금융기관의 채권에 관하여 채권자가 채무자 기업으로부터 신주를 발행 받아 채무자 기업에게 납부하여야 할 신주인수대금 채무와 채무자 기업에 대하여 가지는 채권을 상계하기로 합의하여 출자전환된 경우 채권금융기관은 출자전환으로 채권 전액을 만족 받은 것이고, 이와 달리 주식의 시가를 평가하여 그 시가 평가액만큼만 기존의 채무가 변제된 것으로 볼 것은 아니다.16) 따라서 출자전환된 채권에 관한 보증채무도 주채무가 모두 변제되어 소멸되었으므로 부종성의 원칙에 따라 소멸한다.

제4절   도산으로부터의 절연

채무자에 대하여 파산절차가 진행될 경우 담보권자는 별제권자로서 파산절차에 의하지 아니하고 담보권을 실행하여 채권을 만족 받을 수 있지만 채무자에 대하여 회생절차가 진행될 경우 채무자에게 귀속되는 재산에 대한 담보권17)의 실행이 금지되고 담보목적물의 가액 범위 내에서 회생담보권으로 인정되어 회생계획에 의해서만 변제 받을 수 있다.

채권자로서는 가능한 한 채무자나 관련 당사자의 도산절차에 영향을 받지 않고 자신의 채권을 만족 받고자 한다(소위 **도산절차와의 절연**). 이에 채권의 만족에 충당될 재산을 채무자로부터 법적으로 분리시켜 도산절차로부터 절연하기 위하여 다음과 같은 방법들이 사용된다.

① **신탁**: 신탁법에 따라 신탁을 설정함으로써 신탁재산은 법적으로 수탁자의 재산으로 취급되고, 신탁재산에 관한 수익권을 부여받은 채권자는 위탁자의 도산절차와 상관없이 신탁재산으로부터 채권을 만족 받을 수

---

15) 대법원 2004. 12. 23. 선고 2004다46601 판결
16) 대법원 2010. 9. 16. 선고 2008다97218 판결
17) 회생절차 개시 당시 채무자의 재산상에 존재하는 유치권·질권·저당권·양도담보권·등기담보권·「동산·채권 등의 담보에 관한 법률」에 따른 담보권·전세권 또는 우선특권으로 담보되는 채권은 회생담보권이 된다(채무자회생법 제141조 제1항).

있다.

② **진정한 양도**(자산유동화): 자산을 보유한 자(자산보유자)가 별개의 법인격을 가진 회사(유동화회사)에게 자산(유동화자산)을 양도함으로써 유동화회사에 대하여 채권을 가진 자는 자산보유자의 도산절차와 상관없이 유동화회사가 소유한 유동화자산으로부터 채권을 만족받을 수 있다.

③ **법률의 규정에 의한 도산절연**: 『이중상환청구권부 채권 발행에 관한 법률』에 따라 은행 등 금융회사가 발행하는 이중상환청구권부채권(Covered Bond)과 한국주택금융공사법에 따라 한국주택금융공사가 발행하는 주택저당채권담보부채권의 경우 당해 법률에 따라 당해 채권의 상환을 담보하는 자산은 발행인의 도산시에도 발행인의 재산을 구성하지 않는다(이중상환청구권부 채권 발행에 관한 법률 제12조, 한국주택금융공사법 제30조)

채권자로서는 채권의 만족에 충당될 재산을 채무자로부터 절연하려 하고, 도산절차에서의 관리인이나 파산관재인은 모든 채권자들의 이익을 위하여 채무자의 재산을 확보하기 위한 노력을 한다. 관리인이나 파산관재인은 앞서 설명한 민법에 따른 채권자취소권, 신탁법에 따른 사해신탁의 취소나 채무자회생법에 따른 부인과 같은 제도를 활용할 수 있지만 법률행위의 효력을 소멸시키는 방법 이외에 실체법적으로 소유권을 가진 자의 지위를 담보권(회생담보권)을 가지는 지위로 재해석하여 권리의 행사를 제한하려 할 수도 있다.

1. 소유권유보부매매

동산의 매매에서 그 대금을 모두 지급할 때까지는 목적물의 소유권을 매도인이 그대로 보유하기로 하면서 목적물을 미리 매수인에게 인도하는 소위 **소유권유보약정**이 있는 경우, 그 대금이 모두 지급되지 아니하고 있는 동안에는 비록 매수인이 목적물을 인도받았더라도 목적물의 소유권은 약정대로 여전히 매도인이 가진다. 매도인이 유보한 소유권은 매매대금채권을 담보하는 실질을 가지고 있으므로 담보 목적의 양도와 마찬가지로 매수인에 대한 회생절차에서 회생담보권으로 취급되고, 매도인은 매매목적물인 동산에 대하여 환취권을 행사할 수 없다.[18]

---

18) 대법원 2014. 4. 10. 선고 2013다61190 판결

그러나 목적물의 인도로 소유권이 이전될 수 있는 동산과 달리 부동산이나 자동차, 중기, 건설기계 등과 같이 등기·등록으로 소유권이 이전될 수 있는 경우에는 다르다. 목적물의 소유자가 등기·등록상 소유자로서 명의를 그대로 가진 채 매수인에게 목적물의 점유만을 인도하여 사용하도록 하고, 매수인이 약정된 대가(매매대금)를 모두 지급한 때에 비로소 등기·등록을 이전해 주기로 약정한 경우에는 장래 매수인이 약정된 매매대금을 모두 지급할 의무와 매도인이 등기·등록을 이전해 줄 의무는 상호 대등한 대가관계에 있으므로 쌍방미이행 쌍무계약이 해당한다고 보아야 하며, 매도인이 등기·등록상 소유자로서 명의를 그대로 가지는 것이 경제적으로 담보로서의 기능을 한다는 점만으로 담보권으로 재해석할 수는 없다. 이 경우 매도인은 자신의 비용으로 '직접' 또는 채무자가 아닌 '제3자'로부터 목적물의 소유권을 취득하여 등기·등록상 소유자로 등재된 자이므로 담보 목적으로 채권자가 '채무자'로부터 소유권을 이전 받은 양도담보와는 본질이 다르다.

소유권의 등기·등록이 매도인에게 처음부터 그대로 남아있는 경우에는 매수인의 매매대금 지급의무와 매도인의 소유권 등기·등록 이전의무 모두 이행되지 않았으므로 쌍방미이행 쌍무계약에 해당하고, 회생절차의 관리인이 매매계약을 이행하기로 선택한 경우에는 매도인의 채권은 공익채권이 되어 회생계획에 의하지 아니하고 변제 받을 수 있으며, 관리인이 매매계약의 해제를 선택한 경우에는 매도인은 목적물을 반환 받을 수 있다고 본다.

2. 금융리스

금융리스는 리스이용자가 선정한 특정 물건을 리스회사가 새로이 취득하거나 대여받아 그 리스물건에 대한 직접적인 유지·관리책임을 지지 아니하면서 리스이용자에게 일정 기간 리스물건을 사용하게 하고 그 대여기간 중 지급받는 리스료에 의하여 리스물건에 대한 취득 자금과 그 이자, 기타 비용을 회수하는 거래관계로서, 그 본질적 기능은 리스이용자에게 리스물건의 취득 자금에 대한 금융 편의를 제공하는 데에 있다.[19] 금융리스에서 리스물건의 소유권을 리스제공자에 유보시키는 것은 실질적으로 리스료채권에 대한 담보의 기능을 하므로 실무상 회생절차에서는 리스채권을 회생담보권이나 이에 준하는 것

---

19) 대법원 1997. 11. 28. 선고 97다26098 판결 등

으로 취급하고 있고, 파산절차에서는 리스채권을 별제권으로 취급한다. 다만 소유권의 등기·등록이 리스제공자에게 남아있는 경우에는 소유권의 이전에 등기·등록이 필요한 목적물의 소유권유보부매매의 경우와 같이 쌍방미이행 쌍무계약에 해당한다고 보아야 할 것이다.

3. 소유권이전조건부 선체용선

선박소유자가 용선자에게 선박을 제공할 것을 약정하고 용선자가 이에 따른 용선료를 지급하기로 약정하는 선체용선계약 중 용선기간이 만료될 경우 선박소유자가 용선자에게 선박의 소유권을 이전하는 특약을 정한 선체용선계약을 소유권이전조건부 선체용선계약(bare boat charter with hire purchase, BBCHP)이라 한다.

실무상 법원은 BBCHP를 쌍방미이행 쌍무계약으로 취급하고 있다. BBCHP에서는 특수목적회사(SPC)가 자신이 조달한 자금으로 선박을 취득하여 소유권에 대한 등록을 하였다는 그대로 보유하고 있다는 점에서 소유권의 이전에 등기·등록이 필요한 목적물의 소유권유보부매매의 경우와 같이 쌍방미이행 쌍무계약에 해당한다는 법원의 실무는 타당하고 본다. 소유권이전조건부 항공기금융리스의 경우에도 같다고 본다.

제5절 도산해지조항

계약의 당사자들 사이에 채무자인 회사의 재산상태가 장래 악화될 때에 대비하여 지급정지, 회생절차 또는 파산절차의 개시나 개시신청 등 도산에 이르는 일정한 사실의 발생을 계약이 당연히 해지되는 사유 또는 해지권의 발생 원인으로 정하는 특약(도산해지조항)을 두는 경우가 많다.

민법이나 채무자회생법에서 도산해지조항의 효력이나 이를 일반적으로 금지하는 규정은 없고, 도산해지조항의 적용 결과가 도산절차 개시 후 채무자에 미치는 영향은 당해 계약의 성질, 그 내용 및 이행 정도, 해지사유로 정한 사건의 내용 등의 여러 사정에 따라 달라질 수밖에 없다. 그와 같은 구체적인 사정을 도외시한 채 도산해지조항이 어느 경우에나 도산절차의 목적과 취지에 반한다고 하여 일률적으로 무효로 보는 것은 계약자유의 원칙을 심각하게 침해하는 결과가 된다. 따라서 도산해지조항이 채무자회생법에서 규정한 부인권의 대상이 되거나 공서양속에 위반된다는 등의 이유로 효력이 부정되어야 할 경우를 제외하고, 도산해지조항으로 인하여 도산절차 개시 후 채무자에 영향을 미칠 수 있다는 사정만으로는 그 조항이 무효라고 할 수는 없다.[20]

그러나 법원 실무상 쌍방미이행의 쌍무계약에 포함된 '도산해지조항'은 채무자회생법에 따른 관리인 또는 파산관재인에게 그 이행 또는 해제를 선택할 수 있는 권리를 침해하는 것이므로 원칙적으로 무효로 보고 있다.[21]

제6절 국제도산

채무자의 영업이나 재산이 다수의 국가에 소재하거나 채권자나 계약의 당사자가 서로 다른 국가에 소재하는 경우, (가) 채무자의 도산시 어느 한 국가에서의 도산절차의 효력이 다른 국가에서도 승인되어 당해 국가의 지원을 받을 수 있는지에 관한 문제와 (나) 어느 한 국가에서의 도산절차에 따른 당사자들 사이의 권리의무가 다른 나라에서도 그대로 적용될 수 있는지에 관한 문제가 발생된다.

국제상거래법위원회(United Nations Commission on International Trade Law, UNCITRAL)는 1997년에 「국제도산에 관한 모델법(Model Law on Cross-Border Insolvency)」을 제정하였는데, 우리나라는 2006년부터 채무자회생법 제5편(국제도산)을 시행하여 「국제도산에 관한 모델법」에 따라 외국도산절차의 국내에서의 승인과 지원에 관한 절차를 정하고 있으며, 현재 많은 국가가 「국제도산에 관한 모델법」의 주요 내용을 입법으로 채택하고 있다.

---

20) 대법원 2007. 9. 6. 선고 2005다38263 판결
21) 서울중앙지방법원 파산부 실무연구회

1. 국내 채무자에 대하여 도산절차가 개시된 경우

국내 채무자에 대하여 채무자회생법에 따른 도산절차가 개시된 경우 채권자의 지위에 관하여는 앞서 살펴본 바와 같다.

(가) 국외 소재하는 제3자가 제공한 보증에 따른 권리나, (나) 국외 소재하는 제3자가 제공한 국내외 소재 재산에 대한 담보권은 국내 채무자에 대한 회생절차나 파산절차와 상관없이 그대로 행사할 수 있다(채무자회생법 제250조 제2항, 제567조, 제548조 제2항). 물론 당해 제3자에 대하여 국외에서 도산절차가 개시된 경우 채권자의 권리는 당해 국가의 도산법에 따라 결정될 것이다.

국외에 소재하는 채무자의 재산에 대한 강제집행이나 그에 대한 담보권의 행사는 국제사법의 일반원리에 따라 준거법인 당해 재산의 소재지 국가의 법률에 따라 결정될 것이다. 국외 소재하는 채무자의 재산도 국내에서 개시된 도산절차에 구속되는지 여부, 특히 국외 소재 채무자의 재산에 대한 담보권이 채무자회생법에 따른 회생담보권으로 취급되어 담보권 실행이 제한되는지 여부가 문제가 될 수 있을 것인데, 현실적으로는 당해 재산의 소재지 국가의 법원이 우리나라의 도산절차의 효력을 승인(또는 담보권 실행을 금지하는 명령)해 주지 않는 이상 국외에 소재하는 채무자의 재산에 대한 강제집행이나 그에 대한 담보권의 행사가 제한되기는 어렵다고 본다.

동일한 채무자에 대한 국내도산절차와 외국도산절차 또는 복수의 외국도산절차가 있는 경우 외국도산절차 또는 채무자의 국외재산으로부터 변제 받은 채권자는 국내도산절차에서 그와 같은 조 및 순위에 속하는 다른 채권자가 동일한 비율의 변제를 받을 때까지 국내도산절차에서 배당 또는 변제를 받을 수 없다(채무자회생법 제642조).

2. 국외 채무자에 대하여 도산절차가 개시된 경우

국외 채무자에 대하여 국외에서 도산절차가 개시된 경우 채권자의 지위는 당해 도산절차가 개시된 국가의 법(도산法庭地법)에 따라 결정될 것이다.

국외 채무자의 국내 소재하는 재산에 대한 강제집행이나 그에 대한 담보권의 행사 역시 국제사법의 원리에 따라 준거법인 당해 재산의 소재지인 우리나라 법률에 따라 결정되는 것이 원칙이다. 다만 채무자회생법 제5편에 따라 우리나라 법원이 외국법원에서 신청된 외국도산절차를 승인하는 절차를 두고 있는데, 그와 같은 절차에 따라 국외 채무자의 국내 재산에 대한 소송 또는 행정청에 계속하는 절차의 중지, 국외 채무자의 국내 재산에 대한 강제집행의 중지와 같은 지원 결정을 받을 경우 채권자의 국외 채무자의 국내 소재 재산에 대한 강제집행이나 그에 대한 담보권의 행사가 제한될 수 있다.

제7장

금융투자와 세무

제1절 총설

Ⅰ. 소득에 대한 과세

1. 개관

소득은 누군가(所) 얻은 이득(得)을 의미하고, 누구든 자신이 얻은 소득에 대하여 납세의무를 부담한다. 소득을 얻는 주체는 **개인**과 **법인**으로 구별되고, 개인은 소득세법에 따라 자신의 소득에 대하여 **소득세**를 납부할 의무를 부담하며, 법인은 법인세법에 따라 자신의 소득에 대하여 **법인세**를 납부할 의무를 부담한다.

법인이 아닌 사단, 재단, 그 밖의 단체 중 다음 각 호의 어느 하나에 해당하는 것으로서 수익을 구성원에게 분배하지 아니하는 것은 당연히 법인으로 보아 법인세를 납부한다(국세기본법 제13조 제1항).

① 주무관청의 허가 또는 인가를 받아 설립되거나 법령에 따라 주무관청에 등록한 사단, 재단, 그 밖의 단체로서 등기되지 아니한 것

② 공익을 목적으로 출연(出捐)된 기본재산이 있는 재단으로서 등기되지 아니한 것

국세기본법 제13조 제1항에 따라 법인으로 보는 사단, 재단, 그 밖의 단체 외의 법인 아닌 단체 중 다음 각 호의 요건을 모두 갖춘 것으로서 대표자나 관리인이 관할 세무서장에게 신청하여 승인을 받은 경우에는 법인으로 보아 법인세를 납부한다(국세기본법 제13조 제2항).

① 사단, 재단, 그 밖의 단체의 조직과 운영에 관한 규정을 가지고 대표자나 관리인을 선임하고 있을 것
② 사단, 재단, 그 밖의 단체 자신의 계산과 명의로 수익과 재산을 독립적으로 소유·관리할 것
③ 사단, 재단, 그 밖의 단체의 수익을 구성원에게 분배하지 아니할 것

2. 개인의 소득에 대한 과세

소득세법상 개인은 **거주자**[1]와 **비거주자**로 구분한다.

거주자는 소득세법에서 특정하여 열거된 소득(이자소득, 배당소득, 사업소득, 근로소득, 연금소득, 기타소득, 퇴직소득, 양도소득)에 대하여만 소득세를 납부할 의무를 부담하며, 그 이외에 열거되지 아니한 소득에 대하여는 납세의무를 부담하지 아니한다(소위 **열거주의**).

비거주자에 대하여는 소득세법에 열거된 국내원천소득에 대해서만 과세하며, 조세조약이나 고정사업장의 유무에 따라 과세의 범위와 방법이 달라진다.[2]

3. 법인의 소득에 대한 과세

법인세법상 법인은 **내국법인**과 **외국법인**[3]으로 구분한다.

'영리'내국법인의 경우에는 어떠한 명목, 원천이나 형태이든 국내외에서 얻

---

1) 국내에 주소를 두거나 183일 이상의 거소(居所)를 둔 개인
2) 비거주자에 대한 과세의 범위와 방법이 외국법인과 유사하므로 달리 살펴보지 아니한다.
3) '외국법인'이란 본점 또는 주사무소가 외국에 있는 단체(사업의 실질적 관리장소가 국내에 있지 아니하는 경우만 해당한다)로서 다음 각 호의 어느 하나에 해당하는 단체를 말한다(법인세법 제2조 제3호, 동시행령 제2조 제1항 제3호).
   1. 설립된 국가의 법에 따라 법인격이 부여된 단체
   2. 구성원이 유한책임사원으로만 구성된 단체
   3. 그 밖에 해당 외국단체와 동종 또는 유사한 국내의 단체가 상법 등 국내의 법률에 따른 법인인경우의 그 외국단체

은 '모든' 경제적 이익에 관한 '각 사업연도의 소득'과 '청산소득'에 대하여 과세된다(소위 **포괄주의**). '비영리'내국법인의 경우에는 '각 사업연도의 소득' 중 법인세법에서 정한 일정한 수익사업에 관하여만 과세되며, '청산소득'에 대하여는 과세되지 아니한다.

　외국법인의 경우 원칙적으로 국내에서 발생하는 소득(**국내원천소득**)에 관하여만 '각 사업연도의 소득'[4])에 대하여 과세된다.

　모든 법인은 '각 사업연도 소득'에 대한 법인세와는 별도로 법인이 보유한 비사업용토지 및 일정한 주택(부수된 토지 포함)을 양도하는 경우 '토지등양도소득'에 대한 법인세를 추가로 납부하여야 한다(법인세법 제55조의2).

Ⅱ. 부가가치에 대한 과세

1. 부가가치

가. 부가가치의 의의

부가가치는 재화 또는 용역이 생산·유통되는 모든 단계에서 사업자가 새로이 창출하는 가치의 증가분을 의미한다. 부가가치는 재화 또는 용역 그 자체의 가치 증가분이므로 소득과 달리 누구에게 귀속된다는 관념이 존재하지 않는다. 부가가치(재화나 용역)를 소비하는 자(구매자)가 소비에 상응한 세금(부가가치세)을 경제적으로 부담하지만 세금 징수의 편의상 부가가치(재화나 용역)를 공급하는 자가 법적인 납세의무를 부담한다.

나. 과세대상

부가가치세는 (가) 사업자가 행하는 재화[5]) 또는 용역[6])의 공급과 (나) 재화의 수입에 대하여 과세한다(부가가치세법 제4조).

　'재산적 가치가 있는 권리'도 재화에 포함된다(부가가치세법 제2조, 동법시행령 제2조). 특허권 등 지적재산권, 광업권, 어업권, 공법상의 특허권, 선하증권,

---

4) 비영리외국법인의 경우에는 법인세법에서 정한 일정한 수익사업에 관한 소득에 한하여 과세된다.
5) 재산 가치가 있는 물건 및 권리를 말하며, 물건과 권리의 범위에 관하여 필요한 사항은 대통령령으로 정한다(부가가치세법 제2조 제1호).
6) 재화 외에 재산 가치가 있는 모든 역무(役務)와 그 밖의 행위를 말하며, 용역의 범위에 관하여 필요한 사항은 대통령령으로 정한다(부가가치세법 제2조 제2호).

창고증권, 분양권, 골프회원권, 건물임차권 등 재화나 용역을 표창하거나 공급의 실질이 있는 권리의 양도는 부가가치세의 과세대상으로 본다. 국공채, 사채, 어음·수표, 지명채권, 재화나 용역의 공급의 실질이 없는 수익증권은 재화나 용역 공급의 실질이 없어 과세되지 않는 것이라고 본다.[7] 상품권을 판매하더라도 재화용역 공급의 실질이 없기 때문에 부가가치세가 과세될 수 없지만 회원권이나 임차권은 매입시부터 구매자가 용역을 제공받는 것이므로 부가가치세가 과세된다.[8]

사업의 양도에 대한 부가가치세의 과세는 거래 활성화를 막을 수 있으므로 '포괄적 사업양수도'에 해당되는 경우 부가가치세를 과세하지 않고 있다(부가가치세법 제10조 제9항 제2호, 동법시행령 제23조). 지분권이나 주권은 기업에 대한 소유권이므로 그 이전은 특별한 사정이 없는 한 재화나 용역의 공급으로 볼 수 없어 과세되지 아니한다. 다만 주식과 창고시설이용권이 구분됨이 없이 함께 양도된 경우[9] 주식의 양도도 과세대상에 포함되는 것으로 판단한 바 있다.[10]

2. 일반과세, 면세와 영세율

가. 일반과세

일반적으로 재화나 용역을 제공하는 사업자는 재화나 용역의 공급가액에 일정한 세율[11]을 적용한 금액(실제 구매자로부터 이를 수령하였는지 상관없이)을 **부가가치세 매출세액**으로 납부하여야 하는데, 자신의 과세사업을 위하여 필요한 재화나 용역의 구매시 공급자에 대하여 부담하였던 **부가가치세 매입세액**을 부가가치세 매출세액에서 공제한 나머지 금액을 납부하며, 부가가치세 매입세액이 부가가치세 매출세액을 초과하는 경우 초과된 금액은 환급된다.

---

7) 제도46015-11726, 2001.6.2., 부가가치세법 기본통칙 1-0-4, 서삼46015-11517, 2002.9.5.

8) 서삼46015-10292, 2002.2.25., 서면3팀-627, 2004.3.3., 대법원 2002. 10. 9. 선고 2000두6961 판결

9) 회사의 정관에 '당 회사의 주주는 회사설립과정에 참여한 자로 제한하고, 창고시설이용권의 지분은 주주의 소유주식 비율에 따라 결정되며, 주주의 자격을 상실한 때에는 창고시설이용권도 상실한다'라 규정되어 있음

10) 대법원 2001. 2. 23. 선고 98두16644 판결

11) 현재 10%

나. 면세

부가가치세법은 소비자의 부담을 덜어주기 위하여 생활필수품 등 일정한 재화나 용역을 제공하는 사업자는 부가가치세 매출세액을 납부할 의무를 부담하지 않도록 하는 **면세**제도를 두고 있다. 이 경우 자신의 면세사업을 위하여 필요한 재화나 용역의 구매시 공급자에 대하여 부담하였던 부가가치세 매입세액은 환급 받을 수 없다.

부가가치를 창출하기 위한 생산요소인 토지의 공급은 면세 대상으로 부가가치세가 과세되지 아니한다(부가가치세법 제26조 제1항 제14호). 다만 토지를 임대하는 경우에는 부가가치세가 과세된다. 건물의 공급은 부가가치세 과세되지만 국민주택 규모 이하의 주택은 생필품으로 보아 부가가치세가 과세되지 않는다(부가가치세법 제26조 제1항 제12호, 동법시행령 제41조).

은행 등 금융기관이 대통령령으로 정하는 금융·보험 용역을 공급하는 사업은 면세사업에 해당한다(부가가치세법 제26조 제1항 제11호). 은행 등 금융기관이 면세 대상인 금융·보험 용역이 아닌 다른 용역으로 얻은 수입에 대하여는 부가가치세 매출세액을 납부하여야 한다. 흔히 대출기관이 대출의 대가로 얻은 성질의 수수료는 금융·보험 용역의 대가로 면세가 되지만 차주의 자금 차입에 조력하기 위하여 제공한 금융자문은 일반적인 용역으로서 금융·보험 용역에 해당하지 않으므로 그 대가에 대하여는 부가가치세 매출세액을 납부하여야 한다.

다. 영세율

국제간 거래에서 재화와 용역의 소비지인 수입국에서 과세하므로 부가가치세법은 수출하는 재화 등에 대하여 부가가치세 매출세액의 세율을 '0'으로 적용하여 부가가치세 매출세액을 납부할 의무가 없도록 한다. 한편, 수출 촉진을 위한 경쟁력을 제고할 수 있도록 수출하는 재화 등을 창출하기 위하여 부담하였던 부가가치세 매입세액도 환급해 주는 **영세율**제도를 두고 있다.

라. 거래별 적용

과세사업, 면제사업, 영세율은 모두 재화와 용역의 특성에 따라 적용되는 것이므로 하나의 사업자라 하더라도 공급하는 재화와 용역이 다양할 경우 과

세사업, 면제사업, 영세율을 모두 함께 적용 받을 수도 있으며, 과세사업, 면제
사업 또는 영세율이 적용되는 거래 종류별로 앞서 설명한 방법으로 납부의무
를 부담한다.

Ⅲ. 실질과세의 원칙

실질과세의 원칙이란 과세를 함에 있어서 형식과 실질(외관과 실체)이 일치하
지 아니한 경우에는 납세자가 취한 형식, 명의나 외관에 구애됨이 없이 실질
(실체)에 따라 과세하여야 한다는 원칙을 말한다.

과세의 대상이 되는 소득, 수익, 재산, 행위 또는 거래의 귀속이 명의(名義)
일 뿐이고 사실상 귀속되는 자가 따로 있을 때에는 사실상 귀속되는 자를 납세
의무자로 하여 세법을 적용한다(국세기본법 제14조 제1항). 세법 중 과세표준의
계산에 관한 규정은 소득, 수익, 재산, 행위 또는 거래의 명칭이나 형식과 관계
없이 그 실질 내용에 따라 적용한다(국세기본법 제14조 제2항). 또한 제3자를 통
한 간접적인 방법이나 둘 이상의 행위 또는 거래를 거치는 방법으로 국세기본
법 또는 세법의 혜택을 부당하게 받기 위한 것으로 인정되는 경우에는 그 경제
적 실질 내용에 따라 당사자가 직접 거래를 한 것으로 보거나 연속된 하나의
행위 또는 거래를 한 것으로 보아 세법을 적용한다(국세기본법 제14조 제3항).
부당행위계산 부인 규정,[12] 이전가격세제,[13] 신탁소득에 대한 과세[14] 등이 이
규정의 구체적 사례라 할 수 있다.

『국제조세조정에 관한 법률』도 국세기본법과 같이 실질과세의 원칙을 규정
하고 있다.[15] 나아가 우회거래[16]를 통하여 우리나라에 납부할 조세부담이 대
통령령으로 정하는 비율 이상으로 현저히 감소하는 경우(해당 우회거래의 금액
및 우리나라에 납부할 조세부담의 감소된 금액 등이 대통령령으로 정하는 요건에 해당
하는 경우는 제외한다) 납세의무자가 우회거래에 정당한 사업목적이 있다는 사

---

12) 법인세법 제52조
13) 국제조세조정에 관한 법률 제4조
14) 법인세법 제5조
15) 국제조세조정에 관한 법률 제2조의2
16) 조세조약 및 국제조세조정에 관한 법률의 혜택을 부당하게 받기 위하여 제3자를 통한 간
    접적인 방법으로 거래하거나 둘 이상의 행위 또는 거래를 거친 것

실 등 조세를 회피할 의도가 없음을 입증하지 아니하면 조세조약 및 국제조세
조정에 관한 법률의 혜택을 부당하게 받기 위하여 거래한 것으로 추정하여 그
경제적 실질에 따라 당사자가 직접 거래한 것으로 보거나 연속된 하나의 행위
또는 거래로 보아 조세조약과 국제조세조정에 관한 법률을 적용한다(국제조세
조정에 관한 법률 제3조).

제2절 내국법인의 각 사업연도의 소득에 대한 과세

Ⅰ. 개관

1. 각 사업연도의 소득에 대한 법인세의 과세표준

'각 사업연도의 소득에 대한 법인세의 과세표준'은 '각 사업연도의 소득'에
서 법인세법과 다른 법률에 따른 '비과세소득 및 소득공제액'과 '이월결손금'
을 공제한 금액으로 한다(법인세법 제13조).

2. 각 사업연도의 소득

내국법인의 각 사업연도의 소득은 그 사업연도에 속하는 **익금**(益金)의 총액
에서 그 사업연도에 속하는 **손금**(損金)의 총액을 공제한 금액으로 한다(법인세
법 제14조).

3. 이월결손금

어느 사업연도의 손금 총액이 그 사업연도의 익금 총액을 초과하는 경우에
그 초과하는 금액을 **결손금**이라 하고, 결손금은 그 이후 사업연도의 법인세 과
세표준을 산정할 때에 다음과 같은 한도 내에서 과세표준에서 공제될 수 있다
(법인세법 제13조 제1항 제1호). 어느 사업연도 개시 전에 발생한 결손금으로서
그 후의 각 사업연도의 과세표준을 계산할 때 공제되지 아니하고 남은 결손금
을 **이월결손금**이라 한다.

어느 사업연도의 '각 사업연도의 소득'에 대한 법인세의 과세표준에서 공제

될 수 있는 이월결손금은 (가) 당해 사업연도의 개시일 전 15년 이내에 개시한 사업연도에서 발생하여야 하고, (나) 법인세법에 따라 과세표준의 신고(수정신고)나 결정·경정시 결손금으로 포함된 금액이어야 하고, '각 사업연도 소득'의 100분의 60[17]을 한도로 공제될 수 있다(법인세법 제13조 제1항).

Ⅱ. 익금과 손금

1. 익금과 손금

익금은 법인의 순자산을 증가시키는 거래로 인하여 발생하는 이익 또는 수입[18]의 금액으로 한다(법인세법 제15조). **손금**은 법인의 순자산을 감소시키는 거래로 인하여 발생하는 손실 또는 비용[19]의 금액으로 한다(법인세법 제19조). 법인세법은 감가상각비 등 다양한 손금 항목별로 손금으로 산입될 수 있는 한도를 정하고 있다.

2. 부당행위계산의 부인

내국법인이 특수관계인과의 거래로 법인의 소득에 대한 조세의 부담을 부당하게 감소시킨 것으로 인정되는 행위나 소득금액의 계산을 한 경우, 과세관청은 그 법인의 행위 또는 소득금액의 계산(**부당행위계산**)과 관계없이(**부인**) 법인세법시행령에서 정한 시가[20]와의 차액 등을 익금에 산입하여 당해 법인의 각 사업연도의 소득금액을 계산한다(법인세법 제52조). 부당행위계산의 예는 다음과 같다.

① 자산을 시가보다 높은 가액으로 매입 또는 현물출자 받았거나 그 자산을 과대상각한 경우

② 무수익 자산을 매입 또는 현물출자 받았거나 그 자산에 대한 비용을 부

---

17) 조세특례제한법 소정의 중소기업과 법인세법시행령에서 정하는 회생계획을 이행 중인 기업 등 법인의 경우는 100분의 100

18) 자본 또는 출자의 납입과 법인세법에서 규정하는 것은 제외한다.

19) 자본 또는 출자의 환급, 잉여금의 처분과 법인세법에서 규정하는 것은 제외한다.

20) 건전한 사회 통념 및 상거래 관행과 특수관계인이 아닌 자 간의 정상적인 거래에서 적용되거나 적용될 것으로 판단되는 가격(요율·이자율·임대료 및 교환 비율과 그 밖에 이에 준하는 것을 포함)

담한 경우

③ 자산을 무상 또는 시가보다 낮은 가액으로 양도 또는 현물출자한 경우

④ 불량자산을 차환하거나 불량채권을 양수한 경우

⑤ 출연금을 대신 부담한 경우

⑥ 금전, 그 밖의 자산 또는 용역을 무상 또는 시가보다 낮은 이율·요율이
   나 임대료로 대부하거나 제공한 경우

⑦ 금전, 그 밖의 자산 또는 용역을 시가보다 높은 이율·요율이나 임차료
   로 차용하거나 제공받은 경우

⑧ 파생상품에 근거한 권리를 행사하지 아니하거나 그 행사기간을 조정하
   는 등의 방법으로 이익을 분여하는 경우

⑨ 특수관계인인 법인 간 합병(분할합병을 포함한다)·분할에 있어서 불공정
   한 비율로 합병·분할하여 합병·분할에 따른 양도손익을 감소시킨 경우

⑩ 증자·감자, 합병(분할합병을 포함한다)·분할, 신주의 발행이나 주식의 전
   환·인수·교환 등 자본거래를 통해 법인의 이익을 분여하였다고 인정
   되는 경우

특수관계인과의 거래가 아니더라도 법인이 특수관계인 외의 자에게 정당한
사유 없이 자산을 정상가액(시가에서 시가의 100분의 30을 더하거나 뺀 범위의 가
액)보다 낮은 가액으로 양도하거나 특수관계인 외의 자로부터 정상가액보다
높은 가액으로 매입하는 경우에는 그 차액은 **기부금**으로 간주되어 손금불산입
될 수 있다(법인세법 제24조 제1항).

Ⅲ. 소득처분

1. 소득처분의 의의

어느 사업연도의 '각 사업연도의 소득'을 산정함에 있어 익금에 산입하거나
손금에 산입하지 아니한 금액은 당해 사업연도의 '각 사업연도의 소득'의 산정
에 그치지 아니하고 그 이후 사업연도의 '각 사업연도의 소득'의 산정에 영향
을 미치거나 제3자의 소득으로 귀속되어 과세할 필요가 있게 된다. 이에 법인
세 과세표준의 신고·결정 또는 경정이 있는 때 익금에 산입하거나 손금에 산

입하지 아니한 금액을 그 귀속되는 주체별로 구분하여 다음과 같이 처리(소위 소득처분)한다(법인세법 제67조).

2. 소득처분의 종류

소득처분은 사외유출과 사내유보로 구분하고, 사외유출은 배당, 상여, 기타 사외유출과 기타소득으로 구분한다.

가. 사외유출

사외유출은 익금산입과 손금불산입으로 생긴 세법상의 각 사업연도소득이 법인 내부에 남아 있지 아니하고 법인의 외부로 유출된 금액으로서 다음과 같이 구분하여 처리한다.

① 제3자에 대한 배당, 상여[21]와 기타소득으로 인정되는 금액에 대하여는 당해 법인이 소득세를 원천징수하여 납부하여야 하며, 당해 소득을 받은 것으로 인정되는 개인은 종합소득에 합산하여 소득세를 납부하여야 한다.[22]

② 내국법인(또는 외국법인의 국내사업장)의 각 사업연도의 소득이나 거주자(또는 비거주자의 국내사업장)의 사업소득을 구성하는 경우에는 그에 따라 내국법인과 거주자가 법인세 또는 소득세를 납부하게 된다.

나. 사내유보

손금 산입 한도를 초과하여 손금불산입된 감가상각비와 같이 외부에 유출되지 아니한 금액은 사내 유보 또는 △유보(負의 유보)로 처분하고, 반드시 그 이후 사업연도의 '각 사업연도의 소득'의 산정시 반대의 처분[23]을 하여 그 이후 사업연도의 '각 사업연도의 소득'이 증감되는 효과가 발생하게 된다.

---

21) 익금에 산입한 금액이 사외에 유출된 것은 분명하나 귀속자가 불분명한 경우에는 대표자에게 귀속된 것으로 보아 대표자에 대한 상여로 처분한다.

22) 다만 기타소득을 받은 자가 기타소득으로 받은 금액이 연간 300만원 이하인 경우에는 분리과세를 선택하여 원천징수로서 납세의무를 종결할 수 있다.

23) 손금 산입 한도를 초과하여 손금불산입 되었던 감가상각비는 그 이후 사업연도의 '각 사업연도의 소득'의 산정시 손금 산입 한도 내의 금액으로 인정되어 손금으로 산입된다.

Ⅳ. 이중과세의 방지

법인의 소득에 대하여 법인 단계에서 법인세를 과세한 후 배당된 소득에 또 다시 법인 주주 단계에서 법인세를 과세하는 것은 동일소득에 대한 이중과세의 문제가 발생하게 된다.

1. 수입배당금 익금불산입

법인세법에서는 법인이 출자한 회사로부터 받는 배당금 중 출자한 회사가 상장법인인지 여부와 출자지분율에 따라 일정한 비율의 금액은 익금에 산입하지 않고 있다(법인세법 제18조의2). 주된 수입이 자회사로부터의 배당인 지주회사의 경우에는 일반법인보다 익금에 산입하지 않는 비율을 높게 적용하고 있다.

2. 유동화전문회사 등에 대한 소득공제

유동화전문회사와 같이 영업을 위한 물적·인적 설비를 갖추지 아니하고 투자 목적으로 도관(conduit)의 역할만을 하는 다음의 회사의 경우 법인 단계에서 법인세를 과세하지 아니하고 주주 등에게 배당된 금액에 대한 과세만으로 충분하므로 법인세법은 그러한 회사가 주주 등에게 배당가능이익의 90% 이상을 배당하는 경우 그 금액은 '각 사업연도의 소득'에서 공제하여 법인 단계에서 법인세를 부담하지 않을 수 있도록 하고 있다(법인세법 제51조의2 제1항).

① 자산유동화법에 따른 유동화전문회사
② 자본시장법에 따른 투자회사, 투자목적회사, 투자유한회사, 투자합자회사(자본시장법 제9조 제19항 제1호의 기관전용 사모집합투자기구는 제외한다) 및 투자유한책임회사
③ 기업구조조정투자회사법에 따른 기업구조조정투자회사
④ 부동산투자회사법에 따른 기업구조조정 부동산투자회사 및 위탁관리 부동산투자회사
⑤ 선박투자회사법에 따른 선박투자회사
⑥ 민간임대주택에 관한 특별법 또는 공공주택특별법에 따른 특수 목적 법

인 등으로서 대통령령으로 정하는 법인
⑦ 문화산업진흥기본법에 따른 문화산업전문회사
⑧ 해외자원개발사업법에 따른 해외자원개발투자회사

또한 법인세법 제51조의2 제1항 제1호부터 제8호까지와 유사한 투자회사로서 다음 각 목의 요건을 갖춘 법인이 2022년 12월 31일 이전에 끝나는 사업연도에 대하여 대통령령으로 정하는 배당가능이익의 100분의 90 이상을 배당한 경우 그 금액은 해당 배당을 결의한 잉여금 처분의 대상이 되는 사업연도의 소득금액에서 공제함으로써 법인세를 부담하지 않을 수 있도록 하고 있다(조세특례제한법 제104의31).

① 회사의 자산을 설비투자, 사회간접자본 시설투자, 자원개발, 그 밖에 상당한 기간과 자금이 소요되는 특정사업에 운용하고 그 수익을 주주에게 배분하는 회사일 것
② 본점 외의 영업소를 설치하지 아니하고 직원과 상근하는 임원을 두지 아니할 것
③ 한시적으로 설립된 회사로서 존립기간이 2년 이상일 것
④ 상법이나 그 밖의 법률의 규정에 따른 주식회사로서 발기설립의 방법으로 설립할 것
⑤ 발기인이 기업구조조정투자회사법 제4조 제2항 각 호의 어느 하나에 해당하지 아니하고 대통령령으로 정하는 요건을 충족할 것
⑥ 이사가 기업구조조정투자회사법 제12조 각 호의 어느 하나에 해당하지 아니할 것
⑦ 감사는 기업구조조정투자회사법 제17조에 적합할 것. 이 경우 기업구조조정투자회사는 회사로 본다.
⑧ 자본금 규모, 자산관리업무와 자금관리업무의 위탁 및 설립신고 등에 관하여 대통령령으로 정하는 요건을 충족할 것

다만 배당을 받은 주주등에 대하여 법인세법 또는 조세특례제한법에 따라 그 배당에 대한 소득세 또는 법인세가 비과세되는 경우[24]에는 소득공제가 적

---

24) 배당을 받은 주주등이 조세특례제한법에 따라 동업기업과세특례를 적용받는 동업기업인

용되지 아니하며, 소수 개인투자자들의 조세회피수단으로 악용되는 것을 방지하기 위하여 사모방식으로 설립되고, 개인 2인 이하 또는 개인 1인 및 그 친족이 발행주식총수 또는 출자총액의 95% 이상의 주식 등을 소유하는 내국법인25)에는 소득공제가 적용되지 아니한다(법인세법 제51조의2 제2항, 조세특례제한법 제104조의31 제2항).

3. 외국납부세액공제

법인의 각 사업연도의 과세표준에 국외원천소득이 포함되어 있는 경우 그 국외원천소득에 대하여 법인세법시행령 제94조 제1항에 의한 외국법인세액을 납부하였거나 납부할 것이 있는 때에는 그 외국법인세액을 해당 사업연도의 법인세액에서 공제하는 방법과 각 사업연도의 소득금액계산에 있어서 손금에 산입하는 방법 중 하나를 선택하여 적용 받을 수 있다(법인세법 제57조 제1항).

Ⅴ. 이자소득 등에 대한 원천징수

내국법인에게 다음 각 호의 금액을 지급하는 자는 그 지급하는 금액에 100분의 1426)의 세율을 적용하여 계산한 금액에 상당하는 법인세를 원천징수하여 그 징수일이 속하는 달의 다음 달 10일까지 납세지 관할 세무서 등에 납부하여야 하지만 대통령령으로 정하는 금융회사 등에게 지급하는 경우에는 원천징수의무를 부담하지 아니한다(법인세법 제73조 제1항).

① 소득세법 제16조 제1항에 따른 이자소득(금융보험업을 하는 법인의 수입을 포함한다)
② 소득세법 제17조 제1항 제5호에 따른 집합투자기구로부터의 이익 중 자본시장법에 따른 투자신탁의 이익

경우로서 그 동업자들에 대하여 배당에 해당하는 소득에 대한 소득세 또는 법인세가 전부 과세되는 경우는 제외한다.
25) 개인 등에게 배당 및 잔여재산의 분배에 관한 청구권이 없는 경우는 제외한다.
26) 소득세법 제16조 제1항 제11호의 비영업대금의 이익인 경우에는 100분의 25

Ⅵ. 신고납부

　내국법인은 각 사업연도의 소득에 대한 법인세의 과세표준과 세액을 신고
· 납부하여야 한다. 외국법인의 각 사업연도의 소득에 대한 산출세액은 과세표
준에 법인세법 제55조에 규정된 세율을 적용하여 계산한다(법인세법 제95조).

제3절　외국법인의 각 사업연도 소득에 대한 과세

Ⅰ. 개 관

　외국법인은 국내에서 발생하는 소득(국내원천소득)에 대하여만 납세의무를
부담한다. 조세조약은 당사자 국가 사이에 과세권을 배분함으로써 이중으로
과세되는 결과를 방지하는 것을 주된 목적으로 하고, 조세조약이 직접 과세의
근거가 되는 것은 아니다. 따라서 외국법인이 얻은 소득이 국내원천소득에 해
당하지 않으면 조세조약을 나아가 살펴볼 필요 없이 과세되지 아니한다.

　외국법인이 얻은 소득이 국내원천소득에 해당하더라도 조세조약에서 우리
나라가 과세할 수 있는 소득이 아닌 것으로 정한 경우에는 과세되지 아니한다.

　외국법인이 얻은 소득이 국내원천소득에 해당하고, 조세조약에서 우리나라
가 과세할 수 있는 소득에 해당하는 경우, 먼저 외국법인이 국내에 국내사업장
(조세조약상 고정사업장)을 가지고 있는지 여부에 따라 외국법인의 국내원천소
득에 대한 과세가 달라진다.

1. 국내사업장이 있는 경우

　국내사업장(조세조약상 고정사업장)을 가진 외국법인은 국내사업장과 실질적
으로 관련되거나 국내사업장에 귀속되는 국내원천소득에 대하여 내국법인과
동일하게 '각 사업연도 소득'에 대한 법인세를 신고 납부하여야 한다(법인세법
제9조).[27]

---

27) 국내사업장이 있는 외국법인의 경우 국내사업장에 귀속되는 국내원천소득만 종합과세되

우리나라가 체결한 조세조약은 예외 없이 일방 체약국이 타방 체약국의 기업의 '사업소득'에 대하여 과세할 수 없는 것을 원칙으로 하되, 예외적으로 일방 체약국 내에 고정사업장을 가지고 있는 경우에만 과세할 수 있는 것으로 정하고 있다.[28] 또한 조세조약상 타방 체약국의 기업의 이자, 배당, 사용료 등 투자소득에 대하여는 일정한 세율(제한세율)을 초과하여 과세할 수 없도록 정하고 있지만 그러한 소득이 고정사업장과 실질적으로 관련된 경우에는 제한세율이 적용되지 아니하고 고정사업장의 사업소득으로 과세할 수 있다.

2. 국내사업장이 없는 경우

(가) 국내사업장이 없는 외국법인의 국내원천소득이나, (나) 국내사업장이 있는 외국법인의 국내원천소득이라도 국내사업장과 실질적으로 관련되지 아니하거나 국내사업장에 귀속되지 아니한 소득에 대하여는 소득을 지급하는 자가 그 지급을 할 때 법인세법에서 정하는 세율(당해 세율이 조세조약에서 정한 제한세율을 초과하는 경우에는 조세조약에서 정한 세율)을 적용하여 계산된 금액을 법인세로 원천징수하여 납부하여야 한다.

3. 지점세

외국법인이 국내에 법인(자회사)을 설립하여 사업을 하는 경우에는 자회사의 소득에 대한 법인세에 추가하여 자회사가 외국법인에게 지급하는 배당소득에 대하여도 과세된다. 외국법인이 국내에 지점을 설립하여 사업을 하는 경우에는 지점의 본점에 대한 배당의 개념이 없으므로 국내사업장(지점)의 소득에 대한 법인세만 과세하게 된다면 외국법인이 국내에 법인을 설립하여 사업을 하는 경우와 형평에 맞지 않게 된다. 이에 법인세법은 국내사업장(지점)에 대하여 법인세를 부과한 후에 세후 소득에 대하여 다시 추가로 배당소득에 적용되는 원천징수 세율을 적용하여 계산한 세액(소위 지점세)을 납부하도록 하고 있

므로 국내사업장에 귀속되는 소득만을 신고납부하여야 하며 국내사업장에 귀속되지 않는 국내원천소득은 원천징수·분리과세되므로 신고납부 대상소득이 되지 아니한다. 그러나 부동산소득이 있는 외국법인은 신고납부·종합과세되며, 부동산등양도소득은 예납적 원천징수(양수자가 법인인 경우) 후 신고납부하여야 한다.

28) 우리나라와 조세조약이 체결된 국가의 외국법인의 사업소득으로서 국내사업장이 없거나 국내사업장이 있더라도 국내사업장에 귀속되지 않은 소득에 대해서는 과세할 수 없고 국내사업장에 귀속되는 사업소득만이 신고납부대상소득이 된다.

다(법인세법 제96조).

Ⅱ. 고정사업장

1. 고정사업장의 의의

국내 **고정사업장**이란 외국법인이 사업의 전부 또는 일부를 수행하는 국내의 고정된 사업장소(permanent establishment, PE)를 말한다. 고정사업장은 조세조약상의 permanent establishment를 번역한 말로서 일반적으로 조세조약에서는 고정사업장 또는 항구적 시설이라고 하고, 우리나라 세법에서는 **국내사업장**이라 한다.

외국법인이 국내에서 법인(자회사)을 설립하지 않더라도 국내사업장을 통하여 사업을 영위하는 경우에는 국내에 법인(자회사)을 설립한 경우와 동일한 방법으로 법인세를 과세한다(법인세법 제91조 제1항).

2. 국내사업장의 범위

지점, 사무소 또는 영업소 등과 같이 국내에 사업의 전부 또는 일부를 수행하는 고정된 장소를 가지고 있는 경우에는 국내사업장이 있는 것으로 본다(법인세법 제94조 제1항, 제2항).

외국법인이 물리적으로 고정된 장소(지점, 사무소, 판매장소 등)를 가지고 있지 아니한 경우에도 국내에 자기를 위하여 계약을 체결할 권한을 가지고 그 권한을 반복적으로 행사하는 자, 계약을 체결할 권한을 가지고 있지 아니하더라도 계약을 체결하는 과정에서 중요한 역할(외국법인이 계약의 중요사항을 변경하지 아니하고 계약을 체결하는 경우로 한정한다)을 반복적으로 수행하는 자 또는 이에 준하는 자(**종속대리인**)를 통하여 국내에서 사업을 경영하는 경우에는 국내에 고정사업장을 가지고 있는 것으로 간주된다(법인세법 제94조 제3항, 동법 시행령 제133조). 이는 국내에 종속대리인을 두고 사실상 지점을 둔 경우와 같은 동일한 경제적인 활동을 하면서 납세의무를 회피하는 것을 방지하기 위한 제도이다.

조세조약에서는 계약 체결권 등을 가지고 있는 자라 하더라도 예외적으로 법적 · 경제적으로 독립된 지위에 있는 자(**독립대리인**)를 통하여 사업을 경영하는 경우에는 국내사업장을 가진 것으로 인정하지 않는다. 따라서 외국법인을 위하여 업무를 수행하는 자가 종속대리인 또는 독립대리인에 해당하는지 여부에 따라 국내사업장 유무가 결정되고, 국내사업장 유무에 따라 외국법인의 사업소득에 대한 과세 여부가 결정되기 때문에 종속대리인과 독립대리인의 구분은 매우 중요하다.

3. 종속대리인

종속대리인의 요건은 법인세법과 조세조약 사이에 다소 차이가 있는데, 법인세법상 요건은 다음과 같다(법인세법기본통칙 94-13…2).

① 대리인이 외국법인을 위하여 사업에 관한 계약을 체결할 수 있는 권한을 가지고 있을 것

'계약'이라 함은 외국법인의 고유사업과 관련하여 체결하는 계약을 말하며, 당해 외국법인의 사무실의 임차 또는 종업원의 고용 등 기업의 내부적인 경영·관리 활동과 관련하여 체결하는 계약은 포함되지 아니한다. '계약을 체결할 수 있는 권한'이라 함은 당해 대리인이 당해 외국법인을 구속할 수 있는 계약의 중요하고 세부적인 사항에 관하여 상담 협의할 수 있는 권한을 말하며, 당해 대리인이 그 계약체결권을 가지고 있는 경우에는 비록 그 외국법인이나 그 외국법인이 있는 국가의 제3자가 그 계약서에 서명 또는 날인할지라도 그 대리인이 우리나라에서 그 권한을 행사한 것으로 본다.

② 대리인이 그 권한을 반복적으로 행사할 것

'반복적 행사'에는 장기의 대리계약에 의하여 계약체결권을 계속적·반복적으로 행사하는 경우뿐만 아니라 2개 이상의 단기 대리계약에 의하여 계약체결권을 계속적·반복적으로 행사하는 경우도 포함된다.

4. 독립대리인

어떤 자가 다음의 모든 요건을 갖춘 경우에는 그 자는 조세조약상 외국법인의 독립대리인에 해당하며, 외국법인의 국내사업장으로 보지 아니한다(법인세법기본통칙 94-133…3).

① 그 대리인이 본인인 외국법인으로부터 법적으로 또한 경제적으로 독립된 지위에 있어야 한다.

대리인이 외국법인을 위한 활동을 함에 있어서 외국법인으로부터 세부적인 지시나 통제를 받지 않아야 하고, 자기의 책임으로 대리인의 외국법인을 위한 사업활동으로 인하여 발생하는 사업상의 위험을 부담하여야 한다. 대리인이 외관상으로는 독립적 지위의 대리인이라 하더라도 전적으로 또는 거의 전적으로 특정 외국법인을 위해 활동하는 경우에는 그 대리인은 독립적 지위의 대리인으로 볼 수 없고, 불특정 다수를 위해 계약체결 등을 하는 경우에는 독립성을 인정받을 수 있다.

② 그 대리인이 이행하는 외국법인을 위한 행위가 그 대리인 자신의 통상적인 사업으로 수행되어야 한다.

대리인이 자신의 통상적인 사업활동의 범위에 속하지 않는 활동을 외국법인을 위해 한 경우에는 독립대리인이 되지 아니한다.

Ⅲ. 국내원천소득

외국법인의 국내원천소득은 국내원천의 이자소득, 배당소득, 부동산임대·운용소득, 선박·항공기 등의 임대소득, 사업소득, 인적용역소득,[29] 부동산등양도소득, 사용료소득, 유가증권양도소득과 기타소득으로 구분된다. 외국법인의 국내원천 유가증권양도소득에 관하여 구체적으로 살펴보면 다음과 같다.

외국법인이 (가) 내국법인이 발행한 주식 또는 출자지분[30] 및 그 밖의 유가증권,[31] (나) 외국법인이 발행한 주식 또는 출자지분(자본시장법에 따른 증권시장에 상장된 것에 한정한다)과 (다) 외국법인의 국내사업장이 발행한 그 밖의 유가증권을 양도함으로 인하여 발생하는 다음의 소득은 국내원천 유가증권양도소득에 해당한다(법인세법 제93조 제9호, 동법시행령 제132조 제8항).

---

29) 외국법인이 본인 또는 그의 피고용인 등을 통하여 국내에서 다음의 전문직업적 용역을 제공함으로 인하여 발생하는 소득을 하며, 이는 독립된 자격으로 제공하는 전문직업적 용역 또는 기타 독립적 성격의 활동에 대한 대가를 의미하는 것으로서 타인의 피고용인으로서 용역을 제공하는데 대한 대가, 즉 근로소득에 대응되는 개념이다.

30) 주식·출자지분에는 주식·출자지분을 기초로 발행한 예탁증서 및 신주인수권을 포함한다.

31) 기타의 유가증권에는 자본시장법 제4조에 따른 증권을 포함한다.

1. 국내사업장을 가지고 있는 외국법인이 주식 또는 출자증권을 양도함으로써 발생하는 소득

2. 국내사업장을 가지고 있지 아니한 외국법인이 해당 주식 또는 출자증권을 양도함으로써 발생하는 소득. 다만, 증권시장을 통하여 주식 또는 출자증권을 양도[32]함으로써 발생하는 소득으로서 해당 양도법인 및 그 특수관계인이 해당 주식 또는 출자증권의 양도일이 속하는 연도와 그 직전 5년의 기간 중 계속하여 그 주식 또는 출자증권을 발행한 법인의 발행주식총수 또는 출자총액[33]의 25% 미만을 소유한 경우에는 국내원천소득에서 제외되고, 과세되지 아니한다.

3. 국내사업장을 가지고 있는 외국법인이 주식 또는 출자증권 외의 유가증권을 양도함으로써 발생하는 소득. 다만, 당해 유가증권의 양도시에 이자소득으로 과세되는 소득을 제외한다.

4. 국내사업장을 가지고 있지 아니한 외국법인이 내국법인 또는 거주자나 비거주자·외국법인의 국내사업장에게 주식 또는 출자증권 외의 유가증권을 양도함으로써 발생하는 소득. 다만, 당해 유가증권의 양도시에 이자소득으로 과세되는 소득을 제외한다.

부동산주식 등[34]에 속하는 주식·출자지분의 양도소득은 부동산양도소득이 되고, 유가증권양도소득에서 제외되지만 부동산주식 등이 증권시장에 상장된 경우에는 유가증권양도소득이 된다(법인세법 제93조 제7호, 제9호).

국외특수관계인[35]이 보유하고 있는 내국법인의 주식 또는 출자지분이 자본거래로 인하여 그 가치가 증가함으로써 발생하는 소득[36]은 기타소득이 된다(법인세법 제93조 제10호 자목).

---

32) 자본시장법 제78조에 따른 중개에 따라 주식을 양도하는 경우를 포함한다.
33) 외국법인이 발행한 주식 또는 출자증권의 경우에는 증권시장에 상장된 주식총수 또는 출자총액
34) 법인의 자산총액 중 부동산 등의 가액의 합계액이 100분의 50 이상인 법인의 주식 등
35) 거주자·내국법인과 국제조세조정법시행령 제2조 제1항의 규정에 따른 특수관계 또는 비거주자·외국법인과 법인세법시행령 제131조 제2항 제1호 또는 제2호의 규정에 따른 특수관계에 해당하는 관계에 있는 외국법인
36) 법인세법시행령 제88조 제1항 제8호 각 목의 어느 하나 또는 같은 항 제8호의2에 해당하는 거래로 인하여 주주 등인 외국법인이 법인세법시행령 제132조 제13항 각 호에 따른 특수관계에 있는 다른 주주 등으로부터 이익을 분여 받아 발생한 소득

Ⅳ. 국내원천소득의 실질귀속자

1. 조세조약상 수익적 소유자와 법인세법상 실질귀속자

외국법인이 국내원천소득에 대하여 조세조약에 따른 제한세율(국내세법에 따른 세율보다 낮은 세율)을 적용 받으려면 국내원천소득의 **수익적 소유자**(beneficial owner, 법인세법상 **실질귀속자**)여야 한다.

조세조약상 수익적 소유자는 배당소득을 지급받은 자가 타인에게 이를 다시 이전할 법적 또는 계약상의 의무 등이 없는 사용·수익권을 갖는 경우를 말한다. 이러한 수익적 소유자에 해당하는지는 해당 소득에 관련된 사업활동의 내용과 현황, 그 소득의 실제 사용과 운용 내역 등 제반 사정을 종합하여 판단하여야 한다.[37]

국세기본법 제14조 제1항에서 규정하는 실질과세의 원칙은 법률과 같은 효력을 가지는 조세조약의 해석과 적용에 있어서도 이를 배제하는 특별한 규정이 없는 한 그대로 적용된다.[38] 그러므로 국내원천소득의 수익적 소유자에 해당한다고 할지라도 국세기본법상 실질과세의 원칙에 따라 조약 남용으로 인정되는 경우에는 그 적용을 부인할 수 있다. 즉, 재산의 귀속명의자는 재산을 지배·관리할 능력이 없고 그 명의자에 대한 지배권 등을 통하여 실질적으로 이를 지배·관리하는 자가 따로 있으며 그와 같은 명의와 실질의 괴리가 조세를 회피할 목적에서 비롯된 경우에는 그 명의에 따른 조세조약 적용을 부인하고 그 재산에 관한 소득은 그 재산을 실질적으로 지배·관리하는 자에게 귀속된 것으로 보아 과세한다. 그러나 그러한 명의와 실질의 괴리가 없는 경우에는 소득의 귀속명의자에게 소득이 귀속된다.[39] 국내원천소득의 실질귀속자[40]인 외국법인은 조세조약에 따라 비과세 또는 면제를 적용 받을 수 있다.

---

37) 대법원 2018. 11. 15. 선고 2017두33008 판결 참조
38) 대법원 2012. 4. 26. 선고 2010두11948 판결 등 참조
39) 대법원 2014. 7. 10. 선고 2012두16466 판결, 대법원 2016. 7. 14. 선고 2015두2451 판결 등 참조
40) 국내원천소득과 관련하여 법적 또는 경제적 위험을 부담하고 그 소득을 처분할 수 있는 권리를 가지는 등 그 소득에 대한 소유권을 실질적으로 보유하고 있는 자

2. 국외투자기구에 대한 특례

외국법인이 국외투자기구[41])를 통하여 국내원천소득을 지급받는 경우에는 그 외국법인을 국내원천소득의 실질귀속자로 본다(법인세법 제93조의2). 다만 국외투자기구가 다음 각 호의 어느 하나에 해당하는 경우[42])에는 그 국외투자기구를 국내원천소득의 실질귀속자로 본다.

① 다음 각 목의 요건을 모두 충족하는 경우
  가. 국외투자기구의 거주지국에서 그 국외투자기구가 납세의무를 부담할 것
  나. 국내원천소득에 대한 소득세 또는 법인세를 부당하게 감소시킬 목적으로 그 국외투자기구를 설립한 것이 아닐 것
② 그 국외투자기구가 조세조약에서 실질귀속자로 인정되는 것으로 규정된 경우
③ 위 제1호 및 제2호에 해당하지 아니하는 국외투자기구가 그 국외투자기구에 투자한 투자자를 입증하지 못하는 경우.[43]) 이 경우 국외투자기구에 대하여 조세조약에 따른 비과세·면제 및 제한세율의 규정을 적용하지 아니한다.

3. 조세조약상 비과세 또는 면제 적용 신청

국내원천소득[44])의 실질귀속자인 외국법인이 조세조약에 따라 비과세 또는 면제를 적용 받으려는 경우에는 대통령령으로 정하는 바에 따라 비과세·면제 신청서를 국내원천소득을 지급하는 자(소득지급자)에게 제출하고 해당 소득지급자는 그 신청서를 납세지 관할 세무서장에게 제출하여야 한다(법인세법 제98조의4 제1항).

---

41) 투자권유를 하여 모은 금전 등을 재산적 가치가 있는 투자대상자산의 취득, 처분 또는 그 밖의 방법으로 운용하고 그 결과를 투자자에게 배분하여 귀속시키는 투자행위를 하는 기구로서 국외에서 설립된 기구
42) 소득세법 제2조 제3항에 따른 법인으로 보는 단체 외의 법인 아닌 단체인 국외투자기구는 이 항 제2호 및 제3호에 해당하는 경우로 한정한다.
43) 투자자가 둘 이상인 경우로서 투자자 중 일부만 입증하는 경우에는 입증하지 못하는 부분으로 한정한다.
44) 사업소득 및 인적용역소득은 제외한다.

소득지급자는 실질귀속자 또는 국외투자기구로부터 비과세·면제신청서 또는 국외투자기구 신고서를 제출받지 못하거나 제출된 서류를 통해서는 실질귀속자를 파악할 수 없는 등 대통령령으로 정하는 사유에 해당하는 경우에는 비과세 또는 면제를 적용하지 아니하고 법인세법에서 정한 세율로 법인세를 원천징수 하여야 한다(법인세법 제98조의4 제3항).

비과세 또는 면제를 적용 받지 못한 실질귀속자가 비과세 또는 면제를 적용 받으려는 경우에는 실질귀속자 또는 소득지급자가 세액이 원천징수된 날이 속하는 달의 말일부터 5년45) 이내에 대통령령으로 정하는 바에 따라 소득지급자의 납세지 관할 세무서장에게 경정을 청구하여 환급 받을 수 있다(법인세법 제98조의4 제4항).

4. 특정지역 외국법인에 대한 원천징수절차 특례

외국법인의 국내원천소득에 대한 법인세의 원천징수의무자는 기획재정부장관이 고시하는 국가나 지역에 있는 외국법인의 국내원천소득 중 이자소득, 배당소득, 부동산주식등의 양도소득, 사용료소득과 유가증권양도소득에 대하여 각 사업연도의 소득에 대한 법인세로서 원천징수하는 경우에는 조세조약에 따른 비과세·면제 또는 제한세율 규정에도 불구하고 법인세법에서 정한 세율을 우선 적용하여 원천징수하여야 한다(법인세법 제98조의5 제1항).

이 경우 국내원천소득을 실질적으로 귀속받는 법인이 조세조약에 따른 비과세·면제 또는 제한세율의 적용을 받으려는 경우에는 세액이 원천징수된 날이 속하는 달의 말일부터 5년 이내에 대통령령으로 정하는 바에 따라 원천징수의무자의 납세지 관할 세무서장에게 경정을 청구할 수 있다. 다만 국세기본법 제45조의2 제2항 각 호의 어느 하나에 해당하는 사유가 발생하였을 때에는 본문에도 불구하고 그 사유가 발생한 것을 안 날부터 3개월 이내에 경정을 청구할 수 있다(법인세법 제98조의5 제2항).

현재 기획재정부장관이 고시하는 국가나 지역은 말레이시아(Malaysia)의 라부안(Labuan) 지역이다(비거주자·외국법인에 대한 원천징수절차특례 적용지역 지정고시).

---

45) 국세기본법 제45조의2 제2항 각 호의 어느 하나에 해당하는 사유가 발생하였을 때에는 본문에도 불구하고 그 사유가 발생한 것을 안 날부터 3개월

V. 국제조세의 조정

국제조세조정법에서 **국제거래**란 거래 당사자의 어느 한쪽이나 양쪽이 비거주자 또는 외국법인(비거주자 또는 외국법인의 국내사업장은 제외)인 거래로서 유형자산 또는 무형자산의 매매·임대차, 용역의 제공, 금전의 대출·차용, 그 밖에 거래자의 손익(損益) 및 자산과 관련된 모든 거래를 말한다(국제조세조정법 제2조 제1항 제1호).

1. 특정외국법인의 유보소득에 대한 합산과세

국제조세조정법은 내국인이 소득에 대한 세금이 가벼운 소위 조세피난처에 자회사를 설립하여 자회사의 이익잉여금을 출자자인 내국인에게 배당하지 아니하고 장기간 유보함으로써 우리나라에서의 과세를 회피하는 행위를 방지하기 위하여 비록 내국인이 배당을 받지 아니하였더라도 자회사에 유보된 소득이 내국인에게 배당된 것으로 간주하여 법인세를 과세하는 제도(controlled foreign corporation rule; CFC rule)를 두고 있다.

내국인이 법인의 실제 부담세액이 실제 발생소득의 100분의 15 이하인 국가 또는 지역(**특정국가등**)에 본점(또는 주사무소)을 둔 외국법인에 대하여 내국인46)이 출자한 경우에는 그 외국법인 중 내국인과 특수관계47)가 있는 법인(**특정외국법인**)의 각 사업연도 말 현재 배당 가능한 유보소득 중 내국인에게 귀속될 금액은 내국인이 배당 받은 것으로 본다(국제조세조정법 제27조). 외국법인이 사업의 실질적 관리장소를 특정국가등에 두고 있는 경우에는 사업의 실질적 관리장소를 본점 또는 주사무소로 볼 수 있다.

2. 과소자본세제

외국법인의 국내 자회사(국내사업장 포함)에 대한 투자는 출자와 자금대여로 구분될 수 있는데 출자에 대한 배당은 과세소득 계산시 손금으로 인정되지 아

---

46) 특정외국법인의 각 사업연도 말 현재 발행주식의 총수 또는 출자총액의 100분의 10 이상을 직접 또는 간접으로 보유한 자
47) 국제조세조정법 제2조 제1항 제8호 가목의 관계에 해당하는지를 판단할 때에는 친족 등 대통령령으로 정하는 내국인의 특수관계인이 직접 또는 간접으로 보유하는 주식을 포함한다.

니하나 차입금에 대한 지급이자는 손금으로 인정된다. 국제조세조정법은 국내 자회사가 외국법인(국외지배주주)으로부터 자금을 조달할 때 인위적으로 국내 자회사에 대한 출자를 줄이고 차입을 늘려 법인세 과세소득을 감소시키는 행위를 규제하기 위하여 내국법인이 국외지배주주 등에게 과다한 차입금에 대하여 지급하는 이자를 손금으로 인정하지 않는 제도(**과소자본세제**, thin capitalization rule)를 두고 있다.

내국법인(외국법인의 국내사업장 포함)이 국외지배주주[48] 등으로부터 차입한 금액 중 다음 각호의 금액을 합한 금액이 그 국외지배주주가 출자한 내국법인에 출자한 금액의 2배(업종별로 구분하여 따로 대통령령으로 정할 수 있다)를 초과하는 경우에는 그 초과분에 대한 지급이자 및 할인료는 그 내국법인의 손금(損金)에 산입하지 아니하고, 배당 또는 기타사외유출로 처분한다(국제조세조정법 제22조). 다만 내국법인이 차입금의 규모 및 차입 조건이 특수관계가 없는 자 간의 통상적인 차입 규모 및 차입 조건과 같거나 유사한 것임을 증명하는 경우에는 그러하지 아니하다.

① 국외지배주주으로부터 차입한 금액. 내국법인이 국외지배주주가 아닌 자로부터 차입하더라도 (가) 내국법인과 국외지배주주 간에 사전계약이 있고, (나) 차입조건을 내국법인과 국외지배주주가 실질적으로 결정하는 경우 국외지배주주로부터 직접 차입한 금액으로 본다.
② 국외지배주주의 특수관계인으로부터 차입한 금액(국외지배주주가 아닌 국외특수관계인으로부터 차입한 경우에는 위 (나)의 요건에만 해당하여도 적용한다)
③ 국외지배주주의 지급보증(담보의 제공 등 실질적으로 지급을 보증하는 경우 포함)으로 제3자로부터 차입한 금액

3. 이전가격세제

관계회사간 거래 가격 또는 조건은 시장이 아닌 그룹 내부목적에 따라 결정될 가능성 상존하고, 관계회사 간의 가격이 시장가격과 다른 경우 해당 회사의 조세 부담액이나 해당 국가의 조세수입이 왜곡되는 결과를 초래하므로 유

---

48) 내국법인을 실질적으로 지배하는 자로서 대통령령으로 정하는 자

사한 환경과 유사한 조건에 있는 제3자 간 거래조건을 설정하여 적절한 조정이 필요하다. 종전에는 국외 특수관계인과의 거래가격에 관하여 법인세법의 부당행위계산의 부인 규정으로 규율되었으나 국제조세조정법을 제정하여 국외 특수관계인과의 거래가격을 조정하는 제도(**이전가격세제**, transfer pricing)를 두고 있다.

과세당국은 거래 당사자의 어느 한쪽이 국외특수관계인인 국제거래에서 그 거래가격이 정상가격보다 낮거나 높은 경우에는 정상가격을 기준으로 거주자(내국법인과 국내사업장을 포함)의 과세표준 및 세액을 결정하거나 경정할 수 있다(국제조세조정법 제6조).

거주자와 국외특수관계인의 국제거래에서 적용되는 자금거래의 정상이자율은 국제조세조정법시행령 제6조(정상가격 산출방법의 보완 등)에서 정하고 있다.

내국법인이 국외특수관계자의 금융차입과 관련하여 지급보증을 하는 것은 국제조세조정법에서 규정하는 국제거래에 해당하므로 지급보증 제공거래와 관련하여 수취하여야 하는 대가는 정상가격에 의한 과세조정 대상이 된다(국제조세조정법시행령 제6조의2).

제8장

금융투자와 형사책임

Ⅰ. 배임죄

배임죄는 타인의 사무를 처리하는 자가 그 임무에 위배하는 행위로써 재산
상 이익을 취득하거나 제3자로 하여금 이를 취득하게 하여 본인에게 손해를
가함으로써 성립하는 죄이다(형법 제355조 제1항). **횡령죄**는 타인의 재물을 보관
하는 자가 그 재물을 횡령하거나 반환 거부함으로써 성립하는 죄이다(형법 355
조 제2항).

1. 타인의 사무를 처리하는 자

업무상배임죄에 있어서 '타인의 사무를 처리하는 자'란 고유의 권한으로서
그 처리를 하는 자에 한하지 않고 그 자의 보조기관으로서 직접 또는 간접으로
그 처리에 관한 사무를 담당하는 자도 포함한다.[1] 판례는 신탁회사의 부장으
로 일정 범위 내에서의 의사결정 권한(전결권)을 가지고 있으면서 지급보증·자
금지원에 관련한 업무를 직접 담당한 경우,[2] 그룹의 회장이자 모기업의 이사
인 자가 모기업의 대표이사 등에게 지시하여 계열회사에 자금지원을 한 경우[3]

---

1) 대법원 1999. 7. 23. 선고 99도1911 판결
2) 대법원 1999. 7. 23. 선고 99도1911 판결. 직장의 상사가 범법행위를 하는데 가담한 부하
   에게 직무상 지휘·복종관계에 있다 하여 범법행위에 가담하지 않을 기대가능성이 없다
   고 할 수 없으므로 피고인이 대표이사나 상무이사로부터 지시를 받거나 승인을 얻어 그
   와 같은 행위를 하였다고 하더라도 의당 공범으로서의 죄책을 부담한다.
3) 대법원 1999. 6. 25. 선고 99도1141 판결

그러한 자들을 업무상 배임죄의 주체로서 인정하였다.

2. 임무에 위배하는 행위

'임무에 위배하는 행위'라 함은 사무의 내용, 성질 등 구체적 상황에 비추어 법률의 규정, 계약의 내용 또는 신의칙상 당연히 할 것으로 기대되는 행위를 하지 않거나 당연히 하지 않아야 할 것으로 기대되는 행위를 함으로써 본인과 사이의 신임관계를 저버리는 일체의 행위를 포함한다.[4]

절차적 제한(법령, 정관, 사무처리규칙, 계약 등)에 위반하면, 임무위배의 하나의 징표는 되지만, 항상 임무위배가 되는 것은 아니고, 실질적으로 신의칙에 기초하여 실질적으로 보아 회사의 불이익이 되는가에 의하여 구체적 행위가 실질적으로 선관주의의무를 성실히 이행하였는가 아닌가에 의하여 결정하여야 한다.

절차를 준수하였더라도 실질적으로 보아 신의성실에 반하고, 회사에 불이익이 현저한 경우에는 임무위배가 된다. 주식회사의 대표이사는 이사회 또는 주주총회의 결의가 있더라도 그 결의 내용이 회사 채권자를 해하는 불법한 목적이 있는 경우에는 이에 맹종할 것이 아니라 회사를 위하여 성실한 직무수행을 할 의무가 있으므로 대표이사가 임무에 배임하는 신용공여행위를 함으로써 주주 또는 회사 채권자에게 손해가 될 행위를 하였다면 그 회사의 이사회 또는 주주총회의 결의가 있었다고 하여 그 배임행위가 정당화될 수는 없다.[5]

3. 고의

업무상배임죄의 '고의'는 업무상 타인의 사무를 처리하는 자가 본인에게 재산상의 손해를 가한다는 의사와 자기 또는 제3자의 재산상의 이득의사가 임무에 위배된다는 인식과 결합되어 성립되는 것이며, 피고인이 오직 본인의 이익을 위하여 문제된 행위를 하였다고 주장하면서 자백을 하지 않고 있는 경우에는 업무상배임죄의 주관적 요소인 고의, 동기 등을 입증함에 있어서 사물의 성질상 고의와 상당한 관련성이 있는 간접사실을 증명하는 방법에 의할 수밖에 없는 것이나, 그 때에 무엇이 상당한 관련성이 있는 간접사실에 해당할 것인가

---

4) 대법원 1990. 6. 8. 선고 89도1417 판결
5) 대법원 2005. 10. 28. 선고 2005도4915 판결

는 정상적인 경험칙에 바탕을 두고 치밀한 관찰력이나 분석력에 의하여 사실의 연결상태를 합리적으로 판단하여야 하며, 금융기관의 직원들이 대출을 함에 있어 대출채권의 회수를 확실하게 하기 위하여 충분한 담보를 제공받는 등 상당하고도 합리적인 조치를 강구함이 없이 만연히 대출을 해 주었다면 업무위배행위로 제3자로 하여금 재산상 이득을 취득하게 하고 금융기관에 손해를 가한다는 인식이 없었다고 볼 수 없다.6)

행위자가 본인의 이익을 위한다는 의사도 있는 경우에는 주된 의사가 어느 것인가를 판별하여 본인의 이익을 위한다는 의사는 부수적일 뿐이고 이득 또는 가해의 의사가 주된 것임이 판명되면 배임죄의 고의가 있었다고 보아야 한다.7)

판례는, 상호신용금고의 이사들이 담보를 제공받는 등의 채권회수조치를 취함이 없이 만연히 대출한 경우,8) 채무변제능력을 상실한 계열회사에 아무런 채권회수조치를 취하지 않고 자금을 지원한 경우,9) 신탁회사의 임직원과 건설회사의 대표이사 등이 공모하여 불량대출을 한 경우,10) 업무상배임죄의 고의를 인정하였다.

4. 재산상의 손해를 가한 때

'재산상의 손해를 가한 때'라 함은 현실적인 손해를 가한 경우뿐만 아니라 재산상 실해 발생의 위험을 초래한 경우도 포함되고 일단 손해의 위험성을 발생시킨 이상 사후에 담보를 취득하였거나 피해가 회복되었다 하여도 배임죄의 성립에 영향을 주는 것은 아니다.11) 재산상 손해의 유무에 대한 판단은 본인의 전재산 상태와의 관계에서 법률적 판단에 의하지 아니하고 경제적 관점에서 파악하여야 하며, 따라서 법률적 판단에 의하여 당해 배임행위가 무효라 하더라도 경제적 관점에서 파악하여 배임행위로 인하여 본인에게 현실적인 손해를 가하였거나 재산상 실해발생의 위험을 초래한 경우에는 재산상의 손해를 가한

---

6) 대법원 2003. 10. 10. 선고 2003도3516 판결, 대법원 1999. 7. 23. 선고 99도1911 판결
7) 대법원 1988. 11. 22. 선고 88도1523 판결
8) 대법원 1990. 11. 13. 선고 90도1885 판결
9) 대법원 1997. 2. 14. 선고 96도2904 판결, 대법원 1999. 6. 25. 선고 99도1141 판결
10) 대법원 1999. 7. 23. 선고 99도1911 판결
11) 대법원 2003. 2. 11. 선고 2002도5679 판결

때에 해당되어 배임죄를 구성하는 것이라고 볼 수 있다.12)

배임죄에서 '재산상 손해를 가한 때'에는 현실적인 손해를 가한 경우뿐만
아니라 재산상 실해발생의 위험을 초래한 경우도 포함되나, 그러한 손해발생
의 위험조차 초래되지 아니한 경우에는 배임죄가 성립하지 아니한다.13) 따라
서 법인의 대표자가 그 법인 명의로 한 채무부담행위가 법률상 효력이 없는 경
우에는 특별한 사정이 없는 한 그로 인하여 법인에 어떠한 손해가 발생하거나
발생할 위험이 있다고 할 수 없으므로 그 대표자의 행위는 배임죄를 구성하지
아니하며, 주식회사의 대표이사 등이 회사의 이익을 위해서가 아니라 자기 또
는 제3자의 이익을 도모할 목적으로 신용공여행위를 한 경우에 상대방이 대표
이사 등의 진의를 알았거나 알 수 있었을 때에는 그 행위는 회사에 대하여 무
효가 되므로 업무상 배임죄가 성립하지 않는다.14)

법인의 대표자 또는 피용자가 그 법인 명의로 한 채무부담행위가 관련 법
령에 위배되어 법률상 효력이 없는 경우에는 그로 인하여 법인에게 어떠한 손
해가 발생한다고 할 수 없으므로 그 행위로 인하여 법인이 민법상 사용자책임
또는 법인의 불법행위책임을 부담하는 등의 특별한 사정이 없는 한 그 대표자
또는 피용자의 행위는 배임죄를 구성하지 아니한다.15) 따라서 대표이사의 신
용공여행위가 법령에 위반되어 효력이 없는 경우에는 업무상 배임죄가 성립하
지 않는다.

부실대출에 의한 업무상배임죄가 성립하는 경우에는 담보물의 가치를 초과
하여 대출한 금액이나 실제로 회수가 불가능하게 된 금액만을 손해액으로 볼
것은 아니고, 재산상 권리의 실행이 불가능하게 될 염려가 있거나 손해발생의
위험이 있는 대출금 전액을 손해액으로 보아야 하며, 그것을 제3자가 취득한

12) 대법원 2001. 9. 28. 선고 99도2639 판결, 대법원 2000. 12. 8. 선고 99도3338 판결, 대법
    원 1999. 6. 22. 선고 99도1095 판결
13) 대법원 2017. 10. 12. 선고 2017도6151 판결(업무상배임죄에서 타인의 사무를 처리하는
    자의 임무위배행위는 민사재판에서 법질서에 위배되는 법률행위로서 무효로 판단될 가능
    성이 적지 않고, 그 결과 본인에게도 아무런 손해가 발생하지 않는 경우가 많은데, 이러
    한 경우에는 의무부담행위로 인하여 실제로 채무의 이행이 이루어졌는지 또는 본인이 민
    법상 사용자책임 등을 부담하게 되었는지 등과 같이 현실적인 손해가 발생하거나 실해
    발생의 위험이 생겼다고 볼 수 있는 사정이 있는지를 면밀히 심리하여야 한다고 한 사안)
14) 대법원 2010. 5. 27. 선고 2010도1490 판결
15) 대법원 2013. 3. 28. 선고 2010도7439 판결(주식회사의 주주총회결의에서 자신이 대표이
    사로 선임된 것으로 주주총회의사록 등을 위조한 자가 회사를 대표하여 대물변제 등의
    행위를 한 것을 무효로 판단한 사안)

경우에는 그 전액을 특정경제범죄가중처벌등에관한법률 제3조에서 규정한 제3자로 하여금 취득하게 한 재산상의 가액에 해당하는 것으로 보아야 한다.[16]

5. 배임죄의 공범

업무상배임죄의 실행으로 인하여 이익을 얻게 되는 수익자 또는 그와 밀접한 관련이 있는 제3자를 배임의 실행행위자와 공동정범으로 인정하기 위해서는 실행행위자의 행위가 피해자인 본인에 대한 배임행위에 해당한다는 것을 알면서도 소극적으로 그 배임행위에 편승하여 이익을 취득한 것만으로는 부족하고, 실행행위자의 배임행위를 교사하거나 또는 배임행위의 전 과정에 관여하는 등으로 배임행위에 적극 가담할 것을 필요로 한다.[17]

계열기업 간의 자금지원을 요청한 그룹의 회장에 대하여 자금지원을 한 다른 그룹의 회장의 공범으로 인정한 바 있고,[18] 단순히 자금지원을 요청한 정도를 넘어서 대출담당자들에게 불법적이고 변칙적인 자금지원을 집요하게 요구하는 한편, 정치인 등을 통하여 위 자금지원을 청탁하는 등의 사실관계에 비추어 업무상 배임죄의 공범으로 인정한 바 있다.[19]

Ⅱ. 경영판단의 원칙

경영판단의 원칙이란 경영자가 주관적으로 기업의 이익을 위하여 성실하게 경영상 판단을 하였고, 그 판단과정이 공정하다고 볼 만한 절차적 요건을 갖추었다면 그 결과 잘못된 판단으로 기업에 손해가 발생하였다고 하더라도 경영자의 경영상 판단을 존중하여 그로 인한 책임을 면하도록 하는 법리이다.

경영상의 판단과 관련하여 기업의 경영자에게 배임의 고의가 있었는지 여부를 판단함에 있어서도 일반적인 업무상배임죄에 있어서 고의의 입증 방법과 마찬가지의 법리가 적용되어야 함은 물론이지만, 기업의 경영에는 원천적으로 위험이 내재하여 있어서 경영자가 아무런 개인적인 이익을 취할 의도 없이 선의에 기하여 가능한 범위 내에서 수집된 정보를 바탕으로 기업의 이익에 합치

16) 대법원 2000. 3. 24. 선고 2000도28 판결
17) 대법원 1999. 7. 23. 선고 99도1911 판결
18) 대법원 1997. 2. 14. 선고 96도2904 판결
19) 대법원 1999. 7. 23. 선고 99도1911 판결

된다는 믿음을 가지고 신중하게 결정을 내렸다 하더라도 그 예측이 빗나가 기업에 손해가 발생하는 경우가 있을 수 있는바, 이러한 경우에까지 고의에 관한 해석기준을 완화하여 업무상배임죄의 형사책임을 묻고자 한다면 이는 죄형법정주의의 원칙에 위배되는 것임은 물론이고 정책적인 차원에서 볼 때에도 영업이익의 원천인 기업가 정신을 위축시키는 결과를 낳게 되어 당해 기업뿐만아니라 사회적으로도 큰 손실이 될 것이므로, 현행 형법상의 배임죄가 위태범이라는 법리를 부인할 수 없다 할지라도, 문제된 경영상의 판단에 이르게 된 경위와 동기, 판단대상인 사업의 내용, 기업이 처한 경제적 상황, 손실발생의 개연성과 이익획득의 개연성 등 제반 사정에 비추어 자기 또는 제3자가 재산상 이익을 취득한다는 인식과 본인에게 손해를 가한다는 인식(미필적 인식을 포함)하의 의도적 행위임이 인정되는 경우에 한하여 배임죄의 고의를 인정하는 엄격한 해석기준은 유지되어야 할 것이고, 그러한 인식이 없는데 단순히 본인에게 손해가 발생하였다는 결과만으로 책임을 묻거나 주의의무를 소홀히 한 과실이 있다는 이유로 책임을 물을 수는 없다.[20]

기업활동은 투기적 요소를 가지므로 위험을 동반하는 것이 일반적이어서 회사에 손해를 입힐 가능성이 있는 모든 모험거래를 제한한다면 기업활동은 성립할 수 없다. 따라서 모험거래는 경영자가 위험발생을 인용하고 있는 경우라도 '거래통념상 허용되는 한도' 또는 '합리적 범위' '통상의 업무집행의 범위 내'에서 행하여진 경우에는 정당한 행위로서 임무위배로 되지 않고 그 한도는 업종에 따라 구체적으로 판단되어야 한다. 기업의 경영에는 원천적으로 위험이 내재하여 있어서 경영자가 아무런 개인적인 이익을 취할 의도 없이 선의에 기하여 가능한 범위 내에서 수집된 정보를 바탕으로 기업의 이익에 합치된다는 믿음을 가지고 신중하게 결정을 내렸다 하더라도 그 예측이 빗나가 기업에 손해가 발생하는 경우가 있을 수 있으므로 경영상의 판단과 관련하여 기업의 경영자에게 배임의 고의가 있었는지 여부를 판단함에 있어서는 기업 경영에 있어 경영상 판단의 특성이 고려되어야 한다.[21]

대출과 관련하여 통상의 합리적인 금융기관 임원으로서 그 상황에서 합당한 정보를 가지고 적합한 절차에 따라 회사의 최대이익을 위하여 신의성실에

---

20) 대법원 2004. 7. 22. 선고 2002도4229 판결
21) 대법원 2004. 10. 28. 선고 2002도3131 판결

따라 대출심사를 한 것이라면 그 의사결정과정에 현저한 불합리가 없는 한 그 임원의 경영판단은 허용되는 재량의 범위 내의 것으로서 회사에 대한 선량한 관리자의 주의의무 내지 충실의무를 다한 것으로 볼 것이다.[22]

회사의 대표이사가 타인에게 회사의 자금을 대여하거나 타인의 채무를 회사 이름으로 연대보증하거나 또는 타인의 채무를 위하여 회사의 재산을 담보로 제공함에 있어 그 타인이 이미 채무변제능력을 상실한 관계로 그에게 자금을 대여하거나 그를 위하여 연대보증을 하거나 또는 담보를 제공할 경우에 회사에 손해가 발생할 것이라는 점을 알면서도 이에 나아갔다면 이러한 행위들은 회사에 대한 배임행위가 된다고 할 것이나, 그 타인이 채무초과 상태에 있더라도 그러한 이유만으로는 자금대여나 연대보증 또는 담보제공이 곧 회사에 대하여 배임행위가 된다고 단정할 수 없다. 이에 보증 당시 이미 주채무자가 회생의 가능성이 없는 회사였고 이를 알고 보증을 하였다면 업무상배임죄로 처단할 수 있으나, 그렇지 않고 주채무자가 보증 당시까지 채무이행을 제대로 하고 있는 등 정상적인 영업활동을 하고 있으면서 단순히 채권자의 요구에 의하여 계열회사라는 이유로 연대보증인으로 추가한 것에 불과하다면 처단할 수는 없다.[23]

기업집단의 공동목표에 따른 공동이익의 추구가 사실적, 경제적으로 중요한 의미를 갖는 경우라도 기업집단을 구성하는 개별 계열회사는 별도의 독립된 법인격을 가지고 있는 주체로서 각자의 채권자나 주주 등 다수의 이해관계인이 관여되어 있고, 사안에 따라서는 기업집단의 공동이익과 상반되는 계열회사의 고유이익이 있을 수 있다. 이와 같이 동일한 기업집단에 속한 계열회사 사이의 지원행위가 기업집단의 차원에서 계열회사들의 공동이익을 위한 것이라 하더라도 지원 계열회사의 재산상 손해의 위험을 수반하는 경우가 있으므로, 기업집단 내 계열회사 사이의 지원행위가 합리적인 경영판단의 재량 범위 내에서 행하여졌는지는 신중하게 판단하여야 한다. 따라서 동일한 기업집단에 속한 계열회사 사이의 지원행위가 합리적인 경영판단의 재량 범위 내에서 행하여진 것인지를 판단하기 위해서는 앞서 본 여러 사정들과 아울러, 지원을 주고받는 계열회사들이 자본과 영업 등 실체적인 측면에서 결합되어 공동이익과

---

22) 대법원 2002. 6. 14. 선고 2001다52407 판결
23) 대법원 2004. 6. 24. 선고 2004도520 판결 등 참조

시너지 효과를 추구하는 관계에 있는지, 이러한 계열회사들 사이의 지원행위
가 지원하는 계열회사를 포함하여 기업집단에 속한 계열회사들의 공동이익을
도모하기 위한 것으로서 특정인 또는 특정회사만의 이익을 위한 것은 아닌지,
지원 계열회사의 선정 및 지원 규모 등이 당해 계열회사의 의사나 지원 능력
등을 충분히 고려하여 객관적이고 합리적으로 결정된 것인지, 구체적인 지원
행위가 정상적이고 합법적인 방법으로 시행된 것인지, 지원을 하는 계열회사
에 지원행위로 인한 부담이나 위험에 상응하는 적절한 보상을 객관적으로 기
대할 수 있는 상황이었는지 등까지 충분히 고려하여야 한다. 위와 같은 사정들
을 종합하여 볼 때 문제된 계열회사 사이의 지원행위가 합리적인 경영판단의
재량 범위 내에서 행하여진 것이라고 인정된다면 이러한 행위는 본인에게 손
해를 가한다는 인식하의 의도적 행위라고 인정하기 어렵다.[24]

Ⅲ. 배임행위의 유형별 검토

1. 대출

회사의 이사 등이 타인에게 회사자금을 대여함에 있어 그 타인이 이미 채
무변제능력을 상실하여 그에게 자금을 대여할 경우 회사에 손해가 발생하리라
는 사정을 충분히 알면서 이에 나아갔거나, 충분한 담보를 제공받는 등 상당하
고도 합리적인 채권회수조치를 취하지 아니한 채 만연히 대여해 주었다면, 그
와 같은 자금대여는 타인에게 이익을 얻게 하고 회사에 손해를 가하는 행위로
서 회사에 대하여 배임행위가 되고, 회사의 이사는 단순히 그것이 경영상의 판
단이라는 이유만으로 배임죄의 죄책을 면할 수는 없으며, 이러한 이치는 그 타
인이 자금지원 회사의 계열회사라 하여 달라지지 않는다.[25]

상호신용금고의 이사들이 대출을 함에 있어 대출채권의 회수를 확실하게
하기 위하여 충분한 담보를 제공받는 등 상당하고도 합리적인 조치를 강구함
이 없이 만연히 대출한 경우,[26] 은행지점장이 은행의 내부규정에 위배하여 그
전부 또는 일부가 회수 불가능할 위험이 있는 융통어음을 할인하여 준 경우,[27]

---

24) 대법원 2017. 11. 9. 선고 2015도12633 판결
25) 대법원 1999. 6. 25. 선고 99도1141 판결, 대법원 2000. 3. 14. 선고 99도4923 판결
26) 대법원 1990. 11. 13. 선고 90도1885 판결
27) 대법원 1989. 1. 31. 선고 87도2133 판결

신탁회사의 대표이사가 업무처리규정에 위반하여 부족한 담보를 제공받고도 대출한 경우28)에는 모두 배임죄를 구성한다.

불량대출에 관하여 주주총회나 이사회의 결의가 있었다거나 또는 감독관청의 허가조건에 위반하지 아니한다는 사유만으로 배임죄의 위법성이 조각되지 않는다.29) 금융기관이 거래처의 기존 대출금에 대한 원리금에 충당하기 위하여 거래처에 신규대출을 함에 있어 형식상 신규대출을 한 것처럼 '서류상 정리'를 하였을 뿐 실제로 거래처에 대출금을 새로 교부한 것이 아니라면 그로 인하여 금융기관에 어떤 새로운 손해가 발생하는 것은 아니라고 할 것이므로 따로 업무상배임죄가 성립된다고 볼 수 없으나, 금융기관이 '실제로 거래처에 대출금을 새로 교부'한 경우에는 거래처가 그 대출금을 임의로 처분할 수 없거나 그 밖에 어떠한 이유로든 그 대출금이 기존 대출금의 원리금으로 상환될 수밖에 없다는 등의 특별한 사정이 없는 한 비록 새로운 대출금이 기존 대출금의 원리금으로 상환되도록 약정되어 있다고 하더라도 그 대출과 동시에 이미 손해발생의 위험은 발생하였다고 보아야 할 것이므로 업무상배임죄가 성립한다.30)

배임죄는 현실적인 재산상 손해액이 확정될 필요없이 재산상 권리의 실행을 불가능하게 할 염려가 있는 상태 또는 손해발생의 위험이 있으면 성립되는 위태범이므로 피고인이 그 임무에 위배하여 부정대출행위에 관여하였을 때에는 그 대출금 전액에 대하여 배임죄가 성립하고, 그 대출금의 일부가 상환되었는지 여부는 죄의 성립과 무관하다.31) 판례는 일관하여 재산상 손해를 가한다는 것은 재산적 손해를 발생시킨 경우만이 아니고, 손해발생의 위험을 발생시킨 경우도 포함한다고 본다.32) 재산상 손해가 동시에 본인에게 재산상 이익을 준 때에는 손해가 있다고 할 수 없지만 자력이 충분하지 않음에도 담보도 확보하지 않는 등 회수불능의 개연성이 높은 불량채권은 경제적 가치의 관점으로부터 볼 때 명목상의 채권액에 상응한 가치가 있다고 할 수 없기 때문에 재산

---

28) 대법원 1999. 7. 23. 선고 99도1911 판결
29) 대법원 1989. 10. 13. 선고 89도1012 판결, 1990. 6. 8. 선고 89도1417 판결
30) 대법원 2003. 10. 10. 선고 2003도3516 판결, 대법원 2010. 1. 28. 선고 2009도10730 판결 등
31) 대법원 1989. 4. 11. 선고 88도1247 판결
32) 대법원 2003. 2. 11. 선고 2002도5679 판결

상 손해를 발생시킨 것으로 보아야 한다.

새마을금고의 동일인 대출한도 제한규정은 새마을금고 자체의 적정한 운영을 위하여 마련된 것이지 대출채무자의 신용도를 평가해서 대출채권의 회수가능성을 직접적으로 고려하여 만들어진 것은 아니므로 동일인 대출한도를 초과하였다는 사실만으로 곧바로 대출채권을 회수하지 못하게 될 위험이 생겼다고 볼 수 없고, 동일인 대출한도를 초과하였다는 사정만으로는 다른 회원들에 대한 대출을 곤란하게 하여 새마을금고의 적정한 자산운용에 장애를 초래한다는 등 어떠한 위험이 발생하였다고 단정할 수도 없다. 따라서 동일인 대출한도를 초과하여 대출함으로써 구 새마을금고법을 위반하였다고 하더라도, 대출한도 제한규정 위반으로 처벌함은 별론으로 하고, 그 사실만으로 특별한 사정이 없는 한 업무상배임죄가 성립한다고 할 수 없고, 일반적으로 이러한 동일인 대출한도 초과대출이라는 임무위배의 점에 더하여 대출 당시의 대출채무자의 재무상태, 다른 금융기관으로부터의 차입금, 기타 채무를 포함한 전반적인 금융거래상황, 사업현황 및 전망과 대출금의 용도, 소요기간 등에 비추어 볼 때 채무상환능력이 부족하거나 제공된 담보의 경제적 가치가 부실해서 대출채권의 회수에 문제가 있는 것으로 판단되는 경우에 재산상 손해가 발생하였다고 보아 업무상배임죄가 성립한다.[33]

2. 제3자를 위한 보증이나 담보의 제공

제3자를 위하여 보증이나 담보를 제공하는 행위(신용공여행위)가 업무상 배임죄에 해당하는지 역시 신용공여행위가 회사에 재산상 손해를 초래하는지에 따라 결정된다. '재산상 손해를 가한 때'라 함은 현실적인 손해를 가한 경우뿐만 아니라 재산상 실해 발생의 위험을 초래한 경우도 포함되고, 재산상 손해의 유무에 대한 판단은 본인의 전 재산 상태와의 관계에서 법률적 판단에 의하여 아니하고 경제적 관점에서 파악하여야 하며, 따라서 법률적 판단에 의하여 당해 배임행위가 무효라 하더라도 경제적 관점에서 파악하여 배임행위로 인하여 본인에게 현실적인 손해를 가하였거나 재산상 손해 발생의 위험을 초래한 경우에는 재산상의 손해를 가한 때에 해당되어 배임죄를 구성하고, 손해의 위험성이 발생된 이상 사후에 담보를 취득하거나 피해가 회복되었다 하더라도 배

---

33) 대법원 2008. 6. 19. 선고 2006도4876 판결

임죄의 성립에 영향을 주는 것은 아니다.

상장회사는 주요주주 및 그의 특수관계인, 이사(제401조의2 제1항 각 호의 업무지시자를 포함한다) 및 집행임원, 감사를 위하여 신용공여(금전 등 경제적 가치가 있는 재산의 대여, 채무이행의 보증, 자금 지원적 성격의 증권 매입, 그 밖에 거래상의 신용위험이 따르는 직접적·간접적 거래로서 담보를 제공하는 거래 등 대통령령으로 정하는 거래를 말한다)를 하여서는 아니 되며, 이를 위반한 경우 처벌된다(상법 제624조의2, 제542조의9 제1항). 상호출자제한기업집단에 속하는 회사(금융업 또는 보험업을 영위하는 회사는 제외한다)는 원칙적으로 국내금융기관의 국내 계열사에 대한 여신에 대하여 무보증을 하여서는 아니 되며, 이를 위반한 경우 처벌된다(공정거래법 제66조, 제10조의2).

흔히 기업인수에 있어 인수에 필요한 자금의 상당 부분을 피인수회사의 자산을 담보로 제공하거나 피인수기업의 자산을 재원으로 변제하기로 하고 차입하여 기업을 인수하는 거래를 **담보제공형 차입매수**(leveraged buy−out: LBO)라 부르는데, 대법원은 거래현실에서 이른바 차입매수 또는 LBO의 구체적인 태양은 매우 다양하고, 이러한 차입매수에 관하여는 이를 따로 규율하는 법률이 없는 이상 일률적으로 차입매수방식에 의한 기업인수를 주도한 관련자들에게 배임죄가 성립한다거나 성립하지 아니한다고 단정할 수 없는 것이고, 배임죄의 성립 여부는 차입매수가 이루어지는 과정에서의 행위가 배임죄의 구성요건에 해당하는지 여부에 따라 개별적으로 판단되어야 한다고 판단하고 있다.[34]

3. 자본거래

가. 제3자 신주배정

신주발행은 주식회사의 자본조달을 목적으로 하는 것으로서 신주발행과 관련한 대표이사의 업무는 회사의 사무일 뿐이므로 신주발행에 있어서 대표이사가 납입된 주금을 회사를 위하여 사용하도록 관리·보관하는 업무 역시 회사에 대한 선관주의의무 내지 충실의무에 기한 것으로서 회사의 사무에 속하는 것이고, 신주발행에 있어서 대표이사가 일반 주주들에 대하여 그들의 신주인수권과 기존 주식의 가치를 보존하는 임무를 대행 한다거나 주주의 재산보전 행

---

34) 대법원 2010. 4. 15. 선고 2009도6634 판결, 대법원 2011. 12. 22. 선고 2010도1544 판결, 대법원 2015. 3. 12. 선고 2012도9148 판결. 제2편 제7장 제3절 Ⅲ. 참조

위에 협력하는 자로서 타인의 사무를 처리하는 자의 지위에 있다고는 볼 수 없을 뿐만 아니라, 납입을 가장하는 방법에 의하여 주금이 납입된 경우 회사의 재산에 대한 지분가치로서의 기존 주식의 가치가 감소하게 될 수는 있으나, 이는 가장납입에 의하여 회사의 실질적 자본의 감소가 초래됨에 따른 것으로서 업무상배임죄에서의 재산상 손해에 해당된다고 보기도 어려우므로, 신주발행에 있어서 대표이사가 납입의 이행을 가장한 경우에는 상법 제628조 제1항에 의한 가장납입죄가 성립하는 이외에 따로 기존 주주에 대한 업무상배임죄를 구성한다고 할 수 없다.[35]

나. 전환사채의 발행

전환사채는 발행 당시에는 사채의 성질을 갖는 것으로서 사채권자가 전환권을 행사한 때에 비로소 주식으로 전환된다. 전환사채의 발행업무를 담당하는 사람과 전환사채 인수인이 사전 공모하여 제3자에게서 전환사채 인수대금에 해당하는 금액을 차용하여 전환사채 인수대금을 납입하고 전환사채 발행절차를 마친 직후 인출하여 차용금채무의 변제에 사용하는 등 실질적으로 전환사채 인수대금이 납입되지 않았음에도 전환사채를 발행한 경우에, 전환사채의 발행이 주식 발행의 목적을 달성하기 위한 수단으로 이루어졌고 실제로 목적대로 곧 전환권이 행사되어 주식이 발행됨에 따라 실질적으로 신주인수대금의 납입을 가장하는 편법에 불과하다고 평가될 수 있는 등의 특별한 사정이 없는 한, 전환사채의 발행업무를 담당하는 사람은 회사에 대하여 전환사채 인수대금이 모두 납입되어 실질적으로 회사에 귀속되도록 조치할 업무상의 임무를 위반하여, 전환사채 인수인이 인수대금을 납입하지 않고서도 전환사채를 취득하게 하여 인수대금 상당의 이득을 얻게 하고, 회사가 사채상환의무를 부담하면서도 그에 상응하여 취득하여야 할 인수대금 상당의 금전을 취득하지 못하게 하여 같은 금액 상당의 손해를 입게 하였으므로 업무상배임죄의 죄책을 진다.[36]

회사에 긴급한 자금조달의 필요성이 없는 상태에서 전환사채를 저가발행하면서 기존 주주들에게 전환사채를 배정하는 형식을 취하였다가 주주 1인을 제외한 나머지 주주가 실권하자 제3자에게 그 실권된 전환사채를 배정한 사건에

---

35) 대법원 2004. 5. 13. 선고 2002도7340 판결
36) 대법원 2015. 12. 10. 선고 2012도235 판결

서, 기존 주주가 용인한 범위 내에서는 기존 주주에게 손해가 있다고 할 수 없고, 기존 주주가 용인하지 아니한 경우라 하더라도 그로 인한 불이익은 주주에게 미칠 뿐이어서 회사에 대한 배임죄가 성립되지 아니한다고 보아야 하며, 그 실질이 주주배정인지 아니면 제3자배정인지에 따라서 결론이 달라진다고 할 수 없다.37)

Ⅳ. 사기와 사기적 부정행위

　　누구든지 금융투자상품의 매매(증권의 경우 모집·사모·매출을 포함), 그 밖의 거래와 관련하여, ① 부정한 수단, 계획 또는 기교를 사용하는 행위, ② 중요사항에 관하여 거짓의 기재 또는 표시를 하거나 타인에게 오해를 유발시키지 아니하기 위하여 필요한 중요사항의 기재 또는 표시가 누락된 문서, 그 밖의 기재 또는 표시를 사용하여 금전, 그 밖의 재산상의 이익을 얻고자 하는 행위, ③ 금융투자상품의 매매, 그 밖의 거래를 유인할 목적으로 거짓의 시세를 이용하는 행위를 하여서는 아니 되고(자본시장법 제178조 제1항), 누구든지 금융투자상품의 매매, 그 밖의 거래를 할 목적이나 그 시세의 변동을 도모할 목적으로 풍문의 유포, 위계의 사용, 폭행 또는 협박을 하여서는 아니되며(자본시장법 제178조 제2항), 이를 위반한 행위는 형사처벌의 대상이 된다(자본시장법 제443조 제1항).

　　일반적으로 형법상 사기죄는 사람을 기망하여 재물을 편취하거나 또는 재산상의 불법한 이익을 취득하거나 타인으로 하여금 이를 얻게 함으로써 성립하는 범죄로서 개인적인 재산권의 침해라는 결과 발생을 요건으로 한다. 그런데 금융투자상품은 어느 정도 투자위험이 내재되어 있으므로 재산상의 손실이 발생한다 하더라도 이를 전적으로 타인의 사기에 의한 손해라고 단정하기 어렵거나 또는 금융투자를 유인하기 위해서 시세전망과 같은 가치판단을 기망의 대상이 되는 경우가 많은데 이를 사기죄의 적용하는데 어려움이 있고, 금융거래에 있어 개인의 재산권 보호뿐만 아니라 다수의 금융거래자의 재산권이나 공정한 거래질서 등 사회적 법익을 보호할 필요가 있으므로 금융투자와 관련하여서는 형법상 사기죄와 같이 현실적인 재산상 손해의 발생이라는 결과가

37) 대법원 2009. 5. 29. 선고 2007도4949 판결

발생되지 않더라도 일정한 사기적인 행위 그 자체를 처벌하는 것이다.

1. 사기적 부정행위의 적용 대상

자본시장법 제178조는 금융투자상품이라고만 규정하므로 상장 여부를 불문하고 증권, 파생상품의 모든 금융투자상품을 적용대상으로 하고, 거래장소도 장내·장외 거래를 모두 포함하며, 대면거래도 포함한다.[38]

2. 사기적 부정행위의 유형

가. 부정한 수단, 계획 또는 기교를 사용하는 행위(자본시장법 제178조 제1항 제1호)

'부정한 수단, 계획 또는 기교'란 사회통념상 부정하다고 인정되는 일체의 수단, 계획 또는 기교를 말한다.[39]

회사의 대표이사인 甲이 홍콩 소재 법인의 국내 매니저인 乙에게 해외법인 명의로 되어 있는 국내 외국인투자 전용계좌 등을 이용하여 주식을 대규모로 매수해 주면 주가 등락과 관계없이 원금에 이자를 가산하여 지급하겠다면서 사실상 금전대여를 부탁하고, 乙은 주가 상승으로 인한 원리금을 상회하는 이익은 甲에게 반환하겠다는 내용의 약정을 맺은 다음 甲 회사 등의 주식을 대규모로 매수하여 유상증자 참여자 매도물량 및 반대매매 물량 등을 흡수하여 주가를 인위적으로 부양하고 이러한 결과가 유력 경제지와 인터넷 사이트에서 외국인이 매수한 것으로 소개된 경우 사인 간의 원리금보장 약정에 의한 주식 인수나 유상증자가 금지되지 않고 차명증권계좌를 이용한 주식거래가 허용된다고 하더라도 위와 같은 주식거래행위는 부정한 수단이나 기교를 사용하는 행위에 해당한다.[40]

甲 회사의 임원이 乙과 투자수익보장약정을 체결한 후 乙로 하여금 외국법인 명의로 甲 회사의 유상증자에 참여하도록 한 경우 자본시장법 제178조 제1항 제1호 및 및 제178조 제2항의 위반죄에 해당한다고 인정한 사례가 있다.[41]

---

38) 대법원 2006. 4. 14. 선고 2003도6759 판결
39) 대법원 2011. 10. 27. 선고 2011도8109 판결
40) 대법원 2011. 7. 14. 선고 2011도3180 판결
41) 대법원 2011. 10. 27. 선고 2011도8109 판결

나. 중요사항에 관하여 거짓의 기재 또는 표시를 하거나 타인에게 오해를 유발
시키지 아니하기 위하여 필요한 중요사항의 기재 또는 표시가 누락된 문서,
그 밖의 기재 또는 표시를 사용하여 금전, 그 밖의 재산상의 이익을 얻고자
하는 행위(자본시장법 제178조 제1항 제2호)

'중요한 사항'이란 미공개정보 이용행위 금지 조항인 구 증권거래법 제188
조의2 제2항에서 정한 '일반인에게 공개되지 아니한 중요한 정보'와 궤를 같이
하는 것으로서 당해 법인의 재산·경영에 관하여 중대한 영향을 미치거나 유가
증권의 공정거래와 투자자 보호를 위하여 필요한 사항으로서 투자자의 투자
판단에 영향을 미칠 수 있는 사항을 의미한다.[42] 주식대량보유보고서의 최대
주주 또는 주요주주에 관한 사항은 중요사항이라고 본다.[43]

'금전 그 밖의 재산상의 이익'에는 기업의 경영권 획득, 지배권 확보, 회사
내에서의 지위 상승 등 무형적 이익 및 적극적 이득뿐만 아니라 손실을 회피하
는 경위와 같은 소극적 이득, 아직 현실화하지 않은 장래의 이득도 모두 포함
된다.[44]

(1) 허위의 표시로 인정된 사례

- 주식회사의 대표이사가 분식결산의 방법으로 작성된 허위의 재무제표
에 기초하여 그 회사의 재무에 관하여 허위의 사항을 기재한 사업보
고서 등을 증권거래위원회나 증권거래소에 제출하고, 불확실한 사업
전망을 마치 확정되었거나 곧 착수할 것처럼 공표하면서 그 내용을
신문보도나 유인물을 통하여 홍보하여 그 회사의 주가가 상승하자 자
신이 지배하는 주식을 매도하여 상당한 경제적 이득을 얻는 행위[45]
- 실제로 경영권 참여를 할 의사 없이 주식대량보유보고서에 '경영참여'
로 취득목적을 공시하고 M&A를 선언하여 주가폭등을 유도하여 시세
차익을 얻은 경우[46]
- 주주이자 대표이사가 보유 주식 중 일부를 상대방 등에게 매도한 뒤

---

42) 대법원 2009. 7. 9. 선고 2009도1374 판결.
43) 대법원 2003. 11. 14. 선고 2003도686 판결.
44) 대법원 2002. 7. 22. 선고 2002도1696 판결, 대법원 2003. 11. 14. 선고 2003도686 판결,
   대법원 2009. 7. 9. 선고 2009도1347 판결.
45) 대법원 2001. 1. 19. 선고 2000도4444 판결.
46) 대법원 2006. 2. 9. 선고 2005도8652 판결.

상대방 등이 제3자에게 주식을 다시 매도하는 과정에 개입하여, 당해
제3자에게 에게 발행회사의 경영 상태와 사업 전망에 대하여 허위기
재한 문서를 제공한 행위[47]

- 언론을 통하여 기업의 사업 추진 현황이나 전망 등에 관한 인터뷰 기
  사 등이 보도되도록 한 경우가 허위사실 유포에 해당하고, 허위 또는
  부실 표시 문서를 계속 증권선물거래소에 보고하는 등의 방법으로 적
  극적으로 활용하는 행위[48]
- 주식의 취득자금의 많은 부분을 차입하였음에도 이를 숨기고 일정 부
  분만을 차입금이 전혀 없이 자기자금만으로 매수한 것처럼 허위의
  '주식 등의 대량보유 상황 보고서'를 제출한 행위[49]

(2) 허위의 표시로 인정되지 않은 사례

허위사실을 유포하거나 허위의 표시를 하였는지 여부는 공시내용 자체가
허위인지 여부에 의하여 판단하여야 할 것이지 실제로 공시내용을 실현할 의
사와 능력이 있었는지 여부에 의하여 판단할 것은 아니고, 회사가 주주총회의
결의를 거쳐 회사의 사업목적에 '정보통신관련 등' 사업 내용을 추가하는 정
관변경을 한 이상 '회사가 이사회 결의사항으로 회사의 사업목적에 정보통신
관련 등 사업 내용을 추가한다는 내용의 안건을 임시주주총회에 부의하였고,
위 안건이 주주총회에서 의결됨으로써 확정되었다'는 공시내용 자체가 허위
라고 볼 수 없고, 한편 구 증권거래법에서 '사업목적의 변경에 관한 결의가
있은 때'에는 그 사실을 반드시 공시하도록 되어 있으므로, 가사 피고인이 처
음부터 정보통신관련 등 사업에 투자를 할 의사와 능력이 없었다거나 공시를
한 후 실제로 정보통신관련 등 사업을 추진하지 아니하였다 하더라도 위 사
실을 공시하거나 기사화한 것이 허위사실을 유포하거나 허위의 표시를 한 것
으로 볼 수 없다.[50]

---

47) 대법원 2006. 4. 14. 선고 2003도6759 판결
48) 대법원 2009. 7. 9. 선고 2009도1374 판결
49) 대법원 2011. 7. 28. 선고 2008도5399 판결
50) 대법원 2003. 11. 14. 선고 2003도 686 판결

다. 금융투자상품의 매매, 그 밖의 거래를 유인할 목적으로 거짓의 시세를 이용하는 행위(자본시장법 제178조 제1항 제3호)

라. 금융투자상품의 매매, 그 밖의 거래를 할 목적이나 그 시세의 변동을 도모할 목적으로 풍문의 유포, 위계의 사용, 폭행 또는 협박하는 행위(자본시장법 제178조 제2항)

'위계'란 거래 상대방이나 불특정 투자자를 기망하여 일정한 행위를 유인할 목적의 수단, 계획, 기교 등을 말하는 것이고, 이 경우 '기망'이라 함은 객관적 사실과 다른 내용의 허위사실을 내세우는 등의 방법으로 타인을 속이는 것을 의미한다.[51]

피고인이 협회등록법인의 주식을 상대방에게 매도하면서 자신이 실질적으로 보유하고 있는 주식이 전체의 66.22%임에도 불구하고 59%의 주식만 보유하고 있다고 거짓말을 하고 50.7%만 상대방에게 매도한 뒤, 상대방이 당해 법인을 벤처기업의 지주회사로 전환시켜 주가가 크게 오르자 보유주식을 매도한 행위는 위계사용에 해당한다.[52]

상장법인 등이 재무구조에 변경을 초래하는 감자 또는 증자에 관한 정보를 스스로 공표하는 경우 그러한 정보는 주주의 지위 및 증권시장에서의 주가 변동에 직접적이고 중대한 영향을 미칠 뿐만 아니라, 투자자들은 언론이나 투자분석가들이 예측 또는 전망을 한 경우와는 달리 그 정확성과 신뢰성이 훨씬 높다고 평가하는 것이 일반적이므로, 상장법인 등의 임직원으로서는 그러한 정보의 공표로 인하여 투자자들에게 오인·착각을 유발하지 않도록 합리적인 근거에 기초하여 성실하게 정보를 공표하여야 하고, 만일 이와 달리 상장법인 등이 객관적으로 보아 감자 등을 할 법적 또는 경제적 여건을 갖추고 있지 아니하거나, 또는 그 임직원이 그 감자 등을 진지하고 성실하게 검토·추진하려는 의사를 갖고 있지 아니함에도 불구하고, 감자 등의 검토계획을 공표하면 투자자들이 그 실현가능성이 높은 것으로 판단하여 주식거래에 나설 것이고 이로 인하여 주가의 변동이 초래될 것임을 인식하면서도 그에 따른 이득을 취할 목적으로 그 검토계획의 공표에 나아간 경우에는, 이러한 행위는 투자자들의 오

---

51) 대법원 2011. 10. 27. 선고 2011도8109 판결
52) 대법원 2002. 11. 26. 선고 2002도4561 판결

인·착각을 이용하여 부당한 이득을 취하려는 기망적인 수단, 계획 내지 기교로서 위계를 쓰는 행위에 해당한다.[53]

　원칙으로 주식거래에 있어서는 실명에 의한 거래가 강제되지 아니할 뿐만 아니라 투자자가 자신의 투자 동기나 계획 등을 스스로 시장에 공개하여야 할 의무가 없다는 점을 감안할 때, 외국인이 자신의 자금을 가지고 그의 계산으로 실재하는 외국법인 명의 혹은 계좌를 이용하여 일반적인 주식시장에서 주식을 매수하였다면 그 행위는 객관적 측면에서 모두 사실에 부합하는 것으로서 아무런 허위내용이 없으므로 위 법리에 비추어 이와 같은 행위를 기망행위에 해당하는 것이라고 볼 수는 없으므로, 이 사건 주식거래를 함에 있어 관련 외국법인의 실체를 과장하거나 그에 관한 허위의 정보를 제공하는 등 허위사실을 내세웠다는 특별한 사정이 없는 이상, 위와 같은 투자행태를 법률이 금지하는 위계의 사용에 해당한다고 볼 수 없다.[54]

3. 부정거래행위 등의 배상책임(자본시장법 제179조)

　특정 시점의 기초자산 가격 또는 그와 관련된 수치에 따라 권리행사 또는 조건성취의 여부가 결정되거나 금전 등이 결제되는 구조로 되어 있는 금융투자 상품의 경우에 사회통념상 부정하다고 인정되는 수단이나 기교 등을 사용하여 금융투자상품에서 정한 권리행사나 조건성취에 영향을 주는 행위를 하였고, 그로 인하여 금융투자상품 투자자의 권리·의무의 내용이 변경되거나 결제되는 금액이 달라져 투자자가 손해를 입었다면 투자자는 부정거래행위자에 대하여 자본시장법 제179조 제1항에 따라 손해배상을 청구할 수 있다.[55]

---

53) 대법원 2011. 3. 10. 선고 2008도6335 판결
54) 대법원 2010. 12. 9. 선고 2009도6411 판결
55) 대법원 2015. 4. 9.자 2013마1052 결정

제 2 편

각 론

제1장

대출

제1절   대출의 의의

I. 대출의 의의와 법적 성질

대출은 대주가 이자 등 일정한 대가를 얻을 목적으로 원금의 반환을 약정하고 차주에게 자금을 대여하는 행위를 말한다. 전형적인 대출은 민법상 금전소비대차에 해당하는데, 민법상 금전소비대차 중 이자 등 수익을 얻을 목적으로 금전대여를 '업'으로 하는 자에 의한 금전대여를 대출이라 일컫는 것으로 이해된다.

대출은 대주가 차주의 자력 부족으로 인하여 원금을 회수할 수 없는 위험 (신용위험)을 부담하는 신용공여(여신)의 일종이다. 은행법상 **신용공여**란 대출, 지급보증 및 유가증권의 매입(자금지원적 성격인 것만 해당한다), 그 밖에 금융거래상의 신용위험이 따르는 은행의 직접적·간접적 거래를 말한다(은행법 제2조 제1항 제7호). 신용위험은 거래상대방의 지급불능으로 인하여 손실을 입을 위험이고, **신용위험**을 떠안는 행위를 신용공여(여신)라 한다(은행법시행령 제1조의3 제1항 제5호).

대출은 금전대여를 '업'으로 하는 행위를 규율하는 은행법 등 관련 법령에 따른 규제를 받으므로 대출을 하고자 하는 자는 거래상대방과의 사적 합의 이외에 관련 법령을 준수하여야 할 필요가 있다.

불특정다수를 차주로 하는 전형적인 대출거래에서는 약관이 이용되지만 프로젝트금융대출과 같이 특정한 차주의 특수한 수요에 맞는 대출을 취급하는 경우에는 변호사의 도움을 받아 당해 대출거래에 맞게 마련된 계약서를 이용한다.

Ⅱ. 대출약정금과 대출금

대주가 차주에게 대출하기로 약정한 금액을 **대출약정금**(commitment)이라 하고, 대주가 대출약정금을 차주에게 대출할 것을 확약하는 행위를 **대출약정**(facility)이라 한다.

대주가 대출약정에 따라 실제 차주에게 지급한 금액을 **대출금**(loan)이라 하며, 대주가 차주에게 대출하기로 약정한 한도 금액을 의미하는 대출약정금과 구별된다. 대주가 대출약정에 따라 실제 대출금을 차주에게 지급하는 행위를 '대출금의 인출'(drawdown)이라 한다.

일반적으로 대출금이 인출된 경우 인출된 금액만큼 장래 인출 가능한 대출약정금은 감소되고 인출된 대출금이 상환된 경우 더 이상 인출할 수 없지만 대출약정금의 한도 내에서 인출된 대출금이 상환되더라도 장래 인출 가능한 대출약정금이 그만큼 회복되어 추가로 인출할 수 있는 것(소위 **한도대출**, revolving facility)으로 약정할 수도 있다.

하나의 대출거래에서 인출의 방법, 이자의 지급 또는 원금의 상환 등 상업적 조건을 달리하는 둘 이상의 대출이 이루어질 수 있는데, 각 구분되는 대출의 단위를 tranche라 한다.

Ⅲ. 대주의 대출의무

대출계약에서 달리 정함이 없으면, 대주는 대출계약에서 정한 조건으로 대출할 의무를 부담하며, 그에 대한 대가로 약정수수료(commitment fee)를 수취하기도 하는데, 이 경우 대주가 그에 상응한 대출의무를 이행하지 아니할 경우 계약 위반에 따른 손해배상책임을 부담하게 된다.

이론적으로 대주가 대출의무를 이행하지 아니하는 경우 차주는 대주를 상대로 대출금의 인출을 직접 강제하기 위한 소송을 제기할 수도 있겠지만 장기간 소송이 진행되는 기간 동안 자금을 차입하지 않고 기다릴 수는 없으므로 다른 대주를 물색하여 자금을 차입하고 대출의무를 위반한 대주에게는 손해배상을 청구하는 것이 일반적이다.

금전채무의 불이행에 따른 손해배상액은 법정이율 또는 약정이율에 의하지만(민법 제397조) 법원은 대주가 아파트의 수분양자에게 중도금 납부에 필요한 자금을 대출하다가 중단하여 분양대금 납부지연을 이유로 분양계약이 해제된 나머지 수분양자가 위약금을 부담하게 된 사안에서 대주가 중도금 대출금을 유예 내지 중단하게 되면 수분양자가 중도금을 납부하지 못하게 되고 결국 분양계약이 수분양자의 귀책사유로 인하여 해제되리라는 사정을 알았거나 충분히 알 수 있었으므로 대주가 수분양자인 차주에게 위약금에 상당하는 손해를 배상할 책임이 있다고 판단한 바 있다.[1]

대출계약에서 실제 대출금을 차주에게 제공할지 여부를 대주의 재량으로 결정할 수 있는 것으로 약정하는 것은 불특정다수를 상대로 대출하는 경우에는 약관에 관한 규제를 받을 수 있지만 특정한 차주의 특수한 수요에 맞는 대출을 취급하기 위하여 협상으로 대출계약을 체결하는 경우에는 사적 자치의 원칙상 유효하다고 할 수 있다. 흔히 대출계약에서 '중대한 부정적 영향'이 발생되지 않을 것을 대출금의 인출의 조건으로 삼고, 중대한 부정적 영향의 발생 여부를 대주의 판단에 따르도록 정함으로써 대주에게 어느 정도 대출 실행 여부에 관한 재량이 부여되는 경우도 있지만 일반적으로 '중대한 부정적 영향'은 차주에 관한 사정을 의미하고 금융시장 등 경제적 환경이나 대주의 자금여력 등 대주의 사정까지 의미하지는 않으므로 대주가 만연히 중대한 부정적 영향을 이유로 대출의 실행을 거절하기는 어렵다. 대주로서는 정도의 차이가 있더라도 대출하여야 하는 부담에 노출되는 이상 그에 대한 대가(약정수수료)를 수취하든지 아니면 단기간 내 차주가 대출금의 인출을 요청하지 않거나 대출금의 인출을 위한 선행조건이 성취되지 않으면 대출약정이 소멸된다는 뜻을 분명히 해 두어야 한다.

---

1) 대법원 2002. 10. 25. 선고 2002다21769 판결

Ⅳ. 대출확약

사업자가 자산의 취득 등 어떠한 상거래를 하기 이전에 상거래에 필요한 자금을 차입하여야 하는 경우에는 미리 차입의 가능성을 확정해 두기 위하여 대출계약서의 체결 이전에 대출(주선)기관으로부터 대출확약서를 받아 둘 필요가 있을 수 있다. 사업자가 경쟁입찰에 참여하는 경우 자금조달능력을 입증하기 위하여 대출확약서를 입찰서류로 제출할 것이 요구되는 경우도 있다.

대출(주선)기관이 대출확약서에 따라 어떠한 책임을 부담할 것인지는 여부는 대출확약서의 준거법에 결정될 것이며, 우리나라 법률이 적용되는 경우에는 사적 자치의 원리에 따라 대출확약서에서 표시된 대출(주선)기관의 의사에 따라 결정된다. 일반적으로 장래 대출약정서에서 대출 실행의 선행조건으로 삼을 만한 사항을 대출확약서에 따른 대출 실행의 조건으로 삼을 수 있을 것이나 흔히 장래 대출(주선)기관의 내부승인절차가 이루어질 것을 대출 실행을 위한 선행조건으로 삼을 것인지 여부가 문제된다. 장래 대출 실행을 위해서 대출(주선)기관의 내부승인절차가 필요하다고 명시되었다면, 대출의 실행 여부는 결국 대출(주선)기관의 재량에 달려 있으므로 대출확약서로서의 의미가 상실된다. 대출확약서에 기재될 대출 실행의 조건은 대출(주선)기관과 대출확약서를 교부 받는 자 사이의 협상에 달려 있지만 흔히 제3자에게 사업자의 자금조달능력을 입증하기 위한 용도로 제출되는 대출확약서에서 대출(주선)기관의 내부승인절차와 같이 대출 실행의 확실성을 저해하는 조건이 기재되는 경우 자금조달능력의 입증으로 인정받지 못할 수도 있다.

대출확약서에 따른 대출(주선)기관의 책임은 대출을 실행하기 위하여 충족되어야 할 조건을 여하히 정하였는지에 따라 달라질 수 있지만 대출(주선)기관이 대출확약서에서 정한 의무 또는 신의성실의 원칙의 위반으로 손해배상책임을 부담할 수 있다. 하급심법원은 증권회사가 부동산 개발사업에 필요한 초기 사업비를 대출(bridge loan)한 저축은행에게 장래 당해 대출(bridge loan)의 상환재원이 되는 프로젝트금융대출을 취급할 것을 확약하는 대출확약서를 교부하였으나 실제 프로젝트금융대출이 실행되지 아니한 사안에서 증권회사가 대출확약서에 따라 프로젝트금융대출을 실현시킬 의무는 법적 구속력이 있고 실제 가능한 구체적인 의무가 있다는 이유로 채무불이행에 따른 손해배상책임을 인

정한 바 있다.[2]

제2절 대출의 상업적 조건

Ⅰ. 대출금의 사용 용도

대주는 대출계약에서 대출금의 사용 용도를 정하고, 차주로 하여금 대출금을 약정된 사용 용도로 사용하도록 하고, 차주가 이를 위반하는 경우 차주의 기한의 이익이 상실되는 사유로 삼는다.

대주는 차주가 실제 대출금을 어떠한 용도로 사용하는지 사전에 직접 통제할 수 없는 경우가 많기 때문에 일반적으로 차주가 대출금을 위 목적 이외로 사용함에 대하여 어떠한 책임도 부담하지 아니하며, 차주가 대출금을 위 목적이외로 사용함으로 말미암아 발생하는 모든 문제에 대하여 일체의 책임을 부담하는 것으로 약정한다.

Ⅱ. 대출금의 인출

1. 대출금의 인출 방법

대출금의 인출은 1회 또는 수회에 걸쳐 이루어질 수 있으며, 수회에 걸쳐 대출금 인출이 가능할 경우 각 인출될 수 있는 최소 인출금액과 인출금액의 단위를 정한다. 1회에 대출금을 인출하든 수회에 걸쳐 대출금을 인출하든 대주가 기간의 제한 없이 차주의 요청에 따라 언제든 대출금을 인출하여야 하는 준비를 하는 것은 대주에게 부담이 되므로 차주가 대출금을 인출할 수 있는 **인출가능기간**(availability period)을 정한다.

차주가 대주에게 대출금의 인출을 요청하면, 인출 요청은 취소될 수 없으

---

2) 서울중앙지방법원 2010. 1. 7. 선고 2008가합90243 판결. 동판결은 프로젝트금융대출의 실현과 관련된 여러 사정을 고려하여 공평의 원칙을 적용하여 손해배상책임을 60%로 제한하였다.

며, 차주는 인출 요청에 따라 대출금을 인출하여야 하며, 어떠한 이유에서든 실제 대출금을 인출하지 않은 경우, 차주는 그로 말미암아 대주가 입은 손실과 비용(대주가 대출을 위하여 조달한 자금을 취소하거나 다른 용도로 사용함으로 인하여 입은 손실을 포함한다)을 보상하여야 하는 것으로 약정한다.

일반적으로 대출과 관련하여 차주가 부담하기로 한 각종 수수료 및 비용을 인출될 대출금에서 공제하고 잔액만 차주에게 지급함으로써 인출되기로 예정된 대출금 전액이 인출된 것으로 간주한다.

2. 선행조건과 후행조건

일반적으로 대출금은 대출계약의 적법·유효성, 담보권의 적법·유효한 설정 등 대주가 대출 취급을 하기 위한 전제로 삼은 조건, 진술 및 보장의 정확성, 기한의 이익 상실 사유의 부존재나 중대한 부정적 영향의 부존재 등과 같은 **선행조건**이 충족되어야 인출될 수 있는 것으로 약정한다. 대출계약의 체결과 이행의 적법·유효 및 집행가능성에 대한 법적 확인을 주된 내용으로 하는 변호사의 법률의견서는 선행조건의 하나에 불과하고, 법률의견서의 제출이 선행조건의 충족을 확인하거나 보장하는 것은 아니다.[3]

대출금이 인출된 이후 일정한 시기까지 일정한 사항(**후행조건**)이 성취되어야 하는 것을 대출금 인출의 조건으로 삼을 수도 있다. 이미 대출이 실행된 이상 후행조건이 성취되지 않았다 하여 대출 자체의 효력을 상실시킬 수는 없으므로 후행조건이 성취되지 아니한 경우 차주의 기한의 이익을 상실시키는 사유로 삼는다.

선행조건과 후행조건은 대주의 이익을 보호하기 위한 조항이므로 대주의 재량으로 그 적용이 배제되거나 유예될 수 있음은 물론이다.

Ⅲ. 대출금의 이자

1. 이자

차주는 대출금을 사용한 대가로 대주에게 대출금의 원금, 원금에 대한 이자의 비율(이자율)과 대출금을 사용한 기간에 비례하는 이자를 지급한다. 이자

---

3) 제1편 제2장 제4절 I. 참조

를 산정하기 위한 일정한 단위의 기간을 **이자기간**으로 정하고, 이자기간의 초일 또는 말일을 **이자지급일**로 정한다.

주식회사는 사채권자가 사채에 대한 일정한 이자를 지급받는 이외에 회사의 이익에 참가할 수 있는 권리가 인정되는 사채(이익참가부사채)를 발행할 수 있다(상법 제469조 제2항 제1호). 사채는 사채권자의 권리가 사채권이라는 유가증권으로 표창되었다는 점을 제외하고 금전채권이라는 점에서 대출채권과 본질이 다를 바 없다. 따라서 대출에 있어서도 당사자의 자유로운 의사로 대출에 대한 일정한 이자 이외에 회사인 차주의 이익에 참가할 수 있는 권리를 부여하는 약정을 할 수 있을 것이다.

2. 이자율

이자율은 최초 약정한 이자율이 만기때까지 그대로 유지되는 이자율(고정금리)과 일정한 주기별로 시장금리를 반영하여 변동되는 이자율(변동금리)로 구분된다. 변동금리는 대주가 대출을 위하여 자금을 조달하는 비용에 해당하는 **기준금리**(base rate)와 이윤에 해당하는 **가산금리**(margin)로 구분하여 정한다.

달러화대출에서는 흔히 런던은행 상호간 예금에 적용되는 이자율(LIBOR)[4]을 기준금리로 사용하고, 국내 투자금융을 위한 원화대출에서는 흔히 금융투자협회에서 고시하는 91일물 양도성예금증서나 일정한 신용등급의 회사채수익률을 사용한다. 기준금리는 일반적으로 일정한 기간마다 특정일(주로 이자기간의 초일, **이자율결정일**)을 기준으로 확정하여 당해 기간 동안의 변동금리를 정하기 위한 기준금리로 삼는다.

가산금리는 대출계약의 체결시 확정된 이자율로 합의하여 정하며, 간혹 국내에서는 대출계약의 체결시 합의된 일정한 이자율에서 대출금의 최초 인출일 현재 기준금리를 공제한 금리를 향후 변동금리를 정하기 위한 가산금리로 삼는 경우도 있다.

이자의 지급일은 이자기간의 초일이나 말일로 정한다. 흔히 프로젝트금융대출과 같이 장래 수입을 상환재원으로 하는 대출에서는 특정 이자지급일에

---

[4] 2020년 11월 30일 미국 연방준비제도이사회와 영국 금융당국은 2023년 7월부터 LIBOR를 완전 폐지한다는 내용의 공동성명을 발표했다. 미국 연방준비제도이사회의 주도로 시장에서 LIBOR를 대체하는 기준금리가 도입될 예정이다.

차주의 일시적인 자금부족으로 이자를 지급하지 못하는 경우 그 지급을 유예하되 그 때까지 발생된 이자를 원본에 가산하여 그에 대한 이자가 발생되는 복리약정을 하기도 한다.

3. 이자제한법

금전대차에 관한 계약상의 이자로서 연 25퍼센트를 초과하지 아니하는 범위 안에서 대통령령으로 정하는 최고이자율[5](약정한 때의 이자율)을 초과하는 부분은 무효로 하며, 채무자가 최고이자율을 초과하는 이자를 임의로 지급한 경우에는 초과 지급된 이자 상당금액은 원본에 충당되고, 원본이 소멸한 때에는 그 반환을 청구할 수 있다(이자제한법 제2조).

예금(禮金), 할인금, 수수료, 공제금, 체당금(替當金), 그 밖의 명칭에도 불구하고 금전의 대차와 관련하여 채권자가 받은 것은 이를 이자로 보며, 채무자가 금전대차와 관련하여 금전지급의무를 부담하기로 약정하는 경우 의무 발생의 원인 및 근거법령, 의무의 내용, 거래상 일반원칙 등에 비추어 그 의무가 원래 채권자가 부담하여야 할 성질인 때에는 이를 이자로 본다(이자제한법 제4조). 채무자와 채권자 사이에 사업자금을 투자하면서 사업경영의 손익과 관계없이 이익배당금·투자금에 대한 이자·투자금의 변제를 위한 적금 등 명목으로 매월 '일정액'의 금원을 지급하기로 약정하였다면 채권자가 채무자에게 지급한 금원은 영업으로 발생하는 이익의 배당을 본질로 하는 동업계약(조합 또는 익명조합)에 의한 출자금으로 볼 수 없으므로 이익배당금·이자 및 적금 등을 합산한 금액 중 원금을 초과하는 부분은 원금에 대한 이자라고 할 것이므로 이자제한법 소정의 제한을 초과하는 부분은 무효이다.[6] 그러나 이익참가부사채나 회사인 차주의 이익에 참가할 수 있는 권리를 부여하는 대출약정과 같이 단순히 기간의 경과만으로 무조건적으로 지급할 의무가 발생하는 것이 아니라 사업의 이익 발생 여부에 따라 지급의 여부와 금액이 결정되는 이익배당금은 이자제한법의 적용 대상이 되는 금전소비대차의 이자로 볼 수는 없다고 본다.[7]

복리약정은 단리로 계산하여 이자제한법에서 정한 최고이자율을 초과하는

---

5) 2021년 현재 연20%
6) 대구고등법원 1975. 4. 3. 선고 74나764 판결
7) 서울고등법원 2015. 5. 14. 선고 2014나8532 판결

부분에 한하여 무효이다.[8] 채무자가 이자제한법에 따른 최고이자율을 초과하는 이자를 임의로 지급한 경우에는 초과 지급된 이자 상당 금액은 원본에 충당되고, 이러한 초과 지급된 이자 상당 금액에 대하여 준소비대차계약 또는 경개계약을 체결하더라도 그 금액 부분에 대하여는 효력이 발생하지 아니한다.[9]

4. 이자율의 변경

원칙적으로 고정금리를 약정한 경우 당사자 일방은 대출기간 중 임의로 이자율을 변경할 수 없으며,[10] 변동금리로 약정한 경우에도 당사자는 대출기간 중 임의로 가산금리를 변경할 수 없다. 그러나 당사자들의 약정으로 당사자 일방에게 고정금리의 이자율이나 가산금리를 변경할 수 있는 권한을 부여할 수도 있다.[11] 표준은행여신거래기본약관(기업용)은 고정금리를 선택한 경우 국가경제·금융사정의 급격한 변동 등으로 계약 당시에 예상할 수 없는 현저한 사정변경이 생긴 때에는 은행은 채무자에 대한 개별통지에 의하여 그 율을 인상·인하할 수 있는 조항을 두고 있다.[12] 표준은행여신거래기본약관(기업용)은 변동금리를 선택한 경우에도 은행이 건전한 금융관행에 따라 합리적인 범위 내에서 인상·인하를 할 수 있는 것[13]으로 정하고 있으나, 금융시장의 변화에 따라 기준금리가 변경되어 이자율이 변경되는 것은 변동금리의 당연한 원리이고, 채무자의 신용평가등급의 변경으로 가산금리가 변경될 수 있는 조항[14]에 따라 가산금리가 변경될 수 있는 것으로 이해된다.

특정한 차주의 특수한 수요에 맞는 대출을 취급하기 위하여 협상으로 대출계약을 체결하는 경우 이자율의 변경 가능성에 관하여는 약관과 달리 당사자들의 자유로운 의사로 정할 수 있을 것이다. 일반적으로 변동금리대출에 있어 일방 당사자의 의사로 가산금리를 변경할 수 있도록 약정하는 경우는 찾기 어렵고, 기준금리가 공표되지 않거나 또는 국내외 금융시장의 경색, 경제상황의

---

8) 대법원 2008. 10. 23. 선고 2008다37742 판결
9) 대법원 1998. 10. 13. 선고 98다17046 판결, 대법원 2013. 2. 14. 선고 2012다81203 판결, 대법원 2015. 1. 15. 선고 2014다223506 판결 등
10) 대법원 2002. 2. 22. 선고 2000다53274 판결
11) 대법원 2001. 12. 11. 선고 2001다61852 판결
12) 표준은행여신거래기본약관(기업용) 제3조 제3항
13) 표준은행여신거래기본약관(기업용) 제3조 제4항
14) 표준은행여신거래기본약관(기업용) 제20조 제1항

변동 등으로 공표된 기준금리가 대주의 자본조달비용과 비교하여 현격한 차이가 발생하는 경우[15] 차주와 대주는 **대체기준금리**를 정하기 위한 협의를 하기로 하고, 합의가 되지 않을 경우 차주는 기한전 상환수수료의 부담 없이 대출금을 기한전에 상환할 수 있는 것으로 정한다. 고정금리의 경우에도 금융시장의 경색이나 경제상황의 변동 등이 있는 경우 이자율이 변경될 수 있도록 약정할 수도 있겠지만 차주가 고정금리를 선택하는 것은 차주가 이자율 변동 위험을 회피하기 위한 것이어서 일방 당사자에 의한 고정금리의 변경 가능성을 약정하는 경우는 드물다. 간혹 대출기간 중에 일방 당사자에게 고정금리를 변동금리로 전환하거나 또는 변동금리를 고정금리로 전환하는 권한을 부여하는 약정을 하기도 하지만 고정금리나 변동금리 그 자체의 변경을 약정하는 것과는 성격이 다르다.

5. 금리인하요구권

2018년 은행법의 개정으로 다음과 같이 채무자에게 금리인하를 요구할 수 있는 권리를 인정하였으며, 보험업법, 상호저축은행법과 여신전문금융업법에서도 차주에게 은행법과 같은 **금리인하요구권**을 인정하고 있다.

은행과 신용공여 계약을 체결한 자는 재산 증가나 신용평가등급 상승 등 신용상태 개선이 나타났다고 인정되는 경우 은행에 금리인하를 요구할 수 있으며, 은행은 신용공여 계약을 체결하려는 자에게 금리인하를 요구할 수 있음을 알려야 한다(은행법 제30조의2). 은행은 채무자로부터 금리인하 요구를 받은 날부터 10영업일 이내(금리인하 요구자에게 자료의 보완을 요구하는 날부터 자료가 제출되는 날까지의 기간은 포함하지 않는다)에 해당 요구의 수용 여부 및 그 사유를 채무자에게 알려야 한다(은행법시행령 제18조의4 제3항). 금리인하 요구를 받은 은행은 금리인하 요구가 (가) 신용공여 계약을 체결할 때, 계약을 체결한 자의 신용상태가 금리 산정에 영향을 미치지 아니하였는지 여부와 (나) 신용상태의 개선이 경미하여 금리 재산정에 영향을 미치지 아니하는지 여부를 고려하여 수용 여부를 판단할 수 있다(은행업감독규정 제25조의4 제1항).

---

15) 금융시장의 문제가 아니라 특정 대주의 신용 저하에 따른 대주의 자본조달비용의 증가는 제외하는 것을 명시하기도 한다.

IV. 수수료와 비용

1. 수수료

흔히 대주는 대출과 관련하여 이자기간에 비례하는 이자 이외에 대출을 취급하기 위하여 투입한 시간과 노력에 대한 대가로 일정한 수수료를 수취하며, 일반적으로 다음과 같은 수수료가 약정된다.

① **선불수수료**(upfront fee): 대출계약의 체결 또는 그로부터 일정한 기간 내에 장래 대출금의 인출, 취소 또는 기한전 상환과 상관없이 대출약정금을 기준으로 산정된 일정한 선불수수료를 지급하도록 정하며, 주로 다음과 같은 명목의 수수료가 약정된다.

  (가) **주선수수료**(arrangement fee): 차주와 대주 사이의 대출을 주선한 기관이 주선의 대가로 얻는 수수료로서 주선기관이 미리 대출의무의 인수를 확약하는 경우에는 **인수수수료**(underwriting fee) 명목으로 수수료를 수취하기도 한다.

  (나) **대출취급수수료**: 대주가 대출을 취급한 대가로 확정된 금액으로 지급받는 수수료로서 관리수수료(management fee) 또는 참여수수료(participation fee)라 일컫기도 한다

② **약정수수료**(commitment fee): 대주가 대출계약을 체결한 후 인출가능기간 동안 차주의 요청에 따른 대출금을 인출하기 위한 준비를 하여야 하는 부담에 대한 대가로 대출약정금 중 실제 인출되지 아니한 금액에 대하여 일정한 비율에 의한 약정수수료를 수취한다.

③ **대리은행수수료**(agent fee): 다수의 대주가 대출을 하는 신디케이션대출에서 대주들을 위하여 대출관리업무를 수행하는 기관은 그와 같은 업무 수행을 위한 시간과 비용에 대한 대가로 일정한 기간 단위로 일정한 금액의 대리은행수수료를 수취한다.

대출약정금 전액 또는 그 일부의 취소나 대출금의 인출 또는 기한전 상환 여부와 상관없이 수수료 산정의 기준이 되는 대출약정금 총액은 변동이 없는 것으로 보고, 차주는 그 이전에 대주에게 지급한 수수료의 반환을 청구할 수

없고, 장래 대주과 대리은행에게 지급하여야 할 수수료 및 기타 비용 등으로서 지급되지 않은 금액을 지급하여야 하는 것으로 약정한다.

대출거래에 있어 대출 관련 자료의 검토 등 차주가 대출을 받는 준비과정에서 차주에게 도움을 제공하는 금융자문기관이 그에 대가로 차주로부터 금융자문수수료를 수취하는 경우가 있는데, 이는 차주가 자신의 편의를 위한 용역을 제공받고 지급하는 수수료로서 대주와는 관계없는 수수료이므로 가사 금융자문기관이 대주로 참여한다 하더라도 대출계약에서 약정되거나 언급되어야 할 수수료는 아니다.[16]

2. 비용의 부담

대출을 취급함에 있어 법률비용, 등기비용, 회계·세무 비용, 감정평가비용, 담보설정비용, 신탁보수를 포함한 신탁비용, 기타 외부자문기관의 수수료, 제세공과금 등 다양한 비용이 소요된다. 또한 대출이 실행된 이후에도 대출원리금의 추심, 담보권의 실행이나 타인으로부터의 소송에 대한 대응 등으로 비용이 발생될 수 있다. 금융감독당국이 달리 규제하지 않는 한, 일반적으로 차주가 이를 부담하는 것으로 약정하며, 차주의 요구에 따라 비용의 상한을 정하거나 일정 금액 이상의 비용 지출은 차주의 동의를 받아야 하는 것으로 정하기도 한다.

Ⅴ. 대출금의 상환

1. 상환기일

대출금은 특정일에 일시에 상환하거나 일정한 기간 동안 균등 또는 불균등 분할 상환하는 것으로 약정한다.

2. 임의적 기한전 상환

일반적으로 차주에게 자신의 선택으로 대출금의 상환기일 이전이라도 대출금의 전부 또는 일부를 상환할 수 있는 권리를 부여하는 약정을 한다. 대출금을 분할하여 상환하도록 정한 경우, 기한전 상환금액은 상환기일이 가장 나중

---

16) 제1편 제4항 제1절 제2관 Ⅴ. 참조

에 도래하는 분할상환금부터 만기 역순으로 상환하도록 정하는 것이 일반적이지만 다수의 tranche가 존재하여 각 tranche의 상환 순서가 다른 경우 각 tranche의 상환 순서에 따라 상환하는 것으로 약정한다. 소위 한도대출(revolving facility)이 아닌 이상 기한전 상환된 대출금을 다시 차입할 수 없는 것으로 약정한다.

대주도 대출기간 동안 약정된 이자 수입을 얻을 수 있는 기한의 이익을 가지기 때문에 기한전 상환의 결과 대주가 장래 이자를 얻지 못한 손실을 보상하기 위하여 일정한 수수료(기한전상환수수료 또는 조기상환수수료)를 대주에게 지급할 것을 약정한다.

인프라 개발사업과 같이 완공된 사업목적물을 장기간 운영하여 얻은 수입으로 대출금을 상환하는 프로젝트금융에 있어 대주가 차주에게 대출 이외에 출자를 하기도 하는데, 장래 단기간 내에 출자에 따른 배당수입을 기대하기 어려운 경우 내부적으로 출자금은 일정 기간 무수익자산으로 남게 되어 이를 보전 받기 위하여 대출금에 관하여 고율의 고정금리를 약정하는 경우가 많다. 이 경우 차주가 임의로 대출금을 기한전 상환할 경우 대주는 당초 기대한 수익을 얻지 못하는 손실을 입게 되므로 기한전 상환을 엄격히 금지시킨다. 이 경우에도 이론적으로 미리 기한전상환수수료를 정하여 기한전 상환이 가능하도록 약정할 수도 있겠으나 대부분 대출기간이 장기인 관계로 기한전 상환 결과 대주가 입을 손실을 미리 산정(대주가 장래 얻을 수 있는 이자 수입을 얻지 못하여 입은 손실을 산정하기 위한 할인율의 합의)하기 어렵기 때문에 기한전 상환의 조건을 미리 약정해 두지 못하고 실제 필요한 때 당사자들이 합의하여 대주의 대출과 출자 전부에 관하여 리파이낸싱을 하는 방법으로 해결할 수밖에 없는 경우가 있다.

3. 강제적 기한적 상환

대주가 대출을 실행한 이후 일정한 사유가 발생하는 경우 대출금의 상환기일이 도래하기 이전이라도 기한전에 대출금의 상환을 요구하는 약정을 하기도 한다.

대주가 대출을 실행한 이후 기한의 이익 상실 사유가 발생하는 경우 차주의 기한의 이익 상실시키고 기한전에 대출금의 상환을 요구하는 약정을 하지만 기한의 이익 상실 사유는 주로 이자 등 금전지급의무의 불이행, 진술 및 보장이나 준수사항의 위반 등 차주의 신용위험이 증가되는 경우로 약정한다. 차주의 신용위험이 증가되는 경우가 아니더라도 장래 예정된 수입이나 담보목적물의 환가대금 또는 보험금이 조기에 유입되는 경우에는 이를 대출금의 상환에 사용하도록 하는 '강제적 기한전 상환'을 약정하는 경우가 많다.

기한전상환수수료는 대주가 당초 약정된 기간 동안 대출금을 운용하여 얻을 수 있는 수익을 차주가 기한전에 미리 변제하여 얻지 못하게 된 것에 대한 보상이고, 약정된 강제적 기한전 상환 사유가 발생하거나 차주가 기한의 이익을 상실하여 의무적으로 대출금을 상환하는 경우에는 차주가 기한의 이익을 스스로 포기하고 대출금을 임의로 상환하는 경우에 지급하는 기한전상환수수료를 적용하기는 어렵다.

VI. 대주의 수익보장

대출거래에 있어 대출이 실행된 이후 법령의 변경이나 금융시장의 변경 등이 발생하는 경우 대출계약 당시 대주가 얻을 수 있을 것이라 기대했던 수익에 부정적인 영향을 미치게 된다. 주로 국제대출거래에서 일정한 사정변경이 발생하는 경우 대주의 수익을 보호(yield protection)하기 위하여 다음과 같은 약정을 한다.

1. Gross-up

일반적으로 국제대출계약에 있어서 차주가 이자 등 대주에게 지급하는 금액은 차주 소재지 국가의 세무당국이 부과하거나 원천징수 되어야 하는 현재 및 장래의 세금에도 불구하고 그러한 세금을 공제(deduction)하지 않은 금액(full amount)이 되어야 하는 것으로 정한다. 이 경우 차주는 대주에게 지급하기로 약정된 금액에 더하여 그에 관하여 원천징수하여 세무당국에 납부하여야 하는 세액을 추가적으로 부담하는 결과가 된다. 이는 차주 소재지 국가 과세당국의 세율 인상 등 조세정책의 변경 등으로 인하여 대주의 수익이 감소되는 것을 막기 위한 것이다.

2. 위법

대주가 대출계약의 체결 이후 법령의 변경 등으로 대출을 계속하는 것이 위법하게 되는 경우, 대주의 대출약정은 효력을 상실하고, 대주의 대출의무도 소멸되며, 차주는 기한전상환수수료의 부담 없이 대출금을 기한 전에 상환하도록 정한다.

3. 증가된 비용

법령의 변경, 법령 해석과 적용의 변경, 관련 행정당국의 지침 등의 변경으로 인하여 (가) 대주가 추가적인 제세공과금을 부담하게 되거나, 차주가 부담하기로 약정된 금액을 부담하게 되거나 대주가 차주로부터 지급받을 이자를 지급받을 수 없게 된 경우 또는 (나) 대주가 적정한 자본비율유지를 위한 비용을 포함하여 대출을 위한 비용이 증가하거나 대출에 따라 수령할 금액이 감소될 경우, 차주는 이를 보전해 주기로 하되, 비용의 증가가 지속될 경우 기한전상환수수료의 부담없이 대출금을 기한전 상환할 수 있는 것으로 정한다.

4. 이종통화의 지급

대출금의 지급과 상환은 대출계약에서 정한 통화로 이루어져야 하지만 담보권의 실행이나 강제집행 등으로 대출계약에서 정한 통화와 다른 통화로 상환이 이루어질 수도 있는데, 그와 같이 수령한 금액을 대출계약에서 지정된 통화로 환전한 결과 대출계약에서 지정된 통화로 상환되어야 할 금액에 미달되는 경우에는 차주가 그 차액을 별도로 지급할 것을 약정한다.

제3절 대출의 법률적 조건

I. 진술 및 보장

대주는 일정한 사항을 전제로 대출을 취급하게 되고, 만약 그러한 전제가 다른 경우 대출을 계속하여 취급하여야 할지 여부를 재평가할 수밖에 없다. 이에 대주는 대출계약이 체결되었더라도 그와 같은 전제가 계속 유지될 것을 대출금의 인출의 선행조건으로 삼고,[17] 대출금이 인출된 이후라도 그러한 전제가 달라질 경우 차주의 기한의 이익을 상실시키고 인출된 대출금을 상환 받고자 한다. 대출계약에서는 그와 같은 전제를 차주, 보증인, 담보제공자 등 채무자의 진술 및 보장으로 정하고, 진술 및 보장에 위반되는 것이 밝혀지는 경우 대주는 더 이상 대출의무를 부담하지 아니하고 대출금을 상환 받을 수 있는 권리를 가지는 것으로 약정한다. 대출계약에서 흔히 진술 및 보장으로 기재되는 사항은 다음과 같다.

① 채무자에 의한 대출계약의 성립과 효력에 관한 사항
  (가) 채무자의 권리능력(법인의 경우 적법한 설립과 존속, 재산의 보유와 사업을 영위할 수 있는 권한)의 보유
  (나) 채무자의 행위능력(계약의 체결과 이행을 할 수 있는 권한의 존재, 내부적인 의사결정의 완료)의 보유
  (다) 채무자에 의한 계약의 적법한 체결(계약의 체결과 이행을 위하여 요구되는 정부기관의 인허가나 제3자의 동의의 획득, 계약의 체결과 이행이 다른 계약이나 의무에 위반되지 아니한다는 점)
  (라) 계약에 따른 의무가 적법·유효한 구속력을 가지고, 계약의 내용대로의 집행 가능하다는 점
② 담보의 설정이 예정된 경우, 적법하고 유효한 담보의 설정
③ 채무자에 관한 분쟁절차나 도산절차의 부존재 등 채무자의 신용에 관한 사항
④ 대출의 기초가 되는 채무자의 자산이나 사업과 관련하여 채무자의 적법한 권리나 지위의 보유, 인허가의 획득이나 법령의 준수 등 건전성 유지
⑤ 대출의 기초가 되는 주요 계약이나 거래의 적법·유효와 그 위반의 부존재
⑥ 대출의 기초가 되는 채무자의 부채 상태(재무제표, 부채나 제공된 담보의 현황, 제3자를 위하여 제공된 담보나 보증의 존재 여부, 우발부채의 부존재, 제

---

17) 대출금이 분할하여 수회에 걸쳐 인출 가능한 경우 대출금의 인출시마다 반복적으로 진술 및 보장이 제공되고, 그러한 진술 및 보장이 진실할 것을 각 대출금의 인출의 선행조건으로 삼는다.

　　세공과금의 적기 납부 등)에 관한 사항

　⑦ 기한의 이익 상실 사유의 부존재

　⑧ 채무자에 대한 소송 등 분쟁의 부존재

　⑨ 채무자에 관한 도산절차의 부존재

　⑩ 국제대출거래의 경우

　　(가) 대출채권이 다른 일반채권과 동순위로 취급되는 점

　　(나) 이자소득에 대한 원천징수가 없거나 있다 하더라도 gross-up조항
　　　　이 적법·유효하다는 점

　　(다) 대주가 대출의 취급으로 채무자의 소재지국에 고정사업장이 있는
　　　　것으로 간주되지 않는다는 점

　　(라) 준거법과 관할법원의 합의가 유효하다는 점

　　(마) 관할법원의 판결의 채무자의 소재지국에서 집행 가능하다는 점

　　(바) 대출거래가 상업적 거래로서 채무자가 주권면제를 받을 수 없다
　　　　는 점

　⑪ 대주에게 제공한 정보의 정확성과 대출거래를 위하여 필요한 정보가 모
　　두 제공되었다는 점

　　대출거래라 하더라도 거래의 규모나 중요성에 따라서는 차주의 진술 및 보
장이 진실한지 여부를 미리 확인하기 위한 법률실사를 할 필요가 있을 수도 있
다.[18)]

Ⅱ. 준수사항

　　진술 및 보장은 대출계약 체결시 또는 대출금의 인출시와 같은 '특정한 시
점'을 기준으로 일정한 사항이 진실하다는 것을 확인하는 것이고, 그와 함께
대출원리금의 상환이나 채권의 보전을 위해서 채무자가 '장래'에 계속하여 준
수하여야 하는 사항(**준수사항**)을 정할 필요가 있다. 채무자가 준수사항을 위반
하는 경우 대주는 차주의 기한의 이익을 상실시키고 대출금을 상환 받을 수 있
는 권리를 가지게 된다. 준수사항은 채무자가 적극적으로 행위하여야 하는 사

---

18) 제1편 제2장 제1절 Ⅲ 참조

항(적극적 준수사항)과 채무자가 일정한 행위를 하지 않아야 하는 사항(소극적 준수사항)으로 구분할 수 있다.

1. 적극적 준수사항

일반적으로 채무자가 준수하여야 하는 적극적 준수사항은 차주의 영업과 대출의 성격에 따라 달라질 수 있지만 주로 다음과 같다. 적극적 준수사항 중 비용의 지출, 수입금의 충당과 예금계좌의 관리와 같은 자금의 관리에 관한 사항은 편의상 별도의 독립된 조항으로 규정하기도 한다.

① 채무자의 진술 및 보장의 진실성의 유지
② 채무자의 법인격의 유지와 제세공과금의 적기 납부
③ 채무자의 사업 또는 영업에 필요한 인허가의 획득과 유지
④ 채무자의 법령 준수
⑤ 약정된 용도대로의 대출금 사용
⑥ 담보권의 설정과 유지 및 대출채권을 차주에 일반채권자들의 채권과 최소한 동순위로 유지
⑦ 대주가 요구하는 보험의 가입
⑧ 일정 이상의 부채비율, 부채상환비율이나 이자보상비율의 달성과 같은 재무에 관한 약정
⑨ 대출의 기초가 되는 계약의 준수
⑩ 출자자 등 이해관계자와의 공정한 거래
⑪ 회계장부와 재무제표의 작성, 유지 및 제출
⑫ 예산 등 자금집행에 관한 대주의 동의 등 절차 준수
⑬ 중요한 사항의 발생시 대주에 통지, 거래에 필요한 차주의 상호 등 인적 사항과 정보에 관한 신고
⑭ 대주의 차주에 대한 검사에 대한 협조
⑮ 대주가 요구한 자료와 정보의 제공

2. 소극적 준수사항

일반적으로 채무자가 대주의 동의가 없이 하여서는 아니되는 소극적 준수

사항은 차주의 영업과 대출의 성격에 따라 달라질 수 있지만 주로 다음과 같다. 물론 대주의 동의가 없더라도 금지된 행위가 허용될 수 있는 일정한 조건에 관하여 약정을 해 둘 수 있다.

① 통상적인 영업 활동으로 발생하는 부채 등 일정한 부채(허용된 부채)를 제외한 채무, 보증 또는 기타 부채의 부담

② 통상적인 영업 활동으로 발생하는 담보나 부담 등 일정한 담보나 부담(허용된 부담)을 제외하고, 차주의 자산에 대한 담보나 부담의 설정

③ 제3자에 대한 증권의 발행

④ 중대한 구조조정

  (가) 새로운 사업이나 영업의 영위

  (나) 대출의 기초가 되는 사업이나 영업의 포기

  (다) 다른 회사와의 합병, 분할, 청산 또는 해산이나 그에 준하는 구조조정

  (라) 영업이나 중요 재산의 전부 또는 중요한 일부의 양도나 취득

  (마) 다른 회사 등에 대한 투자나 일정 규모 이상의 자본적 지출

  (바) 주요 주주나 경영권의 변동

⑤ 출자자에 대한 자본의 환급이나 이익배당

⑥ 후순위조건의 다른 차입금의 원리금 상환

⑦ 대출의 기초가 되는 사업 관련 계약의 해지, 변경이나 포기

⑧ 정관을 포함한 차주의 설립 및 존속과 관련하여 중요한 서류의 변경

⑨ 제3자에게 대주의 담보권에 우선하는 권리를 허용하는 행위

Ⅲ. 기한의 이익 상실

대주가 대출을 실행한 이후 일정한 사유가 발생되어 당초 대출 취급 시 떠안은 신용위험이 증가될 경우 대출금을 만기 이전이라도 회수할 수 있기 위하여 차주의 대출금에 관한 기한의 이익 상실을 시킬 수 있는 약정을 한다.

기한의 이익 상실 사유(신용위험이 증가되는 사유)에는 이자 등 금전지급의무의 불이행, 차주나 보증인(담보제공자 포함) 등 채무자의 진술 및 보장이나 준수

사항의 위반과 같이 차주 등 채무자가 대출계약에서 정한 약정이나 의무를 위반하는 행위 이외에도 선행조건이나 후행조건의 미성취, 인허가의 미획득과 같이 대출 취급의 전제가 되는 외부적인 조건의 미성취나 실효, 나아가 제3자의 작위나 부작위 또는 불가항력사유와 같이 채무자의 귀책사유가 아닌 사유도 포함될 수 있다. 간혹 실무상 영문대출계약에서 사용되는 'event of default'를 문자 그대로 번역하여 '채무불이행사유'로 번역하여 사용하는 경우도 있으나 기한의 이익 상실 사유에는 반드시 채무자가 대출계약에 따른 의무를 위반한 경우만이 포함되는 것은 아니므로 기한의 이익 상실 사유를 '채무불이행사유'로 규정하는 것은 정확한 표현이라 보기 어렵다.

선행조건(후행조건 포함), 진술 및 보장과 준수사항은 기한의 이익 상실에 관한 조항과 상호 유기적으로 결합되어 대출의 실행뿐만 아니라 대출의 실행 이후라도 대출의 위험으로부터 대주의 이익을 보호하는 기능을 하게 된다.

1. 기한의 이익 상실 사유

가. 정지조건부 기한의 이익 상실사유와 형성권적 기한이익 상실사유

기한의 이익 상실사유는 (가) 일정한 사유가 발생하면 채권자의 청구 등을 요함이 없이 당연히 기한의 이익이 상실되어 이행기가 도래하는 것으로 하는 **정지조건부 기한의 이익 상실사유**와 (나) 일정한 사유가 발생한 후 채권자의 통지나 청구 등 채권자의 의사행위를 기다려 비로소 이행기가 도래하는 것으로 하는 **형성권적 기한이익 상실사유**로 구분된다.

기한의 이익 상실사유가 위의 양자 중 어느 것에 해당하느냐는 당사자의 의사해석의 문제이지만 일반적으로 기한의 이익 상실에 관한 약정이 채권자를 위하여 둔 것인 점에 비추어 명백히 '정지조건부 기한의 이익 상실사유'로 볼 만한 특별한 사정이 없는 이상 '형성권적 기한의 이익 상실사유'로 추정된다. '형성권적 기한의 이익 상실사유'가 발생하였다고 하더라도 채권자는 채권 전액을 일시에 청구할 것인가 또는 종래대로 변제를 청구할 것인가를 자유로이 선택할 수 있으므로 이와 같은 기한이익 상실의 특약이 있는 할부채무에 있어서는 1회의 불이행이 있더라도 각 할부금에 대해 그 각 변제기의 도래시마다 그 때부터 순차로 소멸시효가 진행하고 채권자가 특히 잔존 채무 전액의 변제를 구하는 취지의 의사를 표시한 경우에 한하여 전액에 대하여 그 때부터 소멸

시효가 진행한다.[19)

　민법 제498조는 '지급을 금지하는 명령을 받은 제3채무자는 그 후에 취득한 채권에 의한 상계로 그 명령을 신청한 채권자에게 대항하지 못한다'라고 규정하고 있다. 위 규정의 취지, 상계제도의 목적 및 기능, 채무자의 채권이 압류된 경우 관련 당사자들의 이익상황 등에 비추어 보면, 채권압류명령 또는 채권가압류명령(이하 채권압류명령의 경우만을 두고 논의하기로 한다)을 받은 제3채무자가 압류채무자에 대한 반대채권을 가지고 있는 경우에 상계로써 압류채권자에게 대항하기 위하여는, 압류의 효력 발생 당시에 대립하는 양 채권이 상계적상에 있거나, 그 당시 반대채권(자동채권)의 변제기가 도래하지 아니한 경우에는 그것이 피압류채권(수동채권)의 변제기와 동시에 또는 그보다 먼저 도래하여야 한다.[20) 여신거래기본약관을 포함하여 대출을 취급하는 약정서에서 차주가 대주에 대하여 가지는 예금 등 채권에 대하여 압류나 가압류명령이 있을 경우 대주가 차주에게 별도의 통지를 하지 않더라도 당연히 차주의 기한의 이익이 상실하여 대출금의 변제기에 도래하는 것으로 약정함으로써 대주는 차주가 대주에 대하여 가지는 예금 등 채권이 압류되면 대출금과 상계하여 압류채권자에게 대항할 수 있게 된다.

　채무자회생법 제145조 제4호 본문은 회생절차가 개시된 회생채무자의 채무자가 지급의 정지, 회생절차개시의 신청 등 회생채무자의 위기상태의 존재를 알면서 회생채권을 취득한 때에는 그 회생채권을 자동채권으로 하는 상계를 할 수 없도록 제한하고 있지만 같은 조 제4호 단서 및 제2호 단서 나목에서는 회생채무자의 채무자가 회생채무자의 지급의 정지, 회생절차개시의 신청 등이 있은 것을 알기 전에 생긴 원인에 의하여 회생채권을 취득한 때에는 그 회생채권을 자동채권으로 하는 상계를 할 수 있도록 허용하고 있다. 여신거래기본약관을 포함하여 대출을 취급하는 약정서에서 차주에 대하여 회생절차가 개시될 경우 대주가 차주에게 별도의 통지를 하지 않더라도 당연히 차주의 기한의 이익이 상실되어 대출금의 변제기에 도래하는 것으로 약정함으로써 대주는 차주가 대주에 대하여 가지는 예금 등을 대출금과 상계할 수 있게 된다.

　대주가 차주에게 상계의 뜻을 통지하지 아니하여도 상계할 수 있다는 특약

19) 대법원 2002. 9. 4. 선고 2002다28340 판결
20) 대법원 2012. 2. 16. 선고 2011다45521 판결

의 효력에 관하여 다툼이 있으므로 그러한 특약의 유무에 불구하고 반드시 차주에게 상계통지를 하여야 한다.

나. 교차채무불이행

차주가 대출계약에 따른 채무 이외에 다른 채무에 관한 기한의 이익 상실 사유가 발생하는 경우에도 대출계약에 따른 차주의 기한의 이익이 상실될 수 있는 조항(cross-default)을 두는 것이 필요한데, 이 경우 다른 채무의 종류나 금액을 한정하거나 다른 채무의 기한의 이익 상실 사유가 발생한 것이 아닌 실제 기한의 이익이 상실되어야 하는 경우로만 한정하기도 한다.

다. 중대한 부정적 변경

차주의 신용위험을 부담하는 대주는 선행조건(후행조건 포함), 진술 및 보장, 과 준수사항에 관한 약정으로도 미쳐 대비하지 못한 위험으로부터 자신의 이익을 보호하기 위하여 흔히 차주의 재무나 영업에 '중대한 부정적 변경'(material adverse change)이 발생한 경우라는 포괄적인 사유를 기한의 이익 상실 사유로 삼고자 하는 경우가 많다. '중대한 부정적 변경'이 포괄적인 개념인 만큼 '중대한 부정적 변경'이 무엇을 의미하는지 구체적으로 이를 정의하기도 하지만 실제로는 그 발생 여부를 입증하거나 판단하기 어렵기 때문에 당사자들 사이의 다툼의 여지가 많다.

라. 기한의 이익 상실사유의 발생 요건의 강화

일정한 사유가 발생하더라도 치유기간을 부여하여 치유기간이 그대로 경과된 때에 비로소 기한의 이익 상실 사유를 구성하는 것으로 정하거나 또는 어떠한 사유가 일정한 금액 이상이어야 하거나 중대한 경우여야 하는 등의 요건이 충족되어야 기한의 이익 상실 사유를 구성하는 것으로 정하기도 한다.

2. 기한의 이익 상실

'정지조건부 기한의 이익 상실사유'가 발생한 경우, 차주는 별도의 통지가 없더라도 자동적으로 즉시 대출금의 이행기가 도래한 것으로 간주된다. '형성권적 기한이익 상실사유'가 발생한 경우, 대주는 대출금의 이행기가 도래하였음을 통지할 수 있으며, 이로써 대출금의 이행기는 도래한 것으로 본다. 차주가 기한의 이익을 상실하더라도 대출계약의 해제나 종료를 의미하는 것은 아니며, 대출계약은 그 내용대로 계속하여 효력을 가진다.

기한의 이익 상실로 대출금의 이행기가 도래한 경우, 대주는 더 이상 대출계약에 따른 대출의무를 부담하지 아니하고, 담보권의 실행 기타 대출계약과 법령에 따라 대주들이 가지는 모든 권리를 행사할 수 있는 것으로 정한다. 이행기가 도래한 대출원리금의 지급을 지연하는 경우 약정된 연체이자를 지급한다. 그 이외에 차주는 기한의 이익 상실로 말미암아 대주가 입은 모든 손해를 면책할 의무를 규정한다.

기한의 이익 상실사유가 발생하더라도 대주는 자신의 재량으로 그에 따른 권리 행사를 유예할 수도 있지만 유예의 범위와 정도에 분쟁이 발생될 가능성도 있으므로 대주가 권리행사를 유예하는 사유와 대상을 명백하게 차주에게 고지하여 차주가 그 이후 반복적으로 발생되는 기한의 이익 상실사유에 대하여도 대주의 권리행사가 유예되었음을 주장할 수 없도록 하여야 한다.

Ⅳ. 기타 법률조건

분쟁의 해결을 위한 준거법과 관할법원에 관한 합의를 약정한다. 그 외 당사자의 권리의무의 양도 절차, 당사자 사이의 통지 절차, 계약의 변경을 위한 요건과 절차, 비밀유지약정 등 계약에서 일반적으로 약정되는 내용들을 정한다.

차주의 신용위험은 대출의 가장 핵심적인 위험이므로 대주의 동의 없이 제3자에게 차주의 의무를 이전할 수 없다는 점을 명시한다.

제4절 대출채권의 양도와 대출참가

1. 대출채권의 양도의 목적

대주는 대출채권을 처분함으로써 매각이익을 얻거나 채무자의 신용위험에 대한 부담을 줄이고자 하는 등 다양한 목적으로 대출채권을 법적으로 타에 양도하거나 대출채권에 내재된 신용위험을 타에 이전하는 거래를 한다.

2. 대출채권의 양도의 방식

대출채권을 법적으로 타에 양도함에 있어서는 (가) 대출계약에 따른 대주의 권리, 의무 및 지위 일체를 이전하는 방법(경개)과 (나) 대출계약상 대출원리금의 지급을 청구할 수 있는 권리(대출채권)만을 양도하는 방법이 있다. 대출계약에 따른 대주로서의 지위의 이전은 원칙적으로 대출계약의 당사자인 차주의 동의를 받아야 하지만 대출채권의 양도는 양도를 금지하는 특약이 없는 한 민법상 지명채권의 양도 방법으로 양도할 수 있다.

대주의 입장에서 대출채권의 환가가능성은 대출자산의 가치에 중대한 영향을 미치므로 차주의 동의가 없더라도 대출채권의 양도뿐만 아니라 대출계약상 대주의 권리, 의무 및 지위 일체도 이전(경개)할 수 있다는 점을 미리 약정해 두고자 한다. 대출금의 인출가능기간 동안 대출금을 수회에 걸쳐 분할하여 인출할 수 있도록 정한 대출계약의 경우, 차주의 입장에서는 대주가 대출의무를 이행할 수 있는 능력이 중요하므로 인출가능기간 동안에는 차주의 동의 없이 대출채권을 자유로이 양도할 수 있도록 허용하더라도 장래 대출금을 대출할 의무를 포함한 대주의 지위는 차주의 동의 없이 이전할 수 없도록 정하기도 한다.

대출채권만 양도하는 경우 양수인이 양수하는 대출채권의 내용이 무엇인지 즉, 대출금, 이자, 상환기일 등 금전의 지급에 관한 조건 이외에 대출계약의 다른 조건도 그대로 적용될 수 있는지에 관한 논란이 있을 수 있다. 조항의 내용상 특별히 원래의 대출계약의 당사자 사이에만 적용될 수 있거나 대출채권의 양수도 과정에서 당사자들이 달리 합의하지 않는 이상 대출채권의 모든 조항은 양수인과 차주 사이의 관계에서도 계속 적용된다고 보아야 한다.

대출계약에서 대출채권의 양도시 양수인과 차주 사이에 계속 적용될 조항과 그렇지 않을 조항을 미리 정해 놓을 수도 있을 것이다. 차주로서는 대출채권의 양도를 허용하더라도 그로 말미암아 대출계약에 따른 자신의 권리와 이익의 불리한 변동까지 받아들이기는 어려울 수 있다. 흔히 국제적인 대출계약에서 차주가 이자 지급시 이자소득에 대한 세금을 원천징수하여야 하더라도 그러한 세금을 공제하지 않은 금액을 지급하기로 약정(gross-up)한 경우 대주의 변경으로 차주가 추가로 지급하여야 할 금액이 달라질 수도 있다. 이에 차주의 동의 없이도 대출채권이 양도될 수 있더라도 대주의 변경으로 말미암아 차주에게 추가적인 비용이 발생되지 않을 것을 조건으로 삼기도 한다.

3. 대출참가

차주에 대한 대항요건을 모두 갖추고 대출채권을 양도하는 경우 양도인은 더 이상 채무자에 대하여 채권을 행사할 수 없다. 그런데 원래의 대주는 굳이 대출채권을 법적으로 양수인에게 양도하지 아니하고 대주로서의 지위를 그대로 유지하면서 차주에 대한 신용위험만을 양수인(대출참가의 참가자)에게 이전시킬 수도 있다. 이를 위하여 대출채권에 관하여 다음과 같은 대출참가거래를 하거나 대출채권이나 차주를 대상으로 한 신용파생거래를 할 수 있다.

대출참가(participation)는 대주가 법적으로 대출채권을 양도하지 아니하고 참가자로부터 일정한 대출참가에 대한 대가를 수령하고 장래 대출채권의 전부 또는 일정 비율(참가비율)에 관하여 차주로부터 받은 금전을 참가자에게 지급할 것을 약정하는 거래이다. 대출참가에서 참가자와 차주 사이에는 아무런 법률관계가 형성되지 아니하며, 대주는 차주로부터 장래 실제 금전을 지급받은 때에만 당해 금전을 참가자에게 지급할 의무를 부담할 것을 약정한다. 대출참가에서는 대주가 차주에 대하여 대출계약에 따른 권리를 행사할 수 있기로 하지만 대주가 참가자의 대리인이나 수탁자가 되는 것은 아니며, 단지 참가자에 대하여 대출참가계약에서 정한 조건을 이행할 의무를 부담할 뿐이다. 다수 대주들의 의사로 재무재조정을 하거나 리파이낸싱을 할 경우 대출참가거래를 한 대주가 혼자 이를 거절할 수 없는 경우가 많고, 이러한 경우 대주가 재무재조정이나 리파이낸싱에 대하여 동의하더라도 참가자에 대하여 책임을 부담하지 않는다는 내용을 약정하기도 한다.

참가자는 차주의 신용위험 이외에 대주의 신용위험도 부담하게 되지만 대주의 신용이 충분한 경우에는 절차의 간편성과 대출계약에서 대출채권의 양도가 금지되어 있더라도 할 수 있다는 점에서 대출참가가 많이 이용된다. 대출참가계약에서는 차주의 채무불이행 등 일정한 사유가 발생할 경우 참가자의 요청에 따라 대주가 참가자에게 대출채권을 양도하고 차주에 대한 대항요건을 갖추어야 할 의무를 부담하도록 약정하기도 한다.

대출참가로 대주가 참가자에게 대출채권을 매도한 것과 같은 경제적인 효과를 얻을 수 있는 것은 사실이나 법적으로 대출채권을 참가자에게 양도한 것으로까지 해석하기는 어렵다. 대출참가에 따라 대주가 참가자에게 장래 금전을 지급하여야 할 채무는 장래 대주가 대출채권과 관련하여 차주로부터 수령한 금액의 범위 내에서만 책임을 부담한다는 책임재산제한의 약정을 주요 내용으로 하는 대주와 참가자 사이의 자금제공에 관한 약정으로 보는 것이 합리적이다. 그러나 거래의 경제적 실질이 중시되는 회계나 세무의 처리 또는 행정규제 관련 법령의 적용에 있어서는 대출채권의 매매로 취급될 수 있다.

참가자는 대주가 대출을 실행할 때 자신의 참가금액만큼 대출에 대하여 보증을 제공하거나 차주의 신용위험을 분담하는 **리스크참가**(risk participation) 약정을 할 수도 있다. 이 경우 대주는 처음부터 참가자로부터 대출참가에 대한 대가를 수령하지 아니하고 오히려 참가자에게 일정한 수수료를 지급하되, 장래 차주가 채무를 이행하지 않을 경우 참가자가 자신의 참가금액만큼 대출금액을 대주에게 지급하고, 그 후 대주는 차주로부터 대출원리금을 추심하면 참가자에게 이를 지급하는 약정을 할 수도 있다. 이러한 거래는 참가자가 법적으로 대주가 되지 않으면서 대출에 따른 위험을 인수한다는 점에서 대출참가와 유사하지만 참가를 약정하는 당시에는 참가자가 대주에게 대출참가에 대한 대가(자금의 공여)를 지급하지 않는다는 점에서 신용파생거래로 보아야 한다.

제2장

신디케이션대출

Ⅰ. 개요

신디케이션대출(syndicated loan)은 다수의 대주들이 대주단을 구성하여 공통된 조건으로 차주에게 대출하는 거래를 말한다.

신디케이션대출은 차주의 입장에서 단일한 대주로부터 자금을 차입(bilateral loan)하기에는 대규모의 금액을 다수의 대주들로부터 비교적 신속하게 차입할 수 있으며, 대주의 입장에서는 법령상 동일한 차주에 대한 신용공여금액의 제한이나 하나의 차주에 대한 과도한 신용위험을 부담하는 것을 피할 수 있는 장점이 있다.

차주는 사채를 공모하는 방식으로 불특정 다수인으로부터 대규모의 자금을 차입할 수 있지만 사채의 공모에 관한 복잡한 규제와 절차를 거치지 않고 신디케이션대출로 소수의 금융기관으로부터 신속하게 대규모 자금을 조달할 수 있다.

Ⅱ. 신디케이션대출의 절차

우선 차주는 국내외 금융기관(들)에게 의뢰하여 대출금액, 금리, 만기 등 대출 가능한 조건(term sheet)을 제시(indicative offer)해 오면, 그중 제일 나은 조건을 제시한 금융기관에게 확정조건(firm offer)이 포함된 기채의뢰서(mandate letter)[1]를 발급하여 주선기관(은행)(arranger, lead manager)[2]을 선정한다. 대출규모가 큰 경우 또는 차주의 요청으로 복수의 금융기관이 주선기관으로 선정될 수 있고, 주선기관은 대출 전액을 주선할 부담을 줄이기 위해서 간사은행(sub-underwriter)을 선정하여 일정 부분의 대출주선을 맡길 수도 있다.

주선기관은 차주와 함께 대출(사업)설명서(information memorandum)[3]를 준비하여 잠재적인 대주가 될 금융기관에게 대출설명서를 제공하고 대출참여를 권유한다. 통상적으로 대출설명서에는 차주에 관한 민감한 내부정보가 포함되므로 비밀유지약정을 체결한 후 제공된다. 대출참여를 권유 받은 금융기관은 대출설명서에 포함된 차주의 신용 정보 및 상세한 대출조건을 바탕으로 대출에 대한 참여 여부를 검토하고, 필요한 경우 주선기관을 통하여 차주의 추가 정보나 대출조건 변경 등을 요구한다. 대출에 참여하기로 결정한 금융기관은 대출참여의 의사와 대출희망금액을 주선기관에게 표시함으로써 대출에 참가할 대주단을 구성하게 된다. 통상적으로 주선기관은 차주와 협의하여 광범위하게 잠재적으로 대출참가를 할 만한 금융기관들에게 참가를 권유(general syndication)하지만 차주가 직접 업무상 유대가 많은 금융기관들로 대주단을 구성하여 대출받는 방식(club deal)도 있다.

주선기관은 참여를 표명한 대주단과 차주 사이에서 대출을 위한 계약서 작성에 관하여 협의한다. 차주와 대주단 사이에 최종적으로 대출계약이 체결되면 주선기관의 업무는 종료된다. 통상적으로 대출계약이 체결된 이후에도 주선기관이 대리은행(agent bank)으로서 대주단을 위하여 대출을 실행하고 관리하는 업무를 수행하지만 주선기관이 항상 대리은행이 되는 것은 아니다.

대출계약이 체결된 이후 대출금의 인출을 위한 선행조건이 충족되면, 차주는 대리은행에게 대출금의 인출을 요청하고, 대리은행은 이를 대주들에게 통

---

1) 주선기관이 제시한 확정조건(firm offer)을 수락함과 아울러 주선기관으로서 대출참가은행들과 교섭하여 줄 것을 취소불능의 형태로 정식 의뢰하는 위임장
2) 대출 규모가 큰 경우 주선기관과 함께 공동주선기관(co-arranger)이 대주단의 구성하는 역할을 함께 수행하기도 한다.
3) 주요 대출조건, 차주의 영업·재무에 관한 정보 기타 대출 취급에 여부를 판단하기 위하여 필요한 정보가 기재된 문서로서 차주의 명의로 작성된다. 주선기관은 대출설명서의 내용에 대한 어떠한 책임도 부담하지 아니한다는 점을 표시하지만 실무적으로 주선기관이 대출참가를 권유한 금융기관에 대출설명서를 직접 배포하고 이에 관한 질문에 대응하므로 대출설명서의 내용에 허위나 부정확한 정보가 포함된 경우에 대주에 대한 책임에서 자유롭다고 하기는 어렵다.

지하고, 대주들은 각자가 인출할 대출금을 차주에게 직접 지급하거나 대리은행에게 송금하고, 후자의 경우 대리은행은 대주들로부터 송금 받은 자금을 모아 차주에게 대출금으로 지급한다. 통상적으로 대리은행은 대주들을 위하여 담보를 관리하는 업무도 수행하지만 담보를 관리하는 업무만을 수행하는 담보관리인(security agent 또는 security trustee)을 따로 두기도 한다. 차주는 원리금의 지급기일에 직접 대주에게 대출원리금을 지급하거나 대리은행에게 대출원리금을 지급하고, 후자의 경우 대리은행은 차주로부터 지급받은 대출원리금을 각 대주의 대출참여비율에 따라 분배한다. 일반적으로 대리은행이 대출조건의 유예나 변경 등 대주들의 이익에 중대한 영향을 미치는 법률효과를 발생시키는 행위를 할 경우 대주 전원 또는 과반수 또는 그 이상의 다수 대주의 동의를 얻어야 하는 것으로 정한다. 대출계약에 따라 대주들이 가지는 채권 전액이 상환된 때에 대리은행의 업무가 종료된다.

Ⅲ. 신디케이션대출의 법적 성질

신디케이션대출 역시 계약자유의 원칙이 적용되므로 당사자들의 권리의무는 기본적으로 신디케이션대출을 위한 계약의 구체적인 내용과 준거법에 따라 결정된다.

신디케이션대출은 다수의 대주들이 공통된 조건으로 개별적으로 대출하므로 각 대주는 다른 대주와 독립하여 각자 차주에 대하여 개별적으로 권리의무를 가지는 것이 원칙이지만 공동으로 대출을 관리하고 대주들 사이의 공평을 도모하기 위하여 대출계약에 대주들의 권리의무의 개별성을 수정하는 내용이 추가된다. 그러나 그와 같은 약정으로 말미암아 대주들이 조합이나 단체를 구성하는 것은 아니다.

Ⅳ. 주선기관의 의무와 책임

1. 주선기관과 차주의 관계

가. 기채의뢰의 방식

차주로부터 대주단의 구성과 대출계약의 체결의 주선을 의뢰 받은 주선기

관은 (가) 최선을 다하여 대주들을 모집하기로 약속(best efforts basis)하기로 하
되, 주선기관 자신이 차주에 대하여 대출할 의무를 부담하지 않는 것으로 약정
하거나, (나) 그와 달리 대출금의 전부를 책임지고 대출(총액인수방식)하거나 주
선기관이 주선하여 조달한 금액이 대출예정금액에 미달할 경우 그 미달한 금
액을 대출(잔액인수방식)하기로 약속(대출인수, underwriting basis)할 수도 있다. 차
주로서는 반드시 특정한 시점에 자금을 조달하여야 하는 경우(제3자와 약정한
매매대금의 지급이나 만기 도래된 기존 대출금의 상환 등)에는 주선기관에게 인수
방식으로 기채를 의뢰할 필요가 있다.

대출인수의 경우에도 통상적으로 차주의 영업이나 재무 또는 금융시장의
'중대한 부정적 변경이 없을 것'이나 제안된 대출조건이 반영된 '대출계약서의
체결'을 대출이 실행되기 위한 조건으로 삼기 때문에 차주의 기채의뢰서
(mandate letter)의 교부와 그에 대한 주선기관의 수락만으로 곧 주선기관이 차
주에 대하여 대출을 하여야 할 구속력 있는 의무를 부담하는 것으로 볼 수 있
는 것은 아니다. 물론 그와 같은 조건이 있는 경우라도 주선기관이 대출인수
약정에 따라 성실하게 대출계약서를 체결할 의무를 게을리한 것으로 인정될
경우에는 차주에 대한 손해배상책임을 부담할 수 있다.

나. 주선기관의 이중적 지위

주선기관은 형식적으로 차주와 체결된 기채의뢰약정에 따라 부여된 자신의
의무를 이행하는 형식을 취하지만 실제로는 주선기관이 스스로 대주로 참여하
기도 하며, 경우에 따라서는 대출계약의 체결 이후 대주들을 위한 대리은행으
로서의 업무를 수행하는 이중적인 지위를 가진다.

영미법에서는 주선기관은 (가) 처음부터 기채의뢰약정에 따라 차주의 대리
인으로서 차주를 위하여 행위한다는 견해나, (나) 대출에 참여할 금융기관의
모집과정에서는 차주의 대리인이지만 대주단이 구성된 이후에는 대주들의 대
리인으로 전환된다는 견해가 있지만, (다) 대출을 위한 협상 과정에서 차주나
대주를 위한 대리인이 아니라 자신의 이익을 위하여 행위하는 것이라는 견해
가 다수의 입장이다.

한국법이 준거법이 되는 경우 차주와 주선기관의 관계를 차주가 주선기관
에게 대출이라는 상행위의 중개를 위탁4)한 것으로 해석하거나 대출의 주선을

위임한 것으로 보고, 위임의 일반법리에 따라 주선기관은 민법상 수임인의 선량한 관리자의 주의의무를 가지고, 위임받은 사무의 구체적 처리에 관하여 충실할 의무를 부담하며, 수임인의 선관주의의무에서 보고의무가 인정된다고 해석하는 견해가 있다. 그러나 이는 어떠한 계약을 해석함에 있어 계약에서 정한 몇 가지 특징만을 가지고 당해 계약을 어떠한 종류의 계약이라 분류한 다음 만연히 그와 같은 종류의 계약에 통용되는 일반원리를 그대로 당해 계약의 해석에 원용하는 오류를 범하는 것으로 여겨진다.

차주가 기채의뢰라는 형식으로 주선기관에게 대출의 주선을 의뢰하였다 하더라도 이를 두고 단순히 위임의 관계라 하든가 주선기관이 차주의 대리인이라 단정할 수는 없는 것이며, 주선기관의 권한 및 책임을 포함하여 차주와 주선기관의 구체적인 권리의무는 당사자 사이에 체결된 기채의뢰약정(나아가 대출인수약정)에서 정한 바에 따른다는 계약의 일반원리로 충분하다고 판단된다. 따라서 주선기관이 오로지 차주의 이익을 위하여 행위하여야 한다고 보거나 또는 장래 직접 대주가 되거나 대주들을 위한 대리은행으로서의 업무를 수행한다 하여 당초 기채의뢰약정에 따라 부여된 임무에 반하거나 이중적인 지위를 가진다고 볼 필요는 없으며, 차주나 주선기관 모두 쌍무계약의 당사자로서 각자의 이익을 위하여 충실하게 기채의뢰약정을 이행하면 될 성질의 것이다.

다만 우리나라의 신디케이션대출의 실무에서는 실질적으로 대출주선을 의뢰받은 금융기관이 차주의 자금차입을 위한 자문업무를 수행하는 소위 '금융자문계약'을 체결하고 대출과 관련된 업무를 수행하는 경우가 많다. 이론적으로 금융자문은 대출 관련 자료의 검토 등 대출신청 준비과정을 돕는 편의를 차주에게 제공하고 그 대가를 수취하는 행위이므로 금융자문기관은 전적으로 차주의 이익에 충실하여야 한다.[5] 그럼에도 불구하고, 실제 대출의 실행 단계에서는 금융자문기관이 대주로 참여하거나 대주들을 위한 대리은행으로서의 업무를 수행하게 되는 결과 종전에 금융자문기관으로서 차주의 이익을 위하여 업무를 수행하여야 하는 지위와 이해상충의 문제가 발생될 수 있고, 대출의 과정이나 그 결과로 차주에게 불이익이 발생할 경우 그에 대한 금융자문기관으

---

4) 중개인이 적극적으로 중개할 의무를 부담하면서 위탁자도 계약 성립시 보수지급의무를 부담하는 것을 쌍방적 중개계약이라 하고, 그 법적 성질이 위임이라는 것이 통설이다.
5) 제1편 제4장 제1절 제2관 V. 참조

로서 수행한 업무에 대한 책임에 관하여 혼란이 발생될 수 있다. 흔히 금융기
관들이 대출을 취급하기 위한 업무의 초기에 소위 금융자문계약의 체결을 선
호하는 것은 (가) 기채의뢰약정이 자칫 차주에 대한 관계에서 대주로서의 대출
의무를 약속하는 것으로 오해될 수 있는 부담이 있기 때문에 대출을 위하여 노
력한다는 의미에서 단순 자문업무를 수행하는 것을 강조하거나, (나) 대주의
지위에서 대출의 대가로 수수료를 수취하는 것보다 자문이라는 용역에 대한
대가를 수취하는 것이 업무를 수행한 실무자의 실적으로 평가받을 수 있기 때
문인 것으로 여겨진다. 이론적으로는 금융자문계약에서 장래 금융자문기관이
장래 대주로 참여하거나 대주들의 이익을 위한 업무를 수행하게 되는 것에 대
하여 차주가 동의한다는 뜻을 미리 명시해 두면 될 것이지만 금융자문기관으
로서 차주의 이익을 위해서 업무를 수행하기로 하는 내용의 금융자문계약을
체결해 둔 연후에 대주로 참여하거나 대주들의 이익을 위한 업무를 수행하는
관행이 바람직한지는 의문이다.

주선기관은 차주로부터 제공받은 차주의 재무와 영업에 관한 정보를 비밀
로 유지할 의무가 있다. 일반적으로 차주와 주선기관 사이에 비밀유지약정을
체결하지만 그와 같은 명시적인 약정이 없더라도 위임의 일반 원리에 따라 비
밀유지의무를 부담할 것이다.

다. 차주의 주선기관에 대한 의무

차주는 주선기관에게 대주단의 구성 및 대출계약의 체결을 주선한 대가로
주선수수료(arrangement fee)를 지급한다. 주선기관이 대출예정금액의 전부 또
는 일부를 직접 대출하겠다는 대출인수약정을 하는 경우 그에 대한 대가로 인
수수수료(underwriting fee) 명목으로 수수료를 수취하기도 하지만 주선기관에게
귀속되는 주선수수료(arrangement fee)와 명확하게 구별되는 것은 아니다.

주선기관에게 지급될 수수료는 공개되지 않는 것이 관행이고, 주선기관과
참여대주 사이의 약정으로 주선기관이 지급받을 수수료의 일부가 참여대주에
게 분배될 수 있지만 대출계약이 체결된 후 참여대주가 대출계약상의 대출의
무를 이행하지 아니하여 당해 대주에 관한 대출약정이 해제되었다고 하더라도
당해 대주가 주선기관과의 내부적인 약정으로 분배 받은 주선수수료를 차주에
게 반환하여야 하는 것은 아니다. 물론 참여대주의 대출의무 불이행에 따라 주

선기관이 차주에게 지급받은 수수료의 반환에 관한 문제는 차주와 주선기관 사이에서 정한 약정에 따를 것이다. 차주가 대출계약에서 참여대주에게 직접 지급하기로 약정한 수수료는 참여대주가 자신의 대출약정에 대한 대가로서 지급받는 것이므로 당해 대주가 대출의무 불이행으로 대출약정이 해제되면 해제에 따른 원상회복으로서 차주로부터 지급받은 수수료를 반환하여야 한다.[6]

2. 주선기관과 참여대주의 관계

가. 주선기관의 참여대주에 대한 선관주의의무

통상적으로 주선기관과 대주 사이에는 아무런 계약 관계가 존재하지 아니하고, 주선기관으로부터 대출참여를 권유 받은 금융기관은 원칙적으로 자기의 책임 하에서 참여 여부를 결정한다. 일반적으로 주선기관이 주관하여 차주와 대주단 사이에 체결될 대출계약을 준비하지만 대주들의 대리인으로서 대출계약을 협상하는 것은 아니며, 각 대주는 대출계약의 당사자로서 자신이 체결할 대출계약을 스스로 검토하여 체결 여부를 판단하는 것이다. 따라서 신디케이션대출의 과정에서 주선기관이 대주에 대하여 '계약위반'의 책임을 부담하지는 않는다. 그러나 원칙적으로 주선기관이 대출설명서에 부실표시가 있음을 알고도 이를 방치하는 등 참여대주에게 제공된 정보에 관하여 주선기관의 고의 또는 과실이 있는 경우에는 '불법행위'에 의한 책임이 인정될 수는 있다.

신디케이션대출에서 주선기관은 다른 금융기관에게 대출의 참여를 권유할 때 차주의 신용정보 등을 기재한 대출설명서를 교부하며 대출 취급에 필요한 정보를 제공한다. 주선기관이 권유 대상 금융기관에게 제공해야 할 정보에는 당초 제공한 정보의 내용에 잘못이 있는 경우 이를 정정하는 정보나 대출참여 여부 판단에 중대한 영향을 미치는 사실이 포함된다. 주선기관은 대출설명서에 법적 책임을 면하기 위해서 광범위한 면책조항을 포함시키는 경우가 많지만 실제 그와 같은 면책조항이 유효하게 적용될 수 있는지는 개별 거래의 사정에 따라 다를 수 있다. 대출참여를 권유받은 금융기관은 원칙적으로 자신의 책임으로 스스로 수집한 정보를 기초하여 대출참여 여부를 결정하여야 하므로 대출설명서의 기재나 제공된 정보의 부실로 주선기관을 상대로 책임을 물을 수 없다는 견해가 있다. 그러나 대출설명서의 기재나 제공된 정보의 부실에 관

---

6) 대법원 2001. 12. 24. 선고 2001다30469 판결

한 구체적인 사정에 따라 달라질 수는 있지만 원칙적으로 주선기관이 대출설명서에 기재된 정보가 허위임을 알았거나 또는 중요한 사실이 누락되었음을 알고도 이를 방치하고 참여대주에게 정보를 제공하지 아니한 경우에는 그로 말미암아 참여대주가 입은 손해에 대하여 불법행위로 인한 배상책임이 인정될 수도 있다.7) 따라서 주선기관은 대출설명서의 작성시 고도의 주의를 기울여야 하고, 필요한 경우 차주가 제공한 정보에 관하여 적절한 실사를 실시하여야 한다. 물론 주선기관에게 손해배상책임이 인정되더라도 참여대주에게 과실이 있는 경우에는 주선기관의 불법행위로 인한 손해배상책임은 과실상계의 대상이 될 수 있다.

통상적으로 신디케이션대출을 위한 계약에서 주선기관은 (가) 참여대주들로부터 (i) 스스로 차주의 현황, 신용, 전망, 사업, 영업, 자산상태 등을 조사·분석하고 그에 따라 의사결정을 하였고, (ii) 대출계약을 체결한 것이 주선기관의 진술에 기초한 것이 아니며, (iii) 주선기관으로서의 업무 수행 결과로 알고 있는 것을 제외하고는 어떠한 사항에 대해서도 인지하고 있는 것으로 간주되지 않는다는 점에 대한 확인을 받아 두는 한편, (나) 차주를 포함한 타인으로부터 제공받은 정보의 정확성과 완전성을 보장할 책임이나 차주의 신용을 조사할 책임으로부터 면책된다는 내용을 명시해 둔다.

한국법의 경우 주선기관이 제공한 정보에 대해 책임을 제한하거나 면책하는 면책조항이 불공정한 경우에는 약관규제법 제7조에 따라 무효로 될 수 있지만 국제적으로 통용되는 금융업에 대하여는 동법 제7조의 적용이 배제되며 (약관규제법 제15조 및 동법시행령 제3조), 약관의 내용 통제에 관한 약관규제법 제6조도 적용되지 아니한다고 본다.8) 따라서 국제적인 대출계약에서 주선기관의 면책조항을 포함시키는 경우 주선기관이 고의 또는 중과실로 정보제공의무를 다하지 아니하는 경우를 제외하고는 면책조항의 효력이 인정될 수 있을 것으로 여겨진다. 신디케이션대출의 준거법이 한국법이 아닌 경우 주선기관에 대한 면책조항의 유효성은 당해 준거법에 따라 다를 수 있으므로 만연히 대출계약에서 정한 면책조항에만 의지하는 것은 주의할 필요가 있다.

주선기관은 통상 차주와 체결한 비밀유지약정에 따라 또는 위임에 있어 수

---

7) 대법원 2006. 2. 24. 선고 2005다38355 판결
8) 대법원 1999. 12. 10. 선고 98다9038 판결

임인의 지위에서 비밀유지의무를 부담한다. 대출에 참여하고자 하는 금융기관에게 대출에 관한 정보를 제공하는 것이 차주에 대하여 부담하는 비밀유지의무에 위반될 경우 주선기관으로서는 차주로부터 동의를 받아서라도 대출에 참여하고자 하는 금융기관에게 정보를 제공하여야 할 것이고, 차주가 그에 대한 동의를 거절할 경우에는 기채의뢰약정을 해지하고 더 이상 주선기관으로서의 업무 수행을 하지 않을 수 있다고 본다.

나. 참여대주의 주선기관에 대한 의무

주선기관으로부터 대출설명서 등 대출 취급에 필요한 차주의 미공개정보를 제공받은 금융기관은 주선기관과 체결한 비밀유지약정서에 따라 비밀유지의무를 부담한다.

대출참여를 희망하는 금융기관은 주선기관에게 대출참여의 의사를 확인하는 대출확약서를 제출하게 되는데 그에 따른 의무와 책임은 대출확약서의 내용에 따라 결정될 것이며, 대출에 참여하기로 한 대주가 신의성실에 반하여 대출확약서에서 정한 대출참여를 위한 조건의 성취(대출계약서의 체결 등)를 방해한 것으로 인정되는 경우 주선기관 또는 차주에 대하여 채무불이행 또는 불법행위로 인한 손해배상책임을 부담할 수도 있다.

다. 참여대주의 대출미이행

신디케이션대출에서 다수의 대주들 중 어느 대주(소위 '미이행대주')가 자신이 대출하기로 한 대출약정금을 대출하지 아니하는 경우 차주의 자금조달에 문제가 발생될 뿐만 아니라 다른 대주의 대출에도 부정적인 영향을 미치게 된다. 신디케이션대출에 있어 각 대주는 차주에 대하여 개별적으로 권리의무를 가지는 것이 원칙이므로 통상적으로 (가) 대출계약의 체결로 임무가 종료되는 주선기관, (나) 대출관리의 업무만을 수행하는 대리은행 또는 (다) 다른 대주의 신용까지 고려하여 대출에 참여하는 것은 아닌 나머지 대주가 미이행대주의 대출의무를 인수하는 경우는 극히 드물다. 대개 미이행대주에게 일정한 위약금을 부과하고, 차주가 추가적인 자금조달을 하여야 할 위험을 부담하고, 주선기관과 대리은행은 차주의 추가적인 자금조달에 협력하기로 하는 것이 일반적이다.

V. 대리은행의 의무와 책임

1. 대리은행의 업무

신디케이션대출에서 대출에 따른 권리의무는 차주와 개별 대주 사이에 발생되는 것이지만 모든 대주가 직접 개별적으로 차주와 접촉하여 대출의 실행과 대출원리금의 회수 등을 관리하는 것은 불편할 뿐만 아니라 대주들 사이의 형평을 도모하기 어려운 일이 발생될 수도 있다. 이에 대주들은 대출계약에서 자신들을 대리하여 업무를 수행할 대리은행을 선임하여 대출관리업무를 위임한다.

대리은행의 업무는 대출계약에서 정하지만 통상적으로 다음과 같은 업무를 수행한다.

① 대출금의 인출을 위한 선행조건의 확인
② 대출금의 인출시 대주와 차주 사이의 창구 역할(대출금의 인출요청서의 수령, 각 대주에 대한 대출금의 인출 통지, 각 대주로부터 인출될 대출금의 수령 및 차주에 대한 대출금의 지급)
③ 대출원리금의 추심과 추심된 금액을 각 대주에게 배분하는 업무
④ 차주로부터 받은 자료, 정보, 통지 등의 수령과 각 대주에 대한 전달
⑤ 담보물의 관리
⑥ 대주들의 의사결정에 필요한 의사의 취합 및 결정된 사항의 집행

2. 대리은행의 권한

대리은행은 대주들의 대리인으로서의 권한을 가지며, 통상적으로 대출계약에 따라 다음과 같은 권한을 부여 받는다.

① 대리은행은 자신의 합리적인 판단으로 변호사, 회계사 등 외부 전문가 등의 자문을 얻어 임무를 수행할 수 있다.
② 대리은행은, 자신의 손해나 비용을 보상 받을 수 있지 않는 한, 대주들의 지시에 응하지 않을 수 있다.
③ 대리금융기관은 자신의 판단으로 관련 법령에 위반되거나 제3자에게 책임을 부담할 수 있는 행위를 하지 않을 수 있고, 관련 법령을 준수하기

위하여 필요하다고 인정되는 행위를 할 수 있다.

④ 대리은행은, 어떠한 반대되는 서면통지를 받지 않는 한, 기한의 이익 상실사유가 발생하지 않았으며, 어느 당사자도 대출 관련 계약을 위반하지 않고 있다고 간주할 수 있다.

⑤ 대리은행은 권한 있는 자가 서명하여 송부한 모든 서류, 통지 등 일체의 문건을 전적으로 신뢰할 수 있고, 그 신뢰를 보호받을 수 있다.

차주는 대리은행이 업무 수행 중 고의 또는 과실 없이 입은 손실, 손해, 비용 등을 보상하며, 만약 차주가 이를 이행하지 않는 경우, 대주들은 각자의 대출참가비율에 따라 이를 대리은행에게 보상해 주기로 약정한다.

3. 대리은행의 의무

대리은행은 대주들과 민법상 위임의 관계에 있으므로 선량한 관리자의 주의로써 자신에게 위임된 업무를 수행할 의무를 부담한다. 그러나 대리은행은 영미법상 신인의무(fiduciary duty), 즉 '타인의 재산에 대한 관리운용을 위탁받은 자(주로 신탁계약에 따라 타인의 재산을 관리·운용하는 수탁자)가 위탁자 또는 수익자의 최대한의 이익을 위하여 합리적이고 사려 깊게 행동해야 할 의무'까지 부담하는 것은 아니다. 대출계약에서 대리은행은 대주들의 수탁자 또는 차주의 대리인이나 수탁자로 간주되지 아니하고, 대출계약에서 명시적으로 규정한 업무나 의무 이외에 다른 업무나 의무를 부담하지 않는다는 내용을 명시한다.

대리은행은 대주들의 지시가 있을 경우 그 지시에 좇아 임무를 수행하여야 하지만 대주들의 구체적인 지시가 없더라도 대리은행은 대리은행의 업무와 관련하여 대주들에게 의사결정을 요청할 수 있으며, 대주들의 의사결정으로 행한 업무에 관하여 대주들에 대하여 책임을 부담하지 않도록 정하는 것이 일반적이다. 이에 대리은행은 자신의 재량과 판단으로 위임된 업무를 수행할 수도 있지만 언제든지 대주들의 의사를 물어 그에 따라 업무를 수행함으로써 자신의 업무 수행의 적정성에 관한 책임으로부터 벗어날 수 있다. 대주들의 의사는 대출계약에서 정한 바에 따라 대주 전원 또는 과반수 또는 그 이상의 대주들의 찬성으로 결정되며, 대리은행은 각 대주가 작성한 서면에 의하거나 기타 대리은행이 합리적으로 판단하는 적절한 방법으로 대주의 의사를 확인할 수 있는 것으로 정한다.

대리은행이 대리은행으로서의 업무를 수행함으로 말미암아 이익충돌의 가능성을 이유로 차주와 그의 이해관계인들과 예금이나 대출 등 금융거래가 제한될 경우 금융기관으로서 할 수 있는 정당한 거래가 제한될 수 있으므로 대출계약에서 대리은행이 당해 대출과 상관없이 차주와 그의 이해관계인들과 예금이나 대출 등 금융거래를 할 수 있도록 허용하는 것이 일반적이다.

4. 대리은행의 책임

대리은행은 참여대주들의 대리인에 불과하고, 차주에 대하여 직접 대주로서의 책임을 부담하지 않는다. 대출계약에서 대리은행은 다른 대주나 제3자가 대출계약에 따른 채무를 이행하지 않음에 관하여 차주에 대하여 어떠한 책임도 부담하지 않으며, 대리은행이나 그의 임직원 또는 대리인은, 고의 또는 과실이 없는 한, 자신들의 행위에 관하여 차주에 대하여 책임을 부담하지 않는다는 내용을 명시한다.

통상적으로 대출계약에서 대리은행은 참여대주에 대한 관계에서 (가) 참여대주들로부터 (i) 차주의 현황, 신용, 전망, 사업, 영업, 자산상태 등을 조사 분석하고 그에 따라 의사결정을 하였고, (ii) 대출계약을 체결한 것이 대리은행의 진술에 기초한 것이 아니며, (iii) 대리은행으로서의 업무 수행 결과로 알고 있는 것을 제외하고는 어떠한 사항에 대해서도 인지하고 있는 것으로 간주되지 않는다는 점[9]에 대한 확인을 받고, (나) 차주를 포함한 타인으로부터 제공받은 정보의 정확성과 완전성을 보장할 책임, 차주의 신용을 조사할 책임, 차주의 기한의 이익 상실사유의 발생이나 채무불이행을 조사 확인할 책임으로부터 면책된다는 내용을 명시한다.

신디케이션대출에서 참여은행으로부터 신디케이션대출과 관련된 행정 및 관리사무의 처리를 위탁받아 참여은행을 대리하게 되는 대리은행은 위탁받은 사무에 관하여 참여은행과 위임관계에 있고, 구체적인 위임사무의 범위는 신디케이션대출 계약의 대리조항에 의하여 정해지지만, 참여은행과 대리은행은

---

9) 대리은행의 업무를 수행하는 담당자 이외의 임직원이 알게 된 정보를 대주에게 통지할 의무를 부담하지 않게 된다.

모두 상호 대등한 지위에서 계약조건의 교섭을 할 수 있는 전문적 지식을 가진 거래주체라는 점에서 원칙적으로 대리은행은 대리조항에 의하여 명시적으로 위임된 사무의 범위 내에서 위임 본지에 따라 선량한 관리자의 주의로써 위임 사무를 처리하여야 하고, 명시적으로 위임받은 사무 이외의 사항에 대하여는 이를 처리하여야 할 의무를 부담한다고 할 수 없다고 한 다음 대리은행이 차주가 대주들에게 담보로 제공할 토지의 소유권을 확보하기 위하여 사용하기로 한 대출금을 다른 토지의 계약금으로 사용하는 데 동의하게 되면 약정한 매입가 이상인 토지의 담보제공이 이루어질 수 없는 사정을 알았거나 알 수 있었음에도 즉시 이를 참여은행에 알리지 않았다 하더라도 제반 사정에 비추어 대출계약 당시 대리은행이 참여은행에게서 그러한 사정이 발생하는지를 감시하여 보고하는 사무를 별도로 위임 받지 않은 이상 즉시 이를 참여은행에 알리지 않았다고 하여 대리은행이 대출금 집행의 관리·감독사무에 관하여 선량한 관리자의 주의의무를 위반하였다고 볼 수 없다고 판단한 판례[10]가 있지만 당초 대출계약 체결시 예정된 담보부동산을 취득하지 못하게 된 것은 일정한 담보를 전제로 대출한 대주단의 의사에 반하는 것이므로 대주단의 의사를 확인하지 않고 대출금의 전용에 대한 동의를 한 대리은행의 행위를 두고 명시적으로 위임 받은 사무가 아니라는 이유만으로 책임을 면책하는 것이 타당한지는 의문이다.

Ⅵ. 대주들 사이의 법률관계

1. 대주들의 의사결정과 개별 대주의 권리 행사

신디케이션대출은 기본적으로 차주와 각 대주 사이의 개별적인 대출계약이 성립되는 관계이므로 각 대주는 차주에 대하여 개별적으로 권리의무를 가진다. 이에 대출계약에서 다음과 같은 내용을 명시한다.

① 각 대주는 독립하여 권리의무를 가지며, 각 대주 또는 대리은행은, 달리 정하는 경우를 제외하고, 개별적으로 자신의 권리를 행사할 수 있다.
② 특정한 대주가 자신의 의무를 이행하지 않더라도 나머지 대주 또는 대

---

10) 대법원 2012. 2. 23. 선고 2010다83700 판결

리은행은 자신의 의무로부터 면제되지 아니하며, 나머지 대주 또는 대
리은행이 그 특정 대주의 의무에 대하여 책임을 부담하지도 아니한다.

그러나 개별 대주가 아무런 제한 없이 단독으로 자신의 권리를 행사하는
것을 허용할 경우 권리 행사에 혼란이 발생되고 대주들의 형평을 해하는 결과
가 되기 때문에 일반적으로 대출계약에서는 다음의 사항을 포함하여 대주들의
중요한 권리의 행사는 대주 전원이나 과반수 또는 그 이상의 대주들의 의사에
따라 이루어질 수 있는 것으로 정한다.

① 대출약정의 취소, 해제(지) 등 대출약정을 종료시키는 행위
② 기한의 연장을 포함한 대출금의 원금, 이자 및 상환에 관한 조건의 변경
③ 담보권의 전부 또는 일부에 대한 해지(변경)와 실행
④ 변제충당 순서의 변경
⑤ 기한의 이익 상실 선언, 유예나 부활

2. 담보권의 실행

신디케이션대출에 있어 특정 대주가 대출채권을 개별적으로 행사하는 것을
허용하는 것이 원칙이지만 다수의 대주가 담보권의 실행을 원하지 않을 수 있
으므로 일반적으로 특정 대주에 의한 담보권 행사를 금지하고 다수 대주들의
의사결정에 따라 담보권을 실행하도록 약정한다. 다만 담보권의 성질상 개별
적인 담보 실행이 어려운 경우가 아닌 한 만기의 도래나 기한의 이익 상실로
변제기가 도래한 이후에는 개별적인 담보권의 실행을 금지하지는 않는다.

대출계약에서 특정 대주에 의한 담보권 실행을 명시적으로 금지하지 않았
다 하더라도 담보권의 내용 그 자체에서 특정 대주에 의한 담보권의 실행이 불
가능한 경우도 있다. 담보목적물이나 담보권 자체를 신탁회사에게 신탁하는
경우 대주들은 신탁의 수익권을 교부 받을 뿐이고 신탁회사가 담보목적물을
환가하거나 담보권을 실행할 수 있으므로 신탁의 수익자 중 1인에 불과한 특
정 대주가 단독으로 담보목적물을 환가하거나 담보권을 실행할 수 없게 된다.
채무자가 대주뿐만 아니라 대리은행 또는 담보관리인에 대하여도 대주에 대한
채무와 동일한 채무를 부담할 것을 약정하고 대리은행 또는 담보관리인에게
담보권을 설정해 주기도 하는데, 이 경우 대리은행 또는 담보관리인이 다수의

대주들의 의사에 따라 담보권을 실행하므로 대주 1인이 담보권을 실행할 수 없게 된다. 다만 신탁계약에서 각 대주가 개별적으로 신탁회사에게 담보목적물을 환가하거나 담보권을 실행할 것을 요구할 수 있는 권리를 부여하는 약정을 할 수는 있을 것이다.

특정 대주의 개별적인 담보권 행사가 허용된다 하더라도 아래에서 설명하는 바와 같이 담보권 실행으로 회수된 금액은 모든 대주들을 위하여 분배되어야 하는 것으로 약정한다.

3. 추심금액의 분배

가. 분배조항의 기능과 분배 방법

신디케이션대출은 다수의 대주들이 공동의 위험을 부담하고 이루어지는 대출이므로 특정 대주의 개별적인 채권회수로 이익을 얻는 행위를 막기 위하여 차주의 대출원리금 상환은 대리은행을 통하여 이루어지도록 하는 것이 원칙이고, 어느 대주가 대리은행을 통하지 아니하고 개별적으로 차주로부터 대출원리금을 상환 받은 때에는 나머지 대주들에게 대출참여비율에 따라 안분하여 분배되도록 다음과 같이 소위 **분배조항**(pro rate sharing)을 두는 것이 일반적이다.

『대출약정서에서 달리 정하는 경우를 제외하고, 어느 대주가 차주로부터 대주 각자의 대출금 비율을 초과하는 금액을 수령하는 경우, 그 수령한 원인이나 방법(차주의 자발적 또는 비자발적인 지급, 상계, 담보권실행, 소송 등)을 불문하고, 당해 대주는 그 초과하는 금액을 다른 대주에게 분배하기 위하여 대리은행에게 지급하여야 한다. 대리은행은 그 수령 받은 금액을 차주로부터 직접 수령한 것으로 취급하고, 당해 대주는 대리은행에게 지급하여야 할 금액을 차주로부터 수령하지 않은 것으로 보고 차주에 대하여 가지는 자신의 권리를 그대로 가진다. 만약 당해 대주가 위 규정에 따라 대리은행에게 지급한 금액을 차주에게 반환하여야 할 경우, 그 금액을 수령하였던 대주는 대리은행으로부터 분배받았던 금액을 대리은행에게 반환하고, 대리은행은 당해 대주에게 그 금원을 지급하여야 한다.』

담보권의 순위나 책임재산의 충당 순서 등에 관하여 특별한 약정이 있는 경우에는 분배조항의 적용이 배제될 수 있다.

나. 분배 방법

차주로부터 개별적으로 채권을 상환 받은 대주는 상환 받은 금액을 대리은 행에게 지급하여야 한다.[11] 이 경우 차주가 개별적으로 채권을 상환한 때에는 채권 변제의 효력을 인정받을 수 없고, 채권을 상환 받은 대주가 대리은행에게 상환 받은 금액을 지급한 때에 비로소 채권 변제의 효력이 발생하며, 그 때까지 차주는 다른 대주들에 대하여 부담하는 대출채무를 여전히 상환할 책임을 부담한다. 대리은행은 지급받은 금액을 대출참여비율에 따라 대주들에게 분배한다. 이 경우 채권을 상환 받은 대주는 자신이 분배 받을 수 있는 금액을 초과하는 금액을 차주로부터 상환 받지 아니한 것으로 간주하고, 그대로 채권을 가지게 된다. 만약 채권을 상환 받은 대주가 여하한 이유로든 상환 받은 금액을 차주에게 반환하여야 하는 경우에는 위와 같이 분배 받은 다른 대주들은 분배 받은 금액을 다시 대리은행에게 반환하고, 대리은행은 이를 상환 받은 대주에게 반환한다.

위와 달리 개별적으로 채권을 상환 받은 대주가 자신의 대출참여비율에 따라 수령할 수 있는 금액을 초과하는 금액을 다른 대주들에게 분배하고, 당해 분배된 금액을 매매대금으로 하여 다른 대주가 가지고 있는 채권을 매수한 것으로 간주하는 방법도 있다. 이 경우 차주는 특정 대주에게 개별적으로 채권을 상환한 때에는 상환한 금액 전액에 관하여 채권 변제의 효력을 인정받을 수 있다. 만약 채권을 상환 받은 대주가 여하한 이유로든 상환 받은 금액을 차주에게 반환하여야 하는 경우에는 채권을 상환 받은 대주와 분배 받은 다른 대주들 사이에 채권매매의 취소 및 매매대금의 반환의 절차를 취하게 된다.

다. 분배조항의 적용 범위

차주가 자발적으로 특정 대주에게 채권을 상환하는 경우뿐만 아니라 상계, 강제집행 또는 담보권 실행에 의하여 채권을 회수한 경우에도 분배조항에 따라 회수한 금액은 다른 대주들에게 분배될 수 있다.[12]

채무자회생법 제145조 제4호 및 제422조 제4호에 따르면, 채권자가 채무자

---

11) 상환 받은 금액 중 자신의 대출참여비율에 따라 수령할 수 있는 금액을 초과하는 금액을 지급하여야 하는 것으로 약정하는 경우도 있다.
12) 대법원 2015. 9. 10. 선고 2013다207521 판결, 서울지방법원 1999. 9. 22. 선고 98가합 108848판결

가 지급의 정지, 회생절차개시의 신청 또는 파산의 신청이 있음을 알고 채권을 취득한 때에는 이를 자동채권으로 하여 상계할 수 없지만 채권자가 지급의 정지 등을 알기 전에 생긴 원인에 의한 때에는 상계가 허용된다. 어느 대주가 자신의 대출채권과 차주의 예금을 상계한 후 분배조항에 따라 다른 대주들에게 분배하면 자신이 분배 받을 수 있는 금액을 초과하는 금액을 차주로부터 상환받지 아니한 것으로 간주되어 그대로 채권을 가지는데, 차주의 지급정지 등이 있은 이후 당해 채권을 자동채권으로 하여 다시 차주의 잔존 예금과 상계한 경우, 다른 대주들에게 분배한 결과 취득한 채권은 지급의 정지 등을 알기 전에 생긴 원인으로 취득한 채권이라는 이유로 상계를 인정한 판결이 있다.[13]

'상환만기일 연장 결정은 대주들 전원의 동의에 따라 결정한다'는 연장조항과 '어느 대주가 개별적으로 차주에게서 대출금을 회수한 경우 자신의 대출금 비율을 초과하는 부분을 다른 대주에게 분배한다'는 내용의 분배조항을 두었는데, 어느 대주가 변제기 연장에 동의하면서 변제기를 달리 정하거나 개별적으로 추가담보를 제공받고도 이를 다른 대주에게 알리지 않았고, 그 후 추가담보를 실행하여 대출금 상환에 충당하자, 다른 대주가 분배조항에 따른 분배를 구한 사안에서 대법원은 개별적으로 추가담보를 제공받거나 추가담보로부터 채권을 회수한 것은 채권을 개별적으로 행사하여 추심한 것이고, 분배조항은 특별한 사정이 없는 한 변제기가 도래한 후 일부 대주가 추가담보를 제공받아 그로부터 회수한 채권액에 관하여 여전히 적용된다고 판단하였다.[14]

4. 대주간약정서

다수의 대주들이 하나의 계약으로 대출을 하는 경우 하나의 대출계약에서 대주들 사이의 권리의무를 정할 수 있지만 흔히 프로젝트금융에서 볼 수 있듯이 차주가 성격이 상이한 복수의 대출로 자금을 조달하거나 대출과 함께 회사채를 발행하여 자금을 조달하는 경우가 있다. 이 경우 모든 자금조달원의 채권자들 사이의 이해관계를 조정하기 위하여 상호간의 권리의무를 약정해 둘 필요가 있다. 이 경우에도 모든 자금조달에 관하여 하나의 계약을 체결함으로써 모든 채권자들 사이의 권리의무를 정할 수도 있겠으나, 각 자금조달원의

---

13) 대전지방법원 2000. 9. 28. 선고 99가합10961 판결
14) 대법원 2015. 9. 10. 선고 2013다207521 판결

투자자의 선택에 따라 각 자금조달원별로 계약을 체결하되, 그와 별도로 채권자들 사이의 권리의무를 정하기 위한 **대주간약정서**(intercreditor agreement)를 체결한다.

흔히 대주단약정서에는 주로 다음과 같은 조건들이 포함된다.

① 각 자금조달원(tranche) 사이의 자금투입의 일정과 순서
② 각 자금조달원(tranche) 사이의 이자 및 수수료의 지급과 순서 및 원금 상환의 일정과 순서
③ 후순위대출이 있는 경우, 후순위채권자에 의한 기한의 이익 상실 선언, 담보권 행사, 변제충당, 채권회수, 후순위대출의 조건 변경 등을 제한하는 약정
④ 기타 담보의 실행, 추심금액의 분배 등 위에서 살펴본 신디케이션대출에서의 대주들 사이의 법률관계에 관한 내용

각 자금조달원의 채권자들이 차주의 자산(장래 수입 포함)으로부터 상환 받는 방법과 순서를 정함에 있어 차주의 자산을 성격별로 구분(구분된 자산으로부터 추심된 현금도 각기 다른 예금계좌로 수령하여 보관)하고 각 자산별로 각 자금조달원의 채권자들이 상환 받는 방법과 순서를 달리 정하기도 한다. 이는 책임재산의 제한에 관한 약정15)과 후순위약정16)의 성격을 모두 가진 것으로 이해된다.

---

15) 제1편 제3장 제3절 II. 2. 채무와 책임 참조
16) 제1편 제5장 제4절 참조

회사채

제1절 개관

Ⅰ. 사채의 의의와 성질

금전채권이 표창된 증권인 채권(債券)을 발행하는 주체는 상법상 주식회사 이외에도 정부, 지방자치단체, 공기업 등이 있지만 여기에서는 주식회사의 회사채에 관하여만 살펴본다.

회사채(會社債) 또는 단순히 사채(社債)는 주식회사가 자금을 조달하기 위하여 채무가 표창된 유가증권인 채권(債券)을 발행하여 부담하는 채무를 말한다. 원래 사채는 종이에 채무의 내용을 기재한 실물을 발행하였지만 『주식·사채 등의 전자등록에 관한 법률』('전자증권법')은 사채를 전자등록기관의 전자등록부에 등록하면 전자등록계좌부에 전자등록된 자는 전자등록된 증권에 대하여 적법한 권리자로 추정되고, 그 증권의 양도나 그에 대한 질권설정은 전자등록으로 효력이 발생될 수 있다(전자증권법 제35조). 자본시장법에 따른 상장증권 등 일정한 증권을 신규로 발행하고자 할 경우 권리자의 보호와 거래질서의 유지를 위해 전자등록의 방법으로만 발행할 수 있다(전자증권법 제25조 제1항 단서, 동법시행령 제18조).

기업들이 단기자금을 조달하기 위해 발행했던 기업어음(Commercial paper,

CP)을 대체하여 기존의 기업어음 거래의 부작용을 해소하고 단기금융시장을 활성화시키기 위하여 『전자단기사채 발행 및 유통에 관한 법률』은 다음의 요건을 갖춘 만기가 1년 미만인 사채는 종이로 실물을 발행할 필요 없이 '전자' 방식으로 계좌부 등록으로 사채를 발행하고, 발행된 사채의 양도, 질권이나 신탁의 설정은 대체등록으로 효력이 발생될 수 있도록 하였다(전자단기사채 발행 및 유통에 관한 법률 제2조 제1호, 제13조).

① 각 사채의 금액이 1억원 이상일 것
② 만기가 1년 이내일 것
③ 사채 금액을 일시에 납입할 것
④ 만기에 원리금 전액을 일시에 지급할 것
⑤ 주식으로의 전환권, 신주인수권, 그 밖에 이와 유사한 권리가 부여되지 아니할 것
⑥ 사채에 「담보부사채신탁법」에 따른 담보를 붙이지 아니할 것

Ⅱ. 사채의 종류

1. 상법상의 사채

주식회사는 단순히 금전채권만이 표창된 사채 이외에도 다음과 같은 특수한 정함이 있는 사채를 발행할 수 있다.

① 회사의 주식으로 전환할 수 있는 전환사채(상법 제513조)
② 사채권자에게 신주인수권이 부여된 신주인수권부사채(상법 제516조의2)
③ 사채권자가 이자를 받는 이외에 이익배당에도 참가할 수 있는 이익참가부사채(상법 제469조 제2항 제1호)
④ 회사가 보유하는 유가증권으로 교환할 수 있는 교환사채나 회사가 보유하는 유가증권으로 상환할 수 있는 상환사채(상법 제469조 제2항 제2호)
⑤ 유가증권이나 통화 또는 그 밖에 일정한 자산이나 지표 등의 변동과 연계하여 미리 정하여진 방법에 따라 상환 또는 지급금액이 결정되는 파생결합사채(상법 제469조 제2항 제3호)
⑥ 사채의 상환에 물적담보가 제공된 담보부사채(담보부사채신탁법 제3조)

⑦ 사채의 발행 당시 객관적이고 합리적인 기준에 따라 미리 정하는 사유
가 발생하는 경우 주식으로 전환되는 조건(전환형 조건부자본증권)이나
그 사채의 상환과 이자지급 의무가 감면되는 조건(상각형 조건부자본증
권)이 붙은 조건부자본사채(자본시장법 제165조의11 제1항)

원래 전통적으로 사채는 원금과 이자의 지급청구권이라는 금전채권을 표창
하는 것을 의미하였지만 2011년 개정 상법으로 다양한 권리의 내용이 표창된
사채의 발행이 허용됨으로써 더 이상 사채를 단순한 원금과 이자의 지급청구
권이 표창된 증권이라는 전통적인 성질만으로 사채를 이해하기는 어려워졌다.
전환사채, 신주인수권부사채, 자기주식으로 교환될 수 있는 교환사채, 자기주
식으로 상환될 수 있는 상환사채는 사채권자가 잠재적으로 발행회사의 주식을
취득할 수 있는 권리를 가지게 된다. 이익참가부사채나 높은 기대 수익을 얻을
수 있지만 다른 채권자보다 후순위인 후순위사채는 주식과 같이 회사의 손익
에 참가하는 기능을 가지고 있다. 이러한 사채는 회사의 경영성과에 영향을 받
게 되므로 사채발행계약에서 회사의 경영에 관련된 일정한 사항에 대하여 사
채권자로부터 동의를 받도록 정하거나 나아가 잠재적인 주주가 될 수 있다는
지위를 인정받아 회사의 대주주와 주주간약정서 또는 그와 유사한 계약을 체
결하여 회사의 경영에 참여할 수도 있다. 이러한 약정에 따른 권리는 민법상
계약에 따라 인정되는 권리로서 사채 자체에 표창된 것은 아니지만 회사의 경
영에 참가할 수 있는 기능을 할 수 있다.

Ⅲ. 사채의 발행과 법률관계

1. 사채의 발행

회사는 이사회의 결의에 의하여 사채(社債)를 발행할 수 있다(상법 제469조
제1항). 사채의 조건은 금융시장의 상황에 따라 변동될 수 있으므로 이사회가
실제 사채가 발행되기 이전에 사채의 조건을 확정하여 결의하기는 어렵다. 이
에 정관으로 정하는 바에 따라 이사회는 대표이사에게 사채의 금액 및 종류를
정하여 1년을 초과하지 아니하는 기간 내에 사채를 발행할 것을 위임할 수 있
다(상법 제469조 제4항). 주주 이외의 자에게 전환사채, 신주인수권부사채, 이익

참가부사채를 발행하고자 할 경우 일정한 사항에 정관에 규정이 없으면 주주
총회 특별결의로 정하여야 한다(상법 제513조 제3항, 제516조의2 제4항, 상법시행
령 제21조 제2항).

회사가 공모의 방법으로 사채를 발행하고자 할 경우 자본시장법 제119조에
따라 증권신고서를 금융위원회에 제출하여 수리되어야 하고, 수리된 날로부터
일정한 기간이 경과하여 신고의 효력이 발생한 이후에 발행할 수 있다.[1]

2. 사채권과 사채계약

사채(社債)는 사채권자가 발행회사에 대하여 가지는 권리가 표창된 유가증
권으로서 발행회사가 사채권을 작성하여 이를 인수하고자 하는 자에게 교부된
때에 효력이 발생된다.

사채권자는 발행회사에 대하여 '사채의 발행조건'으로서 사채권에 표창된
권리를 가짐은 물론이고, 사채권에 표창된 권리가 아니더라도 사채의 발행과
인수를 위하여 발행회사와 사채권자 사이에 체결된 '계약'에 따른 권리도 가질
수 있다.

사채의 발행과 인수에 따라 사채권자가 가지는 권리가 '사채권'에 표창된
권리인지 아니면 단순히 발행회사와 사채권자 사이에 체결된 '계약'에 따른 권
리인지 구별이 애매할 수 있다. 후자의 경우에는 계약에 따른 권리는 발행회사
와 계약을 체결한 사채의 인수인 또는 최초 취득자만 가질 수 있는 것이 원칙
이다.

대법원은 회사채에 관한 사채계약의 내용에 기한의 이익 상실에 관한 규정
을 두고 있지 아니한 이상 사채권자는 발행회사와 수탁회사 등 사이에 체결된
사채모집위탁계약 및 인수계약상의 기한의 이익 상실 규정을 당연히 원용할
수 있는 것은 아니지만 사채모집위탁계약[2] 및 인수계약에서는 발행회사의 기
한의 이익 상실을 사채의 발행조건의 하나로 규정하면서 '회사채 조건은 회사

---

1) 증권의 공모에 관하여는 제1편 제4장 제2절 제1관 참조
2) 2011년 상법 개정으로 사채관리회사가 신설되었으나 상법은 그 이전부터 있던 수탁회사
   제도를 그대로 두고 있다(상법 제474조 제2항 제13호, 제476조 제2항 참조). 수탁회사는
   발행회사로부터 사채모집의 위탁을 받은 회사로서 수탁회사의 자격은 은행, 신탁회사 또
   는 증권회사가 수탁회사가 될 수 있고(상법부칙 제6조), 수탁회사는 자신의 명의로 발행
   회사를 위하여 사채를 모집한다(상법 제476조 제2항).

채 및 회사채의 발행과 관련된 모든 계약과 기타 자료에서 정하는 발행회사, 사채권자 및 주간사회사의 의무 및 권리를 말한다'고 규정하여 사채조건이 발행회사와 수탁회사 또는 주간사회사의 권리의무에 한정되는 것이 아니라 사채권자의 권리의무에도 미친다는 점을 명시함으로써 계약의 당사자가 아닌 사채권자로 하여금 직접 기한의 이익 상실에 관한 규정에 따른 권리를 취득하게 하고 있어, 사채모집위탁계약 및 인수계약상 기한의 이익 상실 규정은 제3자인 사채권자를 위한 규정으로 보기에 충분하므로, 제3자를 위한 계약의 법리에 따라 사채권자의 수익의 의사표시에 의하여 위 기한의 이익 상실규정을 원용할 수 있다고 판단하였다.3) 비록 사채모집위탁계약 및 인수계약에 따라 사채의 인수인 또는 최초 취득자가 가지는 권리는 계약상의 권리로서 '사채권'에 표창된 권리는 아니므로 사채권자가 사채의 인수인 또는 최초 취득자로부터 사채권을 교부 받음으로써 당연히 취득할 수 있는 것은 아니지만 지명채권의 양도 방식으로 계약상의 권리를 취득할 필요 없이 단순히 제3자를 위한 계약의 법리에 따라 사채권자가 사채권을 교부 받아 취득한 이상 수익의 의사표시가 있는 것으로 보아 사채의 인수인 또는 최초 취득자가 가지는 계약상의 권리도 행사할 수 있는 것으로 본 것이다.

위 판결에서 언급한 '사채계약'이 무엇인지 명확히 판시하고 있지 않고, 학설상으로도 그 성질에 관한 논란이 많지만 사채계약은 발행회사와 사채를 인수할 의사가 있는 자 사이에 발행회사가 작성한 사채권의 '교부'에 관한 합의로 이해된다. 사채계약은 발행회사와 사채의 인수인 사이에 단순한 사채권의 교부에 관한 합의뿐만 아니라 사채의 발행과 인수의 시기, 조건 및 절차기타 발행회사와 인수인 사이의 다양한 권리의무를 정하는 '사채인수계약'과 구별된다.

3. 사채인수계약

상법은 사채의 인수(상법 제474조, 제475조)와 인수인(상법 제476조, 제480조의3)이라는 용어를 사용하고 있다. 계약자유의 원칙상 단순히 인수인이 발행회사에게 사채의 인수를 청약하여 사채의 발행가액을 납입한 후 사채의 발행조건이 기재된 사채권을 교부 받는 것에 그치지 아니하고 발행회사와 인수인 사이

---

3) 대법원 2005. 9. 15. 선고 2005다15550 판결

에 사채의 발행과 인수의 시기, 조건 및 절차 기타 사채의 발행과 인수와 관련하여 발행회사와 인수인 사이의 다양한 권리의무를 정하는 **사채인수계약**을 체결할 수 있다.

흔히 사채의 공모시 발행회사와 인수인(증권회사) 사이에 사채인수계약을 체결하지만 회사의 사모로 발행하는 때에도 사채인수계약을 체결할 수 있음은 물론이다. 사채의 공모시 발행회사와 인수인(증권회사) 사이의 사채인수계약에서는 증권회사가 최초로 사채를 취득할 필요 없이 투자자를 모집하여 사채의 인수를 청약하도록 하되, 만약 사채의 청약이 발행금액에 미달할 경우 인수인이 미달된 사채를 인수할 것을 확약하고, 비록 인수인이 실제 사채를 인수하지 않게 되더라도 그와 같은 확약에 따라 부담하는 위험에 대한 대가로 소위 인수수수료를 수취하게 된다.

사채인수계약에서는 사채권으로 표창되는 권리로서 모든 사채권자에게 동일하게 적용되는 사채의 조건(사채의 명칭, 권면금액, 이자율, 이자의 지급시기와 방법, 사채금액의 상환기일 등 상환방법 등) 이외에 실제 발행가액, 발행가액의 지급조건과 방법 등 발행회사와 사채의 인수인 또는 최초 취득자 사이에서만 적용되는 사항도 정할 수 있다. 단일한 기회에 발행되는 사채의 조건은 동일하여야 하므로 사채권으로 표창되는 권리인 사채의 조건은 동일하여야 하지만 실제 발행가액 등 인수의 조건과 방법은 발행회사와 특정 인수인 또는 최초 취득자 사이의 계약으로 달라질 수 있다. 특정일에 발행된 사채라 하더라도 일정한 기간 동안 모집할 수도 있는 것이므로 발행가액의 납입일이 다를 경우 그에 따라 실제 발행가액 역시 달라질 수 있을 것이다.

그 이외에 사채의 발행이 자금을 차입하는 경제적 실질을 가지므로 대출과 같이 발행가액의 납입을 위한 선행조건, 발행회사의 진술 및 보장이나 준수사항, 기한의 이익 상실 등 대출계약에서 정하는 내용이 포함될 수 있으며, 일반적인 계약에서와 같이 계약의 해제조항도 포함될 수 있다.

사채의 공모시 발행회사뿐만 아니라 인수인 또는 주선인도 증권신고서와 투자설명서 중 중요사항에 관하여 거짓의 기재 또는 표시가 있거나 중요사항이 기재 또는 표시되지 아니함으로써 증권의 취득자가 손해를 입은 경우에는 그 손해에 관하여 배상의 책임을 진다(자본시장법 제125조 제1항). 사채인수계약에서 인수인은 발행회사로부터 증권신고서와 투자설명서에 부실기재가 없다는 진술 및 보장을 받고, 발행회사가 이를 위반으로 말미암아 인수인이 제3자에 대하여 부담하는 책임을 면책해 주어야 할 의무가 있음을 정한다. 자본시장법 제125조 제1항은 증권신고서와 투자설명서의 진실성에 관한 발행회사의 책임 이외에 인수인에게도 독자적으로 성실하게 증권신고서와 투자설명서를 조사할 의무를 부담시킨 것인데, 발행회사에게 인수인의 손해배상책임을 면책시키는 규정의 효력을 그대로 인정한다면, 인수인이 만연히 이에 의지한 나머지 조사할 의무를 게을리할 수 있게 된다는 점에서 자본시장법 제125조 제1항에서 인수인의 책임을 규정한 취지가 무색해질 우려가 있다. 위와 같은 면책조항이 민법 제103조 '선량한 풍속 기타 사회질서'에 반하여 무효로 판된될 여지를 배제하기 어렵기 때문에 인수인으로서는 만연히 위와 같은 면책조항에만 의지하여 증권신고서와 투자설명서에 대한 조사를 게을리하여서는 아니된다.[4)]

4. 사채원리금지급대행계약

사채의 발행회사는 사채를 발행함에 있어서 원리금지급의 안전성 확보와 절차의 간소화를 위해 은행과 사채원리금지급대행계약을 체결하여 사채원리금 지급일 전에 은행에게 원리금 지급에 필요한 자금을 입금하고, 은행은 이를 보관하였다가 사전에 약정된 방식에 따라 특정된 사채권자에게 지급하도록 한다.

보증사채의 모집 또는 매출에 관한 공시제도의 취지와 사채원리금 지급대행사무를 금융기관의 업무로 하는 취지 및 사채원리금 지급대행계약의 내용 등을 종합하여 보면, 사채원리금 지급대행계약은 발행회사가 발행한 사채의 사채권자에게 그 원리금을 지급하기 위하여 발행회사가 사채원리금 지급 자금을 은행에게 인도하고 은행은 이를 인도받아 보관·관리하면서 사채권자에게 그 사채원리금을 지급하는 것을 목적으로 하는 것으로서 신탁계약으로서의 성질을 가지고, 그렇다면 발행회사가 은행에게 인도하는 사채원리금 지급자금은 신탁재산에 해당하고 수익자인 사채권자의 이익 향수(享受)의 의사는 추정되는 것이므로, 은행은 발행회사로부터 인도받은 사채원리금 지급자금을 그 신탁의 본지에 따라 관리할 의무가 있고, 은행이 사채권자의 이익과 관계없이 발행회

---

4) 미국 연방법원은 인수인의 면책조항이 공공정책(public policy)에 반한다고 판단한 바 있다(Eichenholtz v. Brennan, 52 F.3d 478 (3d Cir. 1995)).

사의 청구만에 의하여 위 사채원리금을 반환하거나 그 지급자금의 반환채권을
수동채권으로 하여 자신의 발행회사에 대한 채권과 상계하는 것은 신탁의 법
리상 허용되지 아니한다.[5]

5. 자산관리계약

사채의 발행회사는 자산관리회사와 자산관리계약을 체결하여 자산관리회
사로 하여금 사채권자 전체를 위하여 사채권자를 대신하여 변제의 수령, 채권
의 보전, 그 밖에 사채의 관리하는 권한을 행사할 수 있도록 할 수 있다. 상법
은 발행회사가 사채관리회사를 지정할지 여부를 정하도록 하지만(상법 제480조
의2) 금융투자업자(증권회사)가 무보증사채를 인수하는 방법으로 공모로 발행하
기 위해서는 반드시 사채관리회사를 지정하여 사채관리계약을 체결하여야 한
다(증권인수업무 등에 관한 규정 제11조의2 제2항).

사채관리회사는 사채권자를 위하여 사채에 관한 채권을 변제 받거나 채권
의 실현을 보전하기 위하여 필요한 재판상 또는 재판 외의 모든 행위를 할 수
있으며(상법 제484조 제1항), 사채관리계약에서 사채관리회사의 권한을 더 상세
하게 정할 수 있다. 사채관리회사가 다음 각 호의 어느 하나에 해당하는 행위
(사채에 관한 채권을 변제 받거나 채권의 실현을 보전하기 위한 행위는 제외한다)를
하는 경우에는 사채권자집회의 결의에 의하여야 하지만 사채를 발행하는 회사
는 제2호의 행위를 사채관리회사가 사채권자집회결의에 의하지 아니하고 할
수 있음을 정할 수 있다(상법 제484조 제2항).

1. 해당 사채 전부에 대한 지급의 유예, 그 채무의 불이행으로 발생한 책임
   의 면제 또는 화해
2. 해당 사채 전부에 관한 소송행위 또는 채무자회생 및 파산에 관한 절차
   에 속하는 행위

사채관리회사는 사채권자에 대하여 선량한 관리자의 주의로 사채를 관리
하여야 하고, 채권자를 위하여 공평하고 성실하게 사채를 관리하여야 하며, 상
법이나 사채권자집회결의에 위반한 행위를 한 때에는 사채권자에 대하여 연대
하여 이로 인하여 발생한 손해를 배상할 책임이 있다(상법 제484조의2).

---

5) 대법원 2002. 7. 26. 선고 2000다17070 판결

6. 사채권자집회

사채권자집회는 사채권자의 이익을 보호하기 위하여 사채권자의 집단적 의사결정을 할 수 있는 회의체를 말한다. 회사가 수종의 사채를 발행한 경우 사채의 종류별로 이해관계가 다를 수 있으므로 각 종류의 사채별로 사채권자집회를 소집하여야 한다(상법 제509조). 단기사채에 관하여는 사채권자집회에 관한 규정이 적용되지 아니한다(전자증권법 제61조).

결의사항은 상법에서 정한 사항6)과 사채권자의 이해에 중대한 관계가 있는 사항에 한정된다(상법 제490조).

사채권자집회는 사채발행회사, 사채관리회사 및 소수사채권자(사채총액의 10분의 1에 해당하는 사채권자)가 소집할 수 있다(상법 제491조). 소집절차는 주주총회에 준한다(상법 제510조 제1항, 제363조). 각 사채권자는 그가 가지는 해당 종류의 사채 금액의 합계액(상환 받은 액은 제외한다)에 따라 의결권을 가진다(상법 제492조 제1항).

사채권자집회의 결의는 다수결의 남용으로부터 소수의 사채권자를 보호하기 위하여 사채권자 전원이 동의로 결의되지 않는 한 법원의 인가를 받아야 효력이 생기고, 그 종류의 사채를 가진 모든 사채권자에게 그 효력이 있다(상법 제498조).

제2절　특수한 사채

I. 전환사채

1. 의의

전환사채(convertible bond, CB)는 사채권자가 사채를 상환 받는 대신 발행회사에게 신주를 발행하여 사채권자에게 교부해 줄 것을 청구할 수 있는 권리가

---

6) 상법 제481조, 제482조, 제483조 제1항, 제494조, 제500조 제1항, 제501조 단서, 제504조, 제505조 제1항, 제439조 제3항, 제530조 제2항 참조.

표창된 사채를 말한다(상법 제513조).

현행 상법상 사채권자가 아니라 발행회사가 사채의 상환에 갈음하여 신주를 발행하여 사채권자에게 교부할 수 있는 권리가 표창된 사채(소위 **강제전환사채**)의 효력은 인정되기 어렵지만[7] 발행회사가 사채의 상환에 갈음하여 자기주식을 사채권자에게 교부할 수 있는 상환사채는 인정된다(상법시행령 제23조 제2항).

법무부는 전환기간 종료시까지 전환권을 행사하지 아니하면 사채원리금의 지급채무가 소멸되는 조건으로 발행하는 증권(소위 **의무전환사채**)은 발행회사의 원리금지급채무가 존재하지 않는다는 점과 전환권 행사 여부에 관하여 사채권자의 선택권이 없다는 이유로 상법상 사채로 볼 수 없다는 입장이다.

일정한 기간의 경과시 신주로 전환되는 증권은 기한부로 신주발행을 약정하고 신주납입대금을 미리 납부한 것을 뿐 상법상 사채로 인정되기 어렵다. 사채권자의 전환권 행사 이외에 일정한 조건의 성취시 자동으로 주식으로 전환되는 내용의 증권은 상법에서 정하고 있는 사채는 아니며, 자본시장법 제165조의 11에서 인정하고 있는 조건부자본증권(사채의 발행 당시 객관적이고 합리적인 기준에 따라 미리 정하는 사유가 발생하는 경우 주식으로 전환되거나 그 사채의 상환과 이자지급 의무가 감면된다는 조건이 붙은 사채)에 해당한다. 발행회사가 사채원리금의 지급에 갈음하여 발행회사가 가지고 있는 자기주식으로 상환할 수 있는 상환사채(상법 제469조 제2항 제2호, 상법시행령 제23조)는 발행회사의 입장에서 위와 같은 자동전환증권과 유사한 기능을 할 수 있다.

사채권자가 사채원리금의 지급에 갈음하여 발행회사가 보유하고 있는 자기주식으로 교환 받을 수 있는 권리가 부여된 교환사채(상법 제469조 제2항 제2호, 상법시행령 제22조)는 사채권자의 입장에서는 전환사채와 유사한 기능을 할 수 있다.

2. 전환사채의 발행

회사는 정관의 규정이 있는 경우나 정관에서 주주총회의 결의로 다음의 사항을 결정하기로 정한 경우를 제외하고 이사회의 결정으로 전환사채를 발행할 수 있다(상법 제513조 제2항).

---

7) 대법원 2007. 2. 22. 선고 2005다73020 판결

① 전환사채의 총액

② 전환의 조건

③ 전환으로 인하여 발행할 주식의 내용

④ 전환을 청구할 수 있는 기간

⑤ 주주에게 전환사채의 인수권을 준다는 뜻과 인수권의 목적인 전환사채
의 액

⑥ 주주 이외의 자에게 전환사채를 발행하는 것과 이에 대하여 발행할 전
환사채의 액

전환사채의 전환권을 행사하는 경우 신주 1주로 전환되기 위하여 필요한
사채금액(전환되는 주식의 1주당 상환된 것으로 간주되는 사채금액)을 **전환가액**이라
한다. 전환사채의 발행가액이 전환으로 발행되는 신주의 발행가액이 되므로
사채의 발행가액을 전환가액으로 나눈 수를 초과하여 신주를 발행할 수 없다
(상법 제516조 제2항, 제348조). 전환사채가 발행된 이후 주식의 시가보다 낮은
발행가액의 신주의 발행, 준비금의 자본전입에 따른 무상증자, 주식분할이나
주식배당 등 전환권의 행사로 발행될 주식의 가치가 희석되는 경우 그와 같은
행위가 있기 이전의 전환권 가치를 유지할 수 있도록 전환가액을 조정하는 내
용을 정한다. 현금배당도 회사의 순자산이 감소되므로 전환권의 가치가 감소
되지만 일반적으로 현금배당의 경우까지 전환가액을 조정하지는 않는다. 통상
적인 이익배당이 아닌 특별히 큰 금액을 배당하는 경우에는 전환가액을 조정
하는 사유로 삼을 필요가 있다.

나아가 자본구조의 변동이 없더라도 주가가 하락하는 경우에도 전환가액을
조정하는 내용(소위 refixing 조항)을 정하기도 하는데, 법원은 주식병합으로 인
하여 반희석화 조항에 따라 신주인수권 행사가격을 조정하였다 하더라도 주가
가 다시 하락하였을 경우 리픽싱 조항에 의하여 신주인수권 행사가액의 최저
한도를 조정된 신주인수권 행사가격 아래로 추가 조정하는 것은 상법이나 정
관의 관련 규정에 위배되지 아니한다고 판단하였고,[8] 신주인수권만의 양도가
가능한 분리형 신주인수권부사채를 발행한 발행회사가 신주인수권의 발행조건
으로 주식의 시가하락 시 신주인수권의 행사가액을 하향조정하는 이른바

---

8) 대법원 2011. 10. 27. 선고 2009다87751 판결

refixing 조항을 둔 경우, 주식의 시가하락에 따른 신주인수권 행사가액의 조정 사유가 발생하였음에도 발행회사가 그 조정을 거절하고 있다면, 신주인수권자 는 발행회사를 상대로 조정사유 발생시점을 기준으로 신주인수권 행사가액 조 정절차의 이행을 구하는 소를 제기할 수 있고, 신주인수권자가 소송과정에서 리픽싱 조항에 따른 새로운 조정사유의 발생으로 다시 조정될 신주인수권 행 사가액의 적용을 받겠다는 분명한 의사표시를 하는 등의 특별한 사정이 없는 한 위와 같은 이행의 소에 대하여 과거의 법률관계라는 이유로 권리보호의 이 익을 부정할 수는 없다[9]고 판단하여 refixing 조항의 효력을 인정하였다.

3. 기존 주주의 보호

전환사채의 발행은 전환권의 행사 결과 기존 주주의 지분이 희석될 수 있 으므로 신주의 발행과 유사하게 기존 주주를 보호할 필요가 있다.

가. 주주 이외의 제3자에 대한 발행

주주 이외의 자에 대하여 전환사채를 발행하는 경우에 그 발행할 수 있는 전환사채의 액, 전환의 조건, 전환으로 인하여 발행할 주식의 내용과 전환을 청구할 수 있는 기간에 관하여 정관에 규정이 없으면 주주총회 특별결의로써 이를 정하여야 하며, 신기술의 도입, 재무구조의 개선 등 회사의 경영상 목적 을 달성하기 위하여 필요한 경우에 한하여 주주 이외의 자에게 전환사채를 발 행할 수 있다(상법 제513조 제3항, 제418조 제2항 단서).

나. 발행조건의 결정

주주총회의 특별결의에 의해서만 변경이 가능한 정관에 전환의 조건 등을 미리 획일적으로 확정하여 규정하도록 요구할 것은 아니며, 정관에 일응의 기 준을 정해 놓은 다음 이에 기하여 실제로 발행할 전환사채의 구체적인 전환의 조건 등은 그 발행시마다 정관에 벗어나지 않는 범위에서 이사회에서 결정하 도록 위임하는 방법을 취하는 것도 허용된다.[10] 주권상장법인은 신주, 전환사 채, 신주인수권부사채 또는 주식으로 교환되거나 상환되는 사채를 배정하는

---

9) 대법원 2014. 9. 4. 선고 2013다40858 판결
10) 대법원 2004. 6. 25. 선고 2000다37326 판결

경우 그 기일까지 인수의 청약을 하지 아니하거나 그 가액을 납입하지 아니한 실권된 부분은 발행을 철회하여야 하는 것이 원칙이고, 제한적인 경우에만 제3자에게 실권된 부분을 배정할 수 있다(자본시장법 제165조의6 제2항, 제165조의10 제1항).

제3자에게 전환가액을 낮추어 발행하는 경우 주주들의 주식가치가 희석되는 문제가 발생된다. 금융위원회가 투자자를 보호하고 공정한 거래질서를 확립하기 위하여 주권상장법인 재무관리기준을 정하여 고시하거나 그 밖에 필요한 권고를 할 수 있도록 정한 자본시장법 제165조의16에 따라 제정된『증권의 발행 및 공시등에 관한 규정』에서 주권상장법인의 전환사채의 발행시 일정한 방법으로 산정된 주식의 시가 이상으로 전환가액을 정하도록 규정하고 있다.

다. 위법·불공정한 발행에 대한 구제

회사가 법령 또는 정관에 위반하거나 현저하게 불공정한 방법에 의하여 전환사채를 발행함으로써 주주가 불이익을 받을 염려가 있는 경우에는 그 주주는 회사에 대하여 그 발행을 유지할 것을 청구할 수 있다(상법 제516조 제1항, 제424조).

이사와 통모하여 현저하게 불공정한 발행가액으로 전환사채를 인수한 자는 회사에 대하여 공정한 발행가액과의 차액에 상당한 금액을 지급할 의무가 있다(상법 제516조 제1항, 제424조의2).

전환사채의 발행은 주식회사의 물적 기초와 기존 주주들의 이해관계에 영향을 미친다는 점에서 사실상 신주를 발행하는 것과 유사하므로 전환사채 발행의 경우에도 신주발행무효의 소에 관한 상법 제429조가 유추적용된다.[11] 대법원은 전환사채는 발행 당시에는 사채이며, 사채권자가 전환권을 행사한 때 비로소 주식으로 전환되어 회사의 자본을 구성하게 되므로 전환사채의 인수에 관해서는 주주가 납입에 관하여 상계로써 회사에 대항할 수 없다는 상법 제334조의 규정이 적용되지 않으며,[12] 전환사채는 발행 당시에는 사채의 성질을 갖는 것으로서 사채권자가 전환권을 행사한 때 비로소 주식으로 전환되어 회사의 자본을 구성하게 될 뿐만 아니라 전환권은 사채권자에게 부여된 권리이

11) 대법원 2004. 6. 25. 선고 2000다37326 판결
12) 대법원 2004. 8. 20. 선고 2003다20060 판결

지 의무는 아니어서 사채권자로서는 전환권을 행사하지 아니할 수도 있으므로 전환사채의 인수 과정에서 그 납입을 가장하였다고 하더라도 상법 제628조 제1항의 납입가장죄는 성립하지 아니한다[13]는 판결을 하였으나 전환사채의 발행은 주식회사의 물적 기초와 기존 주주들의 이해관계에 영향을 미친다는 점에서 사실상 신주를 발행하는 것과 유사하다는 태도와는 모순된 것으로 이해된다.

현저하게 불공정한 가액으로 제3자 배정방식에 의하여 신주 등을 발행하는 행위는 이사의 임무위배행위에 해당하는 것으로서 그로 인하여 회사에 공정한 발행가액과의 차액에 상당하는 자금을 취득하지 못하게 되는 손해를 입힌 이상 이사에 대하여 배임죄의 죄책을 물을 수 있다.[14]

라. 자기주식 및 상호주 취득에 관한 규제

전환사채는 전전 유통될 수 있는 증권이라는 점에서 언제든 발행회사나 자회사가 아닌 다른 사람이 전환사채를 취득하여 전환권을 행사할 수 있는 것이므로 발행회사나 자회사가 전환사채를 취득하는 행위를 두고 곧 자기주식의 취득이나 자회사의 모회사 발행 주식을 취득하는 행위에 대한 제한이 그대로 적용된다고 볼 수 없다. 다만 회사가 자신이 발행한 전환사채를 취득하거나 자회사가 모회사 발행 전환사채를 취득하는 행위가 이사의 충실의무나 선관주의의무에 위반되는 행위인지 여부는 구체적인 사실관계에 따라 별도로 판단되어야 한다.

Ⅱ. 신주인수권부사채

신주인수권부사채(bond with warrant, BW)는 사채권자에게 신주인수권이 부여된 사채를 말한다(상법 제516조의2). 신주인수권부사채는 신주인수권증권이 사채와 분리된 분리형과 신주인수권증권이 사채와 분리되지 아니한 비분리형이 있다. 분리형 신주인수권부사채는 지배주주의 지분 확대나 편법 지분 승계를 위하여 이용된다는 비판에 따라 주권상장법인은 분리형 신주인수권부사채

---

13) 대법원 2008. 5. 29. 선고 2007도5206 판결
14) 대법원 2009. 5. 29. 선고 2007도4949 판결

를 사모의 방법으로 발행할 수 없도록 하였다(자본시장법 제165조의10).

신주인수권부사채의 발행 절차는 전환사채와 동일하다. 다만 신주인수권부사채에서 신주인수권의 행사가액(신주의 발행가액)을 정하는 이외에 신주인수권의 행사로 발행될 주식수도 정할 필요가 있다. 이 경우 신주인수권부사채에 부여된 신주인수권의 행사로 인하여 발행할 주식의 발행가액의 합계액은 신주인수권부사채의 금액을 초과할 수 없다(상법 제516조의2 제3항). 전환사채의 전환가액을 조정하는 소위 refixing 조항은 신주인수권부사채에 있어 신주인수권의 행사가액에도 마찬가지로 적용된다.

신주인수권부사채의 발행에 관한 기존 주주의 보호에 관한 내용은 전환사채와 동일하다. 금융위원회가 자본시장법 제165조의16에 따라 제정한『증권의 발행 및 공시등에 관한 규정』에서 주권상장법인의 신주인수권부사채의 발행시 일정한 방법으로 산정된 주식의 시가 이상으로 행사가액을 정하도록 규정하고 있다.

실무상 분리형 신주인수권부사채를 사모로 발행하는 경우 사채의 원금상환기일부터 더 장기로 신주인수권을 행사할 수 있는 기간을 정하거나 또는 신주인수권의 행사기간이 원금상환기일을 초과하지 아니하더라도 신주인수권의 행사 이전에 사채의 원금이 상환된 경우라도 신주인수권을 행사할 수 있는 것으로 허용할 수 있는지 의문이 있을 수 있지만 상법 제516조의2 제2항 제5호에서 신주인수권을 행사하려는 자의 청구가 있는 때에는 신주인수권부사채의 상환에 갈음하여 그 발행가액으로 신주의 발행가액의 납입이 있는 것으로 본다는 뜻을 정하도록 규정하고 있으므로 사채의 원금이 상환된 이후에도 신주인수권을 행사할 수 있는 신주인수권부사채의 발행은 허용되지 않는다고 판단된다.

Ⅲ. 교환사채

교환사채(exchange bond, EB)는 사채권자가 사채원리금의 지급에 갈음하여 발행회사 소유의 주식이나 그 밖의 다른 유가증권으로 교환 받을 수 있는 권리가 부여된 사채를 말한다(상법 제469조 제2항 제2호, 상법시행령 제22조).

교환사채의 발행 결과 신주가 발행되지 않으므로 일반사채와 마찬가지로 이사회의 결의로 발행될 수 있다. 교환권의 행사 결과 사채권자가 받을 주식이나 유가증권의 종류와 내용, 교환의 조건, 교환을 청구할 수 있는 기간 등 교환권 행사의 절차와 효력발생시기 등 구체적 내용은 교환사채의 발행시 정해야한다. 주주 외의 자에게 발행회사의 자기주식으로 교환될 수 있는 사채를 발행하는 경우에는 사채를 발행할 상대방에 관하여 정관에 규정이 없으면 이사회가 이를 결정한다(상법시행령 제22조 제2항).

교환사채를 발행하는 회사는 사채권자가 교환청구를 하는 때 또는 그 사채의 교환청구기간이 끝나는 때까지 교환에 필요한 주식 또는 유가증권을 한국예탁결제원에 예탁하거나『주식·사채 등의 전자등록에 관한 법률』제2조 제6호에 따른 전자등록기관에 전자등록해야 하고, 이 경우 그 주식 또는 유가증권을 신탁재산으로 관리된다(상법시행령 제22조 제3항).

전환사채의 전환권 행사시 신주발행의 효력이 발생되는 전환사채와 달리 교환사채의 교환청구로 당연히 교환 대상인 주식이나 유가증권이 대한 권리가 사채권자에게 이전되는 것은 아니다. 교환 대상인 주식이나 유가증권은 한국예탁결제원의 신탁재산으로 관리되고, 발행회사와 한국예탁결제원 사이에 체결된 예탁교환대상주식관리계약에서 한국예탁결제원은 사채권자의 교환 청구시 교환 대상 주식이나 유가증권의 교부를 사채권자에게 교부한다는 점에서 교환청구에 의하여 발행회사의 승인 없이도 교환 대상 유가증권을 사채권자에게 인도할 의무가 발생되는 것이라 본다.

Ⅳ. 상환사채

상환사채는 발행회사가 사채원리금의 지급에 갈음하여 발행회사가 가지고 있는 주식이나 그 밖의 다른 유가증권으로 상환할 수 있는 사채를 말한다(상법 제469조 제2항 제2호, 상법시행령 제23조).

교환사채는 사채권자에게 사채원리금의 지급에 갈음하여 주식이나 기타 유가증권을 교부할 것을 청구할 수 있는 권리를 부여하는 사채이고, 상환사채는 발행회사의 선택이나 기한의 도래 또는 일정한 조건의 성취에 따라 주식이나 기타 유가증권을 교부하여 사채원리금을 상환할 수 있는 사채이다.

상환사채의 상환시 신주가 발행되지 않으므로 일반사채와 마찬가지로 이사회의 결의로 발행될 수 있다. 주식이나 유가증권으로 대물변제를 할지 여부의 결정 방법, 대물변제로 사채권자가 받을 주식이나 유가증권의 종류와 내용, 대물변제의 절차와 효력발생시기 등 구체적 내용은 상환사채의 발행시 정해야 한다. 주주 외의 자에게 발행회사의 자기주식으로 상환할 수 있는 사채를 발행하는 경우에는 사채를 발행할 상대방에 관하여 정관에 규정이 없으면 이사회가 이를 결정한다(상법시행령 제23조 제2항).

일정한 조건의 성취나 기한의 도래에 따라 상환할 수 있는 경우에는 상환사채를 발행하는 회사는 조건이 성취되는 때 또는 기한이 도래하는 때까지 상환에 필요한 주식 또는 유가증권을 한국예탁결제원에 예탁하거나 전자등록기관에 전자등록해야 하며, 이 경우 주식 또는 유가증권은 신탁재산으로 관리된다(상법시행령 제23조 제3항). 발행회사의 선택으로 주식이나 유가증권으로 상환할 수 있는 사채의 경우에는 주식 또는 유가증권을 예탁할 필요가 없다.

V. 이익참가부사채

이익참가부사채는 사채권자가 발행회사의 이익배당에 참가할 수 있는 사채를 말하며(상법 제469조 제2항 제1호), 사채권자가 일정한 이자 이외에 이익배당에 참가할 수 있거나 또는 이자의 지급 없이 이익배당에만 참가하는 경우에도 이익참가부사채에 해당한다.

이익참가부사채의 총액과 이익배당 참가의 조건 및 내용은 정관에 규정하거나 이사회(정관에서 주주총회에서 결정하도록 정한 경우에는 주주총회)가 결정한다. 사채권자가 이익배당에 참가할 경우 주주의 권리와 이익에 영향을 미치므로 주주 이외의 자에게 이익참가부사채를 발행하는 경우에는 그 발행할 수 있는 이익참가부사채의 가액과 이익배당 참가의 내용에 관하여 정관에 규정이 없으면 주주총회 특별결의로 정하여야 한다(상법시행령 제21조 제2항).

이자 이외에 지급될 금액을 이익배당이 아니라 매출, 영업이익, 보통주에 대한 배당 등 경영성과를 나타낼 수 있는 다른 지표와 연계하여 산정하도록 할 경우 경제적으로는 이익참가부사채와 유사한 목적을 달성할 수 있겠지만 법적으로 이익배당 그 자체에 대한 참가라 할 수 없으므로 이익참가부사채라 할 수 없고, 아래에서 설명하는 바와 같이 대통령령으로 정하는 자산이나 지표 등의 변동과 연계하여 미리 정하여진 방법에 따라 상환 또는 지급금액이 결정되는 파생결합사채에 해당할 것이다.

Ⅵ. 파생결합사채

파생결합사채는 유가증권이나 통화 또는 그 밖에 대통령령으로 정하는 자산이나 지표 등의 변동과 연계하여 미리 정하여진 방법에 따라 상환 또는 지급금액이 결정되는 사채를 말한다(상법 제469조 제2항 제3호). 파생결합사채의 상환금액은 유가증권이나 통화 또는 그 밖에 대통령령으로 정하는 자산이나 지표 등의 변동되는 결과 당초 파생결합사채의 발행가액을 초과할 수도 있고 미달할 수도 있게 된다. 파생결합사채는 주식 발행을 전제로 하지 아니하므로 일반사채의 발행절차와 같이 이사회의 결의로 발행될 수 있다(상법시행령 제24조).

자본시장법은 기초자산의 가격·이자율·지표·단위 또는 이를 기초로 하는 지수 등의 변동과 연계하여 미리 정하여진 방법에 따라 지급하거나 회수하는 '금전등'이 결정되는 권리가 표시된 것을 **파생결합증권**으로 정의하면서 발행과 동시에 투자자가 지급한 금전등에 대한 '이자, 그 밖의 과실(果實)'에 대하여만 해당 기초자산의 가격·이자율·지표·단위 또는 이를 기초로 하는 지수 등의 변동과 연계된 증권은 파생결합증권에서 제외하고 있다(자본시장법 제4조 제7항 제1호). 따라서 파생결합사채 중 (가) 발행가액(원금)과 그에 대한 수익 모두 기초자산의 가격 등과 연계되어 원금의 상환이 보장되지 않는 파생결합사채는 '파생결합증권'이 되고, (나) 발행가액(원금)은 그대로 상환할 의무를 부담하되 그에 대한 수익만 기초자산의 가격 등과 연계되는 파생결합사채는 자본시장법 제4조 제3항에서 정의한 '채무증권'이 된다.

채무증권인 파생결합사채는 누구든지 발행할 수 있지만 파생결합증권인 파생결합사채는 원칙적으로 투자매매업의 인가를 받은 금융투자업자(증권회사)만이 발행할 수 있다(자본시장법 제6조 제2항, 제7조 제1항 제2호).

VII. 이중상환청구권부채권

이중상환청구권부채권(covered bond)이란 발행기관에 대한 상환청구권과 함께 발행기관이 담보로 제공하는 기초자산집합에 대하여 제3자에 우선하여 변제받을 권리를 가지는 채권으로서『이중상환청구권부 채권 발행에 관한 법률』('이중상환채권법')에 따라 발행된 채권을 말한다(이중상환채권법 제2조 제3호).

기초자산집합(cover pool)이란 이중상환청구권부 채권의 원리금 상환을 담보하는 자산으로서 이중상환채권법 제6조 제1항 제2호에 따라 금융위원회에 기초집합자산으로 등록된 것을 말한다(이중상환채권법 제2조 제4호). 다음의 기초자산, 유동성자산과 그 회수금 등 일정한 요건을 갖춘 자산만이 이중상환청구권부 채권의 담보가 되는 기초자산집합이 될 수 있다(이중상환청구채권법 제5조).

① 일정한 요건을 충족하는 주택담보대출채권
② 국가, 지방자치단체 또는 법률에 따라 직접 설립된 법인에 대한 대출채권
③ 국채증권, 지방채증권 또는 특수채증권(법률에 따라 직접 설립된 법인이 발행한 채권)
④ 선박, 항공기를 담보로 하는 대출채권으로서 담보인정비율 등 대출의 위험관리를 위하여 대통령령으로 정하는 요건을 갖춘 채권
⑤ 그 밖에 현금의 흐름을 안정적으로 확보할 수 있는 우량자산으로서 대통령령으로 정하는 자산

한국주택금융공사법 제31조에 따라 한국주택금융공사가 채권유동화계획별로 구분·관리하는 주택저당채권을 담보로 발행하는 주택저당채권담보부채권의 소지자는 다른 법률에서 정하는 경우를 제외하고는 해당 채권유동화계획에 따라 구분·관리되는 주택저당채권으로부터 제3자에 우선하여 변제받을 권리를 가지므로 이중상환청구권부채권에 해당한다.

자산유동화의 경우 자산보유자가 유동화증권을 상환하여야 할 책임을 부담하지 아니하므로 유동화자산이 부실하게 되면 유동화증권이 상환되지 않을 위험이 있지만 이중상환청구권부채권은 기초자산집합이 부실하게 되더라도 발행기관은 여전히 자신의 고유재산으로 상환하여야 한다.

은행이나 한국주택금융공사로서 일정한 요건을 갖춘 적격 발행기관만 이중상환청구권부채권을 발행할 수 있다(이중상환청구채권법 제4조).

발행기관은 이중상환청구권부채권의 발행계획과 기초자산집합을 금융위원회에 등록하여야 하고(이중상환채권법 제6조 제1항), 기초자산집합을 다른 발행계획으로 등록된 이중상환청구권부 채권의 기초자산집합 또는 발행기관의 다른 자산과 구분하여 관리하여야 한다(이중상환채권법 제8조 제1항).

이중상환청구권부채권의 발행기관이 파산, 회생 또는 기업구조조정절차에 이르더라도 기초자산집합은 발행기관의 파산재단, 회생절차의 관리인이 관리 및 처분 권한을 가지는 채무자의 재산 또는 기업구조조정절차의 관리대상이 되는 재산을 구성하지 아니하며, 채무자회생법에 따른 보전처분, 중지명령 또는 포괄적 금지명령의 대상이 되지 아니한다(이중상환채권법 제12조).

이중상환청구권부채권의 소지자는 기초자산집합으로부터 제3자[15]에 우선하여 변제받을 권리를 가진다(이중상환채권법 제13조 제1항). 우선변제권자가 우선변제권에 따라 채권 원리금의 전부 또는 일부를 변제받지 못한 경우에는 발행기관의 다른 재산으로부터 변제받을 수 있으며, 그 변제받지 못한 채권의 범위에서 발행기관의 파산절차나 회생절차에 참여할 수 있다(이중상환채권법 제13조 제4항). 이중상환청구권부채권의 소지자는 지급기일에 발행기관에 대하여 그 채권의 지급을 청구할 수 있으며, 발행기관은 우선변제권을 이유로 그 지급의 전부 또는 일부를 거절하거나 유예하지 못한다(이중상환채권법 제14조).

Ⅷ. 담보부사채

담보부사채신탁법은 사채에 물상담보를 붙이려면 그 사채를 발행하는 회사와 신탁업자 사이의 신탁계약에 의하여 사채를 발행하여야 한다고 정하고 있다(담보부사채신탁법 제3조). 금전채권은 지명채권이든 증권적 채권이든 담보물권의 피담보채권으로 삼을 수 있으므로 사채원리금의 지급채무를 담보하기 위

---

15) 이중상환청구권부 채권 발행계획에 따라 환율 또는 이자율의 변동, 그 밖에 기초자산집합과 관련한 위험을 회피하기 위하여 체결한 파생상품 거래의 상대방이 발행기관에 대하여 가지는 채권, 이중상환청구권부 채권의 상환·유지 및 관리와 기초자산집합의 관리·처분 및 집행을 위한 비용채권과 감시인의 보수채권을 가진 자는 이중상환청구권부채권의 소지자와 동일한 우선변제권을 가진다(이중상환청구권채권법 제13조 제2항).

하여 반드시 담보부사채신탁법에 따른 담보부사채를 발행하여야 하는 것은 아니며, 민법상 담보물권을 설정해 주고, 사채의 양도는 債券의 교부에 의하여, 담보물권의 양도는 등기 등 당해 담보물권의 변동을 위하여 필요한 요건을 갖추면 된다.[16]

제3절 국제채권

발행자가 설립지에서 주로 설립지 국내 투자자를 대상으로 설립지 통화로 발행하는 국내채권과 달리 발행자의 설립지 이외의 지역에서 주로 외국투자자들 대상으로 외화표시로 발행하는 채권을 **국제채**(國際債)라 한다.

국제채는 발행 및 판매지역에 따라 **유로채**(euro bond)와 **외국채**(foreign bond)로 구별된다. 유로채는 한국 기업이 유로시장[17]에서 미달러화 표시로 발행하는 채권과 같이 '채권에 표시된 통화의 나라 이외의 지역'에서 발행되고 국제적인 인수단을 통하여 전 세계 투자자를 대상으로 발행되는 채권이다. 외국채는 발행자가 '채권에 표시된 통화의 국가'에서 발행하고 주로 그 나라의 금융기관들에 의해 인수되며 그 나라 감독당국의 규제와 감독을 받는 채권이다.[18] 유로채와 외국채 두 시장에서 동시에 거래가 가능한 **글로벌채권**(global bond)이 있으며, 일반적으로 글로벌채권은 미국 증권거래위원회의 등록절차를 통하여 미국 국내투자자에게 판매가 가능한 반면, 유로달러채권(달러로 표시되어 미국 이외의 지역에서 발행되고 거래되는 채권)은 미국 이외의 투자자에게만 판매할 수 있다는 점에서 차이가 있다.

단순 금전채권만을 표창된 채권에는 표면금리(coupon rate)에 따라 확정이자가 지급되고 상환일에 액면가액으로 상환되는 **고정금리부채권**(straight bond)

---

16) 담보부사채에 관한 구체적인 내용은 제1편 제5장 제5절 III. 4. 참조
17) 채권에 표시된 통화의 나라 이외의 지역에서 거래시장으로서 국내 시장으로부터 독립된 '외부'의 시장을 의미하고, EU의 통화인 유로와는 상관없는 개념이다.
18) 미국에서 외국회사가 발행하는 미달러 표시로 발행하는 채권은 Yankee bond, 일본에서 외국회사가 엔화 표시로 발행하는 채권을 Samurai bond, 우리나라에서 외국회사가 원화 표시로 발행하는 채권을 아리랑본드라 부른다.

과 LIBOR 등의 기준금리에 일정한 가산금리(spread)를 가산한 표면금리에 따라 3개월 또는 6개월 단위로 이자를 지급하는 **변동금리부채권**(floating rate note: FRN)이 있다. 표면금리가 없거나 낮은 대신 발행가격을 대폭 할인하여 발행하는 무이표채(zero coupon bond)가 발행되기도 한다. 국내 상법상 사채와 마찬가지로 주식과 연계된 채권으로는 전환사채(convertible bond: CB), 신주인수권(warrant)이 붙어 있는 신주인수권부 사채(bond with warrant: BW)가 있고, 시장의 다양한 수요에 맞추어 다양한 조건이 부여된 hybrid bond가 발행되고 있다.

채권의 범주에는 포함되지 않지만 발행회사의 설립지 국가에 원주(原株)를 은행에 예탁하고 은행이 외국 현지에서 발행하는 **주식예탁증서**(depository receipt: DR)가 자본시장에서 발행되어 유통된다.

일반적으로 불특정다수의 투자자에게 판매되고 증권거래소에 상장되는 공모발행(public offering)의 경우 투자자 보호를 위해 엄격한 법적 규제가 가해진다. 일반적으로 발행자는 투자자들의 투자결정에 필요한 사업설명서(prospectus, offering circular) 등 정보 자료를 공시하여야 하고, 증권관계당국에 유가증권신고서(registration statement)를 제출하여 소정 요건을 갖추었는지 심사를 받고 일정 기간이 경과한 다음 비로소 채권을 발행할 수 있도록 하고, 투자자의 이익을 대표하는 수탁자(trustee) 또는 채권자의 대표를 선정하는 것이 강제된다. 그러나 소수의 기관투자가가 인수하고 상장되지 않는 사모발행(private placement)의 경우에는 전문적인 투자가를 대상으로 하는 만큼 규제가 완화된다.

일반적으로 국제채 발행시 기본적으로 체결하는 계약은 국내에서의 사채발행과 유사하게 다음과 같은 계약을 체결하지만 보다 복잡하고 정교한 내용을 정한다.

① 발행회사와 사채권자의 권리의무를 정하는 사채의 조건(terms and con-ditions of bond)
② 사채의 발행시 발행회사와 인수인(증권회사) 사이에 체결되는 인수계약(underwriting agreement 또는 subscription agreement)
③ 발행회사와 사채권자의 권한을 행사하는 수탁회사 사이에 체결되는 신

탁계약(trust deed)

④ 사채권자에게 사채원리금의 지급을 대행하기 위하여 발행회사와 지급대
리인 사이에 체결되는 지급대행계약(paying agency agreement)

조세제한특례법은 내국법인의 외화조달을 위한 비용의 부담을 덜어주기
위하여 비거주자나 외국법인이 얻은 내국법인의 국외 발행 외화표시채권의
이자 및 수수료에 대하여는 소득세나 법인세를 면제하고 있다(조세특례제한법
제21조).

제4장

프로젝트금융

제1절 의의와 특성

Ⅰ. 프로젝트금융의 의의와 효용

1. 프로젝트금융의 의의

프로젝트금융(project finance)이란 특정한 사업의 장래 현금흐름을 상환재원으로 하는 자금조달을 말한다. 프로젝트금융은 주로 ① 발전소 등 플랜트 건설사업, ② 도로·철도·항만·공항·교량 등 인프라 건설사업, ③ 석유·가스·광물 등 자원개발사업, ④ 학교·병원 등 공공 생활기반시설 건설사업과 ⑤ 부동산 개발사업의 건설 및 운영에 필요한 자금을 조달하는 수단으로 활용되고 있다.

전통적인 단순한 금융거래를 특수한 방법을 사용하여 단계화, 체계화시켜 고도화된 구조로 전환시켜 자금을 조달하는 것을 **구조화금융**(structured finance)라 하는데, 프로젝트금융은 특정사업만을 영위하는 회사(**특수목적법인**, special purpose company; SPC)나 신탁을 활용하여 사업을 사업주(sponsor)의 신용위험으로부터 절연시키고 다수의 프로젝트 참여자들의 이해관계를 조정함으로써 위험을 체계적으로 분담하여 자금을 조달한다는 점에서 구조화금융의 일종이라고도 할 수 있다.

2. 프로젝트금융의 특성

가. 특정 사업

프로젝트금융은 '특정' 사업에서 발생하는 현금흐름을 상환재원으로 하므로 특정한 사업을 다른 사업의 위험으로부터 절연시키는 것을 핵심적인 요소로 한다.

흔히 특정사업을 영위하는 SPC를 설립하여 사업의 시행 및 자금조달의 법적 주체가 되도록 함으로써 특정사업을 사업주의 신용위험으로부터 절연(사업주의 채권자의 특정사업에 대한 강제집행의 제한)될 수 있도록 하지만 특정사업 그 자체나 사업에 필요한 자산을 신탁회사에게 신탁하는 방법도 활용된다.

또한 특정사업을 영위하는 SPC가 다른 사업을 추진할 경우 특정사업의 미래 현금흐름에 부정적인 영향을 미칠 위험이 있기 때문에 SPC가 다른 사업을 수행하는 것을 제한한다.

흔히 후술하는 자산유동화나 자산금융도 SPC나 신탁으로 하여금 대출금 상환의 기초가 되는 자산을 보유하도록 함으로써 사업주의 신용위험으로부터 절연시킨다는 점에서 광의의 프로젝트금융으로 분류되기도 한다.

나. 장래의 현금흐름

프로젝트금융은 주로 장래 특정사업에서 발생할 현금흐름을 상환재원으로 하지만 반드시 특정사업의 미래 현금흐름만을 상환재원으로 하여야 하는 것은 아니다. 특정사업의 미래현금흐름에 더하여 사업주나 제3자의 인적담보이나 물적담보 역시 상환재원으로 삼을 수도 있다.

흔히 사업주가 상환책임을 부담하지 않는 금융(non-recourse financing)을 프로젝트금융의 특성으로 언급되기도 하지만 사업주의 책임 여부는 개별 프로젝트금융의 구체적인 내용에 따라 달라질 수 있는 것이고, 자금조달이 가능하게 된 것이 주로 특정사업의 미래현금흐름에서 비롯된 것이라면 그에 더하여 사업주가 보증이나 기타 방법으로 신용을 제공하여 책임을 부담한다 하여 프로젝트금융의 특성이 상실되는 것은 아니다. 실제로는 사업주가 프로젝트의 완공과 운영에 관하여 제한된 범위라도 일정 부분 책임을 부담하는 확약을 하는 것이 일반적이다.

장래 현금흐름의 형태는 사업의 종류에 다르지만 크게 (가) 사업목적물을 준공과 동시에 매각하여 일시에 수입을 얻는 사업과 (나) 사업목적물을 준공한 후 임대 등의 방법으로 운용하여 장기에 걸쳐 수입을 얻는 사업으로 구분될 수 있다. 장래 현금흐름의 발생 방식은 프로젝트금융에 있어 원금의 상환 방식 등 금융구조의 결정에 가장 핵심적인 요소가 된다.

특정사업의 미래현금흐름을 상환재원으로 하여 이루어진 장기대출(term loan)[1]이 프로젝트금융대출의 일반적인 모습이다. 사업 초기 단계에서 아직 미래현금흐름의 유입 가능성은 확보되지 않았지만 사업부지의 취득 등 사업에 필요한 자금을 단기대출(bridge loan)로 차입하는 경우가 많다. 이 경우 단기대출은 특정사업의 미래현금흐름 자체가 아니라 사업이 성숙되어 장래 장기대출로 조달한 자금(refinancing)을 직접적인 상환재원으로 한다.

3. 프로젝트금융의 효용

프로젝트금융은 프로젝트의 높은 위험과 그에 따른 위험 분석의 어려움이나 다수의 당사자들이 참여하는 만큼 장기간 많은 비용과 노력이 소요되는 어려움이 있다. 그러나 사업주로서는 기존에 영위하던 자신의 사업과 구분하여 경제성 있는 사업에 필요한 자금을 조달할 수 있다. SPC가 차입한 자금은 기존 사업의 대차대조표에서는 부채로 계상되지 않으며, 사업주가 프로젝트금융에 대한 신용을 제공하더라도 주석사항으로 기재에 그칠 수도 있다. 또한 프로젝트의 사업성을 인정받음으로써 사업주 자신의 신용만으로는 조달하기 어려운 대규모 자금을 조달할 수 있게 된다.

프로젝트금융의 대주단, 보증기관 기타 투자자들 역시 프로젝트의 높은 위험의 부담, 위험분석의 어려움, 위험의 경감과 채권보전방안의 마련 등 투자의 실행과 관리에 많은 시간과 노력이 필요하지만 전통적인 금융보다 높은 수익을 기대할 수 있다.

Ⅱ. 우리나라 프로젝트금융의 발전

우리나라에서는 1990년대 국내 기업이 해외의 플랜트, 발전, 자원개발 등

---

1) 흔히 실무상 장기대출(term loan)을 '본PF'로 부르는 경우가 많지만 연원을 알 수 없는 어색한 용어라 하겠다.

에 참여하면서 해외에서 이루어지는 프로젝트금융을 경험하기 시작하였고, 수
출보험공사가 국내 기업의 해외 진출을 돕기 위하여 수출보험을 제공하는 등
국내 금융기관도 해외에서 추진되는 프로젝트금융에 참가하면서 경험을 축적
해왔다.

국내에서는 신공항고속도로 건설을 필두로 도로, 항만, 터널, 철도 등 다양
한 사회기반시설에 대한 민간투자사업에서 프로젝트금융이 본격적으로 활용되
기 시작하였고, 그 후 국내 부동산 개발사업에도 프로젝트금융이 활용되기 시
작하였다. 부동산 개발사업 초기에는 프로젝트금융의 형식을 취할 뿐 실제로
는 대부분 시공회사의 연대보증이나 채무인수 등 전면적인 신용제공에 기초하
여 대출이 이루어졌지만 그 이후 부동산 개발사업에 관한 다양한 위험을 학습
한 경험과 그에 따른 위험분석의 발전으로 시공회사의 과중한 위험부담을 덜
고 보다 정교한 위험분담에 기초한 프로젝트금융으로 발전되고 있다.

Ⅲ. 프로젝트금융 참여자

프로젝트금융이 이용되는 사업에서는 각 사업의 단계마다 다양한 역할과
업무를 수행하는 당사자들이 참여하는데, 그 역할과 업무에 따라 다음과 같이
분류할 수 있다.

1. 사업시행 주체

가. 사업주(sponsor)

프로젝트의 경제적 위험을 종국적으로 부담하는 주체로서 대규모 프로젝트
의 경우 다수의 출자자들이 컨소시엄을 구성하여 출자한다. 자신의 사업기회
를 전략적으로 확장하고자 하는 사업주 이외에도 프로젝트금융을 제공하는 대
주와 같은 재무적 투자자도 출자자로 참여하기도 하며, 시공회사, 관리운영회
사, 생산물의 구매자나 이용자와 같이 건설이나 운영 과정에서 재화나 용역을
공급하는 자나 수요자도 재화나 용역을 공급하거나 공급 받을 수 있는 거래나
기회를 갖기 위해서 출자자로 참여하기도 한다. 현재 우리나라에서는 대규모
인프라 건설사업에서 전문적인 개발능력을 갖춘 전략적 투자자가 부재하여 흔
히 자금 능력이 있는 건설회사가 직접 사업 시행의 주체가 되는 경우가 많다.

건설회사는 건설용역의 제공이 주업이고 투자를 목적으로 설립된 회사가 아니므로 건설회사뿐만 아니라 재무적 투자자나 전문적인 개발회사가 사업을 주도하는 방향으로 프로젝트금융이 발전될 필요가 있다.

출자자들 사이의 권리의무는 통상적인 합작투자의 경우와 마찬가지로 주주협약으로 정하며, 흔히 출자자들은 사업의 단계별로 소요되는 자본금을 순차적으로 출자하므로 그 이행을 담보하기 위해서 위반하는 출자자에 대한 제재와 탈퇴에 관한 조건과 내용을 보다 구체적으로 정한다. 사업의 성공을 위해서는 컨소시엄 구성원의 능력과 신뢰가 중요하므로 건설기간 중 주식의 양도를 전면적으로 금지시키는 등 주식의 양도를 엄격하게 제한하는 것이 일반적이다.

나. 프로젝트회사(SPC)

SPC는 특정 사업의 시행만을 목적으로 사업주가 출자하여 설립하는 회사로서 사업의 자산을 보유하고 사업에 필요한 제반 계약의 당사자가 되는 법적 주체가 된다. SPC는 반드시 독립된 법인격을 가지는 회사가 아니더라도 신탁이나 partnership 또는 법인이 아닌 합작기구(joint venture)가 될 수도 있지만 사업주로서는 사업주의 유한책임이 가능한지에 관하여 면밀히 검토할 필요가 있다. SPC의 소유와 경영을 위한 법적 형태는 프로젝트의 소재지 국가의 법령에 따라 참여자들 사이의 이해관계의 조정을 적합하게 실현시키고 최적의 세금 절감 효과를 얻을 수 있는 형태로 결정한다.

일반적으로 SPC가 프로젝트금융의 차입이나 자금조달의 주체가 되지만 경우에 따라서는 자금조달과 그 상환의 주체로서의 역할만 하는 회사나 기구(vehicle)가 이용되기도 한다.

다. 프로젝트 소재지국 정부

프로젝트 소재지국 정부는 프로젝트의 직접 당사자로 참여하여 사업의 상업적 이익을 추구하지 않지만 프로젝트의 성공으로 국가경제 전체의 경제적·사회적 편익을 제고할 수 있는 혜택을 얻을 수 있다. 이에 프로젝트 소재지국 정부는 사업에 필요한 인허가를 발급하거나 양해계약(concession agreement)을 체결하여 사업주체에게 사업을 시행할 수 있는 권한과 지위를 부여하며, 필요에 따라 재정지원, 세제지원, 대외송금 보장 등 프로젝트금융의 위험을 완화 또는 경감하기 위한 다양한 지원하는 중요한 역할을 한다.

2. 금융투자자

가. 주선기관

기본적으로 신디케이션대출에 있어 주선기관의 역할과 같지만 대출뿐만 아니라 출자, 후순위대출, 회사채의 인수, 리스, 자산유동화 등 다양한 형식의 투자까지 주선하기도 한다.

나. 대출기관

대규모사업의 경우 국제적인 상업은행들이 신디케이션대출로 자금을 제공한다. 선진국은 대부분 자국의 플랜트 수출을 촉진하기 위해서 대출이나 보증의 형식으로 장기로 저리의 수출금융을 제공하고 있다. 개발도상국의 프로젝트에는 세계은행, 국제금융공사(IFC), 아시아개발은행 등 국제적인 개발금융기구들이 많이 참여한다.

다. 리스회사

대출기관 이외에도 리스회사가 플랜트 등 설비의 구매를 하여 SPC에게 리스하여 사업에 필요한 자금을 제공하는 역할을 수행하기도 한다.

3. 신용보강 제공자

가. 보증회사

보증수수료의 수입을 얻기 위한 상업적 목적으로 일반 상업은행이 대출이나 사채에 대한 보증을 제공하거나 수출신용기관이 자국 기업의 수출을 촉진하기 위하여 수출금융의 일환으로 보증을 제공하기도 한다. 보증회사가 보증을 제공하는 경우 대주의 배후에서 실질적인 자금제공자의 역할을 한다.

나. 보험회사

보험회사는 불가항력으로 발생될 수 있는 프로젝트자산과 수입의 손실에 대비하기 위하여 필수적인 보험용역을 제공하며, 재난의 발생시 보험금에 대한 담보권 행사는 채권보전을 위한 중요한 수단이 된다.

흔히 국가신용등급이 낮은 국가에서 시행되는 프로젝트에서 대주는 전쟁, 혁명, 몰수, 환전 및 송금 불능과 기타 프로젝트 소재지 국가의 정치적 위험에 의한 손실을 보장하는 보험을 요구한다.

4. 건설에 관련된 업무를 수행하는 자

가. 설계 및 감리회사

설계 및 감리회사는 프로젝트의 건설을 위한 설계를 수행하고, 공정을 감리하는 역할을 수행한다. 사업주 또는 SPC가 선정한 엔지니어링(engineering)회사 이외에도 대주는 그와 별도로 자신의 기술자문기관을 선정하여 대주의 이익을 위해 기술과 관련된 실사 및 자문을 제공받기도 한다.

나. 시공회사

시공회사는 프로젝트의 건설공사를 수행하며, 흔히 완공위험과 건설비용 증가의 위험을 경감 또는 감소시키기 위해서 총액 확정부 일괄도급계약(fixed price lump sum turn-key contract)을 체결함으로써 확정된 공사도급금액으로 설계 및 시공 전부를 수행하는 책임을 부담한다.

5. 관리운영에 관련된 업무를 수행하는 자

가. 원재료공급자

프로젝트의 생산물을 생산하기 위하여 대량의 원재료가 필요한 경우 원재료공급자는 안정된 가격으로 원재료의 장기적 공급을 보장한다.

나. 생산물의 구매 또는 이용자

생산물의 구매 또는 이용자는 프로젝트의 생산물의 장기적·안정적 구매나 이용을 보장함으로써 프로젝트의 미래현금흐름을 창출시키는 주체가 된다.

다. 관리운영회사

관리운영회사는 완공된 프로젝트자산을 일정한 가격으로 장기적·안정적으로 관리 및 운영함으로써 생산물의 구매 또는 이용자로 하여금 생산물을 구매하거나 이용할 수 있도록 보장하고, 운영기간 중 운영비용이 증가될 위험을 경감 또는 감소시키는 역할을 한다.

6. 전문적 용역 제공자

프로젝트의 시행 과정에서 기술, 회계, 조세, 법률 등 다양한 자문기관이 전문적인 자문용역을 제공한다. 사업주의 입장에서는 최적의 자금조달을 위하여 금융자문기관을 활용하는 경우가 많다. 금융자문은 전적으로 차주의 이익을 위하여 수행하는 업무이므로 대주 등 투자자의 이익을 대변하는 주선기관의 업무와는 구별되어야 하고, 간혹 금융자문을 수행하는 기관이 주선기관으로서의 업무도 수행하는 경우가 있으나 이해관계의 충돌에 신중할 필요가 있다.[2]

Ⅳ. 프로젝트금융의 거래구조

이상의 프로젝트금융의 참여자들이 참여하는 프로젝트금융의 기본적인 구조는 다음과 같다.

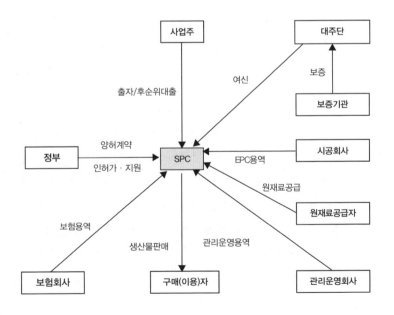

---

2) 제1편 제4항 제1절 제2관 V 참조

V. 프로젝트금융에서의 투자(자금조달)의 형식

프로젝트 수행에 필요한 자금은 사업시설의 완공에 소요되는 자금과 사업시설의 운영에 소요되는 자금으로 구분되고, 소요되는 자금의 규모가 산정되면, 자금을 어떠한 방법으로 조달할 것인지를 검토한다. 소요자금은 여러 프로젝트 참가자들이 다행한 형태로 위험을 분담하여 조달하게 되고, 결국 자금조달의 구조는 개별 프로젝트의 구체적인 내용과 금융시장의 여전에 따라 결정된다.

프로젝트금융에서 자금조달은 자금을 제공하는 주체에 따라 (가) 사업주로부터의 자기자본의 조달과 (나) 금융기관으로부터의 타인자본의 조달로 구분될 수 있다.

프로젝트금융에서 가장 높은 위험을 부담하는 출자금의 규모는 프로젝트의 구제적인 특성을 기초로 타인자본을 제공하는 금융기관과 사업주 사이의 협상으로 결정된다. 사업주는 출자 이외에 타인자본에 후순위인 조건으로 금전을 대여 하기도 하며, 그와 같은 주주대여금은 타인자본을 제공하는 대주에 대한 관계에서 준수하여야 하는 부채비율이나 부채상환비율을 산정함에 있어 자기자본으로 인정받기도 한다. 일반적으로 사업주가 제공하는 자기자본은 사업의 초기와 건설기간 중에 타인자본에 앞서 투입될 것이 요구되지만 타인자본과 함께 투입될 수도 있고, 타인자본이 모두 투입된 이후라도 사업주의 자금보충약정(cash deficiency support)에 따라 출자나 후순위대여의 방법으로 투입되기도 한다.

프로젝트금융에서 타인자본의 조달은 주로 대출을 염두에 두지만 대출 이외에도 회사채의 발행, 리스, 자산유동화 등 다양한 형식으로 조달할 수 있다. 생산물을 선도매각하고 미리 그 대가의 일부를 지급 받아 프로젝트에 필요한 자금으로 사용할 수도 있다. 금리, 환율, 원자재나 생산물의 가치 변동에 따른 위험을 경감시키기 위해서 파생금융상품도 다양하게 활용할 필요가 있다.

공사도급계약 등 외형상 금융거래가 아닌 재화나 용역의 공급이나 수요의 당사자로서 프로젝트에 참여하는 자라 하더라도 통상적인 거래와 비교하여 높은 수준의 위험을 분담하고 그에 상응하는 높은 이윤을 추구하므로 일정 부분 투자의 성격을 가진다고도 볼 수 있겠다.

프로젝트금융에서 어떠한 형식의 투자이든 그에 따라 떠안아야 하는 위험의 종류와 정도에서 차이가 있을 뿐이지 프로젝트의 위험을 분담하여 떠안는 투자라는 점에서 본질이 다른 것은 아니다. 따라서 아래에서는 프로젝트금융에 있어 주로 대출을 중심으로 살펴볼 것이지만 대출 이외에 다른 형식으로 프로젝트에 참여하는 당사자에게도 이 장에서 논의되는 위험의 분석과 평가 및 이를 완화 또는 경감하는 방안에 대한 깊은 이해가 필요한 것은 마찬가지라 할 수 있겠다.

제2절 프로젝트금융의 위험과 분담

Ⅰ. 사업성평가

프로젝트금융은 먼저 프로젝트에 대한 사업 가능성을 미리 판단하는 사업성평가로부터 시작된다. 사업성평가는 프로젝트의 시장성을 분석하고 건설비용 등 소요자금과 생산원가와 관리비 등을 추정하여 추정 재무제표, 손익계산서 및 현금수지표를 작성한 후 사업의 경제성, 수익성 및 투자금의 상환 가능성을 종합적으로 검토한다. 프로젝트금융의 투자자는 프로젝트에서 창출되는 현금수지가 투자금의 상환에 충분한지를 판단하고, 그러한 현금수지가 계획대로 실현되는 것이 저해될 위험이 무엇인지를 검토하고, 이를 경감시킬 수 있는 방안을 모색하게 된다.

Ⅱ. 프로젝트위험

위험(risk)은 어떠한 사건으로 말미암아 손실이 발생될 수 있는 상태를 말하고, 투자의 관점에서 투자위험은 투자시 장래 얻고자 기대하였던 가치를 실제 얻지 못할 위험을 말하다. 프로젝트를 추진하는 과정이나 프로젝트의 내용에 따라 수많은 위험이 존재하기 마련인데, 그러한 위험에 대한 면밀한 분석과 평가를 하여야만 위험을 경감시킬 수 있는 방안을 마련하여 프로젝트금융의 거래구조를 수립하고 거래조건을 정할 수 있다.

프로젝트의 위험은 시간적 단계별로 구분해 볼 수 있고, 위험의 성격에 따라 구분해 볼 수도 있다.

프로젝트의 위험은 시간적으로 (가) 건설 중의 위험, (나) 완공 후 운영 중의 위험과 (다) 완공 전후에 공통적으로 발생 가능한 위험으로 구분될 수 있다.

1. 건설 중의 위험

프로젝트의 건설단계에서는 자금이 투입만 되고 현금흐름은 창출되지 않으며, 건설 중인 시설이나 자산은 그 자체로 교환가치를 가지기 어렵기 때문에 프로젝트의 투자자로서는 프로젝트가 완공되지 않는 것이 가장 큰 위험이라 할 수 있다. 이에 완공 전 적용되는 금리와 완공 후 금리를 달리 정하는 경우가 많으며, 완공 전 대출을 취급하는 금융기관과 완공 후 대출을 취급하는 금융기관을 구분하여 대출약정을 체결함으로써 프로젝트가 완공된 경우 완공 후 대출로 완공전 대출을 상환하도록 미리 예정해 두거나 프로젝트가 완공된 이후 낮은 금리의 자금을 조달하여 기존 대출을 상환하는 리파이낸싱을 하는 경우가 많다.

① **완공지연**: 인허가의 지연, 건설 관련 참여자의 채무불이행 또는 도산, 불가항력의 발생
② **비용증가**: 설계변경 등에 의한 건설비용의 증가, 완공 지연에 따른 금융비용이나 관리비용의 증가
③ **성능부족**: 건설된 시설이 당초 계획된 요구수준에 미달

2. 운영 중의 위험

① **원재료의 조달 위험**: 원재료의 공급 지연이나 구매가격의 상승
② **시장위험(판매위험)**: 생산물의 수요 부족이나 가격의 하락
③ **운영위험**: 생산물의 구매 또는 이용자가 구매 또는 이용 가능한 생산물의 생산이나 유지관리가 이루어지지 않을 위험, 관리 및 운영비용의 증가

3. 공통된 위험

① 사업주의 신용(사업주의 사업실행능력이나 자금조달능력의 부족, 사업주의 신용위험, 사업주 구성원들 사이의 협력 부족)

② 자금조달 통화와 미래현금흐름의 통화의 불일치에 따른 환차손의 발생

③ 프로젝트에 필요한 인허가의 획득과 유지가 불가능할 위험

④ 오염발생, 유해물질의 배출 등 환경 관련 법령 위반에 따라 프로젝트가 좌초될 환경위험

⑤ 천재지변 등 불가항력의 발생

⑥ 법령의 변경 기타 법률제도의 미비나 불완전

⑦ 전쟁, 혁명, 몰수, 환전 및 송금 불능 등 사업 소재지 국가의 정치적 위험

Ⅲ. 프로젝트위험의 분담

프로젝트에 대한 투자가 가능하기 위해서는 투자자가 떠안을 수 있는 수준으로 위험을 감소시키거나 완화시켜야 한다. 발생 가능한 위험의 존재 자체를 원천적으로 제거하기는 쉽지 않으므로 결국 다수의 프로젝트의 참여자들이 각자가 감내할 수 있는 수준으로 위험을 분담하게 된다. 투자자의 입장에서는 발생 가능한 위험을 다른 프로젝트의 참가자들에게 전가함으로써 자신이 떠안을 위험의 수준을 감소 또는 완화시키고, 자신이 떠안은 위험에 상응하는 투자의 대가(수익)를 정할 수 있게 된다.

일반적으로 어떠한 위험에 관하여 보다 정확하게 위험을 예측·평가하고 이를 적절하게 관리·통제할 수 있는 참여자가 당해 위험을 부담하고, 그와 같은 위험의 부담에 대한 대가를 얻는 것이 합당하다. 위험의 분담은 프로젝트의 참여자들 사이의 위험 배분의 문제이므로 주로 프로젝트 관련 계약으로 정하게 되며, 프로젝트의 위험은 기본적으로 사업주체(SPC)에게 발생되는 것이므로 SPC는 다른 프로젝트 참여자와의 계약으로 SPC에게 발생될 위험을 당해 계약의 당사자에게 전가하게 되며, 이로써 SPC에 투자하는 투자자는 당해 계약의 당사자에게 전가된 위험을 완화 또는 경감시킬 수 있게 되는 것이다. 물론 투자자로서는 단순히 SPC와 다른 참여자 사이에 계약을 체결해 두는 것에만 만족하지 않고, 직접 당해 참여자로부터 위험 부담에 관한 일정한 약속을 받아 두거나 SPC가 당해 참여자에 대하여 가지는 권리에 대한 담보(주로 양도담보)를 받는 한편, SPC가 프로젝트 관련 계약상의 의무를 위반하더라도 계약 상대방이 계약을 해지할 권리의 행사를 유예하도록 하고 투자자가 SPC의 계약 위반

을 치유할 수 있는 권한을 부여 받음으로써 위험의 완화 또는 경감에 관한 법적 보장을 강화하게 된다.

아래에서는 프로젝트금융에 있어 투자자가 흔히 요구하는 프로젝트의 위험의 완화 또는 경감하는 방안과 이를 프로젝트 관련 계약에 어떻게 반영하는지는 다음 절에서 구체적으로 살펴보기로 하고, 이를 요약하면 다음의 표와 같다.

상업적 위험		
	사업주의 신용	출자나 후순위대여를 통한 자기자본의 투입 자금보충약정 보증
	불가항력	보험 가입
	환경위험	환경영향평가 보험 가입
	환율위험	환헷지계약
건설 중 위험	기술위험	신용과 능력을 갖춘 엔지니어링회사의 선정 기술자문기관의 선정 및 자문
	완공위험	사업주와 시공회사의 완공보증 시공회사의 이행보증 건설공사보험
	비용증가	총액확정일괄도급계약 사업주의 추가 출자나 자금보충
	성능부족	성능보증 하자보증
운영 중 위험	원재료조달위험	무조건원재료공급계약(supply or pay contract)
	판매위험	무조건대금지급계약(take-or-pay contract) 인수도지급계약(take-and-pay contract) 무조건사용료지급계약(through-put agreement) 무조건원재료공급·처리약정(tolling agreement)
	관리운영위험	관리운영위탁계약
정치적 위험(country risk)		국가위험보험

제3절 담보와 신용보강

프로젝트금융에서 대주는 상환재원이 되는 미래현금흐름이 창출되거나 확보하기 위해서는 프로젝트자산에 대한 담보 이외에 프로젝트 참여자들로부터 다양한 약속(신용보강)을 받아 두게 된다. 제1편 제5장에서 설명한 일반적인 신용보강의 방법은 프로젝트금융에서도 마찬가지로 적용되고, 아래에서는 프로젝트금융에서 주로 활용되는 신용보강의 방법에 관하여 살펴본다.

I. 물적담보

1. 물적담보의 기능

프로젝트금융의 상환재원인 미래현금흐름은 프로젝트의 자산을 이용하여 발생되므로 투자자는 프로젝트자산에 대한 독점적인 권리를 가질 수 있도록 그에 대한 담보를 설정 받아야 한다. 프로젝트자산은 부동산, 동산, 인허가상의 지위, 계약상 권리 등 유·무형의 다양한 자산으로 구성되는데, 미래현금흐름은 프로젝트자산 일체를 활용함으로써 발생 가능한 것이어서 프로젝트자산 일체를 함께 환가하여야 비로소 충분한 대가를 얻을 수 있는 것이고, 특정 자산만의 환가로는 의미 있는 대가를 얻기 어렵다. 따라서 물적담보는 법적으로 담보물의 환가대금으로부터 채권을 상환받는 것을 목적으로 하지만 프로젝트금융에 있어서는 담보물의 환가보다는 개별 자산에 대한 담보권 설정으로 독점적인 권리를 확보함으로써 제3자의 프로젝트자산에 대한 권리 행사를 방지하여 미래현금흐름을 보호하는 것이 보다 중요하다.

2. SPC의 발행주식에 대한 담보

프로젝트금융에 있어서 개별 자산마다 설정되는 담보를 실행하여 환가하기보다는 미래현금흐름을 창출할 수 있는 프로젝트자산 일체를 함께 환가하는 것이 중요하다. SPC가 기한의 이익을 상실하는 경우 SPC에 대한 채권보다 후순위인 SPC의 발행주식의 환가가치가 그리 의미 있는 것은 아니지만 프로젝트자산 일체를 함께 환가하기 위해서는 SPC의 발행주식의 확실한 담보 설정이 중요하다. 프로젝트자산에는 인허가상의 지위와 같이 법률적으로 담보 설정이 어려운 무형의 자산들이 많은데, 이는 결국 SPC의 발행주식에 대한 담보를 통하여 간접적으로 지배·향유할 수밖에 없다. 프로젝트가 좌초될 경우 투자자가 투자금을 상환 받기 위해서는 개별 자산의 환가보다는 M&A(사업의 양도나 SPC 주식의 양도)를 통하여 프로젝트자산 일체를 환가하는 것이 효과적인데, 이를 위해서는 SPC의 경영(M&A를 위한 의사결정과 집행)을 지배할 수 있도록 SPC의 발행주식에 대한 확실한 담보를 받아 둘 필요하다.

간혹 국내 부동산 개발사업에 있어 주식에 대한 담보 취득을 간과하거나 확실한 담보 설정을 하지 않은 나머지 원만한 M&A를 하지 못하고 토지 등 개별 자산에 대한 담보만을 실행할 수밖에 없어 사업주나 다른 참여자들의 소위 '알박기' 행위로 말미암아 커다란 손실을 입는 피해를 입는 일이 발생되므로 SPC의 발행주식에 대한 확실한 담보 설정을 소홀히 하여서는 아니된다.

3. 유형자산과 보험금청구권에 대한 담보

부동산이나 동산과 같은 프로젝트의 유형자산에 대한 담보 설정은 소재지 국가의 법령에 따르게 된다.[3] 프로젝트의 유형자산은 미래현금흐름을 창출하는 핵심적인 요소이므로 그에 대한 담보 설정뿐만 아니라 프로젝트자산의 손실을 보상하는 보험과 그에 대한 담보 설정은 필수적이다.

4. 계약상 권리에 대한 담보

공사도급계약, 판매계약, 원재료공급계약, 관리운영계약 등 프로젝트 수행에 필요한 핵심적인 계약에 따라 SPC가 가지는 권리에 대하여 양도담보 또는 질권의 설정으로 담보를 설정하는 것 역시 중요하다. 계약상 권리에 대한 담보 설정은 당해 계약의 준거법에 따르게 된다.

프로젝트금융에서 대주로서는 기한의 이익 상실 사유가 발생하더라도 담보를 환가하는 것보다 미래현금흐름이 발생될 수 있도록 사업이 계속되는 것이 채권보전에 유리할 수 있다. 이에 흔히 대주는 대주의 이익을 보호하기 위하여 필요한 경우 차주가 당사자인 프로젝트 관련 계약에 따른 차주의 권리를 직접

---

3) 우리나라 법률에 따른 담보 설정에 관하여는 제1편 제3장 물권 및 채권과 제5장 제3절 신탁 중 관련 부분 참고

행사할 수 있는 권리(대주의 개입권)를 요구한다. 공사도급계약 등 프로젝트 관련 계약상 SPC의 귀책사유로 인한 해제·해지 사유가 발생하더라도 상대방의 해제·해지권 행사를 유예하도록 하고 대주가 직접 또는 제3자로 하여금 SPC의 귀책사유를 치유함으로써 프로젝트 관련 계약의 이행이 계속될 수 있는 권한을 가지고자 한다. 이를 위하여 대주는 프로젝트 관련 계약에 따른 SPC의 권리를 양도 받거나 제3자에게 양도할 수 있는 권한을 가지고자 하며, 흔히 SPC, 계약 상대방 및 대주 사이에 그와 같은 권한을 대주에게 부여하는 약정을 체결하는데, 해외에서는 직접계약(direct agreement)이라는 명칭의 계약으로 많이 체결하고, 우리나라에서는 SPC와 대주 사이에 그와 같은 내용이 포함된 양도담보계약을 체결하고 계약 상대방으로부터 그에 대한 동의나 확약을 받는 방식을 취한다. 대주의 개입권은 SPC 발행주식에 대한 담보와 함께 프로젝트 자체를 제3자에게 이전시키는 M&A의 방식으로 채권을 회수하는 주요 수단이 된다.

5. 예금계좌에 대한 담보

프로젝트자산 중 현금에 관하여는 SPC명의의 예금계좌에 대한 질권을 설정하거나 제3의 금융기관을 수탁자로 하여 개설된 자금관리계좌(escrow account)에 예치하도록 한다. 나아가 프로젝트의 현금 수입과 지출을 관리하기 위하여 수입의 원천이나 사용의 목적에 따라 다양한 예금계좌를 개설하도록 하고, 각 예금계좌에 예치된 자금은 약정된 목적과 순서(waterfall) 이외의 용도와 방법으로 수취하거나 지출하는 것을 엄격히 통제한다. 장래 일정기간 동안 상환되어야 할 대출원리금 상당액을 미리 별도의 예금계좌(소위 부채상환적립계좌)에 적립함으로써 일시적인 현금이 부족하더라도 대출원리금 상환이 가능하도록 하여 차주가 기한의 이익을 상실하는 사태를 방지한다.

Ⅱ. 인적 신용보강

프로젝트금융에서 상환재원이 되는 미래현금흐름이 창출되거나 확보하기 위해서 프로젝트자산에 대한 담보 이외에 프로젝트 참여자들로부터 다양한 약속(신용보강)을 받아 두게 된다. 제1편 제5장에서 설명한 일반적인 신용보강의 방법은 프로젝트금융에서도 마찬가지로 적용되고, 아래에서는 프로젝트금융에서 주로 활용되는 신용보강의 방법에 관하여 살펴본다.

1. 사업주의 신용보강

사업주는 SPC에게 자본금을 출자하는 이외에 프로젝트금융대출에 대한 보증을 제공하기도 한다. 사업주가 대출금에 대한 전면적인 보증을 제공하지 않더라도 프로젝트의 완공을 보증하거나 공사비, 운영비나 대출원리금의 상환자금의 부족 등 일정한 사유의 발생시 일정한 금액을 한도로 SPC에게 추가 출자나 후순위대여의 방법으로 자금을 지원 또는 제공할 것을 확약하는 자금보충약정(cash deficiency support)을 하기도 한다.

2. 완공에 관한 신용보강

프로젝트의 완공지연, 공사비 증가나 성능부족 등 프로젝트의 완공에 관한 위험은 프로젝트 투자자가 직면하는 가장 큰 위험이다. 일반적으로 투자자는 사업주에게 완공을 보증이나 완공을 위한 재무적 지원을 요구하거나 SPC로 하여금 경험과 신용을 가진 시공회사와 총액 확정부 일괄도급(fixed price lump sum turn-key) 조건으로 engineering, procurement & construction contract('EPC')를 체결할 것을 요구한다. EPC는 수급인(contractor)이 사업시설의 설계, 필요한 모든 자재 및 장비의 선택과 구매, 시설의 건설과 설치 및 시운전에 이르는 모든 업무를 수행하는 계약을 말하며, 'turn-key contract'은 도급인이 소위 키만 돌리면(turn-key) 시설의 운영이 가능한 상태로 건설하여 도급인에게 인도하는 내용의 계약을 말하고, 'fixed price lump sum'은 그와 같은 수급인의 업무 수행의 대가를 총액으로 확정함으로써 공사비의 증가 가능성을 배제시키는 약정을 말한다. 투자자로서는 이러한 계약으로 프로젝트의 완공에 이르는 일련의 과정에서 발생 가능한 모든 책임의 소재에 관한 분쟁에 휘말리지 않고 신용 있는 건설회사에게 모든 책임을 전가시킬 수 있게 된다. 사업시설이 완공되었다 하더라도 일정한 성능이 보장되어야 할 필요가 있고, 주로 시공회사가 성능보장을 하는 경우가 많다.

국내 프로젝트금융에서는 흔히 수급인의 완공에 관한 책임을 **책임준공**이라고 부르지만 책임준공은 거래계에서 사용되는 일반적인 용어에 불과하고, 법적으로 정의되거나 제도로 정립된 개념은 아니다. 일반적인 공사도급계약과 달리 수급인에게 단순한 건설용역의 제공 이상의 무거운 책임을 부담하도록 한다는 점에서 책임준공이라는 용어를 사용하지만 책임준공이라는 용어로 곧 시공사의 책임의 내용과 범위를 결정될 수 있는 것은 아니며, 책임준공의 구체적인 내용은 단순히 수급인이 부담하는 지체상금과 해지시 위약금의 수준을 강화하는 정도에 그치는 내용부터 수급인이 전면적인 보증책임을 부담하는 것과 다름이 없는 내용까지 다양할 수 있고, 책임준공약정에 따라 수급인이 어떠한 책임을 부담하는지는 책임준공약정의 구체적인 내용에 따라 결정된다.

수급인이 SPC의 투자자에게 제공하는 완공보증은 투자자의 위험을 경감 또는 완화시키기 위한 목적으로 제공되는 것이므로 수급인이 도급인인 SPC에 대한 관계에서도 반드시 투자자에게 약정한 완공보증과 동일한 의무를 부담하여야 하는 것은 아니다. 수급인은 SPC에 대하여는 일반적인 쌍무계약과 같은 권리의무를 가지는 것으로 약정하고, 투자자에 대한 관계에서만 도급인인 SPC의 귀책사유나 불가항력사유의 발생에도 불구하고 공사도급계약에 따른 수급인의 권리 행사가 제한되거나 투자자에 대하여 약정한 의무를 이행하기로 하기로 하되, 투자자의 이익을 해하지 않는 범위 내에서 수급인이 도급인인 SPC에 대하여 계약상의 책임을 묻거나 완공보증의 이행에 따른 구상권을 행사할 수 있도록 한다.

수급인의 대주단에 대한 완공보증이나 성능보장은 SPC의 대출원리금 상환채무를 그 자체를 보증하는 것이 아니라 완공보증에서 보장한 내용이 성취되지 아니할 경우 그로 말미암아 대주단이 입은 손해나 손실의 보상을 약정하는 것이므로 금전채무에 대한 보증이 아니라 일종의 손해담보계약이라 할 수 있다. 준공의 지연시 손해배상의 예정은 지연일수에 따라 매일 일정한 금액을 지급하는 약정을 하며, 성능미달에 다른 손해배상의 예정은 보장된 성능이 충족되지 아니하여 초래되는 장래 수익의 감소분을 고려하여 산정된다.

3. 장래 수입에 관한 신용보강

사업시설이 완공되었다 하여라도 사업시설이나 생산물을 판매(매각)하거나 수요자가 이를 사용하도록 하여 그에 대한 대가를 수령할 수 있어야만 비로소 상환재원이 되는 미래현금흐름이 창출될 수 있다. 사업시설의 건설에 필요한 자금을 투자하는 단계에서는 장래 건설될 사업시설이나 생산될 생산물의 대가가 유입될 것이라는 점이 보장되어야 한다. 아파트와 같이 범용성이 있는 시설을 건설하는 경우에는 시장의 잠재적 수요를 평가하여 투자가 이루어질 수도 있지만 상업시설이나 인프라시설과 같이 범용성이 없는 시설을 건설하는 사업에 투자하기 위해서는 미리 신용 있는 자로부터 장래 완공될 사업목적물이나 생산될 생산물의 매입을 확약하는 약정(선도매각약정)을 받아 두어야 한다.

선도매각약정에 따른 사업목적물이나 생산물의 구매자의 의무와 책임의 정도는 사업목적물이나 생산물의 특성과 사업의 구조에 달려 있으나 일반적으로 구매자가 사업목적물이나 생산물을 실제 인도 받은 때에 미리 약정된 대금을 지급할 것을 약정(take-and-pay)을 한다. 선도매각약정은 기본적으로 매매계약이어서 구매자는 쌍무계약에서의 일반적인 항변권(매매목적물의 소유권을 이전 받지 못하여 매매대금을 지급하지 않겠다는 동시이행의 항변권이나 하자담보책임 등)을 행사할 수 있으므로 보다 강한 신용보강을 위해서 구매자가 사업목적물이나 생산물을 실제 인도 받지 못하더라도 미리 약정된 대금을 무조건적으로 지급하는 약정(take-or-pay)을 하기도 한다.

파이프라인 등 사업목적물을 장기간 사용하도록 하고 그에 대한 대가를 지급받은 사업의 경우 선도매각약정과 유사하게 사용자가 실제 사업목적물을 사용하는지 여부와 상관없이 장기간 사업목적물의 사용에 대한 대가를 지급하는 것을 약정하는 임대차계약 또는 무조건사용료지급약정(through-put agreement)을 체결한다. 제련소와 같이 원재료를 가공하는 용역을 제공하는 사업에서는 원재료의 가공을 의뢰하는 자가 실제 가공 여부와 상관없이 무조건적인 가공용역비를 지급하는 약정(tolling agreement)을 한다.

4. 프로젝트의 관리 및 운영에 관한 신용보강

가. 무조건원재료공급약정

발전사업과 같이 생산물의 생산을 위하여 대량의 원재료가 지속적으로 공급되어야 하는 경우 안정적인 원재료의 조달이 필요하므로 원재료의 공급자가 약정된 수량의 원재료를 실제 공급할 수 없는 경우 단순한 손해배상에 그치지 아니하고 SPC가 시장에서 필요한 원재료를 구입하기 위하여 필요한 금액을 지급하는 약정(supply-or-put agreement)을 하기도 한다.

나. 관리운영위탁계약

흔히 SPC는 프로젝트를 시행하는 법적 주체가 되는 것이 주된 기능이므로 일반적인 기업과 같이 인력을 고용하여 운영하기에는 경영상 여러 위험이 발생될 가능성이 있게 된다. 이에 프로젝트자산의 유지보수와 관리운영뿐만 아니라 SPC의 유지 및 관리에 관한 업무 일체를 신용 있는 업체에게 위탁하고 그에 대한 책임을 물을 수 있게 함으로써 프로젝트의 안정적인 관리운영을 보장받고, 운영 중에 소요되는 비용이 증가될 위험을 경감 또는 완화시킬 수 있다.

5. 보험

천재지변 등 불가항력사유로 인한 프로젝트자산의 손실이 발생될 위험이나 장래 수입이 감소될 위험과 건설 및 운영 과정에서 제3자에 대한 손해배상책임을 부담할 위험을 경감 또는 완화하기 위한 보험에 가입한다.

건설 중에는 건설공사보험(조립보험, 제3자 배상책임보험 포함), 예정이익상실보험(advance loss of profit)과 사용자배상책임보험을 가입하고, 운영 중에는 재산손해보험(완성토목공사물보험, 조립보험, 기계보험 등), 기업휴지손해보험(business interruption)과 배상책임보험(general liability)을 가입한다. 투자자는 자신의 이익보호를 위하여 보험에 관한 전문적인 지식과 경험을 갖춘 보험자문기관을 선정하여 SPC에게 가입을 요구할 보험의 대상과 범위에 관한 자문을 받는다.

개발도상국과 같은 국가신용등급이 낮은 국가에서 시행되는 프로젝트에서는 프로젝트 소재지 국가의 전쟁, 혁명, 몰수, 환전 및 송금 불능과 같은 정치적 위험을 경감 또는 완화하기 위하여 수출신용기관이나 World Bank 산하 국제투자보증기구(MIGA)와 같은 국제금융기구 등이 정치적 위험에 의한 손실을 보장하는 보험이 필요하다. 우리나라에서는 한국수출보험공사가 국내 기업의 수출을 지원하기 위하여 수입국의 정치적 위험을 보장하는 수출보험을 제공하고 있고, 그와 함께 수입자의 계약 위반이나 대금지급의 지연과 같은 신용위험까지 보장하기도 한다.

제4절 프로젝트금융 관련 계약

Ⅰ. 프로젝트금융 관련 계약의 분류

프로젝트금융을 위하여 체결되는 계약서 기타 문서(거래서류; transaction documents)는 다음과 같이 구분하여 정의한다.

1. 사업서류

프로젝트금융에서 투자가 실행되기 위해서 필수적으로 전제되어야 하는 서류를 **사업서류**(project documents)[4]라 정의하고, 사업서류의 적법·유효성은 아래에서 설명하는 **금융서류**(financing documents)의 체결 및 그에 따른 투자의 실행과 상환에 관한 당사자들의 권리의무의 중요한 요건 중 하나가 된다.

사업서류의 범위는 각 프로젝트의 성격과 내용에 따라 다를 것이나 주로 다음과 같은 계약서나 서류가 포함된다.

① 주주협약 등 차주에 대한 출자, 설립 및 운영에 관한 출자자 사이의 약정서나 서류
② 정관 등 차주의 설립에 관한 서류
③ 사업에 필요한 인허가 서류
④ 사업부지 취득이나 사용권 획득을 위한 계약서나 서류
⑤ 공사도급계약 등 사업의 건설을 위한 계약서나 서류
⑥ 사업목적물이나 생산물의 판매(매각) 관련 계약
⑦ 원재료 등 생산물의 생산에 필요한 요소의 구매를 위한 계약서나 서류
⑧ 관리운영에 관한 계약서나 서류
⑨ 감리계약 등 주요 용역에 관한 계약서나 서류
⑩ 기타 프로젝트의 시행을 위하여 필요한 계약서나 서류로서 그 적법·유효성과 내용이 투자자의 이익에 중요한 영향을 미치는 계약서와 서류

---

[4] 대출 등 금융투자가 실행되기 위해서 필수적으로 전제되는 기초서류를 underlying documents로 정의하기도 한다.

2. 금융서류

프로젝트금융에 따른 자금조달에 관한 당사자들 사이의 권리의무를 정하기 위하여 체결되는 서류를 **금융서류**(financing documents)로 하고, 금융서류는 다시 다음과 같이 구분한다.

가. 여신약정서(credit agreements)[5]

아래에서 설명하는 담보서류(security documents)로 담보되는 대주의 권리의 발생에 관한 모든 약정

나. 담보서류(security documents)

여신약정서에 따른 대주의 권리를 보전하기 위해서 제공되는 담보 및 신용 보강의 성립에 관한 모든 약정

이상에서 세분된 각 서류의 적법·유효성과 내용은 당사자들의 구체적 권리의무의 발생요건의 하나로 삼기 때문에 상호 논리적으로 결합된 관계에 있다. 따라서 어떠한 서류를 어느 서류로 구분하여 정의할 것인지 여부는 그와 같은 논리적 연관성에 따라 결정되어야 하는 것이고, 만연히 특정 서류의 일반적인 성격만을 가지고 정의할 수 없다. 선순위대출과 후순위대출을 구분하여 자금을 조달하는 경우가 많은데, 후순위대출에 관한 약정서를 만연히 금융서류로만 정의할 수는 없다. 선순위대주의 입장에서는 후순위대출이 선순위대출의 전제로 삼을 수도 있는 것이므로 선순위대출에 관한 여신약정서에서는 후순위대출에 관한 약정서를 **기초서류**(underlying document)로 정의하여 취급(기초서류와 별도로 정의하더라도 논리적으로 기초서류와 같은 취급)할 필요가 있다. 특히 주주들이 차주에게 제공하는 대여금은 금융기관의 대출에 후순위로 약정하는 경우가 많은데, 그와 같은 대여금에 관한 약정서를 차입에 관한 약정이라 하여 금융기관들의 대출을 위한 약정서에서 여신약정서 또는 금융서류로 취급될 수는 없는 것이다.

---

5) loan agreement, facility agreement 등 자금조달의 성격에 따라 다양하게 정의될 수 있다.

Ⅱ. 금융서류의 주요 내용

프로젝트금융에서 이루어지는 대출, 회사채, 자산유동화 등 다양한 자금조달에 관한 금융서류의 기본적인 내용(상업적 조건과 법률적 조건)에는 앞서 다른 장에서 언급한 내용에 더하여 이 장에서 설명한 (가) 프로젝트 위험의 완화 또는 경감 방안과 (나) 담보와 신용보강을 실현하기 위한 내용이 추가된다.

그에 더하여 프로젝트금융에서는 사업의 성패에 따라 대주 역시 커다란 손실을 입을 가능성이 크므로 대주단은 비록 채권자라 하더라도 금융서류에서 다음과 같이 사업의 시행의 주요한 절차와 내용에 관하여 차주에게 일정한 의무를 부과하거나 일정한 차주의 행위를 제한하는 약정함으로써 일정 부분 차주의 경영에 관한 의사결정에 직·간접적으로 참여하게 된다.

금융서류에서는 다음에서 정하는 사항을 차주의 진술 및 보장이나 준수사항에 포함시키고, 진술 및 보장 사항의 정확성과 준수사항의 준수를 대출의 선행조건으로 삼는 한편, 이에 반하는 경우 차주의 기한의 이익 상실을 상실시키는 사유로 삼는다.

① 프로젝트금융의 기초가 되는 사업서류(사업의 인허가 포함)의 적법·유효성과 집행가능성을 차주의 진술 및 보장 사항에 포함시키고, 대출의 선행조건 및 기한의 이익 상실사유로 삼고, 사업서류의 효력을 유지시키고 그에 따른 차주의 권리를 성실히 행사할 것을 차주의 준수사항으로 정하고, 대주의 동의 없이 사업서류를 변경 또는 해지할 수 없도록 한다.

② 대주가 일정한 조건으로 허용하는 경우를 제외하고, 사업의 자산과 영업을 보호하기 위하여 추가적인 부채나 담보의 설정을 제한한다.

③ 대주가 만족할 만한 보험의 가입과 유지

④ 부채비율이나 부채상환비율과 같은 일정한 재무비율의 준수

⑤ 출자자(사업주)의 변경의 제한

⑥ 차주와 출자자 사이의 공정한 거래 의무

⑦ 예산 및 자금지출에 관한 대주의 동의

⑧ 공사, 완공 후 수입과 관리운영에 관한 중요 사항의 보고

⑨ 일정한 중요 사항(일정 금액 이상의 자본적 지출 등)에 대한 대주의 동의

⑩ 다른 사업의 영위 또는 다른 회사나 사업에 대한 투자의 제한

⑪ 합병, 분할, 영업이나 중요한 자산의 처분이나 양수 등 차주의 구조조정에 대한 제한

⑫ 이익배당이나 감자 등 주주에 대한 지급의 제한

제5절 부동산개발

아래에서는 부동산 개발사업을 위한 프로젝트금융에 있어 주로 검토할 만한 내용을 살펴본다.

Ⅰ. 책임준공확약

부동산 개발사업의 투자자로서는 장래 준공될 부동산의 환가(매각이나 분양)가치를 평가하기에 앞서 우선 환가의 대상인 부동산의 준공이 보장되어야 한다.

과거 국내 부동산 개발사업에 있어 사업시행자의 신용이 현저히 부족한 경우가 많아 시공사가 프로젝트금융대출에 대하여 전면적인 보증을 제공하거나 무조건적인 채무인수를 확약하는 경우가 많았지만 점차 프로젝트 위험에 대한 이해가 높아짐에 따라 시공사는 책임준공약정과 같이 장래 환가될 부동산의 준공만을 확약하는 제한적인 신용보강을 제공하고 있다. 물론 사정에 따라서는 시공사가 책임준공약정 이외에도 아래에서 설명하는 준공된 부동산의 환가가치에 대하여도 전부 또는 부분적으로 신용을 제공하기도 한다.

1. 책임준공약정의 내용

공사도급계약의 관점에서 위험은 사업시행자(도급인) 귀책사유, 시공사(수급인) 귀책사유와 불가항력사유로 구분할 수 있다. 흔히 국내 부동산개발사업에서 시공사는 자신의 귀책사유가 발생하는 경우는 물론 도급인의 귀책사유(주로 공사비 미지급)나 불가항력사유(인허가의 획득 여부, 법령의 변경, 지장물이나 민원의 발생 등) 등 여하한 사유가 발생하더라도 무조건적으로 일정 기한(준공예정일) 내에 사업목적물을 준공할 것을 약정(소위 **책임준공약정**)을 하는 경우가 많

다. 책임준공은 거래계에서 사용되는 일반적인 용어에 불과하고, 법적으로 정의되거나 제도로 정립된 개념은 아니다. 책임준공약정에 따라 시공사가 어떠한 책임을 부담하는지는 책임준공약정의 구체적인 내용에 따라 결정된다.

시공사가 사업목적물의 물리적 완공뿐만 아니라 장래 사업목적물의 판매(매각)가 가능할 수 있도록 건축 관련 법령에 따른 사용승인의 획득과 보존등기의 경료 또는 장래 사업목적물의 판매(매각)에 장애가 될 요인의 제거(유치권이나 보전처분과 같이 사업목적물에 관한 일체의 법적·사실적 제한의 해소 또는 수분양자의 분양대금 미납시 분양계약의 해제와 그에 따른 정산을 완료하여 다시 매각이 가능한 상태로의 회복)까지 보장하기도 한다. 나아가 지급보증이나 무조건적인 채무인수와 같이 전면적인 신용보강을 제공하지 않더라도 사업시행자의 부도를 포함하여 대출약정상 기한의 이익 상실사유가 발생하지 않도록 사업시행자를 관리·감독할 것까지 보장하는 경우도 있다.

과거 실무상 대주와 차주 사이에 체결된 대출약정서와 별도로 주로 시공사의 자금조달와 관련된 책임을 정할 목적으로 차주, 대주 또는 주선기관 및 시공사 사이에 소위 '사업약정서'를 체결하기도 하였다. 시공사가 대출과 관련하여 대주에게 일정한 신용의 제공을 약정할 필요가 있다면, 대출약정서나 그에 부수하는 약정서에서 시공사의 대주에 대한 책임을 정하면 충분하므로 굳이 대출약정서와 별도로 사업약정서를 체결할 필요는 없을 것이다.

2. 책임준공약정의 효과

시공사가 책임준공약정에 따른 의무를 이행하지 않을 경우, 달리 정함이 없는 이상 계약 위반에 관한 민법 일반원리에 따라 시공사는 대주에게 손해배상책임을 부담하게 되고, 손해배상금액에 관하여 특별한 약정이 없으면, 실제 손해배상금액을 배상하게 된다. 만기 도래된 대출금 전액이 손해배상금액이라 단정할 수 없고, 건축물에 대한 담보 등을 실행한 후 상환될 수 없는 대출금이 확정되어야 한다든가 아니면 준공되었더라도 건축물의 시장가치가 없어 분양대금만으로는 대출금이 상환될 수 없다는 점이 증명되어야 한다는 이유로 미상환 대출금 전액이 손해배상금액이 되는 것은 아니라 다투어질 수 있다. 또한 책임준공의무의 위반시 시공사가 대주에게 배상하여야 할 손해금액을 약정해 두더라도 법원은 손해배상예정액이 부당하게 과다한 경우 재량으로 이를 적당히 감액할 가능성을 배제하기도 어렵다(민법 제398조 제2항). 이에 실무적으로 책임준공의무의 위반시 시공사가 대출금채무를 인수하도록 약정하는 경우가 많다.[6]

3. 책임준공약정과 기업구조조정절차

법원은 시공사가 대주에 대하여 준공예정일까지 공사를 완성하겠다고 확약하는 책임준공약정에 따른 의무는 비록 그 법적 형식이 향후 대출의 물적담보가 되는 시설을 준공하겠다는 내용의 '하는 채무'이지만, 이러한 책임준공의무 위반으로 완공에 관한 위험이 현실화되면 대주단이 책임준공의무의 이행을 강제하여 완성된 물적담보로부터 대출원리금을 회수하기보다는 시공사로 하여금 책임준공의무 위반으로 대주단이 입은 손해를 배상하게 함으로써 그 한도 내에서 대출원리금 상당액을 직접 회수하는 것이 일반적이라는 점에서 책임준공약정에 따른 책임준공의무 또는 그 위반으로 인한 손해배상채권은 기업구조조정촉진법이 적용되는 '신용공여'에 해당하여 채무조정의 대상이 된다고 판단하였다.[7]

4. 신탁회사의 책임준공확약

흔히 국내 부동산개발사업에 있어 시공사의 신용이 충분하지 않아 시공사의 책임준공약정과 별도로 신탁회사가 대주에게 책임준공확약을 하는 경우가 있다. 금융투자업을 영위하는 신탁회사는 자본시장법에 따라 손실보전행위를 할 수 없지만(자본시장법 제55조, 제103조 제3항) 대출거래가 자본시장법상 금융투자상품에 해당된다고 보기 어렵기 때문에 책임준공확약의 미이행시 부담하게 되는 손해배상의무를 자본시장법에서 금지하는 손실보전행위로 보기는 어렵다. 또한 실무상 금융감독당국은 시공사가 책임준공의무를 이행하지 못하는 경우 신탁회사가 의무를 승계하는 책임준공확약은 신탁회사가 당사자로서 체결한 신탁계약에 따라 부담하는 신탁회사 자신의 채무에 해당하므로 지급보증이나 손실보전약정에 해당하지 아니한다고 보고 있다.

---

6) 제1편 제5장 제3절 I 참조
7) 대법원 2015. 10. 29. 선고 2014다75349 판결

Ⅱ. 선도매각과 분양보증

1. 선도매각

일반적으로 상업시설과 같이 범용성이 부족한 부동산을 개발하는 경우 미리 신용 있는 매수인과 선도매각계약을 체결해 두어야 프로젝트금융이 가능하다. 선도매각계약이 체결되었더라도 매수인이 부담하는 의무의 구체적인 내용도 주의하여야 한다. 매수인이 매도인인 차주에게 지급한 계약금을 포기하고 계약을 해지할 수 있다면, 여전히 차주에게 대출한 대주는 계약금으로도 보전될 수 없는 부동산의 가치하락의 위험을 부담할 수 있으므로 매수인이 선도매각계약을 임의로 해지할 수 있는 권리를 배제시킬 필요가 있다. 선도매각계약이 보다 강한 신용보강의 수단이 될 수 있기 위해서는 매수인이 쌍무계약에서의 일반적인 항변권을 행사하지 아니하고 매매대금을 지급한다는 약정을 할수도 있겠지만 실무상 프로젝트에 이해관계가 희박한 매수인이 그와 같은 약정을 하기는 쉽지 않다.

2. 분양보증

아파트와 같이 범용성이 있는 부동산의 경우 장래 시장에서 분양가능성을 판단하여 프로젝트금융이 이루어질 수도 있지만 장래 시장의 변화 등으로 장래 건설된 부동산이 분양(매각)되지 않을 위험을 배제하기 어렵다. 이러한 위험을 완화 또는 경감시키기 위해서 미리 시공사나 기타 신용 있는 자로부터 장래 시장에서 분양(매각)되지 않은 부동산의 분양(매각)에 관하여 보증(소위 **분양보증**)8)을 받기도 한다.

분양보증 역시 거래계에서 사용되는 일반적인 용어에 불과하고, 법적으로 정의되거나 제도로 정립된 개념은 아니다. 분양보증에 따라 보증제공자가 어떠한 책임을 부담하는지는 분양보증의 구체적인 내용에 따라 결정된다. 분양보증은 경제적으로 분양의 실패나 저조라는 일정한 조건 충족시에 장래 완성될 사업목적물의 매입을 하기로 하는 약정이므로 기본적으로 매매예약의 성격을 가지고 있다. 선도매각약정과 마찬가지로 분양보증이 보다 강한 신용보강

---

8) 보증기관이 수분양자의 이익을 위하여 발급하는 분양보증과는 다르다.

을 위해서 분양보증 제공자가 쌍무계약에서의 일반적인 항변권의 행사하지 아니하고 보증금액(매매대금)을 지급한다는 약정을 할 필요가 있다. 분양보증은 분양의 실패나 저조라는 일정한 조건 충족시에 부담하는 의무로서 무조건적인 지급의무를 부담하는 보증과는 구별된다. 시공사가 보증이나 채무인수와 같은 전면적인 신용보강을 제공하는 대신 제한적인 신용보강을 제공하는 방법으로 활용되고 있다.

3. 부동산보장가액보상보험

한때 국내 부동산 개발사업에서 보험회사가 건설된 부동산의 사전확정가액(assured value)을 보장하는 보험으로서 특정 시점의 부동산의 시장매도가격과 보장가액의 차액을 담보하는 **부동산보장가액보상보험**(assured value insurance)을 취급하기도 하였으나 보험회사 입장에서도 위험이 워낙 크고 재보험이 어려운 만큼 보험인수(상품판매)의 절차가 매우 어려워 현재에는 크게 활용되지 않고 있다.

Ⅲ. 대출확약

프로젝트의 건설에 투입된 대출금은 장래 사업시행자가 차입한 새로운 대출금으로 상환될 수도 있다. 분양보증과 유사하게 장래 현금수입을 보장하기 위해서 금융기관 등 여신 취급이 가능한 자가 장래 시장에서 판매(매각)되지 않은 사업목적물(미분양물건)을 담보로 일정한 대출을 확약하기도 한다. 사업목적물의 건설에 필요한 자금을 대출을 한 대주의 입장에서는 비록 미분양물건의 매각대금 전체가 유입되지 않더라도 금융기관의 담보대출확약에 따라 장래 유입될 대출금액으로 프로젝트금융대출을 상환 받을 수 있게 된다.

국내 부동산 개발사업에서는 시공사가 대출금에 대한 지급보증이나 무조건적인 채무인수확약과 같은 전면적인 신용제공에 갈음하여 장래 대출금의 만기시에 사업시행자로 하여금 새로운 대출금을 차입하여 당초 사업목적물의 건설에 필요한 자금을 조달하기 위한 대출금을 상환(소위 refinancing)되도록 할 것임을 확약하기도 한다.

Ⅳ. 사업시행권과 관리형토지신탁

흔히 국내 부동산 개발사업에서 차주의 물적 자산 이외에도 차주의 인허가 상의 지위, 계약상의 지위 기타 사업에 필요한 유·무형의 자산, 권리나 지위 일체를 소위 **사업시행권**이라 정의하고, 차주가 기한의 이익을 상실할 경우 사업시행권을 포기하고 대주가 지정하는 자에게 사업시행권을 양도하거나 대주에게 양도할 권한을 위임하는 소위 **사업시행권포기각서**를 받아 둔다. 사업시행권은 법적으로 정의된 개념은 아니며, 사업시행권포기각서로 사업에 필요한 개별 유·무형의 자산 모두가 양도될 수 있는 것도 아니므로 차주의 기한의 이익 상실시 대주에 의한 담보권 실행 기타 대주의 권리 행사에 관하여 처분가격의 적정성에 대한 다툼 등 일체의 이의를 제기하지 않을 것을 사전에 확인받아 두는 정도의 의미를 가지는 것으로 이해된다.

앞서 설명한 바와 같이 현행 담보제도로 담보 설정이 될 수 없는 자산의 환가는 주식에 대한 담보의 실행으로 실현될 수밖에 없다. 주식에 대한 담보의 실행 역시 절차의 어려움이 있기 때문에 실무적으로 신탁회사로 하여금 사업을 시행하는 법적 주체의 역할을 수행하도록 하는 소위 관리형토지신탁을 많이 이용한다.9) 다만 관리형토지신탁에서는 시행사, 대주나 시공사 등 신탁계약의 당사자가 신탁계약에 따라 가지는 자신의 권리의 행사에 앞서 신탁회사가 사업을 시행하는 법적 주체로서 제3자에 대하여 부담하는 의무(특히 수분양자와의 분양계약에 따른 의무)의 이행(또는 소멸)이 먼저 이루어질 것을 조건으로 삼기 때문에 신탁회사에게 그와 같은 의무가 성립된 이후에는 대주 기타 신탁계약의 당사자가 신탁회사에게 제3자에 대하여 부담하고 있는 의무에 반하여 업무를 수행할 것(부동산의 처분 지시 등)을 요구하는 것이 제한될 수도 있다.

Ⅴ. 부동산대출자산의 유동화

원래 증권의 인수를 주된 업무를 하는 증권회사는 부동산 개발사업에 직접 대주가 될 수가 없었다. 증권회사가 부동산 개발사업에 있어 자금을 주선 내지 제공하는 역할을 할 수 있기 위해서 대출채권의 자산유동화로 발행되는 유동

---

9) 제1편 제5장 제5절 I. 2. 다. 참조

화증권을 인수하는 거래가 이루어지고 있다. 증권회사는 유동화회사로 하여금 부동산 개발사업에 대한 대출을 실행 또는 매입하도록 하고, 유동화회사가 그러한 대출의 실행 또는 매입에 필요한 자금을 조달하기 위하여 발행하는 기업 어음이나 단기사채 등을 총액인수함으로써 직접 대출을 하지 않더라도 실질적으로 부동산 개발사업을 위한 자금을 주선 내지 제공하는 역할을 할 수 있게 된다.

VI. 투자신탁과 부동산투자회사

1. 투자신탁

금융시장의 발전에 따라 부동산 개발사업에 대한 투자에 있어 자본시장법에 따른 집합투자기구가 활발하게 이용되고 있다. 부동산 개발사업에 있어 집합투자기구에는 부동산 개발사업에 출자하거나 대출하여 얻은 수익을 분배하는 집합투자기구뿐만 아니라 직접 부동산을 매입하여 처분 또는 운영하여 얻은 수익을 분배하는 집합투자기구도 있다. 후자의 경우 자산을 보관하는 신탁업자는 부동산을 소유하는 법적 주체로서 자신의 명의로 부동산의 보유와 관리에 필요한 자금을 차입하거나 임대차계약, 용역계약 등 필요한 계약을 체결하기도 하지만 건설된 부동산의 소유와 관리를 넘어 직접 부동산을 건설하는 사업까지 시행하기에는 한계가 있다.

2. 부동산투자회사

다수의 투자자로부터 자금을 모아 부동산의 건설부터 직접 사업의 법적 주체로서 사업을 시행하여 수익을 분배하는 간접투자기구인 부동산투자회사(소위 real estate investment trusts; REITs)가 이용된다. 투자자는 소규모 자금으로도 부동산투자회사에 투자함으로써 대형 부동산에 대한 투자 기회를 얻고, 상장된 부동산투자회사의 경우 필요할 때 보유 주식을 팔아 현금화할 수 있다.

부동산투자회사는 부동산투자회사법에 따라 설립된 집합투자기구로서 (가) 5인 이상의 자산운용전문인력을 포함한 임직원을 상근으로 두고 자산의 투자 운용을 직접 수행하는 **자기관리부동산투자회사**와 (나) 자산의 투자·운용을 자산관리회사(AMC)에 위탁하는 **위탁관리부동산투자회사**가 있다.

위탁관리부동산투자회사 중에 투자대상이 기업구조조정용 부동산(매각대금의 50% 이상을 기업채무 상환용으로 사용하는 부동산)이어야 하는 부동산투자회사를 '부동산구조조정 부동산투자회사'라 한다. 위탁관리 부동산투자회사와 기업구조조정 부동산투자회사가 배당가능이익의 90% 이상을 배당할 경우 그 배당금액을 법인세 과세 대상인 사업연도의 소득금액에서 공제되어 법인세가 발생되지 않고(법인세법 제51조의2 제1항 제4호), 부동산투자회사가 소유하는 토지는 재산세가 0.2%의 단일 세율을 적용 받아 종합부동산세 대상에서 제외된다(지방세법 제106조 및 동법시행령 제102조).

제6절 사회기반시설에 대한 민간투자사업

I. 개관

도로·철도·항만·학교·환경시설 등 각종 생산활동의 기반이 되는 시설, 해당 시설의 효용을 증진시키거나 이용자의 편의를 도모하는 시설 및 국민생활의 편익을 증진시키는 시설인 사회기반시설은 전통적으로 각 사회기반시설을 규율하는 개별 행정 관련 법령에 따라 주로 정부의 재정으로 건설·운영되었다. 그러나 정부재정의 부족으로 수요에 맞는 사회기반시설을 적기에 확충하는데 한계가 있다. 사회기반시설의 건설에 민간자본이 투입될 수도 있겠지만 사회기반시설의 수요자로부터 받을 수 있는 수입만으로는 투입된 민간투자의 회수에 충당하기에 부족한 경우가 많다.

이에 정부는 『사회기반시설에 대한 민간투자법』('민간투자법')을 제정하여 사회기반시설에 대한 민간투자를 촉진을 도모하였다. 개별 사회기반시설을 규율하는 행정 관련 법령에 따라서는 민간사업자도 주무관청으로부터 사회기반시설을 건설·운영할 수는 지위를 부여받을 수 있는 경우도 있으므로 사회기반시설에 대한 민간투자가 반드시 민간투자법에 따라야 하는 것은 아니다. 다만 민간투자법은 동법에서 정하는 절차에 따라 이루어지는 민간투자에 대하여는 다음과 같은 다양한 지원을 규정하고 있으므로 민간투자법에 따른 지원을 받고자 하는 경우에는 민간투자법에 따라 사업을 시행할 수밖에 없다.

① 국가나 지방자치단체는 국유재산법 및 『공유재산 및 물품 관리법』에도 불구하고 사업시행자에게 사회기반시설에 필요한 국·공유지를 수의계약으로 매각하거나 무상으로 사용·수익하게 할 수 있다(민간투자법 제19조).

② 사업시행자는 민간투자사업의 시행을 위하여 필요한 경우에는 『공익사업을 위한 토지 등의 취득 및 보상에 관한 법률』 제3조에 따른 토지·물건 또는 권리를 수용 또는 사용할 수 있다(민간투자법 제20조).

③ 국가나 지방자치단체는 사업시행자에게 보조금을 지급하거나 장기대부를 할 수 있다(민간투자법 제53조). 주무관청은 이를 근거로 사회기반시설의 건설에 필요한 자금의 일부나 장래 민간투자의 상환재원이 될 운영수입의 부족분을 재정으로 지원할 수 있다.

④ 사업시행자는 민간투자법에 따른 사회기반시설투융자집합투자기구 또는 그 밖의 일정한 금융기관들로부터 민간투자사업에 필요한 자금을 차입할 경우 산업기반신용보증기금의 보증을 받을 수 있다(민간투자법 제34조)

⑤ 민간투자사업의 시행을 위하여 농지 또는 산지의 전용이 필요한 경우에는 사업시행자에게 농지법 또는 산지관리법에서 정하는 바에 따라 농지보전부담금 또는 대체산림자원조성비를 감면하고, 『개발이익환수에 관한 법률』 또는 수도권정비계획법에서 정하는 바에 따라 개발부담금 또는 과밀부담금을 감면할 수 있다(민간투자법 제56조).

⑥ 조세특례제한법 또는 지방세특례제한법에서 정하는 바에 따라 조세를 감면 받을 수 있다(민간투자법 제57조).

⑦ 민간투자사업에 대한 원활한 출자와 대출이 이루어질 수 있도록 공정거래법, 은행법 등 법령상 규제가 완화된다.[10]

---

10) 공정거래법 제12조 제3항 제3호(사업시행자 발행주식 취득에 관한 기업결합신고 면제), 공정거래법 제2조 제2호(사업시행자의 기업집단편입에 대한 특례), 제10조의2(사업시행자를 위한 채무보증금지 적용 배제), 은행법 제35조 제1항 제1호(동일차주에 대한 신용공여 제한 완화), 금융산업의 구조개선에 관한 법률 제24조 제1항과 제6항(금융기관의 사업시행자 발행주식 취득에 대한 출자 승인), 금융지주회사법 제2조 제1항(금융지주회사의 민간투자사업에 대하여 최대주주가 아닌 출자의 허용)

Ⅱ. 민간투자사업의 절차와 방식

1. 민간투자사업의 절차

민간투자사업은 민간투자법 및 동법시행령과 그에 따라 수립된 민간투자사업기본계획에 따라 규율되며, 주무관청은 민간투자사업기본계획에 따라 선정된 개별 사회기반시설에 관하여 사회기반시설기본계획을 수립하여 공고한다. 사회기반시설기본계획에 따라 선정된 사업시행자는 주무관청(사회기반시설을 관장하는 행정기관의 장)의 업무와 개별 사업의 시행의 조건을 정하는 실시협약을 체결하여 그에 따라 사업을 시행하게 된다.

2. 민간투자사업의 방식

가. 민간투자사업의 제안주체에 따른 구분

민간투자사업은 주무관청이 민간투자 대상 사업을 지정하여 사업시행자를 모집하는 **정부고시사업**(민간투자법 제10조)과 사업시행자가 사업을 발굴하여 주무관청에게 민간투자사업으로 시행할 것을 제안하는 **민간제안사업**(민간투자법 제9조)으로 구분된다.

나. 사업시설에 대한 소유권의 귀속 주체와 시기에 따른 구분

민간투자사업은 건설된 사업시설에 대한 소유권의 귀속 주체와 시기에 따라 주로 다음의 방식으로 시행되며, 그 이외에 주무관청이 민간투자시설사업기본계획에서 제시한 방식이나 사업시행자가 제안하여 주무관청이 타당하다고 인정하여 채택된 방식으로도 시행될 수 있다(민간투자법 제4조).

① BTO(Build－Transfer－Operate) **방식**: 사회기반시설의 준공과 동시에 해당 시설의 소유권이 국가 또는 지방자치단체에 귀속되며, 사업시행자에게 일정 기간의 시설관리운영권을 인정하는 방식(아래 제2호에 해당하는 경우는 제외한다)

② BTL(Build－Transfer－Lease) **방식**: 사회기반시설의 준공과 동시에 해당 시설의 소유권이 국가 또는 지방자치단체에 귀속되며, 사업시행자에게 일정기간의 시설관리운영권을 인정하되, 그 시설을 국가 또는 지방자치

단체 등이 협약에서 정한 기간 동안 임차하여 사용·수익하는 방식

③ BOT(Build – Operate – Transfer) **방식:** 사회기반시설의 준공 후 일정 기간 동안 사업시행자에게 해당 시설의 소유권이 인정되며, 그 기간이 만료되면 시설소유권이 국가 또는 지방자치단체에 귀속되는 방식

④ BOO(Build – Own – Operate) **방식:** 사회기반시설의 준공과 동시에 사업시행자에게 해당 시설의 소유권이 인정되는 방식

다. 민간투자사업의 수입의 유형에 따른 구분

민간투자사업은 민간투자의 상환재원인 수입의 유형에 따라 사회기반시설의 이용자로부터 사용료를 얻어 투자비를 회수하는 '수익형 민간투자사업'과 국가나 지방자치단체가 시설을 사용하고 지급하는 임대료를 얻어 투자비를 회수하는 '임대형 민간투자사업'으로 구분된다.

수익형 민간투자사업은 도로·철도·항만과 같이 시설의 사용자로부터 개별적으로 사용료를 징수하는 것이 용이한 시설을 대상으로 BTO, BOT나 BOO의 방식으로 시행된다.

임대형 민간투자사업은 학교·문화시설·복지시설과 같이 이용자로부터 시설 그 자체의 사용에 대한 대가를 징수하는 것이 어려운 시설을 대상으로 BTL의 방식으로 시행된다.

3. 부대사업

주무관청은 사업시행자가 민간투자사업을 시행할 때 해당 사회기반시설의 투자비 보전(補塡) 또는 원활한 운영, 사용료 인하 등 이용자의 편익 증진, 주무관청의 재정부담 완화 등을 위하여 필요하다고 인정하는 경우에는 주무관청의 승인을 얻어 민간투자사업과 연계하여 주택법에 따른 주택건설사업, 도시개발법에 따른 도시개발사업, 『산업입지 및 개발에 관한 법률』에 따른 산업단지개발사업 등을 시행할 수 있다(민간투자법 제21조 제1항). 부대사업에서 발생하는 이익은 사회기반시설의 사용료의 인하 등에 사용한다(민간투자법 제21조 제14항).

Ⅲ. 실시협약

1. 실시협약의 의의

민간투자법에 따라 민간투자사업을 시행하려는 자는 주무관청과 사업시행의 조건 등에 관하여 **실시협약**을 체결한다(민간투자법 제2조 제7호). 주무관청은 실시협약의 체결로 민간투자사업을 시행하려는 자를 사업시행자로 지정하므로 민간사업자는 실시협약이 체결된 때에 비로소 민간투자법에 따른 '사업시행자'의 지위를 가진다(민간투자법 제13조 제3항).

2. 실시협약의 법적 성질

실시협약의 법적 성질이 공법상 계약인지 사법상 계약인지에 관하여 견해의 대립이 있으나 실무적으로 공법상 계약과 사법상 계약의 구분이 그리 의미가 있는 것은 아니다.

서울고등법원은 사업시행자 지정의 효력을 가지는 실시협약을 단순한 사법적 계약관계로 볼 수 없고, 실시협약 체결 이전에 민간사업자를 '우선협상자로 지정하는 행위'는 항고소송의 대상이 되는 행정처분이 된다고 판시하여 실시협약을 공법상 계약이라는 입장으로 이해된다.[11] 실시협약을 공법상 계약으로 보는 경우에 실시협약에 따른 당사자 사이의 권리의무에 관한 소송은 민사소송이 아니라 행정소송법상 당사자소송에 의하여야 한다(행정소송법 제3조 제2호). 실시협약 체결 이전에 민간사업자를 우선협상자로 지정하는 행위가 행정처분인 이상 실시협약에 따른 사업시행자의 지정 역시 항고소송의 대상이 되는 행정처분이 된다.

3. 실시협약의 내용

실시협약에는 주로 다음과 같은 내용이 포함된다.

① 기본 사항: 사업시행자의 지정, 당사자의 기본적 권리의무, 무상사용기간(운영기간), 사업수익률 등

---

11) 서울고등법원 2004. 6. 24. 선고 2003누6483 판결

② 사업의 시행절차: 실시계획의 승인 절차, 사업이행보증 등

③ 건설에 관한 사항: 공사착수시기, 공사기간, 공사감리, 공사에 관한 준수사항, 공사지연에 대한 책임, 하자보수 등

④ 운영에 관한 사항: 사용료, 운영비용, 유지보수 등 운영시 준수사항 등

⑤ 주무관청의 지원에 관한 사항: 건설에 필요한 비용의 일부 보조(건설보조금), 운영수입의 보전(minimum revenue guarantee: MRG) 등

⑥ 위험(귀책사유와 불가항력)의 유형과 효과

⑦ 중도해지의 사유와 절차 및 해지의 사유별 해지시지급금(투입된 민간투자금의 원금과 수익에 대한 보상으로서 주무관청이 사업시행자에게 지급하여야 할 금액) 등

⑧ 사업기간 만료에 따른 협약의 종료와 절차

⑨ 분쟁절차 등 기타 법률적 조건

무릇 계약에서는 당사자들 상호간의 대가관계를 논리적으로 정교하게 기술하여야 장래 발생 가능한 위험(각 당사자의 귀책사유와 불가항력)에 따른 법적 효과(당사자들의 권리의무)를 명확하게 할 수 있다. 민간투자사업에 있어 주무관청과 사업시행자 사이의 경제적 대가관계는 민간투자사업기본계획에서 정하고 있는 민간투자의 수익률과 그에 따라 결정된 사용료(또는 임대료) 산정하기 위한 산식에 바탕을 두고 있다. 따라서 실시협약의 서술은 위 산식에 기초한 각 당사자의 대가관계를 중심으로 기술하여야 계약의 완전성, 즉 계약서의 기재 내용 자체로 당사자들의 권리의무를 확정하는 것이 가능한 것이다.

그런데 과거부터 현재에 이르기까지 실무적으로 실시협약은 민간투자사업기본계획에 규정된 기본적 대가관계를 중심으로 서술하지 아니한 채 사업이 시행되는 시간적인 순서로 나타날 수 있는 사유나 현상들에 관하여 단편적으로 서술한 나머지 장래 발생 가능한 모든 위험(각 당사자의 귀책사유와 불가항력)과 그에 따른 법적 효과(당사자들의 권리의무)가 모두 규정하지 못하는 한계를 가지고 있다. 민간투자의 수익률과 그에 따라 결정되는 사용료(또는 임대료)를 산정하기 위한 방정식에는 민간투자금, 건설기간, 운영기간, 운영수입, 운영비용 등 수많은 변수가 존재하고, 각 변수는 주무관청의 귀책사유, 사업시행자의 귀책사유와 불가항력사유에 따라 그 법률효과가 다르다. 그런데 단순히 사업

의 시간적 경과에 따라 당사자의 권리의무를 기술한 나머지 어느 시간적 단계에서는 그와 같은 변수와 그 변경에 따른 법률효과(권리의무)의 일부가 누락되어 있기도 한다. 이에 실시협약과 별도로 민간투자사업기본계획을 이해하지 아니하면, 실시협약에서 정한 문구만으로는 당사자들이 어떠한 의사로 실시협약의 문언을 정한 것인지 해석하기에 어려움을 겪을 수도 있다.

4. 관리운영권

사업시행자는 사회기반시설을 건설할 수 있는 권한과 지위를 가지며, 주무관청으로부터 사회기반시설의 준공확인을 받은 경우에는 실시협약에서 정하는 일정한 기간 동안 무상으로 사용·수익하여 시설사용자로부터 사용료를 징수할 수 있는 사회기반시설관리운영권(**관리운영권**)을 설정 받을 수 있다(민간투자법 제26조).

관리운영권은 물권으로 보며, 민간투자법에 특별한 규정이 있는 경우를 제외하고는 민법 중 부동산에 관한 규정을 준용한다(민간투자법 제27조). 관리운영권에 대한 근저당권의 설정이 가능하다. 하지만 주무관청에 의하여 전면적으로 관리·감독되고 있는 민간투자사업의 현실에서는 실시협약의 당사자인 주무관청의 동의를 얻어 실시협약상 사업시행자의 지위를 승계 받지 않는 한 관리운영권만의 취득으로 온전한 사업 시행이 어려우므로 근저당권의 실행에 따른 관리운영권의 처분만으로 실효적인 채권추심을 기대하기는 어렵다.

Ⅳ. 주무관청의 장래 현금흐름에 대한 보장

1. 운영수입의 보장

과거 민간투자사업에서는 민간투자의 상환재원이 되는 장래 현금흐름을 보장하기 위해서 주무관청이 사업시행자가 얻을 최소운영수입을 보장하고, 실제 운영수입이 최소운영수입에 미달할 경우 미달된 금액을 재정으로 지급하였다.

민간투자사업의 초기 시장금리 높았던 시점에 민간에서 투자한 출자금과 대출금 전부에 대하여 통상 30년의 장기간 동안 일정한 수익률(투자수익률,

ROI)을 얻을 수 있는 최소운영수입을 보장하였다. 따라서 금융시장의 발전에 따라 시장금리가 낮아지게 되면 레버리지의 효과로 출자금의 수익률(자기자본수익률)이 높아지고, 금리 하락에 따른 이익은 모두 민간사업자의 이익으로 귀속되어야 했다.

초기 민간투자사업은 주로 건설회사들이 출자하였는데, 건설회사로서는 금융투자를 업으로 하지 않으므로 사회기반시설이 준공된 후에는 사업시행자의 주식을 양도하여 출자금을 회수할 수밖에 없다. 금융시장의 발전에 따라 시장금리가 낮아지는 장기 추세를 간과하고 높은 투자수익률을 보장하였던 정부로서는 건설회사가 주식양도로 막대한 자본이익을 얻는 것을 받아들일 수 없어 실시협약에서 주식의 양도를 제한한 바도 없음에도 불구하고 민간투자법에 따른 주무관청의 일반적인 감독권을 근거로 사업시행자의 주식양도를 금지하는 명령을 하고, 주무관청의 주식양도를 승인을 받기 위해서는 당초 약정된 최소운영수입보장의 수준을 낮출 것을 요구하였다. 이러한 조치는 법치행정의 원리와 실시협약에 반하는 것임에도 불구하고, 현실적으로 정부의 감독하에 있는 건설회사로서는 조속한 출자금의 회수를 위해서 이를 수용할 수밖에 없었다.

그 후 민간투자사업기본계획에서 다음과 같은 행위를 자금재조달로 정의하고, 자금재조달의 결과 사업시행자가 얻은 이익 중 일정 비율에 해당하는 금액만큼 최소운영수입보장의 축소, 사용료의 인하, 운영기간의 단축 등을 하는 소위 '이익공유'라는 제도를 정하였고, 실시협약에도 그와 같은 내용을 포함하였다.

① 5% 이상의 출자자 지분 변경. 최소운영수입보장이 없는 경우 5% 이상 단순 출자자 지분 변경
② 자기자본, 후순위채 등을 증감시키는 등 자본구조의 변경
③ 타인자본 조달금리, 상환기간, 부채상환금 적립조건 등 타인자본 조달조건의 현저한 변경

최소운영수입보장은 사업시행자의 이익에 부과되는 법인세의 부담도 보전될 수 있도록 산정되는데, 지방자치단체가 주무관청인 민간투자사업의 경우에는 중앙정부에 귀속될 법인세마저 지방재정으로 지원하는 결과가 된다. 이에

자금재조달이 이루어질 때까지 최소운영수입보장의 과중한 부담을 견디기 어려웠던 지방자치단체는 기존 출자자로 하여금 낮은 수익률로 투자 가능한 연기금 등 금융기관에게 주식을 양도할 것을 직·간접적으로 종용하고, 금융기관이 투자한 주식매매대금과 대출금 전부에 대하여 국채수익률을 약간 상회하는 최소한의 수익률로 산정된 원금과 수익이 상환될 수 있는 수준의 운영수입을 보장하여 법인세 발생 가능성을 제거함으로써 최소운영수입보장에 따른 부담을 줄이는 소위 민간투자사업의 **사업재구조화**를 실행하였다.

그 후 정부는 위와 같은 사업재구조화의 관행을 참고하여 최소운영수입보장에 따른 과중한 재정부담을 줄이기 위해서 민간의 출자금과 대출금에 대하여 국채수익률을 반영하여 원금과 수익이 회수 가능하도록 하되, 사업의 손익을 민간사업자와 분담하는 제도를 민간투자사업기본계획에 반영하여 실행하기에 이르렀다.

2. 매수청구권

사업시행자는 다음 각 호의 어느 하나에 해당하는 사유가 발생한 경우에는 국가나 지방자치단체에 그 사업(부대사업을 포함한다)을 매수해 줄 것을 요청할 수 있다(민간투자법 제59조, 동법시행령 제39조).

① 천재지변, 전쟁 등 불가항력적인 사유로 6개월 이상 공사가 중단되거나 총사업비가 50퍼센트 이상 증가한 경우

② 천재지변, 전쟁 등 불가항력적인 사유로 6개월 이상 시설의 운영이 중단되거나 시설의 보수비용 또는 재시공비가 원래 총사업비의 50퍼센트를 넘은 경우

③ 국가나 지방자치단체가 실시협약에서 정한 국가 또는 지방자치단체의 이행사항을 정당한 이유 없이 해당 사유 발생을 통보 받은 날부터 1년 이상 이행하지 아니한 경우 또는 정당한 이유 없이 이행하지 아니하여 해당 시설의 공사 또는 운영이 6개월 이상 지연 또는 중단된 경우

④ 그 밖에 주무관청이 사업시행자의 매수청구권을 인정하는 것이 타당하다고 판단하여 실시협약에서 정한 요건이 발생한 경우

매수청구권이 행사되는 경우에 사업시행자에게 지급되는 금액의 산정기준,

산정방법, 그 밖에 필요한 사항은 청구 당시의 사회기반시설(관련 운영설비를 포함한다), 부대사업시설 및 해당 사업의 영업권 등의 적정 가치를 고려하여 실시협약에서 정할 수 있다(민간투자법시행령 제40조).

3. 해지시지급금

매수청구권은 주무관청의 귀책사유 또는 불가항력이 발생된 경우에 적용되는데, 주무관청의 귀책사유 또는 불가항력사유를 보다 구체적으로 정의할 필요가 있고, 나아가 민간투자를 촉진하기 위하여 사업시행자의 귀책사유로 실시협약이 해지된 경우라도 투하된 민간투자금의 일부(적어도 타인자본 금액)라도 회수되도록 할 필요가 있다. 이에 실시협약에서는 주무관청의 귀책사유, 불가항력사유와 사업시행자의 귀책사유로 실시협약이 해지될 경우 건설 중이거나 건설된 사회기반시설(운영설비나 부대사업시설 포함) 전부를 주무관청에게 귀속12)시키고 사유별로 일정한 금액(해지시시급금)을 지급하는 약정을 한다. 사업시행자가 매수청구권을 행사한 경우도 실시협약은 해지되고, 매수청구의 사유에 따라 주무관청의 귀책사유 또는 불가항력사유에 따른 해지시지급금에 준하여 매수가액을 산정한다.

V. 민간투자사업을 위한 프로젝트금융

민간투자사업을 위한 프로젝트금융은 프로젝트금융의 일반적인 원리와 같으며, 주무관청의 다양한 행정적·재정적 지원(실시협약의 내용)이 프로젝트금융이 성공에 결정적인 영향을 미친다.

사회기반시설사업에 자산을 투자하여 그 수익을 배분하는 것을 목적으로 하는 사회기반시설투융자회사나 사회기반시설투융자신탁을 설정할 수 있고(민간투자법 제41조), 사회기반시설투융자회사는 동일 종목에 자산의 100%까지 투자할 수 있는 등 자본시장법에서 정한 집합투자기구에 대한 제한 등에 대한 일정한 특례를 인정하고 있다(민간투자법 제44조). 자본시장법에 따른 특별자산집합투자기구는 집합투자재산의 50%를 초과하여 민간투자사업의 사업시행자가

---

12) 건설되어 주무관청에게 소유권이 귀속된 사회기반시설의 경우에는 관리운영권을 소멸시킨다.

발행한 주식과 채권이나 민간투자사업의 사업시행자가 발행한 주식과 채권을 취득하거나 그 법인에 대한 대출채권을 취득하는 방식으로 투자하는 것을 목적으로 하는 법인의 지분증권에 투자할 수 있다(자본시장법 제229조 제3호).

사업시행자, 자산유동화법에 따른 유동화전문회사 또는 대통령령으로 정하는 금융회사등은 대통령령으로 정하는 바에 따라 민간투자사업의 추진에 필요한 재원의 조달 또는 민간투자사업으로 인한 채무의 상환을 위하여 채권(**사회기반시설채권**)을 발행할 수 있도록 하고(민간투자법 제58조), 정부는 민간투자사업에 필요한 자금이 원활하게 조달될 수 있도록 산업기반신용보증기금을 조성하여 사업시행자에 대한 대출, 사업시행자 등의 발행하는 사회기반시설채권에 대한 보증을 제공하도록 하고 있다.

제5장

자산유동화

제1절 의의와 효용

I. 자산유동화의 의의의 특성

자산의 유동화(流動化)는 유동성(liquidity)이 낮은 자산(유동화자산)을 보유하는 자(자산보유자)가 유동화자산을 자산보유자의 신용위험으로부터 절연시키고 장래 유동화자산으로부터 발생하는 현금흐름을 상환재원으로 자금을 조달하는 방법을 말한다.

자산유동화는 자산보유자와 별도의 법인격을 가지는 특수목적회사(SPC, 유동화회사)에게 유동화자산을 양도하거나 신탁회사(유동화회사와 함께 **특수목적기구**)(special purpose vehicle; SPV)에게 유동화자산을 신탁하는 방법으로 유동화자산을 자산보유자의 채권자가 강제집행할 수 있는 책임재산에서 배제시키는 것을 핵심적인 요소로 한다.

자산유동화의 기본적 구조와 거래 내용은 다음과 같다.

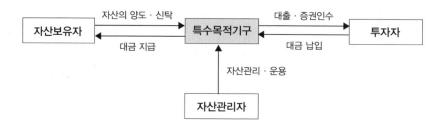

① 특수목적기구가 될 유동화회사를 설립하거나 신탁회사를 선정한다.
② 자산보유자는 유동화자산을 특수목적기구에게 양도 또는 신탁의 방법으로 이전한다.
③ 특수목적기구는 유동화자산으로부터 얻을 미래현금흐름을 상환재원으로 차입하거나 증권을 발행하고, 투자자로부터 차입금이나 증권의 발행금액을 수령한다.
④ 특수목적기구는 투자자로부터 수령한 차입금이나 증권의 발행금액으로 자산보유자에게 유동화자산의 양도 또는 신탁에 대한 대가를 지급한다.
⑤ 자산관리자는 특수목적기구를 위하여 유동화자산을 관리·운용 및 처분하고, 특수목적기구로 하여금 그로부터 얻은 수입으로 대출이나 증권의 원리금을 상환하도록 한다.

특수목적기구는 장래 유동화자산으로부터 발생하는 현금흐름을 상환재원으로 하여 차입(유동화대출, asset-backed loan; ABL)하거나 증권(유동화증권, asset-backed security; ABS)을 발행하는 방법으로 자금을 조달하고, 자산보유자는 특수목적기구로부터 유동화자산을 양도 또는 신탁한 대가를 지급받음으로써 자금을 조달하는 효과를 얻을 수 있게 된다. 자산을 증권으로 전환시키는 자산유동화를 자산의 **증권화**(securitization)라고 한다.

유동화대출이나 유동화증권은 유동화자산으로부터 발생하는 현금흐름을 상환재원으로 하므로 특수목적기구는 오로지 유동화자산을 보유하고 유동화대출이나 유동화증권을 상환하는 법적 주체로서만 존속하고 자산유동화 이외에 다른 영업이나 행위를 할 수 없도록 하며, 특수목적기구의 업무는 자산관리자 등 제3자에게 위탁하여 수행하도록 한다.

Ⅱ. 유사한 거래와의 구별

1. 자산유동화와 집합투자

자본시장법상 집합투자란 2인 이상의 투자자로부터 모은 금전등을 투자자로부터 일상적인 운용지시를 받지 아니하면서 재산적 가치가 있는 투자대상자산을 취득·처분, 그 밖의 방법으로 운용하고 그 결과를 투자자에게 배분하여 귀속시키는 것을 말한다(자본시장법 제6조 제5항).

자본시장법에서 집합투자를 규율하는 것은 기본적으로 집합투자를 위한 '기구'의 모습이나 형태를 규제하기 보다는 타인의 자산을 위탁 받아 운용하는 행위(집합투자업자가 아닌 자에 의한 집합투자재산의 운용행위)를 규제하기 위한 것이다. 집합투자에서는 금전등의 운용을 위탁 받은 자가 투자자로부터 일상적인 운용지시를 받지 않으며, 자산을 운용한 '결과'에 따라 수익을 배분한다. 이는 자산의 운용을 위탁 받은 자가 적극적으로 자산을 운용할 권한이 부여되었음을 의미한다.

그에 반하여 자산유동화에서는 자산유동화계획(자산유동화법에 의한 자산유동화의 경우)이나 유동화 관련 계약(자산유동화법에 의하지 아니한 자산유동화의 경우)에는 미리 운용할 대상(유동화자산)이 특정되어 있고, 자산관리자 등 특수목적기구의 업무를 위탁 받은 자의 업무는 유동화자산을 안전하게 관리하고 현금화하여 유동화증권을 상환하는 것이지 유동화자산이나 그로부터 발생한 현금을 적극적으로 운용하여 가치를 증식하는 것이 아니다.

이에 자본시장법은 자산유동화법 제3조의 자산유동화계획에 따라 금전등을 모아 운용·배분하는 경우에는 집합투자에서 제외된다고 명시하고 있다(자본시장법 제6조 제5항 제2호). 자산유동화법에 의하지 아니한 자산유동화도 자산관리자 등의 업무가 자산유동화의 목적과 특성에 맞게 한정되어 있는 이상 집합투자에 해당하지 않는다고 본다.

2. 자산유동화와 투자일임업

자본시장법상 투자일임업이란 투자자로부터 금융투자상품등에 대한 투자판단의 전부 또는 일부를 일임받아 투자자별로 구분하여 그 투자자의 재산상태나 투자목적 등을 고려하여 금융투자상품등을 취득·처분, 그 밖의 방법으로 운용하는 것을 영업으로 하는 것을 말한다(자본시장법 제6조 제8항).

자산유동화에서는 운용할 대상(유동화자산)이 특정되어 있고, 자산관리자 등은 적극적으로 자산을 운용하여 가치를 증식하는 것을 업무로 하지 않으므로 투자자의 적극적인 자산가치 증식을 목적으로 하는 투자임이라 해석하기는 어렵다고 본다.

3. 사업유동화

외국에서 새로 설립된 SPC가 증권을 발행하여 얻은 자금으로 부동산, 동산, 채권, 계약 등으로 구성되는 사업 일체를 보유하는 회사에게 대출을 하면서 대상 사업의 자산에 대한 담보를 취득하고, 그 사업으로 얻은 현금흐름으로 대출원리금을 상환 받아 자신이 발행한 증권의 원리금을 상환하는 소위 **사업유동화**가 이루어지기도 하지만 우리나라의 현실에서는 사업유동화를 할 경제적 요구가 있는지 의문이고, 있다 하더라도 담보부대출채권의 유동화로 충분할 것으로 여겨진다.

Ⅲ. 자산유동화의 효용

자산보유자는 원칙적으로 유동화자산을 제외한 나머지 자신의 재산으로 유동화대출이나 유동화증권을 상환할 책임을 부담함이 없이 자금을 조달할 수 있다. 회계기준에 따라 유동화자산을 매각(book-off)한 것으로 회계처리할 수 있는 경우, 자산보유자는 자산유동화로 조달한 자금을 부채로 인식할 필요 없이 유동성을 제고하여 재무구조를 개선하는 효과를 얻을 수 있다. 자산보유자의 신용으로 자금을 조달하기 어려운 경우라도 유동화자산에 대하여 높은 신용평가를 받음으로써 자금을 조달할 수 있거나 자산보유자의 신용으로 자금을 조달하는 경우와 비교하여 낮은 비용으로 자금을 조달할 수 있게 된다. 자산보유자로서는 복잡한 구조의 자산유동화를 위하여 적지 않은 거래비용을 감수할 필요가 있지만 위와 같은 효용을 가진 자산유동화를 할 필요가 있을 수도 있다.

자산유동화는 1970년대 미국에서 주택저당대출채권을 유동화하기 시작하여 리스료채권, 자동차대출채권, 신용카드채권의 유동화로 확대되었다. 우리나

라에서는 1997년 외환위기로 대량으로 금융기관의 부실채권이 발생하자 금융
회사와 금융회사의 부실채권을 양수한 성업공사(현 한국자산관리공사)가 부실채
권을 유동화하여 자금을 회수하는 것을 지원하기 위하여 1998년 자산유동화법
이 제정된 이후 자산유동화가 활발하게 이루어지고 있다. 2007년 미국에서 대
량의 서브프라임 주택담보대출이 부실화되어 이를 유동화하여 발행된 증권에
투자한 금융기관이 막대한 손실을 입게 되어 국제적인 금융위기가 초래되기도
하였지만 이는 적절한 규제와 감독의 부재로 발생된 문제이고, 그에 불구하고
여전히 자산유동화의 효용이 있기 때문에 자산유동화에 대한 규제·감독을 강
화하여 자산유동화가 계속 활용되고 있다.

Ⅳ. 자산유동화에 적용되는 법률

유동화자산을 자산보유자와 다른 법인격을 가진 자에게 이전함으로써 자산
보유자의 신용위험에서 절연시키는 것은 현행 민사법으로도 가능하다. 그러나
현행 민사법만으로 자산유동화를 하기에는 여러 가지 불편함이 존재하기 때문
에 자산유동화법은 자산유동화를 촉진하기 위하여 (가) 자산유동화법에 따라
금융위원회에 자산유동화계획을 등록하여 이루어지는 자산유동화에 관하여 자
산양도 절차의 간소화를 위한 특례를 인정하고(자산유동화법 제7조, 제7조의2, 제
8조), (나) 유동화회사가 배당가능이익의 90% 이상을 배당할 경우 그 배당금액
을 법인세 과세 대상인 사업연도의 소득금액에서 공제되도록 하여 법인세가
발생되지 않을 수 있도록 하고(법인세법 제51조의2 제1항 제1호), (다) 유동화증
권의 공모를 위한 증권신고서의 제출 절차를 마련하여 자본시장에서 자금조달
을 할 수 있도록 허용하였다(자본시장법 제119조 제1항, 동법시행령 제128조 제1항
제7호, 증권의 발행 및 공시 등에 관한 규정 제2-8조).

자산유동화법은 모든 자산유동화에 강제적으로 적용되는 것은 아니며, 자산
유동화법에서 인정하는 특례를 받기 위하여 자발적으로 선택한 경우에만 적용
된다. 유동화 하고자 하는 자산의 성질상 자산유동화법에서 인정하는 특례를
받을 필요가 없는 경우도 있다. 대표적으로 부동산 개발사업에서 프로젝트금
융으로 실행된 대출채권을 유동화하여 기업어음(asset-backed commercial paper;
ABCP) 또는 전자단기사채를 발행하는 경우와 같이 (가) 하나의 대출채권의 양

도하므로 채권양도를 위한 대항요건을 갖추기에 어려움이 없고,[1] (나) 유동화
회사가 유동화자산인 대출채권으로 얻을 수입이 확정되어 있어 유동화증권의
투자자에게 지급될 이자 및 기타 수수료를 공제하면 법인세가 과세될 이익이
발생되지 않는 경우에는 굳이 자산유동화법에 따를 필요가 없다. 유동화증권
의 증권신고서에 관한 규정은 자산유동화법에서 정하는 유동화전문회사 또는
신탁업자가 아닌 회사, 그 밖의 특수목적기구가 자산유동화에 준하는 업무를
하여 발행하는 증권이나 '자산유동법에서 정하는 방법 이외의 방법으로 유동
화자산을 기초로 발행하는 증권'의 증권신고서에 준용하므로 유동화증권의 공
모에 있어서도 자산유동화법에 의한 자산유동화와 별다른 차이가 없다(증권의
발행 및 공시 등에 관한 규정 제2-8조). 현재에는 절차의 간소화와 거래비용의
절감 등으로 발행금액이나 발행건수에 있어 자산유동화법에 의하지 않는 자산
유동화가 대부분을 차지하게 되었다.[2]

한국주택금융공사는 한국주택금융공사법에서 정한 절차에 따라 금융기관
으로부터 양수한 주택저당채권이나 학자금대출채권을 기초로 주택저당증권[3]
이나 학자금대출증권을 발행할 수 있다(한국주택금융공사법 제22조 제1항 제1호,
제2조 제1호). 주택저당증권이나 학자금대출증권은 한국주택금융공사가 금융위
원회에 등록한 채권유동화계획에 따라 발행되며(한국주택금융공사법 제23조), 그
에 적용되는 법률관계는 기본적으로 자산유동화법에 의한 자산유동화와 같다.

흔히 자산유동화법과 한국주택금융공사법에 따른 자산유동화를 '등록유동
화'라 하고, 자산유동화법에 의하지 아니한 자산유동화를 '비등록유동화'라
한다.

---

1) 자산유동화법을 따르지 않는 경우 유동화자산인 대출채권의 양도가 반드시 필요하지 않
   으므로 부동산PF 대출채권의 유동화에서는 SPC가 먼저 CP를 발행하여 조달한 자금으로
   직접 차주에게 대출하는 방법을 이용한다.
2) 2020년 유동화증권의 발행금액 기준 95.2%, 발행건수 기준 97.8%가 자산유동화법에 의하
   지 않는 자산유동화였다(한국기업평가 2020년 유동화증권 발행시장 분석).
3) 저당권으로 담보되는 대출채권을 유동화하여 발행되는 증권을 흔히 mortgage backed
   securities, MBS라 부른다.

제2절 자산보유자로부터 유동화자산의 절연

I. 유동화자산의 법적 분리의 필요성

자산유동화는 유동화자산을 자산보유자의 채권자가 강제집행할 수 있는 책임재산에서 배제시키는 것을 핵심적인 요소로 한다.[4] 이를 위해서는 유동화자산에 대한 권리를 자산보유자와 별도의 법인격을 가지는 특수목적기구에게 이전하기 위하여 요구되는 효력요건과 대항요건을 갖추어야 하고, 유동화자산의 이전이 민법상 채권자취소권,[5] 신탁법상 사해신탁의 취소나 신탁행위의 부인[6] 또는 채무자회생법상 부인[7]의 대상이 되지 않아야 한다.

도산절차에서의 관리인이나 파산관재인은 모든 채권자들의 이익을 위하여 민법상 채권자취소권, 신탁법상 사해신탁의 취소나 채무자회생법상 부인과 같은 제도를 활용하는 이외에도 소유권을 가진 자의 지위를 담보권(회생담보권)을 가지는 지위로 재해석하여 채무자의 재산을 확보하기 위한 노력을 한다. 자산보유자에 대한 회생절차에서 유동화자산의 양도가 진정한 양도가 아니라 담보의 설정으로 재해석될 경우 유동화회사는 회생담보권자로서 유동화자산(담보목적물)의 가액 범위 내에서 자산보유자에게 지급한 유동화자산의 대가를 회생계획에 의해서만 변제 받을 수밖에 없게 된다.

II. 유동화자산의 진정한 양도

1. 자산유동화법에 의한 유동화자산의 양도

자산유동화법에서는 자산유동화계획에 따라 다음에서 정하는 방식으로만 유동화자산을 양도하도록 하고, 그와 같은 요건을 갖춘 경우 담보권의 설정으

---

4) 자산유동화에서는 반드시 유동화자산에 대한 소유권을 자산보유자로부터 분리시킨다는 점에서 자산보유자가 자산에 대한 권리를 그대로 보유하면서 자산의 신용위험(가치하락)만을 특수목적기구에게 이전하는 신용스왑(credit default swap, CDS) 거래와는 구별된다.
5) 제1편 제3장 제3절 IV. 2. 참조
6) 제1편 제5장 제5절 IV. 참조
7) 제1편 제6장 제2절 IV. 1. 참조

로 보지 아니한다고 규정함으로써 자산보유자의 도산절차로부터 투자자를 보호하는 조항(safe harbor)을 두고 있다(자산유동화법 제13조). 이는 거래의 법적 안정을 도모하기 위하여 정한 요건일 뿐이므로 자산유동화법 제13조의 요건에 부합하지 않는다 하여 도산절차에서 담보권의 설정으로 인정되는 것은 아니며, 사정에 따라 충분히 진정한 양도로 인정될 수 있다.

① 매매 또는 교환계약에 의할 것

매매의 형식을 취하였다 하여도 실질적으로 담보 설정인 양도담보나 환매조건부매매는 실질적인 매매가 아니므로 진정한 양도로 볼 수 없다.

② 유동화자산에 대한 수익권 및 처분권은 양수인이 가질 것

매매의 형식을 취하고 있으나 양도 이후 수익권과 처분권 등 양도된 자산에 대한 실질적인 수익권과 처분권이 여전히 양도인에게 유보되어 있다면, 진정한 양도로 보기 어렵다. 다만 양수인이 당해 자산을 처분하는 때에 양도인이 이를 우선적으로 매수할 수 있는 권리를 가지는 경우에도 수익권 및 처분권은 양수인이 가진 것으로 본다(자산유동화법 제13조 제2호 후문). 우선매수권은 양수인의 처분권을 본질적으로 제한하는 것은 아니기 때문이다.

③ 양도인은 유동화자산에 대한 반환청구권을 가지지 아니하고, 양수인은 유동화자산에 대한 대가의 반환청구권을 가지지 아니할 것

자산이 양도된 이후 양도인이 반환청구권을 가지거나 반대로 양수인이 그 대가의 반환청구권을 가질 경우 담보의 성질을 가지므로 이를 진정한 양도로 볼 수 없다. 다만 매매의 무효, 취소 또는 해제되는 경우 반환에 관한 약정을 하더라도 이는 민법 일반원리에 따른 것일 뿐 담보의 성질을 가지려 하는 것은 아니므로 진정한 양도로 인정되는 것에 지장이 없다.

④ 양수인이 양도된 자산에 관한 위험을 인수할 것

매매로 소유권이 양수인에게 이전된 이상 양수인이 자산에 관한 위험을 인수하여야 할 것이며, 양도인이 양도된 자산에 대하여 여전히 어떠한 위험을 부담한다면 진정한 양도라고 볼 수 없다. 다만 자산유동화법은 유동화자산에 대하여 양도인이 일정 기간 그 위험을 인수하거나 하자담

보책임(채권의 경우 채무자의 자력을 담보하는 것을 포함한다)을 지더라도 진정한 양도로 인정될 수 있다(자산유동화법 제13조 제4호 단서).

'위험의 인수'가 포괄적인 개념이므로 어떠한 행위가 위험을 부담하는 행위인지 논란의 여지가 있을 수 있다. 소유권이전의무를 부담하는 매도인이 하자담보책임을 부담하는 것은 매매의 당연한 법리이다. 매매계약에서 매수인이 매수할 자산의 조건(적격)에 부합하지 아니하여 매도인이 책임을 부담하는 것 역시 매도인이 자산의 매도를 위하여 원시적으로 부담하는 책임이지 양도된 자산에 대한 위험을 부담하는 것이라 볼 수 없다. 과거 흔히 자산보유자가 유동화자산의 양도대금 중 일정 금액의 지급에 갈음하여 유동화전문회사가 발행하는 후순위유동화증권을 인수함으로써 투자자가 인수하는 선순위유동화증권의 상환가능성을 제고하는 역할을 하였다. 경제적으로 후순위유동화증권을 인수하는 행위는 유동화자산의 가치 하락시 손실이 발생될 위험을 내포하고 있다. 실무상 금융위원회는 후순위유동화증권의 인수, 하자담보책임의 명목으로 한 유동화자산의 채무자의 자력을 담보하는 행위 기타 직·간접적인 방법으로 유동화자산의 가액의 50%를 초과하여 위험을 부담하는 경우 자산유동화계획의 등록을 거절하고 있다.

2. 자산유동화법에 의하지 아니한 유동화자산의 양도

자산유동화법에 의하지 아니한 유동화자산의 양도에 대하여도 자산유동화법 제13조를 유추적용하여 제13조에서 정하는 요건에 부합한 양도는 진정한 양도로 인정받을 수 있을 것이다. 의사표시를 중시하는 우리나라의 법제에서 경제적 실질만을 가지고 함부로 계약을 재해석할 수는 없고, 담보신탁에 관한 판례8)를 고려하면, 양도인이 자산양도 이후 상당 부분 경제적 위험을 부담하더라도 함부로 도산절차에서 담보권 설정으로 재해석될 것이라 여겨지지는 않는다. 자산유동화의 감독당국이 자신의 내부적인 기준을 적용하여 자산유동화법 제13조에 부합하지 않는다는 이유로 자산유동화법에 따른 절차의 진행을 거절하거나 기타 다른 이유로 자산유동화법에 의하지 않고 자산유동화를 하더라도 충분히 진정한 양도로 인정되어 자산유동화를 할 수 있을 것이다.

---

8) 대법원 2001. 7. 13. 선고 2001다9267판결

3. 유동화자산의 신탁

자산유동화법 제13조는 유동화자산의 신탁에 대하여는 적용되지 않는다. 대법원은 담보 목적으로 설정된 담보신탁의 경우에도 신탁재산은 위탁자로부터 절연된다고 판시하고 있으므로 도산절차에서 유동화자산의 신탁의 진정성은 신탁법의 법리로도 인정될 수 있다.[9]

Ⅲ. 진정한 양도와 회계상 매각처리

진정한 양도는 자산보유자의 회계상 자산매각(off-balance)으로 처리할 수 있는가라는 문제와 관련이 있다. 회계기준상 자산매각으로 처리하기 위한 요건의 하나로 반드시 법적으로 진정한 양도일 것을 요구하지만 법적으로 진정한 양도라 하더라도 회계상 반드시 자산매각으로 처리할 수 있는 것은 아니다. 국제회계기준(IFRS)에 따르면, 법적으로 진정한 양도임과 함께 위험과 효익이 유동화회사로 완전하게 이전되고, 자산보유자가 유동화회사에 대해 실질적인 지배력을 행사할 수 없도록 하는 요건에 부합하여야만 비로소 자산매각으로 처리할 수 있다.

자산보유자가 인수하는 후순위유동화증권이 과다하지 않은 이상 양도된 자산에 관한 위험을 인수한 것이라 단정할 수 없으므로 법적으로 진정한 양도로 인정될 수 있지만 현재 한국채택국제회계기준(K-IFRS)가 적용되는 자산보유자가 후순위유동화증권을 인수할 경우에는 회계상 유동화자산을 매각으로 처리하지 못하고 매각대금을 전액을 부채로 인식하여야 하기 때문에 자산보유자가 회계상 자산매각으로 처리하고자 할 경우에는 후순위유동화증권을 인수하지 않고 있다.

---

9) 대법원 2001. 7. 13. 선고 2001다9267판결, 대법원 2002. 12. 26. 선고 2002다49484판결, 대법원 2003. 5. 30. 선고 2003다18685판결

제3절 자산유동화법에 따른 자산유동화

Ⅰ. 자산유동화의 유형

자산유동화법 제2조 제1호는 자산유동화를 다음과 같이 네 가지 유형으로 구분하고 있다.

1. 유동화전문회사를 이용한 자산유동화

자산유동화법에 따른 유동화전문회사는 금융위원회에 등록한 자산유동화 계획에 따른 자산유동화를 위한 업무만을 영위할 목적으로 설립된 상법상 유한회사를 말한다(자산유동화법 제2조 제5호, 제17조).

유동화전문회사(자산유동화업무를 專業으로 하는 외국법인을 포함한다)가 자산보유자로부터 유동화자산을 양도받아 이를 기초로 유동화증권을 발행하고, 당해 유동화자산의 관리·운용·처분에 의한 수익이나 차입금 등으로 유동화증권의 원리금 또는 배당금을 지급한다.

2. 신탁을 이용한 자산유동화

가. 자산보유자가 위탁자인 경우

자본시장법에 따른 신탁업자가 자산보유자로부터 유동화자산을 신탁받아 이를 기초로 유동화증권을 발행하고, 당해 유동화자산의 관리·운용·처분에 의한 수익이나 차입금 등으로 유동화증권의 수익금을 지급한다(자산유동화법 제2조 제1호 나목).

나. 투자자가 위탁자인 경우

신탁업자가 유동화증권을 발행하여 신탁받은 '금전'으로 자산보유자로부터 유동화자산을 양도받아 당해 유동화자산의 관리·운용·처분에 의한 수익이나 차입금 등으로 유동화증권의 수익금을 지급한다(자산유동화법 제2조 제1호 다목).

3. 2단계 자산유동화

유동화전문회사 또는 신탁업자가 다른 유동화전문회사 또는 신탁업자로부터 유동화자산 또는 이를 기초로 발행된 유동화증권을 양도 또는 신탁받아 이를 기초로 하여 유동화증권을 발행하고 당초에 양도 또는 신탁받은 유동화자산 또는 유동화증권의 관리·운용·처분에 의한 수익이나 차입금 등으로 자기가 발행한 유동화증권의 원리금·배당금 또는 수익금을 지급한다(자산유동화법 제2조 제1호 라목).

자산유동화로 발행된 유동화증권 자체가 또 다른 자산유동화의 유동화자산이 된다. 실무상 1단계에서는 신탁을 이용한 자산유동화를 하고, 2단계로 신탁이 발행한 유동화증권을 유동화전문회사에게 양도하는 방법이 이용된다. 2번에 걸쳐 자산유동화가 이루어진다는 점 이외에 각 단계별로 진행되는 자산유동화에 대하여 적용되는 법적 문제는 각 유형별로 적용되는 법적 문제와 동일하다.

Ⅱ. 자산유동화의 참여자

1. 자산보유자

자산유동화법에 따른 자산유동화에서는 투자자를 보호하기 위해서 자산보유자가 될 수 있는 자격을 제한하여 자산유동화법 제2조 제2호에서 정한 은행 등 금융기관, 공공법인과 신용도가 우량한 법인(외국법인과 당해 외국법인이 설립한은 국내법인을 포함한다)만이 자산보유자가 될 수 있다. 신용도가 우량한 법인은 금융위원회가 미리 정하는 기준에 따라 당해 법인이 보유하는 자산에 대하여 자산유동화의 필요성이 있다고 금융위원회가 인정하는 법인으로서 다음의 각 호의 1의 요건을 갖추어야 한다(자산유동화법 제2조 제2호 너목, 자산유동화업무감독규정 제2조).

① 유동화계획의 등록신청서 제출일로부터 1년 이내에 신용평가업자부터 BB등급 또는 이에 준하는 등급 이상의 평가등급(당해 법인에 대한 평가등급이 없는 경우에는 당해 법인이 발행한 무보증사채에 대한 평가등급을 말한

다)을 받은 법인

② 자본시장법 제9조 제15항 제3호에 따른 주권상장법인(한국거래소가 지정
한 관리종목인 경우를 제외하며, 외국법인은 그 본국에서 이에 상응하는 요건
을 갖춘 법인일 것)

2. 유동화전문회사

자산유동화법에 따른 **유동화전문회사**는 금융위원회에 등록한 자산유동화계
획에 따른 자산유동화를 위한 업무만을 영위할 목적으로 설립된 상법상 유한
회사를 말한다(자산유동화법 제2조 제5호, 제17조). 자산유동화업무를 전업으로
하는 외국법인도 자산보유자가 될 수 있지만(자산유동화법 제2조 제1호 가목) 실
무상 이용되지 않고 있다.

유동화전문회사에 관하여는 자산유동화법에 달리 정함이 있는 경우를 제외
하고는 상법의 규정이 적용된다(자산유동화법 제17조 제2항). 다만 유동화전문회
사는 상법상 유한회사와 달리 자산유동화계획에 따라 사채를 발행할 수 있다
(자산유동화법 제31조 제2항).

자산유동화법은 유동화전문회사의 업무를 자산유동화를 위한 업무에 한정
함으로써 유동화회사의 신용위험이 발생될 가능성을 최소화시켰다. 유동화전
문회사는 자산유동화계획에 따른 다음의 업무 이외의 다른 업무를 영위할 수
없고(자산유동화법 제20조 제1항), 본점 이외에 영업소를 설치할 수 없으며, 직원
을 고용할 수 없고(자산유동화법 제20조 제2항), 다른 회사와 합병하거나 다른 회
사로 조직을 변경할 수 없다(자산유동화법 제25조).

① 유동화자산의 양수·양도 또는 다른 신탁업자에의 위탁
② 유동화자산의 관리·운용 및 처분
③ 유동화증권의 발행 및 상환
④ 자산유동화계획의 수행에 필요한 계약의 체결
⑤ 유동화증권의 상환 등에 필요한 자금의 일시적인 차입
⑥ 여유자금의 투자
⑦ 기타 제1호 내지 제6호의 업무에 부수하는 업무

유동화전문회사는 유동화증권의 상환 등에 필요한 자금을 일시적으로 차입

할 수 있지만 반드시 자산유동화계획에 따라야 하고, 자산유동화계획에 의하지 아니하고 자금을 차입하는 경우 형사처벌의 대상이 된다(자산유동화법 제40조 제2호). 하급심법원은 자산유동화법 제22조는 단순한 단속규정이 아니라 유동화전문회사의 권리능력의 범위에 관한 강행규정으로서 이를 위반한 행위는 효력이 없다고 판시한 바 있다.[10] 유동화전문회사는 유동화자산의 관리·운용 및 처분으로 얻은 여유자금을 투자할 수 있지만 반드시 자산유동화계획에 따라야 하고, 자산유동화계획에 의하지 아니하고 여유자금을 투자하는 경우 형사처벌의 대상이 된다(자산유동화법 제40조 제2호).

자산유동화계획에 반하거나 유동화증권을 소지한 자의 권리를 해하는 사원총회의 결의는 효력이 없다(자산유동화법 제19조 제2항). 유동화전문회사는 자산관리자에게 유동화자산의 관리를 위탁하여야 하며(자산유동화법 제23조 제1항), 업무수탁자에게 유동화자산의 관리 이외에 대부분의 업무를 위탁하여야 한다(자산유동화법 제22조). 자산유동화법에 따라 자산관리자나 업무수탁자에게 위탁되어야 하는 업무에 관하여는 유동화전문회사의 이사가 대표권을 행사하여 수행할 수 없고, 이를 위반한 행위는 효력을 가질 수 없다.[11]

3. 자산관리자

유동화전문회사를 특수목적기구로 하는 자산유동화의 경우 유동화전문회사는 자산관리위탁계약에 따라 자산관리자에게 유동화자산의 관리를 위탁하여야 한다(자산유동화법 제23조 제1항). 자산관리업무는 유동화회사의 관리 운용 및 처분으로서 채권의 추심, 금전의 수령, 서류의 보관 기타 그에 부수하는 업무가 포함된다. 자산관리자가 될 수 있는 자는 자산보유자, 『신용정보의 이용 및 보호에 관한 법률』에 따라 개인신용평가업, 개인사업자가신용평가업, 기업신용조회업, 신용조사업 및 채권추심업을 허가 받은 신용정보회사 및 채권추심회사 또는 자산관리업무를 전문적으로 수행하는 자로서 대통령령이 정하는 요건을 갖춘 자만이 자산관리자가 될 수 있다. 이 경우 자산보유자는 당해 자산유동화의 자산보유자뿐만 아니라 자산유동화법 제2조 제1호에서 자산보유자가 될 수 있는 자격을 갖춘 자도 포함된다.

---

10) 서울중앙지방법원 2008. 9. 9. 선고 2008가합3898 판결
11) 서울중앙지방법원 2008. 9. 9. 선고 2008가합3898 판결

자산유동화법은 신탁으로 방법으로 자산유동화를 하는 경우 신탁업자가 자산관리자에게 유동화자산의 관리를 위탁하여야 하는지 여부에 관하여 정한 바 없다. 자본시장법상 신탁업자는 원칙적으로 신탁업자로서 수행하여야 하는 신탁재산의 보관·관리 및 운용의 전부 또는 일부를 제3자에게 위탁할 수 없지만 신탁재산의 보관·관리 중 채권추심업무는 제3자에게 위탁할 수 있으므로 실무상 자본시장법에서 허용되는 범위 내에서 자산보유자에게 자산관리를 위탁한다. 신탁업자는 유동화자산의 관리와 여유자금의 운용에 있어 자본시장법 제105조에 따른 신탁자금운용의 제한을 받지 아니한다(자산유동화법 제16조).

4. 업무수탁자

유동화전문회사는 자산유동화계획이 정하는 바에 따라 자산보유자 기타 제 3자(업무수탁자)에게 유동화자산의 관리 이외의 대부분의 업무를 위탁하여야 한다(자산유동화법 제23조). 금융감독원의 자산유동화 실무안내서에서는 업무수탁자의 업무을 다음과 같이 제시하고 있다.

① 재무제표의 작성
② 사업보고서의 작성 및 공시
③ 사원명부의 관리, 사원총회의 소집, 의사록의 작성 및 유지
④ 각종 조세 신고 및 납부 관련 업무
⑤ 유동화전문회사 명의로 개설된 계좌 및 자금의 관리
⑥ 유동화증권의 관리 및 원리금의 지급
⑦ 법령상 요구되는 각종 공시 또는 신고의 이행
⑧ 유동화자산에 관한 현황(장부)의 작성 및 비치
⑨ 투자자 등에게 업무수탁현황 또는 보고서 제출
⑩ 업무위탁계약 및 관련법규의 범위 내에서 부여된 권한에 의하여 유동화
　 전문회사를 대리하는 기타의 행위

Ⅲ. 자산유동화의 절차

1. 자산유동화계획의 등록

유동화전문회사·자산유동화업무를 전업으로 하는 외국법인 및 신탁업자 (유동화전문회사등)는 자산유동화에 관하여 자산유동화법의 적용을 받고자 하는 경우에는 유동화자산의 범위, 유동화증권의 종류, 유동화자산의 관리방법등 자산유동화에 관한 계획(자산유동화계획)을 금융위원회에 등록하여야 하며, 대통령령이 정하는 경미한 사항의 변경하는 경우를 제외하고, 자산유동화계획을 변경하고자 하는 경우에도 금융위원회에 등록하여야 한다(자산유동화법 제3조 제1항). 유동화전문회사는 1개의 자산유동화계획을 등록할 수 있으므로 자산유동화법상 하나의 유동화전문회사가 복수의 자산유동화를 위한 거래(추가 자산의 매입과 추가 유동화증권의 발행)를 할 수 없고, 이러한 거래는 자산유동화법에 의하지 아니한 자산유동화로 한다. 신탁 방식으로 자산유동화를 하는 경우에는 복수의 자산유동화가 가능하다(자산유동화법 제3조 제2항).

자산유동화계획에는 다음 각호의 사항이 포함되어야 하며(자산유동화법 제4조), 금융위원회는 등록신청서류에 허위의 기재가 있거나 필요한 기재를 하지 아니한 경우, 자산유동화계획의 내용에 법령을 위반한 사항이 포함되어 있는 경우 또는 유동화전문회사의 설립에 관하여 법령에 위반한 사항이 있는 경우에는 자산유동화계획의 등록을 거부하거나 그 내용의 변경을 요구할 수 있다(자산유동화법 제5조).

① 유동화전문회사등의 명칭, 사무소의 소재지등에 관한 사항
② 자산보유자에 관한 사항
③ 자산유동화계획기간
④ 유동화자산의 종류·총액 및 평가내용 등 당해 유동화자산에 관한 사항
⑤ 유동화증권의 종류·총액·발행조건 등에 관한 사항
⑥ 유동화자산의 관리·운용 및 처분에 관한 사항
⑦ 자산관리자에 관한 사항
⑧ 기타 대통령령이 정하는 사항

2. 유동화자산의 양도

가. 유동화자산의 범위

자산유동화의 대상이 되는 채권·부동산 기타의 재산권을 **유동화자산**이라 한다(자산유동화법 제2조 제3호). 자산유동화법은 자산유동화의 대상이 될 수 있는 자산을 제한하고 있지 않지만 자산유동화의 목적과 본질에 비추어 현금(유동화자산으로부터 회수된 현금은 제외)은 유동화자산이 될 수 없다.[12] 또한 실무상 금융위원회는 주식은 이미 증권화된 자산으로 볼 수 있어 주식의 자산유동화를 원칙적으로 허용하지 않고 있다. 유동화자산은 반드시 다수의 자산의 집합일 필요는 없으며, 자산유동화의 필요가 있는 이상 단일한 자산이라는 이유로 유동화자산에서 제외시킬 필요는 없다고 본다.

대법원은 장래채권도 양도 당시 기본적 채권관계가 어느 정도 확정되어 있어 그 권리의 특정이 가능하고 가까운 장래에 발생할 것임이 상당 정도 기대되는 경우에는 이를 양도할 수 있다는 것이 대법원의 판례[13]이므로 장래의 채권도 유동화자산이 될 수 있다. 쌍무계약의 경우 상대방 당사자는 동시이행의 항변권을 가지므로 상대방 당사자에 대하여 채권을 행사할 수 있기 위해서는 자신의 의무를 모두 이행하여야 한다. 과거 자산보유자가 쌍무계약에 따른 자신의 의무를 모두 이행하지 않은 상태에서 장래 상대방 당사자에 대하여 가지는 채권이 특정 가능하다는 이유만으로 이를 유동화자산으로 삼아 자산유동화가 이루어진 경우가 있었다. 그러나 장래 상대방 당사자에 대한 채권이 구체적으로 발생될지 여부는 장래 자산보유자가 쌍무계약에 따른 자신의 의무를 모두 이행할지 여부에 달린 것이어서 자산가치가 있는지 의문이고, 결국 은행과 같은 신용 있는 금융기관의 자금(신용)제공에 의지하여 유동화증권을 발행할 수밖에 없었다. 그와 같은 채권은 자산보유자의 회계상 자산으로 계상되지도 않은 채권이므로 회계상 매각할 자산이 없어 자산유동화의 결과 그에 대한 대가로 유입된 금액은 모두 선수금과 같은 부채로 계상할 수밖에 없다. 회계상 인

---

12) 대출채권, 사채 등 증권, 다른 유동화거래에서 발행된 유동화증권 등을 유동화자산으로 발행되는 유동화증권을 Collateralized Debt Obligation, CDO라 부른다. CDO 중 대출채권을 기초로 발행된 유동화증권을 Collateralized Loan Obligation, CLO라 부르고, 사채를 기초로 발행된 유동화증권을 Collateralized Bond Obligation, CBO라 부른다.
13) 대법원 2010. 4. 8. 선고 2009다96069 판결

식된 자산의 매각이 없이 이루어지는 자산유동화는 경제적으로 자금차입에 불
과하고 진정한 의미의 자산유동화라고 보기 어렵다.

나. 양도의 방식

유동화자산은 자산유동화계획에 따라 매매 또는 교환의 방식으로만 양도되
어야 하고(자산유동화법 제13조 제1호), 유동화전문회사가 직접 자산보유자에게
대출하는 등 스스로 자산을 창출하거나 매매나 교환 이외의 다른 방법으로 유
동화자산을 승계취득하는 것은 허용되지 아니한다.

다. 자산양도 등의 등록

자산보유자 또는 유동화전문회사등은 자산유동화계획에 따른 유동화자산
의 양도·신탁 또는 반환이나 유동화자산에 대한 질권 또는 저당권의 설정이
있은 때에는 지체없이 그 사실을 금융위원회에 등록하여야 한다(자산유동화법
제6조).

라. 양도의 효력요건과 대항요건 등에 관한 특례

민법상 지명채권의 양도는 (가) 민법에서 정하는 지명채권의 양도를 위한
대항요건을 갖추어야 하고, (나) 근저당권부채권의 경우는 피담보채권의 확정
이 필요하고, 나아가 근저당의 이전을 위한 부기등기가 필요하다. 채권을 유동
화하는 경우에는 다수의 채권을 집합적으로 양도하여야 하고, 부실채권의 경
우에는 성격상 채무자와의 연락이 쉽지 않은 점 등을 고려하여 채권양도의 편
리성을 위하여 다음과 같은 특례를 두고 있다. 다만 이는 자산보유자로부터 유
동화전문회사등에게 양도되는 과정에만 적용되고, 유동화전문회사 등이 유동
화자산을 제3자에게 양도하는 절차에는 적용되지 아니한다.

(1) 채무자에 대한 대항요건

자산유동화계획에 따른 채권의 양도·신탁 또는 반환은 양도인(신탁의 경우
위탁자를 포함) 또는 양수인(신탁의 경우 수탁자를 포함)이 채무자에게 다음 각호
의 1에 해당하는 주소로 2회 이상 내용증명우편으로 채권의 양도·신탁 또는
반환의 통지를 발송하였으나 소재불명 등으로 반송된 때에는 채무자의 주소지
를 주된 보급지역으로 하는 2개 이상의 일간신문(전국을 보급지역으로 하는 일간

신문이 1개 이상 포함되어야 한다)에 채권의 양도·신탁 또는 반환의 사실을 공고
함으로써 그 공고일에 채무자에 대한 채권양도의 통지를 한 것으로 본다(자산
유동화법 제7조).

① 당해 저당권의 등기부 또는 등록부에 기재되어 있는 채무자의 주소(등기
부 또는 등록부에 기재되어 있는 주소가 채무자의 최후 주소가 아닌 경우 양도인
또는 양수인이 채무자의 최후 주소를 알고 있는 때에는 그 최후 주소를 말한다)
② 당해 저당권의 등기부 또는 등록부에 채무자의 주소가 기재되어 있지
아니하거나 등기부 또는 등록부가 없는 경우로서 양도인 또는 양수인이
채무자의 최후 주소를 알고 있는 때에는 그 최후 주소

(2) 제3자에 대한 대항요건

자산유동화계획에 따라 행하는 채권의 양도·신탁 또는 반환에 관하여 자
산양도의 등록을 한 때에는 당해 유동화자산인 채권의 채무자(유동화자산에 대
한 반환청구권의 양도인 경우 그 유동화자산을 점유하고 있는 제3자를 포함한다) 이외
의 제3자에 대한 대항요건을 갖춘 것으로 본다(자산유동화법 제7조 제2항).

(3) 피담보채무의 확정

자산유동화계획에 의하여 양도 또는 신탁하고자 하는 유동화자산이 근저당
권에 의하여 담보된 채권인 경우에는 자산보유자가 채무자에게 근저당권에 의
하여 담보된 채권의 금액을 정하여 추가로 채권을 발생시키지 아니하고 그 채
권의 전부를 양도 또는 신탁하겠다는 의사를 기재한 통지서를 내용증명우편으
로 발송한 때에는 통지서를 발송한 날의 다음날에 당해 채권은 확정된 것으로
본다(자산유동화법 제7조의2 본문). 다만 채무자가 10일 이내에 이의를 제기한
때에는 그러하지 아니하다(자산유동화법 제7조의2 단서)

자산유동화계획에 따라 양도 또는 신탁한 채권이 질권 또는 저당권에 의하
여 담보된 채권인 경우 유동화전문회사등은 자산양도의 등록이 있은 때에 그
질권 또는 저당권을 취득한다(자산유동화법 제8조 제1항). 한국자산관리공사 또
는 한국토지주택공사가 금융기관의 부실자산정리, 부실징후기업의 자구계획지
원 및 기업의 구조조정을 위하여 취득한 부동산을 자산유동화계획에 따라 유
동화전문회사등에 양도 또는 신탁한 경우 자산양도의 등록이 있은 때에 그 부
동산에 대한 소유권을 취득한다(자산유동화법 제8조 제2항).

3. 유동화증권의 발행과 유동화자산에 대한 대가의 지급

가. 유동화증권의 형식

유동화증권은 유동화자산을 기초로 하여 자산유동화계획에 따라 발행되는 출자증권·사채·수익증권 기타의 증권 또는 증서를 말한다(자산유동화법 제2조 제4호). 법문상으로 유동화증권은 반드시 채권이 표창된 증권의 교부나 제시로만 채권의 양도와 행사가 가능한 '유가증권'일 필요는 없지만 실무상 금융위원회는 유가증권이 아니라 단순히 대출채권과 같은 지명채권을 증명하는 기능만을 가진 증서의 발행(자산유동화대출)은 허용하지 아니한다. 자산유동화대출은 자산유동화법에 의하지 아니하고 이루어진다.

유동화전문회사는 유한회사임에도 불구하고 자산유동화계획에 따라 사원의 지분에 관한 무기명식의 출자증권을 발행할 수 있고(자산유동화법 제28조 제1항), 자산유동화계획에 따라 사채를 발행할 수 있다(자산유동화법 제31조 제1항). 신탁업자는 금전신탁의 경우에만 수익증권을 발생할 수 있지만 자산유동화계획에 따라 금전 이외의 유동화자산을 신탁재산으로 하는 수익증권을 발행할수 있다(자본시장법 제110조 제1항, 자본시장법 제32조).

나. 유동화증권의 발행시기

자산유동화는 유동화자산을 양도 또는 신탁 받아 이를 기초로 유동화증권을 발행하므로 유동화증권은 유동화자산의 양도 또는 신탁과 함께 또는 그 이후에 발행될 수 있다. 실무상 유동화증권을 공모하고자 할 경우 증권신고서를 제출하여야 하는데, 금융위원회는 자산양도의 등록이 완료된 후 유동화증권의 발행을 위한 증권신고서를 제출하도록 하므로 자산보유자는 유동화자산을 양도한 후 상당한 시간이 경과된 이후에 유동화증권의 발행대금으로부터 유동화자산의 대가를 지급받을 수 있다.

다. 유동화증권에 대한 신용보강

유동화증권이 시장에서 원활하게 판매될 수 있도록 유동화자산 이외에 유동화증권의 상환가능성을 제고하기 위하여 다음과 같은 신용보강이 이루어진다.

① 과거 흔히 자산보유자가 유동화자산의 양도대금 중 일정 금액의 지급에
갈음하여 유동화전문회사가 발행하는 후순위유동화증권을 인수함으로써
투자자가 인수하는 선순위유동화증권의 상환가능성을 제고하기도 했다.
현재에는 한국채택국제회계기준(K-IFRS)가 적용되는 자산보유자가 후순
위유동화증권을 인수할 경우 회계상 유동화자산을 매각으로 처리하지
못하고 매각대금을 전액을 부채로 인식하여야 하기 때문에 후순위유동
화증권을 인수하지 않는 경우가 많다.
② 자산보유자에게 지급될 매매대금이나 유동화자산으로부터 발생한 수입
중 자산보유자에게 지급되기로 예정된 금액(매출채권 revolving 구조)에서
일정 금액을 유동화전문회사등에 유보하도록 한다.
③ 은행 등 금융기관이 유동화증권의 원리금에 대하여 지급보증하거나 유
동화증권의 원리금 지급에 필요한 자금의 제공을 보장한다.[14]

라. 유동화증권의 신용평가

신용평가회사는 유동화자산, 자산유동화의 구조, 유동화자산의 내용, 자산
보유자나 자산관리회사의 능력, 신용보강수단의 적정성 등 자산유동화에 수반
되는 위험과 그 통제 수단 등을 평가를 하여 유동화증권에 대한 신용등급을 부
여하고 이를 공시한다.

4. 유동화자산의 관리와 유동화증권의 상환

유동화증권의 관리 운용 및 처분으로 얻은 수익금으로 유동화증권을 상환
하는 것이 원칙이나 자산유동화계획에 따라 일시적으로 차입한 금액으로 유동
화증권을 상환할 수도 있다(자산유동화법 제22조 제1항 제5호).

---

14) 비등록자산유동화의 경우 증권회사가 유동화회사가 장래 기업어음이나 단기사채를 매입
할 것을 확약하는 약정을 체결함으로써 먼저 발행된 장래 기업어음이나 단기사채의 상환
을 보장한다.

Ⅳ. 투자자의 보호

자산관리자는 유동화자산(유동화자산을 관리·운용 및 처분함에 따라 취득한 금전 등의 재산권을 포함한다)을 그의 고유재산과 구분하여 관리하여야 하고, 자산관리자는 유동화자산의 관리에 관한 장부를 별도로 작성·비치하여야 한다(자산유동화법 제11조).

자산관리자의 채권자는 자산관리자가 위탁관리하는 유동화자산에 대하여 강제집행할 수 없으며, 채무자회생법에 의한 보전처분 또는 중지명령의 대상이 되지 아니하며, 자산관리자가 파산되더라도 유동화자산은 자산관리자의 파산재단을 구성하지 아니하며, 유동화전문회사등은 그 자산관리자 또는 파산관재인에 대하여 유동화자산의 인도를 청구할 수 있으며, 채무자회생법에 따른 회생절차가 개시된 경우도 유동화자산은 회생절차에 구속되지 않는다(자산유동화법 제12조).

제6장

자산금융

제1절   자산금융의 의의와 유형

Ⅰ. 자산금융의 의의

　　자산금융(asset finance)은 사업에 필요한 기계·기구, 차량, 선박, 항공기 등
의 자산을 취득하거나 이용하고자 하는 자가 자산의 취득에 필요한 자금을 조
달하거나 자산 자체를 이용하는 거래를 말한다. 자산과 그 자산에서 창출되는
미래현금흐름을 상환재원으로 하는 금융이라는 점에서 프로젝트금융의 성격을
가진다.

Ⅱ. 자산금융의 유형

　　전통적으로 자산을 이용하고자 하는 자가 자산을 구매하기 위한 자금을 조
달하는 방법으로 차입한 자금으로 자산을 매수하여 소유권을 취득한 다음 자
산을 대주에게 담보로 제공한다. 이 경우 개별 자산에 대한 담보는 민법 및 당
해 자산을 규율하는 개별 법령에서 정한 절차에 따라 설정된다.
　　그러나 자산을 이용하고자 하는 자로서는 굳이 자신의 명의로 자금을 차입
할 필요 없이 자산의 소유권을 투자자에게 그대로 두고 자산을 이용할 수 있는

권리만 대가를 지급하고 부여받음으로써 자산을 이용하고자 하는 수요를 충족시킬 수 있다. 동산의 소유권유보부매매나 금융리스와 같이 자산을 필요로 하는 자에게 목적물을 사용하도록 하지만 매매대금 또는 그에 상응하는 리스료가 전액 지급될 때까지 목적물의 소유권은 매도인 또는 리스제공자가 가지는 것으로 약정할 수 있다. 또한 목적물의 소유권을 투자자가 지배할 수 있는 특수목적법인(SPC)에게 귀속시키고, SPC로 하여금 자산을 필요로 하는 자에게 목적물을 사용하도록 할 수도 있다.

자산을 필요로 하는 자에게 자산에 대한 소유권을 귀속시킬 것인지 아니면 투자자나 그가 지배하는 SPC에게 자산에 대한 소유권을 유보시킬 것인지 여부는 자산을 필요로 하는 자의 신용, 채무자에 대한 도산절차에서 투자자의 이익을 보호할 수 있는지 여부, 회계 및 세무상의 취급, 자산의 시장가치 상승 또는 하락에 따른 이익이나 위험을 누가에게 귀속시킬 것인지 여부, 자산의 하자로 말미암아 제3자에 대한 책임을 누가 부담할 것인 부담할 것인지 여부 등을 고려하여 결정된다.

제2절 리스금융

Ⅰ. 리스의 의의와 종류

1. 리스의 의의

리스는 리스제공자가 리스이용자에게 일정기간 리스료를 지급받는 대가로 리스자산을 이용할 수 있도록 하는 거래를 말한다. 일반적으로 리스제공자는 리스이용자가 필요로 하는 자산을 생산자로부터 구매하여 리스이용자에게 리스로 제공하지만 이미 자산을 소유한 자가 자금을 융통하기 위해서 보유하고 있는 자산을 매도한 후 다시 이를 리스 받아 이용하는 소위 sale and lease back 거래를 하기도 한다. 투자자가 지배하는 SPC와 같은 리스제공자는 리스물건을 구매하기 위한 자금을 차입하며, 이 경우 리스물건, 리스물건에 관한 보험금지급청구권, 리스건의 리스이용자와의 리스계약에 따라 가지는 권리 등을 대주에게 담보로 제공한다.

상법은 금융리스이용자가 선정한 기계, 시설, 그 밖의 재산(금융리스물건)을 제3자(공급자)로부터 취득하거나 대여받아 금융리스이용자에게 이용하게 하는 영업을 금융리스업이라 정의하고 있지만 금융리스의 특성을 정확하게 표현하지 못하고 있다(상법 제168조의2). 금융리스계약은 금융리스업자가 금융리스이용자가 선정한 기계, 시설 등 금융리스물건을 공급자로부터 취득하거나 대여받아 금융리스이용자에게 일정 기간 이용하게 하고 그 기간 종료 후 물건의 처분에 관하여는 당사자 사이의 약정으로 정하는 계약으로서 금융리스업자가 금융리스이용자에게 금융리스물건을 취득 또는 대여하는 데 소요되는 자금에 관한 금융의 편의를 제공하는 것을 본질적 내용으로 한다.[1]

여신전문금융업법은 대통령령으로 정하는 물건을 새로 취득하거나 대여받아 거래상대방에게 대통령령으로 정하는 일정 기간 이상 사용하게 하고, 그 사용 기간 동안 일정한 대가를 정기적으로 나누어 지급받으며, 그 사용 기간이 끝난 후의 물건의 처분에 관하여는 당사자 간의 약정으로 정하는 방식의 금융을 **시설대여**로 정의하고(여신전문금융업법 제2조 제2항), 여신전문금융업법을 등록한 자의 시설대여를 위한 여러 특례나 지원을 규정하고 있다. 여신전문금융업법의 특례나 지원을 받을 필요가 없는 경우에는 시설대여업을 등록할 필요 없이 리스업을 영위할 수 있다.[2]

2. 금융리스와 운용리스

리스는 크게 (가) 리스자산에 대한 소유권이 리스이용자에게 이전되지 않더라도 리스자산에 대한 이익과 위험이 모두 리스이용자에게 이전되는 **금융리스**와 (나) 리스제공자가 리스자산에 대한 소유권과 그에 따른 이익과 위험을 가지고 리스이용자에게는 리스자산의 소유와 그에 따른 이익과 위험이 이전되지 않는 **운용리스**로 구분된다.

한국채택국제회계기준(Korean International Financial Reporting Standards; K-IFRS) 중 기업회계기준서 제1116호에 따르면, (가) 리스자산의 소유에 따른

---

1) 대법원 2019. 2. 14. 선고 2016다245418(본소), 2016다245425(반소), 2016다245432(반소) 판결
2) 대부업법에 따른 대부업의 등록은 필요하다.

위험과 보상의 대부분(substantially all)을 이전하는 리스를 금융리스로 분류하고, (나) 리스자산의 소유에 따른 위험과 보상의 대부분을 이전하지 않는 리스는 운용리스로 분류하고, 금융리스인지 운용리스인지는 계약의 형식보다는 거래의 실질에 달려 있고, 일반적으로 다음의 하나 이상에 해당하면 금융리스로 분류된다.

① 리스기간 종료시점 이전에 리스자산의 소유권이 리스이용자에게 이전되는 리스
② 리스이용자가 선택권을 행사할 수 있는 날의 공정가치보다 충분히 낮을 것으로 예상되는 가격으로 리스자산을 매수할 수 있는 선택권을 가지고 있고, 그 선택권을 행사할 것이 리스약정일 현재 상당히 확실한 경우
③ 리스자산의 소유권이 이전되지는 않더라도 리스기간이 리스자산의 경제적 내용연수의 상당 부분(major part)을 차지하는 경우
④ 리스약정일 현재 리스료의 현재가치가 적어도 리스자산 공정가치의 대부분에 해당하는 경우
⑤ 리스자산이 특수하여 해당 리스이용자만이 주요한 변경 없이 사용할 수 있는 경우

금융리스에 해당하는 경우 리스제공자는 리스개시일에 재무상태표에 리스순투자와 동일한 금액을 수취채권으로 인식하여 감가상각을 하지 아니하고, 리스기간 동안 배분하여 수취채권의 추심과 이자수익을 인식한다.

법인세법상 자산의 판매 또는 양도(국외거래에 있어서는 소유권이전 조건부 약정에 의한 자산의 임대를 포함한다)로서 판매금액 또는 수입금액을 월부·연부 기타의 지불방법에 따라 2회 이상으로 분할하여 수입하는 것 중 당해 목적물의 인도일의 다음날부터 최종의 할부금의 지급기일까지의 기간이 1년 이상인 '장기할부조건'은 매매거래로 취급된다(법인세법시행령 제68조 제4항).

Ⅱ. 금융리스의 법률관계

운용리스는 민법상 임대차계약과 다를 바 없으며, 금융리스의 법률관계는 다음과 같다.

1. 리스물건의 인도

금융리스업자는 금융리스이용자가 금융리스계약에서 정한 시기에 금융리스계약에 적합한 금융리스물건을 수령할 수 있도록 하여야 하고(상법 제168조의3 제1항), 금융리스이용자가 금융리스물건수령증을 발급한 경우에는 금융리스업자와 사이에 적합한 금융리스물건이 수령된 것으로 추정한다(상법 제168조의3 제3항). 금융리스계약의 법적 성격에 비추어 보면, 금융리스계약 당사자 사이에 금융리스업자가 직접 물건의 공급을 담보하기로 약정하는 등의 특별한 사정이 없는 한, 금융리스업자는 금융리스이용자가 공급자로부터 상법 제168조의3 제1항에 따라 적합한 금융리스물건을 수령할 수 있도록 협력할 의무를 부담할 뿐이고, 이와 별도로 독자적인 금융리스물건 인도의무 또는 검사·확인의무를 부담한다고 볼 수는 없다.[3]

2. 리스물건의 하자

일반적으로 리스제공자는 자금을 제공하는 역할을 하므로 리스이용자에 대하여 리스물건의 하자에 대한 담보책임을 부담하지 않는다고 약정한다.[4] 리스이용자는 금융리스물건이 공급계약에서 정한 시기와 내용에 따라 공급되지 아니한 경우 금융리스이용자는 공급자에게 직접 손해배상을 청구하거나 공급계약의 내용에 적합한 금융리스물건의 인도를 청구할 수 있다(상법 제168조의4 제2항).

3. 리스료채권의 성질

금융리스에 있어서 리스료는 리스회사가 리스이용자에게 제공하는 취득자금의 금융편의에 대한 원금의 분할변제 및 이자·비용 등의 변제의 기능을 갖는 것은 물론이고 그 외에도 리스회사가 리스이용자에게 제공하는 이용상의 편익을 포함하여 거래관계 전체에 대한 대가로서의 의미를 지니므로 리스료채권은 그 채권관계가 일시에 발생하여 확정되고 다만 그 변제방법만이 일정 기간마다의 분할변제로 정하여진 것에 불과하기 때문에 3년의 단기 소멸시효가

---

3) 대법원 2019. 2. 14. 선고 2016다245418, 245425, 245432 판결
4) 대법원 1996. 8. 23. 선고 95다51915 판결

적용되는 채권이라고 할 수 없다.[5]

4. 리스계약의 해지

금융리스이용자의 책임 있는 사유로 금융리스계약을 해지하는 경우에는 금융리스업자는 잔존 금융리스료 상당액의 일시 지급 또는 금융리스물건의 반환을 청구할 수 있고, 그와 함께 손해배상청구도 할 수 있다(상법 제168조의5 제1항, 제2항).

금융리스에 있어서 리스업자는 리스기간의 도중에 이용자로부터 리스물건의 반환을 받은 경우, 그 원인이 이용자의 채무불이행에 있다고 하여도 특단의 사정이 없는 한 그 반환에 의하여 취득한 이익을 반환하거나 또는 리스채권의 지불에 충당하는 등으로 이를 청산할 필요가 있다 할 것인바, 이는 리스계약에 있어서 리스업자가 이용자의 채무불이행을 원인으로 하여 리스물건을 반환 받을 때라도 리스기간 전부에 대한 리스료채권을 상실하는 것이 아니므로 리스료채권을 지불 받는 외에 리스물건의 중도반환에 의한 이익까지도 취득하는 것은 리스계약이 약정대로 존속하여 기간이 만료된 경우와 비교하여 과대한 이익을 취득하는 것으로 되어 형평의 원칙에 반하기 때문인데, 이 때 청산의 대상이 되는 것은 리스물건의 반환시에 그 물건이 가지고 있던 가치와 본래의 리스기간의 만료시에 있어서 가지는 리스물건의 잔존가치의 차액이라 함이 상당하다.[6] 나아가 청산금액을 구체적으로 산정함에 있어서는 리스물건은 범용성이나 시장성이 없는 경우가 많고 교환가치의 확정이 곤란한 경우가 많으므로 범용성이나 시장성이 없어 거래가격에 의한 교환가치의 평가가 불가능한 경우에는 교환가치를 0으로 볼 수밖에 없고 리스회사가 실제로 그 물건을 타에 처분한 때에는 그 처분가액으로 청산할 수밖에 없다.[7]

금융리스이용자는 중대한 사정변경으로 인하여 금융리스물건을 계속 사용할 수 없는 경우에는 3개월 전에 예고하고 금융리스계약을 해지할 수 있다. 이 경우 금융리스이용자는 계약의 해지로 인하여 금융리스업자에게 발생한 손해를 배상하여야 한다(상법 제168조의5 제3항).

---

5) 대법원 2001. 6. 12. 선고 99다1949 판결
6) 대법원 1995. 9. 29. 선고 94다60219 판결
7) 대법원 1999. 9. 3. 선고 98다22260 판결

5. 리스이용자의 도산

금융리스의 본질적 기능은 리스이용자에게 리스물건의 취득 자금에 대한 금융 편의를 제공하는 것이고, 리스물건의 소유권을 리스제공자에 유보시키는 것은 실질적으로 리스료채권에 대한 담보의 기능을 하므로 실무상 회생절차에서는 리스채권을 회생담보권이나 이에 준하는 것으로 취급하고 있고, 파산절차에서는 리스채권을 별제권으로 취급한다. 다만 소유권 등기·등록이 리스제공자에게 남아있는 경우에는 소유권의 이전에 등기·등록이 필요한 목적물의 소유권유보부매매의 경우와 같이 쌍방미이행 쌍무계약에 해당한다고 본다.[8]

제3절 선박금융

Ⅰ. 선박금융의 의의

선박금융은 선박을 필요로 하는 자에게 선박을 취득하기 위한 자금을 조달하거나 선박 자체를 이용하는 거래를 말한다. 선박을 구매하는 자에게 취득할 선박에 대한 선박저당권을 담보로 구매자금을 대출해 줄 수 있겠으나 여기에서는 선박에 대한 담보 이외에 선박의 운용으로부터 얻는 수입을 상환재원으로 하는 선박금융에 대하여 살펴본다.

Ⅱ. 선박금융의 특성

대주가 장래 상환재원이 될 선박운용으로부터 얻는 수입에 대한 독점적인 이익을 확보하기 위해서는 선박과 장래 선박운용수입을 선박의 운용에 관련된 다른 참여자들의 신용위험(도산)으로부터 절연시켜야 하고, 이를 위해서 선박을 소유하기 위한 목적으로 설립된 특수목적법인(SPC)을 차주로 이용한다. 특정 선박의 운용 등으로 얻을 미래현금흐름을 상환재원으로 한다는 점에서 프

---

8) 제1편 제6장 제4절 참고

로젝트금융과 유사한 특성을 가진다.

장래 선박의 운용수입을 상환재원으로 금융이 이루어지기 위해서는 장기간 안정적인 수입이 보장되어야 하므로 이를 위하여 신용 있는 자와 장기간 대출 원리금의 상환에 필요한 용선료의 지급을 약정하는 용선계약 등 선박의 운용 수입을 사전에 확정하는 계약이 필요하다. 장래 선박의 운용수입은 선박금융 의 주요 상환재원이 되는 만큼 용선자의 신용, 계약의 형태나 용선자의 의무의 내용은 선박금융의 조건을 결정하는 핵심적인 요소가 된다.

조선회사, 용선자 및 금융투자자가 모두 국내법인이라 하더라도 파나마 등 소위 편의치적국에 설립된 SPC 명의로 편의치적국의 국적으로 등록하는 경우 에는 선박소유자가 외국법인인 만큼 국제금융거래로서의 특징을 가진다.

Ⅲ. 선박의 구매

1. 선박건조계약과 선박매매계약

신조선을 구매하고자 하는 경우 조선회사와 **선박건조계약**(shipbuilding contract)을 체결하고, 중고선의 경우 주로 'memorandum of agreement'라는 이 름의 **선박매매계약**을 체결한다. 선박을 필요로 하는 자가 발주자 또는 매수인으 로서 미리 선박건조계약이나 선박매매계약을 체결하지만 선박금융을 조달하기 위해서 선박건조계약이나 선박매매계약상 발주자 또는 매수인으로서의 지위를 SPC에게 이전한다.

선박건조계약에 따른 선박대금은 일반적으로 선수금환급보증서 제출, 강재 절단(steel cutting), 용골거치(keel laying), 진수(launching), 인도(delivery) 등 4~5 회로 분할하여 지급한다. 흔히 선박건조계약에 따라 지급될 중도금과 잔금을 선박금융으로 조달하는데, 대주는 조선회사의 귀책사유로 선박건조계약이 해 제되는 경우 선박의 인도전에 지급하였던 선박대금을 반환할 의무를 담보하 는 금융기관의 **선수금환급보증**(refund guarantee)을 요구한다. 선수금환급보증은 일반적으로 '독립적 은행보증'의 성격(보증신용장의 형식)으로 발급된다. 선수 금환급보증을 발급한 금융기관은 장래 보증채무를 이행한 후 조선회사에 대 하여 가지는 구상권을 담보하기 위하여 건조 중인 선박에 대한 양도담보를 요구한다.

2. 선박의 등록

우리나라의 선박은 관할 지방해양수산청에 선박의 등록을 하고, 선박국적 증서를 발급받음으로써 우리나라의 국적을 취득한다(선박법 제2조, 제8조 제2항). 그런데 흔히 조세 혜택, 저렴한 등록비용, 선박의 운영에 관한 규제 완화 등 여러 장점을 얻기 위해서 파나마 등 소위 편의치적국에 설립된 SPC 명의로 편의치적국의 국적으로 등록하는 경우가 많다.

편의치적은 선박소유자가 선박의 국적취득이 용이하고 선박의 운영에 대해 거의 규제하지 않는 국가에 서류상의 법인을 설립하고 그 명의로 선박을 등록 하는 것을 말한다. 선박과 장래 선박운용수입을 다른 위험으로부터 절연시키 기 위해서 하나의 SPC로 하여금 하나의 선박을 소유하도록 하는 것이 일반적 이다.

이러한 편의치적과 관련하여 실무상으로 계약의 상대방이 형식적인 법인이 아닌 선박의 실제 소유자에게 책임을 지우게 하기 위하여 법인격의 남용을 주 장하는 경우가 있다. 편의치적 선박을 위하여 설립한 형식상의 법인의 법인격 을 부인한 판례[9]가 있지만 이는 법인격 부인의 결과 선박의 실제 소유자가 SPC의 채무에 대하여 책임을 부담하게 되는 것이고, SPC가 선박의 실제 소유 자의 채무에 대한 책임을 부담하게 되는 것은 아니다. 선박금융에서 SPC의 재 산과 용선자의 재산을 명확히 구별하고, SPC의 재산을 선박금융 채권자에게 담보로 제공하거나 선박금융 채권자의 관리하에 있게 되므로 법인격 부인을 역으로 적용하여 SPC에게 용선자의 채무에 대한 책임을 부담시킬 수는 없다.

Ⅳ. 선박의 운용에 관한 계약

1. 선체용선계약

선체용선계약(bareboat charter; BBC)은 용선자의 관리·지배 하에 선박을 운 항할 목적으로 선박소유자가 용선자에게 선박을 제공할 것을 약정하고 용선자 가 이에 따른 용선료를 지급하기로 약정하는 계약을 말한다(상법 제847조). 선 체용선계약에서는 선박 자체만을 임대하므로 용선자가 자신의 책임과 계산으

---

9) 대법원 1988. 11. 22. 선고 87다카1671 판결

로 선원의 고용이나 유류 등을 조달한다. 선박용선계약은 용선기간이 만료되면 용선자가 선박소유자에게 선박을 반환하므로 운용리스로 분류된다.

2. 소유권이전조건부 선체용선계약

용선기간이 만료될 경우 선박소유자가 용선자에게 선박의 소유권을 이전하는 특약을 정한 선체용선계약을 **소유권이전조건부 선체용선계약**(bareboat charter hire purchase; BBCHP)이라 하고, 금융리스로 분류된다.

BBCHP은 용선자가 실질적으로 할부로 선박을 매입하는 것과 다를 바 없으므로 선박금융의 주요한 위험 대부분 역시 용선자가 부담하게 된다. 용선자는 BBCHP에서 (가) 선박소유자이자 차주인 SPC의 대출계약상의 제반 의무의 이행, (나) 높은 수준의 선박에 대한 관리와 가치 유지 의무, (다) 선박 관련 보험의 주지의무 등을 약정함으로써 SPC의 대주에 대한 채무와 책임의 이행에 대한 위험을 실질적으로 부담한다.

용선자가 SPC의 대주에 대한 채무와 책임의 이행에 대한 위험을 실질적으로 부담할 정도의 신용을 갖추지 못한 경우에는 신용 있는 리스회사가 BBCHP 상 용선자로서 선박을 확보한 다음 중소형 해운회사에게 리스계약으로 선박을 리스하는 형태를 취하기도 한다.

대부분의 BBCHP는 법인세법상 '장기할부조건'[10]의 매매로 인정될 수 있으므로 국외로 지급된 용선료는 매매대금으로 인정되어 국내에서 과세하지 아니한다.

3. 정기용선계약과 장기운송계약

정기용선계약(time charter)은 선박소유자나 용선자가 자신의 책임과 비용으로 선박 이외에 선원 등 운항에 필요한 인적·물적 시설을 갖추어 일정기간 동안 선박을 이용하도록 하고 용선료를 지급받는 계약이다.

장기운송계약(contract of affreightment; COA)은 해운회사와 특정 화주 사이에 특정 화물을 대상으로 특정기간을 정하여 지정된 구간을 정기적으로 운항하는

---

10) 자산의 판매 또는 양도(국외거래에 있어서는 소유권이전 조건부 약정에 의한 자산의 임대를 포함한다)로서 판매금액 또는 수입금액을 월부·연부 기타의 지불방법에 따라 2회 이상으로 분할하여 수입하는 것 중 당해 목적물의 인도일의 다음 날부터 최종의 할부금의 지급기일까지의 기간이 1년 이상인 것(법인세법시행령 제68조 제4항)

운항형태의 운송계약이다. 일반적으로 신용 있는 화주가 용선자의 부도 등으로 운송의무를 이행할 수 없게 되더라도 COA의 해지 없이 용선자를 대체하는 제3자에 대한 관계에서도 기존 COA의 조건 그대로 계약을 유지하겠다는 취지의 확약서(letter of undertaking, LOU)를 작성하여 대주에게 제출하도록 함으로써 장래 운임수입의 안정성을 확보할 수 있다.

일반적으로 대주는 선원 등 운항에 필요한 인적·물적 시설에 대한 위험을 부담하려 하지 않으므로 차주인 SPC는 선박만을 소유하고, 해운회사가 SPC와 체결한 선체용선계약으로 확보한 선박에 선원 등 운항에 필요한 인적·물적 시설을 갖춘 다음 화주를 위하여 정기용선계약이나 장기운송계약을 체결한다.

V. 선박금융을 위한 담보

선박금융을 위하여 대주에게 제공되는 담보는 주로 다음과 같다.

1. SPC의 발행주식에 대한 담보

SPC의 발행주식에 대한 담보는 담보로서의 기능 이외에 선박소유자인 SPC가 선박을 임의로 처분하는 것을 방지하기 위해서 반드시 필요하다.

2. 선박건조계약에 따라 SPC가 조선회사에 대하여 가지는 채권에 대한 양도담보와 선수금환급보증

선박건조계약이나 선박매매계약에 따라 SPC가 조선회사나 매도인에 대하여 가지는 채권에 대한 양도담보를 대주에게 제공한다.

대주로서는 선체용선계약이 해제되는 경우 더 이상 선박건조계약을 유지할 이유가 없으므로 조선회사, SPC와 용선자 사이의 3자간 계약으로 선박건조계약과 선체용선계약의 관계를 미리 정해 둘 필요가 있다.

3. 선박의 인도 후 선박저당권

선박의 환가가치를 담보하기 위하여 차주인 SPC는 선박에 대한 저당권을 대주에게 설정한다. 선박저당권의 설정은 선박의 국적국법에 따른다(국제사법 제60조 제1호, 제2호).

선박에 대한 제1순위 저당권을 취득하더라도 저당권에 우선하는 선박우선특권이 존재한다. **선박우선특권**은 선박에 관하여 생긴 법정된 채권의 담보를 위하여 채권자가 선박과 그 부속물로부터 다른 채권자보다 우선하여 변제를 받을 수 있는 법률상 특수한 담보물권을 말한다. 선박우선특권의 내용은 선박의 국적국법에 따라 다르므로 선박의 국적에 따라 선박우선특권의 범위에 대한 검토가 필요하다. 우리나라 상법에 따르면, 다음의 채권을 가진 자는 선박·그 속구, 그 채권이 생긴 항해의 운임, 그 선박과 운임에 부수한 채권에 대하여 우선특권이 있다(상법 제777조).

① 채권자의 공동이익을 위한 소송비용, 항해에 관하여 선박에 과한 제세금, 도선료·예선료, 최후 입항 후의 선박과 그 속구의 보존비·검사비
② 선원과 그 밖의 선박사용인의 고용계약으로 인한 채권
③ 해난구조로 인한 선박에 대한 구조료 채권과 공동해손의 분담에 대한 채권
④ 선박의 충돌과 그 밖의 항해사고로 인한 손해, 항해시설·항만시설 및 항로에 대한 손해와 선원이나 여객의 생명·신체에 대한 손해의 배상채권

4. 선박보험에 대한 양도담보

선박의 환가가치를 보전하기 위해서 선체보험(hull & machinery insurance) 이외에도 제3자책임보험(P&I insurance)와 전쟁보험(war insurance)에 가입하도록 하고, 선박보험에 따른 보험금청구권에 대하여도 양도담보를 설정한다.

대주는 선체보험에 따른 보험금을 보험회사로부터 직접 수령하고자 하며, 이를 위해서 선박소유자와 함께 대주를 공동피보험자(additional assured)로 지정하고, 보험회사가 대주에게 보험금을 직접 지급할 것을 약정(소위 loss payable clause)한다.

5. 용선료채권에 대한 양도담보

용선료채권은 선박금융의 상환재원이 되는 핵심적인 요소이므로 선박의 취득을 위한 선박금융이 이루어지기 이전에 용선계약이 체결되어야 하고, SPC의 용선료채권에 대한 양도담보를 설정한다.

용선자의 신용이 부족한 경우 용선자와 신용 있는 화주 사이의 정기용선계약이나 장기운송계약(COA)을 체결하도록 하고, 당해 계약에 따라 용선자가 가지는 채권과 그에 따라 수령할 금액이 예치될 예금계좌에 대한 담보도 설정할 수 있다. 그에 더하여 용선자의 특수관계인이 용선자의 용선료 지급의무를 보증하거나 화주가 letter of undertaking의 형식으로 선박금융을 위한 신용보강에 필요한 일정한 사항을 확약하기도 한다.

6. 예금계좌에 대한 담보

용선료를 수령하는 계좌를 포함하여 SPC의 현금 수입과 지출을 관리하기 위하여 다양한 예금계좌에 대한 질권을 설정하고, 각 예금계좌에 예치된 자금은 약정된 목적과 순서(waterfall) 이외의 용도와 방법으로 수취하거나 지출하는 것을 통제한다.

Ⅵ. 선박금융과 도산절차

BBC는 일반적인 임대차계약과 마찬가지로 용선자의 회생절차에서 쌍방미이행쌍무계약으로 취급된다.

BBCHP는 용선계약의 형식을 취하고 있지만 실질적으로는 선박의 매매대금을 일정기간 분할하여 지급하는 장기할부조건부 매매와 다름이 없다.[11] 따라서 등기·등록을 요하는 물건의 소유권유보부 매매계약이나 금융리스의 경우와 같이 등기·등록이 선박소유자에게 아직 남아 있으므로 쌍방미이행 쌍무계약으로 취급하여야 하고, 법원 실무도 마찬가지이다.

Ⅶ. 선박투자회사

전통적으로 선박금융은 한국수출입은행이나 한국산업은행과 같은 정책금융기관이나 민간금융기관에 의한 대출로 이루어졌으나 선박투자회사법은 일정한 요건을 갖춘 선박투자회사가 자본시장에서 자금을 조달하여 선박에 투자할 수 있는 제도를 규정하고 있다.

---

11) 대법원 2009. 1. 30. 선고 2006두18270 판결

선박투자회사는 상법상 주식회사로서 직접 또는 자회사로 하여금 자산을 선박에 투자하여 그 수익을 주주에게 분배하는 것을 목적으로 선박투자회사법에 따라 설립된 회사를 말한다(선박투자회사법 제2조 제1호, 제3조 제1항, 제2항). 선박투자회사는 자본시장법 제390조 제1항에 따른 상장규정의 상장요건을 갖추면 지체 없이 증권시장에 주식을 상장하여 그 주식이 거래되도록 하여야 한다(선박투자회사법 제17조). 선박투자회사는 주식을 상장하여 조달한 자금으로 선박금융을 위해서 설립된 SPC가 금융기관으로부터 낮은 금리로 차입한 선순위대출로 선박구매대금을 충당하고도 부족한 금액을 후순위대출(필요한 경우 출자)의 방법으로 SPC에게 투자한다.

선박투자회사는 선박의 취득 등 선박투자회사법 제24조 제1항 각 호에 따른 선박투자를 위한 업무 외에 다른 업무를 겸업할 수 없고, 본점 외의 영업소를 설치하거나 상근 임원을 두거나 직원을 고용할 수 없으며, 선박운용회사에 업무를 위탁하여야 하는 특수목적법인이다(선박투자회사법 제24조 제2항, 제3조 제5항, 제30조 제1항). 선박투자회사는 선박투자업무를 위하여 필요한 경우 국내 또는 국외에 자회사를 설립할 수 있고, 이 경우 자회사가 수행하는 업무는 선박투자회사가 한 것으로 간주되므로 편의치적국에 자회사인 SPC를 설립하여 선박을 소유하도록 할 수 있다(선박투자회사법 제3조 제2항).

선박투자를 위한 자금을 반드시 공모로 조달할 필요가 없는 경우에는 자본시장법에 따른 집합투자기구를 이용하여 사모로 조달한 자금으로 선박금융이 이루어질 수 있으며, 이 경우 자본시장법에 따른 집합투자기구의 역할은 선박투자회사의 역할과 같다.

Ⅷ. Tax lease

과거 영국 등 영·미권의 국가는 자국 내 기업이 선박이나 항공기와 같은 물품의 구입을 촉진하기 위하여 초기에 큰 금액의 감가상각(영국의 경우 연25%)을 인식하여 비용으로 처리할 수 있도록 하는 제도를 두었다.

이러한 세제혜택을 활용하여 금융회사는 선박금융을 위한 SPC에 출자를 하고, SPC는 초기에 큰 금액의 감가상각을 인식하므로 적자가 발생하고 금융회사는 SPC에 지분투자를 했기 때문에 금융회사의 연결재무제표에 손실로 인식하여 당기순이익이 줄어드는 만큼 법인세가 절감된다. 이러한 법인세 절감분을 금융회사와 해운회사가 공유함으로써 해운회사가 보다 낮은 리스료로 선박을 확보할 수 있는 선박금융의 방식을 tax lease라 한다.

영미권 국가의 세법 개정으로 더 이상 신규로 tax lease를 이용하기 어렵고, 문제는 tax lease계약이 20~30년 장기이다 보니 기존 tax lease 계약들에 대해서는 소급 입법에 따른 세금이 환수될 위험이 있고, 기존 tax lease 계약에서 세금 환수가 이루어질 경우 그 위험을 해운회사가 부담하기로 약정한 경우가 많아 tax lease를 이용하였던 해운회사의 우발채무의 발생가능성이 존재하여 해운회사의 M&A에 걸림돌이 되고 있다.

제4절 항공기금융

Ⅰ. 항공기금융의 의의와 특성

항공기금융은 항공기를 필요로 하는 자에게 항공기를 취득하기 위한 자금을 조달하거나 항공기 자체를 이용하는 거래를 말한다. 항공기를 구매하는 자에게 취득할 항공기에 대한 저당권을 담보로 구매자금을 대출해 줄 수 있겠으나 여기에서는 항공기에 대한 담보 이외에 항공기의 운용으로부터 얻는 수입을 상환재원으로 하는 항공기금융에 대하여 살펴본다.

특수목적법인(SPC)를 이용하여 항공기와 장래 항공기의 운용수입을 다른 참여자들의 신용위험(도산)으로부터 절연시켜야 한다는 점, 장기간 안정적인 운용 수입이 보장되어야 한다는 점, 국제금융의 성격을 가진다는 점 등 선박금융의 기본적인 특성은 항공기금융에도 대부분 동일하다.

항공기리스도 리스금융에 있어 자금 조달의 성격을 가진 금융리스와 단순한항공기의 임대차의 성격을 가진 운용리스로 구분된다.

II. 항공기의 국적과 등록

우리나라에서 항공기를 항공에 사용하기 위해서는 감항증명을 받아야 하고, 감항증명을 받으려면 우리나라의 국적을 취득하여야 한다(항공법 제15조 제2항, 제3항). 항공법상 항공기를 소유하는 자뿐만 아니라 임차하여 사용할 수 있는 권리를 가진 자도 국토교통부에 등록하여야 하고, 우리나라의 국적을 취득한다 (항공법 제3조, 제4조). 외국 국적을 가진 항공기는 우리나라에 등록할 수 없다 (Convention on the International Civil Aviation 제17조, 제18조, 항공법 제6조 제2항).

항공기에 대한 소유권의 취득·상실·변경은 등록하여야 그 효력이 생기고, 항공기에 대한 임차권은 등록하여야 제3자에 대하여 그 효력이 생긴다(항공법 제5조).

III. 항공기금융을 위한 담보

항공기금융을 위하여 대주에게 제공되는 담보는 주로 다음과 같다.

1. 항공기저당권

항공안전법에 따른 항공기등록원부 등록된 항공기에 저당권을 설정하고자 하는 경우 항공기등록원부에 저당권을 등록하여야 한다(자동차등 특정동산 저당 법 제5조 제1항 제6호).

항공기의 엔진은 최초 설치된 항공기와 분리되어 제3자가 소유한 다른 엔 진과 수시로 교체될 수 있다. 현행 법상 항공기의 엔진을 별도로 등록하는 제 도를 두고 있지 않다. 엔진은 훼손 없이 수시로 교체될 수 있는 성질의 것이고, 항공기리스계약에서는 이를 허용하는 것이 일반적이다. 항공기의 원래 엔진을 교체하여 제3자가 소유한 새로운 엔진이 부착된 경우 새로운 엔진이 항공기에 附合되거나 항공기의 *從物*이라 할 수 없어 항공기저당권의 효력이 미치지 어 렵고, 항공기의 유지보수를 위해서 정당하게 분리된 엔진에 대하여도 항공기 저당권의 효력이 미치지 어렵다. 따라서 원래 설치된 엔진에 대하여는 항공기 저당권과 별도로 동산양도담보를 설정하는 약정을 할 필요가 있다.

임차항공기도 항공기등록원부에 등록되므로 그에 대한 저당권의 설정도 가능하다(항공법 제3조, 자동차 등 특정동산 저당법 제3조 제4호). 임차항공기에 대한 저당권은 항공기의 임차권이 등록되어야 비로소 설정될 수 있으므로 이론적으로 먼저 등록된 임차권이 저당권에 우선한다. 하지만 임차권의 대항력은 리스계약의 효력이 존속되는 것을 전제로 하는데, 임차인의 채무불이행이 있는 경우 리스계약은 해지되는 것으로 약정하므로 임차권의 대항력으로 말미암아 저당권의 담보로서의 가치가 훼손되지는 않는다.

임차인은 항공기를 소유하고 있는 SPC로부터 리스계약에 따라 항공기를 사용할 권한을 가질 뿐만 아니라 SPC의 의무 이행을 보장받기 위해서 저당권자 등으로부터도 임차인이 채무불이행을 하지 않는 한 항공기의 평온한 사용·수익(quiet use and enjoyment)을 확약 받는다. 이러한 확약 역시 임차인의 채무불이행이 있는 경우에는 효력을 가지지 아니하므로 이로 말미암아 저당권의 담보로서의 가치가 훼손되지는 않는다.

2. 기타 담보

선박금융과 마찬가지로 항공기의 가치의 보전을 위한 보험(hull insurance)과 운송인의 손해배상책임을 보상하기 위한 보험(carrier's liability insurance)에 가입하여 보험금청구권에 대한 담보를 제공한다. 그 외 선박금융과 마찬가지로 리스채권에 대한 담보, 예금계좌에 대한 담보를 대주에게 제공한다.

Ⅳ. 리스이용자의 도산

항공기 운용리스의 경우 일반적인 임대차계약과 같이 채무자회생법상 쌍방미이행 쌍무계약으로 취급되어 리스제공자인 소유자의 환취권이 인정된다.

소유권이전조건부 항공기 금융리스의 경우에도 소유권이전부 나용선계약(BBCHP)과 마찬가지로 소유자에게 쌍방미이행 쌍무계약으로 취급될 것으로 본다.

제7장

지분투자

제1절 인수합병

Ⅰ. 개관

1. 인수합병의 의의

인수합병(mergers and acquisitions, M&A)은 인수와 합병을 아울러 부르는 말로서 '인수'는 사업자가 다른 기업(대상회사)의 주식이나 영업을 취득하여 경영권을 획득하는 거래를 말하고, '합병'은 기업이 다른 기업과 법률적·사실적으로 일체가 되어 하나의 단일한 기업이 되는 거래를 말한다. 인수나 합병은 모두 대상 기업의 경영권을 획득하는 것을 목적으로 하므로 인수와 합병을 함께 부른다.

2. M&A의 동기

M&A는 사업자(전략적 투자자)가 지속적인 성장, 사업의 효율성 제고, 첨단기술의 도입 등 경영을 위한 전략적 동기로 이루어지는 것이 일반적이지만 재무적 투자자가 자본이득을 얻기 위해 자신이 직접 경영권을 획득하거나 전략적 투자자의 M&A에 참가하기도 한다.

3. M&A의 방법

M&A는 일반적으로 대상회사의 주식을 취득하는 방법으로 이루어지고, 대상회사의 영업이나 자산을 양수하는 방법이나 대상회사와의 합병의 방법으로도 이루어진다.

주식을 취득하는 경우 합병과 달리 주주총회의 승인 절차나 반대주주나 채권자를 위한 별도의 보호절차가 요구되지 않는다는 점에서 비교적 절차가 간단하다. 다만 신주발행의 경우에는 기존 주주들에게 지분이 희석될 수 있는 손해가 발생할 수 있으므로 발행가액에 관한 규제를 준수하여야 한다. 상장회사인 경우 『증권의 발행 및 공시에 관한 규정』에서 정한 신주의 발행가액을 준수하여야 하고, 비상장회사의 경우에도 회계법인 등을 통하여 공정가치를 산정해 둘 필요가 있다. 그 이외에 제1편 제4장 제2절에서 설명한 바와 같이 자본시장법, 공정거래법, 외국환거래법 등 주식의 취득과 소유에 관하여 요구되는 요건이나 절차를 갖추어야 한다.

II. 주식의 취득

1. 의결권 있는 주식과 주식연계증권

대상회사의 경영권을 인수하기 위해서 의결권 있는 주식을 인수하는 이외에 장래 의결권 있는 주식을 취득할 수 있는 전환사채, 신주인수권부사채 등 주식연계증권을 취득함으로써 대상회사의 경영권을 획득할 수도 있다. 이하 주식에 관한 언급은 주식연계증권을 포함한다.

2. 신주 인수와 구주 매수

대상회사의 주식을 취득하는 방법에는 새로 발행하는 신주를 인수하는 방법과 기존에 발행된 구주를 매수하는 방법이 있다.[1] 원칙적으로 인수자는 신주의 인수를 위해서 대상회사와 **신주인수계약**을 체결하고, 구주를 매수하기 위

---

[1] 구주를 매수하는 방법에는 유가증권 시장에서 주식을 매집할 수도 있지만 주로 기존 주주로부터 협상을 통하여 주식을 매수한다. 대상회사의 경영진이나 대주주의 의사에 반하여 구주를 매입하여 경영권을 인수하려는 '적대적 M&A'에 관하여는 별도로 살펴보지 아니한다.

해서 대상회사의 대주주와 **주식매매계약**을 체결한다. 신주인수계약의 경우에도 대주주가 대상회사와 함께 회사의 현황 등에 관하여 진술 및 보장을 제공하거나 신주발행 등에 관한 의무를 부담하기 위하여 신주인수계약의 당사자가 되기도 하며, 주식매매계약의 경우에도 대상회사가 매도인인 주주와 함께 회사의 현황 등 대상회사와 관련된 진술 및 보장을 제공하거나 주식의 매매 절차 등에 관한 의무를 부담하기 위하여 주식매매계약의 당사자가 되기도 한다.

대상회사가 신주의 발행으로 투자를 받는 한편 기존 대주주도 자신의 지분을 함께 매각하여 투하자본을 회수하고자 할 경우에는 신주인수계약과 주식매매계약이 함께 체결되기도 한다.

3. 주식의 취득과 주주간계약

인수자가 대상회사의 주식을 취득한 이후에도 기존 주주가 어느 정도 주식을 계속 보유하는 경우 필요에 따라 대상회사의 공동경영이나 주식의 양도에 대한 제한 등을 위한 **주주간계약**을 체결할 수 있다. 그와 같은 주주들 사이의 약정은 반드시 '주주간계약서'나 '주주협약' 등과 같은 제목의 계약서로 정할 필요는 없으며, 신주인수계약이나 주식매매계약에서 회사의 운영이나 주주들의 권리의무에 관한 사항을 약정할 수도 있다.

4. 간주취득세

법인의 주식 또는 지분을 취득함으로써 과점주주[2])가 되었을 때에는 그 과점주주가 해당 법인의 부동산등(법인이 신탁법에 따라 신탁한 재산으로서 수탁자 명의로 등기·등록이 되어 있는 부동산등을 포함한다)을 취득(법인설립 시에 발행하는 주식 또는 지분을 취득함으로써 과점주주가 된 경우에는 취득으로 보지 아니한다)한 것으로 보아 취득세 납세의무가 발생한다(지방세법 제7조 제5항).

---

2) '과점주주'란 주주 또는 유한책임사원 1명과 그의 특수관계인 중 대통령령으로 정하는 자로서 그들의 소유주식의 합계 또는 출자액의 합계가 해당 법인의 발행주식 총수 또는 출자총액의 100분의 50을 초과하면서 그에 관한 권리를 실질적으로 행사하는 자들을 말한다(지방세기본법 제47조 제2호).

Ⅲ. 영업양수도

1. 영업양수도의 의의

영업양도라 함은 일정한 영업목적에 의하여 조직화된 총체, 즉 인적, 물적 조직을 그 동일성을 유지하면서 일체로서 이전하는 것을 말하고, 영업의 일부만의 양도도 가능하지만 이 경우에도 해당 영업부문의 인적, 물적 조직이 그 동일성을 유지한 채 일체로서 이전되어야 한다.3)

구체적으로 이전되는 영업의 범위는 당사들의 합의로 정할 수 있는 것이 원칙이다. 다만 합의로 영업이 양도되면 반대의 특약이 없는 한 양도인과 근로자 사이의 근로관계는 원칙적으로 양수인에게 포괄적으로 승계되고, 영업양도 당사자 사이에 근로관계의 일부를 승계의 대상에서 제외하기로 하는 특약이 있는 경우에는 그에 따라 근로관계의 승계가 이루어지지 않을 수 있으나, 그러한 특약은 실질적으로 해고나 다름이 없으므로 근로기준법 제30조 제1항 소정의 정당한 이유가 있어야 유효하며, 영업양도 그 자체만을 사유로 삼아 근로자를 해고하는 것은 정당한 이유가 있는 경우에 해당한다고 볼 수 없다.4)

2. 영업양수도의 절차

가. 주주총회 특별결의에 의한 승인

영업양수도를 위해서는 양도인과 양수인 회사의 주주총회 특별결의가 있어야 한다(상법 제374조, 제434조).

주주총회의 특별결의가 있어야 하는 상법 제374조 제1호 소정의 '영업의 전부 또는 중요한 일부의 양도'라 함은 일정한 영업목적을 위하여 조직되고 유기적 일체로 기능하는 재산의 전부 또는 중요한 일부를 총체적으로 양도하는 것을 의미하는 것으로서, 이에는 양수회사에 의한 양도회사의 영업적 활동의 전부 또는 중요한 일부분의 승계가 수반되어야 하는 것이므로 단순한 '영업용 재산'의 양도는 이에 해당하지 않으나, 다만 영업용 재산의 처분으로 말미암아 회사영업의 전부 또는 일부를 양도하거나 폐지하는 것과 같은 결과를 가져오

---

3) 대법원 1997. 4. 25. 선고 96누19314 판결
4) 대법원 2002. 3. 29. 선고 2000두8455 판결

는 경우에는 주주총회의 특별결의가 필요하다.[5]

영업양수도에 반대하는 주주들은 회사에 대하여 주식매수청구권을 행사할 수 있다(상법 제374조의2).

나. 채권자보호절차

합병과 달리 영업양수도를 위하여 채권자보호절차를 거칠 필요는 없다.

다. 기업결합신고

자산총액 또는 매출액이 일정 규모 이상인 회사 사이에 일정 규모 이상의 영업양수도의 경우 공정거래위원회에 기업결합신고를 하여야 한다(공정거래법 제12조 제1항, 제4항, 제7조 제1항 제4호, 기업결합의 신고요령 Ⅲ. 4.).

라. 개별 자산의 이전 절차

영업양수도는 영업을 이전하는 것을 내용으로 하는 채권계약이며, 영업양도계약의 이행으로 부동산의 경우 등기, 동산의 경우 점유의 이전, 채권의 경우 채무자 및 제3자에 대한 대항요건으로서 통지, 특허권 등 지적재산권의 경우 등록원부의 명의 이전과 같이 각 재산의 종류별로 법률상 필요한 이전행위들이 이루어져야 한다. 영업조직과 재산적 가치가 있는 사실관계도 이전되어야 한다. 영업조직은 생산, 판매, 유통, 관리 등 기업활동을 위한 전체 조직을 의미하며, 재산적 가치 있는 사실관계에는 영업관리 방법, 거래처 정보, 영업 비밀, 생산방법과 노하우 등이 있으며, 이러한 조직과 사실관계도 모두 이전이 되어야 한다.

3. 영업양수도의 효과

가. 영업양도인의 경업금지

영업을 양도한 경우에 다른 약정이 없으면 양도인은 10년간 동일한 특별시·광역시·시·군과 인접 특별시·광역시·시·군에서 동종영업을 하지 못하며, 양도인이 동종영업을 하지 아니할 것을 약정한 때에는 동일한 특별시·광역시·시·군과 인접 특별시·광역시·시·군에 한하여 20년을 초과하지 아니한 범위 내에서 그 효력이 있다(상법 제41조). 영업양도인이 제3자를 내세워 동

---

5) 대법원 1997. 4. 8. 선고 96다54249, 54256 판결

종 영업을 하는 행위도 경업행위로서 금지된다.[6]

나. 영업양수인의 책임

영업양수인이 양도인의 상호를 계속 사용하는 경우 양수인도 양도인의 영업으로 인한 제3자의 채권에 대하여 변제할 책임이 있다(상법 제42조 제1항). 다만 양수인이 영업양도를 받은 후 지체없이 양도인의 채무에 대한 책임이 없음을 등기하거나 양도인과 양수인이 지체없이 제3자에 대하여 그 뜻을 통지한 경우에는 그러하지 아니하다(상법 제42조 제1항). 영업양수인이 양도인의 상호를 계속 사용하지 않더라도 양도인의 영업으로 인한 채무를 인수할 것을 광고한 때에는 양수인도 변제할 책임이 있다(상법 제44조). 영업양수인이 양도인의 영업으로 인한 제3자의 채권을 변제할 책임이 있는 경우에는 양도인의 제3자에 대한 채무는 영업양도 또는 광고 후 2년이 경과하면 소멸한다(상법 제45조).

영업양수인이 양도인의 상호를 계속 사용하는 경우, 양도인의 영업으로 인한 채권에 대하여 채무자가 선의이며 중대한 과실없이 '양수인'에게 변제한 때에는 그 효력이 있다(상법 제43조).

Ⅳ. M&A계약의 주요 법률적 조건

제1편 제2장 제3절에서 살펴본 일반적인 계약의 법률적 조건에 더하여 M&A계약에서 주로 검토되어야 하는 법률적 조건에 관하여 살펴본다.

1. 진술 및 보장

M&A계약에서 가장 중요한 법률적 조건으로서 당사자들 사이에 치열한 협상의 대상이 되는 내용은 대상회사(신주발행의 경우)나 매도인(구주매각이나 영업 또는 자산의 양도의 경우)의 진술 및 보장, 특히 그중에서 거래가격의 평가와 관련된 '대상회사의 상태'에 관한 진술 및 보장이라 할 수 있다.

가. 진술 및 보장의 위반에 관하여 상대방의 악의

M&A거래에서 매수인이 매도인의 진술 및 보장의 위반 사실을 알았거나 알

---

6) 대법원 1996. 12. 23. 선고 96다37985 판결

수 있었음에도 불구하고, 이를 지적하지 아니한 채 거래를 종결하고는 그 이후에 매도인을 상대로 진술 및 보장의 위반 책임을 묻는 경우가 있는데 이를 흔히 sandbagging이라 한다. 계약의 무효나 취소가 되는 진술 및 보장을 위반한 경우 상대방의 악의 여부에 따른 법률효과는 당해 민법의 관련 규정에 따라 결정될 것이며, 여기서 매수인의 악의가 주로 문제되는 진술 및 보장은 주로 '대상회사의 상태'와 같이 가치평가와 관련된 진술 및 보장일 것이다.

대법원은 일단 유효하게 성립한 계약에 따른 책임을 공평의 이념 및 신의칙과 같은 일반원칙에 의하여 제한하는 것은 자칫 사적 자치의 원칙이나 법적 안정성에 대한 중대한 위협이 될 수 있으므로 신중을 기하여 극히 예외적으로 인정하여야 한다면서 주식양수도계약서에 '매수인이 계약 체결 당시 매도인의 진술 및 보장의 위반사실을 알고 있는 경우에는 손해배상책임 등이 배제된다'는 내용이 없고, 진술 및 보장에 관한 규정에 따른 경제적 위험의 배분과 주식양수도대금의 사후 조정의 필요성은 진술 및 보장의 내용에 사실과 다른 부분이 있음을 알고 있었던 경우에도 여전히 인정된다고 할 것인 점 등에 비추어 보면, 주식양수도 실행일 이후에 진술 및 보장의 위반사항이 발견되고 그로 인하여 손해가 발생하면, 상대방이 그 위반사항을 계약 체결 당시 알았는지 여부와 관계없이, 상대방에게 그 위반사항과 상당인과관계 있는 손해를 배상하기로 하는 합의를 한 것으로 보는 것이 상당하다고 판단하였다.[7]

악의의 매수인이 협상 및 가격 산정시 이를 거래금액의 산정에 반영하였음에도 불구하고 거래종결 이후 다시 손해배상을 청구하여 이중으로 보상을 받으려 한다면 신의칙상 허용되지 않는다고 여겨지지만 위 판결은 매수인이 담합행위를 알고 있었고 담합행위로 인한 공정거래위원회의 제재 가능성 등을 주식양수도대금 산정에 반영할 기회를 가지고 있었다고 하더라도, 특별한 사정이 없는 한, 그러한 사정만으로 손해배상청구가 공평의 이념 및 신의칙에 반하여 허용될 수 없다고 보기는 어렵다고 판단하였다.

위 판결에도 불구하고 당사자 사이의 개별적인 약정이 있는 경우 그 약정이 우선적으로 적용될 것이므로 매수인이 계약 체결 당시 매도인의 진술 및 보장의 위반을 알거나 알 수 있었을 경우 손해배상책임이 배제되는지 여부에 관하여 명확하게 약정을 해 두어야 하겠다.

---

7) 대법원 2015. 10. 15. 선고 2012다64253 판결

나. 우발채무와 발생 시점과 진술 및 보장의 위반

흔히 주식취득 방식의 M&A에서 발행회사나 매도인은 대상회사의 재무제표에 기재된 채무 이외에 우발채무를 포함하여 다른 채무가 존재하지 않는다는 점을 진술 및 보장한다. 이 경우 우발채무 발생의 기초가 되는 사정은 거래종결 이전에 이미 존재하였으나 실제 채무는 거래종결 이후에 발생한 경우 진술 및 보장의 위반이 되는지 여부에 관하여 논란이 있다. 법원은 우발채무도 진술 및 보장의 대상이 될 수 있지만 미래의 채무까지 포함할 경우 그 위반의 책임이 무한정 확대될 수 있으므로 진술 및 보장의 기준시점 현재 발생하여 존재하는 채무(기준시점 이전의 사건으로 인하여 향후 발생하는 일체의 채무가 아니다)를 대상으로 한다고 판시한 바 있다.[8]

다. 손해배상액의 산정

주식취득 방식의 M&A에서 진술 및 보장의 위반에 따른 손해배상액을 대상회사에게 발생한 손해액으로 할 것인지 아니면 매수인이 취득한 대상회사의 주식가치의 감소분으로 할 것인지 여부가 논란이 될 수 있다. 논리적으로 후자가 맞지만 법원은 당사자의 의사가 명확하지 않으면 대상회사에게 발생한 손해액 자체를 손해배상액으로 산정하려는 것으로 이해된다.[9]

라. 손해배상의 제한

일반적으로 M&A에서 매도인은 거래목적물의 가치평가와 관련된 진술 및 보장을 제공하더라도 그에 따른 책임을 부담할 위험에 계속 노출되기를 원치 않기 때문에 진술 및 보장의 위반에 따른 손해배상책임을 제한하는 합의를 한다. 대개 (가) 거래완결 후 일정한 기한까지 서면으로 책임을 청구한 경우에만 책임을 부담하고, (나) 개별 진술 및 보장의 위반에 따른 손실이 일정 금액 이하인 경우나 진술 및 보장의 위반에 따른 손실의 누적 총액이 일정 금액 이하인 경우에는 책임을 부담하지 아니하며, (다) 책임을 부담하더라도 배상금액의 한도를 정한다. 매수인으로서는 매도인의 책임을 제한하더라도 매도인에게 고

---

8) 서울고등법원 2011. 12. 14. 선고 2011나34776 판결
9) 서울고등법원 2011. 5. 13. 선고 2010나26518 판결(대법원 2012. 3. 29. 선고 2011다51571판결로 확정), 서울고등법원 2012. 2. 10. 선고 2010나24139 판결(대법원 2013. 5. 9. 선고 2012다 23429 판결로 확정)

의나 중과실이 있는 경우에는 책임의 제한이 적용되지 않는 뜻을 명시적으로 약정할 필요가 있다.

마. 가격조정조항

거래종결 이후 거래가격의 평가와 관련된 진술 및 보장의 위반에 따른 손해배상은 경제적으로 가격조정의 기능을 하게 된다.

거래가격의 산정 기준일과 거래종결일 사이에 기업가치의 변동이 있을 수 있으므로 이를 반영하여 거래가격을 조정하는 절차를 정하기도 한다. 주식을 취득하는 경우보다 개별 자산과 부채의 변동은 곧 매매의 목적물의 변동을 초래하는 영업양수도나 자산양수도의 경우 가격조정에 관하여 약정할 필요가 더 크다.

2. 중대한 부정적 변경

M&A거래에서 거래를 무산시키거나 거래의 가격을 조정할 정도의 사유를 '중대한 부정적 변경'(material adverse change)이라 정의하고, 중대한 부정적 변경이 발생하지 않을 것을 매수인이 거래종결을 위한 선행조건으로 삼고, 중대한 부정적 변경이 발생할 경우 매수인이 계약을 해제할 권한을 가지도록 약정하는 경우가 많다. 매도인이 계약 체결일이나 약정된 실사 또는 가격평가의 기준일 이후 거래종결일까지 중대한 부정적 변경이 없다는 점을 진술 및 보장하는 경우도 있지만 주로 '중대한 부정적 변경을 초래하는 어떠한 사실이 존재하지 않는다'는 방식으로 진술 및 보장의 범위를 제한할 목적으로 이용한다. 소극적 준수사항에서도 '중대한 부정적 변경을 초래하는 어떠한 행위를 하지 않는다'는 방식으로 준수사항에 따른 의무의 범위를 제한하기도 한다.

중대한 부정적 변경의 의미를 정의하기는 쉽지 않은 문제이다. 금액이나 비율을 정하여 '중대한'의 의미를 정량화하기도 하며, 다음에 관한 사항이 첨예한 협상의 대상이 되기도 한다.

① 중대한 부정적 변경에는 그 발생뿐만 아니라 발생 가능성도 포함되는 것인지 여부
② 장래 사업 전망에 중대한 부정적 변경도 포함할 것인지 여부

③ 중대한 부정적 변경이 발생되는 대상을 대상회사나 당사자로 특정할 것
   인지 아니면 특정하지 않고 단순히 객관적으로만 정할지 여부
④ 중대한 부정적 변경의 유무를 특정 당사자의 판단에 따를 것인지 여부

3. 선행조건

계약의 체결 이후 거래대금의 조달이나 인허가의 획득 등 실제 거래종결을
이행하기 위하여 시간이 소요된다. 계약을 체결하되, 당사자의 이익에 중대한
영향을 미치는 사유를 당해 당사자가 거래종결을 위한 의무이행을 위한 선행
조건으로 정한다. 이 경우 선행조건이 충족되지 아니하는 경우 당해 당사자는
예정된 거래의 종결을 위한 의무이행을 거절할 수 있는 권리를 가진다. 당해
당사자는 자신의 선택으로 거부권을 포기하고 거래의 종결을 위한 자신의 의
무를 이행하는 한편, 상대방 당사자에게 거래의 종결을 위한 의무이행을 요구
할 수 있는 권리를 가질 수 있다.

선행조건의 미충족으로 거래종결을 거절할 수 있는 권리는 선행조건이 충
족되지 않은 원인이나 그에 대한 귀책사유 유무와 상관없이 부여되는 권리이
나. 만약 선행조건의 미충족이 상대방 당사자의 귀책사유(주로 진술 및 보장이나
준수사항의 위반)에 의한 경우에는 거래종결을 거절하는 이외에 상대방 당사자
에게 손해배상을 청구하거나 계약을 해제할 수 있다.

통상적으로 당사자는 상대방 당사자의 거래종결을 위한 선행조건이 충족시
키기 위해서 최선의 노력을 다하기로 하는 약정을 하기도 하는데, 자칫 정부의
인허가나 제3자의 동의와 같이 자신이 통제할 수 없는 사항에 관하여 그와 같
은 약정을 할 경우 실제 선행조건의 미충족시 노력을 기울이지 않았다는 이유
로 의무 위반의 책임을 부담할 가능성이 있으므로 주의할 필요가 있다.

M&A거래에서 어느 당사자(주로 매수인)의 거래종결을 위한 의무이행의 선
행조건에 포함되는 사항은 주로 다음과 같다.

① 거래종결일 현재 상대방의 진술 및 보장이 정확할 것
② 거래종결일까지 상대방의 준수사항 기타 의무 위반(거래종결의무는 제외)
   이 없을 것
③ 정부의 인허가나 제3자의 동의를 얻을 것

④ 중대한 부정적 변경의 부존재(거래종결에 장애가 되는 소송 등의 부존재 포함)

⑤ 구주매매와 신주인수가 함께 이루어지는 경우와 같이 다수의 계약이 상호 연관되어 있는 경우에는 어느 계약에서 예정된 거래의 종결을 다른 계약에서 예정된 거래의 종결을 위한 선행조건으로 삼을 필요가 있다.

4. 준수사항

일반적으로 대상회사(신주인수의 경우)나 매도인(구주매매의 경우)은 계약 체결 이후 거래가 완결될 때까지 대상회사를 통상적인 방법과 절차에 따라 경영하고, 자본구조의 변경 등 예정된 거래에 영향을 미칠 수 있는 행위를 하지 않을 의무를 부담하고, 구주매매의 경우에는 매매완결 이후 매도인이 대상회사의 영업과 경쟁관계에 있는 행위나 대상회사의 임직원을 유인하는 행위를 하지 않는다는 약정을 한다.

5. 계약의 해제

가. 해제 사유

일반적인 계약과 마찬가지로 진술 및 보장, 준수사항 또는 거래완결시 이행하여야 할 의무불이행 등 법정해제 사유로 해제될 수 있으며, 어느 당사자에 대한 도산사유의 발생도 당해 당사자의 귀책사유로 인한 해제 사유로 삼는다.

계약금의 포기나 배액상환으로 계약을 해지할 수도 있지만 거래의 확실성을 위하여 계약금을 해약금으로 간주하지 않는다는 약정을 명시하는 경우가 있다.

약정된 거래종결의 기한까지 거래종결이 이루어지지 않는 경우를 해제사유로 삼는데, 약정된 기한까지 거래종결의 지연에 귀책사유가 있는 당사자는 해제권을 행사할 수 없는 것으로 정하는 것이 일반적이다.

간혹 매수인이 금융시장의 변동 등으로 인수에 필요한 자금을 조달할 수 없는 경우 계약을 해제할 수 있는 권리를 부여하는 경우도 있지만 매수인의 자금조달 위험을 매도인에게 전가하는 결과가 되어 매수인이 현저하게 우월한 지위에 있지 않는 한 드물다.

나. 해제권의 행사

주식 취득 방법에 의한 M&A의 경우 계약의 어느 한쪽 당사자 또는 쌍방당사자 모두가 복수일 경우가 많다. 당사자의 일방 또는 쌍방이 수인인 경우에는 계약의 해지나 해제는 그 전원으로부터 또는 전원에 대하여 하는 것이 원칙이지만(민법 제547조 제1항) 이는 계약이 불가분적 계약일 경우에만 적용되므로[10] 계약에서 복수의 한쪽 당사자가 해제권을 가지는 경우 그중 일부만 개별적으로 행사할 수 있는지 여부나 복수의 한쪽 당사자 중 일부가 계약 위반 등으로 해제 사유가 발생한 경우 상대방 당사자는 복수의 한쪽 당사자 전원에 대하여 해제권을 행사할 수 있는지 여부에 관하여 명시적으로 약정해 둘 필요가 있다.

V. 회생절차와 M&A

회생절차가 개시된 이후 채무와 재무구조를 개선할 수 있는 가장 현실적이고도 효율적인 방법이 M&A이다. 법원은 회사를 책임 있게 운영할 주체가 필요하다고 보아 회생기업의 M&A를 적극적으로 추진하고 있다.

회생절차에서의 M&A는 수로 인수자에게 제3자 배정의 방식으로 신주[11]를 발행하며, 영업양도(채무자회생법 제62조), 자산양도나 회사분할의 방법이 이용되기도 한다. 인수자가 회생기업의 기존 채무 중 일부의 인수를 배제할 필요가 있는 경우 신설회사에게 영업이나 자산을 양도하고, 인수자는 신설회사의 주식을 인수하는 방식을 이용할 수도 있다.

회생기업에서의 M&A는 M&A의 내용을 반영한 회생계획(변경)안이 관계인집회에서 회생채권자 등의 동의를 받아 가결되고, 법원의 인가결정을 받아 실행된다(채무자회생법 제282조 제1항).

회생기업을 인수하고자 하는 자가 증권시장에서 주식을 매집하거나 기존 주주로부터 주식을 매입할 수도 있겠지만 단순한 주식의 보유 주체만 변동될 뿐 회생기업의 재무개선 또는 채무변제에 도움이 되지 않는다. 회생계획에 따라 이루어지는 신주발행은 상법상의 엄격한 요건과 절차에 관한 규정이 배제되고, 기존 주주에게 신주를 우선하여 인수할 수 있는 지위는 인정되지 않고

---

10) 대법원 1995. 3. 28. 선고 94다59745 판결
11) 인수자가 신주와 함께 회사채를 인수하기도 한다.

(채무자회생법 제231조의2),[12] 제3자 배정의 방식으로 인수자에게 신주를 발행한다. 회생계획에서 '관리인은 수권자본의 범위 내에서 법원의 허가를 받아 신주를 발행할 수 있다'는 내용을 두기 때문에 인수인에게 신주를 발행한다는 것만으로는 새로이 회생계획을 변경하는 절차를 취할 필요는 없지만 제3자인 인수자에게 신주를 배정할 수 있다는 점도 회생계획에서 분명히 해 둘 필요가 있다.

제2절   주주간계약

Ⅰ. 의의와 기능

주주간계약은 회사의 주주들 사이에 주식의 양도, 회사의 지배, 회사의 운영 등에 관하여 체결한 계약을 말한다. 주주간계약은 반드시 주주 전원이 체결할 필요는 없으며, 주주들 중 일부 사이에서 체결되기도 한다.

다수결의 원칙이 적용되는 회사법에서 소수주주는 회사의 경영에 참가하기 어렵고, 비상장회사의 경우 소수 지분의 주식을 환가하기도 쉽지 않다. 이에 주주간계약은 소수주주가 자신의 이익을 보호할 목적으로 체결할 필요가 보다 크다.

전략적 투자자가 주도하는 M&A거래에서 재무적 투자자는 전략적 투자자의 인수에 필요한 자금의 조달 부담을 덜어주는 역할을 수행하고 높은 수익을 추구하기 위하여 전략적 투자자와 함께 인수주체로 참여하기도 한다. 재무적 투자자의 투자의 위험과 수익은 기본적으로 투자자산(주식이나 주식연계증권) 자체의 조건으로 정해지지만 그에 더하여 투자자산의 가치 보전과 투자금의 회수를 위해서 전략적 투자자와 주주간계약을 체결하여 일정한 사항을 보장받기도 한다.

---

12) 대법원 2008. 5. 9.자 2007그127 결정

Ⅱ. 주주간계약의 주요 내용

1. 주식의 양도에 관한 약정

주주간계약은 당사자들 사이에 신뢰에 기초한 공동경영을 위한 것이므로 당사자들의 변경 가능성을 배제시키기 위해서 일정 기간 주식 양도를 제한하거나 재무적 투자자의 투하자본의 회수를 하기 위한 목적으로 주식 양도의 방법을 약정하는 경우가 많다. 그 이외에도 주주들 사이의 이견으로 의사결정을 하지 못하는 교착상태(deadlock)를 해소하기 위한 경우나 주주간계약의 해지의 효과로 주식의 양수도에 관하여 일정한 합의를 하기도 한다.

흔히 주주간계약에서 주식의 양도와 관련하여 다음과 같은 약정을 한다. 재무적 투자자는 전략적 투자자로부터 다음의 권리들을 조합하여 부여 받음으로써 자신의 주식투자에 따른 위험을 경감 또는 완화시킬 수 있다.

가. 주식의 양도금지

회사의 운영에 있어 주주들 사이의 신뢰관계가 중요할 경우 회사는 정관으로 정하는 바에 따라 그 발행하는 주식의 양도에 관하여 이사회의 승인을 받도록 할 수 있다(상법 제335조 제1항). 굳이 정관에서 주식의 양도를 제한할 필요 없이 당사자들 사이의 계약으로만 주식양도를 제한할 필요가 있거나 정관의 규정으로 주식양도를 제한할 수 없는 상장회사의 경우에는 계약으로 주식양도를 제한할 필요가 있다. 다른 주주의 동의 없이 일정 기간 동안 주식의 양도 자체를 금지하는 약정(소위 lock-up 조항)을 한다.

제3자에 대한 주식양도가 제한하더라도 계열회사에 대한 양도는 허용하는 것이 일반적이고, 이 경우 양도인과 양수인인 계열회사가 주주간계약에 따른 책임을 연대하여 부담하도록 하고, 계열관계의 소멸시 다시 양도인에게 재양도할 의무를 정하는 것이 필요하다.

나. 우선매수권

(가) 주식을 매도하고자 하는 주주가 제3자로부터 제안 받은 매매가격 등 거래 조건을 다른 주주에게 통지하고, 다른 주주는 동일한 조건으로 해당 주식을 매수할 수 있는 권리(right of first refusal)를 가지도록 하거나, (나) 주식을 매

도하고자 하는 주주가 다른 주주에게 주식의 매수의사를 타진하여 다른 주주로부터 주식의 가격과 조건을 제시 받으면 그보다 더 낮은 가격이나 제3자에게 유리한 조건으로 제3자에게 주식을 양도할 수 없도록 하는 것(right of first offer)으로 정할 수 있다. 실무적으로 다른 주주가 right of first refusal이 행사될 수 있는 상태에서는 제3자와 제대로 된 협상이 어렵기 때문에 주식을 양도하고 하는 주주로서는 미리 제3자와 협의해 둘 필요가 없는 right of first offer가 유리하다고 할 수 있다.

다. 동반매도권(tag-along)

동반매도권은 어느 주주가 회사의 주식을 제3자에게 매도하고자 하는 경우 다른 주주도 동일한 조건으로 당해 제3자에게 매도할 수 있는 권리로서 소수지분을 가진 투자자가 투자금을 회수할 기회를 보장 받기 위해서 부여 받으며, 흔히 우선매수권과 함께 부여 받는 경우가 많다.

라. 동반매도청구권(drag-along)

동반매도청구권은 어느 주주가 자신의 주식과 함께 다른 주주가 보유하는 주식도 제3자에게 매도할 것을 요구할 수 있는 권리로서 주로 소수지분을 가진 투자자가 투자금을 회수할 기회를 보장받기 위해서 부여 받지만 대주주도 매수인이 소수주주의 존재를 원하지 않는 경우가 있기 때문에 자신의 주식을 용이하게 매각하기 위해 부여 받기도 한다.

동반매도 결과 처분대금이 고가일 경우 처분대금은 지분비율대로 분배하게 될 것이다. 대주주의 지분은 경영권 프리미엄이 가산되므로 소수지분보다 고가인 경우가 보통인데, 이 경우 소수주주는 대주주의 경영권 프리미엄을 공유하는 결과가 된다. 만약 처분대금이 저가일 경우 소수주주의 투자 원금이나 일정한 수익을 먼저 배분 받는 약정을 할 수도 있다.

대주주는 소수주주에게 동반매도권을 부여하는 대신 자신의 의사와 달리 주식이 처분되지 않도록 투자자의 주식을 매수할 수 있는 주식매도청구권(call option)을 부여 받는 경우가 많다.

마. 주식매수청구권(put option)

주식매수청구권은 일정한 사유의 발생이나 조건의 성취시 어느 주주가 자신의 보유한 주식을 일정한 조건으로 매수할 것을 다른 주주에게 청구할 수 있는 권리이다. 흔히 기존 주식을 매도하는 경우 매도인이나 제3자 배정으로 신주를 발행하는 경우 발행회사의 기존 대주주나 계열회사는 주식을 매수 또는 인수하는 재무적 투자자에게 주가의 하락시 일정한 가격으로 매수하겠다는 약정(소위 put-back option)을 하기도 한다. 발행회사의 기존 대주주나 계열회사가 제공하는 put−back option은 신용제공과 다름이 없으므로 배임죄나 공정거래법상 부당지원행위로 인정될 가능성이 있으므로 주의하여야 한다.13)

바. 주식매도청구권(call option)

주식매도청구권은 일정한 사유의 발생이나 조건의 성취시 어느 주주가 다른 주주가 보유한 주식을 자신에게 매도할 것을 다른 주주에게 청구할 수 있는 권리이다.

사. 주주간계약의 위반과 해지

어느 당사자가 주주간계약을 중대하게 위반하는 경우 상대방은 손해배상책임을 물을 수 있지만 손해액의 산정과 입증이 어렵기 때문에 주주간계약을 해지하고 (가) 위반한 당사자가 보유한 주식을 공정가격보다 낮은 가격으로 매수할 수 있는 권리(call option)를 가지거나, (나) 상대방 자신이 보유한 주식을 공정가격보다 높은 가격으로 위반한 당사자에게 매도할 수 있는 권리(put option)를 가지는 경우가 많다.

2. 임원의 선임 등 회사의 지배에 관한 약정

가. 이사 등의 선임과 해임

이사, 대표이사나 감사의 선임에 있어 각 주주가 일정한 수의 이사, 대표이사 또는 감사를 지명할 수 있는 권리를 부여 받고, 주주들이 지명한 이사, 대표이사나 감사가 주주총회에서 선임될 수 있도록 의결권을 행사하기로 합의한

---

13) 대법원 2008. 5. 29. 선고 2005도4640 판결, 공정거래위원회 2003. 7. 7. 의결 제2003−108호 기업0585

다. 이사 등을 지명할 권리를 가진 주주가 자신이 지명한 이사 등을 해임하고자 할 경우 나머지 주주들이 이를 위한 의결권을 행사할 것을 약정할 필요도 있다.

나. 이사회결의와 주주총회결의

소수주주는 회사의 정관의 변경, 증자나 감자 등 자본구조의 변경, 차입, 보증이나 담보의 제공, 영업이나 중요한 자산의 양수도, 합병이나 분할 회사 구조의 변경, 다른 사업의 영위, 일정 금액 이상의 중요 계약의 체결 등 자신의 이익에 중대한 영향을 미치는 사항에 관하여는 이사회나 주주총회의 결의를 받도록 하고, 자신이 반대(veto)할 경우 그러한 사항이 결의될 수 없도록 의결 정족수를 높인 특별결의를 요구한다.

하급심 법원은 상법에 정한 것에 비하여 특별결의의 요건을 더 엄격하게 정하면(소위 **초다수결의제**, super-majority voting rule) 사실상 일부 주주에게 거부권을 주는 것과 마찬가지의 결과를 초래하는 점에 비추어 보면 다른 특별한 사정이 없는 한 상법이 정하고 있는 것에 비해 더 엄격한 이사해임 요건 및 해임 가능한 이사의 수를 규정하는 회사의 정관은 상법에 취지에 어긋난다고 봄이 상당하다고 판단한 바 있지만[14] 이는 경영권 방어를 위해 무리하게 정관을 개정하려는 사건에 대한 판단이므로 그와 같은 특별한 사정이 없이 주주들의 의사가 존중되어야 하는 폐쇄회사의 경우에는 특별결의의 요건을 더 엄격하게 적용할 수 있다고 본다.

소수주주의 이익을 보호하기 위하여 가중된 결의 요건을 규정하거나 소수주주에게 거부권을 부여한 경우 특정한 사항에 관하여 주주들 사이의 이견으로 의사결정을 하지 못하는 경우가 있는데, 이를 **교착상태**(deadlock)라고 한다. 주주간계약에서 교착상태를 해소하기 위한 방안을 별도로 정하지 않는 경우도 있지만 교착상태에 이를 경우 회사의 계속적인 운영에 중대한 영향을 미치므로 교착상태의 발생이 예견되는 경우 주주간계약에서 미리 이를 해결하는 방안을 정하는 것이 바람직하다.

전문가나 독립한 제3자로 하여금 일정한 기간에 교착상태가 발생한 사항에 대한 의사결정을 하도록 할 수도 있으나 종국적으로는 동업관계를 종료하는

---

14) 서울중앙지방법원 2008. 6. 2. 2008카합1167 결정

형태로 교착상태를 해소할 수밖에 없다. 이 경우 주로 일방 주주가 다른 주주에게 특정 가격으로 자신의 주식을 매수할 것을 청구하면 다른 주주는 (가) 이를 매수하거나 또는 (나) 일방 주주에게 같은 가격으로 자신의 주식을 모두 매각하여야 하는 것으로 정한다. 주식을 매각하고자 하는 주주들이 많은 경우 모든 주주가 희망하는 매수가격을 제출한 다음 가장 높은 가격을 제출한 주주가 해당 가격으로 나머지 주주들의 주식을 전부 매수하는 것으로 정하기도 한다.

다. 기타 회사 경영에 관한 약정

회사의 사업 목적과 사업 수행의 방법, 회사의 계약 체결, 재무나 이익배당에 관한 정책 등 다양한 사항에 관하여 합의를 할 수 있다. 이러한 합의는 그와 같은 내용이 실현될 수 있도록 주주총회결의에서 의결권을 행사하거나 또는 자신이 지명한 이사로 하여금 이사회결의에서 의결권을 행사하거나 업무집행을 하도록 하겠다는 약정이라 할 수 있다.

대상회사의 자회사가 있는 경우 당사자들의 합의로 주주간계약에서 자회사의 지배에 관한 사항도 약정할 수 있다.

3. 추가 출자 등에 관한 약정

흔히 개발사업과 같이 장기간 투자가 필요한 사업의 경우, 주주간계약을 체결한 이후에도 주주들이 일정 기간 회사의 경영에 필요한 금액을 추가 출자, 금전대여 등의 방법으로 회사에게 자금을 제공하기로 약정하는 경우가 많다. 이 경우 각 주주의 자금제공의무의 이행은 개발사업의 진행에 중요한 영향을 미치기 때문에 그와 같은 자금제공의무가 모두 이행되기 이전에는 주주의 변경 가능성을 배제시키기 위하여 주식의 양도를 전면적으로 금지시키는 것이 일반적이다.

Ⅲ. 주주간계약의 효력

1. 주식양도의 제한에 관한 약정

주식은 자유롭게 양도될 수 있는 것이 원칙이고, 주식의 양도 제한은 이사회의 승인을 얻도록 하는 방식으로만 제한될 수 있다(상법 제335조 제1항). 주식

양도의 제한에 관한 약정은 원칙적으로 주주의 투하자본 회수의 가능성을 전면적으로 부정하는 것이 아니고, 공서양속에 반하지 않는 경우 당사자 사이에 유효하다.15) 주식의 양도를 금지하거나 장기간 주식의 양도를 제한하는 것은 주주의 투하자본회수의 가능성을 전면적으로 부정하는 것으로서 효력을 가질 수 없다.16)

주식양도제한약정이 당사자 사이에서 유효하다고 인정되더라도 어느 주주가 주식양도제한약정을 위반하여 주식을 양도한 경우 양수인의 선의·악의를 불문하고 주식양도는 유효하고, 회사도 양수인의 명의개서청구를 거절할 수 없다.17) 결국 위반한 당사자에게 계약 위반에 따른 손해배상을 청구할 수밖에 없다.18) 그러나 약정의 위반에 따른 손해배상금액의 입증이 어렵고, 손해배상예정이나 위약벌을 약정할 수도 있겠지만 손해배상예정은 법원의 재량으로 감액될 가능성이 있고, 위약벌도 과도하게 무거울 때에는 그 일부 또는 전부가 선량한 풍속 기타 사회질서에 반하여 무효가 될 수 있다.

주식양도제한 약정을 위반하여 제3자에게 주식을 처분하려 할 경우 주식처분금지가처분 신청을 할 수 있지만 현실적으로 피보전권리 이외에 보전의 필요성까지 충분히 소명하여 가처분을 받아 내기 쉽지 않은 것으로 보인다.

2. 의결권의 행사에 관한 약정

주주간계약에서 이사, 대표이사나 감사의 선임 등 주주총회의 결의에 관하여 의결권 행사에 관하여 주주들 사이에 합의된 사항이 이행되도록 각자의 의결권을 행사할 의무를 부담하는 약정은 그 합의의 내용이 다른 주주의 권리를 해하거나 기타 불공정한 내용이 아니라면 당사자 사이에 유효하다고 본다.19) 어느 당사자가 의결권구속 약정을 위반하여 의결권을 행사했을 때에는 다른 주주는 당연히 손해배상을 청구할 수는 있다. 물론 약정의 위반에 따른 손해배상금액의 입증이 어렵고, 손해배상금액을 예정하더라도 법원에 의하여 감액될

15) 대법원 2013. 5. 9. 선고 2013다7608 판결
16) 대법원 2000. 9. 26. 선고 99다48429 판결
17) 대법원 2000. 9. 26. 선고 99다48429 판결
18) 대법원 2008. 7. 10. 선고 2007다14193 판결
19) 서울중앙지방법원 2012. 7. 2. 2012카합1487 결정, 서울북부지방법원 2007. 10. 25. 2007카합1082 결정

가능성이 있다. 법원으로부터 약정대로 의결권을 행사하도록 하는 가처분 또
는 약정에 위반하는 의결권을 행사하지 않아야 한다는 금지가처분을 받는 것
은 쉽지 않은 것으로 보인다.[20]

3. 이사의 업무에 관한 약정

주주간계약에서 어떤 주주에게 자신이 지명한 이사로 하여금 일정한 행위
를 하거나 하지 않도록 해야 할 의무를 부담시키는 약정(소위 procure 조항)을
하기도 한다. 회사의 이사들은 주주간계약의 당사자가 아니고, 주식회사에 있
어 이사의 직무수행은 회사의 수임인으로서 주의의무가 따르는 행위로서 이사
는 그 행위에 관해 독자적인 책임을 지므로 주주간의 합의가 이사의 직무수행
에 대한 구속력을 가질 수 없다.[21] 그러나 그와 같은 약정의 직접 이행 청구나
가처분신청은 어려울 수는 있겠으나 어떤 주주가 그와 같은 결과를 보장한 것
으로 해석되는 이상 이를 위반한 경우 손해배상책임을 부담할 수 있다고 본다.

제3절   인수금융

Ⅰ. 인수금융의 의의

인수금융은 회사 또는 사업을 인수하는데 필요한 자금을 조달하는 거래를
말한다.

사업자가 전략적으로 회사 또는 사업을 인수하는 경우 자신의 자산과 신용
으로 대출금을 차입하거나 주식이나 회사채를 발행하여 조달할 수 있는데, 이
는 인수자의 자산과 신용을 바탕으로 하는 기업금융이라 할 수 있다.

이와 달리 인수자가 주로 인수 대상 회사(또는 사업)의 자산과 영업의 가치
를 기초로 자금을 조달하는 경우를 진정한 의미의 인수금융이라 할 수 있겠다.
장래 상환재원의 기초가 되는 인수 대상 회사의 자산과 영업을 인수자의 신용

---

20) 서울중앙지방법원 2008. 2. 25. 2007카합2556 결정
21) 대법원 2013. 9. 13. 선고 2012다80996 판결

위험(도산)으로부터 절연시키기 위해서 특수목적회사(SPC)가 자금을 조달하여 인수 대상 회사를 인수하는 것이 일반적이다. 인수자로서는 SPC가 차주인 대출금에 대하여 전면적인 책임을 부담하지 않고, 자신의 책임을 SPC에 대한 출자하거나 대여한 금액(별도의 약정으로 SPC의 대출금에 대하여 부분적인 신용을 제공한 경우에는 당해 신용제공한 금액)으로 한정할 수 있다.

인수자(전략적 투자자)가 단독으로 인수하기에는 대상회사의 규모가 큰 경우 재무적 투자자와 공동으로 직접 또는 SPC로 하여금 대상회사를 인수하는 방식을 이용할 수 있다. 인수자는 재무적 투자자의 투자를 유치함으로써 보다 적은 자기자금으로 대상회사의 경영권을 인수하고자 하는 전략적 목적을 달성할 수 있게 된다. 이 경우 인수자는 재무적 투자자와 주주협약을 체결하여 재무적 투자자의 투자에 대한 위험을 경감 또는 완화해 주는 일정한 약정(신용보강)을 해주는 대신 대상회사의 경영권을 확보하고 재무적 투자자보다 높은 수익을 기대할 수 있게 된다.

II. 자금조달의 형식

SPC는 기본적으로 투자자의 출자금(자본금)과 타인자본으로 인수자금을 조달한다. 인수금융을 제공하는 투자자가 중위험·중수익을 추구하는 소위 메자닌(mezzanine) 투자를 하고자 하는 경우에는 (가) 후순위대출을 하거나 후순위사채 또는 전환사채 등 주식을 인수할 수 있는 주식연계증권(equity linked securities)을 인수할 수 있고, (나) 전략적 투자자가 인수하는 보통주와 비교하여 이익배당이나 잔여재산분배에 있어 우선하거나 상환 또는 보통주로 전환가능한 종류주식을 인수할 수 있다.

간혹 매도인이 매매대금의 일부를 후불로 지급받음으로써 결과적으로 인수자에게 인수자금을 제공하는 역할을 하기도 한다.

대상회사를 인수한 이후 대상회사의 영업과 재무가 개선되는 경우 인수 당시 조달한 조건보다 유리한 조건으로 자금을 조달하여 인수 당시 조달한 자금을 상환(refinancing)할 수 있다. 이로써 인수자는 인수자나 대상회사의 영업과 재무에 대한 투자자의 엄격한 통제를 완화시킬 수 있고, 인수금융을 제공한 투자자의 투자위험을 경감 또는 완화해 주기 위하여 제공하였던 약정(신용보강)에 따른 부담을 제거하거나 낮출 수 있고, 새로운 대주가 허용하는 경우에는 감자나 이익배당 등으로 투자금의 전부 또는 일부를 회수할 수도 있게 된다.

Ⅲ. 담보제공형 차입매수

1. 담보제공형 차입매수 의의와 유형

흔히 기업인수에 있어 인수에 필요한 자금의 상당 부분을 피인수회사의 자산을 담보로 제공하거나 피인수기업의 자산을 재원으로 변제하기로 하고 차입하여 기업을 인수하는 거래를 **담보제공형 차입매수**(leveraged buy-out: LBO)이라 부른다.[22]

실제 거래에 있어 LBO의 구체적인 모습은 거래마다 다양할 수 있지만 주로 다음과 같은 방법이 이용된다.

① **주주의 차입금에 대한 대상회사의 보증이나 담보의 제공**: 법령상 이를 제한하는 경우가 많고, 배임의 문제가 발생될 수 있기 때문에 실무상 원칙적으로 대상회사가 보증하거나 담보를 제공하지 아니한다.

② **인수회사와 대상회사의 합병**: 인수자와 대상회사가 합병함으로써 합병한 이후에 대상회사의 자산을 인수금융을 제공한 자에게 담보로 제공하거나 대상회사의 자산을 담보로 새로운 대출금을 차입하여 인수금융으로 조달한 자금을 상환할 수 있다.

③ **대상회사의 유상증자와 이익배당**: 대상회사를 인수한 이후 유상감자나 이익배당을 실시함으로써 인수자는 유상감자나 이익배당으로 유입된 자금으로 인수금융으로 조달한 자금을 상환할 수 있다.

대법원은 거래현실에서 이른바 차입매수 또는 LBO의 구체적인 태양은 매우 다양하고, 이러한 차입매수에 관하여는 이를 따로 규율하는 법률이 없는 이상 일률적으로 차입매수방식에 의한 기업인수를 주도한 관련자들에게 배임죄가 성립하거나 성립하지 아니한다고 단정할 수 없는 것이고, 배임죄의 성립 여부는 차입매수가 이루어지는 과정에서의 행위가 배임죄의 구성요건에 해당하

---

22) 대법원 2015. 3. 12. 선고 2012도9148 판결

는지 여부에 따라 개별적으로 판단되어야 한다고 판단하고 있다.[23] 판례의 태도를 살펴보면, 자기자금의 투입비율이 높은 경우, 대상회사의 주식 전부를 취득하여 소수주주와의 이행상충 가능성을 피할 수 있는 경우, 인수자의 인수 후 사업계획 등에 비추어 기업가치 증대 가능성이 인정되는 경우, 합병 등을 위한 상법상 적법한 절차를 준수하는 경우, 소수주주나 채권자의 이익을 보호하기 위한 보호조치를 취하는 경우 배임죄의 인정 가능성을 감소시키는 요소가 될 수 있는 것으로 이해된다.

2. 대상회사의 보증이나 담보의 제공

가. 회사의 보증이나 담보의 제공에 대한 규제

상장회사는 주요주주 및 그의 특수관계인, 이사(상법 제401조의2 제1항 각 호의 업무지시자를 포함한다) 및 집행임원, 감사를 위하여 신용공여(금전 등 경제적 가치가 있는 재산의 대여, 채무이행의 보증, 자금 지원적 성격의 증권 매입, 그 밖에 거래상의 신용위험이 따르는 직접적·간접적 거래로서 담보를 제공하는 거래 등 대통령령으로 정하는 거래를 말한다)를 하여서는 아니 되며, 이를 위반한 경우 처벌된다(상법 제542조의9 제1항, 제624조의2). 상호출자제한기업집단에 속하는 회사(금융업 또는 보험업을 영위하는 회사는 제외한다)는 원칙적으로 국내금융기관의 국내 계열사에 대한 여신에 대하여 채무보증을 하여서는 아니 되며, 이를 위반한 경우 처벌된다(공정거래법 제66조, 제10조의2).

대상회사가 상장회사나 상호출자제한기업집단에 속하는 회사가 아니더라도 인수자의 채무에 대한 보증이나 담보를 제공하는 경우 사정에 따라 대상회사의 이사는 배임죄로 처벌될 수 있고, 대주 역시 대상회사의 보증이나 담보 제공에 적극 가담한 경우 보증이나 담보가 반사회질서의 법률행위로 무효로 되고, 배임죄의 공범으로 처벌될 수 있다.

나. 회사의 보증이나 담보의 제공과 배임죄

2001년 회사정리절차가 진행 중이던 건설회사를 인수한 자가 '자기자금 없이' 서류상 회사(SPC)를 설립하여 금융기관으로부터 인수대금보다 많은 금액을

---

23) 대법원 2010. 4. 15. 선고 2009도6634 판결, 대법원 2011. 12. 22. 선고 2010도1544 판결, 대법원 2015. 3. 12. 선고 2012도9148 판결 등 참조

대출 받아 인수대금을 납부하여 건설회사를 인수한 후 대표이사로 취임하여 건설회사가 보유한 자산을 대출기관에게 담보로 제공한 사안과 관련하여 대법원은 피인수회사로서는 주채무가 변제되지 아니할 경우에는 담보로 제공되는 자산을 잃게 되는 위험을 부담하게 되므로 인수자가 피인수회사의 위와 같은 담보제공으로 인한 위험 부담에 상응하는 대가를 지급하는 등의 반대급부를 제공하는 경우에 한하여 허용될 수 있고, 만일 인수자가 피인수회사에 아무런 반대급부를 제공하지 않고 임의로 피인수회사의 재산을 담보로 제공하게 하였다면, 인수자 또는 제3자에게 담보 가치에 상응한 재산상 이익을 취득하게 하고 피인수회사에게 그 재산상 손해를 가한 것이어서 업무상 배임죄의 책임을 부담하여야 한다고 판단하였다.[24]

반면 대법원은 인수자가 대상회사를 인수하는 과정에서 인수자 내부의 유보자금이나 인수자가 자체적으로 마련한 자금도 상당 부분 투입되었고, 지분 100%를 인수한 후 합병을 통해 인수회사와 피인수회사의 경제적 이해관계가 일치하게 되었다는 점 등을 감안하여 대상회사 대표이사의 담보제공행위로 인수자가 이득을 취하고 대상회사가 손해를 입었다고 볼 수 없으므로 대상회사 대표이사에게 업무상 배임죄가 성립하지 않는다고 판단한 바 있다.[25]

법원은 담보제공형 LBO 거래의 위법성에 대해서 개별 사건마다 달리 판단해야 한다는 입장을 보이고 있고, 경제적 실질, 특히 인수자가 자기자금을 투입한 비율을 중시하는 것으로 이해된다.

담보제공형 LBO를 통한 기업인수를 고려하는 경우 업무상 배임죄가 성립될 위험에 대하여 주의할 필요가 있지만 반드시 인수자금의 일부를 차입함에 있어 피인수기업의 재산을 담보로 제공하였다는 외관만을 가지고 배임죄의 성립에 논란이 있으니 담보제공형 LBO를 통한 기업인수가 불가능한 일이라고 단정할 것은 아니다. 2006년경 국내 굴지의 대기업이 외국계 유통기업을 인수하기 위하여 거래를 하였는데, 당시 대상회사는 대형할인점 점포를 다수 보유하여 보유부동산의 가치가 대단히 컸음에도 불구하고 차입경영을 하지 아니하여 주식매매대금이 무려 1조7,500억원에 이르렀고, 당시에는 아무리 인수자가 대기업이라도 그 정도의 대규모 자금을 현금으로 가지고 있기는 어렵기 때문

24) 대법원 2006. 11. 9. 선고 2004도7027 판결
25) 대법원 2015. 3. 12. 선고 2012도9148 판결

에 불가피하게 대규모 차입을 할 수밖에 없었다. 인수금융을 취급한 대주단은 대출의 안정성을 위해서는 대상회사의 보유부동산에 대한 담보를 요구할 수밖에 없는 상황에서 마침 담보제공형 LBO를 통한 인수거래에 관하여 배임죄를 인정한 판결이 있었기 때문에 대상회사의 보유부동산에 대한 담보를 취득하고 대출을 취급할 경우 배임죄에 공모한 것이 아닌가라는 등 대출의 적법성을 고민하고 대출을 주저한 바 있었다. 대법원 판례의 취지에 따라 인수자가 대상회사에게 부동산에 대한 담보를 제공해 주는 대가로 소정의 수수료를 지급하는 한편, 장래 담보 실행시 대상회사가 인수자에 대하여 가질 구상권을 담보하기 위하여 인수자가 가지고 있던 다른 재산에 대한 담보를 대상회사에게 제공함으로써 대상회사가 담보 제공에 따른 채권보전조치를 한 이상 배임죄의 책임을 부담하지 않을 것이라는 법률의견에 따라 대출거래를 성공적으로 종결된 바 있다. 굴지의 대기업이 수천억의 자기자금을 투입하고 대상회사가 장래 인수자에 대하여 구상권을 행사하기 위한 채권보전조치도 갖추어 기업을 인수하는 거래를 두고 자기자금 한푼 없이 기업을 인수하는 거래와 비교할 수는 없는 노릇이다. 만약 대상회사가 매각되기 이전에 미리 자신이 보유한 부동산을 담보로 충분히 차입을 하여 재무구조를 변경해 두었더라면 그만큼 주식매매대금은 대폭 감소되었을 것이고, 인수자로서는 자기자금으로도 충분히 대상회사를 인수할 수 있었던 것이라는 실질을 본다면, 대상회사의 재산을 담보로 제공하였다는 외관을 가지고 배임죄의 죄책을 논하거나 비난할 수는 없는 것이다.

최근 대법원은 외국계 PEF가 유통회사를 인수하는 과정에서 대상회사가 자신의 채무 이외에도 외국계 PEF가 인수를 위하여 설립된 특수목적법인의 채무에 대하여도 담보를 제공한 사정이 있고, 인수자와 대상회사가 합병한 경우라 하더라도 합병 이전에 이미 대상회사가 자신의 자산을 인수자의 채무를 담보하기 위하여 담보를 제공한 경우에는 이미 담보 제공시에 배임죄가 성립될 수 있다는 이유로 배임죄의 성립을 부정한 원심을 파기한 바 있다.[26] 이로써 담보제공형 LBO 거래의 위법성에 대해서 개별 사건마다 달리 판단해야 한다는 대법원의 기존 입장이 달라진 것으로 볼 것은 아니며, 오로지 인수한 대상회사의 주식만을 자산으로 가지고 있는 인수자를 위하여 담보를 제공하는 경

---

26) 대법원 2020. 10. 15. 선고 2016도10654 판결

우와 달리 장래 담보 실행시 대상회사에 대하여 부담하는 구상채무를 이행할 수 있는 상당한 자산, 영업과 능력을 가지고 실제 그러한 구상채무를 이행하기 위한 담보를 제공하는 인수자를 위하여 담보를 제공하는 경우에는 달리 판단될 수 있다고 본다.

3. 인수회사와 대상회사의 합병

대법원은 인수회사와 대상회사가 합병한 경우 대상회사의 자산을 직접 담보로 제공하고 기업을 인수하는 방식과 다르고, 위 합병의 실질이나 절차에 하자가 없다는 사정 등을 들어 배임죄의 성립을 부정하였다.[27]

배임죄에서 재산상 손해의 유무에 관한 판단은 배임 여부가 문제되는 행위 당시를 기준으로 판단되어야 하므로 합병 이전에 대상회사가 자신의 자산을 인수자의 채무의 담보로 제공한 때에는 배임죄가 성립될 수 있다.[28] 이는 대상회사의 자산을 인수자의 채무의 담보로 제공한 행위를 배임죄로 볼 수 있다는 판단이므로 인수회사와 대상회사가 합병한 경우 배임죄의 성립을 부정한 위 대법원판례의 입장이 달라지는 것은 아니라고 본다.

다만 인수회사가 사실상 자본금이 거의 없는 형식적인 회사에 불과하여 대상회사가 실질적인 자산의 증가 없이 오직 인수회사의 대출금채무만을 부담하게 되는 결과가 초래되거나, 인수회사의 재무구조가 매우 열악하여 합병을 하게 되면 그로 인해 대상회사의 재산잠식이 명백히 예상되는 경우라면 배임죄의 성립을 배제할 수 없다.[29]

4. 대상회사의 유상증자와 이익배당

대법원은 대상회사의 이사로서 수행한 유상감자 및 이익배당으로 인하여 회사의 적극재산이 감소하였다고 하더라도 이는 우리 헌법 및 상법 등 법률이 보장하는 사유재산제도, 사적 자치의 원리에 따라 주주가 가지는 권리의 행사에 따르는 결과에 불과하고, 유상감자 당시 대상회사의 영업이익이나 자산 규모 등에 비추어 볼 때 유상감자의 절차에 있어서 절차상 일부 하자로 인하여

---

27) 대법원 2010. 4. 15. 선고 2009도6634 판결
28) 대법원 2020. 10. 15. 선고 2016도10654 판결
29) 서울중앙지방법원 2015. 1. 22. 선고 2012고합450, 2013고합319(병합) 판결(대법원 2020. 10. 15. 선고 2016도10654 판결의 1심판결)

대상회사의 채권자들에게 손해를 입혔다고 볼 수 없으며, 1주당 감자 환급금액과 대상의 배당가능이익을 감안하면 결국 유상감자 및 이익배당으로 인하여 대상회사의 주주들에게 부당한 이익을 취득하게 함으로써 대상회사에 손해를 입혔다고 볼 수 없다고 판단한 원심판결을 유지하였다.[30] 원심판결은 배당가능이익이 이익배당액을 훨씬 상회하여 상법이 규정하는 제한의 범위 내에서 이익배당이 이루어진 경우 주주가 이익배당을 통해 자신의 투하자본을 회수한 뒤 이를 어디에 사용하는지에 관하여는 법령상 아무런 제한이 없으므로 인수자금의 상환을 하기 위하여 사용하였다고 하여 이를 위법하다고 할 수도 없다고 판단하였다.[31]

Ⅳ. 인수금융을 위한 대출계약의 주요 내용

대출계약의 일반적인 내용은 인수금융을 위한 대출계약에도 마찬가지로 적용되고, 이하에서는 인수금융을 위하여 SPC가 차주로 체결되는 대출계약에서서 주로 포함되는 내용에 대하여 살펴본다.

1. 담보

주로 다음과 같은 담보가 제공된다.

① 차주인 SPC의 발행주식에 대한 담보 설정
② SPC가 주식매매계약 등 인수계약에 따라 매도인에 대하여 가지는 채권에 대한 담보 설정
③ SPC가 인수한 대상회사의 주식이나 회사채 등 증권에 대한 담보 설정 (대출금으로 인수대금을 지급한 이후라야 가능하므로 일반적으로 대출금의 후행조건으로 정한다)
④ SPC가 대상회사에 대하여 가지는 주주대여금 등 채권에 대한 담보
⑤ SPC가 적립하였거나 장래 얻을 자금이 예치될 예금계좌에 대한 질권 설정

---

30) 대법원 2013. 6. 13. 선고 2011도524 판결
31) 부산지방법원 2010. 8. 10. 선고 2010고합73 판결

2. 선행조건

대출금은 인수대금의 지급을 위하여 사용되므로 인수계약에서 정한 인수대금의 지급을 위한 조건이 모두 충족되는 것을 대출금 인출의 선행조건으로 삼는다.

3. 기한전 상환

대상회사의 발행주식 등 차주의 자산매각대금을 수령하는 경우, 대상회사로부터 주주대여금을 상환받거나 또는 감자대금이나 이익배당금을 수령하는 경우 또는 인수계약에 따라 매도인으로부터 손해배상금 등을 수령할 경우 대출금을 의무적으로 기한전 상환하도록 한다. 또한 대상회사가 보유하는 자산의 매각대금이나 보험금을 수령할 경우 영업에 필요한 비용 충당 후 잔여 금액을 감자나 이익배당을 통하여 차주에게 지급하도록 하여 차주로 하여금 대출금을 의무적으로 기한전 상환하도록 한다.

4. 진술 및 보장

인수계약의 적법·유효한 체결과 집행가능성, 인수계약의 효력 유지, 대상회사의 영업과 자산의 상태 등이 진술 및 보장에 포함된다.

5. 준수사항

차주가 보유하는 대상회사의 발행주식의 가치(대상회사의 영업과 자산의 가치)는 대출원리금의 주된 상환재원이므로 차주의 영업이나 자산뿐만 아니라 대상회사의 영업과 자산도 엄격하게 통제하기 위하여 차주와 대상회사로 하여금 다음의 사항을 준수하도록 요구한다.

① 부채비율, 부채상환비율, 이자보상비율 등 재무비율의 달성과 유지
② 차입 또는 보증이나 담보 제공의 금지 또는 제한
③ 현금이 유출되는 행위로서 다른 회사에 대한 투자, 다른 영업이나 중요한 자산 취득 또는 자본적 지출의 금지 또는 제한
④ 영업이나 중요한 자산의 처분의 금지 또는 제한

⑤ 회사의 합병, 분할, 청산, 해산 등 중대한 구조의 조정이나 변경의 금지 또는 제한

⑥ 감자나 이익배당 등 주주에 대한 지급의 금지나 제한

제8장

파생금융

제1절 파생상품의 의의와 종류

Ⅰ. 파생상품의 의의

실물자산이나 금융자산(기초자산, underlying asset)의 가치 변동에 따른 위험을 줄이기 위한 거래를 **파생거래**라 하고, **파생상품** 또는 **파생계약**은 기초자산의 가치 변동에 따라 가치가 결정되는 계약을 말한다.

파생거래의 결과 기초자산의 위험이 어느 당사자에게 다른 당사자에게 이전된다. 기초자산의 위험을 부담하고 있는 당사자는 그 위험을 회피(hedge)하고자 하고, 상대방 당사자는 그러한 위험을 인수하여 수익을 얻을 목적으로 파생거래가 이루어진다.

Ⅱ. 기초자산

자본시장법상 파생상품의 **기초자산**(underlying asset)은 파생상품의 가격을 결정하는 자산으로서 기초자산의 가격·이자율·지표·단위 또는 이를 기초로 하는 지수 등 경제적 위험을 포함하며, 다음의 하나에 해당하는 것을 말한다(자본시장법 제4조 제10항).

① 금융투자상품

② 통화(외국의 통화를 포함한다)

③ 일반상품(농산물·축산물·수산물·임산물·광산물·에너지에 속하는 물품 및 이 물품을 원료로 하여 제조하거나 가공한 물품, 그 밖에 이와 유사한 것을 말한다)

④ 신용위험(당사자 또는 제3자의 신용등급의 변동, 파산 또는 채무재조정 등으로 인한 신용의 변동을 말한다)

⑤ 그 밖에 자연적·환경적·경제적 현상 등에 속하는 위험으로서 합리적이 고 적정한 방법에 의하여 가격·이자율·지표·단위의 산출이나 평가가 가능한 것

Ⅲ. 파생상품의 종류

1. 거래의 유형에 따른 분류

자본시장법상 파생상품은 거래의 유형에 따라 다음 각 호의 어느 하나에 해당하는 계약상의 권리를 말한다.

가. 선도계약

선도계약(forward contract)은 기초자산이나 기초자산의 가격·이자율·지표· 단위 또는 이를 기초로 하는 지수 등에 의하여 산출된 금전등을 장래의 특정 시점에 인도할 것을 약정하는 계약을 말한다(자본시장법 제5조 제1항 제1호).

외국환거래규정에서 선물환거래는 대외지급수단의 매매계약일의 '제3영업 일' 이후 장래의 약정한 시기에 거래당사자간에 매매계약시 미리 약정한 환율 에 의하여 대외지급수단을 매매하고 그 대금을 결제하는 거래로서 자본시장법 에 따른 파생상품시장 또는 해외파생상품시장에서 이루어지는 거래를 제외한 거래를 말한다(외국환거래규정 제1-2조 제11호).

나. 옵션계약

옵션계약(option contract)은 당사자 어느 한쪽의 의사표시에 의하여 기초자 산이나 기초자산의 가격·이자율·지표·단위 또는 이를 기초로 하는 지수 등

에 의하여 산출된 금전등을 수수하는 거래를 성립시킬 수 있는 권리를 부여하는 것을 약정하는 계약을 말한다(자본시장법 제5조 제1항 제2호).

기초자산을 매도할 수 있는 옵션계약을 **매도옵션**(put option)이라 하고, 기초자산을 매수할 수 있는 옵션계약을 **매수옵션**(call option)이라 한다. 옵션계약은 옵션권리자에게 옵션의 행사에 따른 권리의 발생에 관한 '선택권'이 부여된다는 점에서 기한의 도래나 일정한 조건이 성취되면 권리가 발생되는 계약과는 구별된다.

다. 스왑계약

스왑계약(swap contract)은 장래의 일정기간 동안 미리 정한 가격으로 기초자산이나 기초자산의 가격·이자율·지표·단위 또는 이를 기초로 하는 지수 등에 의하여 산출된 금전등을 교환할 것을 약정하는 계약을 말한다(자본시장법 제5조 제1항 제3호). 각 당사자에게 자신이 보유하는 기초자산 등을 상대방 당사자에게 매도할 수 있는 선도계약이 중첩된 계약이라 할 수 있다.

어느 유형이든 약정된 의무는 (가) 목적물을 실제 현물로 인도하는 방식으로 이행하거나 또는 (나) 미리 합의된 가격과 합의된 이행일 현재의 목적물의 시가의 차액(스왑계약의 경우 각 당사자가 보유하는 목적물의 시가의 차액)을 정산하는 방식으로 이행할 수 있다.

2. 자본시장법상 투자위험의 정도에 따른 금융상품의 구분

가. 금융투자상품

투자한 원본의 손실 가능성(투자성)이 있는 권리를 **금융투자상품**이라 하고, 원본의 상환이 약정된 예금이나 대출거래와 구별한다(자본시장법 제3조 제1항).

나. 증권과 파생상품

금융투자상품은 투자 원본의 범위 내에서 손실이 발생될 위험이 있는 **증권**(자본시장법 제4조 제1항)과 투자 원본을 초과하여 손실이 발생될 위험이 있는 **파생상품**으로 구분한다(자본시장법 제3조 제2항).

기초자산의 가격·이자율·지표·단위 또는 이를 기초로 하는 지수 등의 변동과 연계하여 미리 정하여진 방법에 따라 지급하거나 회수하는 금전등이 결정되는 권리(파생거래에 따른 권리)를 증서에 표창(증권화)시킬 수도 있을 것이다. 자본시장법상 (가) 파생상품거래가 증권화되었더라도 투자 원본을 초과하여 손실이 발생될 위험이 있는 경우에는 여전히 증권이 아닌 **파생상품**에 해당하고, (나) 투자 원본을 초과하여 손실이 발생되지는 않지만 투자 원본이 손실될 위험이 있는 경우에는 '증권' 중 **파생결합증권**(자본시장법 제4조 제7항)이 되고, (다) 투자 원본이 손실될 위험이 없이 이자, 그 밖의 과실(果實)에 대하여만 손실이 발생될 위험이 있는 경우에는 '증권' 중 파생결합증권이 아닌 **채무증권**(자본시장법 제4조 제7항 제1호)이 된다.

파생결합증권은 기초자산의 가격·이자율·지표·단위 또는 이를 기초로 하는 지수 등의 변동과 연계하여 미리 정하여진 방법에 따라 지급하거나 회수하는 금전등이 결정되는 권리가 표시된 것인데, 다음의 것은 제외된다(자본시장법 제4조 제7항).

① 발행과 동시에 투자자가 지급한 금전등에 대한 이자, 그 밖의 과실(果實)에 대하여만 해당 기초자산의 가격·이자율·지표·단위 또는 이를 기초로 하는 지수 등의 변동과 연계된 증권
② 옵션계약상의 권리(증권으로 규제되는 금융투자상품은 제외한다)
③ 해당 사채의 발행 당시 객관적이고 합리적인 기준에 따라 미리 정하는 사유가 발생하는 경우 주식으로 전환되거나 그 사채의 상환과 이자지급의무가 감면된다는 조건이 붙은 조건부자본증권
④ 은행법에 따른 상각형 조건부자본증권, 은행주식 전환형 조건부자본증권 및 은행지주회사주식 전환형 조건부자본증권
⑤ 금융지주회사법에 따른 상각형 조건부자본증권 또는 전환형 조건부자본증권
⑥ 상법에 따른 교환사채, 상환사채, 전환사채 및 신주인수권부사채
⑦ 신주인수권부증서와 신주인수권부증권

3. 시장에서의 거래 여부에 따른 분류

파생상품은 자본시장법상 시장에서의 거래 여부에 따라 (가) 파생상품시장에서 거래되는 파생상품, 해외 파생상품시장(파생상품시장과 유사한 시장으로서

해외에 있는 시장과 대통령령으로 정하는 해외 파생상품거래가 이루어지는 시장을 말한다)에서 거래되는 파생상품과 그 밖에 금융투자상품시장을 개설하여 운영하는 자가 정하는 기준과 방법에 따라 금융투자상품시장에서 거래되는 파생상품을 **장내파생상품**이라 하고(자본시장법 제5조 제2항), (나) 파생상품으로서 장내파생상품이 아닌 것을 **장외파생상품**이라 한다(자본시장법 제5조 제3항).

장외파생상품거래는 당사자의 자유로운 계약으로 정하는 것이 원칙이지만 2008년 글로벌 금융위기 이후 장외파생상품거래의 리스크를 관리하기 위하여 중앙청산소(central counterparty, CCP)를 통한 청산이 법제화되었고, 자본시장법도 장외파생상품거래시 금융투자상품거래청산회사 등을 통하여 청산하도록 강제하고(자본시장법 제166조의3), 그와 같은 청산이 이루어지지 않는 장외파생상품거래에 관하여는 일정한 금액의 증거금을 교환하도록 강제하고 있다.[1]

Ⅳ. 신용파생거래

신용파생거래는 신용위험(채무자의 채무불이행)을 기초자산으로 하는 파생상품으로서 거래의 결과 당사자 사이에 신용위험이 이전되는 거래이다. 신용위험을 부담한다는 점에서 경제적으로 보증이나 보증보험과 같은 기능을 하지만 법적으로는 요건과 법적 효과에 있어 보증이나 보증보험과 동일한 것은 아니다.

일반적인 신용파생거래는 보장매도자(credit protection seller)가 보장매입자(credit protection buyer)로부터 특정한 채무자(reference entity)의 일정한 채무(reference obligations)에 관한 신용위험을 인수하고 그에 대한 대가로 보장매입자로부터 일정한 수수료(fixed payment)를 지급받고, 장래 신용위험(credit events)이 실제 발생한 경우 보장매도자는 보장매입자에게 미리 약정된 금액(floating payment)을 지급(또는 미리 약정된 가격으로 채권을 매입)하는 **신용스왑**(credit default swap, CDS)거래이다.

신용스왑거래를 위해서 국제스왑및파생상품협회(International swap and Derivatives Association; ISDA)가 제정한 표준계약서(ISDA Agreement)를 사용한다. 신용스왑거래에서는 신용위험을 보장하는 대상이 되는 채무자(reference entity),

1) 『비청산 장외파생상품거래 증거금 제도 가이드라인』

보장의 대상이 되는 채무인(reference obligations)의 종류와 범위, 보장매도자가 보장매입자에게 약정된 금액(floating payment)을 지급하여야 할 사유, 즉 보장매도자가 인수한 신용위험인 신용사건(credit events)의 내용을 합의하여 거래확인서(confirmation)를 작성한다.

신용스왑거래의 보장매도자가 **신용연계증권**(credit linked notes, CLN)을 발행하고, 신용스왑거래를 위한 계약을 체결할 때에 신용연계증권의 발행대금을 보장매입자에게 장래 신용사건의 발생시 보장매입자에게 지급하여야 할 금액의 담보로 제공하기도 한다. 신용스왑거래에 따른 신용위험이 발생하지 않을 경우 신용연계증권의 투자자(인수인)는 신용연계증권의 원금과 이자(투자자가 신용위험을 부담한 대가)를 지급받는다.

총수익지급자가 총수익수령자에게 기초자산으로부터 발생하는 실제 현금흐름을 모두 지급하고, 총수익수령자가 총수익지급자에게 미리 약정된 금액을 지급하기로 약정하는 **총수익스왑**(total return swap, TRS)도 기초자산이 채권인 경우에는 채무자의 신용위험이 총수익수령자에게 이전되므로 신용파생거래의 기능을 한다.

제2절   파생상품에 대한 규제

Ⅰ. 자본시장법상 파생상품의 취급

누구의 명의로 하든지 자기의 계산으로 금융투자상품인 파생상품의 매도·매수 또는 그 청약의 권유, 청약, 청약의 승낙을 영업으로 하고자 하는 경우 투자매매업의 인가를 받아야 한다(자본시장법 제12조 제1항, 제6조 제2항, 제3조 제2항 제2호). 전문투자자가 사업에 필요한 자금을 조달하기 위하여 발행과 동시에 위험회피 목적의 거래가 이루어지는 등의 요건을 갖춘 경우에는 그러하지 아니한다(자본시장법 제7조 제1항, 동법시행령 제7조 제1항, 동법시행규칙 제1조의2). 누구의 명의로 하든지 자기의 계산으로 이를 하고자 하는 자는 투자중개업의 인가를 받아야 한다(자본시장법 제12조 제1항, 제6조 제3항, 제3조 제2항 제2호).

Ⅱ. 자본시장법상 파생상품거래의 영업에 관한 규제

금융투자업자는 일반적인 신의성실의 의무와 고객의 이익을 우선할 의무
(자본시장법 제37조)에 더하여 투자권유준칙의 제정(자본시장법 제50조), 설명의
무(자본시장법 제47조, 제48조), 불건전영업행위의 금지(자본시장법 제71조)의 적
용에 있어 보다 강화된 의무를 부담한다. 금융기관이 일반 고객과 선물환거래
등 전문적인 지식과 분석능력이 요구되는 금융거래를 할 때에는 상대방이 그
거래의 구조와 위험성을 정확하게 평가할 수 있도록 거래에 내재된 위험요소
및 잠재적 손실에 영향을 미치는 중요인자 등 거래상의 주요 정보를 적합한 방
법으로 설명할 신의칙상의 의무가 있다고 할 것이지만 계약자나 그 대리인이
그 내용을 충분히 잘 알고 있는 경우에는 그러한 사항에 대하여서까지 금융기
관에게 설명의무가 인정된다고 할 수는 없다.[2]

장내파생상품에 대한 투자매매업 또는 투자중개업을 경영하는 자로서 최근
사업연도 말일을 기준으로 자산총액이 1천억원 이상인 자나 장외파생상품에 대
한 투자매매업 또는 투자중개업을 경영하는 자는 상근 임원으로서 대통령령으
로 정하는 파생상품업무책임자를 1인 이상 두어야 한다(자본시장법 제28조의2,
동법시행령 제32조의2).

투자매매업자 또는 투자중개업자가 장외파생상품을 대상으로 하여 투자매
매업 또는 투자중개업을 하는 경우에는 자본시장법 제166조의2 각 호의 기준
을 준수하여야 한다(자본시장법 제166조의2). 특히 신용위험(당사자 또는 제3자의
신용등급의 변동, 파산 또는 채무재조정 등으로 인한 신용의 변동)이나 그 밖에 자연
적·환경적·경제적 현상 등에 속하는 위험을 기초자산으로 하거나 일반투자자
를 대상으로 하는 장외파생상품 신규로 취급하는 경우 협회의 사전심의를 받
아야 한다(자본시장법 제166조의2 제1항 제6호).

주권상장법인의 내부자의 단기매매차익을 법인에게 반환하도록 규정한 자본
시장법 제172조의 적용 대상에는 법인이 발행한 증권, 증권예탁증권이나 교환사
채를 기초자산으로 하는 금융투자상품도 포함된다(자본시장법 제172조 제1항).

---

2) 대법원 2010. 11. 11. 선고 2010다55699 판결

시세조종행위 등을 금지하는 자본시장법 제176조의 적용 대상에는 파생상품에 관한 매매, 그 밖의 거래와 관련하여 기초자산이나 파생상품의 시세조정행위를 금지하고 있다(자본시장법 제176조 제4항).

Ⅲ. 외국환거래법상 규제

외국환업무취급기관이 외국환업무로서 행하는 일정한 거래 이외에 거주자가 다른 거주자나 비거주자와 파생상품거래를 하고자 할 경우 한국은행총재에게 신고하여야 한다(외국환거래규정 제7장 제7절).

Ⅳ. 파생금융거래와 탈법행위

파생금융거래는 위험의 회피를 목적으로 이루어지는 거래이지만 그와 같은 파생상품의 본질적인 목적이 없이 오로지 법령에서 정한 규제를 회피하기 위한 목적으로 악용될 수도 있다. 이러한 경우 정상적인 파생상품거래라 보기 어렵고, 탈법행위로써 효력이 부인될 수도 있고, 나아가 형사처벌의 대상이 될 수도 있다.

명시적으로 파생상품거래를 법령의 제한을 회피할 목적으로 이용하는 행위를 금지하고 법령은 다음과 같다. 파생상품거래는 다양한 상황에서 다양한 모습으로 이루어질 수 있으므로 위와 같이 명시된 제한 이외에도 다양한 법적 규제를 회피하기 위한 수단으로 남용될 수 있고, 탈법행위인지는 개별 법령의 입법 목적, 법규의 강행성의 정도, 파생상품거래의 구체적인 내용, 당사자에게 법령을 위반하려는 의도가 있었는지 여부 등 제반 사정을 종합적으로 고려해서 판단될 것이다.

1. 자본시장법상 제한

자본시장법에서 제한하고 있는 다음의 행위를 회피할 목적으로 장외파생상품거래, 신탁계약, 연계거래 등을 이용하는 행위를 금지하고 있다.

① 금융투자업자의 대주주가 발행한 증권을 소유하거나 특수관계인이 발행

하는 주식, 채권 및 약속어음의 소유 제한(자본시장법 제34조 제1항, 동법 시행령 제37조 제4항 제2호).

② 금융투자업자의 대주주(그의 특수관계인을 포함한다)에 대한 신용공여의 제한(자본시장법 제34조 제2항, 동법시행령 제38조 제1항 제4호).

③ 금융투자업자의 금융투자상품의 매매, 그 밖의 거래와 관련하여 손실의 보전 또는 이익의 보장을 하는 행위의 금지(자본시장법 제55조, 동법시행 령 제68조 제5항 제11호)

④ 집합투자업자의 자산운용의 제한(자본시장법 제81조 제1항 제1호, 동법시행 령 제80조)

⑤ 집합투자업자의 이해관계인과의 거래제한(자본시장법 제84조, 동법시행령 제85조)

⑥ 금융투자업자, 집합투자업자, 투자일임업자 또는 신탁업자의 불건전 영 업행위의 금지(자본시장법 제71조, 동법시행령 제68조 제5항 제11호, 자본시 장법 제85조, 동법시행령 제87조 제4항 제7호, 자본시장법 제98조, 동법시행령 제99조 제4항 제5호, 자본시장법 제108조 제9호, 동법시행령 제109조 제3항 제 8호)

2. 외국환거래법 제한

외국환거래규정은 자금유출입·거주자의 비거주자에 대한 원화대출·거주 자의 비거주자로부터의 자금조달 등의 거래에 있어 외국환거래법, 동법시행령 및 외국환거래규정에서 정한 신고등의 절차를 회피하기 위하여 파생상품거래 가 이루어질 수 있음을 고려하여 규제를 하고 있다(외국환거래규정 제7-40조 제 2항 제3호).

3. 신용파생거래

신용파생거래는 법률상 채권을 가진 보장매입자에서 보장매도인에게 채무 자의 신용위험이 이전되므로 보장매입자가 실질적으로 채무자에게 신용을 제 공한 것으로 인정될 가능성이 있다.

상법, 금융업의 규제에 관한 법령, 자본시장법, 공정거래법 등은 일정한 대 출(금전대여)이나 보증 등 신용을 제공하는 행위를 금지하거나 제한하고 있다

(상법 제542조의9, 자본시장법 제34조 제2항, 공정거래법 제23조 제1항 제7호 등). 이 경우 보장매입자가 실질적으로 채무자에게 신용을 제공한 것으로 보아 탈법행위로 인정되거나 당해 법령이 적용될 수 있다.

4. 주식파생거래

주식스왑이나 총수익스왑과 같은 주식파생거래의 경우 어느 당사자가 주식을 소유하고 있는 외관을 가지고 있더라도 다른 당사자가 당해 주식의 위험을 모두 인수함으로써 실질적으로 소유·지배하는 것으로 인정될 가능성이 있다.

상법에 따른 자기주식의 취득 제한이나 상호주에 대한 규제, 공정거래법에 따른 기업집단 및 계열회사의 판단이나 출자의 제한 등, 자본시장법에 따른 주식등 대량보유신고 등의 적용에 있어 주식에 관한 파생거래에 따른 외관에도 불구하고 실질적으로 소유·지배하는 것을 기준으로 탈법행위로 인정되거나 당해 법령이 적용될 수 있다.

5. 파생상품거래의 실질에 따른 재구성

세법의 적용에 있어 형식과 실질(외관과 실체)이 일치하지 아니한 경우에는 납세자가 취한 형식, 명의나 외관에 구애됨이 없이 실질(실체)에 따라 과세하여야 한다는 실질과세의 원칙이 적용된다(국세기본법 제14조 제1항). 비록 파생금융거래가 법령의 규제를 회피하기 위한 수단으로 이용되지는 않더라도 경제적 실질을 기준으로 파생금융거래를 다른 거래로 재해석하여 세법이 적용될 수도 있다.

제3절 파생상품거래의 법률관계

Ⅰ. 파생상품거래와 담보

파생상품거래에서도 당사자들 사이에 채권채무가 발생하므로 다른 금융거래와 마찬가지로 그 이행을 위한 담보가 제공될 수 있다.

파생상품거래를 위한 담보는 (가) 뉴욕주법을 준거법으로 하는 1994 Credit Support Annex(뉴욕주법CSA)에 따라 담보권(질권)을 설정하는 방식과 (나) 영국법을 준거법으로 하는 1995 Credit Support Annex(영국법CSA)에 따라 소유권을 이전하는 방식이 있다. 후자의 경우 단순한 담보목적의 양도에 그치지 아니하고 완전한 소유권을 양도하므로 담보물을 이전 받은 당사자는 변제기의 도래나 채무불이행 여부와 상관없이 담보물을 처분하거나 자신의 다른 채무를 담보하기 위한 담보물로 이용할 수 있다. 한국법을 준거법으로 하는 2014 Credit Support Annex는 파생상품거래가 담보제공자의 귀책사유로 조기종료되는 경우 담보수령자는 담보물의 가액만큼 피담보채무와 상계할 수 있고, 담보수령자의 귀책사유로 조기종료되는 경우에는 담보제공자는 담보물을 반환 받을 권리가 있고, 반환이 되지 않으면 담보물의 가액만큼 담보제공자 자신의 채무와 상계할 수 있다.

파생상품거래에서는 기초자산의 변동에 따라 채무의 발생 여부와 채무금액이 변동되므로 그러한 채무의 이행을 담보하기 위한 담보 제공의 여부나 규모는 수시로 기초자산의 평가에 따라 결정하는 것이 합리적이다. 기초자산의 가치 변동에 따라 담보의 제공이나 변경이 수시로 이루어지므로 담보물은 주로 현금화가 쉬운 자산이 된다.

Ⅱ. 파생상품거래과 도산

흔히 파생상품거래에서는 상대방 당사자의 도산 등 채무불이행의 발생시 일괄정산을 하는 약정을 하는 경우가 많은데, 채무자회생법은 파생상품거래의 효력을 그대로 인정함으로써 일괄정산의 효력을 인정하고 있다.

일정한 금융거래에 관한 기본적 사항을 정한 하나의 계약(**기본계약**)에 근거하여 다음 각호의 거래(**적격금융거래**)를 행하는 당사자 일방에 대하여 회생절차가 개시된 경우 적격금융거래의 종료 및 정산에 관하여는 채무자회생법의 규정에 불구하고 기본계약에서 당사자가 정한 바에 따라 효력이 발생하고 해제, 해지, 취소 및 부인의 대상이 되지 아니하고, 아래 제4호의 거래는 중지명령 및 포괄적 금지명령의 대상이 되지 아니한다(채무자회생법 제120조 제3항 본문). 하지만 채무자가 상대방과 공모하여 회생채권자 또는 회생담보권자를 해할 목적으로 적격금융거래를 행한 경우에는 그러하지 아니하다(채무자회생법 제120조 제3항 단서). 채무자가 파산선고된 경우에도 동일하다(채무자회생법 제336조). 기업구조조정촉진법에 따른 기업구조조정절차에서는 명시적인 규정이 없으나 금융위원회는 적격금융거래의 종료 및 정산의 효력을 그대로 인정하고 그에 잔액만 기업구조조정촉진법에 따른 채권행사의 유예 대상인 금융채권으로 보고 있다.[3]

1. 다음 각 호의 기초자산 또는 기초자산의 가격·이자율·지표·단위나 이를 기초로 하는 지수를 대상으로 하는 선도, 옵션, 스왑거래
   ① 금융투자상품(유가증권, 파생금융거래에 기초한 상품을 말한다)
   ② 통화(외국의 통화를 포함한다)
   ③ 일반상품(농산물·축산물·수산물·임산물·광산물·에너지에 속하는 물품 또는 이 물품을 원재료로 하여 제조하거나 가공한 물품 그 밖에 이와 유사한 것을 말한다)
   ④ 신용위험(당사자 또는 제3자의 신용등급의 변동·파산 또는 채무재조정 등으로 인한 신용의 변동을 말한다)
   ⑤ 그 밖에 자연적·환경적·경제적 현상 등에 속하는 위험으로서 합리적이고 적정한 방법에 의하여 가격·이자율·지표·단위의 산출이나 평가가 가능한 것
2. 현물환거래, 유가증권의 환매거래, 유가증권의 대차거래 및 담보콜거래
   유가증권의 환매거래, 대차거래와 담보콜거래는 전형적인 파생상품거래는 아니지만 당사자들 사이에 장기적인 거래를 조기종료시 일괄정산한다는 점에서 파생상품거래와 같이 적격금융거래에 포함시켰다.
   환매조건부매매(sale & repurchase agreement, RP 또는 Repo)는 일정한 증권의 매도인이 일정한 기간 경과 후 약정된 환매일에 일정한 가격으로 다시 환매하기로 하는 조건으로 매도하는 거래를 말한다. 이 경우 환매가격(repurchase price)은 매도가격(purchaseprice)과 그에 대하여 일정한 이자율(repo rate)을 적용하여 산정한 금액(환매차익, repo return)을 합한 금액으로 정한다. Repo 거래는 증권의 매매 형식을 취하지만 실제로는 단

3) 2016. 6. 7. 기업구조조정촉진법 관련 금융위원회 유권해석

기자금의 조달(매도인)과 운용(매수인)의 수단으로 이용되어 단기자금 대
차거래의 성격을 가지고 있으며, 회계상으로도 자금의 대차거래로 처리
한다.

유가증권대차거래는 대여자가 증권을 차입자에게 대여하고 약정된 기간
이 경과된 후 차입자가 같은 종류와 같은 수량의 증권을 반환하기로 하
는 거래로서 차입자는 증권을 사용한 대가로 일정한 수수료를 대여자에
게 지급한다. 종류물인 증권의 소비대차이므로 차입자는 차입한 증권에
대한 소유권을 취득하여 자유롭게 처분하거나 이용할 수 있다.

담보콜거래는 금융기관 상호간에 일시적인 자금부족 현상이 발생했을
때 주식 등 유가증권을 담보로 단기(콜) 자금을 빌려주는 담보부소비대
차거래를 말한다.

3. 제1호 내지 제2호의 거래가 혼합된 거래
4. 제1호 내지 제3호의 거래에 수반되는 담보의 제공·처분·충당

따라서 기본계약에 근거하여 체결된 적격금융거래는 관리인에 의하여 해제
또는 해지되지 아니하고, 부인의 대상이 되지 않고, 일괄정산을 할 수 있다. 일
괄정산 후 가지는 채권은 회생채권이나 파산채권으로 행사할 수 있다.

제4절 ISDA Agreement

I. ISDA Agreement의 구조

국제적인 장외 파생상품거래에서는 일반적으로 국제스왑파생상품협회
(International Swap and Derivatives Association; ISDA)가 제정한 표준계약서(ISDA
Agreement)를 사용한다.

ISDA Agreement는 다음의 서류로 구성되며, 모두 하나의 단일한 계약
(single agreement)을 구성한다.

① **기본계약서**(ISDA Master Agreement): 기본계약서는 약관과 같이 파생상

품거래에서 기본적인 채권채무관계, 채무이행의 선행조건, 진술 및 보장, 준수사항, 기한의 이익 상실, 해지 등 계약의 일반원리와 파생금융거래에 공통적으로 적용될 수 있는 표준적인 내용을 담고 있다.

② **부속서**(Schedule to ISDA Master Agreement): 당사자들의 합의로 기본계약서의 내용을 변경하거나 보충하고자 할 경우 기본계약서는 인쇄된 문언대로 그대로 사용하고, 부속서를 작성한다. 부속서는 당사자들 사이에 기본계약서의 특정 조항을 적용할지 여부를 선택하거나 보충하기 위한 조항으로 표준화되어 있다. 기본계약서와 부속서의 내용이 일치하지 않는 경우 부속서의 내용이 우선한다(2002 ISDA Master Agreement §1(b) 전단).

③ **거래확인서**(Confirmation): 파생상품거래는 당사자들이 구두나 다른 방법으로도 거래조건을 합의한 때에 효력이 발생될 수 있다(2002 ISDA Master Agreement §9(e)(ii) 전단). 분쟁절차에서 보다 효과적인 증거자료로 사용할 목적으로 당사자 사이에 합의된 상업적 조건을 기재한 거래확인서를 작성한다. 일반적으로 거래확인서에 기본계약서가 적용된다는 취지를 명시하며, 거래확인서는 기본계약서와 함께 하나의 단일한 계약을 구성한다(2002 ISDA Master Agreement §1(c)). 기본계약서와 거래확인서의 내용이 일치하지 않는 경우 거래확인서의 내용이 우선한다(2002 ISDA Master Agreement §1(b) 전단).

④ **용어집**(ISDA Definitions): 기본계약서에도 용어의 정의에 관한 규정이 있으나 파생상품의 거래 유형별로 사용되는 각종 용어의 정의를 규정한 용어집들을 발간하고 있다. 특정한 용어집을 파생상품거래에 적용하기로 한 경우 기본계약서, 부속서, 거래확인서와 함께 단일한 계약을 구성한다.

⑤ **담보약정서**(ISDA Credit Support Documents): ISDA Agreement가 적용되는 파생상품거래에서 발생하는 채권을 담보하는 담보권의 설정을 위한 표준적인 담보약정서가 있다.

Ⅱ. 기본계약서

1. 효력발생일

효력발생일을 기재하여 실제 기본계약서 체결일 이전부터 기본계약서가 적용될 수 있도록 한다.

2. 당사자의 의무

각 당사자는 거래확인서에 따라 지급 또는 인도할 의무를 부담한다는 내용이 명시된다.

각 당사자가 하나의 파생상품거래에서 같은 통화로 동일한 지급기일에 상대방에게 지급할 금액이 있는 경우 차액만 지급한다는 조항(payment netting)을 두고 있고, 부속서나 거래확인서로 당사자들이 합의하는 경우 복수의 파생상품거래에도 payment netting을 적용할 수 있다.

어느 당사자가 상대방에게 지급하여야 할 금액에 대하여 세금을 원천징수할 의무를 부담하는 경우 이를 상대방에게 통지하고, 원천징수한 금액을 납부한 후 상대방에게 전달하여야 한다. 만약 원천징수된 세금이 과세당국과 금액의 수령인 사이에 일정한 관련이 없다면 부과되지 않을 조세 이외의 조세인 경우에는 그러한 원천징수가 없었더라면 지급하였어야 할 금액을 지급하여야 한다.

3. 선행조건

당사자의 의무는 기한의 이익 상실 사유나 잠재적 기한의 이익 상실 사유의 부존재, 조기종료일이 발생하거나 유효하게 지정되지 않을 것을 선행조건으로 정하고 있다.

4. 진술 및 보장

당사자 모두 상대방에게 진술 및 보장하며, 대출계약에서의 진술 및 보장과 같은 기능을 한다.

5. 준수사항

당사자 모두 상대방에게 일정한 사항을 준수할 것을 약정하며, 대출계약에서의 준수사항과 같은 기능을 한다.

6. 기한의 이익 상실과 해지

기한의 이익 상실이든 해지든 모두 조기해지 및 일괄정산이 이루어진다는 효과는 동일하지만 기한의 이익 상실 사유는 당사자의 귀책사유가 있는 사유를, 해지사유는 당사자에게 귀책사유가 없는 사유라 할 수 있다.

7. 조기해지

기한의 이익 상실 사유나 해지사유가 발생하는 경우 계약은 자동적으로 조기에 종료(early termination)되는 것으로 정하거나 그 사유에 책임이 없는 당사자가 상대방에게 통지함으로써 조기종료(early termination)할 수 있는 것으로 정할 수 있다.

조기종료된 경우 당사자들 사이의 모든 파생상품거래에 따른 채권채무를 정산하여 차액을 결제할 의무(**일괄정산**, close−out netting)를 부담한다(2002 ISDA Master Agreement §6). 일괄정산의 결과 상호간의 채권·채무는 상계(netting)되고 차액에 대한 채권·채무만 남게 된다.

외국어 색인

우리말 색인

저자약력

황 호 동
서울대학교 법과대학 졸업
제31회 사법시험 합격
사법연수원 21기
육군법무관
북경대학 법학과 연구학자
Northwestern University Law School (LL.,M)
법무법인 광장 변호사
(현) 법무법인 제현 대표변호사

제2판
금융투자법

초판발행	2022년 2월 25일
제2판발행	2023년 3월 15일
지은이	황호동
펴낸이	안종만·안상준
편 집	이승현
기획/마케팅	정연환
표지디자인	이소연
제 작	고철민·조영환
펴낸곳	(주) 박영사
	서울특별시 금천구 가산디지털2로 53, 210호(가산동, 한라시그마밸리)
	등록 1959. 3. 11. 제300-1959-1호(倫)
전 화	02)733-6771
f a x	02)736-4818
e-mail	pys@pybook.co.kr
homepage	www.pybook.co.kr
ISBN	979-11-303-4402-7 93360

정 가   34,000원